La *cura riparum et alvei Tiberis*

Storiografia, prosopografia e fonti epigrafiche

Anna Lonardi

BAR International Series 2464
2013

Published in 2016 by
BAR Publishing, Oxford

BAR International Series 2464

La cura riparum et alvei Tiberis

ISBN 978 1 4073 1072 5

BAR Publishing is the trading name of British Archaeological Reports (Oxford) Ltd. British Archaeological Reports was first incorporated in 1974 to publish the BAR Series, International and British. In 1992 Hadrian Books Ltd became part of the BAR group. This volume was originally published by Archaeopress in conjunction with British Archaeological Reports (Oxford) Ltd / Hadrian Books Ltd, the Series principal publisher, in 2013. This present volume is published by BAR Publishing, 2016.

Printed in England

BAR
PUBLISHING

BAR titles are available from:

BAR Publishing
122 Banbury Rd, Oxford, OX2 7BP, UK
EMAIL info@barpublishing.com
PHONE +44 (0)1865 310431
FAX +44 (0)1865 316916
www.barpublishing.com

A Davide
mio giorno d'estate

INDICE

INDICE DELLE TABELLE E DELLE FIGURE

INTRODUZIONE 4
1. Breve storia degli studi 4
2. Per uno studio della *cura Tiberis* 7

SEZIONE STORIOGRAFICA. LA *CURA RIPARUM ET ALVEI TIBERIS*: STORIA E ASPETTI GENERALI

CAP. I. LA CREAZIONE DELLA CURATELA 9
1. Tiberio e la *cura Tiberis*: i racconti di Cassio Dione e Tacito 9
2. Augusto, Svetonio e la *cura riparum et alvei Tiberis* 14

CAP. II. ASPETTI ISTITUZIONALI 16
1. Dalla collegialità al singolo *curator* 16
2. La durata della carica 19
Una carica annuale? 19
Dal 101 al 103 d.C. 21
Una revisione generale 22
3. *Ex senatus consulto – ex auctoritate imperatoris* 22
4. La titolatura della carica e le sue trasformazioni 25
5. L'importanza della carica 27
I curatores *dei collegi* 27
I curatores *di grado consolare* 28
6. A proposito dei primi *curatores* 29

CAP. III. I COMPITI DEL *CURATOR RIPARUM ET ALVEI TIBERIS* 31
1. *Curator riparum*...: le delimitazioni delle rive 31
La situazione giuridica delle rive 31
I cippi delimitativi 35
Le delimitazioni delle rive 47
2. ...*et alvei Tiberis*...: pulizia e navigabilità 48
Gli urinatores, *una corporazione per la pulizia dell'alveo* 50
3. ...*et cloacarum urbis*: la cura delle cloache 51
4. La manutenzione delle strutture fluviali 55
5. Una tutela a tutto campo 56

CAP. IV. IL PERSONALE SUBALTERNO 57
1. *Praefectus curatorum alvei Tiberis: Sp. Turranius L. f. Sp. n. L. pro n. Fab. Proculus Gellianus* in età claudia 57
2. *Procurator Caesaris ad ripas Tiberis: L. Pupius L. f. Sab. Praesens* in età claudia 57
3. *Adiutor curatoris alvei Tiberis et cloacarum* 61
L. Vibius Apronianus – adiutor alvei Tiberis et cloacarum *nella prima metà del II secolo d.C.* 61
Q. Petronius Melior – adiutor curatoris alvei Tiberis et cloacarum *intorno al 180 d.C.* 62
Herennius Ser[---] - adiutor curatoris alvei Tiberis *in epoca sconosciuta* 63
4. *Commentariensis urbis alvei Tiberis: Aurelius [---]ustinus* - intorno alla metà del II secolo d.C. 63
5. *Statio alvei Tiberis et riparum et cloacarum sacrae urbis* 64

CAP. V. IL *CURATOR RIPARUM ET ALVEI TIBERIS* E LE CORPORAZIONI PROFESSIONALI SUL TEVERE 68
1. I quattro *corpora traiectus* ad Ostia e *Portus* 68
Lenunculi *e* scaphae 68
I corpora lenunculariorum 69
I corpora traiectus 70
2. I rapporti tra il *curator riparum et alvei Tiberis* e i *corpora traiectus* 77

CAP. VI. *REMEDIUM COERCENDI FLUMINIS*. LA *CURA RIPARUM ET ALVEI TIBERIS*: CONSIDERAZIONI CONCLUSIVE 81

SEZIONE DOCUMENTARIA

1. CATALOGO PROSOPOGRAFICO 84
2. RACCOLTA DELLE FONTI EPIGRAFICHE 156

BIBLIOGRAFIA E ABBREVIAZIONI 186

INDICE DELLE TABELLE E DELLE FIGURE

Tabelle

Tab. 1 - Elenco delle alluvioni del Tevere con relative fonti.
Tab. 2 - Ordine di menzione sui cippi dei membri dei vari collegi.
Tab. 3 - Prospetto delle iscrizioni inerenti la *cura Tiberis* rinvenute fra il regno di Claudio e quello di Vespasiano.
Tab. 4 - Prospetto delle cariche imperiali sui cippi del 73 d.C.
Tab. 5 - Prospetto dei cippi che riportano cariche imperiali utili per una datazione delle pietre terminali (I sec. d.C.)
Tab. 6 - Prospetto dei cippi che riportano cariche imperiali utili per una datazione delle pietre terminali (II sec. d.C.).
Tab. 7 - Le variazioni della titolatura della *cura Tiberis* sui cippi.
Tab. 8 - *Curatores Tiberis* che rivestirono il proconsolato d'Asia o d'Africa.
Tab. 9 - Prospetto dei cippi delimitativi rinvenuti.
Tab. 10 - Prospetto dei cippi posti dai censori *M. Valerius Messalla* e *P. Servilius Isauricus.*
Tab. 11 - Prospetto dei cippi posti dai consoli *C. Marcius Censorinus* e *C. Asinius Gallus.*
Tab. 12 - Prospetto dei cippi posti dall'imperatore Augusto.
Tab. 13 - Pedature segnalate sui cippi augustei.
Tab. 14 - Distanze segnalate sui cippi augustei di Prati di Castello.
Tab. 15 - Prospetto dei cippi posti dal collegio presieduto da *C. Vibius Rufus.*
Tab. 16 - Prospetto dei cippi posti dal collegio presieduto da *C. Antistius Vetus.*
Tab. 17 - Prospetto dei cippi posti da *Calpetanus.*
Tab. 18 - Prospetto dei cippi posti da *C. Laecanius Bassus Caecina Paetus.*
Tab. 19 - Prospetto dei cippi posti da *L. Messius Rusticus.*
Tab. 20 - Prospetto dei cippi posti da *A. Platorius Nepos Calpurnianus.*
Tab. 21 - Fonti epigrafiche attestanti membri del personale subalterno del *curator Tiberis.*
Tab. 22 – Possibili composizioni dei *Quinque corpora lenunculariorum Ostiensium.*
Tab. 23 - Trascrizione di CIL XIV 254 e proposta ricostruttiva di LE GALL.
Tab. 24 - Prospetto riassuntivo della successione cronologica dei *curatores Tiberis.*

Figure

Fig. 1 - Grafico con le percentuali dei cippi in base alla distribuzione cronologica.
Fig. 2 - Esempio dell'andamento delle misure recto rigore segnalate sui cippi.
Fig. 3 - Dettaglio dell mappa schematica dei cippi augustei rinvenuti verso la fine dell'800 in località Prati di Castello.
Fig. 4 - Proposta ricostruttiva della disposizione dei cippi augustei di Prati di Castello.
Fig. 5 - Localizzazione del *Trigarium* e del *pons Agrippae* tratta da COARELLI 1977, p. 808.
Fig. 6 - Pianta dei principali condotti fognari di Roma tratta da MOCCHEGIANI CARPANO 1984b, p. 169.
Fig. 7 - *Forma Urbis* Severiana, frag. 32g-i, da RODRIGUEZ-ALMEIDA 2002, p. 48.
Fig. 8 - *Forma Urbis* di via Anicia tratta da da RODRIGUEZ-ALMEIDA 2002, p. 45.
Fig. 9 - Visione d'insieme dei complessi portuali di Ostia tratta da CHEVALLIER 1986, p. 112.

INTRODUZIONE

1. Breve storia degli studi

Il Tevere ha da sempre rivestito un ruolo fondamentale nelle vicende che riguardarono Roma, creando un sistema complesso e legandosi alla città non solo dal punto di vista idro-geologico, ma anche da quello storico. Lo studio di tale rapporto vede necessariamente l'interazione di diverse aree, dalla storia all'economia, alla geologia alla topografia. Tra gli elementi che completano il quadro del rapporto tra la realtà urbana e quella fluviale un posto particolare occupa la *cura riparum et alvei Tiberis*, la magistratura che l'amministrazione di Roma destinò alla preservazione della piena funzionalità del Tevere. La *cura Tiberis* entrò nel novero delle grandi curatele urbane fin dall'epoca della sua creazione, inserendosi nel filone amministrativo ed ideologico delle *curae publicae* volute da Augusto; tuttavia, diversamente da altre magistrature ritenute in qualche misura più importanti, gli studi interessati a tale curatela si presentano relativamente esigui, soprattutto se paragonati a quelli dedicati alla *cura aquarum*. In particolare, se si escludono i lemmi di enciclopedie e dizionari specifici, che si configurano in genere come *summae* delle ricerche precedenti, gli scarsi studi sistematici a riguardo risultano caratterizzati da una sommaria brevità e da un approccio complessivo che spesso si mantiene generico, mirando a fornire un quadro d'insieme degli aspetti principali che riguardano la curatela più che un'analisi sistematica di essa. Tali sono ad esempio i primi interventi datati alla seconda metà dell'Ottocento; tuttavia, seppur generici, essi ebbero l'indubbio merito di porre le basi per la definizione dei tratti generali che contraddistinsero la magistratura, quali la sua struttura interna, l'identificazione delle fonti utili a definire la data di fondazione, la durata in carica di ciascun magistrato, le competenze affidategli, la presenza di personale subalterno. Proporre una panoramica della storia degli studi è utile dunque a comprendere i punti salienti e a mettere in luce le teorie principalmente diffuse su tale curatela.

Il primo a tentare un approccio alla *cura Tiberis* fu Theodor Mommsen, che ne trattò in modo essenziale nel contesto dell'analisi sulle quattro grandi curatele sorte in età imperiale a seguito del trasferimento dell'autorità censoria all'imperatore; esse, secondo la nota teoria dello studioso, avrebbero costituito un unico collegio i cui membri si sarebbero distinti per rango e competenze.[1] La breve analisi che Mommsen fece della magistratura tiberina si basò unicamente sull'osservazione di alcuni dei cippi delimitativi sino ad allora rinvenuti e, in assenza di altre fonti, su un confronto con magistrature similari. Dalla sola attestazione di due cippi, databili entrambi al 73 d.C. ma recanti nomi di curatori diversi, lo studioso arrivò a concludere che il collegio era coordinato da due presidenti, uno per ogni riva.[2] Sempre dall'osservazione dei cippi, Mommsen ricavò che la competenza dei *curatores* doveva essere circoscritta alla delimitazione delle rive, con una conseguente generica autorità giuridica su di esse, cui si aggiunse la *cura cloacarum*, come segnalato sulle pietre delimitative di età traianea. Il paragone con la *cura aquarum* gli suggerì una possibile durata in carica dei magistrati -un limite di tempo imprecisato ma di durata superiore all'anno- e il loro grado -dovevano essere consolari e, per analogia con le altre curatele, dovevano godere del diritto di portare la *praetexta*, di sedere sulla *sella curulis*, di avere ordinari *apparitores* assegnati ai magistrati e due littori per i servizi fuori Roma. Sul personale subalterno invece lo studioso non si soffermò, limitandosi a citare in nota l'elenco delle testimonianze epigrafiche, né fece alcun accenno al fatto che le tre fonti che raccontano la creazione della curatela siano di fatto discordanti.[3]

Per quanto imprecise ed essenziali, le conclusioni di Mommsen fornirono una linea guida per le ricerche successive; Henzen, Thédenat, Kornemann, per citare solo alcuni tra i maggiori studiosi, si posero sulla sua scia preservandone i punti principali, benché perdurassero numerose perplessità riguardo alla contraddittorietà delle fonti riguardanti la nascita della curatela.[4] A tal riguardo va senz'altro ricordato l'intervento di Henzen; prendendo in considerazione principalmente le discordanti versioni di Tacito -che parla di un incarico affidato ai due senatori *L. Arruntius* e *Ateius Capito*- e di Dione -che racconta della creazione di un apposito collegio di cinque magistrati- Henzen mostrava di propendere per la creazione, nel 15 d.C., di due commissioni, una presieduta da *Ateius Capito*, già *curator aquarum* all'epoca, l'altra composta da cinque senatori e presieduta da *L. Arruntius*, poiché per riparare i danni causati da una violenta inondazione sarebbe stata secondo lui necessaria un'intesa tra due curatele con vari punti di contatto, ossia la *cura aquarum* e la *cura Tiberis*. Benché sia giunto a conclusioni non propriamente corrette, Henzen fu comunque il primo a compiere un tentativo ragionato di conciliazione tra le fonti.[5] Elementi nuovi emersero poi nel corso degli studi dall'esame dei cippi rinvenuti; in particolare Thédenat tentò di approfondire la questione della scomparsa della collegialità dalle iscrizioni delimitative, proponendo, come ipotesi alternativa ad un'effettiva singolarità della carica, un passaggio all'eponimia che avrebbe portato a segnalare sui termini soltanto il nome del presidente del collegio, ponendo altri eventuali colleghi del magistrato al grado di sottoposti, similmente agli *adjutores* del *curator aquarum*.[6]

L'interesse degli studiosi si focalizzò maggiormente sulla *cura Tiberis* a partire dagli ultimi anni dell'Ottocento, quando, a seguito degli scavi per la realizzazione degli

[1] MOMMSEN 1889, vol. V, pp. 344-357. BORGHESI 1869, pp. 62-63 si limitò infatti ad annotare come la *cura Tiberis* venisse solitamente assegnata «ad un consolare novello».

[2] CIL VI 31546a-b e CIL VI 31547.

[3] TAC. *ann.* 1, 76;79; SVET. *Aug.* 37; DIO 57, 14.

[4] CIL VI *pars* I (1876), p. 266 (Henzen); *DAGR I* (1887), pp. 1623-1625, s.v. *Curatores alvei Tiberis et riparum et cloacarum urbis* (H. Thédenat); *PW IV.2* (1901), coll. 1790-1794, s.v. *Curatores riparum et alvei Tiberis* (E. Kornemann).

[5] CIL VI *pars* I (1876), p. 266.

[6] *DAGR* I (1887), pp. 1624, s.v. *Curatores alvei Tiberis et riparum et cloacarum Urbis* (H. Thédenat).

argini del Tevere, iniziarono a venire alla luce svariati cippi delimitativi posti sia dai *curatores* sia da altri magistrati in epoche antecedenti la nascita della curatela. Le ricerche svolte in quegli anni si concretizzarono in una serie di interventi pubblicati in un breve arco di tempo sul *Bullettino della commissione archeologica comunale di Roma* principalmente ad opera di Dante Vaglieri, Guglielmo Gatti e, soprattutto, Luigi Cantarelli.[7] Da tali vivaci discussioni la *cura Tiberis* acquisì un profilo più definito; i nuovi rinvenimenti permisero, ad esempio, di fissare definitivamente all'età di Claudio il passaggio sui cippi dalla formula *ex senatus consulto* a quella *ex auctoritate imperatoris*. Secondo Gatti il momento del passaggio sarebbe identificabile nel 47 d.C., l'anno in cui Claudio ripristinò e rivestì la censura. In tale occasione l'imperatore avrebbe proceduto al riordino dei vari rami dell'amministrazione urbana, tra cui anche la cura del Tevere, e quindi ad una revisione della situazione delle rive.[8] Un punto di svolta nello studio della *cura Tiberis* è però rappresentato senza dubbio dagli articoli che Cantarelli pubblicò a più riprese su svariati numeri della rivista.[9] Egli fu il primo a presentare una ricerca complessiva, seppur breve, sulla curatela, creando una lista completa e aggiornata dei *curatores Tiberis* sino ad allora noti. Riprese in considerazione l'idea di Mommsen riguardo ad una doppia presidenza del collegio ed interpretò i due cippi esaminati dal suo predecessore con la teoria che, perdurando la collegialità, si sarebbe apposto sui termini il solo nome del *curator* che fra i cinque del collegio avesse svolto una specifica mansione di delimitazione delle rive.[10] Tentò quindi a più riprese di far luce sulla creazione della magistratura tiberina, attribuendola prima a Tiberio e poi, accreditando la versione di Svetonio, ad Augusto. Cantarelli sottolineava infatti la diligenza di informazioni di Svetonio e, notando come non sbagliasse nell'attribuire ad Augusto la creazione di altre tre curatele, riteneva che lo storico non avrebbe sbagliato assegnando a tale imperatore anche la *cura Tiberis*. Su simili basi, egli si vide costretto a rivedere svariati punti della sua teoria, giungendo a conclusioni facilmente attaccabili. Identificò, ad esempio, i *curatores riparum qui primi fuerunt* attestati da diversi cippi, non più con il collegio di cinque membri testimoniato da Dione, bensì con un duumvirato che lo studioso assimilava piuttosto arbitrariamente con i consoli *C. Marcius Censorinus* e *C. Asinius Gallus* i cui nomi comparivano effettivamente su alcuni cippi posti, in realtà, prima della fondazione della curatela.[11] Per conciliare quindi la versione di Svetonio con quelle di Tacito e Dione, Cantarelli sostenne che *L. Arruntius* e *Ateius Capito*, incaricati da Tiberio di trovare una soluzione alle alluvioni del Tevere, sarebbero stati in realtà i due *curatores Tiberis* di quell'anno (15 d.C.), giustificando il fatto che *Ateius Capito* fosse contemporaneamente *curator aquarum*, con il possibile accumulo di due 'quasimagistrature'.[12] I magistrati avrebbero dunque proposto due soluzioni: la prima, presentata da Tacito, di un intervento sul corso degli affluenti, poi scartata; la seconda, riportata da Dione, di portare il numero dei *curatores Tiberis* da due a cinque, che fu poi attuata.[13] Malgrado i successivi ripensamenti, lo studio di Cantarelli va ricordato per il pregevole tentativo di elaborazione di un catalogo dei *curatores* noti, per ciascuno dei quali lo studioso presentava una proposta di datazione dell'entrata in carica e alcune sommarie notizie prosopografiche. Benché schematico, tale catalogo rimase per oltre cinquant'anni l'unico a presentare una panoramica abbastanza completa sui *curatores Tiberis* e sulle principali questioni riguardanti la magistratura. Tra gli ultimi interventi di una certa consistenza che fecero seguito agli articoli di Cantarelli nei primi anni del Novecento vale forse la pena di ricordare quello di Kornemann, che tentò di dare alla dibattuta questione della data di fondazione una risposta che conciliasse le tre fonti letterarie.[14] Assegnò ad Augusto la creazione non di una *cura alvei Tiberis*, quanto piuttosto di una *cura riparum* come soluzione temporanea. Tale curatela, che sarebbe dunque nata attorno al 6 a.C., si sarebbe estesa esclusivamente alle rive, come attesterebbe la formula *curatores riparum qui primi fuerunt* apposta sui cippi. Nel 15 d.C. dunque si sarebbe effettuata soltanto una modifica alla struttura dell'originaria *cura riparum*, trasformandola in una *cura riparum et alvei Tiberis* di cinque senatori.

L'intervento di Kornemann fu l'ultimo che, inserendosi nella corrente degli studi ottocenteschi, si interessò specificamente della curatela del Tevere, dopodiché non si riscontrano studi significativi sulla carica all'incirca per un cinquantennio. Nel corso del Novecento, infatti, gli studiosi si sono occupati della *cura Tiberis* soltanto nell'ambito di ricerche di più ampio respiro, incentrate soprattutto sull'amministrazione generale di Roma o sulle curatele nel loro complesso. È il caso, ad esempio, di Léon Homo, il quale riservò alcune pagine alla magistratura tiberina all'interno della sua opera dedicata alla Roma imperiale e all'urbanesimo nell'antichità.[15] Di

[7] GATTI 1887, p. 306-313; CANTARELLI 1889, pp. 185-205; CANTARELLI 1894, pp. 39-48; CANTARELLI 1894b, pp. 354-359; VAGLIERI 1894, pp. 254-256; CANTARELLI 1900b, pp. 134-146; CANTARELLI 1907, pp. 108-114.

[8] GATTI 1887, p. 306-313.

[9] CANTARELLI 1889, pp. 185-205; CANTARELLI 1894, pp. 39-48; CANTARELLI 1894b, pp. 354-359; CANTARELLI 1900, pp. 134-146; CANTARELLI 1907, pp. 108-114.

[10] CANTARELLI 1889, pp. 185-205.

[11] Secondo CANTARELLI 1894, p. 42 i due «fecero, come consoli, la legale terminazione del Tevere, nel 746/8; deposti i fasci, ristabilirono ai loro luoghi i cippi da essi collocati e quelli posti da Augusto nel 747/7, come *primi curatores riparum*».

[12] CANTARELLI 1894, p. 44.

[13] CANTARELLI 1889, pp. 185-205; CANTARELLI 1894, pp. 39-48. L'attribuzione della curatela del Tevere ad Augusto fu giustamente criticata sullo stesso numero del *Bullettino* da VAGLIERI 1894, pp. 254-256. Non ritengo tuttavia utile inserire il suo brevissimo intervento in questa sede, tanto più che le ragioni da lui fornite non appaiono poi così probanti; valga lo stesso discorso per la replica di CANTARELLI 1894b, pp. 354-359 che concordo con LE GALL 1953, p. 136 nt. 3 (ora anche LE GALL 2005, p. 156 nt. 7) nel definire «sans portée».

[14] *PW* IV.2 (1901), coll. 1790-1794, s.v. *Curatores riparum et alvei Tiberis* (E. Kornemann). Va menzionato inoltre *DEAR* II, 2. (1910), p. 1327, s.v. *Curator* (G. Mancini).

[15] HOMO 1951, pp. 205-209; un breve accenno si trovava già in HOMO 1927, p. 381.

fatto, Homo si limitava a raccogliere le teorie elaborate in passato da Mommsen e Cantarelli, ma vi aggiungeva un'interpretazione personale circa l'ingresso della *cura cloacarum* fra le mansioni del *curator Tiberis*. Tale incarico, secondo lo studioso, sarebbe stato presente sin dalla fondazione della curatela, cioè dal 15 d.C., ma sarebbe comparso sulle iscrizioni solo a partire dal II secolo, a seguito della necessità di delimitare nettamente le funzioni dei *curatores* tiberini rispetto a quelle dei curatori delle acque. Mancando prove a sostegno, la proposta interpretativa di Homo rimane comunque solo una teoria.

È unicamente nel 1953 con l'opera di Joël Le Gall, *Le Tibre fleuve de Rome dans l'antiquités*, che la *cura Tiberis* diviene oggetto di uno studio sistematico e approfondito dal punto di vista storiografico.[16] Nell'opera, incentrata sullo stretto rapporto tra Roma e il suo fiume, lo studioso francese dedica un capitolo alla curatela del Tevere in cui elabora un catalogo accurato dei *curatores*, prendendo l'avvio da quello proposto da Cantarelli e aggiornandolo sia nel numero dei personaggi sia nelle datazioni, pur tendendo ad evitare di porre date-limite per quel che riguarda la durata in carica di ciascun *curator*.[17] La parte più consistente del capitolo è dedicata ad un'analisi della magistratura nei suoi vari aspetti, mediante la quale l'autore tenta con buoni risultati di dirimere i diversi temi rimasti sino ad allora in sospeso. Un valido esempio è costituito dalla dibattuta questione della fondazione della curatela, per la quale Le Gall fornisce finalmente un punto fermo mediante una corretta interpretazione delle fonti, assegnandone la creazione a Tiberio. Seppure non innovativa, la tesi ha l'indubbio pregio di essere presentata in modo preciso e convincente e di rispondere all'articolo con cui nel 1894 Cantarelli aveva attribuito la fondazione della curatela ad Augusto, teoria che non era mai stata confutata in modo pienamente persuasivo. Determinante risulta l'apporto dello studioso anche nell'elaborazione dell'ipotesi riguardante la scomparsa della collegialità e nel delineare nettamente le competenze dei *curatores Tiberis*. A lui spetta ancora il merito di aver compiuto un'accurata analisi dei cippi pervenutici, analisi che lo portò ad interessanti conclusioni sulle delimitazioni compiute lungo il Tevere. Di queste, tre sono testimoniate da un alto numero di cippi, mentre per altre si registrano soltanto poche pietre delimitative. Ciò ha portato Le Gall a pensare che effettivamente solo alcuni magistrati avessero compiuto delimitazioni complessive delle rive, mentre, in altri casi, si sarebbe trattato di semplici lavori di manutenzione delle delimitazioni principali. Premesso questo, egli individua due delimitazioni antecedenti la creazione della curatela, compiute rispettivamente dai censori del 54 a.C. e dai consoli dell'8 a.C. (quest'ultima completata da Augusto nel 7-6 a.C.); l'ultima delimitazione d'insieme, l'unica compiuta da un *curator*, fu invece quella di *Ti. Iulius Ferox*. Una sezione della ricerca di Le Gall venne dedicata inoltre ad una disamina della complessa questione del diritto riguardante le rive e il fiume, poiché, secondo l'opinione dello studioso, le delimitazioni rivierasche sarebbero nate da mutamenti all'interno di tale legislazione.[18] L'ultima parte del lavoro sui *curatores Tiberis* è riservata alla loro attività, dall'estensione territoriale delle loro competenze -che avrebbe compreso l'intero bacino del Tevere, unico modo per sorvegliarne efficacemente la portata- ai compiti dei magistrati, che lo studioso identifica in modo assai più dettagliato di quanto fatto dai predecessori.[19] Un accenno infine è fatto al personale subalterno di cui vengono presentate le poche testimonianze pervenute, associate al tentativo di delineare brevemente le competenze di ciascun personaggio. Lo studio ebbe l'indubbio pregio di puntare l'attenzione su una magistratura poco nota, tracciandone un profilo generale e raccogliendone in un'opera unitaria tutti gli elementi sino ad allora conosciuti, proponendo nel contempo nuove interessanti interpretazioni. In effetti Le Gall toccò nella sua pubblicazione tutti i punti fondamentali della storia della curatela tiberina e, benché lo spazio circoscritto che egli poté dedicarle (essendo la sua opera indirizzata allo studio del Tevere in generale) abbia talora limitato l'approfondimento di alcuni aspetti, la sua ricerca è ancor oggi punto di partenza imprescindibile per chiunque voglia avvicinarsi allo studio della *cura Tiberis*.

Quella di Le Gall fu anche l'ultima pubblicazione a prendere in considerazione la curatela del Tevere in modo completo e dettagliato; in seguito infatti, come già accennato, essa compare soltanto all'interno di opere che analizzano più in generale l'intero sistema dell'amministrazione urbana di Roma, prendendo dunque in considerazione l'insieme delle diverse curatele che ne facevano parte. All'interno di tali opere la *cura Tiberis* occupa uno spazio ridotto che solo raramente presenta una certa rilevanza e, in genere, principale fonte di informazione per tali interventi è comunque sempre lo studio di Le Gall. Ciò avviene, ad esempio, nella pubblicazione di Antonio Palma sulle *curae publicae* in cui un ampio capitolo viene riservato all'amministrazione romana.[20] Al suo interno, con un paragrafo di una ventina di pagine, l'autore propone una panoramica della curatela che consiste in buona parte in una storia degli studi principali, riportando principalmente i risultati raggiunti da Le Gall in particolare per ciò che riguarda l'importanza onorifica della curatela.[21] Un contributo degno di nota è invece l'articolo pubblicato da Roberto Viganò; malgrado la brevità, l'intervento si caratterizza

[16] Nel 2005 l'opera è stata pubblicata, arricchita di annotazioni, anche in traduzione italiana a cura di C. Mocchegiani Carpano e G. Pisani Sartorio per le edizioni Quasar.

[17] LE GALL 1953, pp. 135-185 (ora anche LE GALL 2005, p. 155-208).

[18] LE GALL 1953, pp. 166-170 (ora anche LE GALL 2005, p. 190-195).

[19] Le competenze identificate da Le Gall sono le seguenti: la delimitazione delle rive; l'autorità giuridica sulle rive e di conseguenza l'autorità di concedere e proibire l'occupazione del suolo pubblico attorno al fiume, quindi la difesa della pubblica proprietà intesa non solo come suolo pubblico, ma anche come acqua che non doveva venire sottratta abusivamente; la pulizia delle rive e del letto del fiume e, da Traiano in poi, delle cloache; la direzione dei lavori di risistemazione di strutture come le banchine; il controllo delle corporazioni dei battellieri.

[20] PALMA 1980, pp. 165-257.

[21] PALMA 1980, pp. 231-251.

per l'originalità dell'approccio che lo studioso riserva alla *cura Tiberis*, di cui tenta di chiarire la modalità di gestione da parte dello stato.[22] È assai probabile, secondo Viganò, che si trattasse di gestione diretta, ipotesi basata essenzialmente sull'osservazione delle analogie tra *cura Tiberis* e *cura aquarum*, quest'ultima affidata in età medio-repubblicana a *redemptores* e solo sotto Augusto passata a due incaricati imperiali.[23] Analogo processo di trasformazione sarebbe avvenuto dunque per la *cura Tiberis*, con un iniziale *edictum de fluminibus retandis* che prevedeva l'assegnazione della pulizia dell'alveo a *redemptores* (non si trattava dunque di cura del Tevere in senso proprio); in seguito la curatela sarebbe passata tra le mansioni dapprima dei censori e quindi, dal 15 d.C. in poi, dei *curatores riparum et alvei Tiberis*. A partire da Claudio si sarebbe compiuto anche per la *cura Tiberis* il passaggio da carica dipendente dal senato a funzione del principe, il quale probabilmente provvedeva a mantenere uno staff apposito. Malgrado il taglio prettamente giuridico che tralascia importanti dati storiografici, l'intervento di Viganò rimane un *unicum* nel panorama degli studi sulla *cura Tiberis* per l'argomento affrontato.

Si concentra piuttosto sugli aspetti più propriamente amministrativi della curatela lo studio di Olivia F. Robinson che per gli elementi generali non si distacca da quanto già detto precedentemente da altri studiosi.[24] Non manca però di elaborare una teoria personale su uno dei punti meno chiari della curatela, quello relativo alla cura delle cloache, iniziando da un'ipotesi di identificazione degli incaricati della *cura cloacarum* prima della sua attribuzione ai *curatores Tiberis*, questione, quest'ultima, mai completamente chiarita a causa dell'oggettiva mancanza di fonti.[25] Poiché in età repubblicana e agli inizi del principato la manutenzione di fognature e tombini era considerata come parte della cura delle strade, essa, secondo Robinson, sarebbe rientrata nelle mansioni di censori ed edili; in seguito sarebbe stata affidata congiuntamente a curatori del Tevere, edili e *IVviri viis purgandis*, per passare infine, in età traianea, esclusivamente ai *curatores Tiberis*, con una inevitabile minima cooperazione tra i vari settori amministrativi, specie con i *curatores aquarum* e i *curatores viarum*.[26] In anni più recenti, sempre nell'ambito delle pubblicazioni inerenti all'amministrazione urbana, vanno ricordati gli interventi di Anne Daguet-Gagey e Christer Bruun, i quali, pur analizzando le curatele nel loro insieme, ripropongono una panoramica abbastanza completa della *cura Tiberis*, fornendo come bibliografia principale l'opera di Le Gall.[27] Infine è senz'altro degno di nota l'approfondito studio condotto da Gregory S. Aldrete sulle piene del Tevere nell'antichità. Se lo spazio dedicato alla *cura Tiberis* all'interno dell'opera è ristretto, essa resta comunque importante per la ricostruzione attenta e scientifica degli scenari ambientali entro cui il *curator Tiberis* si trovava ad operare.[28]

2. Per uno studio della *cura Tiberis*

Da quanto sin qui presentato risulta come gli studi sulla magistratura tiberina si caratterizzino per un approccio complessivo che spesso si mantiene generico, mirando a fornire un quadro d'insieme degli aspetti principali che la riguardano. Nel panorama degli studi spicca certamente l'opera di Le Gall che ebbe il merito di ordinare, riunire in un'unica sede ed esaminare attentamente tutti gli elementi noti a riguardo della curatela. Malgrado ciò, tuttavia, diversi sono ancora gli aspetti da approfondire, come ad esempio l'effettiva importanza della carica e la sua durata, o i rapporti che intercorrevano tra i *curatores* e le corporazioni che lavoravano sul fiume. In buona parte le lacune nella ricerca si devono alla scarsità delle fonti dirette pervenute su tale magistratura; basti pensare, ad esempio, a quante informazioni si possono ricavare a riguardo della *cura aquarum* dalla sola opera di Frontino, o dal fatto che sia possibile studiare direttamente le strutture degli acquedotti di cui i magistrati si occupavano. Per la *cura Tiberis* invece, se si escludono i tre brevi passi di Tacito, Svetonio e Cassio Dione che ne rendono note le circostanze della nascita (per altro, come già accennato, con diverse contraddizioni), si possiedono soltanto le fonti epigrafiche. Tra queste si rivelano preziosi i cippi delimitativi e le pochissime concessioni di terreni e di restauro di strutture fluviali da parte di un *curator*, poiché costituiscono testimonianza diretta dell'attività dei magistrati. Grazie ad un'attenta analisi dei cippi, e principalmente delle iscrizioni apposte su di essi e della loro collocazione, è possibile comprendere come avvenivano le operazione di delimitazione delle rive e per quali motivi venissero realizzate, elementi fondamentali per capire la reale portata dell'attività dei *curatores*. Ma non meno rilevanti sono le iscrizioni onorarie e funerarie dei detentori della carica che, riportando la carriera dei personaggi, permettono di collocare la curatela all'interno del *cursus* e aiutano a definirne l'importanza. Poche altre testimonianze epigrafiche riguardano invece una piccola parte del personale subalterno e consentono di aprire uno spiraglio sul mondo variegato dei personaggi che coadiuvavano il *curator Tiberis* nello svolgimento delle sue mansioni.

Per tentare di approfondire la conoscenza della *cura Tiberis* e delle mansioni ad essa affidate ci si deve dunque avvalere anche di fonti di altro genere, come ad esempio quelle giuridiche, che riguardano solo indirettamente la curatela, nel tentativo di definire dal punto di vista normativo l'ambiente entro cui i *curatores Tiberis* agivano. Benché l'opera di Le Gall fornisca un quadro generalmente completo della curatela, l'esiguità dello spazio dedicatole porta a tentare ulteriori approfondimenti, che possono derivare in primis da un'analisi sistematica e attenta delle testimonianze epigrafiche. Proprio l'analisi delle iscrizioni costituisce

[22] VIGANÒ 1972, pp. 803-808.
[23] FRONTIN. *aq.* 96.
[24] ROBINSON 1994, pp. 83-94.
[25] ROBINSON 1994, pp. 117-118.
[26] ROBINSON 1994, pp. 85-86.
[27] DAGUET-GAGEY 2000, pp. 89-92; BRUUN 2006, pp. 89-114; DAGUET-GAGEY 2011, pp. 349-354.
[28] ALDRETE 2007, pp. 198-203.

uno dei punti deboli della ricerca di Le Gall che, certamente per il taglio dell'opera incentrata sul Tevere, si limita a ricavare dalle epigrafi i nomi e le competenze principali dei magistrati, dei quali fornisce un elenco utile poiché completo, ma assai sommario. Ugualmente riassuntivo è il prospetto delle fonti giuridiche relative al fiume e alle rive che solo parzialmente lo studioso mette in collegamento con i magistrati tiberini. Utili informazioni sulla curatela si possono ricavare inoltre dall'elaborazione di un catalogo delle prosopografie dei magistrati sinora mai realizzato in modo sistematico e completo. Un brevissimo commento, inerente principalmente alla carriera di ciascun *curator*, era stato elaborato da Cantarelli e quindi ripreso da Le Gall, ma forniva soltanto accenni minimi, poco utili ai fini di un'analisi approfondita. Sebbene molti tra i *curatores* siano già comparsi in svariati studi prosopografici, la realizzazione di una raccolta unitaria di dati relativi a ciascuno di essi può fornire utili elementi sull'origine dei singoli personaggi, sulla collocazione della carica nel *cursus*, sull'effettiva importanza sociale di coloro che la rivestirono.

Malgrado la *cura Tiberis* non figuri nella storia degli studi come la principale fra le curatele urbane, si rivela ad una prima analisi una magistratura perfettamente inserita nella realtà urbana. Il presente studio si propone di analizzare ciascun aspetto legato alla curatela prendendo sempre come punto di partenza e di riferimento le fonti, principalmente quelle epigrafiche, ma anche quelle giuridiche, storiche ed archeologiche, che possono fornire concrete informazioni e aprire spiragli sull'attività e l'entità della *cura Tiberis* nei suoi svariati aspetti. Di conseguenza lo studio è stato suddiviso in due sezioni. La prima, a carattere propriamente storiografico, si propone di delineare e chiarire gli aspetti storici e burocratici della carica, a partire dalle circostanze della sua fondazione narrate dai tre passi di Tacito, Svetonio e Cassio Dione. Vengono quindi presi in esame gli aspetti più istituzionali della curatela allo scopo di chiarire elementi non ancora ben definiti, quali il passaggio dalla collegialità al singolo *curator*, la durata della carica (dato mai effettivamente accertato), lo spostamento dell'attività magistratuale dall'autorità del senato a quella dell'imperatore, come indicato dalla sostituzione sui cippi di età claudia della formula *ex senatus consulto* con l'espressione *ex auctoritate imperatoris.* Tra i vari aspetti istituzionali esaminati si tenta inoltre di delineare l'effettiva importanza della carica, nonché di identificare i nomi dei primi *curatores* rimasti sinora anonimi. Un capitolo di questa prima sezione è dedicato all'analisi dei compiti effettivi dei magistrati tiberini, con particolare attenzione innanzitutto ai dati epigrafici e archeologici inerenti ai cippi, al fine di comprendere gli scopi e le modalità di attuazione delle *terminationes* fluviali; l'analisi delle fonti storiche e giuridiche è alla base del tentativo di comprendere in cosa consistessero effettivamente la pulizia dell'alveo e la *cura cloacarum.* Un paragrafo a parte occupa l'analisi dei rapporti, attestati da alcune iscrizioni, tra i *curatores* e le corporazioni di ambito ostiense note come *corpora traiectus*, mentre l'analisi di alcune epigrafi urbane, legate ad esponenti del personale subalterno tiberino, fornisce i dati per tentare di delineare consistenza ed articolazione dello staff amministrativo che ruotava attorno al *curator*.

Fondamentale per la ricostruzione storiografica di molti dei vari aspetti della curatela si rivela essere lo studio delle fonti epigrafiche e prosopografiche, alle quali, per agevolarne la consultazione, si è deciso di dare sede unitaria nella seconda sezione dello studio. Quest'ultima infatti si suddivide a sua volta in due parti, la prima delle quali presenta carattere prosopografico e si propone di riunire in un'unica sede le notizie riguardanti i senatori che di volta in volta rivestirono la curatela, analizzandone principalmente il *cursus honorum* e l'entità dei rapporti che li legarono al potere centrale e al *princeps*, allo scopo di definire, come anticipato, l'importanza sociale di tali personaggi e, conseguentemente, della carica rivestita. Ulteriore scopo, perseguito mediante lo studio delle carriere di ogni *curator*, sarà quello di rielaborare una lista di magistrati, aggiornata dal punto di vista delle risultanze documentarie rispetto a quella presentata da Le Gall. L'ultima sezione del presente studio costituisce una raccolta delle fonti di carattere epigrafico inerenti ai *curatores Tiberis*, sia quelle derivate direttamente dalla loro attività, come i cippi, sia le iscrizioni onorarie e funerarie dei personaggi. La sezione include anche i cippi posti prima della fondazione della curatela e mira non tanto alla creazione di un *corpus*, quanto piuttosto a fornire una raccolta di testi per una migliore consultazione del presente studio. All'interno del testo i riferimenti alla Raccolta Epigrafica sono indicati mediante la sigla REp seguita dal numero romano indicante la sezione e dal numero arabo e dalla lettera corrispondenti al testo (ad es. REp III. 24.*a*).

In ultima analisi un simile studio si prefigge di contribuire alla definizione di un ulteriore importante tassello della struttura amministrativa dell'Urbe, tramite la conoscenza di una magistratura poco nota, ma che trae importanza dal suo essere dedicata al sistema fluviale del Tevere, fondamentale per la storia e la vita di Roma.[29]

[29] È doveroso da parte mia volgere un sentito ringraziamento innanzitutto alla professoressa Giovannella Cresci Marrone e al professor Alfredo Buonopane che costantemente mi hanno seguita e supportata con la loro esperienza, credendo in me, spingendomi a dare il meglio e insegnandomi molto. Un ringraziamento va inoltre alla professoressa Maria Letizia Caldelli per il tempo, la disponibilità e l'attenzione regalati al mio lavoro. Un pensiero di profonda gratitudine è per quanti mi hanno supportato e sopportato durante la stesura di questo libro, *in prims* i miei genitori, mio marito Davide, e Maria, che hanno ascoltato pazienti le mie elucubrazioni e i miei scoraggiamenti, regalandomi fiducia. Un ultimo ringraziamento va alla casa editrice BAR che, rendendo possibile la pubblicazione di questo lavoro, ha avverato un desiderio.

SEZIONE STORIOGRAFICA. LA *CURA RIPARUM ET ALVEI TIBERIS*: STORIA E ASPETTI GENERALI

CAP. I
LA CREAZIONE DELLA CURATELA

1. Tiberio e la *cura Tiberis*: i racconti di Cassio Dione e Tacito

TAC. *ann.* 1, 76.79

«*76. Eodem anno continuis imbribus auctus Tiberis plana urbis stagnaverat; relabentem secuta est aedificiorum et hominum strages. Igitur censuit Asinius Gallus ut libri Sybillini adirentur. Renuit Tiberius, perinde divina humanaque obtegens; sed remedium coercendi fluminis Ateio Capitoni et L. Arruntio mandatum. [...] 79. Actum deinde in senatu ab Arruntio et Ateio, an ob moderandas Tiberis exundationes verterentur flumina et lacus, per quos augescit; auditaeque municipiorum et coloniarum legationes, orantibus Florentinis, ne Clanis solito alveo demotus in amnem Arnum transferretur idque ipsis perniciem adferret. Congruentia his Interamnates disseruere: pessum ituros fecundissimos Italiae campos, si amnis Nar (id enim parabatur) in rivos diductus superstagnavisset. Nec Reatini silebant, Velinum lacum, qua in Narem effunditur, obstrui recusantes, quippe in adiacentia erupturum: [...] spectandas etiam religiones sociorum, qui sacra et lucos et aras patriis amnibus dicaverint; quin ipsum Tiberim nolle prorsus accolis fluviis orbatum minore gloria fluere. Seu preces coloniarum seu difficultas operum sive superstitio valuit, ut sententiam Pisonis concederetur, qui nihil mutandum censuerat*».

«In quello stesso anno il Tevere, accresciuto per le continue piogge, aveva allagato i luoghi piani della città; al suo ritirarsi fece seguito una devastazione di case e di uomini. Allora Asinio Gallo propose di consultare i libri Sibillini. Tiberio rifiutò, volendo tener nascoste ugualmente le cose divine e umane; ma si diede mandato ad Ateio Capitone e L. Arrunzio di provvedere a fermare lo straripamento del fiume [...]. Si parlò poi in senato, per azione di Arrunzio e Ateio, se per frenare le esondazioni del Tevere si dovessero deviare i fiumi e i laghi, dai quali era alimentato; e furono ascoltate le delegazioni dei municipi e delle colonie, fra le quali i Fiorentini pregavano affinché il Chiana deviato dall'alveo consueto non venisse trasferito nell'Arno, poiché ciò sarebbe stato di grande danno per loro. Argomenti simili a questi esposero gli abitanti di Terni: sarebbero andati in rovina i campi più fecondi d'Italia, se il Nera, separato in canali, come si progettava, vi avesse stagnato sopra con allagamenti: non tacevano neppure i Reatini, che rifiutavano di ostruire il lago Velino che si getta nel Nera, perché allora avrebbe dilagato per le terre circostanti. [...] Si dovevano poi rispettare anche i culti degli alleati che avevano dedicato ai fiumi patrii riti, boschi, altari; anzi lo stesso Tevere non avrebbe assolutamente voluto, privato degli affluenti, scorrere con minore maestà. Fossero le preghiere delle colonie, o la difficoltà del progetto o il timore religioso ad aver peso, si seguì il parere di Pisone, che aveva stimato che non si dovesse cambiare nulla».

DIO 77, 14

«Τοῦ τε ποταμοῦ τοῦ Τιβέριδο͂ πολλὰ τῆ͂ πόλεῶ κατασχόντο͂ ὥστε πλεσθῆναι, οἱ μέν ἄλλοι ἐν τέρατο͂ λόγῳ καὶ τοῦτο, εκεῖνο͂ δέ δὴ νομίσᾶ ἐκ πολυπληθίᾶ ναμάτων αὐτὸ γεγονέναι πέντε ἀεὶ βουλευτᾶ κληρωτοῦ ἐπιμελεῖσθαι τοῦ ποταμοῦ προσέταξεν, ἵνα μήτε τοῦ χειμῶνο͂ πλεονάζῃ μήτε τοῦ θέροῦ ἐλλείπῃ, ἀλλ ἴσο͂ ὅτι μάλιστα ἀεὶ ῥέῃ».

«Essendo il Tevere straripato inondando molte zone della città fino al punto da renderle raggiungibili solo con delle imbarcazioni, molti interpretavano anche questo evento come un segno premonitore, [...] Tiberio, invece, pensando che ciò fosse dovuto alla gran quantità di acqua straripata, ordinò che cinque senatori scelti in base ad un sorteggio si prendessero per sempre cura del fiume, cosicché d'inverno il livello non si alzasse troppo e d'estate non si abbassasse eccessivamente, ma scorresse sempre per quanto possibile regolare».

I due brani riportati sono, assieme ad un passo di Svetonio, le uniche fonti letterarie che narrano più o meno direttamente le circostanze che videro la nascita della *cura Tiberis*.[30] Data la sommaria qualità delle informazioni fornite da Svetonio a riguardo, è maggiormente utile iniziare prendendo in considerazione i racconti di Tacito e Cassio Dione, assai più circostanziati sugli avvenimenti di quell'anno. Nel 15 d.C. si registrò a Roma un'alluvione del Tevere particolarmente violenta che colpì principalmente gli spazi più bassi della città tanto che, racconta Dione, molte zone divennero raggiungibili soltanto tramite imbarcazioni. Le inondazioni costituivano per Roma un fenomeno frequente che comportava il dissesto temporaneo dell'intera città; un'immagine abbastanza precisa di quanto effettivamente avveniva viene evocata dalla narrazione di Dione riguardante un'alluvione particolarmente violenta avvenuta nel 54 a.C.:

«Κὰν τούτῳ ὁ Τίβερῖ , εἴτ οὖν ὄμβρων ἄνω που ὑπὲρ τὴν πόλιν ἐξαισίων γενομένων, εἴτε καὶ σφοδροῦ πνεύματο͂ ἐκ τῆ͂ θαλάσσῇ τὴν ἐκροὴν αὐτοῦ ἀνακόψαντο͂ , εἴτε καὶ μᾶλλον, ὣ ὑπωπτεύετο, ἐκ παρασκευῆ͂ δαιμονίου τινο͂ , τοσοῦτο͂ ἐξαπιναίῶ ἐρρύη ὧστ ἐν πᾶσι μὲν τοῖ͂ πεδίοῖ τοῖ͂ ἐν τῷ ἄστει οὖσι πρλαγίσαι, πολλὰ δὲ καὶ τῶν μετεωροτέρων καταλαβεῖν. αἵ τε οὖν οἰκίαι (ἐκ πλίνθων γὰρ συνῳκοδομημὲναι ἦσαν) διάβροχοί τε ἐγενοντο καὶ κατερράγησαν, καὶ τὰ ὑποζύγια πάντα ὑποβρύχια ἐφθάρη. Τῶν τε ἀνθρώπων ὅσοι μὴ ἔφθησαν πρὸ͂ τὰ πάνυ ὑψηλὰ ἀναφυγόντε͂ , οἱ μὲν ἐν ταῖ͂ τέγαῖ οἱ δὲ καὶ ἐν ὁδοῖ͂ ἐγκαταληφθέντε͂ ἐξώλοντο. Καὶ γὰρ αἱ λοὶπαὶ οἰκίαι, ἅτε ἐπὶ πολλὰ͂ ἡμέρᾶ τοῦ δεινοῦ συμβάντο͂ , σαθραί τε ἐγένοντο καὶ πολλοῖ͂ τοῖ͂ μὲν εὐθῦ τοῖ͂ δὲ μετὰ τοῦτ ἐλυμήναντο».[31]

---

[30] Per il passo di Svetonio si veda il paragrafo I.2.

[31] DIO 39, 61.1-2.

«Proprio in quel tempo il Tevere, o per la pioggia abbondante caduta un po' a nord di Roma, o per il forte vento che spirando dal mare spingeva indietro la sua corrente, o più probabilmente per la volontà di qualche dio, come si sospettava, all'improvviso straripò con tale violenza da inondare tutti i luoghi bassi della città e raggiungere anche molte delle località più alte. I muri delle case, che erano fatti di mattoni, si inzupparono di acqua e precipitarono, e tutte le bestie morirono annegate. Tutti gli uomini che non fecero in tempo a rifugiarsi su luoghi elevati morirono, alcuni sorpresi nelle proprie case, altri nelle vie. Poiché il flagello durò molti giorni, le case che non crollarono sul momento divennero marce e travolsero molta gente o subito o dopo qualche tempo».

Il passo riportato è esemplare per ciò che riguarda l'insieme degli effetti devastanti che le alluvioni producevano su Roma e i suoi abitanti. Le prime zone ad incontrare il fiume in piena erano naturalmente i *loca plana urbis*, gli spazi piani della città, e quelli che si trovavano prospicienti al fiume. Tuttavia le inondazioni più violente potevano raggiungere anche zone più alte, come avvenne nel 54 a.C. o nel 69 d.C., allorché la salita delle acque fu talmente rapida e repentina che molte persone vennero trascinate via per la strada o sorprese nelle *tabernae* e nelle case senza avere il tempo di mettersi in salvo; o ancora nel 217 d.C. quando la violenza delle acque che esondavano «ἀνθρώπου παρσυρῆναι», spazzò via le persone.[32] Ma anche quando le alluvioni non erano così devastanti i disagi per la città erano consistenti; le perdite umane sono un dato registrato quasi costantemente nelle fonti e, accanto a queste, la morìa di animali, soprattutto di bestiame nelle campagne.[33] Grave danno ricevevano anche le infrastrutture, che, come racconta Dione, potevano crollare non solo sotto la spinta delle acque che salivano, ma anche nei giorni seguenti costituendo così un ulteriore pericolo per i superstiti, poiché il fiume ne indeboliva le fondamenta e ne faceva marcire le strutture in cotto e in legno. Assieme alle case spesso le acque trascinavano via anche i ponti, come avvenne per il *pons Aemilius* nel 156 a.C. o, a più riprese, per il *pons Sublicius*.[34] Passato il momento di maggior pericolo i disagi tuttavia non sparivano assieme al ritirarsi delle acque. Innanzitutto per giorni (una delle alluvioni più violente ricordate dalle fonti durò otto giorni) ampie parti della città rimanevano sommerse e potevano essere percorse solo con imbarcazioni, peculiarità questa che dovette colpire particolarmente Cassio Dione che vi fa riferimento quasi sempre quando riporta notizia di un'alluvione.[35] Una delle più gravi emergenze portate dalle piene riguardava i rifornimenti di cibo, soprattutto il grano. Nel 69 d.C., ad esempio, un'alluvione sommerse ampie parti della città colpendo anche i magazzini e il mercato del grano e causando, come racconta Plutarco, «δεινὴν ἀπορίαν ἡμερῶν συχνῶν», una grave penuria di cibo per molti giorni.[36] Ma anche senza danneggiare direttamente i silos delle derrate, l'alluvione poteva trascinare via il grano stivato o, persistendo a lungo le acque, renderlo irrecuperabile; per questo una delle maggiori preoccupazioni subito dopo le alluvioni particolarmente persistenti era il recupero di cibo per sfamare la popolazione.[37] Altri problemi sorgevano quando le acque si ritiravano; infatti il fiume, tornato nel suo alveo naturale, lasciava dietro a sé, oltre alle case danneggiate e soggette a crolli improvvisi, detriti che intralciavano le strade, specchi d'acqua stagnante che, soprattutto in zone depresse della città, si asciugavano solo con il tempo, e inoltre fango e sporcizia che provenivano non solo dal fiume ma anche dalle cloache che le acque in esondazione avevano percorso facendone risalire i rifiuti. A tutto ciò sicuramente si devono aggiungere i cadaveri degli annegati e le carcasse degli animali che il fiume lasciava sulle strade. L'insieme di questi elementi instaurava un ambiente potenzialmente a rischio di malattie epidemiche che potevano diffondersi facilmente fra la popolazione, per cui la pulizia delle strade doveva rappresentare un'altra delle priorità dopo un'alluvione.[38]

La città era abituata agli sbalzi d'umore del suo fiume, specie in inverno e in primavera quando il Tevere toccava i massimi di portata, e numerose sono le testimonianze che lo certificano (*tab. 1*), ma, stando al racconto di Tacito, la violenta alluvione del 15 d.C. segnò un cambiamento nel modo di affrontare la situazione.[39] Vi fu, per la verità, chi propose di ricorrere secondo tradizione ai Libri Sibillini, parere che curiosamente proveniva da quello stesso *C. Asinius Gallus* che durante il suo consolato nell'8 a.C. si era occupato, con il collega *C. Marcius Censorinus*, di delimitare le rive del Tevere nell'ambito dei grandi lavori di riassetto urbano voluti da

[32] DIO 79, 25.5. Sul decorso delle alluvioni si vedano LIV. 35, 9.2; cfr. LIV. 38, 28.4; TAC. *ann.* 1,76; TAC. *hist.* 1, 86; DIO 39, 61.1; DIO 53, 20.1; AMM. 19, 6.17; AVG. *civ.* 3,18. Le due alluvioni del 54 a.C. e del 69 d.C. sono attestate rispettivamente da DIO 39, 61.1 e TAC. *hist.* 1, 86. Sulla possibile topografia delle zone inondate anche in base alla violenza delle esondazioni cfr. ALDRETE 2007, pp. 39-50.

[33] LIV. 24, 9.6; LIV. 35, 21.5-6; TAC. *ann.* 1, 76; DIO 37, 58.2-4; SHA *M. Aur.* 8.

[34] Cfr. LIV. 35, 9.2-3; 21.51-6; TAC. *ann.* 1, 76; TAC. *hist.* 1, 86; SVET. *Otho* 8, 3; SHA *M. Aur.* 8; AVG. *civ.* 3; OBSEQ. 16. Il *Pons Sublicius* subì danni nel 60 a.C. (DIO 37, 58.2-4); nel 32 a.C. (DIO 50, 8.3); nel 23 a.C. (DIO 53, 33.5), anno in cui dovette crollare anche il *pons Fabricius* che infatti fu restaurato dai consoli di quell'anno come attestato da CIL VI 1305 (cfr. ALDRETE 2007, p. 24); nel 69 d.C. (TAC. *hist.* 1, 86).

[35] DIO 53, 20.1; 33.5; DIO 55, 22.3; DIO 57, 14.7-8; DIO 58, 26.5. L'alluvione di più lunga durata avvenne nel 5 d.C. Cfr. DIO 55, 22.3; CASSIOD. *chron.* 604. Secondo lo studio di ALDRETE 2007, p. 66 l'acqua doveva impiegare circa due-tre giorni a raggiungere il suo livello massimo.

[36] PLUT. *Otho* 4, 5. Un'altra testimonianza di carestia a seguito di un'alluvione in SHA *M. Aur.*, 8.

[37] ALDRETE 2007, p. 62. Così, ad esempio, a seguito dell'alluvione del 54 a.C., Pompeo si premurò di supervisionare personalmente il recupero di rifornimenti per rispondere alle necessità di Roma (DIO 39, 63.3); ancora, durante l'alluvione del 371 d.C. ci si preoccupò di assicurare i rifornimenti distribuendoli per mezzo di imbarcazioni (AMM. 19, 6.17). Sulle carestie provocate dalle inondazioni si veda più ampiamente ALDRETE 2007, pp. 131-141.

[38] Per un'analisi delle malattie che potevano sorgere a seguito delle alluvioni cfr. SCOBIE 1986, pp. 407-422; ALDRETE 2004, pp. 94-99; ALDRETE 2007, pp. 141-153.

[39] Diversi sono gli studi che presentano un elenco delle alluvioni del Tevere in età romana; si vedano ad es. LE GALL 1953, p. 28-29 (ora anche LE GALL 2005, p. 35-36); GIARDINA 1981, pp. 107-110; BELATI 1999, p. 15; BUSTANY 2003; ALDRETE 2007, pp. 242-243. Per un'analisi giuridica del passo di Tacito e dei procedimenti decisionali in esso narrati cfr. CAPPELLETTI 2009, pp. 235-253.

Augusto.[40] In quanto *XVvir sacris faciundis*, *Gallus* dovette probabilmente ritenersi esperto per ciò che riguardava la loro consultazione e non è da escludersi che, conoscendone il contenuto e sapendo cosa sarebbe emerso da una loro consultazione, il senatore sperasse di mettere in imbarazzo Tiberio.[41] Potrebbe pure essersi trattato, come suggerito da Levick, di un'uscita sarcastica dettata probabilmente dalla precedente esperienza dell'ex-console, consapevole che il Libri Sibillini non avrebbero risolto il problema.[42] Ad ogni modo Tiberio ignorò il suggerimento, secondo Tacito per una pervicace volontà di censura di *divina humanaque*, secondo Dione, meno prevenuto, perché aveva individuato le cause naturali dell'alluvione più che quelle religiose. L'imperatore decise comunque di ricercare una soluzione meno legata alle tradizioni, ma più efficace e, per quanto possibile, duratura. Vennero dunque scelti due senatori, *L. Arruntius* e *Ateius Capito*, cui fu conferito mandato di ricercare un efficace *remedium coercendi fluminis*. Con tutta probabilità i due personaggi non furono scelti a caso, ma vennero selezionati a ragion veduta sulla base di un'effettiva esperienza in materia; questo almeno è certo per ciò che riguarda *Ateius Capito* di cui si sa che nel 15 d.C., quando gli fu affidato l'incarico, stava rivestendo la presidenza del collegio dei *curatores aquarum*, carica che, peraltro, tenne per dieci anni (dal 13 al 22 d.C.).[43] A ciò si deve aggiungere che *Capito* era prima di tutto un famoso giurista e dunque la sua competenza in materia di diritto poteva diventare preziosa in tale situazione. A queste motivazioni viene solitamente affiancato il fatto che, come *curator aquarum*, *Ateius Capito* fu autore di un'opera, testimoniata da Frontino, tradizionalmente interpretata come un trattato sull'amministrazione delle acque.[44] Tuttavia sull'effettivo peso di quest'ultimo dato nella scelta di Capitone è lecito avanzare qualche dubbio dal momento che di quest'opera non si conosce effettivamente nulla, se non che, in un passo, trattava degli aspetti giuridici legati ai prelievi clandestini di acque dagli acquedotti; perciò, essendo Capitone un giurista, il soggetto dell'opera (ammesso poi che nel 15 d.C. fosse già stata scritta) poteva anche non riguardare specificamente la gestione delle *aquae*, ma soltanto alcuni aspetti di diritto.[45] Più probabile invece che maggior incidenza nella scelta abbia avuto il fatto che Capitone aveva rivestito la carica di *consul suffectus* nel 5 d.C., anno in cui si era verificata un'alluvione particolarmente violenta.[46] Di *L. Arruntius* non si conoscono invece specifiche competenze in campo, per così dire, idraulico tali da giustificare la sua scelta da parte di Tiberio; è vero però che *Arruntius* era un personaggio particolarmente in vista *«dives promptus, artibus egregiis et pari fama publice»,* tanto che Tacito lo inserisce nel novero di coloro che Augusto prese in considerazione per la successione.[47] È dunque possibile che per tale posizione di rilievo *Arruntius* sia stato scelto tra altri potenziali candidati, come ad esempio *C. Asinius Gallus* che, per i suoi precedenti durante il consolato dell'8 a.C., avrebbe potuto costituire una buona scelta, se non fosse per i cattivi rapporti che intercorrevano tra lui e l'imperatore; inoltre non è dato sapere quanta esperienza di alluvioni *Gallus* avesse effettivamente acquisito dalla delimitazione delle rive. Il risultato delle consultazioni della commissione straordinaria fu un ardito progetto che venne discusso animatamente in senato e che aveva il suo punto di forza nel piano che prevedeva la deviazione del corso di alcuni affluenti e sub-affluenti del Tevere in modo da diminuire la portata del fiume; in particolare si sarebbe dovuto intervenire sul Chiana, sul Nera e sul lago Velino. Alla discussione del progetto presero parte anche delegazioni dei municipi e delle colonie ubicati nei territori attraversati dai fiumi, in primis i Fiorentini che temevano i danni arrecati dalla deviazione del Chiana nell'Arno; *Interamnes* e Reatini sollevarono invece obiezioni circa gli interventi sul Nera e il Velino che avrebbero ridotto a palude i campi coltivati. A queste opposizioni vennero infine aggiunte argomentazioni di carattere religioso, giacché i *socii* di Roma avevano legato ai corsi d'acqua specifici culti. Il progetto infine fu accantonato su proposta di Pisone il quale aveva tutto l'interesse a sostenere le colonie e i municipi tra cui contava numerosi *clientes* specie nella zona di Terni, clientele che lo sosterranno quando, rientrato in Italia dopo la morte di Germanico, verrà sottoposto a processo.[48] In ogni caso il progetto di *L. Arruntius* e *Ateius Capito*, pure se fosse stato realizzato, avrebbe lasciato irrisolto il problema delle inondazioni, anzi sarebbe stato addirittura dannoso per il regime fluviale. Inoltre, sebbene la deviazione del Chiana nell'Arno non avrebbe potuto causare i danni paventati dai Fiorentini, sarebbe stata un'operazione del tutto inutile ai fini di diminuire la portata tiberina, dal momento che l'irregolarità del Tevere era provocata piuttosto dal Paglia, un affluente che nasceva dal monte Amiata e confluiva nel fiume più a sud. Ugualmente l'ostruzione del Velino e la suddivisione del Chiana in diversi canali non avrebbero cambiato di molto la situazione, causando invece periodi di magra.[49] Il passo di Tacito mostra quanto poco si sapesse a Roma di idrografia; per gli antichi infatti il dissesto idrogeologico, in questo caso lo straripamento dei fiumi, trovava la sua causa prima nelle piogge abbondanti, quando non veniva incolpata la natura o ritenuta responsabile qualche divinità, e quindi ad esso si era ineluttabilmente rassegnati.[50]

[40] Si veda a riguardo il III.1.

[41] GOODYEAR 1981, p. 171. Sui cattivi rapporti che intercorrevano tra Tiberio e *Asinius Gallus* si vedano ad es. SHOTTER 1971, pp. 443-457; FLOWER 2006, pp. 143 ss. e BALBO 2007, pp. 197-198.

[42] LEVICK 1999, p. 80.

[43] FRONTIN. *aq.* 102.

[44] FRONTIN. *aq.* 97.

[45] LE GALL 1953, p. 136, nt. 1 (ora anche LE GALL 2005, p. 156 nt. 5). Cfr. PALMA 1980, p. 233, nt. 257.

[46] LE GALL 1953, p. 136 (ora anche LE GALL 2005, p. 156).

[47] TAC. *ann.* 1, 13; 12, 13. Una dettagliata biografia di *L. Arruntius* si trova in ROGERS 1931, pp. 31-45; cfr. anche PIR² A 928.

[48] TAC. *ann.* 3, 9. Cfr. CLEMENTONI 1989, pp. 174-175 nt. 25.

[49] LE GALL 1953, pp. 120-123 (ora anche LE GALL 2005, p. 137-141). Cfr. CLEMENTONI 1989, pp. 174-175. Per un'analisi dettagliata del progetto presentato da *Arruntius* e *Capito* cfr. anche LE GALL 1953, pp. 120-125 (ora anche LE GALL 2005, p. 137-142); ROBINSON 1994, p. 74; ALDRETE 2007, pp. 185-186; LEVEAU 2008, pp. 139-143.

[50] Cfr. a titolo di es. HOR. *carm.* 3, 29. 29-41; 4, 2. 5-8; LVCR. 1, 277-297; altre citazioni in FEDELI 1990, pp. 82-84.

DATA DELL'ALLUVIONE	ESTENSIONE ED EFFETTI	FONTE
Verso il 750 a.C.	- Esondazione del Tevere nel Foro - Fango - Origine del *Lacus Curtius*	PLUT. *Rom.* 18, 4-5
414 a.C.	- Nessun danno segnalato a Roma - Devastazione di campi e *villae*	LIV. 4, 49.2-3
363 a.C.	- Inondazione del Circo Massimo e conseguente interruzione dei giochi - Terrore nella folla	LIV. 7, 3.2
241 a.C.	- Inondazione dei *plana urbis* - Crollo di alcuni edifici e successivo collasso di altri minati nelle fondamenta	OROS. 4, 11.6; AVG. *civ.* 3, 18
215 a.C.	- Due inondazioni. Colpiti i campi - Distruzione di case - Morte di persone e bestiame	LIV. 24, 9.6
203 a.C.	- Estensione e danni non precisati	LIV. 30, 26.5
202 a.C.	- Inondazione del Circo Massimo	LIV. 30, 38.10-12
193 a.C.	- Inondazione di *loca plana urbis* - Crollo di edifici attorno alla Porta Flumentana	LIV. 35, 9.2-3
192 a.C.	- Inondazione più violenta della precedente - Crollo di due ponti e di molti edifici, soprattutto vicino a Porta Flumentana - Un macigno, staccato dalle piogge o da un terremoto, precipita dal *Capitolium* nel *vicus Iugarius* uccidendo molte persone -Nelle campagne distruzione dei campi, di *villae* e morte del bestiame	LIV. 35, 21.5-6
189 a.C.	-Per dodici volte il Tevere invade il Campo Marzio e le zone piane della città	LIV. 38, 28.4
181 a.C. ca.	-Quattrocento anni dopo la morte di Numa, l'alluvione, dovuta ad abbondanti piogge, scopre l'urna contenente il corpo di Numa e i suoi libri sacri	PLUT. *Numa* 22. 4
156 a.C.	- Distruzione del *pons Aemilius*	OBSEQ. 16
60 a.C.	- Una tempesta sradica gli alberi, demolisce le case, affonda le barche ormeggiate, distrugge il *pons Sublicius*, fa collassare un teatro ligneo. (Sebbene non venga fatto alcun riferimento esplicito ad un'alluvione, i danni descritti da Dione furono probabilmente provocati dall'ingrossamento del fiume conseguente alla tempesta. Cfr. ALDRETE 2007, pp. 17-18). - Perdita di vite umane	DIO 37, 58.3-4
Ottobre-novembre del 54 a.C.	- Allagamento dei luoghi piani della città; raggiunte anche molte delle zone più alte - Distruzione di case - Annegamento di uomini e animali - La persistenza delle acque provoca il collasso successivo di molti edifici	CIC *ad Q. fr.* 3, 7.1; DIO 39, 61.1-2
44 a.C. (o 29-28 a.C.)	- Sommersa la riva sinistra del Tevere - Danneggiati la *Regia* e il tempio di Vesta (Orazio non specifica la data di questa alluvione che, secondo una tradizione risalente a Porfirione [PORPH. *Hor. carm.* 1, 2], si colloca alla fine del marzo del 44 a.C., subito dopo la morte di Cesare. Tale datazione accolgono LE GALL 1953, p. 29 e, con riserva, ALDRETE 2007, pp. 21-22, che propone di leggere nella descrizione ovidiana un'alluvione mai avvenuta, metafora degli sconvolgimenti politici prodotti dal cesaricidio, tanto più che sarebbero stati danneggiati la *Regia* e il tempio di Vesta, edifici che nel *Carmen* rivestono un importante ruolo simbolico. Secondo GALLAVOTTI 1949, pp. 224-229 l'alluvione si identificherebbe con quella del 27 a.C. riportata da DIO 53, 20.1. MAZZARINO 1966, pp. 621-622 invece ha proposto come data il 23 a.C., spostando di conseguenza la compilazione del carme oraziano dal 29/27 a.C. a questo anno. Secondo GROS 1976, pp. 18-20 si tratterebbe piuttosto di un'alluvione avvenuta fra la battaglia di Azio nel 31 a.C. e l'alluvione del 27 a.C., nella primavera del 29 o del 28 a.C., sia perché il poema di Orazio sarebbe databile a questo periodo, sia perché nessun'altra fonte menziona un'alluvione seguente la morte di Cesare. Si vedano anche COMMAGER 1961, *passim*; BUSTANY - GEROUDET 2001, *passim*; BUSTANY 2003, *passim*).	HOR. *carm.* 1, 2.1-20
32 a.C.	- Distruzione del *pons Sublicius* (Anche per questo anno, come per il 60 a.C., Dione non fa diretto riferimento ad un'alluvione, bensì parla di una tempesta. Gli effetti tuttavia, come appunto la distruzione del *pons Sublicius*, portano a sospettare che alla tempesta dovette accompagnarsi anche una piena del fiume. Cfr. ALDRETE 2007, pp. 23-24).	DIO 50, 8.3
Notte tra il 16 e il 17 gennaio del 27 a.C.	- Inondazione delle parti piane della città, che rimase navigabile per giorni	DIO 53, 20.1
23 a.C.	- Distruzione del *pons Sublicius* - Città percorribile solo con imbarcazioni per tre giorni	DIO 53, 33.5
22 a.C.	- Città sommersa, non specificati ulteriori danni	DIO 54, 1
Giugno-luglio del 13 a.C.	- Inondazione che colpì il teatro di Balbo nei giorni della sua dedicazione, che per questo si svolse su imbarcazioni	DIO 54, 25.2
5 d.C.	- Roma sommersa per otto giorni - Distruzione di un ponte non specificato - Distruzione di edifici - Annegamento di uomini	DIO 55, 22.3; CASSIOD. *chron.* 604

12 d.C.	- Inondazione del Circo Massimo, che causò lo spostamento delle celebrazioni dei *ludi Martiales* nel foro di Augusto	DIO 56, 27.4
15 d.C.	- Inondazione delle *plana urbis* - Distruzione di edifici e perdita di vite - Città navigabile per molti giorni	TAC. *ann.* 1, 76; DIO 57, 14.7-8
36 d.C.	- Alluvione di buona parte della città, percorribile solo con imbarcazioni	DIO 58, 26.5; ZONAR. 11, 3
69 d.C.	- Inondazione a livelli massimi - Distruzione del *pons Sublicius* - Danni ingenti agli edifici e alle persone - Scarsità di cibo	TAC. *hist.* 1,86; SVET. *Otho* 8,3; PLUT. *Otho* 4,5
Regno di Nerva	- Non specificati la portata e i danni	AVR VICT. *epit.* 13
Regno di Traiano	- Inondazione di campi e della città - Distruzione di case - Ingenti danni a strutture e persone	PLIN. *epist.* 8, 17; AVR.VICT. *epit.*13
Regno di Adriano	- Non specificati la portata e i danni	SHA *Had.* 21, 6
147 d.C.	- Non specificati la portata e i danni	SHA *Ant. Pius* 9, 3; FAST. Ost.
162 d.C.	- Distruzione di edifici - Morte di animali - Carestia	SHA *M. Aur.* 8
217 d.C.	- Inondazione del Foro e delle vie circostanti - Molte persone trascinate via dalla corrente	DIO 78, 25, 5
Estate del 253 d.C.	- Non specificati la portata e i danni	AVR. VICT. *Caes.* 32
371 d.C.	- Allagati i luoghi piani della città - Annegamento di persone - Cibo distribuito per mezzo di imbarcazioni	AMM. 29, 6.17-18
379 d.C.	- Non specificati la portata e i danni	BEDAE *chr.* 589
398 d.C.	- Non specificati la portata e i danni	CLAVD. 15, 41-43

Tab. 1- Elenco delle alluvioni del Tevere con relative fonti.

In realtà l'origine delle esondazioni tiberine andava ricercata nel massiccio disboscamento dell'Appennino.[51] Secondo uno studio condotto da Giardina, le inondazioni del Tevere acquisirono infatti una certa frequenza a partire dal III secolo a.C., in corrispondenza della considerevole deforestazione della zona appenninica e della Toscana, regione collegata a Roma da una ininterrotta rete fluviale, rallentando poi nella tarda antichità grazie al naturale rimboschimento della zona. I due fenomeni sarebbero a tal punto connessi tra loro che è stato proposto di leggere nella frequenza delle inondazioni a Roma un possibile indicatore delle trasformazioni economiche del periodo.[52] Si trattava comunque di un collegamento di causa-effetto inevitabile, dal momento che il legno era fondamentale nell'antichità e gli unici boschi sfruttabili erano quelli che si trovavano presso i fiumi, indispensabili per la fluitazione dei tronchi a valle, fiumi che poi esondavano a causa dell'erosione del terreno provocata dal disboscamento. Malgrado non manchino fonti che testimoniano la consapevolezza da parte degli antichi di come a seguito di diboscamenti massicci in alcune zone fossero scaturite sorgenti, a Roma non si giunse mai a comprendere il vero motivo delle inondazioni, perciò l'unico intervento possibile era agire sugli effetti e non sulle cause.[53] In ogni caso, sulla proposta di Pisone di non attuare il progetto si chiude il racconto di Tacito, sicché si potrebbe pensare che l'ambizioso piano di Tiberio di risolvere l'annosa questione delle alluvioni fosse finito in un nulla di fatto, tanto più che Dione non fa alcun cenno al prospetto elaborato da *L. Arruntius* e *Ateius Capito* e riferisce invece direttamente della creazione, per espressa volontà di Tiberio, di una commissione permanente di cinque individui, estratti a sorte fra i senatori in carica, che si occupasse di monitorare il livello del fiume e in cui va identificato senza ombra di dubbio il primo collegio della *cura riparum et alvei Tiberis*. Proprio una simile discrepanza tra le due fonti ha dato luogo in passato al tentativo di conciliare le due versioni. Più di uno studioso ha proposto ad esempio di vedere in *L. Arruntius* il presidente del neonato collegio del Tevere, così come *Ateius Capito* lo era dei *curatores aquarum*.[54] In tal caso Tiberio, dopo aver creato appositamente un collegio che si occupasse in permanenza del Tevere, ne avrebbe incaricato il presidente *L. Arruntius* di trovare una soluzione definitiva alle esondazioni del fiume in collaborazione con l'allora *curator aquarum Ateius Capito*. Una simile circostanza è senza dubbio possibile, ma non spiega comunque come mai il testo di Dione parli di una commissione a carattere permanente quando da Tacito si evince chiaramente che l'incarico assegnato ad *Arruntius* e *Capito* costituì una soluzione straordinaria. Se anche si ipotizzasse che la commissione di cinque senatori avesse rivestito un carattere occasionale legato alla contingenza dell'alluvione, rimarrebbe comunque da chiarire come e perché, scartato il progetto fallimentare proposto dagli incaricati, tale commissione sia diventata poi una magistratura a tutti gli effetti. È stato anche proposto in passato di leggere nella *cura riparum et alvei Tiberis* una sorta di 'piano b' prospettato dagli stessi *L.*

[51] LE GALL 1953, pp. 31-32 (ora anche LE GALL 2005, p. 38-39) identifica invece le cause di alcune inondazioni nello scioglimento delle nevi in montagna.

[52] GIARDINA 1981, p. 108-110.

[53] SEN. *nat.* 3, 11.3; PLIN. *nat.* 31, 53. Cfr. GIARDINA 1981, p. 110; FEDELI 1990, p. 85.

[54] *DAGR* I (1887) p. 1624, s.v. *Curatores alvei Tiberis et riparum et cloacarum urbis* (H. Thédenat); cfr. Henzen in CIL VI, p. 266; ROGERS 1931, p. 33.

Arruntius e *Ateius Capito* dopo il fallimento del loro primitivo progetto, ipotesi in verità poco probabile, soprattutto perché i due senatori erano stati incaricati di trovare una soluzione per prevenire le inondazioni, mentre la *cura Tiberis* è essenzialmente un mezzo per controllarne e curarne le conseguenze; inoltre la semplicità di realizzazione di questo progetto stride stranamente con la complessità della prima soluzione proposta dai due senatori.[55] La soluzione più semplice sembra infine essere la più probabile: fallito perché ritenuto irrealizzabile il progetto di *Ateius Capito* e *L. Arruntius*, Tiberio cercò evidentemente una soluzione alternativa e, nell'impossibilità di regolamentare la portata del Tevere in modo da prevenire le inondazioni, si accontentò di monitorare per quanto possibile gli effetti di queste ultime, arrivando quindi a creare una commissione permanente (quindi una vera e propria magistratura sull'esempio di quelle già create da Augusto) di cinque senatori estratti a sorte al fine di tutelare quell'importante arteria così fondamentale per la vita economica e sociale urbana qual era il Tevere.[56]

2. Augusto, Svetonio e la *cura riparum et alvei Tiberis*

SVET *Aug.* 37

«Quoque plures partem administrandae rei publicae caperent, nova officia excogitavit: curam operum publicorum, viarum, aquarum, alvei Tiberis, frumenti populo dividendi, praefecturam urbis, triumviratum legendi Senatus et alterum recognoscendi turmas equitum, quotiensque opus esset».

«Affinché anche un maggior numero di persone prendesse parte all'amministrazione dello stato, (Augusto) escogitò nuovi incarichi: la cura delle opere pubbliche, delle strade, delle acque, dell'alveo del Tevere, della distribuzione di grano al popolo, la prefettura urbana, un triumvirato per scegliere i senatori e un altro per passare in rassegna i cavalieri ogniqualvolta fosse necessario».

La terza fonte a nominare la *cura Tiberis* è Svetonio; si tratta in realtà di un rapidissimo accenno inserito in un contesto più ampio. L'autore racconta infatti come Augusto, *quoque plures partem administrandae rei publicae caperent*, al fine cioè di coinvolgere un numero maggiore di cittadini nell'amministrazione civica, si preoccupò di creare *nova ufficia* finalizzati appunto al controllo e alla manutenzione di strutture e di realtà pubbliche; questi incarichi non sarebbero stati altro che le grandi curatele, quali la *cura operum publicorum*, la *cura viarum*, la *cura aquarum* e la *cura alvei Tiberis*, e ancora la prefettura urbana e uffici incaricati delle distribuzioni pubbliche di grano, o di passare periodicamente in rassegna le fila di senatori ed *equites*.[57] È chiaro come la versione presentata da Tacito e completata da Dione sia difficilmente conciliabile con quanto racconta Svetonio, ed effettivamente tutti gli studiosi sono ormai concordi nel collocare la nascita della *cura Tiberis* nel 15 d.C..[58] Sola voce discordante è quella di Cantarelli che nel 1894, dopo aver accettato in un precedente articolo la versione correntemente accolta di datare la curatela al 15 d.C. sulla base di Dione, presentò una vivace ritrattazione nel corso della quale, ritenendo «poco prudente chiamare erronea la versione di Svetonio [...] solo perché contraddice a quanto ci riferiscono Tacito e Dione», si soffermava sulla narrazione del primo per dimostrarne la validità.[59] Lo studioso, sottolineando la diligenza informativa di Svetonio, che infatti non sbaglia nell'attribuire ad Augusto la creazione delle altre tre curatele, riteneva corretto assegnare a questo imperatore anche la *cura Tiberis*. La titolatura di *curatores riparum qui primi fuerunt* che compare su diversi cippi sarebbe allora da riferire non già ai cinque membri del collegio testimoniato da Dione, bensì ad un duumvirato, soprattutto perché, come primi a ricoprire questo incarico, i senatori deputati non avrebbero mai tralasciato di specificare i loro nomi. La formula quindi andrebbe riportata agli unici nomi presenti sulle iscrizioni, quelli cioè di *C. Marcius Censorinus* e *C. Asinius Gallus*, tanto più che non vi sarebbe soluzione di continuità tra la titolatura e le parole precedenti, fatto questo che indicherebbe come *C. Asinius Gallus* e *C. Marcius Censorinus* «fecero, come consoli, la legale terminazione del Tevere, nel 746/8; deposti i fasci, ristabilirono ai loro luoghi i cippi da essi collocati e quelli posti da Augusto nel 747/7, come primi *curatores riparum*».[60] In conclusione, sostiene Cantarelli, la curatela del Tevere sarebbe stata istituita da Augusto intorno al 7 a.C.[61] Per conciliare poi la versione di Svetonio con quella di Tacito e Dione, lo studioso afferma che *L. Arruntius* e *Ateius Capito*, incaricati nel 15 d.C. da Tiberio di trovare una soluzione alle alluvioni del Tevere, non sarebbero altro che i due *curatores Tiberis* di quell'anno, ritenendo possibile l'accumulo di due "quasimagistrature" (come le definisce), dato che *Ateius Capito* era già all'epoca *curator aquarum*.[62] Questi due *curatori* del 15 d.C. avrebbero proposto due soluzioni: la prima, presentata da Tacito, di un intervento sul corso degli affluenti, che venne poi scartata; la seconda, riportata da Dione, di portare il numero dei *curatores Tiberis* da due a cinque, che sarebbe stata quella attuata.[63] La teoria di Cantarelli

[55] CANTARELLI 1889, p. 187.

[56] LE GALL 1953, p. 136 (ora anche LE GALL 2005, p. 155-156); CLEMENTONI 1989, pp. 172-173; ROBINSON 1994, p. 87.

[57] Per un'analisi approfondita degli aspetti amministrativi implicati in questo passo di Svetonio si veda PALMA 1980, pp. 172-180.

[58] Oltre agli autori citati alla nota 55, si vedano principalmente anche MOMMSEN 1889, V, pp. 344-357; PLATNER-ASHBY 1929, pp. 536-538; HOMO 1951, pp. 205-206; CASTAGNOLI 1969, pp. 57-58; PALMA 1980, pp. 231-232.

[59] CANTARELLI 1889, pp. 185-205; CANTARELLI 1894, pp. 39-48. Cfr. nell'Introduzione la Storia degli studi.

[60] Cantarelli fa qui riferimento a CIL VI 31541f-k, m.o.r-u. CANTARELLI 1894, p. 42.

[61] Del medesimo parere BALBO 2007, pp. 175-176, il quale dà per assodato che i primi *curatores* anonimi siano da identificarsi con i consoli dell'8 a.C., poiché la formula *qui primi fuerunt* compare sui cippi dei consoli, e attribuisce a quest'anno la fondazione della curatela secondo la testimonianza di Svetonio. Tuttavia le ragioni dallo studioso sono piuttosto vaghe, né tenta una spiegazione della diversità di versioni tra Tacito e Dione, lasciando dunque molte perplessità in merito.

[62] CANTARELLI 1894, p. 44.

[63] Anche Kornemann propose di "recuperare" la versione di Svetonio

suscitò da subito vivaci polemiche, lasciando in effetti diverse lacune facilmente controbattibili, come ad esempio il fatto che la titolatura dei primi *curatores Tiberis* compaia sì sui cippi dei due consoli dell'8 a.C., ma solo su alcuni di essi; inoltre essa si riscontra ugualmente anonima anche su alcuni cippi posti dai censori nel 54 a.C. e addirittura su un cippo augusteo.; in entrambi i casi appare evidente ad un'analisi autoptica come la citazione dei primi curatori sia stata aggiunta in seguito, tanto più che in alcuni di essi l'azione di restauro del cippo viene esplicitamente indicata con il termine *restituerunt*.[64] Poco chiaro risulterebbe anche il fatto che fra l'8 e il 6 a.C. Augusto si adoperò perché venissero eseguiti lavori di ripulitura e delimitazione delle rive, svolse cioè due degli incarichi più importanti tra quelli che poi saranno affidati ai *curator*i e non avrebbe dunque avuto necessità di creare parallelamente una curatela addetta a queste mansioni.[65] Anche la teoria del cumulo di due "quasimangistrature" da parte di *Ateius Capito* risulta alquanto debole e poco probabile. In breve la posizione di Cantarelli, così come viene presentata, appare insostenibile e in definitiva, come scrisse Le Gall, «sans portée».[66] In realtà, proprio perché ad Augusto va fatta risalire la creazione della maggior parte delle curatele urbane e dal momento che Svetonio nel suo passo le elenca rapidamente non soffermandovisi, è assai probabile che egli abbia erroneamente attribuito all'imperatore anche la *cura Tiberis*, complice probabilmente anche la vicinanza cronologica tra la morte dell'imperatore nel 14 d.C. e la nascita della magistratura nel 15 d.C. In conclusione, per quanto interessante possa apparire l'attribuzione anche di tale curatela ad Augusto, non vi sono ad oggi elementi che permettano di accogliere la versione di Svetonio; pertanto la nascita della curatela va posta nel 15 d.C. e a tale data sono di conseguenza da riferire i cippi delimitativi dei *curatores riparum qui primi fuerunt* (o *qui primi terminaverunt*), che non sarebbero altrimenti databili.

---

attribuendo ad Augusto la creazione di una temporanea curatela limitata alle rive e poi ampliata nel 15 d.C. anche all'alveo del Tevere. Cfr. *PW* IV, 2 (1901) coll. 1790-1794, s.v. *Curatores riparum et alvei Tiberis* (E. Kornemann). Cfr. nell'Introduzione la Storia degli studi.

[64] Si veda ad es. CIL VI 31541g. I cippi citati sono rispettivamente CIL VI 31541f-k, m.o.r-u; CIL VI 31557d; CIL VI 31540l; CIL VI 31541h-g.

[65] SVET. *Aug.* 30. Si veda più ampiamente in III.1 il paragrafo dedicato ai cippi augustei.

[66] LE GALL 1953, 136, nt. 3 (ora anche LE GALL 2005, p. 156 nt. 7).

CAP. II. ASPETTI ISTITUZIONALI

1. Dalla collegialità al singolo *curator*

A seguito dell'alluvione del 15 d.C. Tiberio provvide, come si è visto, affinché cinque senatori venissero scelti mediante *sortitio* per occuparsi in permanenza del Tevere. I primi cippi riferibili alla curatela confermano tale dato, dando notizia di almeno quattro collegi sicuramente composti da cinque membri (se si esclude quello dei *curatores qui primi fuerunt* di cui null'altro si conosce se non la titolatura collettiva). L'aspetto della collegialità risulta essere un elemento comune a diverse curatele urbane anche se non fu mai sviluppato omogeneamente, ma acquisì caratteri diversi per ogni magistratura. La *cura aquarum*, ad esempio, nacque come ufficio collegiale di tre membri, di cui uno, di grado consolare, con funzioni di presidenza; per la *cura aedium sacrarum et operum locorumque publicorum* erano invece previsti due senatori in pari grado.[67] Per ciò che riguarda la *cura riparum et alvei Tiberis*, qualche notizia sulla struttura interna del collegio è suggerita dalle iscrizioni tiberine. Innanzitutto osservando i tre cippi di CIL VI 31544a-c posti dal collegio dei *curatores* attivo tra il 20 e il 23 d.C. ca. si può notare come per quattro nomi su cinque l'ordine di citazione cambi da un cippo all'altro, mentre il quinto, quello di *C. Vibius Rufus*, si trova sempre in prima posizione (*tab. 2*). Tale coincidenza ha portato ad ipotizzare che nelle iscrizioni dei termini facenti capo a collegi il primo posto sia sempre riservato al nome del presidente, teoria confermata anche dal fatto che dalle pur scarne notizie ricavabili intorno ai primi *curatores* emerge sempre come il personaggio menzionato per primo fosse il solo fra i cinque ad aver già rivestito il consolato.[68] In genere quest'ultimo è anche l'unico di cui si possiedono informazioni al di fuori del contesto dei cippi, mentre per la maggior parte degli altri *curatores* di "grado inferiore" non si hanno notizie circa una loro carriera prima o dopo la *cura Tiberis*; si può tuttavia ipotizzare con un buon margine di sicurezza che nessuno di questi personaggi doveva aver già rivestito il consolato nel momento in cui entrò a far parte del collegio dei *curatores Tiberis*. Questa teoria viene supportata dalle poche informazioni disponibili per alcuni di loro, come ad esempio per *L. Visellius Varro*, *curator* nel collegio presieduto da *C. Vibius Rufus* e che rivestì il consolato con *Cornelius Cethego* nel 24 d.C.; o per *P. Catienus Sabinus*, *curator* nel collegio di *C. Antistius Vetus*, di cui si conosce il *cursus* antecedente la curatela del Tevere, che egli rivestì da *praetorius*.[69] Da principio, dunque, la *cura Tiberis* si configurò come una curatela collegiale composta da cinque membri, tra cui presiedeva un senatore più anziano che doveva aver già rivestito il consolato. La condizione degli altri quattro membri era paritaria, come sembrerebbe dimostrare il fatto che sui tre cippi del collegio di *Vibius Rufus* l'ordine dei loro nomi non è costante ma varia da un'iscrizione all'altra. Il fatto poi che sulle pietre terminali comparivano i nomi di tutti i cinque i membri suggerisce che, al di là del ruolo della presidenza utile probabilmente soprattutto a fini di gestione pratica del collegio, i cinque *curatores* collaboravano in modo paritario alla manutenzione delle rive e dell'alveo. La collegialità perdurò almeno sino all'età di Claudio, epoca cui risalgono l'ultimo cippo facente esplicito riferimento ad un collegio e l'iscrizione di *Sp. Turranius Proculus Gellianus, praefectus curatorum alvei Tiberis* (*tab. 3*); tuttavia la certezza della sua scomparsa si ha solo a partire dal 180 d.C. ca., anno in cui si colloca l'iscrizione di *Q. Petronius Melior* che fu *adiutor curatoris* (e non *curatorum*) *alvei Tiberis et cloacarum*.[70] Quando però la collegialità sia venuta effettivamente meno non è dato sapere con certezza.

Alle iscrizioni di età claudia segue, per l'età neroniana, una parentesi di inspiegabile silenzio delle fonti epigrafiche; in seguito le prime attestazioni su cippo rimandano all'impero di Vespasiano (*tab. 3*). Si tratta di:

- due cippi delimitativi di *C. Calpetanus Rantius Quirinalis Valerius Festus* che si possono datare con precisione, in base alla titolatura imperiale, al 73 d.C.;
- un cippo delimitativo di *C. Dillius Aponianus*, anch'esso databile, grazie alla titolatura dell'imperatore, al 73 d.C.;
- tre cippi delimitativi posti da *C. Laecanius Bassus Caecina Paetus* databili, sempre per titolatura imperiale, al 74 d.C.

L'elemento peculiare di tali iscrizioni è costituito dal fatto che su di esse compare il nome di un solo *curator* in luogo dei soliti cinque, elemento che porterebbe a pensare che la collegialità in età flavia fosse ormai scomparsa. Le interpretazioni di tale singolarità sono state tuttavia diverse nel tempo, principalmente per ciò che riguarda i cippi di *C. Calpetanus* e di *C. Dillius Aponianus* dal momento che furono posti tutti e tre nel 73 d.C. Questa contemporaneità d'azione ha suscitato fra gli studiosi diverse perplessità. Secondo Mommsen tali iscrizioni avrebbero costituito la prova concreta di come la *cura Tiberis*, analogamente alla *cura aquarum*, fosse stata in realtà un collegio con due presidenti, ciascuno preposto ad una riva del fiume.[71] La conferma deriverebbe anche, secondo lo studioso, dalla presenza del riferimento topografico alla *ripam Veientanam*, nome dato ad un tratto della riva destra del Tevere probabilmente sito nei pressi dell'attuale villa Farnesina, che sul cippo di *C. Dillius Aponianus* avrebbe indicato come la responsabilità di questo *curator* si estendesse solo alla riva destra del fiume, mentre i due cippi di *Calpetanus* furono rinvenuti sulla riva sinistra.[72]

---

[67] Cfr. ad es. PALMA 1980, pp. 201 e 221-222; BRUUN 2000, pp. 146-147; ECK 1986, pp. 63-77.

[68] LE GALL 1953, p. 146 (ora anche LE GALL 2005, p. 168-168). A tal riguardo si vedano più ampiamente le prosopografie dei singoli *curatores*.

[69] Cfr. rispettivamente FRONTIN. *aq.*, 102 e AE 1981, 233; PIR², II, p. 126, 551.

[70] CIL XIV 172; CIL XIV 5345; per *Sp. Turranius Proculus* e *Q. Petronius Melior* si veda più ampiamente il capitolo IV.

[71] MOMMSEN 1889, pp. 347 s.

[72] A tal riguardo si veda più specificamente il paragrafo III.1.

DATA	CURATORES	ORDINE DI APPARIZIONE		
		CIL VI 31543 = REp III. 1-5*a*		
ante 19 d.C. (15 d.C.?)	*L. Caninius Gallus*	1		
	L. Volusenus Catulus	2		
	C. Caecidius Agrippa	3		
	M. Acilius Memmius Glabrio	4		
	Q. Fabius Balbus	5		
		CIL VI 31544a-c = REp III. 6-10*a-c*		
		a	b	c
Tra 20 e 23 d.C.	*C. Vibius Rufus*	1	1	1
	Sex. Sotidius Sex. f. Strabo Libuscidianus	2	2	3
	C. Clapetanus C. f. Statius Rufus	3	3	4
	M. Claudius M. f. Marcellus Aeserninus	4	5	5
	L. Visellius Varro	5	4	2
		CIL XIV 4704a-c = REp III. 11-15*a-c*		
		a	b	C
Tra 24 e 41 d.C. (forse 25/26 d.C.)	*C. Antistius C. f. C.n. Vetus*	1	1	1
	C. Valerius L. f. Flaccus Tanurianus	2	2	2
	P. Vergilius M. f. Pontianus	3	3	3
	P. Catienus P. f. Serg. Sabinus	4	4	4
	Ti. Vergilius Ti. f. Rufus	5	5	5
		CIL VI 31545 = REp III. 16-20*a*		
Tra 41 d.C. e 44 d.C.	*Paullus Fabius Persicus*	1		
	C. Eggius Marullus	2		
	L. Sergius Paullus	3		
	C. Obellius Rufus	4		
	L. Scribonius Libo	5		

Tab. 2 - Ordine di menzione sui cippi dei membri dei vari collegi.

IMPERATORE	CIPPI e ISCRIZIONI	RIFERIMENTI
Claudio (41-54 d.C.)	Cippo delimitativo posto dal collegio presieduto da *Paullus Fabius Persicus*	CIL VI 31545 = REp II. 16-20a
	Iscrizione di *Sp. Turranius Proculus Gellianus, praefectus curatorum alvei Tiberis*	CIL X 797
Nerone (54-68 d.C.)	Assenza di testimonianze	
Vespasiano (69-79 d.C.)	Due cippi delimitativi posti da *C. Calpetanus Rantius Quirinalis Valerius Festus*	CIL VI 31546a-b = REp III. 22*a-b*
	Cippo delimitativo posto da *C. Dillius Aponianus*	CIL VI 31547 = REp III. 23*a*
	Tre cippi delimitativi posti da *C. Laecanius Bassus Caecina Paetus*	CIL VI 31548a-c = REp III. 24*a-c*

Tab. 3 - Prospetto delle iscrizioni inerenti la cura Tiberis rinvenute fra il regno di Claudio e quello di Vespasiano.

IMP.	*CURATOR*	TITOLATURA IMPERIALE	DATA della CARICA IMPERIALE	DATAZIONE CIPPI
Vespasiano	*C. Calpetanus Rantius Quirinalis Valerius Festus* (CIL VI 31546a-b)	*Tribunicia potestas IV*	1 lug. 72 – 30 giu. 73	metà mar. – 30 giu. 73 d.C.
		Imperator X	metà (?) 72	
		Consul IV, designatus V	metà mar. 73 – 30 dic. 73	
		Censor	prima del 1 lug. 73- fine 74	
	C. Dillius Aponianus (CIL VI 31547)	*Tribunicia potestas V*	1 lug. 73- 30 giu. 74	1 lug.- 31 dic. 73 d.C.
		Imperator XI	73	
		Consul IV, designatus V	metà mar. 73 – 30 dic. 73	
		Censor	prima del 1 lug. 73- fine 74	

Tab. 4 - Prospetto delle cariche imperiali sui cippi del 73 d.C. Per la datazione delle diverse cariche imperiali si veda KIENAST 1996, pp.108-110.

Tuttavia, per quanto sia indubbio che i due *curatores* abbiano agito nello stesso anno su due rive diverse del fiume, tale circostanza non basta a giustificare la teoria di una doppia presidenza del collegio, che sarebbe comunque attestata qui per la prima ed unica volta in tutta la storia della curatela. Inoltre tale dualità, se vera, sarebbe dovuta emergere, ad esempio, dai cippi già citati del collegio di *C. Vibius Rufus*, dove almeno due nomi avrebbero dovuto occupare i primi posti costantemente, evenienza che invece non si registra mai. Non è possibile neppure affermare che il lavoro fosse ripartito in base alle rive tra due *curatores* che avrebbero quindi avuto pari grado, poiché *curatores* successivi a *Calpetanus* e *Aponianus* posero da soli cippi su ambedue le rive; tra questi figura anche *C. Laecanius Bassus* che fu *curator Tiberis* nel 74 d.C., vale a dire subito dopo *Aponianus*.

Una seconda ipotesi a riguardo fu proposta da Cantarelli, secondo cui la collegialità sarebbe perdurata ancora sotto il regno di Vespasiano, con la particolarità però dell'eponimia; sui cippi sarebbe comparso cioè soltanto il nome del presidente del collegio, fatto che confermerebbe come il comando della curatela spettasse da sempre ad una sola persona, anche quando sui cippi comparivano i nomi di tutti i suoi componenti. All'epoca della sua curatela *C. Dillius Aponianus* sarebbe dunque stato soltanto un *praetorius*, non un secondo presidente, ma avrebbe ottenuto il diritto alla segnalazione poiché, sempre secondo Cantarelli, se ad alcuni lavori speciali fosse stato preposto un *curator* inferiore, sarebbe stato il suo nome e non quello del presidente a comparire sui cippi.[73] Tuttavia anche tale teoria non risulta accettabile, innanzitutto perché l'affermazione secondo cui *C. Dillius Aponianus* avrebbe ricoperto la carica da pretorio è solo un'ipotesi non confermata;[74] in secondo luogo perché i pretesi lavori straordinari che avrebbero valso ad *Aponianus* la menzione sui cippi non sembrano configurarsi come tali, bensì come una semplice delimitazione delle rive, attività di ordinaria amministrazione per i *curatores Tiberis*. La teoria che con il regno di Vespasiano si sia passati a segnalare sui cippi solo il nome del presidente del collegio, e che quindi la collegialità sia perdurata, appare in ogni caso non priva di problemi. Se infatti la segnalazione di tutti i magistrati sui primi cippi sembra suggerire un coinvolgimento essenzialmente paritario di tutti e cinque i componenti nell'amministrazione della curatela (amministrazione ordinaria per altro, trattandosi del collocamento dei cippi e della manutenzione della delimitazione complessiva), bisognerebbe spiegare per quale motivo ad un certo punto il presidente del collegio avrebbe assunto un'importanza e una responsabilità tali da guadagnarsi il diritto di apparire sulle iscrizioni come unico autore della delimitazione soppiantando completamente i quattro colleghi, pur sempre senatori benché di grado inferiore. Appare invece più giustificabile tale cambiamento se si accetta l'ipotesi che all'epoca di Vespasiano (o forse in età neroniana, ma il silenzio delle fonti epigrafiche non permette di stabilirlo con certezza) la collegialità fosse stata sostituita dall'elezione di un singolo *curator* di rango consolare. Con tale ipotesi sembra però stridere, come si è visto, la compresenza nel medesimo anno di due *curatores*. Spetta sicuramente a Le Gall il merito di aver avallato l'ipotesi di una scomparsa della collegialità già sotto Vespasiano grazie ad un'attenta analisi dei *cursus* e dei cippi di *C. Calpetanus Festus* e *Dillius Aponianus*.[75] Confrontando attentamente la titolatura imperiale presente sui termini dei due magistrati, lo studioso ha infatti potuto notare come quelli posti da *Calpetanus* siano collocabili nella prima metà del 73 d.C., non oltre il 30 giugno, dal momento che viene indicata la quarta *tribunicia potestas* imperiale, carica che termina appunto in tale data. Va aggiunto che CIL III 11194 riporta un'altra iscrizione riferibile a *C. Calpetanus Festus* che colloca questo personaggio in Pannonia come *legatus Augusti pro praetore* intorno alla seconda metà del 73 d.C.[76] Il cippo di *Aponianus* invece fu posto sulle rive del Tevere soltanto a partire dalla metà di quell'anno -come lascia intuire ancora una volta la quinta *tribunicia potestas* (*tab. 4*)- e non contemporaneamente a quello di *Calpetanus*. Ne deriva che *Dillius Aponianus* fu successore e non collega di *Valerius Festus* e quindi che la compresenza nel medesimo anno di due *curatores* non implica per forza che la collegialità fosse ancora in vigore.[77]

Il passaggio da uno staff di cinque magistrati ad un singolo *curator* dovette essere probabilmente una conseguenza, anche se non immediata, del trasferimento del mandato di azione dall'autorità del senato espressa tramite senatoconsulto, all'autorità imperiale, come si rileva dalle iscrizioni terminali di età claudia.[78] Con l'elezione di un singolo senatore la curatela del Tevere acquistò verosimilmente una posizione fissa e definitiva all'interno del *cursus honorum*, entrando a far parte delle cariche che venivano ricoperte subito dopo il consolato, così come lo erano la *cura operum locorumque publicorum* o la *cura aquarum*.[79] In precedenza, invece, quattro dei membri di ogni collegio divenivano *curatores*, come si è visto, anteriormente al consolato; le poche notizie riguardo ai presidenti dei collegi sino all'età di Claudio mostrano comunque che tutti i *curatores* di rango consolare rivestirono la carica probabilmente subito dopo il consolato; fa eccezione soltanto *L. Caninius Gallus* che fu *curator* dopo aver ricoperto il proconsolato in Africa.[80] Ridotto quindi drasticamente il numero dei magistrati, si rese necessario nel tempo affiancare all'unico *curator* rimasto alcuni *adiutores* di rango inferiore appartenenti al

[73] CANTARELLI 1889, pp. 187-189; *PW* IV 2 (1901) coll. 1790-1794 s.v. *Curatores riparum et alvei Tiberis* (E. Kornemann). Cfr. nell'Introduzione la Storia degli studi.

[74] Cfr. anche PIR² D 89.

[75] LE GALL 1953, pp. 138-140; 146-147 (ora anche LE GALL 2005, p. 159-161, 168-170).

[76] CIL III 11194: *Imp(eratori) Ve[spasiano] / Caes(ari) Aug(usto) [p(ontifici) m(aximo) imp(eratori) X p(atri) p(atriae) co(n)]s(uli) IV / desig(nato) V / T(ito) Imp(eratori) Caes(ari) A[ug(usti) f(ilio) imp(eratori)] IV co(n)s(uli) II / desig(nato) II[I] / Domitiano [Caes(ari) A]ug(usti) f(ilio) c[o(n)s(uli) II] / C(aio) Calpeta[no Rantio Quirinale] / Valer[io Festo leg(ato) Aug(usti) pr(o) pr(aetore)] / Q(uinto) E[g]na[tio Cato leg(ato) leg(ionis) XV Apollinaris].*

[77] Per un'analisi più dettagliata sull'effettiva durata della curatela di questi due personaggi si veda il paragrafo II.2.

[78] Cfr. *infra* il paragrafo II.3.

[79] Cfr. ad es. ECK 1996, p. 47.

[80] AE 1938, 2.

ceto equestre, come per l'appunto fu *Q. Petronius Melior* nel 180 d.C., in modo che il magistrato potesse adempiere in maniera ottimale al suo incarico.

Un discorso a parte merita infine l'iscrizione di *Sex. Sentius Caecilianus*, un titolo onorario che riporta per intero il *cursus* del personaggio.[81] Egli, come risulta dal *cursus*, sembra aver rivestito la *cura Tiberis* prima del consolato, circostanza che appare piuttosto strana. *Caecilianus* fu console nel 76 d.C. e, tra la curatela e il consolato, fu ancora legato della *legio XV Apollinaris*, della *legio III Augusta* e legato straordinario delle due Mauretanie. Secondo Eck è assai probabile che la *cura Tiberis* di questo personaggio debba datarsi intorno al 69 d.C. e che la precedenza di questa carica sul consolato abbia due possibili spiegazioni. La prima è costituita dal fatto che *Sex. Sentius Caecilianus* avrebbe potuto ricoprire la carica durante i disordini del 69 d.C., quando tutti i consolari erano impegnati in guerra; ciò implica dunque che all'epoca la collegialità aveva cessato di esistere e quindi sarebbe stato l'imperatore Nerone ad eliminarla. In alternativa *Caecilianus* sarebbe stato uno dei quattro *curatores* di rango pretorio che componevano il collegio, per cui la collegialità sarebbe persistita per tutta l'epoca neroniana, scomparendo soltanto con Vespasiano.[82] Entrambe le ipotesi risultano verisimili; purtroppo l'assenza di testimonianze sulla *cura Tiberis* per quanto concerne l'epoca neroniana non permette di raggiungere una soluzione definitiva. Un'ipotetica risposta la si può forse trovare analizzando il *cursus* di *Sex. Sentius Caecilianus*, che, stando all'iscrizione, terminò la sua carriera con il consolato nel 76 d.C., diversamente da quanto accadde per la maggior parte degli altri *curatores* che proseguirono ben oltre la *cura Tiberis,* spesso fino alle cariche più elevate del proconsolato in Asia o in Africa.[83] L'evoluzione della carriera di *Caecilianus* sembra assai più vicina invece a quella dei senatori che rivestirono la carica da *praetorii*. Dalle scarne notizie pervenuteci intorno ad alcuni di loro, infatti, non risulta che qualcuno abbia ricoperto cariche dopo il consolato.[84] Il fatto che anche per *Sex. Sentius Caecilianus* non si abbiano notizie sulle sue attività posteriori al consolato, che fu con tutta probabilità il suo ultimo incarico, può forse far propendere per la seconda soluzione proposta da Eck, che, cioè, il personaggio sia stato soltanto un ordinario *curator Tiberis* di rango pretorio in un collegio di cinque membri; di conseguenza tale forma istituzionale sarebbe perdurata per tutto il regno di Nerone. La *cura Tiberis* nata come *équipe* di cinque senatori, come dimostrato dalla convergenza delle fonti letterarie con quelle epigrafiche, conservò tale forma collegiale verosimilmente fino alla fine del regno di Nerone. In essa i cinque membri operavano probabilmente in modo paritario, come documenterebbe la compresenza di tutti i nomi sui cippi, benché fra i cinque magistrati spiccasse sempre un senatore più anziano, di grado consolare, investito del ruolo di presidente del collegio. Probabilmente anche a causa dei cambiamenti nei rapporti tra la curatela e il potere centrale che trovavano la loro origine nel passaggio, in età claudia, da un azione *ex senatus consulto* ad una *ex auctoritate imperatoris*, la carica venne in seguito assegnata, sotto il regno di Vespasiano, ad un unico magistrato, coadiuvato nello svolgimento delle sue azioni da una serie di personaggi minori in grado poiché di rango equestre, denominati *adiutores curatoris riparum et alvei Tiberis* come testimoniato dall'iscrizione di *Q. Petronius Melior* del 180 d.C.

2. La durata della carica

Una carica annuale?

La durata in carica dei *curatores Tiberis* è un argomento da sempre dibattuto senza che mai si sia giunti ad una soluzione definitiva, a causa soprattutto della scarsità delle fonti e della loro apparente contraddittorietà. Gli unici dati utili a collocare cronologicamente l'entrata in carica di un magistrato si possono infatti ricavare dai cippi delimitativi e, in rari casi, dall'analisi cronologica dei *cursus honorum* dei singoli curatori; si tratta però di informazioni scarne e spesso discordanti, tanto che a più riprese l'argomento è stato archiviato con la motivazione dell'impossibilità di arrivare a formulare un calcolo esatto. Mommsen ipotizzò una durata all'incirca annuale, aggiungendo però che probabilmente non era mai stato fissato un preciso limite di tempo, teoria questa che, dopo un vago tentativo di analisi, veniva sommariamente accolta anche da Le Gall ed è tuttora condivisa anche da studi più recenti.[85] Tuttavia l'analisi sistematica dei pochi dati cronologici che, mediante il riferimento a cariche imperiali, si possono ricavare dalle pietre terminali può offrire qualche spunto per tentare di far luce sulla questione. Solo una piccola parte dei cippi pervenuti permette un'identificazione abbastanza precisa non già della durata in carica del *curator* responsabile, quanto dell'anno in cui i cippi stessi vennero posti sulle rive (*tab. 5*). Le prime informazioni utili provengono dai cippi infissi da tre senatori che rivestirono in successione la carica di *curator Tiberis* durante il regno di Vespasiano; si tratta di *C. Calpetanus Rantius Quirinalis Valerius Pompeius Festus, C. Dillius Aponianus* e *C. Laecanius Bassus Caecina Paetus*. Si è già visto come la concomitanza in carica di *C. Calpetanus* e *C. Dillius Aponianus* nel 73 d.C., che aveva fatto sorgere l'ipotesi della persistenza della collegialità in epoca Flavia, sia solo apparente, poiché nella seconda metà del 73 d.C. *Calpetanus* si trovava in Pannonia come *legatus Augusti pro praetore.* Tuttavia la sequenzialità cronologica dei cippi dei due *curatores* e di quelli di *C. Laecanius Bassus*, databili a loro volta al 74 d.C., può essere utile per tentare di comprendere l'effettiva durata della curatela in questo periodo.

---

[81] CIL IX 4194 = REp III. 21*a*.

[82] ECK 1996, p. 47.

[83] Come *Paullus Fabius Persicus* (PIR² III, p. 106, 51), o *C. Laecanius Bassus (cfr.* PIR² II, p. 20, 104), o *Ti. Iulius Ferox* (PIR² IV, p. 212, 306), per l'Asia, o come *L. Minicius Natalis* (PIR² V.2, p. 292, 619) o *L. Vitrasius Flamininus* (PIR III, p. 455, 522), in Africa.

[84] Si vedano, ad esempio, *M. Claudius Marcellus Aeserninus* e *L. Visellius Varro* (n.10) dei quali non abbiamo notizie dopo il consolato, o *P. Catienus Sabinus* (n.14) di cui non si sa neppure se fu console.

[85] MOMMSEN 1889, p. 348; LE GALL 1953, p. 137 (ora anche LE GALL 2005, p. 157); ROBINSON 1994, p. 88.

IMPERATORE	*CURATORE*		*TITOLATURA IMPERIALE*	DATA della CARICA IMPERIALE	DATAZIONE dei CIPPI
Vespasiano	*C. Calpetanus Rantius Quirinalis Valerius Festus* (CIL VI 31546a-b = REp III. 22*b-c*)		*Tribunicia potestas IV*	1 lug. 72 – 30 giu. 73	metà mar. – 30 giu. 73
			Imperator X	metà (?) 72	
			Consul IV, designatus V	metà mar. 73 – 30 dic. 73	
			Censor	prima del 1 lug. 73 – fine 74	
	C. Dillius Aponianus (CIL VI 31547 = REp III. 23*a*)		*Tribunicia potestas V*	1 luglio 73 – 30 giugno 74	1 lug. – 31 dic. 73
			Imperator XI	73	
			Consul IV, designatus V	metà mar. 73 – 30 dic. 73	
			Censor	prima del 1 lug. 73 – fine 74	
	C. Laecanius Bassus Caecina Paetus (CIL VI 31548a-c = REp III. 24*a-c*)	CIL VI 1548b	*Tribunicia potestas V*	1 lug. 73 – 30 giu. 74	fine giu. ca.– dic. 74
			Imperator XIII (CIL VI 31548b emenda in Imp. XIIII adducendo un errore del lapicida)	74	
			Consul V, designatus VI	metà mar. 74 – 30 dic.74	
			Censor	prima del 1 lug.73 – fine 74	
		CIL VI 31548a.c	*Tribunicia potestas VI*	1 lug. 74 – 30 giu. 75	
			Imperator XIV	74	
			Consul V, designatus VI	metà mar. 74 – 30 dic. 74	
			Censor	prima del 1 lug. 73 – fine 74	

Tab. 5 - Prospetto dei cippi che riportano cariche imperiali utili per una datazione delle pietre terminali (I sec. d.C.).

IMPERATORE	*CURATOR*		TITOLATURA IMPERIALE	DATA della CARICA IMPERIALE	DATAZIONE CIPPI
Traiano	*Ti. Iulius Ferox* (CIL VI 31549a-m 31550a-d; 31551; 31553; 37029; 40862; 40863; AE 1999, 316 = REp III. 25*a-v*; 35*a*)	CIL VI 31549a-m; CIL VI 31553; CIL VI 40862; CIL VI 40863; AE 1999, 316	*Tribunicia potestas V*	10 dic. 100 – 10 dic. 101	dal 101 al 103 d.C.
			Consul IV	1 gen. – 30 mar. 101	
		CIL VI 31550a-d	*Tribunicia potestas VII*	1 gen. – 10 dic. 103	
			Imperator IV	nov. 102 – giu. 106	
			Consul V	1 gen. – 30 mar. 103	
Adriano	*L. Messius Rusticus* (CIL VI 31552a-e; 40864-40866 = REp III. 28*a-h*)	CIL VI 31552a-e; CIL VI 40864	*Tribunicia potestas V*	10 dic. 120 – 9 dic. 121	dal 121 a fine 123 o al 124 d.C.
			Imperator IV		
			Consul III	dal 119	
		CIL VI 40865; CIL VI 40866	*Tribunicia potestas VIII*	10 dic. 123 – 9 dic. 124	
			Imperator IV		
			Consul III	dal 119	
Antonino Pio	*A. Platorius Nepos Calpurnianus* (CIL VI 31553; 31554a-b; 40867: 40868 = REp III. 35*a-e*)	CIL VI 31553	*Tribunicia potestas XXIV*	10 dic. 160 – 7 mar. 161	nel 161 d.C.
			Imperator II	dal 142	
			Consul IV	dal 1 gen. 145	
M. Aurelio		CIL VI 31554a-b; CIL VI 40867; CIL VI 40868	*Tribunicia potestas XV* (M. Aurelio)	10 dic. 160 – 10 dic. 161	
			Tribunicia potestas I	7 mar. 161 – 10 dic. 161	
			Consul III	gen. 161	
L. Vero			*Consul II*	7 mar. 161	
Settimio Severo	*Ofilius Valerius Macedo* (CIL VI 31555 = REp III. 37*a*)		*Tribunicia potestas VI*	10 dic. 197 – 10 dic. 198	dic. 197 – 198 d.C.
			Imperator X	19 feb. 197	
			Consul II	dal 184	

Tab. 6 - Prospetto dei cippi che riportano cariche imperiali utili per una datazione delle pietre terminali (II sec. d.C.). Per la datazione delle diverse cariche imperiali si veda KIENAST 1996, pp. 122, 159; su Settimio Severe invece si veda HASEBROEK 1975, p.195.

Innanzitutto va ribadito che la datazione fornita dai cippi si riferisce esclusivamente al momento in cui essi vennero posti lungo le rive e non delimita di fatto la durata della carica di un magistrato che poteva anche iniziare prima e finire dopo la collocazione delle pietre terminali. È utile cominciare analizzando le curatele coeve di *Calpetanus* e di *Arruntius*. Le interpretazioni possibili a riguardo sono essenzialmente due; la prima e più immediata è che ciascuno di questi *curatores* sia rimasto in carica per un solo semestre; da questo però non si dovrebbe concludere che la *cura Tiberis* avesse regolarmente una durata di sei mesi dal momento che, malgrado poco si sappia sull'argomento, sarebbe quantomeno insolito un periodo così breve quando in genere la durata di simili curatele era almeno annuale; inoltre sei mesi appaiono un tempo troppo ristretto perché un magistrato potesse provvedere efficacemente anche solo alle comuni esigenze di manutenzione del fiume. Più probabilmente, allora, si tratterebbe in questo caso di un'anomalia dovuta alla partenza di *Calpetanus* per la legazione di Pannonia che lo avrebbe costretto a lasciare incompiuta la gestione della *cura Tiberis* e avrebbe comportato una sostituzione in via straordinaria con *Aponianus*. Tale soluzione non risulta però convincente per il fatto che appare strano che un magistrato impegnato attivamente nello svolgimento della sua carica (i cippi per lo meno testimoniano che la manutenzione della delimitazione tiberina era in corso d'opera) interrompesse il mandato senza alcun apparente motivo di emergenza per assumere un'altra carica. La seconda interpretazione possibile invita invece a considerare il mese di giugno del 73 d.C. come il termine regolare del mandato di *Calpetanus* quale *curator Tiberis*; mandato non necessariamente semestrale dal momento che il senatore sarebbe potuto entrare in carica prima dell'inizio dell'anno, accingendosi solo in un secondo momento alla manutenzione della delimitazione del Tevere e al posizionamento dei cippi. Con tutto ciò, tuttavia, non si è provato altro se non che *C. Calpetanus Valerius Festus* rivestì la carica probabilmente per più di sei mesi, ma per quanto tempo precisamente non è possibile stabilirlo con sicurezza. Se tuttavia si analizza la durata della carica di *C. Dillius Aponianus*, si nota chiaramente che la sua curatela è strettamente compresa tra quella di *C. Calpetanus,* terminata come si è detto nel giugno del 73 d.C., e quella di *C. Laecanius Bassus Caecina Paetus* che pose alcuni cippi a partire dal giugno del 74 d.C. La curatela di *Aponianus* viene dunque ad essere limitata dai cippi del suo predecessore e del suo successore per un arco di tempo di un anno esatto, dal giugno del 73 al giugno del 74 d.C. Un anno potrebbe essere verosimilmente anche la durata in carica di *Calpetanus* in quanto egli fu *consul suffectus* nel 71 d.C., e potrebbe pertanto aver rivestito la *cura Tiberis* a partire dalla prima metà del 72 d.C. sino al giugno dell'anno seguente. Benché i dati utili a nostra disposizione siano limitati, si può tuttavia affermare che, almeno in età flavia, i *curatores riparum et alvei Tiberis* dovevano rimanere in carica all'incirca per un anno; purtroppo non è possibile, con gli elementi sinora a disposizione, determinare se tale durata fosse stata in vigore sin dagli inizi della storia della *cura Tiberis* o fosse entrata in vigore soltanto nel momento in cui la carica passò dalla collegialità al singolo senatore.

Dal 101 al 103 d.C.

Sia che fosse una carica annuale sin dall'inizio o che lo fosse divenuta solo più tardi, la *cura Tiberis* non dovette restarlo a lungo. Nel 101 d.C. infatti ricevette l'incarico un nuovo *curator*, *Ti. Iulius Ferox*, personaggio importante nella storia della curatela poiché fu il primo e unico *curator Tiberis* a portare a termine una delimitazione complessiva delle rive per tutto il tratto urbano del fiume.[86] L'insieme dei cippi attribuibili a tale magistrato si scinde cronologicamente in due gruppi (*tab. 6*); il primo nucleo si colloca nel corso del 101 d.C., come indicato dalla quinta *tribunicia potestas* di Traiano citata su di essi; il secondo gruppo, meno consistente numericamente, è datato dalla settima potestà tribunizia al 103 d.C.[87] La curatela di *Ferox* spicca dunque per una singolarità di tempistica che vuole il nostro magistrato in azione per due volte in anni contigui ma non consecutivi; anche in questo caso le interpretazioni possibili sono più d'una. La prima è che *Iulius Ferox* abbia rivestito la *cura Tiberis* per due volte in due anni diversi; tuttavia appare poco probabile che tale *curator*, accintosi ad un'operazione di delimitazione particolarmente impegnativa e per questo da svolgere in modo unitario, l'abbia poi portata a termine in due momenti distinti quando sarebbe stato più logico prolungare il suo incarico al 102 d.C., oppure affidarne il proseguio ad un immediato successore, di cui però non rimane traccia alcuna. In quest'ultimo caso inoltre non sarebbe chiaro perché nel 103 d.C. l'incarico sia tornato a *Ferox*, senza contare poi che, se così fosse, ci si aspetterebbe almeno di trovare l'espressione '*iterum*' sulle iscrizioni di tale anno.[88] In seconda istanza si può allora pensare che *Ti. Iulius Ferox* abbia effettivamente rivestito la carica per tre anni consecutivi, dal 101 al 103 d.C., eventualità che troverebbe piena giustificazione nell'ingente opera di delimitazione del Tevere che a lui era stata affidata. Stando così le cose, però, si potrebbe concludere che quella della curatela di *Ferox* fu una durata straordinaria dettata dalle peculiari contingenze del momento, passate le quali, la *cura Tiberis* sarebbe tornata alla periodicità ordinaria di un anno. Resta il fatto tuttavia che una ventina d'anni dopo anche *L. Messius Rusticus,* stando alle iscrizioni dei suoi cippi, sembra esser rimasto in carica per più di un anno e precisamente dalla fine del

[86] Per una trattazione più ampia dell'argomento si rimanda al paragrafo III.1.

[87] CIL VI 31549a-m = REp III. 25*a-m*; CIL VI 40862 = REp III. 25*t* (101 d.C.); CIL VI 31550a-d = REp III. 25*n-q* (103 d.C.).

[88] L'interpretazione proposta da Groag in *RE VIII* col. 586 secondo cui l'operazione di delimitazione sarebbe stata interrotta dalla prima guerra dacica (101-102 d.C.) non inficia minimamente la durata triennale dell'incarico, dal momento che non risulta che *Ferox* abbia preso parte a tale campagna. Piuttosto è possibile, anche se poco verisimile, che l'assenza di Traiano da Roma abbia potuto rallentare in qualche modo le operazioni di delimitazione, dal momento che probabilmente il *curator Tiberis* dipendeva dal *princeps* e visti i profondi cambiamenti attuati proprio da Traiano sulla curatela. Tuttavia è probabile che le cause dell'assenza di cippi per il 102 d.C. vadano ricercate altrove, come ad esempio nella possibile delimitazione delle rive in zone extraurbane dove i cippi sarebbero andati perduti nel tempo.

120, o più probabilmente dal 121 sino alla fine del 123 o al 124 d.C.[89] Si tratterebbe dunque di un tempo complessivo di quattro anni, se si opera un calcolo oggettivo, o più probabilmente di tre, dal momento che la carica di *Rusticus* potrebbe essere iniziata anche negli ultimi mesi del 121, finendo poi nel 124, ovvero potrebbe aver avuto il suo decorso dal 121 al dicembre del 123 d.C. Una durata quindi tendenzialmente triennale, ma senza tracce questa volta di un incarico straordinario paragonabile a quello di *Ti. Iulius Ferox* e tale da giustificare un prolungamento eccezionale della carica. Eppure già prima di *L. Messius Rusticus*, anche se con qualche incertezza dovuta all'assenza di cippi e quindi di date precise, possiamo trovare indizi che invitano a propendere per una durata triennale della carica. *C. Plinius Caecilius Secundus*, a quanto sembra, rivestì la *curatela* in un arco di tempo successivo al suo consolato del 100 d.C., periodo probabilmente compreso tra il 104 (dal momento che *Ferox* terminò il suo mandato nel 103 d.C.) e il 109 (poiché si data al 110-111 d.C. l'inizio del suo incarico in Ponto e Bitinia) e restringibile agli anni dal 104 al 106/7.[90] Similmente, pur scarseggiando termini altrettanto precisi, non manca lo spazio cronologico per poter inserire una *cura Tiberis* di tre anni anche nel *cursus* di personaggi che precedettero *L. Messius Rusticus* (come *L. Minicius Natalis*, ad esempio, che fu *curator* dopo il 106 e prima del 117 d.C.), o che ne furono i successori, (così *L. Vitrasius Flamininus* che rivestì la curatela tra il 125 e il 130 d.C., o *P. Tullius Varro curator* tra 127 e 135 d.C.).[91] È possibile dunque che da *Ti. Iulius Ferox* in poi la durata della *cura Tiberis* sia stata portata definitivamente da uno a tre anni.[92]

Una revisione generale

La durata triennale della curatela del Tevere avrebbe dunque avuto inizio con *Ti. Iulius Ferox*; tale ipotesi trova il suo fondamento innanzitutto nella già citata operazione di delimitazione complessiva delle rive, impresa legittimata senza dubbio dalla considerevole quantità di tempo intercorso da quella precedente, voluta da Augusto nel 7-6 a.C. Una simile operazione trova però la sua reale e probabile giustificazione nell'importante progetto di Traiano volto alla realizzazione ad Ostia di un nuovo complesso portuale con relative strutture connesse, quali magazzini, moli di attracco e la fossa Traiana.[93] I lavori, iniziati nel 100, perdurarono fino al 112 d.C. e dovettero probabilmente riguardare anche il Tevere, la cui perfetta efficienza era direttamente collegata alla piena funzionalità del porto ostiense ed era fondamentale per il collegamento navale Ostia-Roma. Non si può escludere infatti che, come per il rifacimento completo della delimitazione delle rive, *Ti. Iulius Ferox* fosse stato incaricato di occuparsi anche di altri lavori su ampia scala, svolti sempre all'interno delle sue competenze di *curator Tiberis*, ad esempio una massiccia pulitura dell'alveo che avrebbe dovuto garantire la navigabilità del fiume per diverso tempo. In occasione di tale manutenzione in grande stile rientrò probabilmente anche una revisione generale della curatela che proprio con *Ferox* non solo cambiò verosimilmente la sua durata da uno a tre anni, ma aggiunse alle mansioni del *curator* il compito della *cura cloacarum*.[94]

3. *Ex senatus consulto – ex auctoritate imperatoris*

Nell'ambito della storia della *cura Tiberis* numerosi furono i mutamenti che interessarono forma ed essenza della magistratura. Particolarmente interessante risulta essere quello che si potrebbe definire un "passaggio di consegne" relativo all'autorità che stabiliva la messa in atto della delimitazione delle rive. Sin dai primi cippi pervenuti, compresi quelli posti avanti la nascita della curatela, risalta chiaramente come i magistrati che di volta in volta si fecero carico delle delimitazioni agirono tutti *ex senatus consulto*, per decisione e autorità del senato. La formula *ex senatus consulto terminavit / terminaverunt* compare quindi indifferentemente su tutte queste pietre terminali, a prescindere dalla funzione rivestita in quel momento dal personaggio incaricato, tanto che anche Augusto risulta agire in tal caso su mandato senatorio. Secondo il passo di Svetonio già citato in altri contesti, Augusto avrebbe istituito diverse curatele «*quoque plures partem administrandae rei publicae caperent*», cioè affinché un maggior numero di persone fra quelle idonee prendesse parte all'amministrazione dello stato.[95] Tali curatele si caratterizzavano per la diversità rispetto alle *curae* di età repubblicana che erano principalmente cariche a carattere straordinario, tanto che secondo Thedenat, il termine *curator* sarebbe stato utilizzato come opposto di *magistratus*, cioè colui che era insignito di una magistratura ordinaria.[96] In quanto cariche straordinarie, le *curae* erano dotate non di *imperium*, attributo esclusivo dei magistrati, ma solo di una più generica *potestas*.[97] Le *curae* di età imperiale invece si inserivano direttamente nel *cursus* sia per l'accresciuto numero delle esigenze amministrative dello stato, sia perché Augusto si sarebbe servito di questi uffici repubblicani per dar luogo a strutture amministrative che gli permettessero di intervenire in prima persona nella direzione urbana e che contemporaneamente definissero e circoscrivessero in modo specifico i compiti di chi riceveva tali cariche molto più di quanto era accaduto per i magistrati repubblicani.[98] Sebbene non fosse stata creata da Augusto, la *cura Tiberis* si inseriva comunque nel solco delle magistrature che, riportando nella titolatura la

[89] CIL VI 31552a-e = REp III. 28*a-e*.

[90] LE GALL 1953, p. 141 (ora anche LE GALL 2005, p. 161-162). Le date si ricavano sulla base di PLIN. *epist.* 5, 14, 2. Vidman in PIR VI, 490, p. 207.

[91] Si vedano rispettivamente CIL II 6145 = REp III. 27*b*; CIL VI 31739 = REp III. 27*a* (*L. Minicius Natalis*), AE 1985, 275 = REp III. 29*a* (*L. Vitrasius Flamininus*), CIL XI 3364 = REp III. 31*a* (*P. Tullius Varro*).

[92] Cfr. anche SYME 1967-71 II, p. 862.

[93] CIL XIV 88. Si vedano ad esempio ZEVI 2001, pp. 114-120; CHEVALLIER 2001, pp. 20-29; VERDUCHI 2001, pp. 131-135.

[94] Cfr. il paragrafo III.3.

[95] SVET. *Aug.* 37. Si veda capitolo I.2. Cfr. PALMA 1980, p. 173.

[96] *DAGR* I.2 (1969) pp. 1611-1613, s.v. *Cura* (H. Thédenat).

[97] *NNDI* V (1960) p. 46-48, s.v. *Cura* (F. Grelle); *DEAR* II.2 (1910) p. 1321, s.v. *Cura* (G. Mancini).

[98] PALMA 1980, p. 167; CASTAGNOLI 1969, p. 52; JONES 1983, pp. 114-116.

parola *cura*, riproponevano potenzialmente le molteplici valenze (da quella strettamente amministrativa a quelle più spiccatamente morali) che tale vocabolo assommava in sé, riferendole al ruolo del *princeps*.[99] Rapportata ad ambiti di potere, l'espressione *cura* conserva dunque, soprattutto durante il principato di Augusto, il senso di preoccupazione e sollecitudine con cui verrà intesa anche dagli scrittori del consenso dell'epoca augustea e che trova la sua massima realizzazione nella *cura rei publicae* del *princeps*. Da subito quindi il concetto viene assimilato con la gestione saggia dello stato da parte del potere centrale che poi verrà identificato con l'imperatore, ma anche con tutta la classe di governo che esercitava funzioni politiche, amministrative e militari e a cui il *princeps* affidava e demandava la gestione/*cura* di determinati settori dello stato.[100] Il fatto stesso che la medesima espressione venga inserita nella titolatura di cariche diverse (come ad es. la *cura aquarum,* la *cura Tiberis*, la *cura viarum* etc.) renderebbe palese, secondo Palma, la sostanziale omogeneità della struttura organizzativa di tali istituzioni, che rappresentano uno degli aspetti del ruolo amministrativo svolto dal *princeps* e dal senato.[101] Nella fattispecie si trattava dell'amministrazione di Roma, e il governo della *civitas* aveva rivestito da sempre una valenza particolare per l'aristocrazia romana, che legava all'Urbe la nascita e il mantenimento del proprio ruolo politico. L'amministrazione di Roma era avvertita quindi come imprescindibile dalla presenza del senato, l'organo più rappresentativo della realtà cittadina.[102] In tale contesto, le *curae* divennero una delle vie dirette -irrinunciabili per il *princeps*- di coinvolgimento dei senatori nel governo urbano e, parallelamente, un compromesso peculiare dell'epoca di passaggio dalla repubblica al Principato poiché lasciava ai senatori buona parte del governo di Roma riservando loro la direzione dei servizi urbani, e nel contempo garantiva al *princeps* un reale controllo e una possibilità di ingerenza in merito, in quanto le *curae* venivano esercitate su delega di poteri da parte dell'imperatore stesso.[103] Da alcuni passi di Frontino emerge come i membri della *cura aquarum* venissero nominati direttamente dall'imperatore Augusto *ex consensu senatus* o *ex senatus auctoritate*, espressione utilizzata nelle fonti come definizione tecnica del *senatus consultus* valido ed efficace.[104] Mediante tale consenso basato sulla loro autorità, i senatori mantenevano un ruolo attivo nell'amministrazione della città e legittimavano, rendendola costituzionale, la scelta del *princeps* che in età augustea non godeva ancora della capacità normativa che verrà acquistando nel tempo.[105] Tale procedimento si applicava anche nell'ambito della costruzione di opere pubbliche in cui il senato interveniva autorizzando i magistrati, come avveniva ad esempio nel caso di monumenti onorari che non potevano essere edificati dalle massime cariche in onore di se stesse.[106] Se un simile *iter* di intervento senatorio può ritenersi veritiero quando applicato ai *curatores aquarum* (e per estensione alle altre curatele augustee), per ciò che riguarda la *cura Tiberis* Dione riferisce invece come nel 15 d.C. si procedette alla sua creazione mediante la *sortitio* di cinque senatori. Sebbene non sia possibile sapere se tale criterio di scelta si sia mantenuto nel tempo, è tuttavia indubbio che, almeno agli inizi, la *cura Tiberis* ricadesse sotto la completa sfera di autorità del senato, mentre il *princeps* pare mantenere un ruolo marginale limitandosi ad ordinare la formazione di un collegio apposito per il Tevere e lasciando poi all'assemblea senatoria l'esecuzione pratica del progetto. Questa ipotesi sembra trovare conferma nel fatto che sui primi cippi dei *curatores Tiberis* compare la formula *ex senatus consulto*, uso giustificato probabilmente anche dalla comparsa della medesima espressione sui termini posti da Augusto stesso nel 7 a.C.; egli aveva infatti agito a sua volta come un normale magistrato sull'esempio dei cippi collocati dai censori nel 54 a.C. e dai consoli nell'8 a.C. In breve, la *cura Tiberis* nacque, e probabilmente si mantenne per il primo periodo della sua storia, come una magistratura affidata al controllo del senato che procedeva alla scelta dei membri inizialmente mediante estrazione, poi (forse) tramite scelta diretta. Per esserne certi tuttavia bisognerebbe conoscere la data in cui la *cura Tiberis* entrò a tutti gli effetti a far parte del *cursus honorum* senatorio, circostanza che può ritenersi sicura soltanto a partire dal 68-69 d.C. ca., anno cui risale la curatela di *Sex. Sentius Caecilianus* di cui si conserva un'iscrizione che ne riporta il *cursus*.[107] Prima di tale testimonianza sono pervenuti solamente cippi delimitativi di personaggi di cui si conosce poco, per cui l'unica ipotesi che si può formulare è che i presidenti dei collegi rivestirono la carica verosimilmente negli anni immediatamente successivi al consolato, ma non si sa se a seguito di estrazione tra giovani consolari o perché si era già provveduto a fissare la collocazione della curatela tra le prime cariche consolari. In entrambi i casi, comunque, per il primo periodo di esistenza della *cura Tiberis* l'espressione *ex senatus consulto* sui cippi sembra voler indicare una dipendenza diretta dei magistrati dal senato e ciò non solo per quanto riguarda le delimitazioni delle rive, come suggerisce la presenza della formula sui termini, ma anche per lavori di altra natura, come testimoniato dall'iscrizione di CIL VI 31543 (REp III. 1-5*a*) apposta su una lastra che attesta il rifacimento probabilmente di un settore della riva. Il dato lascia presupporre che anche riguardo ai *curatores Tiberis* il senato avesse un ruolo centrale nella scelta, fosse essa diretta o per estrazione, tanto più che talvolta il *senatus*

[99] Cfr. PALMA 1980, pp. 15-30.
[100] PALMA 1980, pp. 83; 101.
[101] PALMA 1980, pp. 106-107. Tale teoria è conforme all'ipotesi proposta da MOMMSEN 1889, p. 346 secondo cui le quattro curatele della città di Roma avrebbero formato già nel loro insieme un unico collegio, entro il quale i membri si sarebbero distinti per rango e competenze. In senso contrario invece F. Grelle (in *NNDI* V (1960) p. 46-48, s.v. *Cura*) per il quale non si può parlare di un'istituzione organica della *cura*, ma solo di *curae* diverse.
[102] PALMA 1980, p. 178.
[103] PALMA 1980, pp. 179-180.
[104] FRONTIN. *aq.* 100; 104. Su tale uso si vedano ad es. CIC. *ad fam.* 1, 2.4; 8, 8.4-8; *de orat.* 3, 2.5; *de leg.* 2, 15.37; LIV. 4, 57.5; 22, 23.4-5. Cfr. MANCUSO 1981, pp. 17-18.
[105] PALMA 1980, p. 253; cfr. CROOK 1953, pp. 11-12; ORESTANO 1937, pp. 3 ss.
[106] CASTAGNOLI 1969, pp. 53-54.
[107] CIL IX 4194 = REp III. 21*a*.

consultum, in quanto manifestazione dell'*auctoritas*, poteva avere il medesimo valore della *lex*.[108]

Si colloca sotto il regno di Claudio il primo termine tiberino che attesta il passaggio dall'autorità del senato a quella dell'imperatore.[109] Il cippo non è purtroppo databile con precisione, mancando la menzione della *tribunicia potestas* imperatoria, ma sembra essere verosimilmente uno dei primi a riportare la formula *ex auctoritate imperatoris*, dal momento che essa si trova dopo i nomi dei *curatores*, mentre sui cippi successivi occuperà sempre la prima posizione.[110] A Claudio quindi sembra doversi imputare un cambiamento nella gestione della *cura Tiberis*; in particolare la sostituzione del senato con l'imperatore lascia supporre che la curatela sia divenuta una funzione alle dirette dipendenze di quest'ultimo, con un processo parallelo, anche se non identico, a quello che riguardò negli stessi anni la *cura aquarum* alla cui conduzione Claudio dispose un *Augusti libertus* con il grado di *procurator* dipendente direttamente da lui.[111] Stando a quanto emerge dalle iscrizioni, il cambiamento per la *cura Tiberis* fu dunque apparentemente meno radicale; i magistrati senatori rimasero infatti in carica in un normale collegio la cui sola differenza con il passato era costituita dal fatto che esso rispondeva ora al *princeps* e non più al senato. Tale principio di «gestione diretta» si basa, secondo Viganò, sulla considerazione che se dal *fiscus* imperiale il *princeps* traeva il necessario per il mantenimento di una *familia aquarum* di quattrocentosessanta persone e delle necessità materiali degli acquedotti, ugualmente poteva intervenire nei criteri di gestione della *cura Tiberis*.[112] È probabile tuttavia che il cambiamento abbia riguardato anche il criterio di scelta dei magistrati preposti al Tevere, che avrebbe comportato non più un sorteggio o una nomina compiuta dal senato, ma una scelta effettuata direttamente dal *princeps*. La decisione di Claudio di avocare a sé il controllo della curatela del Tevere era stata in passato giustificata da Gatti collegando lo svolgimento dei lavori di delimitazione sul fiume con l'assunzione della censura da parte dell'imperatore, dal momento che anche altri cippi più tardi (quelli del 73-74 d.C.) sarebbero stati posti durante la censura di Vespasiano.[113] Se questa ipotesi fosse esatta permetterebbe di datare il cippo claudiano al 47 d.C., anno della censura dell'imperatore; ma restano dei dubbi a riguardo dal momento che sul cippo stesso non viene fatto alcun accenno alla carica censoria, dato alquanto singolare se davvero la delimitazione fosse stata decisa dal *princeps* in virtù di tale incarico. Inoltre, se si escludono i cippi di età flavia, nella titolatura imperiale di altri termini non compare mai la censura. È invece più verosimile che con Claudio si completi anche per la *cura Tiberis* il trasferimento dell'*auctoritas* dal senato all'imperatore, secondo un *iter* che per diverse cariche era iniziato già con Augusto.[114] L'intervento claudiano sulla *cura Tiberis* trova inoltre una collocazione ottimale nell'ambito dei lavori che il *princeps* intraprese ad Ostia per la costruzione del porto, che comportò una serie di operazioni parallele volte a collegare quest'ultimo con Roma attraverso il Tevere, primo fra tutti la realizzazione di quella che poi, a seguito di interventi successivi, diventerà la fossa Traiana.[115] Oltre a quest'ultima, altre *fossae* furono fatte scavare da Claudio, come testimoniato da CIL XIV 85.[116] Tali *fossae a Tiberi emissae in mare* se da un lato collegavano il porto al Tevere, contemporaneamente avevano l'esplicito compito di liberare la città dal pericolo delle inondazioni.[117] Per lo meno tale doveva essere l'opinione comune all'epoca, come dimostrato non solo dalle iscrizioni che attestano la realizzazione dei canali artificiali -operazione fra l'altro ripetuta da Traiano con la fossa attestata da CIL XIV 88- ma anche da un passo delle epistole pliniane in cui l'autore riporta notizia di un'alluvione avvenuta malgrado l'esistenza della fossa Traiana.[118] Il fatto che, parallelamente ai lavori di costruzione del porto, Claudio si fosse preoccupato di provvedere alla manutenzione del Tevere escogitando un modo per limitare le alluvioni, fornisce un valido movente alla decisione dell'imperatore di porre mano anche alla magistratura del fiume modificandone la struttura e legandone l'attività al potere centrale del *princeps*, un modo questo per rendere forse più diretta ed efficace l'azione di controllo contro le

[108] DE MARTINO 1974, p. 564; MANCUSO 1981, p. 19. Sull'*auctoritas* si vedano in generale GRANT 1946, pp. 338-341; MAGDELAIN 1947, pp. 36-110; AMIRANTE 1948, pp. 375-390; GUARINO 1948, pp. 21-46; PUGLIESE CARRATELLI 1949, pp. 29-40; BISCARDI 1953, pp. 213-294; RICCA BARBERIS 1954, pp. 129-131; COLLART 1961, pp. 211-216; MANNINO 1979, *passim*; MAGDELAIN 1982, pp. 25-45; D'ORS 1984, pp. 375-381; GIOVANNINI 1985; pp. 28-36; GRAEBER 1989, pp. 139-158; MAGDELAIN 1990, *passim*; FREYBURGER GALLAND 1992, pp. 237-246; LEVI 1992, pp. 185-201; LEVI 1995, pp. 143-147; GÉLY 1999, *passim*; LANZA 1996, pp. 3 ss.; DOMINGO 1999, *passim*; CASINOS MORA 2000, *passim*; GALLO 2001, pp. 305-323; GRAEBER 2001, *passim*; FONTANELLA 2002, pp. 367-409.

[109] CIL VI 31545 = REp III. 16-20*a*.

[110] A partire cioè da CIL VI 31546a-b = REp III. 22*b-c* databili al 73 d.C.

[111] FRONTIN. 105, 1-2. Cfr. ad es. VIGANÒ 1972, p. 806; LEVICK 1999, pp. 86-87; BRUUN 2000, p. 156.

[112] VIGANÒ 1972, pp. 807-808.

[113] Si tratta di CIL VI 31546a-b; CIL VI 31547. Cfr. GATTI 1887, pp. 312-313.

[114] SCRAMUZZA 1971, p. 118; VIGANÒ 1972, p. 806; HOMO 1951, pp. 205-206.

[115] Sul porto di Claudio ad Ostia si vedano in generale CARCOPINO 1907, pp. 734-794; LUGLI - FILIBECK 1935, pp. 2-31, 78-89, 131-132; SCRINARI 1960, pp. 173-190; LUGLI 1961, pp. 139-151; TESTAGUZZA 1970, pp. 69-104; SCRINARI 1971, pp. 215-224; MEIGGS 1973, pp. 54-57; SCRINARI 1984, pp. 213-219; CHEVALLIER 1986, pp. 119-122; SCRINARI 1987, pp. 181-188; PURCELL 1996, pp. 267-269 (in generale su *Portus*); SILENZI 1998, pp. 60-75; CHEVALLIER 2001, pp. 20-29; ZEVI 2001, pp. 114-120; PAVOLINI 2006, pp. 292-294.

[116] CIL XIV 85 = ILS 207: *Ti(berius) Claudius Drusi f(ilius) Caesar / Aug(ustus) Germanicus, pontif(ex) max(imus), / trib(unicia) potest(ate) VI, co(n)s(ul) design(atus) IIII, imp(erator) XII, p(ater) p(atriae), / fossis ductis a Tiberi operis portu[s] / caussa emissisque in mare urbem inundationis periculo liberavit*. Cfr. KEAY 2004, p. 223.

[117] Il verbo *emittere* è parola tecnica che significa «togliere l'acqua» (si veda ad es. LIV. 5, 15.4); cfr. *ThLL V* (1951-1953), p. 502, *s.v. Emitto*; VIOLANTE 1989, p. 119.

[118] PLIN. *epist.* 8, 17: «*Tiberis alveum excessit et demissioribus ripis alte superfunditur. Quamquam fossa, quam providentissimus imperator fecit, exhaustus, premit valles, innatat campis, quaque planum solum, pro solo cernitur*». «Il Tevere uscì dall'alveo e si riversò dall'alto sulle rive basse. Benché vuotato dalla fossa che l'imperatore previdentissimo fece fare, riempì le valli, inondò i campi, e dovunque c'era un terreno piano, non si scorgeva che acqua». Sul tema cfr. ZEVI 2000, pp. 517-518.

inondazioni. La scelta dell'imperatore Claudio fu probabilmente quella che diede inizio ad una precisa evoluzione della curatela, che portò poi, verosimilmente in età flavia, a sostituire il collegio senatorio con un singolo magistrato di rango consolare.[119] L'effettiva portata dell'*auctoritas* imperiale emerge chiaramente dalle iscrizioni di alcuni cippi più tardi in cui l'autore della delimitazione risulta essere l'imperatore, mentre il *curator Tiberis* viene menzionato nel ruolo di facente funzioni mediante la formula usuale *curante*....[120]

Di particolare importanza per la storia della curatela, il passaggio dell'azione dall'*auctoritas senatus* all'*auctoritas principis* non mutò dunque l'ambito delle competenze dei *curatores* né, almeno all'inizio, la struttura interna del collegio. Essa riguardò essenzialmente la modalità di gestione della carica, demandata ora direttamente all'imperatore, verosimilmente chiamato in prima persona a scegliere i magistrati e a gestirne l'attività. La scelta di Claudio di rendere diretta la gestione della *cura Tiberis* rientrò senza dubbio nella linea politica di accentramento da lui adottata che riguardò anche altre curatele, come la *cura aquarum*, ma trova probabile giustificazione anche e soprattutto nella decisione di intraprendere la costruzione di un porto ad Ostia e nei lavori paralleli per la costruzione di *fossae* che, sboccando in mare, offrissero un rimedio alle alluvioni del Tevere.[121] In tale cornice il passaggio dall'autorità senatoria a quella imperiale si può forse interpretare come un ulteriore tentativo di rendere più efficace e rapida l'azione dei *curatores* facendola dipendere direttamente da un'unica persona, il *princeps*. È probabilmente a seguito di tale cambiamento che la carica assunse infine maggior importanza dal punto di vista onorifico, come dimostrerebbe il fatto che i *curatores* che si susseguirono da Claudio in poi ebbero carriere tutto sommato brillanti, in cui rientrava, appunto, anche la *cura Tiberis*.

4. La titolatura della carica e le sue trasformazioni

La titolatura della *cura Tiberis* subì nel corso del tempo trasformazioni solo raramente riconducibili a veri e propri cambiamenti interni alla magistratura, come si evince dalla documentazione epigrafica relativa ai *curatores* (*tab. 7*). I cippi del primo collegio riportavano una denominazione abbastanza generica della curatela, solo vagamente indicativa delle reali competenze dei magistrati che la rivestivano, definiti sommariamente *curatores riparum qui primi fuerunt* senza neppure la specificazione *Tiberis* che invece nelle diverse denominazioni successive rimarrà costante. È chiaro che si tratta di una nomenclatura di massima, pensata per essere apposta su iscrizioni d'uso, quali di fatto erano i cippi, e dal momento che questi ultimi si trovavano già in loco (il primo collegio si limitò infatti ad un restauro dei cippi preesistenti) dovette risultare superfluo indicare persino il nome del fiume cui le rive in questione appartenevano. Ciò non significa tuttavia che i primi *curatores* avessero competenza unicamente sulle rive, ma soltanto che tale denominazione fu probabilmente pensata in fretta, indice di una fase di transizione in cui la neonata curatela doveva ancora ricevere una struttura ben definita. Infatti sin dall'iscrizione del collegio successivo –il quale forse potrebbe essere addirittura identificato con il collegio dei primi *curatores*- la titolatura si mostra già ben delineata nella formula *curatores riparum et alvei Tiberis* che definisce in modo netto gli ambiti topografici di competenza dei cinque magistrati.[122] Da questo momento, e almeno sino al 101 d.C., la titolatura della carica rimarrà sostanzialmente immutata, con l'unica variante di un'inversione dei termini in *curator alvei Tiberis et riparum* riscontrabile in coincidenza con il passaggio da una magistratura collegiale ad un singolo *curator*. Tale inversione, in ogni caso, non si mantiene costante, ma si alterna con la formula precedente; tuttavia allo stato attuale delle fonti non si può affermare se i due cambiamenti siano tra loro collegati o se fu soltanto l'abitudine d'uso a portare ad una piccola variazione nella titolatura. A livello amministrativo infatti, esclusa naturalmente la riduzione della magistratura ad un solo senatore, non risultano particolari alterazioni per quanto riguarda le competenze del *curator* che possano aver portato ad un'inversione dei termini nella denominazione. Non si può tuttavia neppure escludere che nel momento di passaggio dalla collegialità al singolo si sia presa la decisione di segnalare anche a livello di nomenclatura l'avvenuto cambiamento.

Nel 101-103 d.C. il titolo della curatela subisce invece un mutamento sostanziale dovuto al contemporaneo ampliamento delle competenze del magistrato che alla cura delle rive e dell'alveo ebbe annessa la *cura cloacarum*. La formula *curator alvei Tiberis et riparum et cloacarum urbis* si mantenne costante sino alla fine del II secolo d.C. Verso gli ultimi anni di quell'epoca e i primi del secolo successivo sembra invece emergere una tendenza ad abbreviare la titolatura che talvolta viene accorciata in un semplice *curator alvei Tiberis* (es. REp III. 43*a-b*; 44*a*) o *curator albei Tiberis et cloacarum urbis* (REp III. 45*a*). Si deve comunque considerare la tipologia dell'iscrizione che attesta l'uso della titolatura; si tratta ad esempio di *acta ludorum saeculariorum* che riportano la titolatura semplificata *curator alvei Tiberis* probabilmente a causa dello spazio ridotto, o di iscrizioni private o comunque non ufficiali in cui la citazione completa di una titolatura all'interno di un *cursus* non era necessaria. Le competenze del *curator* non avevano comunque subito alcun cambiamento in corrispondenza di tali variazioni, come dimostra il fatto che nel corso del III secolo si trovano ancora iscrizioni che riportano la titolatura per esteso (es. REp III. 40*a*; 41*a*, 44*a*), in particolare essa compare su titoli a carattere pubblico strettamente connessi con l'attività amministrativa dei *curatores* (REp III. 41*a*, 44*a*).

---

[119] Si veda a riguardo il paragrafo II.1.

[120] CIL VI 31553 = REp III. 35*a*; 31554a-b = REp III. 35*b-c* (160-161 d.C.); CIL VI 31556 = REp III. 49*b* (seconda metà III sec. d.C.).

[121] Sui rapporti tra Claudio e la *cura aquarum* cfr. MILLER 1967, pp. 9-19.

[122] Si veda a riguardo il paragrafo II.4.

N. REp	Data	Titolatura
II. 8-10; 12-14	15 d.C.	*Curatores riparum qui primi fuerunt / terminaverunt*
III. 1-5*a*	Prima del 19 d.C. (15 d.C.?)	*Curatores riparum et alvei Tiberis*
III. 6-10*a-c*	Tra 20 e 23 d.C.	*Curatores riparum et alvei Tiberis*
III. 11-15*a-d*	Tra 24 e 41 (forse 25/26 d.C.)	*Curatores riparum et alvei Tiberis*
III. 16-20*a*	Tra 41 e 44	*Curatores riparum et alvei Tiberis*
III. 21*a*	68/69 d.C. ca.	*Curator alvei Tiberis et riparum*
III. 22*b-c*	Prima metà 73 d.C.	*Curator alvei Tiberis et riparum* *Curator riparum et alvei Tiberis*
III. 24*a*	Lug.-dic. 73 d.C.	*Curator riparum et alvei Tiberis*
III. 24*a-c*	Giugno 74-75 d.C.	*Curator riparum et alvei Tiberis*
III. 25*a-v*, 25*z*	101-103 d.C.	*Curator alvei Tiberis et riparum* (CIL XIV 5320 = Rep. III. 25*z*) *Curator alvei et riparum Tiberis et cloacarum urbis*
III. 26*a-d*	104-106 d.C.	*Curator alvei Tiberis et riparum et cloacarum urbis*
III. 27*a-b*	107-109/110 d.C.	*Curator alvei Tiberis et riparum et cloacarum urbis*
III. 28*a-h*	121-124 d.C.	*Curator alvei et riparum Tiberis et cloacarum urbis*
III. 29*a*	124/125-127 d.C.	*Curator alvei Tiberis riparum cloacarum urbis*
III. 30*a*	127/128-129/130 d.C.	*Curator riparum et alvei Tiberis et cloacarum urbis*
III. 31*a*	Seconda metà 129/130-132/133 d.C.	*Curator alvei Tiberis et riparum et cloacarum urbis*
III. 32*a*	147/148-149/150 d.C.	*Curator alvei Tiberis et cloacarum urbis*
III. 33*a-b*	154/155-157/158 d.C.	*Curator alvei Tiberis et riparum item cloacarum urbis*
III. 34*a*	160 d.C.	*Curator alvei Tiberis et cloacarum urbis*
III. 35*a-e*	161-164 d.C.	*Curator alvei Tiberis et riparum et cloacarum urbis*
III. 36*a*	174-176 d.C.?	*Curator alvei et [riparum Tiberis et cloacarum urbis]*
III. 37*a*	198 d.C.	*Curator alvei Tiberis et riparum et cloacarum urbis*
III. 38*a*	198-200/201 d.C. ca.	*Curator alvei Tiberis*
III. 39*a*	Fine II sec. d.C.	*Curator alvei Tiberis et cloacarum urbis*
III. 40*a*; 41*a*	Ultimi anni del II sec. d.C.	*Curator alvei et riparum Tiberis* *Curator alvei Tiberis et riparum et cloacarum urbis*
III. 42*a*	Fine II-inizi III sec. d.C.	*Curator alvei Tiberi[s et riparum et cloacarum urbis?]*
III. 43*a-b*	202-204 d.C.	*Curator alvei Tiberis*
III. 44*a*	207-210 d.C.	*Curator alvei Tiberis*
III. 45*a*	231/232-233/234	*Curator albei (!) Tiberis et cloacarum urbis*
III. 46*a*	Tra 235 e 238 d.C.	*Curator alvei Tiberis, riparum cloacarumque sacrae urbis*
III. 47*a*	Intorno al 244 d.C.	*Curator alvei et riparum Tiberis et cloacarum urbis*
III. 48*a-b*	261-263 d.C.	*Curator albei (!) Tiberis et cluacarum (!) sacrae urbis / curator albei (!) Tiberis*
III. 49*a-b*	284/285-286/287 d.C.	*Curator alvei Tiberis et cloacarum sacrae urbis /* *Curator alvei Tiberis riparum et cloacarum sacrae urbis*
III. 50*a*	Ultimo decennio del III sec. d.C.	*Curator alvei Tiberis*
III. 51*a*	307-309 d.C.	*Curator alvei Tiberis et cloacarum sacrae urbis*
III. 53*a-f*	321-323 d.C.	*Curator alvei Tiberis /* *Consulari albei (!) Tiberis et cloacarum*
III. 54*a-b*	324 d.C.	*Curator alvei Tiberis et cloacarum sacrae urbis*
III. 52*a*	Sotto Costantino (312-324 d.C.)	*Curator alvei Tiberis et cloacarum sacrae urbis*

Tab. 7 - Le variazioni della titolatura della cura Tiberis *sui cippi.*

	Curator	Data cura Tiberis	Anni intercorsi tra cos. e procos	Anni intercorsi tra cura Tiberis e procos	Prosopografia
Proconsul Asiae	*Paullus Fabius Persicus*	Tra 41 e 44 d.C.	17	10	16
	C. Laecanius Bassus Caecina Paetus	Giugno 74-75 d.C.	10-11	6	24
	Ti. Iulius Ferox	101-103 d.C.	17	13	25
	[? Valerius M? f.] Grani[anus?] Grattius Cerealis Geminius R[estitutus?]	127/8-129/30 d.C.	15	11	30
	M. Nonius Macrinus	154/5-157/8 d.C.	16	11-12	33
Proconsul Africae	*L. Minicius Natalis*	107-109/10 d.C.	15	11-12	27
	L. Vitrasius Flamininus	124/5-127 d.C.	15	10	29
	P. Tullius Varro	Seconda metà 129/30-132/3 d.C.	15	9-10	31
	T. Prifernius T. f. Quir. Paetus Rosianus Geminus Nonius Agricola C. Labeo Vettius	147/8-149/50 d.C	14	10-11	32
	P. Cornelius Anullinus	174-176 d.C.	19	16	36
	C. Caesonius Macer Rufinianus	198-200/1 d.C.	15	11-12	38
	L. Caesonius Lucillus Macer Rufinianus	231/2-233/4 d.C.	9-10	6-7	45
	L. Caesonius L. f. Quir. Ovinius Manlius Rufinianus Bassus	261-263 d.C.	All'incirca 16	All'incirca 13	48
	Q. Fl. Messius Egnatius Lollianus Mavortius	321-323 d.C.?	All'epoca il consolato era rivestito generalmente come ultima carica a coronamento del *cursus*		53

Tab. 8 - Curatores Tiberis *che rivestirono il proconsolato d'Asia o d'Africa.*

Più tardi, nel corso del IV secolo d.C., sembra invece stabilizzarsi, sia a livello pubblico che privato, una formula più snella ma comprensiva delle mansioni complessive del magistrato, *curator alvei Tiberis et cloacarum*, alla quale viene affiancato l'appellativo *sacrae urbis*, certo influsso della tendenza enfatizzante che investe il linguaggio epigrafico dell'epoca. Le oscillazioni nella modalità di citazione della titolatura della curatela furono quindi dovute essenzialmente all'ambito d'uso; maggiori variazioni, tendenti essenzialmente all'abbreviazione, si riscontrano in iscrizioni di carattere privato dove l'ufficialità del titolo completo non era richiesta, mentre si verifica una maggiore regolarità nelle iscrizioni pubbliche attinenti alla sfera d'azione dei *curatores*, prova tangibile che la natura della magistratura rimase sostanzialmente invariata nei secoli.

5. L'importanza della carica

Nell'ambito dell'analisi degli aspetti istituzionali della *cura Tiberis* è utile tentare di definire l'effettiva rilevanza della carica, cercando di delineare la tipologia di senatori che la ottennero e analizzando separatamente i *curatores* appartenuti ad un collegio e quelli che rivestirono la carica singolarmente.

I curatores *dei collegi*

Nella maggioranza dei casi sono assai poche le notizie riguardanti i *curatores* di rango pretorio che formarono i collegi nei primi decenni di storia della carica. Ciò è dovuto senz'altro al fatto che, ad eccezione dei senatori del collegio presieduto da *L. Caninius Gallus* (ante 19 d.C.), che provenivano da realtà sociali assai diverse tra loro, tali personaggi erano pressoché tutti *homines novi*, talora esponenti di *gentes* incluse nelle *élites* municipali.[123] *Sex. Sotidius Strabo Libuscidianus* apparteneva, ad esempio, ad una *gens* elitaria di *Canusium* che dovette ottenere l'ingresso in senato con altre famiglie del luogo a seguito della rinascita della città in età augustea; tuttavia egli è ad oggi il solo esponente noto della sua *gens* ad essere pervenuto all'*ordo senatorius*, senza per altro aver ottenuto il consolato. Conclusioni simili sembrano potersi trarre anche dalle scarse fonti riguardanti *C. Calpetanus Statius Rufus*, appartenente ad una famiglia di origine etrusca, il quale sembra essere il primo dei *Calpetani Statii* a venire cooptato in senato, dove rivestì soltanto le due curatele del Tevere e dei luoghi pubblici. Similmente *C. Valerius Flaccus Tanurianus*, personaggio altrimenti ignoto, era forse di origine tracia, come sembra rivelare il *cognomen*, ed entrò in senato probabilmente a seguito della sua adozione da parte di un *L. Valerius Flaccus*. Proveniva invece da famiglia equestre *C. Eggius Marullus* che fu il primo esponente della *gens* a rivestire un incarico senatorio, senza però arrivare al consolato. Un altro esempio è rappresentato da *L. Sergius Paullus*, originario di Antiochia di Pisidia, dove sono note proprietà della *gens* dei *Sergi Paulli*, che doveva essere una delle più in vista della città. Anche in questo caso, *L. Sergius Paullus* fu verosimilmente il primo esponente della famiglia ad entrare in senato. *Homines novi* e noti soltanto dai cippi tiberini furono anche *C. Obellius Rufus*, *P. Vergilius Pontianus* e *Vergilius Rufus*. Il primo era, per parte di madre, nipote di Asinio Pollione; il secondo era senza dubbio esponente della *gens* imparentata con Pompeo; per entrambi tuttavia si conservano scarsissime notizie. *Marcellus*, forse per motivi di salute, ebbe un *cursus* modesto che non lo condusse oltre un consolato *suffectus*; *Scribonius*, noto solo dai cippi tiberini, fu l'ultimo membro della sua famiglia ad ottenere un incarico in senato, probabilmente l'ultimo esponente senatorio di una

[123] La varietà di estrazione sociale dei membri del collegio di *Gallus*, come si vedrà in seguito, potrebbe trovare giustificazione nell'ipotesi che porta ad identificare questi personaggi con gli altrove anonimi *curatores riparum Tiberis qui primi fuerunt*, estratti a sorte in una situazione di emergenza, quando non si era ancora codificato un preciso inserimento della carica nel *cursus*. Per informazioni più ampie su tutti i personaggi citati si rimanda alle rispettive schede della sezione prosopografica.

gens in declino a causa dei suoi legami politici compromettenti. Il terzo *curator*, *P. Catienus Sabinus*, si distingue per il numero di informazioni possedute riguardo al suo *cursus*, noto grazie all'iscrizione onoraria apposta su una base rinvenuta ad *Abellinum*, un *cursus* comunque modesto che probabilmente non giunse mai a comprendere il consolato, complici forse la mancanza di conoscenze sociali e la prolungata assenza del senatore da Roma a seguito degli incarichi che svolse nelle province. *L. Visellius Varro,* infine, è l'unico senatore fra coloro che furono *curatores Tiberis* da *praetorii* di cui si sa per certo che rivestì il consolato; come *Marcellus Aeserninus,* anche *Varro* era figlio di un console, ma la sua famiglia era entrata a far parte dell'*ordo* senatorio da poco tempo con *C. Visellius Varro*, *tribunus plebis* nel 69 a.C. e nonno del *curator Tiberis*. I *curatores Tiberis* di rango pretorio si caratterizzano dunque per l'appartenenza a *gentes novae* entrate da poco in senato o di cui loro stessi furono i primi esponenti a ricoprire incarichi senatori. Nei rari casi in cui essi appartennero a famiglie di spicco si trattò di eccezioni dettate, come nel caso di *L. Scribonius Libo*, dalla situazione della *gens*, la cui importanza e il cui ruolo politico avevano subìto un declino, oppure da particolari condizioni del senatore stesso, come avvenne per *M. Claudius Marcellus Aeserninus*.

L'alta incidenza di *homines novi* coinvolti nella gestione della curatela porta a supporre che la scelta dei *curatores Tiberis* venisse attuata con cognizione di causa e che l'estrazione a sorte, ammesso che tale criterio di selezione fosse rimasto anche in seguito alla creazione del primo collegio, venisse manipolata dall'alto in modo da includere nella neonata carica senatori nuovi. Nel passo svetoniano della *Vita Augusti* già più volte citato in precedenza, l'autore include la *cura Tiberis* nell'elenco dei *nova officia* escogitati da Augusto per coinvolgere più persone nell'amministrazione della città.[124] Pure se non è possibile includere la curatela del Tevere fra le cariche augustee, la filosofia sottesa alla creazione di queste ultime può ritenersi più che valida anche per la nuova carica tiberiana. Infatti la conformazione interna del collegio, che ogni anno metteva a disposizione quattro uffici di rango pretorio, permetteva di aprire la strada del *cursus* a senatori di recente creazione, spesso privi di appoggi, offrendo loro una collocazione e un sostegno concreto e consentendo al contempo all'imperatore l'inserimento in senato di *homines novi* provenienti dalla nobiltà municipale italica che potevano contribuire alla creazione di una base senatoria favorevole al *princeps*.[125] La riprova del parziale successo di una simile politica si può forse riscontrare nel fatto che, per alcuni dei *curatores* pretorii, sono noti discendenti immediati o di seconda generazione che ebbero accesso al consolato e ad altre cariche più elevate del *cursus*. *L. Sergius L. f. Paullus*, ad esempio, omonimo figlio del *curator*, pervenne al consolato nel 70 d.C., così un altro *L. Sergius Paullus*, verosimilmente il nipote, fu *consul II* nel 168 d.C.[126] Anche di *C. Eggius Marullus* si conoscono discendenti in senato: *L. Eggius Marullus* fu console nel 111 d.C., *C. Eggius Ambibulus* invece ottenne da Traiano l'*adlectio inter patricios* e raggiunse quindi il consolato nel 126 d.C. La curatela pretoria aprì la strada del senato anche alla *gens* di *C. Calpetanus Statius Rufus*; *C. Calpetanus Rantius Sedatus*, suo figlio adottivo, fu console nel 47 d.C. e ottenne in seguito la legazione di Dalmazia.[127] A sua volta il figlio adottivo di *Sedatus*, *C. Calpetanus Rantius Quirinalis Valerius P. f. Pomp. Festus*, fu *consul suffectus* nel 71 d.C. e, come il nonno, *curator Tiberis* nel 73 d.C. Se di *C. Obellius Rufus* invece non si conoscono familiari che ottennero il consolato, è forse possibile, data la particolarità del gentilizio, riconoscere una sua discendente in *Vibia Obellia Sabina*, moglie dell'imperatore Adriano. Malgrado la posizione sociale dei suoi membri pretorii non fosse particolarmente elevata, la *cura Tiberis* doveva comunque costituire un incarico non disprezzabile dal momento che i senatori di grado consolare che ne rivestirono la presidenza potevano vantare, come ad esempio nel caso di *Paullus Fabius Persicus*, contatti diretti con la casa imperiale. L'importanza della carica dovette tuttavia crescere notevolmente nel momento in cui la curatela passò dal controllo del senato alla dipendenza dell'imperatore, mutamento che, come già detto, fu probabilmente tra le cause della fine della collegialità. Il trasferimento ad un'azione diretta *ex auctoritate imperatoris* dovette comportare innanzitutto un maggior intervento imperiale nella scelta del candidato e quindi un contatto personale tra quest'ultimo e il *princeps*. In ogni caso, se certo la *cura Tiberis* non divenne mai la curatela urbana più importante, lo *status* sociale dei personaggi che la rivestirono quando ormai la collegialità era scomparsa lascia trasparire il quadro di una carica ambita, anche se probabilmente per i suoi risvolti sociali più che per le sue applicazioni pratiche.

I curatores *di grado consolare*

La *cura riparum et alvei Tiberis* era solitamente rivestita, come anche la *cura aquarum*, quale prima carica dopo il consolato, magistratura che in genere segnava l'inizio delle mansioni di responsabilità che avrebbero portato i senatori al comando nelle importanti province consolari. In tale posizione, dunque, essa doveva costituire una sorta di punto di passaggio tra il consolato e gli incarichi più rilevanti del *cursus*, in specie il governatorato di una provincia, particolarmente quale Asia o Africa (*tab. 8*). Nei *cursus honorum* dei *curatores* di rango consolare sono diversi gli indizi che attestano, più o meno esplicitamente, una posizione di privilegio dei singoli personaggi. Ciò avviene, ad esempio, per *[? Valerius M? f.] Grani[anus?] Grattius Cerealis Geminius R[estitutus?]*, la cui rapida carriera pretoria sembra includerlo nel numero dei senatori che, godendo di un qualche favore imperiale e pur non essendo patrizi, non dovevano attendere a lungo prima di raggiungere il consolato. Di particolari appoggi poteva disporre invece *P. Tullius Varro* a seguito dell'adozione del fratello da

[124] SVET. *Aug.* 37.
[125] Cfr. SYME 1981, p. 371.
[126] AE 2002, 1457; CIL VI 253. PIR S 377

[127] Cfr. PIR² C 235; *RE III.1* (1899) col. 1364 s.v. *C. Calpetanus Rantius Sedatus* (n.3) (E. Groag).

parte del senatore *L. Dasumius Hadrianus*, il quale aveva legami parentali con la casa imperiale. Fu invece favorito sin dagli esordi *T. Prifernius Paetus* che, negli anni di Adriano, affrontò questura, tribunato della plebe e pretura in qualità di *candidatus* imperiale, probabilmente in virtù dell'appoggio dato dalla sua famiglia alla politica filellenica dell'imperatore. A meriti personali invece deve la propria fortuna *M. Statius Priscus Licinius Italicus*, *homo novus* che percorse la carriera equestre prima di ottenere l'*adlectio* in senato. Furono verosimilmente i suoi svariati incarichi militari a portarlo a contatto diretto con la casa imperiale e fu proprio l'abilità in ambito bellico a meritargli l'*adlectio*. Infatti risultano essere di carattere essenzialmente militare anche il suo *cursus* senatorio e soprattutto quello consolare, che lo vide impegnato in un rapido succedersi di incarichi che lo portarono a prendere parte a diverse operazioni culminanti nel comando dell'esercito di L. Vero durante il *bellum Parthicum*. Altro personaggio eccellente fu *P. Cornelius Anullinus*, ampiamente noto dalle fonti come uno dei senatori più illustri e influenti dell'età di Settimio Severo. Dovevano godere di una certa rilevanza anche *L. Caesonius Lucillus Macer Rufinianus* e *[--- V]alerius Claud[ius ---] Acilius Priscilianus*, vissuti nel medesimo periodo ed entrambi cooptati dal senato nel gruppo dei *XXviri ex senatus consulto rei publicae curandae*, eletti appositamente fra i senatori più in vista dell'epoca per organizzare la difesa dell'Italia contro Massimino. *Q. Fl. Messius Egnatius Lollianus Mavortius* fu invece un importante personaggio di età costantiniana che l'incarico di *comes ordinis primi intra palatium* e un *cursus* brillante legano strettamente al potere centrale. Dai casi sin qui riportati, che costituiscono solo alcuni degli esempi rintracciabili fra i personaggi che rivestirono la curatela, emerge come la *cura Tiberis* dovesse rappresentare una carica generalmente ambita, rivestita anche da senatori che per la loro posizione sociale e i rapporti con la casa imperiale avrebbero potuto ambire a qualunque incarico.[128] Con ciò non si vuol certo attribuire alla magistratura in esame maggior importanza di quanta in realtà ne ebbe, né tantomeno sostenere che il fatto di averla rivestita desse ai senatori l'opportunità di accedere a determinate cariche, ma soltanto sottolineare come personaggi di alto rango non disdegnassero di diventare *curatores Tiberis*. Di fatto la permanenza triennale e probabilmente obbligatoria a Roma, le possibilità di contatto diretto con il *princeps*, i legami che potevano stabilirsi tra il *curator* e importanti *collegia* professionali che operavano nell'ambito portuale e fluviale, uniti all'effettiva utilità pratica che l'azione del magistrato tiberino doveva rivestire nel settore dell'amministrazione urbana, sono elementi che portano a tracciare il quadro di una curatela appetibile anche per senatori che si distinguono per una carriera segnata dall'eccellenza.

6. A proposito dei primi *curatores*

I *curatores riparum qui primi fuerunt* non hanno lasciato traccia dei loro nomi sui cippi delimitativi che li riguardano, tuttavia è forse possibile risalire alla loro identità ragionando su alcuni elementi a nostra disposizione. Il primo collegio non anonimo è quello presieduto dal senatore *L. Caninius Gallus* che fu in attività in una data ignota, ma di certo anteriore al 19 d.C. Le caratteristiche proprie dei personaggi che composero tale collegio sono peculiari e assolutamente differenti rispetto a quelle che sembrano caratterizzare i *curatores* dei collegi successivi, nei quali ad un presidente giovane consolare si affiancavano quattro senatori di grado pretorio e di estrazione sociale abbastanza omogenea, in quanto provenienti nella quasi totalità dei casi, come si è visto, da *gentes* municipali solo di recente pervenute all'*ordo senatorius*.[129] I componenti del collegio attivo *ante* 19 d.C. costituiscono invece un'eccezione; dalle poche fonti a nostra disposizione, infatti, risalta l'estrazione variegata di tali uomini che provenivano da realtà sociali assai diverse.

L. Caninius Gallus era il presidente del collegio, ma non era affatto un giovane consolare; aveva infatti ottenuto il consolato già nel 2 a.C. e, nel momento in cui fu chiamato alla presidenza del collegio tiberino, aveva già rivestito il proconsolato d'Africa (tra il 2 e il 4 d.C. ca.). *C. Caedicius Agrippa* era membro di una *gens* di Sinuessa che apparteneva all'*élite* locale e aveva raggiunto l'apice del successo nel corso del III secolo a.C. quando alcuni suoi esponenti, ottenuto l'ingresso in senato, avevano conseguito il consolato. Ai tempi di *Caedicius* tuttavia pare che l'astro della *gens* fosse in declino; dopo di lui, infatti, che non sembra aver mai raggiunto il consolato, non si registrano altre testimonianze di *Caedicii* in senato. Similmente *M. Acilius Memmius Glabrio*, che pure non sembra aver ottenuto il consolato, era discendente e figlio adottivo di *consulares*, esponente di due grandi e ricche famiglie, quella dei *Memmii* e quella degli *Acilii Glabriones*, unite proprio dalla sua adozione. A giovane famiglia senatoria apparteneva invece *L. Volusenus Catulus*; la specificazione *filius* apposta accanto al suo nome lascia presupporre che il suo omonimo padre, a noi completamente sconosciuto, avesse già rivestito incarichi in senato. Allo stato attuale delle fonti sembrerebbe che la carriera di *Volusenus* abbia risentito della condizione di *novitas* della sua *gens* e che proprio per questo egli non sia riuscito a raggiungere il consolato. Di *Q. Fabius Balbus* infine non si conosce altro se non il suo impegno nel collegio dei *curatores*, evenienza che porta a pensare che fosse un *homo novus* pervenuto solo di recente in senato.

La disomogeneità di origine che si riscontra fra questi senatori non solo rispetto ai *curatores* successivi, ma anche all'interno del collegio stesso (alcuni *homines novi*, altri esponenti di antiche *gentes* senatorie ormai al declino, ovvero ancora presenti in senato),[130] unita alla breve distanza cronologica che intercorre tra il 15 d.C. (anno di creazione della curatela) e il 19 d.C. (limite per

[128] Cfr. PALMA 1980, pp. 211-216.

[129] Si veda più ampiamente il paragrafo II.5.

[130] Sull'argomento cfr. WISEMAN 1971, in particolare pp. 143-181; ALFÖLDY 1985, in particolare pp. 115-121; TREGGIARI 2001, *passim*; PARKIN – POMEROY 2007, pp. 3-42.

la datazione del collegio) induce a formulare l'ipotesi che *L. Caninius Gallus* e i suoi colleghi costituissero in realtà il primo gruppo di *curatores Tiberis* entrati in carica. L'estrazione a sorte con la quale si procedette alla formazione del primo collegio, come attestato da Cassio Dione, fornirebbe infatti una spiegazione alla varietà di origini che distingue tali personaggi dai loro successori; inoltre l'iscrizione che fornisce i nomi di *Gallus* e colleghi non è un cippo delimitativo (non si giustificherebbe altrimenti un testo tanto diverso rispetto ai termini su cui i magistrati si definiscono soltanto *curatores riparum qui primi fuerunt*), ma un massiccio basamento in travertino che attesta il restauro probabilmente di un molo o di una banchina attuato dal collegio in carica.[131] L'assenza poi dei nomi dei magistrati sui primi cippi è da imputarsi al fatto che si tratta di un restauro attuato sui termini posti in precedenza, sui quali i *curatores* si limitarono ad aggiungere in calce alle iscrizioni già presenti la specificazione del restauro, la pedatura e, nel poco spazio restante, la titolatura della nuova carica. Al contrario, sul basamento che doveva ricordare il rifacimento di una struttura fluviale i cinque magistrati posero i loro nomi secondo l'uso.

Allo stato attuale delle fonti non si può dunque escludere che la singolare varia composizione dei membri del collegio presieduto da *Caninius Gallus* sia stata determinata dalla modalità in cui esso si formò, un'estrazione a sorte in senato in un momento in cui, proprio per il fatto che la magistratura era appena stata creata, non si era ancora venuto codificando l'*iter* di elezione che uniformerà invece lo *status* sociale dei membri dei collegi futuri; si trattò dunque di un criterio di scelta assolutamente casuale che precluse ogni possibile intervento imperiale o da parte di senatori a favore di determinate tipologie di personaggi. Unico fattore discriminante parrebbe essere stato il consolato per quello che doveva esser il presidente del collegio. L'identificazione del collegio di *Gallus* con quello del 15 d.C. è soltanto un'ipotesi, tanto più che non è dato sapere se la scelta dei magistrati avvenisse tramite *sortitio* anche per i collegi successivi; è certo tuttavia che già a partire dal collegio presieduto da *C. Vibius Rufus*, in carica intorno al 20 d.C., la tipologia sociale dei *curatores* sembra essere ben definita, con un presidente giovane consolare e quattro senatori di rango pretorio quasi tutti *homines novi*, ad eccezione di *M. Claudius Marcellus* che tuttavia non ebbe una carriera particolarmente brillante.[132] Una "schematizzazione" così precoce fa risaltare ulteriormente la peculiarità del collegio di *Gallus* e sembra supportare, più che smentire, l'ipotesi di una identificazione di *L. Caninius Gallus* e colleghi con i *curatores qui primi fuerunt*.

---

[131] CIL VI 31543 REp III. 1-5*a*.

[132] Si veda a riguardo la prosopografia dedicata a tale personaggio (n.9).

CAP. III.
I COMPITI DEL *CURATOR RIPARUM ET ALVEI TIBERIS*

Gli elementi utili a definire il numero e la natura delle competenze del *curator Tiberis* sono pochi. È bene iniziare analizzando la titolatura della carica con cui venivano designati i magistrati e i cippi delimitativi che essi posero lungo le rive del Tevere, le uniche fonti dirette giunteci a riguardo.

1. *Curator riparum...*: le delimitazioni delle rive

La situazione giuridica delle rive

La magistratura preposta al Tevere si caratterizza come una curatela riguardante innanzitutto le rive del fiume. Come nota giustamente Le Gall *«le fleuve faisait partie du domaine public»,* ma se non possono sussistere dubbi sul fatto che il Tevere fosse pubblico, non è così scontato applicare lo stesso principio anche ai terreni rivieraschi; la situazione infatti non risulta essere normativamente definita in modo univoco.[133] Nel Digesto i fiumi vengono inseriti nella categoria delle *res populi Romani*, i beni pubblici destinati ad uso comunitario. Tale categoria si differenzia da quella dei beni sempre di proprietà collettiva, ma che si distinguevano in quanto i loro proventi servivano a mantenere lo stato.[134] All'interno della categoria "cose pubbliche" vigeva dunque, a grandi linee, la ripartizione fra beni destinati all'uso pubblico e beni patrimoniali, distinzione che sarebbe andata facendosi via via più netta con l'affermarsi del principato. Col tempo infatti l'aggettivo *publicus* avrebbe acquistato, anche se non con uso assoluto, un contenuto obiettivo, per cui si sarebbero detti "pubblici" anche beni non appartenenti direttamente al popolo, bensì a privati o a corporazioni, ma tuttavia destinati ad uso pubblico, come appunto le *ripae fluminis*.[135] Il concetto di "appartenenza di un bene allo stato" risulta quindi essere di portata incerta; il fatto stesso, ad esempio, che le *ripae fluminis*, pur se di proprietà privata, venissero dette pubbliche in quanto sottoposte a pubblico utilizzo (ad esempio per l'attracco delle imbarcazioni), dimostra come nell'impiego del termine prevalesse la destinazione d'uso.[136] In particolare, per quanto riguarda i fiumi e le loro rive, essi sono considerati dal diritto romano fra le *res in publico usu* rientranti nella categoria dei beni "pubblici" *iure gentium*; si tratta di beni il cui uso non era limitato solo ai *cives,* ma si estendeva, in linea di massima, a tutti gli uomini in virtù di un diritto naturale.[137] In genere erano detti pubblici i fiumi perenni (a prescindere dalla condizione dei terreni che attraversavano e dal fatto che fossero o meno navigabili) che spesso, all'atto delle assegnazioni coloniarie, venivano esclusi dalle lottizzazioni; talora anzi ad essi erano aggiunte porzioni del terreno attraverso cui il fiume passava, che venivano a costituire i *subsaeciva,* vale a dire quote di terre appartenenti all'*ager publicus* (generalmente perché non coltivabili), ma che di fatto, col tempo, venivano occupate abusivamente.[138] Ulteriori elementi emergono tuttavia dal diritto se si prendono in considerazione le parti, per così dire, componenti, l'elemento "fiume", come ad esempio la corrente. L'*aqua profluens* era *res communis omnium* a prescindere dalla natura privata o pubblica del corso d'acqua; veniva dunque distinta dal fiume cui pertineva.[139] Il primo principio che la interessava era, dunque, quello generale dell'*usus populi*, l'uso libero e gratuito aperto a tutti, senza necessità di alcuna concessione statale o privata, ma regolato da norme che ovviamente ne tutelavano la pubblicità, mirando ad evitare godimenti abusivi o arbitrari dell'*aqua profluens* o azioni che potevano ostacolarne l'*usus populi.*[140] Tali usi aperti a tutti *iure gentium* erano costituiti da: il bere, l'abbeverare gli animali e l'attingere acqua per uso potabile, alimentare e igienico; la navigazione e il trasporto in genere; la pesca; la derivazione delle acque per utenze private.[141]

Maggiormente degna di attenzione, anche per l'argomento qui trattato, è invece la situazione delle rive.

---

[133] LE GALL 1953, p. 166 (ora anche LE GALL 2005, p. 190-191). Si veda anche FRANCIOSI 1997, pp. 11-20.

[134] DIG.18, 1.6.pr: *«[...] publica, quae non in pecunia populi, sed in publico usu habeatur, ut est Campus Martius».* «[...] le cose pubbliche, che non sono patrimonio del popolo, ma di pubblico uso, come è il Campo Marzio»; DIG. 18, 1.72; DIG. 43, 8.2.2 *«Loca enim publica utique privatorum usibus deserviunt, iure scilicet civitatis, non quasi propria cuiusque».* «Infatti i luoghi pubblici servono soprattutto per gli usi dei privati, si intende per diritto ai cittadini, non come se fossero luoghi privati».

[135] VASSALLI 1960, pp. 3 ss.; cfr. *ED* I (1958), p. 356, s.v. *Acque (storia)* (G. Astuti); BONFANTE 1966, II. 1, pp. 82-83; GROSSO 2001, p. 38.

[136] GROSSO 2001, p. 39.

[137] DIG. 1, 8.5.pr.: *«Riparum usus publicus est iure gentium sicut ipsius fluminis. Itaque navem ad eas appellere, funes ex arboribus ibi natis religare, retia siccare et ex mare reducere, onus aliquid in his reponere cuilibet liberum est, sicuti per ipsum flumen navigare. Sed proprietas illorum est, quorum praediis haberent: qua de causa arbores quoque in his natae eorundem sunt».* «L'uso delle rive è pubblico per diritto delle genti così come quello del fiume stesso. Perciò chiunque è libero di attraccare ad esse la nave; legare le cime agli alberi nati sulle rive, asciugare le reti e riportarle dal mare, scaricare su di esse un carico, così come navigare sul fiume. Ma la proprietà è di coloro che possiedono i poderi: per questo possiedono anche gli alberi nati sulle rive»; INST. *Iust.* 2,1.4 *«Flumina autem omnia et portus publica sunt: ideoque ius piscandi omnibus commune est in portibus fluminibusque». «Invece tutti i fiumi e i porti sono pubblici: e ugualmente il diritto di pescare è comune in tutti i porti e i fiumi»;* cfr. DIG. 41, 3.45.pr.

[138] *ED* I (1958), pp. 350-351, s.v. *Acque (storia)* (G. Astuti); GROSSO 2001, p. 42, nt. 115. Cfr. *NDI* I (1957), pp. 142-414, s.v. *Ager, Ager publicus* (G. Branca).

[139] INST. *Iust.* 2, 1.2: *«Et quidem naturali iure communia sunt omnium haec: aer et aqua profluens et mare et per hoc litora maris. Nemo igitur ad litus maris accedere prohibetur, dum tamen villis et monumentis et aedificiis abstineat, quia non sunt iuris gentium, sicut et mare».* «E appunto sono comuni a tutti per diritto naturale queste cose: l'aria e l'acqua che scorre e il mare e, per questo, le spiagge del mare. Non sia proibito a nessuno dunque di accedere al litorale, mentre ci si tenga lontano dalle ville e dai monumenti e dagli edifici, perché non sono sottoposti a diritto delle genti, come invece il mare». Sembra tuttavia che tale inclusione della corrente nelle *res communis* non abbia avuto seguito e applicazione nella giurisprudenza. Cfr. NDI I (1957), pp. 191-195, s.v. *Acque, Diritto romano* (L. Bove); NDI I (1957), pp. 414-416, s.v. *Flumen* (A. Burdese); ED I (1958), p. 356, s.v. *Acque* (storia) (G. Astuti); CAPOGROSSI COLOGNESI 1966, pp. 54-55; GROSSO 2001, p. 43.

[140] *ED* I (1958), p. 359, s.v. *Acque (storia)* (G. Astuti).

[141] DIG. 1, 8.5.pr; cfr. *NDI* I (1957), pp. 193-194, s.v. *Acque. Diritto romano* (L.Bove); *ED* I (1958), pp. 359-363, s.v. *Acque (storia)* (G. Astuti); GROSSO 2001, pp. 47-56.

Il diritto romano non sembra presentarne una definizione univoca: Ulpiano le definisce come la porzione di terreno che contiene il fiume nel suo corso normale; così similmente per Paolo «*secundum ripas fluminum loca non omnia publica sunt, cum ripae cedant ex quo primum a plano vergere incipit usque ad aquam*».[142] Lungo le rive dei fiumi, cioè, i terreni non sono tutti pubblici per il fatto che toccano la riva, ma appartengono al demanio pubblico a partire dal luogo dove comincia la pendenza diretta fino all'acqua. Tuttavia in un altro passo il giurista identifica la riva con quella porzione di terreno definita dal fiume durante la sua massima piena.[143] La contraddittorietà dei tre passi del Digesto qui presentati viene conciliata in genere notando come i primi due mirino a stabilire il limite interno della riva, quello verso l'alveo, mentre DIG. 43,12.3.2 sembra diretto a definire un limite esterno. Fra questi due confini viene dunque determinandosi quella striscia di terra concepita come *ripa* in senso tecnico.[144] A sua volta tale terreno viene a diverse riprese definito *publicus* o di pubblico uso.[145] Secondo Grosso le *ripae* vengono ad essere distinte dalle *res publicae* in quanto, se è privato il suolo limitrofo, sono esse pure private; ne resta pubblico l'uso per quanto riguarda l'attività legata al fiume (come l'approdo e lo stazionamento delle imbarcazioni, le operazioni di carico e scarico e la collocazione temporanea del carico, la distensione delle reti ad asciugare).[146] Se privato, il terreno delle rive può essere sfruttato dai proprietari rivieraschi e diventa di loro proprietà tutto ciò che si trova su di esso, come ad esempio l'albero che vi cresce.[147] A rafforzare l'ipotesi di una possibile proprietà privata delle rive sarebbe anche il principio riguardante le isole che si formano nei fiumi; secondo quanto riporta Ulpiano «*(insula) est eius cuius ripam contigit, aut si in medio alveo nata est, eorum est qui prope utrasque ripas possident*».[148] Le rive erano dunque soggette all'*usus publicus riparum* anche se appartenevano ad un privato: pubblico l'uso, non sempre la proprietà. Il diritto romano percepisce le attività che rientrano nell'uso pubblico del fiume e delle rive come una limitazione al diritto pubblico (se sono pubbliche) o un'imposizione al privato nell'interesse della collettività (se, naturalmente, sono private), e difende tali diritti d'uso tramite l'*actio iniuriarum*, una generale azione penale che chiunque poteva intraprendere poiché era volta a colpire gli attentati all'integrità fisica e morale della persona e all'esercizio di un'attività consentita dal diritto, fatti, questi, intesi come *iniuriae*.[149] In questo caso mirava a colpire l'impedimento all'utilizzo diretto della riva quale cosa in uso pubblico.[150]

Definire, seppure a grandi linee, le condizioni generali delle acque e delle rive fluviali nel diritto romano permette di delineare alcune delle competenze del *curator Tiberis* non altrimenti rintracciabili. Infatti da alcuni interdetti, posti a tutela del libero uso dei fiumi e contro ogni abuso, si evince che i *curatores Tiberis* dovevano poter controllare le eventuali opere di rafforzamento delle rive e, ugualmente, dovevano essere in grado di gestire i permessi per eventuali costruzioni sui terreni rivieraschi.[151] Secondo un passo del Digesto «*qui autem in ripa fluminis aedificat, non suum facit*», e benché permanga intorno a questo passo il dubbio che esso si riferisca alla proprietà privata delle rive e dunque al caso di costruzioni su di esse da parte di terzi, è possibile che il legislatore si riferisca qui all'uso pubblico delle rive e alla tutela di queste ultime.[152] A tal riguardo vanno ricordate due iscrizioni che attestano come una corporazione di traghettatori di Ostia realizzi un monumento o una costruzione non meglio identificata con il permesso del *curator Tiberis*.[153] Tale concessione, non avendo il *curator* alcun legame giuridico o di patronato con la corporazione, va probabilmente letta proprio come un permesso di occupazione di suolo rivierasco. Un'ulteriore competenza giuridica spettante ai magistrati del Tevere e ricavabile dal Digesto riguardare la costituzione di *servitutes aquae haustus*, una servitù prediaria per raggiungere l'acqua passando su terreni di proprietà altrui, per cui è possibile che referente di particolari permessi inerenti i terreni rivieraschi fosse il *curator Tiberis*.[154]

---

142 DIG. 43, 12.1.5: «*Ripa autem ita recte definietur id, quod flumen continet naturalem rigorem cursus sui tenens: ceterum si quando vel imbribus vel mari vel qua alia ratione ad tempus excrevit, ripas non mutat*». «La riva poi si definisce bene così: quella che contiene il fiume e lo trattiene nel suo corso naturale; del resto se per le piogge, il mare o qualche altra ragione il fiume si è gonfiato, non cambia le rive». DIG. 43, 12.3.2. Cfr. LE GALL 1953, p. 169 (ora anche LE GALL 2005, p. 194); BLANCO 1998, p. 36.

143 DIG. 43, 12.3.1 «*Ripa ea putatur esse, quae plenissimum flumen continet*». «Si ritiene che la riva sia quella che contiene il fiume nella sua massima piena».

144 GROSSO 2001, p. 44.

145 A titolo di esempio cfr. rispettivamente DIG. 43, 12.3.pr.; DIG. 41, 1.65.1 e DIG. 1, 8.5p. r.; IVST. *Inst.* 2, 1.3; IVST. *Inst.* 2, 1.4; DIG. 41, 1.30.1.

146 GROSSO 2001, p. 44. Cfr. DIG. 1, 8.5. *ED* I (1958), p. 355, s.v. *Acque (storia)* (G. Astuti).

147 DIG. 41, 1.30.1; cfr. anche DIG. 1, 8.5; DIG. 41, 1.15; DIG. 43, 12.1.5; DIG. 43, 12.4.

148 DIG. 43, 12.1.6: «(L'isola) è di colui che possiede la riva, o se nasce in mezzo all'alveo, è di coloro che possiedono ciascuna delle due rive vicino».

149 GROSSO 2001, p. 36; TOMÁS 2001, p. 361-362.

150 DIG. 43, 8.2.9; DIG. 47, 10.13.7. Cfr. SEGRÉ 1927, p. 104; *ED* I (1958), p. 349, s.v. *Acque (storia)* (G. Astuti); GROSSO 2001, p. 56.

151 DIG. 43, 15.1.pr.; cfr. *ED* I (1958), pp. 368-370, s.v. *Acque (storia)* (G. Astuti); GROSSO 2001, pp. 56-60. Sull'interdetto *de ripa munienda* si veda il paragrafo III.2. Cfr. ad es. DIG. 43, 12.4.

152 DIG. 41, 1.15. GROSSO 2001, p. 45, nt. 127.

153 CIL XIV 254 = REp III. 41*a*; AE 1955, 185 = REp III. 42*a*. Cfr. il capitolo dedicato ai *corpora traiectus*.

154 DIG. 8, 3.3.3 «*Qui habet haustum, iter quoque habere videtur ad hauriendum et [...] sive ei ius hauriendi et adeundi cessum sit, utrumque habebit, sive tantum hauriendi, inesse et aditum sive tantum adeundi ad fontem, inesse et haustum. Haec de haustu ex fonte privato. Ad flumen autem publicum idem Neratius eodem libro scribit iter debere cedi, haustum non oportere et si quis tantum haustum cesserit, nihil eum agere*». «Chi ha il diritto di attingere acqua si reputa che abbia anche il diritto di passaggio per poter attingere e [...] o se gli è stato ceduto il diritto di attingere acqua e di passare, avrà entrambi, o se gli fu dato soltanto quello di attingere acqua, avrà con questo il diritto di passaggio; se il solo diritto di accesso alla fonte, avrà con questo il diritto di attingere. Questo riguardo all'attingere ad una fonte privata. Riguardo invece al fiume pubblico ugualmente Nerazio scrive che nello stesso libro deve essere ceduto il diritto di passaggio, non è necessario che venga ceduto il diritto di attingere e se qualcuno avesse ceduto soltanto il diritto di attingere, tale cessione sarebbe nulla». Sulla *servitus itineris* e sulla *servitus haustus* si vedano GROSSO 1932, pp. 401-436; GROSSO 1969, *passim*; *NDI* I (1975), pp. 193-194, s.v. *Acque. Diritto romano* (L. Bove); CAPOGROSSI COLOGNESI 1966; BIONDI 1954, *passim*.

<table>
<tr><th rowspan="2">MAGISTRATI e CURATORES INCARICATI</th><th rowspan="2">DATA</th><th colspan="5">N° CIPPI</th></tr>
<tr><th>Posti ex novo</th><th colspan="3">Restauri compiuti su cippi precedenti</th><th>Cippi restaurati in seguito da altri curatores</th></tr>
<tr><td>M. Valerius Messalla,
P. Servilius Vatia Isauricus.
Censori</td><td>55-54 a.C.</td><td>21
(CIL VI 31540a-p; 37025-37028; 40856; 40858)</td><td colspan="3">-</td><td>1
(CIL VI 31540l)
dai curatores qui primi fuerunt</td></tr>
<tr><td>C. Marcius Censorinus,
C. Asinius Gallus
Consoli</td><td>8 a.C.</td><td>23
(CIL VI 31541a-u; 40859- 40861)</td><td colspan="3">-</td><td>11
(CIL VI 31541f-k, m.o.r-u)
dai curatores qui primi fuerunt</td></tr>
<tr><td>Imperator Caesar divi f. Augustus</td><td>7-6 a.C.</td><td>22
(CIL VI 31542a-w)</td><td colspan="3">-</td><td>1
(CIL VI 31542s)
dai curatores qui primi fuerunt</td></tr>
<tr><td colspan="2">Totale cippi posti ante curatela</td><td>66</td><td colspan="4"></td></tr>
<tr><td rowspan="4">Curatores riparum qui primi fuerunt</td><td rowspan="4">15 d.C.</td><td rowspan="4">-</td><td rowspan="4">(14)</td><td>1</td><td>CIL VI 31540l
di Messalla e Isauricus</td><td rowspan="4"></td></tr>
<tr><td>11</td><td>CIL VI 31541 f-k, m.o.r-u
di Censorinus e Gallus</td></tr>
<tr><td>1</td><td>CIL VI 31542s
di Augusto</td></tr>
<tr><td>1</td><td>CIL VI 31557d
non attribuibile</td></tr>
<tr><td>C. Vibius Rufus e colleghi</td><td>20-23 d.C.</td><td>3
(CIL VI 31544a-c)</td><td colspan="3">-</td><td>-</td></tr>
<tr><td>C. Antistius Vetus e colleghi</td><td>24-41 d.C.</td><td>4
(CIL XIV 4704a-c; 192)</td><td colspan="3">-</td><td>-</td></tr>
<tr><td>Paullus Fabius Persicus e colleghi</td><td>41-44 d.C.</td><td>1
(CIL VI 31545)</td><td colspan="3">-</td><td>-</td></tr>
<tr><td>C. Calpetanus Rantius Quirinalis Valerius Festus</td><td>Prima metà 73 d.C.</td><td>2
(CIL VI 31546a-b)</td><td colspan="3">-</td><td>-</td></tr>
<tr><td>C. Dillius Aponianus</td><td>Lug.-dic. 73 d.C.</td><td>1
(CIL VI 31547)</td><td colspan="3">-</td><td>-</td></tr>
<tr><td>C. Laecanius Bassus Caecina Paetus</td><td>Giugno 74-75 d.C.</td><td>3
(CIL VI 31548a-c)</td><td colspan="3">-</td><td>-</td></tr>
<tr><td>Ti. Iulius Ferox</td><td>101-103 d.C.</td><td>21
(CIL VI 31549a-m; 31550a-d; 31551; 37029; 40862; 40863; AE 1999, 316)</td><td colspan="3">-</td><td>9
(CIL VI 31552a-e; 40864-40866 da L. Messius Rusticus; CIL VI 31553 da A. Platorius Nepos. (Benché il suo nome non vi compaia, questi cippi sono attribuibili a Iulius Ferox dal momento che riportano la dicitura restituit secundum praecedentem terminationem e che la delimitazione più vicina a quella di Platorius Nepos è appunto quella di Ferox.)</td></tr>
<tr><td>L. Messius Rusticus</td><td>121-124 d.C.</td><td>-</td><td colspan="3">8
(CIL VI 31552a-e; 40864- 40866 di Ti. Iulius Ferox)</td><td>-</td></tr>
<tr><td rowspan="2">A. Platorius Nepos Calpurnianus</td><td rowspan="2">161-164 d.C.</td><td rowspan="2">-</td><td rowspan="2">3</td><td>1</td><td>CIL VI 31553
di Ti. Iulius Ferox</td><td rowspan="2">-</td></tr>
<tr><td>2</td><td>CIL VI 31554 a-b
Non attribuibili
(Probabilmente furono posti in origine da Ferox, in analogia con il precedente. Tuttavia, trattandosi soltanto di un'ipotesi, si è preferito in questa sede non computarli con quelli sicuramente di Ferox)</td></tr>
<tr><td>Ofilius Valerius Macedo</td><td>198 d.C.</td><td>-</td><td colspan="3">1
(CIL VI 31555 non attribuibile)</td><td>-</td></tr>
<tr><td colspan="2">Totale cippi posti dai curatores</td><td>35</td><td colspan="3">Restaurati
12
(+ 14 pertinenti a delimitazioni ante curatela e non posti ex novo)</td><td></td></tr>
<tr><td colspan="2">Totale cippi rinvenuti</td><td colspan="5">113</td></tr>
</table>

Tab. 9 - Prospetto dei cippi delimitativi rinvenuti (i cippi restaurati sono stati assegnati al magistrato che ne ha curato il restauro).

REp	Numero di cippo	Luogo di rinvenimento	Riva	Misure cm
I. A.1	CIL VI 40857	Accanto a ponte Milvio	destra	103 x 62 x 44
I. A.2	CIL VI 31540b	Presso ponte Milvio	sinistra	
I. A.3	CIL VI 31540c	Presso ponte Milvio	sinistra	240 x 60 x 40
I. A.4	CIL VI 31540d	Durante l'inondazione del 1626, nei pressi della via Flaminia, fuori Porta del Popolo	sinistra?	
I. A.5	CIL VI 31540e	400 mt a monte del ponte Regina Margherita, in rione Prati di Castello (1891)	destra	190 x 57 x 20
I. A.6	CIL VI 31540f	Prati di Castello, località Monte Secco	destra	250 x 63 x 38
I. A.7	CIL VI 31540g	Presso il ponte di ferro di Ripetta (oggi ponte Cavour)	destra	118 x 63 x 30
I. A.8	CIL VI 31540h	Presso il ponte di ferro di Ripetta (oggi ponte Cavour)	destra?	110 x 66 x 36
I. A.9	CIL VI 31540i	Presso l'isola Tiberina a ponte Cestio, estratto dall'alveo	verso destra	rest. 70 x 68 x 40
I. A.10	CIL VI 31540k	In località Marmorata	sinistra	
II-1	CIL VI 31540l	Vicino al ponte della ferrovia presso porta S. Paolo	sinistra	120 x 80 x 50
I. A.12	CIL VI 31540m	Vicino alla basilica di S. Paolo, nei pressi del sacello di S. Prassede	destra	
I. A.13	CIL VI 31540n	Presso la basilica di S. Paolo, lungo i margini della via Ostiense	sinistra	
I. A.14	CIL VI 31540o	Ignoto	ignoto	
I. A.15	CIL VI 31540p	Ignoto	ignoto	107 x 68 x 30
I. A.16	CIL VI 37025	Fuori da porta S. Paolo	sinistra?	
I. A.17	CIL VI 37026	Poco oltre il primo miglio della via Flaminia	sinistra	230 x 65 x 34
I. A.18	CIL VI 37027	Ignoto	sinistra	242 x 62 x 55
I. A.19	CIL VI 37028	Nell'antica villa Massani sulla via Flaminia	sinistra?	44 x 35
I. A.20	CIL VI 40856	Nell'alveo del Tevere, in località La Magliana	verso destra	87 x 70 x 37
I. A.21	CIL VI 40858	*In situ*, sulla riva sinistra del Tevere nei sotterranei di Palazzo Farnese	sinistra	105 x 65,5 x 38

Tab. 10 - Prospetto dei cippi posti dai censori M. Valerius Messalla *e* P. Servilius Isauricus.

REp	Numero cippo	Luogo di rinvenimento	Riva	Misure
I. B-1	CIL VI 31541a	Non lontano da ponte Milvio	sinistra	
I. B-2	CIL VI 31541b	Non lontano dal Tevere nei pressi delle mura Aureliane	sinistra	
I. B-3	CIL VI 31541c	*In situ*, sul Lungotevere Arnaldo da Brescia	sinistra	210 x 70 x 40
I. B-4	CIL VI 31541d	*In situ*, sul Lungotevere Arnaldo da Brescia, 33,45 mt a valle di CIL VI 31541c	sinistra	210 x 70 x 30
I. B-5	CIL VI 31541e	In località Prati di Castello	destra	223 x 72 x 34
II-2	CIL VI 31541f	Presso Ponte Cavour	sinistra	
II-3	CIL VI 31541g	A Trastevere presso Villa Farnesina	destra	88 x 81 x 34
II-4	CIL VI 31541h	Nei pressi di Villa Farnesina	destra	220 x 80 x 50
II-5	CIL VI 31541i	Nei pressi di ponte Sisto	destra	
II-6	CIL VI 31541k	Nei pressi di Villa Farnesina	destra	
I. B-11	CIL VI 31541l	Nei pressi di Villa Farnesina	destra	
II-7	CIL VI 31541m	1556 "incontro Ripa, di qua del Tevere per andare a S. Paolo"	sinistra?	
I. B-13	CIL VI 31541n	Nell'alveo del Tevre, presso il porto di Ripa Grande	verso destra	
II-8	CIL VI 31541o	Tra via Portuense e la riva del Tevere	destra	
I. B-15	CIL VI 31541p	Nell'alveo del Tevere, nei pressi di villa Torretta;	sinistra	
I. B-16	CIL VI 31541q	In S. Stefano del Trullo (chiesa non più esistente sita in piazza di Pietra)	sinistra	
II-9	CIL VI 31541r	Ignoto	ignoto	
II-10	CIL VI 31541s	Ignoto	ignoto	
II-11	CIL VI 31541t	Ignoto	ignoto	150 x 70 x 35
II-12	CIL VI 31541u	Ignoto	ignoto	150 x 69 x 37
I. B-21	CIL VI 40859	*In situ* sulla riva sinistra del Tevere durante i lavori di arginatura del fiume e di costruzione del ponte Testaccio a 30 metri dalla riva	sinistra	130 x 75 x 36
I. B-22	CIL VI 40860	*In situ* in prossimità del porto fluviale di S. Paolo in località Pietra Papa	destra	
I. B-23	CIL VI 40861	*In situ* in prossimità del porto fluviale di S. Paolo in località Pietra Papa	destra	

Tab. 11 - Prospetto dei cippi posti dai consoli C. Marcius Censorinus *e* C. Asinius Gallus.

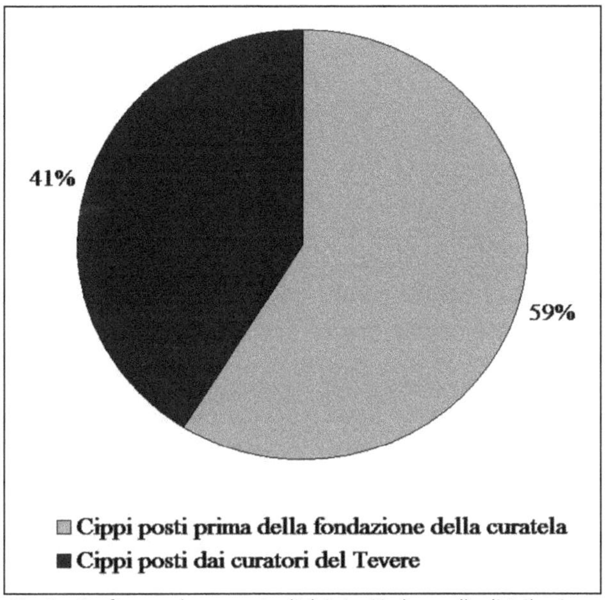

Fig. 1 - Grafico con le percentuali dei cippi in base alla distribuzione cronologica.

I cippi delimitativi

La manifestazione più immediata scritture "esposte" cui, nel mondo antico, era affidata la maggior parte della funzione comunicativa, iscrizioni collocate entro uno spazio urbano e ad esso collegate, ma che, soprattutto, si rivelano utili strumenti per la conoscenza del tessuto civico che, in qualche modo, contribuiscono a definire.[155] Il cippo delimitativo del Tevere si presenta comunemente come un blocco parallelepipedo in travertino sommariamente sbozzato, alto in media 150 cm, largo 80 e profondo 40, con la sommità centinata e una parte inferiore che fungeva da dente di infissione. In genere è iscritto solamente su un lato e la tipologia di informazioni fornite dall'iscrizione si mantiene tendenzialmente costante nel tempo: nome/i del/i *curator/es*; titolatura della carica; autorità che ha stabilito la delimitazione seguita dalla relativa formula *ex s(enato)* dell'attività che i *curatores Tiberis* esercitavano sulle rive è senza dubbio costituita dai cippi delimitativi rinvenuti lungo il fiume. Questi rientrano nella categoria delle *c(onsulto)* oppure, da Claudio in poi, *ex auc(toritate) imp(eratoris)*; l'azione svolta dai *curatores Tiberis* (*terminavit/erunt* o *restituerunt*); distanza in linea retta dal cippo seguente indicata con la formula *r(ecto) r(igore) prox(imus) cipp(us) p(edes)* (o *longum pedes*). Lo scopo del posizionamento dei cippi, come si vedrà più ampiamente in seguito, doveva essere quello di demarcare i terreni che costituivano le rive fluviali, separandoli nel contempo dai terreni circostanti, in modo da agire *sine praeiudicio publico aut privatorum*, come risulta da un cippo posto da *C. Antistius Vetus* e dai suoi colleghi tra 23 e 41 d.C.[156] La *tab. 9* illustra schematicamente la distribuzione cronologica dei cippi sino ad ora conosciuti, compresi quelli che furono posti precedentemente alla nascita della *cura Tiberis*. Dai dati esposti si evince come i cippi pervenutici non siano omogeneamente distribuiti nel corso del tempo. Di 113 pietre terminali infatti più della metà vennero collocate prima della fondazione della curatela (*fig. 1*); i cippi più antichi riportano i nomi di *M. Valerius Messalla* e *P. Servilius Isaricus*, censori nel 55-54 a.C., di *C. Marcius Censorinus* e *C. Asinius Gallus*, consoli nell'8 a.C. e dell'imperatore Augusto negli anni 7-6 a.C. Inoltre, dei 47 cippi pervenutici riferibili ai *curatores Tiberis*, ben 30 sono attribuibili al solo *Ti. Iulius Ferox*.[157] Vi è dunque una particolare concentrazione di cippi in determinati momenti cronologici, in corrispondenza dei quali è possibile ipotizzare la realizzazione di delimitazioni che interessavano le rive del Tevere nella loro interezza. Tali momenti presentano effettivamente un quadro di circostanze tali da rendere più che plausibile la realizzazione delle grandi operazioni delimitative. Viceversa, l'esiguità del numero di cippi attribuibile alla maggior parte dei *curatores* dipenderebbe dal fatto che questi ultimi compirono delimitazioni soltanto di parti della riva ovvero si limitarono a restaurare alcuni dei cippi appartenenti alle "grandi delimitazioni".[158]

Nell'ambito di tali ricerche si deve ricordare che i ritrovamenti di tali documenti epigrafici non sono mai frutto di scavi sistematici, bensì di eventi occasionali non ultime alcune inondazioni di età moderna, perciò la loro maggior concentrazione su una sola delle due sponde del Tevere non deve per forza indicare che solo tale sponda fu oggetto della delimitazione complessiva, che riguardava invece entrambe le rive per tutta la lunghezza del tratto urbano del fiume. Va infine sottolineato come la distanza di tempo che separa le grandi demarcazioni, unita alla relativa abbondanza di testimonianze epigrafiche pervenute a riguardo, diventa strumento fondamentale per tentare di ricostruire almeno in parte la gestione pratica delle *ripae* del Tevere. Di seguito verranno dunque prese in considerazione le singole operazioni di delimitazione, a cominciare dalle tre principali che interessarono l'intero corso del Tevere nel suo tratto urbano.

- Cippi posti dai censori *M. Valerius Messalla* e *P. Servilius Vatia Isauricus* (CIL VI 31540a-p; 37025-37028; 40856; 40858 = REp I. A-1-21). La prima delimitazione del Tevere fu compiuta tra il 55 e il 54 a.C., come attesta sui cippi la censura rivestita dagli autori dell'opera. A differenza di quanto sostenuto da alcuni studiosi, l'alluvione avvenuta in quegli anni, attestata da Dione e Cicerone, non fu la causa della prima delimitazione.[159] *M. Valerius Messalla* e *P. Servilius Isauricus* furono infatti in carica dall'aprile del 55 a.C. al luglio dell'anno seguente, mentre l'alluvione ebbe luogo soltanto tra l'ottobre e il novembre del 54 a.C.[160] In

[155] Cfr. SUSINI 1989, p. 277; DONATI 2002, p. 7.

[156] CIL XIV 4704c = REp III. 1-15c. Cfr. CASTAGNOLI 1969, p. 71; ROBINSON 1994, 90. In tal senso non propriamente corretta risulta essere la proposta di LE GALL 1953, 166 (ora anche LE GALL 2005, p. 190-191) di vedere nelle delimitazioni un modo per distinguere i terreni pubblici da quelli privati.

[157] La cifra è comprensiva dei 9 cippi restaurati in seguito.

[158] Cfr. LE GALL 1953, 165 (ora anche LE GALL 2005, p. 189-190).

[159] DIO 39, 61, 1-2; CIC. *ad Quint. fr.*, 3.7. Cfr ad es. *NSA* 1918, p. 132, nt. 2.

[160] CIC. *ad Quint. fr.*, 3.7. Cfr. LE GALL 1953, pp. 169-170 (ora anche LE GALL 2005, p. 194). Attestazioni della censura di *Messalla* e

generale comunque le esondazioni del Tevere non sembrano mai costituire la causa prima di alcuna delle delimitazioni complessive delle rive, malgrado le fonti già analizzate leghino strettamente la nascita della *cura Tiberis* all'inondazione del 15 d.C. Come si vedrà infatti le motivazioni per cui si procedette a più riprese ad una delimitazione complessiva del Tevere vanno ricercate in motivi di ordine giuridico e pratico ricavabili dall'analisi dei cippi stessi. Di *Messalla* e *Isauricus* sono state rinvenute ventuno pietre terminali ripartite tra le due sponde del Tevere (*tab. 10*); la delimitazione dei censori dovette quindi riguardare entrambe le rive e la distribuzione dei rinvenimenti dei cippi porta a pensare che certamente essa si estendesse per tutto il tratto urbano del fiume. Sono infatti venuti alla luce termini nella zona più settentrionale della città, in prossimità di Ponte Milvio; nella fascia centrale del tratto urbano del Tevere, come nella zona denominata Prati di Castello, vicino a Ponte Cestio, nella riva opposta a Castel Sant'Angelo e sotto palazzo Farnese; nella zona più a sud, fuori da porta S. Paolo, nei pressi del ponte della ferrovia, in località La Magliana e nei dintorni della via Flaminia, sulla riva sinistra.[161] Per quanto riguarda le iscrizioni, esse si presentano stilate secondo un criterio invariato da un cippo all'altro; vengono riportati pochi dati di base, quali i nomi dei magistrati responsabili della delimitazione, la loro carica e l'operazione compiuta per decreto senatorio. A titolo di esempio si riporta di seguito l'iscrizione di CIL VI 40857 = REp I. A-1

M(arcus) Valerius M(arci) f(ilius)
M(ani) n(epos) Messal(la)
P(ublius) Servilius C(ai) f(ilius)
Isauricus ce(n)s(ores)
ex s(enato) c(onsulto) termin(averunt).

La schematicità dell'iscrizione non fornisce alcuna informazione sulla misura degli spazi intercorrenti tra i termini, informazione che, come si vedrà, tenderà invece a comparire in modo regolare sui cippi dei *curatores Tiberis*. L'assenza del dato porta a pensare che la distanza tra i cippi fosse probabilmente dettatta dalle circostanze locazionali o comunque non pianificata in precedenza con un lavoro preparatorio. Viene dunque da chiedersi quale poteva essere la funzionalità di una simile delimitazione. Il rinvenimento negli anni 1896 e 1897 di due cippi censorii ancora in loco aveva permesso di stabilire tra i due una distanza di circa 100 piedi (29 metri), mentre il primo dei due distava dal corso moderno del Tevere in magra all'incirca 6 metri.[162] Ma in assenza di una pedatura indicante la distanza in linea retta tra un cippo e l'altro dobbiamo pensare che le pietre terminali fossero collocate ad un intervallo di spazio più o meno costante tra loro, ipotizzabile in una trentina di metri, e ad una determinata distanza dal fiume, tendenzialmente uguale per tutti i cippi, in modo da formare una virtuale linea retta regolata anche a seconda della conformazione del suolo, lungo il limite esterno di quella fascia di terreno prospiciente il fiume preposta alla funzione di *ripa*. Benché si tratti di un rilevamento basato sull'attuale corso del Tevere, la distanza di 6 metri dal fiume cui è stato rinvenuto CIL VI 37026 porta a pensare che il concetto di riva applicato fosse quello di una più ampia fascia di terra, come esposto da Paolo. Del resto porre i cippi troppo a ridosso del fiume avrebbe significato esporli direttamente alla violenza delle piene annuali, comportando quindi la necessità di frequenti controlli e manutenzioni della delimitazione, un inconveniente facilmente eludibile con il semplice espediente di spostare i cippi al di sopra della linea di piena del fiume. Come sembra dimostrare il fatto che la superficie iscritta del cippo era rivolta verso l'acqua, i primi interlocutori di questa demarcazione dovevano essere gli utenti stessi del fiume, coloro, cioè, che sulle rive attraccavano le imbarcazioni, depositavano temporaneamente le merci per caricare le navi o esponevano le reti da pesca perché si asciugassero.[163] Ma demarcando visivamente e concretamente lo spazio destinato a riva la delimitazione dei censori diveniva mezzo per tutelare non solo un terreno *publicus*, ma soprattutto il diritto di pubblico utilizzo di cui esso godeva, segnalando a chi arrivava dal fiume il limite fino a cui giungeva il terreno a sua disposizione e nel contempo ai proprietari terrieri il punto oltre cui non potevano costruire senza inficiare un diritto comune. Infine la delimitazione acquistava anche una valenza cautelativa nei confronti dei proprietari rivieraschi, dal momento che sulla riva era proibito edificare strutture di qualunque tipo che impedissero il passaggio fino all'acqua e l'utilizzo pubblico della riva stessa.[164] Le costruzioni, private o pubbliche, venivano quindi contemporaneamente ad essere preservate almeno in parte dal primo e più violento impatto con le inondazioni. A parte ciò, tuttavia, sembra che la delimitazione censoria non tenesse conto di possibili relazioni intercorrenti tra la *ripa* e le eventuali proprietà private limitrofe. Per quanto ne sappiamo, dunque, la funzione di questa prima delimitazione delle rive fu unicamente quella di rendere visibile il terreno rivierasco delimitandolo fisicamente per poterne garantire a tutti il pubblico uso. Tale scopo, che possiamo considerare primario, rimarrà sostanzialmente di base a tutte le delimitazioni successive. I cippi dei censori dovettero conservare la loro funzionalità anche in tempi successivi alle delimitazioni consolare e augustea, avvenute rispettivamente nell'8 e nel 7-6 a.C., dal momento che almeno un cippo censorio venne restaurato dai primi *curatores Tiberis* (CIL VI 31540l). È probabile tuttavia

Isauricus si trovano in CIC. *ad Att.* 4, 9,1; CIC. *ad Att.* 4, 16, 14. Secondo QUILICI 1990, p. 189 la delimitazione rientrò nella pianificazione urbana di età pompeiana.

[161] Cfr. LE GALL 1953, p. 151 (ora anche LE GALL 2005, p. 175).

[162] Si tratta di CIL VI 37026 e 37027. GATTI 1896, p. 524; PATRONI 1897, pp. 9-10; GATTI 1906, pp. 117-118; GATTI 1906b, p. 207.

[163] DIG. 1, 8.5. Cfr. *ED* I (1958), p. 355, s.v. *Acque (storia)* (G. Astuti). Fa eccezione CIL VI 40857 che è opistografo, forse perché in quel tratto la riva era costeggiata dalla via Flaminia, per cui il testo era stato ripetuto sul retro del cippo per renderlo visibile anche ai passanti. Cfr. LE GALL 1953, pp. 150-151 (ora anche LE GALL 2005, p. 172-175); MESSINEO 1991, pp. 57-60; MESSINEO – CARBONARA 1993, p. 17.

[164] Cfr. GROSSO 2001, p. 45. Non va infatti dimenticato che, secondo una norma del diritto romano, la *ripa* è privata se privato è il terreno che la fronteggia. Cfr. ad esempio DIG. 41, 1.30.1; DIG. 1, 8.5; DIG. 41, 1.15; DIG. 43, 12.1.5; DIG. 43, 12.4. Sull'orientamento dell'iscrizione cfr. LE GALL 1953, p. 149 (ora anche LE GALL 2005, p. 171-172).

che, data la natura innovativa della demarcazione augustea, che comprese l'intero corso urbano del fiume, soltanto alcuni dei cippi posti dai censori siano stati conservati, forse quelli posti nei luoghi in cui potevano essere maggiormente funzionali alla nuova delimitazione, nella quale quindi sarebbero stati integrati.

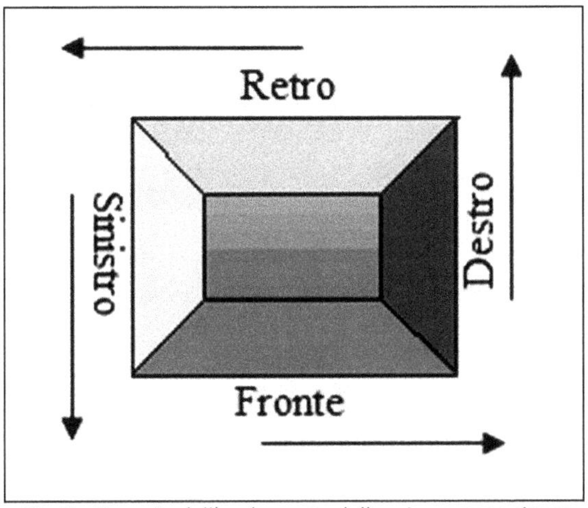

Fig. 2 - Esempio dell'andamento delle misure recto rigore *segnalate sui cippi.*

- Cippi posti dai consoli *C. Marcius Censorinus* e *C. Asinius Gallus* (8 a.C.) e da Augusto (7-6 a.C) (CIL VI 31541a-u; 40859; 40861 = REp I. B-1-23). Anche quella che potremmo considerare la seconda grande delimitazione delle rive fu effettuata prima della nascita della *cura Tiberis*. Come già avvenuto per la precedente, i rinvenimenti sono ripartiti equamente su entrambe le rive (*tab. 11*) e sono distribuiti lungo il tratto urbano del Tevere, segno che, anche in questo caso, l'azione dei consoli aveva interessato tutte e due le sponde probabilmente per tutta la loro lunghezza. La formula che ricorre sui termini è identica a quella dei cippi censorii, fatto salvo che per i nomi e la titolatura dei due magistrati. Oltre a ciò, su alcuni di essi compare anche la frase *curatores riparum qui primi terminaverunt ex s(enatus) c(onsulto) restituerunt*, seguita dalla formula di pedatura *r(ecto) r(igore) prox(imus) cipp(us) p(edes)*. Tali espressioni non erano presenti in origine sui cippi consolari, ma, come si vedrà, furono aggiunte all'atto del restauro dai primi *curatores* nel 15 d.C. Per il medesimo motivo sono probabilmente da considerarsi restaurati in un secondo momento, probabilmente sempre dai primi *curatores*, anche i cippi che, pur non riportando l'indicazione del lavoro compiuto, segnalano la distanza dal cippo successivo.[165] La struttura dell'iscrizione non appare dunque molto diversa da quella che si riscontra sulle pietre terminali censorie del 54 a.C., e la tipologia di informazioni fornite non lascia intravvedere funzionalità diverse rispetto a quelle perseguite dalla terminazione precedente, ossia il tentativo di delimitare visivamente le rive del Tevere in modo da tutelarne la pubblicità. Sembrerebbero confermare tale scopo due cippi consolari rinvenuti ancora in loco nel 1939 durante gli scavi del porto fluviale a Pietra Papa; al di là dei termini il terreno era occupato da edifici e, in parte, da un piccolo cimitero che si estendevano sino al limite dei cippi, che tutelavano dunque la riva da occupazioni abusive.[166] La rigorosità di questo limite si protrasse nel tempo come attesta sempre in zona il rinvenimento di un edificio probabilmente termale, posteriore alla delimitazione consolare, che estendeva un angolo fino ad uno dei cippi, in modo da sfruttare al massimo lo spazio disponibile.[167] Anche la destinazione del terreno a piccolo cimitero concorre a provare, secondo Le Gall, lo scopo cautelativo e il rigore delle delimitazioni.[168] I terreni prospicienti le rive erano infatti difficili da utilizzare sia per la presenza di edifici più antichi che occupavano già l'area, sia per le misure esigue, perciò i proprietari avrebbero trovato un metodo di impiego trasformandoli in piccoli cimiteri destinati a persone di bassa estrazione.

Diversamente da quanto avvenuto per la delimitazione censoria, non si ha notizia di un'alluvione per l'8 a.C.; evidentemente, se vi fu, non dovette essere particolarmente rovinosa. Bisogna considerare tuttavia che dalla delimitazione del 54 a.C. erano passati quarantasei anni, almeno sei alluvioni e i disordini di una guerra civile, durante la quale è poco probabile che si fosse provveduto ad una costante manutenzione dei cippi.[169] È possibile dunque che la delimitazione di *Gallus* e *Censorinus* sia stata posta in atto perché quella censoria era ormai in buona parte danneggiata o non più fruibile. L'effettiva esistenza di un simile progetto di riassetto delle rive tiberine sembra emergere da più indizi. Il primo è costituito dal fatto che ci sia giunta testimonianza di altri cippi posti *ex senatus consulto* dall'imperatore Augusto negli anni immediatamente successivi alla delimitazione consolare e databili con precisione al 7-6 a.C. in base alla *tribunicia potestas XVII* in essi citata. Il numero relativamente elevato di rinvenimenti (ventidue) e la loro distribuzione lungo il Tevere (*tab. 12*) portano a concludere che anche Augusto abbia compiuto una demarcazione complessiva delle rive e, data la vicinanza cronologica con la delimitazione di *Gallus* e *Censorinus*, è verisimile che le due operazioni fossero in qualche modo connesse, verosimilmente all'interno di un più ampio progetto di risistemazione urbana. Il passo non è datato e non sappiamo con sicurezza se già nell'8-6 a.C. Augusto avesse intrapreso simili lavori, ma la presenza in questo periodo di una così alta concentrazione di cippi rende più che plausibile tale ipotesi.

[165] CIL VI 31541f,i,k,m,s,t. = REp II. 2, 5-7, 10-11. Cfr. LE GALL 1953, p. 155 (ora anche LE GALL 2005, p. 177).

[166] CIL VI 40860, 40861; JACOPI 1940, pp. 98-99; JACOPI 1943, coll. 24-28; LE GALL 1950, p. 76 (ora anche LE GALL 2005, p. 83); LE GALL 1953, pp. 172-173 (ora anche LE GALL 2005, p. 197-198).

[167] LE GALL 1953, p. 172 (ora anche LE GALL 2005, p.197).

[168] LE GALL 1950, p. 76 (ora anche LE GALL 2005, p. 83).

[169] Le alluvioni testimoniate avvennero nel 44 a.C. (HORAT. *car.* 1, 2, 13-20); nel 27 a.C. (DIO 53, 20); nel 23 a.C. (DIO. 23, 33); nel 22 a.C. (DIO 54, 33); nel 13 a.C. (DIO 54, 1). Sulle inondazioni del Tevere nell'antichità cfr. BRIOSCHI 1876; LE GALL 1953, p. 29 (ora anche LE GALL 2005, p. 35-36); D'ONOFRIO 1970; D'ONOFRIO 1980; MOCCHEGIANI CARPANO 1986, pp. 147-148; BERSANI - BENCIVENGA 2001, p. 93; ALESSANDRONI - REMEDIA 2002, pp. 129-131; LOMBARDI – LUCIANI 2002; SEGARRA LAGUNES 2004; ALDRETE 2007, pp. 15-16.

REp	Numero di cippo	Luogo di rinvenimento	Riva	Misure
I. C-1	CIL VI 31542a	*In situ* 50 mt a monte del ponte di ferro in località Ripetta;	destra	170 x 72 x 40
I. C-2	CIL VI 31542b	In località Prati di Castello, 10 mt a valle di ponte Ripetta	destra	218 x 65 x 37
I. C-3	CIL VI 31542c	In località Prati di Castello	destra	182 x 67,4 x 38
I. C-4	CIL VI 31542d	In località Prati di Castello	destra	207 x 75,5 x 37,2
I. C-5	CIL VI 31542e	In località Prati di Castello	destra	156 x 74 x 36
I. C-6	CIL VI 31542f	In località Prati di Castello	destra	170 x 68 x 35
I. C-7	CIL VI 31542g	In località Prati di Castello	destra	170 x 64,5 x 38,5
I. C-8	CIL VI 31542h	*In situ* in località Prati di Castello	destra	159,5 x 66,4 x 38,3
I. C-9	CIL VI 31542i	In località Prati di Castello	destra	195 x 75 x 43
I. C-10	CIL VI 31542k	In località Prati di Castello	destra	180 x 74,5 x 36,5
I. C-11	CIL VI 31542l	10 mt a monte di ponte Umberto	destra	180 x 74 x 38
I. C-12	CIL VI 31542m	32 mt a valle di ponte Umberto	destra	170 x 67 x 42
I. C-13	CIL VI 31542n	57 mt a valle di ponte Umberto	destra	175 x 72 x 43
I. C-14	CIL VI 31542o	Presso il ponte di Castel Sant'Angelo nel fossato	destra	
I. C-15	CIL VI 31542p	Nel fossato di Castel Sant'Angelo	destra	
I. C-16	CIL VI 31542q	Nelle fondamenta di Castel Sant'Angelo	destra	
I. C-17	CIL VI 31542r	Lungotevere Vaticano, vicino alla chiesa di S. Maria Traspontina	destra	
II-13	CIL VI 31542s	50 mt a valle del ponte Fabricio	sinistra	rest. 173 x 79 x 50,5
I. C-19	CIL VI 31542t	Sulla riva del Tevere in luogo non precisato	destra	
I. C-20	CIL VI 31542u	Lungotevere Vaticano, nella zona del palazzo del cardinale Cesi	destra	
I. C-21	CIL VI 31542v	Nei pressi della basilica di S. Marco	sinistra	
I. C-22	CIL VI 31542w	Ignoto	ignoto	183 x 75,5 x 37

Tab. 12 - Prospetto dei cippi posti dall'imperatore Augusto.

REp	Numero di cippo	Pedatura sul fronte	Pedatura sul lato destro	Pedatura sul lato sinistro	Pedatura sul retro	Riva
I. C-1	CIL VI 31542a	XXXIII			CLXVI	destra
I. C-2	CIL VI 31542b	XVIII			CCXCII	destra
I. C-3	CIL VI 31542c	CXLVIII *semis*		XV		destra
I. C-4	CIL VI 31542d		XV			destra
I. C-5	CIL VI 31542e	XX *semis*		XXV		destra
I. C-6	CIL VI 31542f	manca			XV	destra
I. C-7	CIL VI 31542g	XVI			XLI	destra
I. C-8	CIL VI 31542h	XLI		XXIV	manca	destra
I. C-9	CIL VI 31542i	manca	XXIV		CCVI	destra
I. C-10	CIL VI 31542k	CCVI			CCV	destra
I. C-11	CIL VI 31542l	CCXIX				destra
I. C-12	CIL VI 31542m	CCXIX			CLXI	destra
I. C-13	CIL VI 31542n	manca	VIII		XLIV	destra
I. C-14	CIL VI 31542o	CXLI *semis*				destra
I. C-15	CIL VI 31542p	XXXIX				destra
I. C-16	CIL VI 31542q	XIII *semis*				destra
I. C-17	CIL VI 31542r	CLXVI				destra
II-13	CIL VI 31542s	manca				sinistra
I. C-19	CIL VI 31542t	XL *semis*				ignoto
I. C-20	CIL VI 31542u	CLXI				destra
I. C-21	CIL VI 31542v	CLXVI *semis*				sinistra
I. C-22	CIL VI 31542w	manca	XV semis		XX semis	ignoto

Tab. 13 - Pedature segnalate sui cippi augustei.

Nell'8 a.C., dunque, l'imperatore pose mano alla risistemazione di quell'importante arteria di comunicazione che era il Tevere, il quale evidentemente dall'epoca della delimitazione dei censori non era più stato curato in maniera adeguata -ammesso poi che nel 54 a.C. si fosse provveduto anche ad una ripulitura dell'alveo. Dopo un'iniziale opera di delimitazione affidata ai consoli, nel 7-6 a.C. Augusto arrogò a sé il compito di porre i cippi, continuando ad agire comunque *ex senatus consulto* come un regolare magistrato. Dal momento che il numero di cippi pertinenti alle due serie è simile (23 quelli posti dai consoli, 22 quelli di Augusto) e i loro rinvenimenti interessano entrambe le rive, è probabile che l'imperatore abbia posto mano alla delimitazione consolare innanzitutto per completarla. Tuttavia, malgrado la continuità cronologica che unisce le due delimitazioni, l'iscrizione apposta sui cippi augustei presenta alcune differenze essenziali. Il testo di base è identico per tutti i cippi e, per ciò che riguarda la tipologia di informazioni fornite, non si differenzia molto da quello dei termini precedenti:

Imp(erator) Caesar Divi f(ilius)
Augustus
pontifex maximus,
tribunic(ia) potest(ate) XVII
ex s(enatus) c(onsulto) terminavit.

In ogni cippo segue quindi la formula di pedatura, che poi si riscontrerà normalmente sui termini dei *curatores Tiberis*, *r(ecto) r(igore) prox(imus) cipp(us) ped(es)*. Tuttavia, diversamente da quanto si è detto per i cippi dell'8 a.C., non compaiono qui indizi di restauri attribuibili ai *curatores* ed è perciò assai probabile che tali indicazioni di distanze fossero presenti sui cippi augustei fin dall'inizio.[170] Le distanze segnalate sui termini sono assai varie e vanno da un minimo di VIII ad un massimo di CCXIX piedi (*tab. 13*); inoltre il fronte, che presenta sempre l'iscrizione principale, in cinque casi non riporta l'indicazione di pedatura tra un cippo e l'altro. Se la segnalazione delle distanze che intercorrono tra i termini è fondamentale fattore di novità rispetto alle demarcazioni delle rive sino ad allora compiute, la delimitazione augustea ha però una peculiarità che distingue nettamente le sue pietre da tutte quelle che verranno poste in seguito. In almeno tredici termini su ventidue infatti è possibile trovare più indicazioni di pedatura disposte contemporaneamente su più lati dello stesso cippo. Tale peculiarità porta a pensare che la disposizione delle pietre terminali non avvenisse più su una linea retta, come per la delimitazione precedenti, ma che si sviluppasse in senso "tridimensionale" nello spazio, delimitando vere e proprie aree più o meno estese. Una possibile conferma si trova in una mappa in scala 1 a 800 pubblicata da Marchetti che ripropone schematicamente la collocazione di alcuni cippi, sette dei quali augustei, venuti alla luce ancora in loco in zona Prati di Castello sulla riva destra del Tevere (*fig. 3*).[171] I cippi, rappresentati nel luogo di rinvenimento, sono uniti sommariamente da linee rette che costituiscono la resa grafica della formula *recto rigore*. Dall'incrocio dei dati ricavabili dalla mappa di Marchetti con i dati di pedatura forniti dalle iscrizioni augustee e riassunti nella *tab. 14*, è stato possibile tentare una nuova proposta di ricostruzione del tratto della delimitazione augustea in esame, creata tenendo conto delle relazioni intercorrenti tra i cippi e ricavabili dalle distanze da essi riportati (*fig. 4*).

In primo luogo trova conferma il fatto che la pedatura segnalata con la formula *recto rigore* va svolgendosi in questi cippi lungo una linea retta che inizia parallela, e non perpendicolare, al lato del cippo che riporta l'informazione. Inoltre sembra che la direzione dell'andamento di tale retta sia da intendersi sempre verso destra per chi guarda l'iscrizione, a prescindere da quale sia il lato su cui si trova l'iscrizione (*fig. 2*). Emerge inoltre un secondo dato interessante; le misure riportate su un cippo vengono riproposte identiche nel cippo seguente quando quest'ultimo non si trova in linea perfettamente retta rispetto al fronte del primo cippo. Ciò accade in due casi: quando la distanza *recto rigore* è segnalata sul lato sinistro o su quello destro del cippo (si vedano come esempio il cippo riportato da CIL VI 31542h, che sul lato sinistro segnala una misura di XXIV piedi, e il termine corrispondente CIL VI 31542i, che riferisce la medesima distanza *recto rigore* sul lato destro); e quando la distanza segnalata sul fronte o sul retro del cippo si riferisce ad un'altra pietra terminale posta su una linea retta con andamento diagonale. Anche in questo caso la misura viene ripresa sulla pietra terminale corrispondente, come si può vedere dai cippi di CIL VI 31542h -sul fronte XLI piedi- e di CIL VI 31542g -sul retro XLI piedi. Tenendo conto dei rapporti di distanza, è inoltre possibile che fossero presenti altri cippi andati probabilmente perduti, collocati tra CIL VI 31542f e CIL VI 31542e, così come tra quest'ultimo e CIL VI 31542d. Un'ulteriore caratteristica che risulta dall'analisi della delimitazione augustea, oltre alla massima varietà degli spazi intercorrenti tra i cippi, è l'estrema irregolarità della linea di delimitazione che i termini sembrano seguire. Ancora una volta un indizio viene fornito dal già citato passo di Svetonio che, parlando dei lavori intrapresi da Augusto attorno al Tevere, presenta rapidamente la situazione in cui versava il fiume, ostruito dai detriti e ristretto «*aedificiorum prolationibus*», dal proliferare di edifici e costruzioni venuti ammassandosi col tempo in modo disordinato lungo le rive, che, come si è visto, potevano essere private se limitrofe di un terreno privato.[172] Al momento di ripulire il Tevere, Augusto si trovò probabilmente a dover abbattere tutte le costruzioni che ostruivano il passaggio, in modo da rendere al fiume non solo la sua completa navigabilità, ma anche una fruibilità piena, il che comprendeva naturalmente il riassetto di quel terreno di pubblico uso che erano le rive. Lo sgombero delle aree rivierasche dalle costruzioni abusive dovette tuttavia dar luogo ad una sorta di limite esterno delle rive assai variegato a causa della svariata natura degli edifici rimasti in quanto, evidentemente, non tutti eliminabili; ecco allora che la delimitazione augustea si trovò a dover seguire, per lo meno in certi tratti, una linea non retta, ma a "scacchiera", a seconda degli ostacoli edilizi che si interponevano di volta in volta lungo il suo percorso. È dunque probabile che le aree così delimitate esistessero in precedenza, che fossero cioè porzioni di terreno prospicienti le rive e appartenenti a privati o allo stato già prima della delimitazione augustea, che ad essi dovette adattarsi.[173] Indubbiamente con tale terminazione siamo di fronte ad un modo nuovo, più articolato, di concepire la *ripa* e, di conseguenza, ad una maggiore azione di cura verso di essa da parte dello stato. I terreni rivieraschi vengono in un certo senso messi in correlazione con quelli limitrofi, pubblici o privati poiché all'originario fine di delineare visivamente la riva mediante il posizionamento del cippo si assomma ora il tentativo di definire, tramite la specificazione della pedatura, anche l'andamento delle porzioni di terreno prospicienti ad essa, distinguendo così quelle di proprietà privata dalla riva di pubblico uso. L'ipotesi viene rafforzata dalla presenza sui cippi di Prati di Castello di uno o due fori di diametro medio di 5 cm e profondi 3, incavati sui lati e recanti tracce di grappature impiombate; fori simili si riscontrano anche su alcuni blocchi di travertino che avrebbero lastricato lo spazio intercorrente tra i cippi. È dunque possibile che fra un

[170] Fa eccezione CIL VI 31542s = REp II-13 che riporta in fine la dicitura *curatores riparum q[ui primi] / terminaverunt ex s(enatus) [c(onsulto) rest(ituerunt)]*. Oltre ad essere l'unico restaurato, questo cippo è anche il solo, tra i termini augustei, a non presentare indicazione di pedatura. Evidentemente all'atto del restauro essa non fu aggiornata, o forse fu solamente dipinta.

[171] MARCHETTI 1890, p. 83. La mappa fu poi accolta, con leggere varianti anche da Huelsen in CIL VI, p. 3109-3110. I cippi sono CIL VI 31542c-i = REp I. C. 3-9.

[172] SVET. *Aug.* 30, cfr. sopra.

[173] Cfr. QUILICI 1986, p. 202.

cippo e l'altro lo spazio fosse delimitato da cancelli ferrati allo scopo di rendere impossibile l'espansione delle costruzioni private.[174] Le *aedificiorum prolationes* combattute da Augusto sembrano dunque confermare il passo di Paolo secondo cui non tutti i terreni rivieraschi erano pubblici per il solo fatto di toccare la riva, ma rivelano anche come spesso le proprietà private venissero sfruttate fino a ridosso del fiume, complice una situazione delle rive resa non molto chiara da una prolungata incuria e certo anche dalle inondazioni del fiume, che potevano facilmente cancellare demarcazioni di confine meno solide dei cippi in travertino.[175] La mirata ed estesa azione imperiale mostra come l'autorità centrale agisca ora secondo una precisa volontà non semplicemente di restituire al fiume la sua piena funzionalità, ma di fare in modo che tale funzionalità rimanga per quanto possibile costante nel tempo e preservata per il futuro. Non è forse un caso che sia di Augusto il nome che compare sui cippi che per primi sono spia di una tale volontà di tutela. A tal riguardo può risultare interessante una rapida analisi delle cariche imperiali con cui il *princeps* viene presentato sui termini. Nel 7 a.C. la titolatura augustea era quasi completa, mancando solo del titolo di *pater patriae* che sarebbe stato conferito ad Augusto nel 2 a.C.; pertanto, se la titolatura fosse stata riproposta integralmente, sui cippi si sarebbero dovuti trovare, oltre al pontificato massimo e alla potestà tribunizia già presenti, almeno l'XI consolato (rivestito nel 23 a.C.) e la XIV acclamazione imperatoria (avvenuta nell'8 a.C.).[176] La presenza solo di determinate cariche sui cippi tiberini apre alla possibilità che esse siano state scelte per attribuire ad essi valenze ben precise. La *tribunicia potestas* era stata conferita ad Augusto nel 23 a.C. con durata vitalizia. In tale forma, che trova la sua origine nei poteri conferiti a Giulio Cesare tra il 48 e il 44 a.C., la carica era scissa dall'effettiva nomina a tribuno della plebe e diveniva una magistratura a sé stante che consentiva l'esercizio di tutti i poteri di governo attribuiti al tribunato e diveniva in tal modo fondamentale strumento di potere per il principato.[177] La comparsa di tale carica su cippi volti a tutelare un terreno pubblico messo in stretto rapporto con le proprietà circostanti sembra voler aggiungere ad essi un significato di validità inviolabile. Il detentore della *tribunicia potestas* infatti possiede lo *ius coercitionis* che conferisce la potestà di erogare multe, ordinare carcerazioni, ecc., la possibilità, nella fattispecie, di punire materialmente chiunque violasse determinati limiti inficiando un diritto pubblico.[178] Un altro aspetto fondamentale della potestà tribunizia, in rapporto con i cippi tiberini, doveva essere la "popolarità" della carica, che godeva del *favor plebis* anche per le sue storiche valenze antinobiliari e in virtù della quale il principe era divenuto il *patronus plebis* e il garante del popolo.[179] In verità Augusto mirò sempre a sminuire piuttosto che a mostrare la reale portata della sua *tribunicia potestas*, come dimostrerebbe anche il fatto che nelle *Res Gestae* egli stesso la presenta solo come un utile strumento legislativo senza metterne in luce l'enorme importanza, facendo ad essa riferimento soltanto sei volte e in contesti tutto sommato marginali.[180] Tuttavia sembrerebbe che, sulle iscrizioni tiberine, l'attenzione sia stata volutamente accentrata sulla *tribunicia potestas* grazie anche all'omissione dell'undicesimo consolato, carica che generalmente compare sulle iscrizioni augustee tra il 23 e il 5 a.C.[181] In tal modo sarebbe stata delegata ad essa la tutela della valenza giuridica dei cippi, una tutela naturalmente simbolica derivante dalle potenzialità implicite della carica più che da reali implicazioni pratiche di essa.

Quanto al pontificato massimo, che con Augusto divenne inseparabile dall'autorità imperiale, esso costituiva, come è noto, la massima carica sacerdotale.[182] Tuttavia il conferimento della carica di *pontifex maximus* al *princeps* assunse un aspetto peculiare; essa infatti, nel suo significato altamente religioso, inglobava ed elevava l'autorità e la sovranità del *princeps*, rendendolo il capo della religione di stato, confermando l'interdipendenza tra religione e politica e avvicinando l'imperatore alla figura orientale del sovrano.[183] Naturalmente l'apposizione di questa carica sui cippi non li riveste di particolari valenze religiose, ma indubbiamente la citazione simultanea di *pontificatus maximus* e *tribunicia potestas* mirava ad esprimere la pienezza di poteri nei due ambiti, politico e religioso, di chi aveva provveduto a far realizzare *ex senatus consulto* la delimitazione complessiva delle rive.[184] Tutto ciò doveva sicuramente presentare Augusto come il garante non solo del ripristino pieno del diritto pubblico di fruibilità del fiume e delle sue rive (non va dimenticata l'importanza fondamentale del Tevere per la vita economica e sociale di Roma), ma anche del suo mantenimento prolungato nel tempo, dando alla linea di demarcazione formata dei cippi un'effettiva validità contro ogni forma di abusivismo che potesse inficiare la piena efficienza del Tevere. Ponendo il suo nome e la sua titolatura sui cippi, Augusto si presentava dunque come colui che è preposto alla tutela delle proprietà private e pubbliche e, soprattutto, del diritto di pubblico uso di cui godevano le rive, la cui pubblicità era comunque asseverata e garantita anche dalla menzione della volontà senatoria espressa tramite il senatoconsulto in virtù del quale l'imperatore agiva.

[174] MARCHETTI 1890, p. 85.

[175] DIG. 43.12.3.2 che sosteneva appunto come lungo le rive dei fiumi i terreni non fossero tutti pubblici.

[176] Cfr. MAGIONCALDA 1991, p. 11.

[177] LEVI 1978, p. 28; 42. Sul processo di formazione di una *tribunicia potestas* come potere vitalizio concesso a prescindere dalla carica di *tribunus plebis* si veda la trattazione di LEVI 1978, pp. 41-44 (= LEVI 1929, pp. 353-357). Cfr. anche SYME 1946, p. 149; LACEY 1979, pp. 28-34.

[178] Gli altri *iura* erano lo *ius intercessionis* (il diritto di opporre il veto all'azione di qualunque magistrato) e lo *ius agendi cum plebe et cum senatu* (il potere di convocare i *concilia plebis* e il senato). Cfr. MAGIONCALDA 1991, p. 12.

[179] Cfr. GAVAZZI 1977, p. 2-5; JONES 1951, p. 116.

[180] Cfr. MUSCA 1982, pp. 186-187. Per una più ampia analisi si veda LACEY 1979, 33.

[181] Cfr. MAGIONCALDA 1991, pp. 10-11.

[182] MAGIONCALDA 1991, p. 14.

[183] MUSCA 1982, p. 194.

[184] Si deve tuttavia ricordare che, in tempi più antichi, termini e miliari avevano rivestito importanti valenze religiose legate alla segnalazione dei confini, come attesta il culto tributato al dio *Terminus*, quale garante della sacralità e dell'immutabilità dei confini. Cfr. PICCALUGA 1974, pp. 265-326.

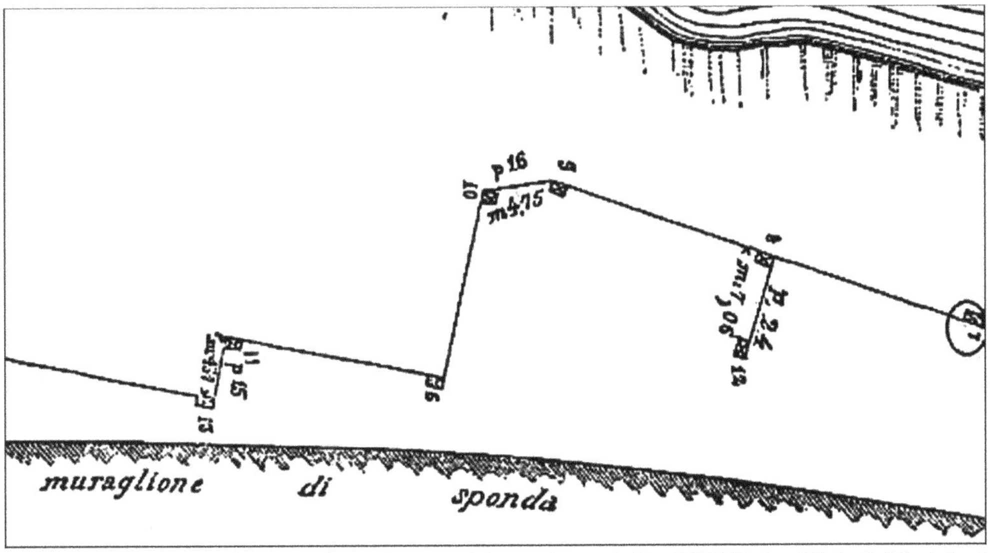

Fig. 3 - Dettaglio dell mappa schematica dei cippi augustei rinvenuti verso la fine dell'800 in località Prati di Castello; il cippo cerchiato fu posto da Ti. Iulius Ferox. *- MARCHETTI 1890, p. 83.*

N°	REp	riferimento	fronte	retro	lato sx	lato dx
1	I. C-8	CIL VI 31542h	XLI (12,15 m)	////	XXIV (7,11 m)	
2	I. C-9	CIL VI 31542i		CCVI (61,04 m)		XXIV (7,11 m)
3	I. C-7	CIL VI 31542g	XVI (4,74 m)	XLI (12,15 m)		
4	I. C-6	CIL VI 31542f		XV (4,44 m)		
5	I. C-5	CIL VI 31542e	XXS (6,66 m)		XXV (7,70 m)	
6	I. C-4	CIL VI 31542d				XV (4,44 m)
7	I. C-3	CIL VI 31542c	CXLVIIIs (44 m)		XV (4,44 m)	

Tab. 14 - Distanze segnalate sui cippi augustei di Prati di Castello.

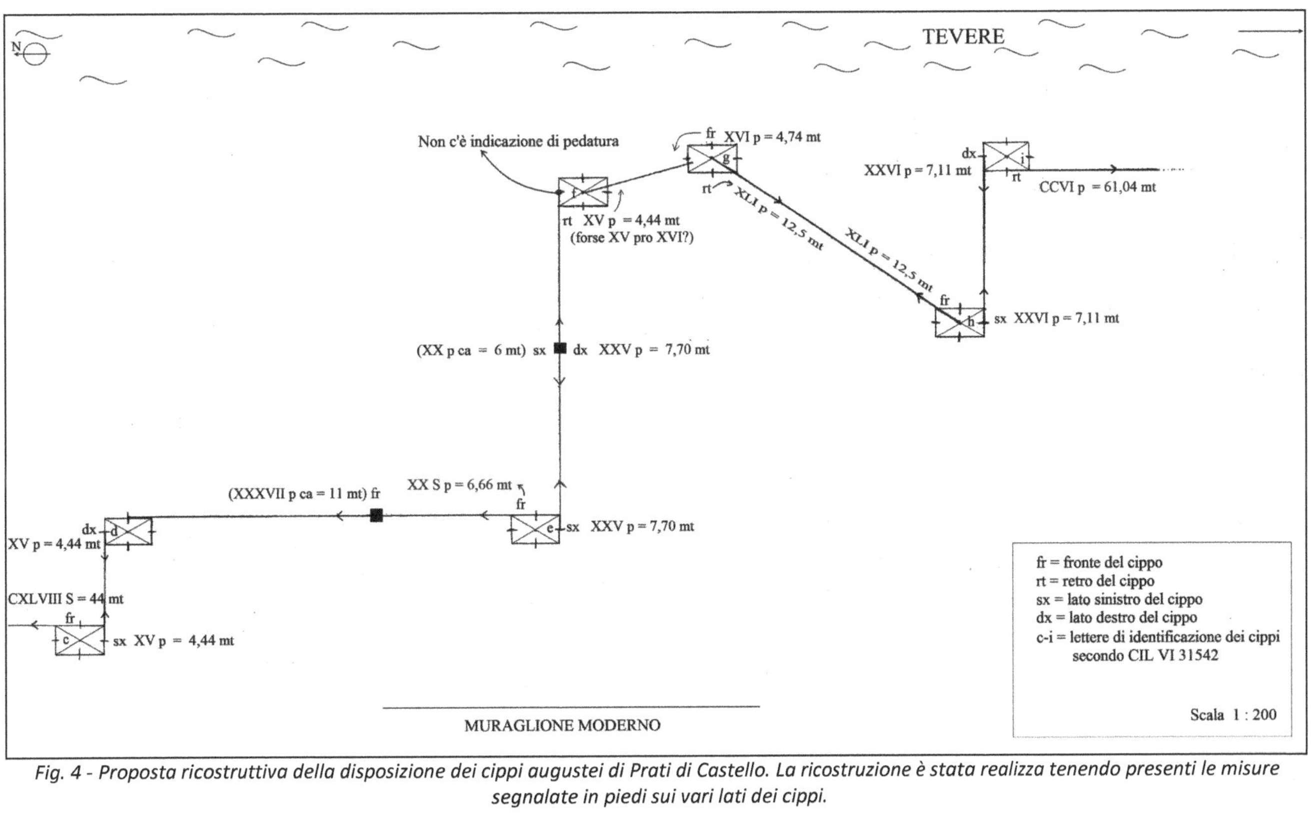

Fig. 4 - Proposta ricostruttiva della disposizione dei cippi augustei di Prati di Castello. La ricostruzione è stata realizza tenendo presenti le misure segnalate in piedi sui vari lati dei cippi.

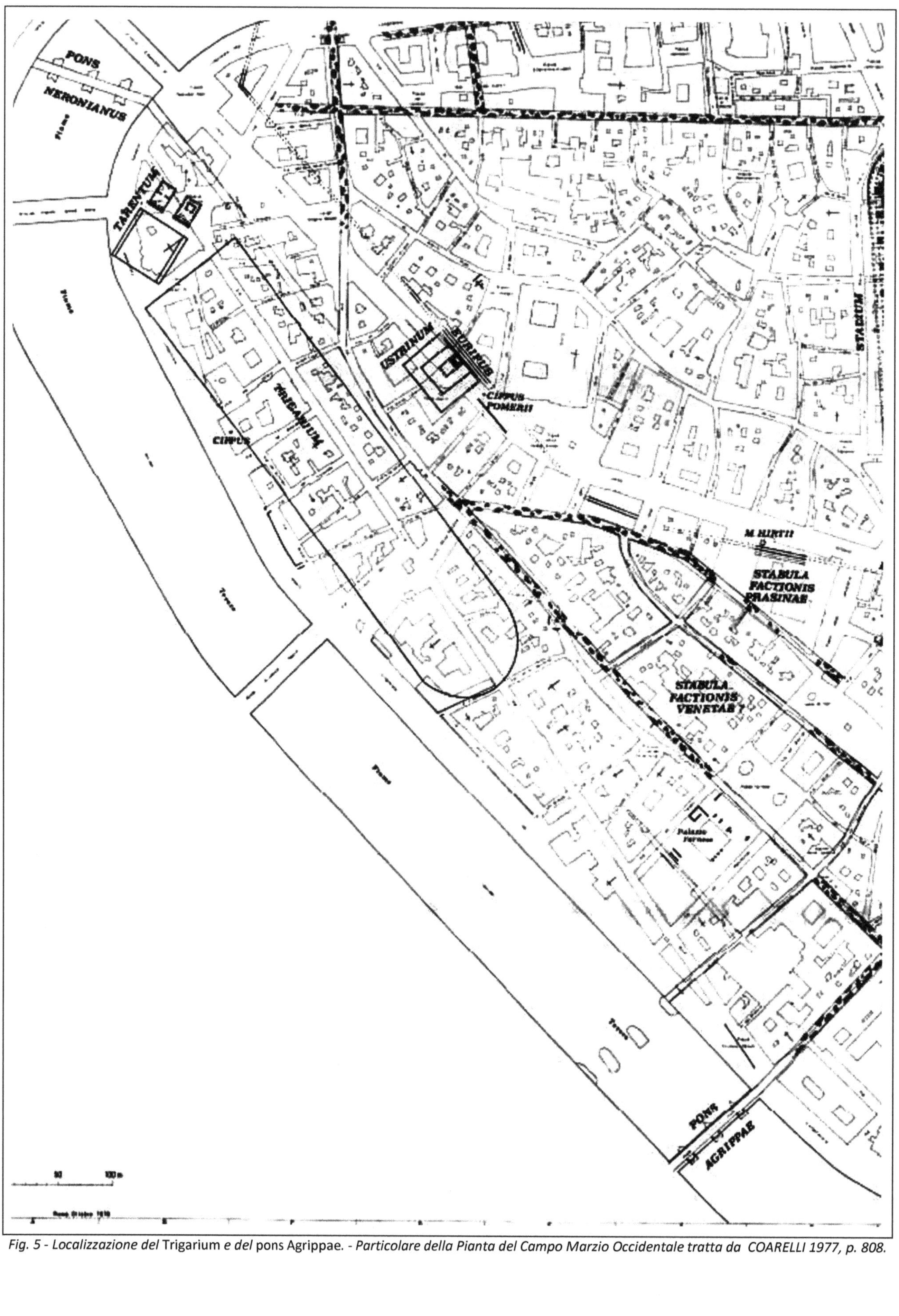

Fig. 5 - Localizzazione del Trigarium *e del* pons Agrippae. *- Particolare della Pianta del Campo Marzio Occidentale tratta da COARELLI 1977, p. 808.*

- Cippi posti dal *curator alvei Tiberis Tiberius Iulius Ferox* (101-103 d.C). La terza e, per quanto sappiamo, ultima delimitazione complessiva delle rive fu portata a termine da *Ti. Iulius Ferox*, *curator Tiberis* nel triennio che va dal 101 al 103 d.C., ed è l'unica delimitazione a noi nota che sia stata compiuta da un curatore del Tevere. Il numero relativamente elevato dei rinvenimenti (29 cippi – *tab. 15*) e la loro distribuzione confermano ancora una volta l'attuazione di una delimitazione complessiva. Il quadro entro cui *Ferox* si apprestò a questo compito fu costituito, secondo Lanciani, dalla costruzione delle *cellae vinariae Nova et Arruntiana Caesaris*, grandi mercati del vino sulla riva destra del Tevere, la cui esistenza è certificata dall'iscrizione di CIL VI 8826, databile al 102 d.C.[185] Tuttavia pure se l'ipotesi di un collegamento tra la costruzione delle *cellae* e la delimitazione di *Ferox* nel tratto di riva corrispondente potrebbe essere presa in considerazione (non è escluso infatti che il posizionamento dei cippi si sia rapportato in quest'area all'edificio che stava sorgendo su un terreno limitrofo alla riva), essa non sarebbe comunque sufficiente a dare ragione dell'intera operazione compiuta dal *curator* in quegli anni. È probabile dunque che la scelta di delimitare nuovamente l'intero tratto urbano del fiume fosse scaturita da altre circostanze, verosimilmente dai lavori intrapresi in quegli anni dall'imperatore Traiano volti alla realizzazione di un nuovo complesso portuale ad Ostia, lavori che perdurarono dal 100 al 112 d.C.[186] Si deve inoltre aggiungere sicuramente il fatto che dall'ultima delimitazione di questo tipo (quella augustea) erano passati oltre cento anni e, malgrado la continua manutenzione da parte dei *curatores Tiberis* che si susseguirono a partire dal 15 d.C., era probabile non solo che la delimitazione necessitasse di un profondo restauro, ma anche che la conformazione delle rive fosse mutata e con essa i confini tra le diverse proprietà lungo il fiume.

L'iscrizione dei termini di *Ferox*, come già avvenuto in passato per i cippi augustei, risulta essere sempre la stessa nei cippi dell'intera serie; alla formula *ex auctoritate imperatoris* seguono la titolatura imperiale e, al nominativo, quella del *curator*, quindi la specifica dell'azione compiuta, *terminavit ripam*.[187] Si ha infine l'indicazione di pedatura, preceduta dalla formula *r(ecto) r(igore) pro[x(imo)] cipp(o) p(edes)*... Due sono gli elementi di novità introdotti da questa terminazione: la sostituzione dell'autorità senatoria, esercitata tramite senatoconsulto, con l'autorità imperiale, e il fatto che la distanza tra un cippo e l'altro venga segnalata solo sul fronte. Riguardo a quest'ultimo punto, la diversità delle misure indicate sui termini (che variano da un minimo di VII ad un massimo di CCCLXXXVI piedi) rivela che uno degli scopi precipui della delimitazione restava sempre e comunque quello di tutelare la fascia di terreno deputata a riva e di mantenerla contemporaneamente divisa da altri terreni rivieraschi. L'assenza di pedatura su diversi lati del cippo si presenta come una sostanziale differenza rispetto alla terminazione augustea ed è una caratteristica dei cippi posti dai *curatores*, sin dal 15 d.C. Evidentemente il progetto augusteo di sistemare una volta per tutte la situazione delle rive mantenendone nel tempo l'agibilità si era mostrato efficace; scongiurato dunque il pericolo di *aedificiorum prolationes* sui terreni rivieraschi, non restava che conservare attiva la nuova delimitazione, mediante cippi che mantenessero in vigore il tracciato augusteo. L'uso di apporre le indicazioni di pedatura solo sul fronte sembra suggerire che la delimitazione augustea si fosse mantenuta nel tempo acquistando carattere di ufficialità, per cui essa doveva esser seguita per quanto possibile in ogni nuova operazione di restauro o rifacimento. Per questo probabilmente si cominciò a segnalare sui cippi una sola indicazione di pedatura, quella sul fronte, in quanto essi venivano collocati in luogo (o nei pressi) di termini già da tempo esistenti, e comunque lungo un tracciato definitivamente fissato. Lo stesso principio sembra aver seguito *Ferox* ponendo mano alla nuova delimitazione, come dimostra il fatto che uno dei suoi cippi fu rinvenuto ancora in loco assieme ai già citati termini augustei di Prati di Castello (*fig. 3*).[188] Ciò può significare soltanto che nel 101-103 d.C., periodo della curatela di *Ferox*, la delimitazione augustea era ancora in vigore, se non integralmente almeno in parte, e che perciò i suoi cippi furono inglobati nella nuova demarcazione. Oltre a sottolineare ulteriormente l'importanza centrale della delimitazione compiuta da Augusto, questo fatto conferma che la nuova operazione di definizione delle rive doveva perseguire più o meno i medesimi scopi di quella augustea, delimitare cioè la fascia di terreno adibita a riva, che doveva rimanere libera per il pubblico uso, separandola contemporaneamente dalle altre proprietà ad essa limitrofe. Incaricato dall'*auctoritas imperatoris*, è ora il *curator Tiberis* a garantire con l'ufficialità della sua posizione il rispetto di tale diritto.

- Cippi delimitativi degli altri *curatores riparum et alvei Tiberis* Nei periodi di tempo intercorrenti tra le operazioni di delimitazione complessiva delle rive si riscontra per diversi *curatores Tiberis* un'attività di manutenzione e restauro dei cippi.

Cippi posti dai *curatores riparum qui primi fuerunt*, attivi nel 15 d.C., anno in cui, secondo le fonti, Tiberio creò la curatela. Di questo collegio si conoscono quattordici cippi, tutti restauri di terminazioni precedenti (come specificato dalla formula *restituerunt*), in massima

[185] Il testo dell'iscrizione è il seguente: *Collegio Liberi Patris et Mercuri / negotiantium cellarum vinariarum / Novae et Arrvntianae / Caesaris n(ostris) / Cinnamus imp(eratoris) Nervae Caesaris / Traiani Aug(usti) Germ(anici) servos (!) ver/na dispensator ob immunitat(em) / d(ono?) d(edit?) cura agentibus ann(us) prio(r) / Ti(berio) Clavdio Zosimo et Sex(to) Caelio / Agathemero. Licinio Sura II Serviano II co(n)s(ulibus).* LANCIANI 1880, pp. 41-42. Sulle *cellae vinariae* della villa Farnesina si veda LE GALL 1953, p. 259 (ora anche LE GALL 2005, p. 315); CASTAGNOLI 1980, p. 35; LA ROCCA 1984, pp. 57-69; PURCELL 1985, p. 17; RICHARDSON 1992, p. 80; *LTUR* I (1993) s.v. *Cellae vinariae Nova et Arruntiana*, p. 259 (E. Rodriguez Almeida); *LTUR* II (1995) s.v. *Forum Vinarium*, p. 360 (F. Coarelli); COARELLI 1996, p. 107; COARELLI 1997, p. 69; *LTUR* IV (1999) s.v. *Portus Vinarium*, p. 156 (F. Coarelli); GARCIA MORCILLO 2005, pp. 209-210.

[186] Cfr. ZEVI 2001, pp. 114-120; CHEVALLIER 2001, pp. 20-29; VERDUCHI 2001, pp. 131-135. Sui rapporti tra tali lavori e la *cura riparum et alvei Tiberis* si veda oltre il paragrafo II.2.

[187] A titolo di esempio si veda CIL VI 31549d = REp III. 25*d*.

[188] CIL VI 31549a; Cfr. MARCHETTI 1890, pp. 82-88.

parte quella compiuta dai consoli *Censorinus* e *Gallus*, tranne due che appartengono rispettivamente a quella dei censori *Messalla* e *Isauricus* (CIL VI 31540l) e alla delimitazione augustea (CIL VI 31542s).[189] Sebbene non tutti i cippi riportino la menzione del primo collegio, sono comunque ascrivibili ad esso dal momento che, come già accennato, su di essi compare la formula di pedatura, senza dubbio aggiunta dai primi *curatores* all'atto del restauro. Il fatto è sintomatico del valore definitivo che Augusto volle attribuire alla propria opera, di cui quella dei consoli non fu, come si è visto, che un anticipazione. Malgrado la situazione d'emergenza che portò alla creazione della curatela del Tevere e nonostante il fatto che questo primo collegio si definisca talvolta come *curatores riparum qui primi terminaverunt*, risulta chiaramente dalle prove a nostra disposizione che l'unica operazione compiuta in tal senso dai cinque magistrati non fu una vera e propria delimitazione delle rive, ma un semplice restauro di quella che evidentemente era considerata la terminazione definitiva. L'operazione prevedeva probabilmente solo il restauro del cippo, consistente probabilmente in una pulitura e in una ricollocazione stabile nel caso fosse stato parzialmente o completamente divelto. Nella maggior parte dei casi sembra potersi escludere un rifacimento materiale del cippo, come suggerisce il fatto che il testo originario sia presente completamente e che la menzione dei primi *curatores* appaia come un'aggiunta posteriore, tant'è vero che tali magistrati tralasciarono, unici fra tutti i *curatores Tiberis*, di specificare i propri nomi, evidentemente per motivi di spazio. Permane qualche dubbio sull'unico cippo augusteo restaurato dal momento che, a differenza degli altri cippi posti dall'imperatore, è l'unico a non riportare indicazioni di pedatura, che sarebbero dovute comparire se si fosse trattato del cippo originale.

Cippi posti dal collegio dei *curatores* presieduto da *C. Vibius Rufus*, tra il 16 e il 23 d.C. L'esiguità dei rinvenimenti relativi a questo collegio (solamente tre cippi - *tab. 15*), ma soprattutto l'assenza di qualunque accenno ad una pedatura *recto rigore,* sembra confermare essersi trattato solo di un'operazione limitata nello spazio, non identificabile con un restauro, mancando il termine *restituerunt*. Purtroppo non è noto il luogo di rinvenimento di CIL VI 31544b; tuttavia i due cippi rimanenti, rinvenuti entrambi sulla riva sinistra e ad una distanza tra loro non troppo elevata, potrebbero suggerire un'attività di demarcazione delle rive limitata a questa zona, un'operazione attuata in modo abbastanza generico dal momento che la mancata segnalazione di pedatura sui cippi sembra suggerire l'assenza di un lavoro preparatorio di misurazione in modo da inserire pienamente i nuovi termini nella delimitazione già esistente. L'azione di questo collegio mirava verosimilmente non al restauro di singoli cippi, ma al rifacimento di un tratto di delimitazione, forse a causa della perdita di cippi preesistenti oppure a seguito di sopravvenuti cambiamenti nelle condizioni della riva e delle proprietà ad essa limitrofe.

REp	Riferimento	Luogo di rinvenimento	riva	pedatura
III. 6-10*a*	CIL VI 31544a	Presso la chiesa di S. Giovanni dei Fiorentini	sinistra	assente
III. 6-10*b*	CIL VI 31544b	Ignoto		assente
III. 6-10*c*	CIL VI 31544c	A S. Lorenzo in Lucina	sinistra	assente

Tab. 15 - Prospetto dei cippi posti dal collegio presieduto da C. Vibius Rufus.

Cippi posti dal collegio dei *curatores* presieduto da *C. Antistius Vetus*, attivo tra il 23 e il 41 d.C. Come per il precedente, anche per questo collegio sono testimoniati solamente tre cippi, rinvenuti tutti sulla riva destra dell'antico alveo del Tevere, cui va aggiunto un frammento praticamente inutilizzabile (*tab. 16*).[190]

REp	Riferimento	Luogo di rinvenimento	riva	pedatura
III. 11-15*a*	CIL XIV 4704a	nella proprietà Aldobrandini	destr a	assente
III. 11-15*b*	CIL XIV 4704b	nella proprietà Aldobrandini	destr a	assente
III. 11-15*c*	CIL XIV 4704c	nella proprietà Aldobrandini	destr a	assente
III. 1-15*d*	CIL XIV 192	Sulla riva del Tevere	destr a	perduto

Tab. 16 - Prospetto dei cippi posti dal collegio presieduto da C. Antistius Vetus.

Malgrado l'esiguità del numero, i cippi risultano particolarmente interessanti e significativi nell'ambito della definizione delle competenze della curatela, in primo luogo perché sono stati rinvenuti ad Ostia, unica testimonianza di delimitazione al di fuori di Roma e prova dunque che la giurisdizione dei *curatores Tiberis* si estendeva oltre i confini strettamente urbani; in secondo luogo per l'iscrizione apposta sul retro di CIL XIV 4704c che certifica come i *curatores* agissero *sine praeiudicio publico aut privatorum*. Resta comunque poco chiaro il motivo per cui la formula di pedatura sia espressa nella forma incompleta *r(ecto) r(igore) l(ongum) p(edes)* senza specificazione di una qualche misura, sebbene sia possibile che le cifre fossero state dipinte e non incise sulla pietra.[191] Essendo inoltre gli unici cippi sino ad ora rinvenuti ad Ostia non si può essere certi se segnalino un'opera di manutenzione di delimitazioni precedenti oppure una delimitazione a sé stante svolta su di un particolare tratto di riva, fatto che spiegherebbe anche la forma del testo, unica nel panorama dei cippi tiberini.

Cippi posti dal collegio dei *curatores* presieduto da *Paullus Fabius Persicus* operante tra il 41 e il 44 d.C.[192] Anche la sola testimonianza epigrafica di questo collegio risulta essere preziosa, dal momento che informa di come i *curatores «ripam cippis positis terminaverunt a Trigario ad pontem Agrippae»*. Tale iscrizione ha

[189] CIL VI 31540l = REp II-1; CIL VI 31541f-k, m.o.r-u = REp II-2-12; CIL VI 31542s = REp II-13; CIL VI 31557d = REp II-14.

[190] CIL XIV 192. Cfr. LE GALL 1953, p. 138 n.4 (ora anche in LE GALL 2005, p. 158 n.4).

[191] Cfr. CIL VI 40866.

[192] CIL VI 31545. Cfr. LE GALL 1953, pp. 138 n.5, p. 157 (ora anche in LE GALL 2005, pp. 159 n.5, 181).

suscitato l'attenzione degli studiosi poiché ha permesso di circoscrivere la localizzazione topografica del *pons Agrippae* e del *Trigarium* (*fig. 5*).[193] Quest'ultimo era un'area libera destinata all'allenamento di cavalli e aurighi che, all'occorrenza, poteva venire adibita alla funzione di circo, come ad esempio in occasione dei *ludi saeculares*; si trovava nella *regio* IX di Roma, dove lo colloca la *Notitia regionum urbis Romae*, verosimilmente nella parte occidentale del Campo Marzio in prossimità del Tevere.[194] Per quanto riguarda il *pons Agrippae*, Le Gall lo ha identificato con l'attuale Ponte Sisto, chiamato nelle fonti di età tardo-antica e medioevale *pons Aurelius* o *pons Antonini*, a motivo del restauro attuato da Antonino Pio, come certificato da un frammento dei *Fasti Ostienses*.[195] Riguardo ai resti rinvenuti a monte di ponte Sisto e in un primo tempo identificati come vestigia del *pons Agrippae*, sarebbero da interpretarsi piuttosto come un sistema di sbarramento del Tevere posto in relazione con le mura Aureliane, che giungono in quel punto alla riva sinistra del fiume.[196] Come già era avvenuto per i cippi del collegio presieduto da *C. Vibius Rufus*, anche l'opera di delimitazione compiuta da *Paullus Fabius Persicus* e dai suoi colleghi dovette riguardare solamente un tratto ben definito delle rive del Tevere e non è da escludere che parte di tale delimitazione si rapportasse direttamente con il terreno ospitante il *Trigarium* che, secondo quanto emerso dagli studi, era assai vicino al fiume.

Cippi posti da *C. Calpetanus Rantius Quirinalis Valerius P. f. Pompeius Festus*, *curator* dall'aprile al luglio del 73 d.C.

Anche i cippi attribuibili a *Calpetanus* si collocano ad una distanza ravvicinata tra loro (*tab. 17*), con tutta probabilità perché la sua opera dovette consistere in un'azione di restauro e manutenzione di una parte della terminazione complessiva, circoscritta alla zona della riva tiberina nei pressi delle località di rinvenimento dei due cippi.

REp	Riferimento	Luogo di rinvenimento	riva	pedatura
III. 22*b*	CIL VI 31546a	Sulla riva del Tevere presso la chiesa di S. Lucia	sinistra	LII s
III. 22*c*	CIL VI 31546b	Sulla riva del Tevere, a ponte S. Angelo.	sinistra	CLXXIIII

Tab. 17 - Prospetto dei cippi posti da Calpetanus.

Cippi posti da *C. Dillius L. f. A. n. Serg. Aponianus*, in carica tra il luglio e il dicembre del 73 d.C.[197] Solo un cippo ci è pervenuto di questo *curator Tiberis*, ma, ancora una volta, assai significativo. Rinvenuto sulla riva destra del Tevere, presso l'attuale villa Farnesina, testimonia che *Aponianus «[termina]vit rip(am) Veient(anam)»*.[198] In antico veniva detta *ripa Veientana* la riva destra del Tevere -quella di Vejo in opposizione alla *ripa Romana*- denominazione che pare comprendesse tutto il territorio dal fiume Cremera al mare.[199] L'uso di tale appellativo si mantenne evidentemente a lungo dal momento che esso compare sui cippi del 73 d.C., ma ciò non significa necessariamente che *Aponianus* avesse delimitato l'intera riva destra del fiume, considerato anche il fatto che rimase in carica per troppo poco tempo per poter portare a termine un'operazione così impegnativa. È invece più probabile che egli si sia limitato ad un'opera di manutenzione di un tratto della riva. Effettivamente pare che col tempo la denominazione di *ripa Veientana* fosse stata circoscritta al tratto di riva a monte di ponte Sisto, nell'area dell'attuale villa Farnesina, e proprio in quest'area sono venuti alla luce tutti i cippi che riportano tale denominazione.[200] Si trattò dunque della manutenzione di un breve tratto di delimitazione, così come era avvenuto con *Persicus* che rifece la terminazione tra *Trigarium* e *pons Agrippae*.

Cippi posti da *C. Laecanius Bassus Caecina Paetus*, *curator Tiberis* nel 74 d.C., sono solo tre e, di questi, solo due sono collocabili sulle rive con una certa sicurezza (*tab. 18*). CIL VI 31548c è infatti soltanto un frammento da cui è impossibile ricavare una qualche indicazione di collocazione sulla *ripa Veientana* o di pedatura. CIL VI 31548a, invece, malgrado sia stato rinvenuto nell'alveo, era probabilmente collocato in origine sulla riva sinistra, come porterebbero a pensare il fatto che sia stato rinvenuto in prossimità di questa e la mancanza di accenno alla riva Veiente che compare invece sull'altro cippo (CIL VI 31548b), venuto alla luce nei pressi della villa Farnesina. Un fatto senz'altro curioso è, poi, la

[193] Cfr. BORSARI 1887, p. 323-326; GATTI 1887, pp. 307-309; BORSARI 1888, pp. 92-98; BORSARI 1897, p. 321.

[194] COARELLI 1977, p. 839. Sul *Trigarium* si vedano più ampiamente *DAGR* V (1900) s.v. *Trigarium*, p. 469 (A. Grenier); HOMO 1900, p. 659; HOMO 1951, p. 265; BALL PLATNER 1911, p. 341; CASTAGNOLI 1948, pp. 93-193; LE GALL 1953, pp. 276-277 (ora anche LE GALL 2005, pp. 334-335); PLATNER-ASHBY 1929, p. 541; COARELLI 1968, pp. 33, 37; JORDAN 1871, pp. 555, 600-601; QUILICI 1983, pp. 59-85; LA ROCCA 1984, pp. 57-69; KOLENDO 1984, pp. 27-31; PALMER 1990, pp. 29-33; RICHARDSON 1992, pp. 82-83, 401-402; *LTUR* V (1999) s.v. *Trigarium*, pp. 89-90 (F. Coarelli); RINALDONI 2004, pp. 371-394.

[195] LE GALL 1953, pp. 210-211 (ora anche LE GALL 2005, pp. 243-245); cfr. COARELLI 1977, pp. 824-825. Il frammento dei *Fasti* è pubblicato in *NSA* 1931, p. 361. Come bibliografia orientativa sul *pons Agrippae* si vedano JORDAN 1871, p. 628, nt. 16; BORSARI 1888, p. 92-98; PLATNER-ASHBY 1929, p. 398; SHIPLEY 1933, pp. 66-69; LUGLI 1934, pp. 308-309; LUGLI 1952, p. 102; *PW* XXI.2 (1952) s.v. *Pons Agrippae*, coll. 2455-2461 (H. Riemam); LE GALL 1953, pp. 210-211, 295-301 (ora anche LE GALL 2005, pp. 243-245, 357-364); CECCHELLI 1958, p. 200; CASTAGNOLI 1969, p. 200; LLOYD 1969, pp. 193-204; LUGLI 1970, p. 96; FLORIANI SQUARCIAPINO 1973, pp. 25-26; COARELLI 1977, pp. 824-826; LANCIANI 1985, pp. 32-35; PALMER 1990, p. 30 nt. 6; RICHARDSON 1992, p. 297; GALLIAZZO 1995 II, pp. 7-8; *LTUR* IV (1999) s.v. *Pons Agrippae*, pp. 107-108 (F. Coarelli); TAYLOR 2002, pp. 8-10.

[196] LE GALL 1953, p. 211 (ora anche LE GALL 2005, p. 245); COARELLI 1977, p. 824. sulla prima ipotesi cfr. ad es. PLATNER-ASHBY 1929, p. 398

[197] Sulla particolarità della durata della curatela di *Apronianus*, strettamente collegata alla curatela di *Calpetanus*, si veda il paragrafo II.2.

[198] CIL VI 31547 = REp III. 23*a*. Cfr. LE GALL 1953, pp. 139-140 n.7, 158 (ora anche in LE GALL 2005, pp. 159-160 n.7, 182).

[199] RICHARDSON 1992, p. 333. Cfr. JORDAN 1871 I.3, pp. 651-652; BALL PLATNER 1911, p. 507.

[200] Oltre a CIL VI 31547 anche CIL VI 31548b = REp III. 24*b* e CIL VI 31555 = REp III. 37*a*. Sulla circoscrizione della *Ripa Veientana* cfr. NEWTON 1902, p. 45; BALL PLATNER 1911, p. 507; *LTUR* IV (1999) s.v. *Ripa Veientana*, pp. 206-207 (P. Liverani).

mancata segnalazione della pedatura sul cippo b che, a quanto risulta, non fu mai incisa. Che non fosse prevista è da escludere dal momento che compare la consueta formula *prox(imus) cipp(us) p(edes)*, benché non preceduta dall'espressione *r(ecto) r(igore)*. Tale "dimenticanza" può rivelarsi interessante indizio riguardante la metodologia di lavorazione dei cippi che prevedeva che le misure di pedatura venissero incise una volta che il termine fosse stato infisso al proprio posto, il che non significa certo escludere l'esistenza di un lavoro preparatorio di misurazione, ma soltanto che probabilmente i cippi di un *curator* venivano incisi per comodità tutti assieme, nella quantità richiesta, solo per la parte del testo che rimaneva costante, predisponendo lo spazio per l'aggiunta della pedatura che avveniva in un secondo momento ad allocazione avvenuta. Riguardo al cippo in questione, è possibile che lo spazio lasciato libero sia frutto di una dimenticanza vera e propria, ovvero che l'indicazione di pedatura in questo caso (benché prevista nello spazio) non fosse strettamente necessaria. È altresì possibile, come già ipotizzato in precedenza, che la pedatura fosse stata scritta con il colore anziché incisa.[201]

REp	CIL	Luogo di rinvenimento	riva	pedatura
III. 24*a*	CIL VI 31548a	Nell'alveo del Tevere presso ponte sisto	verso sinistra	C
III. 24*b*	CIL VI 31548b	Sulla riva del Tevere presso villa Farnesina	destra	assente
III. 24*c*	CIL VI 31548c	Dall'alveo del Tevere		perduta

Tab. 18 - Prospetto dei cippi posti da C. Laecanius Bassus Caecina Paetus.

Dopo il 74 d.C. non ci sono pervenute altre testimonianze di delimitazioni parziali o di restauri di pietre terminali. Si deve arrivare al 101-103 d.C. per trovare i cippi di *Ti. Iulius Ferox* già precedentemente analizzati. Dopo tale data i rinvenimenti si fanno ancora più sporadici e riguardano esclusivamente restauri della delimitazione complessiva.

Cippi posti da *L. Messius Rusticus*, *curator Tiberis* tra il 121 e il 124 d.C.; secondo il testo dei suoi cippi (*tab. 19*), *Rusticus* si limitò a *restituere* i termini «*secundum praecedentem terminationem*», la quale non può che essere quella del 101-103 d.C. di *Ti. Iulius Ferox*, data la breve distanza cronologica tra quest'ultima e il restauro da lui operato. Probabilmente alcuni cippi di *Ferox* erano stati danneggiati gravemente dalle alluvioni intercorse durante l'impero di Traiano e Adriano, al punto che *Rusticus* non sembra aver recuperato i cippi originali, come invece avevano fatto i *curatores qui primi fuerunt* con i termini consolari e augustei, ma pare averli fatti sostituire con cippi nuovi.[202] Per il suo restauro, *Rusticus* si attenne al tracciato della terminazione di *Ferox*, segno che la delimitazione augustea, cui quella di *Ferox* si rifaceva pedissequamente, continuava a mantenere il suo carattere "fondante" e a godere di un'ufficialità protratta nel tempo.

REp	Riferimento	Luogo di rinvenimento	riva	pedatura
III. 28*a*	CIL VI 31552a	Sulla riva presso ponte Rotto	sinistra ?	CXVs
III. 28*b*	CIL VI 31552b	Nei pressi del monte Testaccio	sinistra	CVII
III. 28*c*	CIL VI 31552c	Presso porta Portese	destra	XLIIII
III. 28*d*	CIL VI 31552d	Forse vicino a Ponte Rotto	sinistra ?	CX
III. 28*e*	CIL VI 31552e	Nell'alveo del Tevere		Perduto

Tab. 19 - Prospetto dei cippi posti da L. Messius Rusticus.

I tre cippi posti da *A. Platorius Nepos Calpurnianus* (*tab. 20*), curatore del Tevere attorno al 161 d.C., presentano un testo singolare. A titolo di esempio si riporta CIL VI 31554a:[203]

Imp(erator) Caesar M(arcus)
Aurelius Antoninus
Aug(ustus), pont(ifex) max(imus), trib(unicia)
potest(ate) XV, co(n)s(ul) III et
Imp(erator) Caesar L(ucius) Aurelius
Verus Aug(ustus) trib(unicia) pot(estate) co(n)s(ul) II
terminos vetustate
collapsos exaltaverunt et
restituerunt r(ecto) r(igore) proximo
termino ped(es) positos
ex auctoritate
Imp(eratoris) Caesaris Nervae Traiani
Aug(usti), curante A(ulo) Platorio
Nepote Calpurniano curat(ore)
alvei Tiberis et riparum et cloacarum urbis.

La struttura dell'iscrizione è assai diversa da quella dei cippi sino ad ora analizzati. Innanzitutto i due imperatori M. Aurelio e L. Vero sono qui presenti non come titolari dell'autorità in base a cui il *curator Tiberis* agisce, ma come coloro che sovrintendono all'opera (i loro nomi sono in caso nominativo, i verbi coniugati al plurale), mentre il *curator Calpurnianus* risulta essere soltanto l'incaricato della realizzazione pratica del restauro, un esecutore materiale. Interessante è inoltre il fatto che l'iscrizione non si riferisca al cippo su cui si trova, come avviene solitamente, bensì ad un più generico numero di termini che, «*vetustate collapsos*», i due imperatori «*exaltaverunt et restituerunt*»; viene quindi ricordato come i cippi restaurati fossero stati posti in origine *ex auctoritate Imperatoris Caesaris Nervae Traiani Augusti*. Malgrado la presenza della consueta formula *r(ecto)*

[201] Si vedano ad esempio i cippi di *C. Vibius Rufus* che non presentano alcuna misura. Varrebbe comunque la pena approfondire la ricerca in tal senso estendendo l'analisi della terminologia dei cippi a tutte le pietre terminali del Tevere. Tale analisi potrebbe forse permettere di comprendere le modalità di realizzazione dei cippi in sede di officina, compreso il criterio con cui venivano apposte su di essi le iscrizioni.

[202] Le alluvioni di età traianea e adrianea sono attestate da PLIN. *epist.* 8, 17; AUR. VIC. *epit.* 1 (Traiano); HIST. AUG., *Had.*, 21 (Adriano).

[203] Che con CIL VI 31552b riporta i nomi di M. Aurelio e L. Vero. Un terzo cippo, CIL VI 31553, appartiene agli ultimi mesi di regno di Antonino Pio.

r(igore) proximo termino ped(es), nessuno dei termini riporta il numero di piedi. Le medesime considerazioni si possono ritenere valide anche per il terzo cippo, mutilo della parte superiore, databile non oltre i primi di marzo del 161 d.C., dal momento che risulta essere ancora imperatore Antonino Pio, morto agli inizi di quel mese. Ancora una volta il nome dell'imperatore si trova in caso nominativo, mentre quello del *curator* è in ablativo; manca il termine *curante* che può, tuttavia, considerarsi sottinteso. Si parla di *terminos* riferendosi ad un'opera di manutenzione e restauro della delimitazione di *Ferox* (qui citato esplicitamente) che non riguardò singolarmente il cippo recante l'iscrizione, ma un numero più ampio di termini divelti e danneggiati dal tempo. L'impressione data da questi cippi -rafforzata anche dalle misure del termine di Antonino Pio che presenta un fronte singolarmente ampio di 100 cm- è quella di trovarsi davanti a piccoli monumenti commemorativi di un restauro conservativo che dovette riguardare ampi tratti della delimitazione di *Iulius Ferox*, se non forse il percorso complessivo della riva sinistra, dal momento che i cippi rinvenuti appartenevano tutti ad essa. Purtroppo la scarsità di testimonianze permette di formulare soltanto ipotesi, ma è probabile che questa operazione fosse iniziata per volontà di Antonino Pio, mentre M. Aurelio e L. Vero si limitarono a portarla a termine. Il titolare della *cura Tiberis*, ed effettivo responsabile dell'operazione, è infatti sempre lo stesso *Calpurnianus* e, dal momento che all'epoca la curatela del Tevere aveva probabilmente durata triennale, è verisimile che si sia potuta affidare ad un solo *curator* un'operazione di revisione complessiva della delimitazione esistente.[204] La particolarità del testo apposto sui cippi sembrerebbe avvalorare l'ipotesi di un'operazione ampia e importante, piuttosto che di un lavoro di restauro occasionale attuato su singoli termini.

REp	Riferimento	Luogo di rinvenimento	riva	pedatura
III. 35*a*	CIL VI 31553	Sulla riva del Tevere, nelle fondamenta di una casa in via Giulia	sinistra	assente
III. 35*b*	CIL VI 31554a	Sulla riva del Tevere, presso ponte Fabrizio	sinistra	assente
III. 35*c*	CIL VI 31554b	Sulla riva del Tevere, presso il monte Testaccio	sinistra	assente

Tab. 20 - Prospetto dei cippi posti da A. Platorius Nepos Calpurnianus.

Cippi posti da *Ofilius Valerius Macedo*, in carica intorno al 198 d.C., rappresentano l'ultima testimonianza di termini posti dai *curatores*. Sino ad oggi è stato rinvenuto un solo cippo, sulla riva destra in zona Trastevere nei pressi di ponte Sisto (CIL VI 31555 = REp III. 37*a*). Rispetto ai testi dei cippi di *Calpurnianus*, si può notare un ritorno ad una formulazione più classica in cui il *curator Tiberis* riprende ad essere il soggetto dell'azione del restauro. Tuttavia la mancanza del riferimento ad una forma di misurazione e il permanere invece della formula *«terminos vetustate dilapsos exaltavit et restituit»*, accompagnata dalla specificazione topografica *r(ipa) V(eientana)*, porta a pensare che forse lo scopo di questi cippi fosse ancora quello di fungere da elemento commemorativo di un'operazione di restauro della delimitazione rivierasca intesa come opera pubblica. Il tratto interessato sembra essere limitato con precisione alla sola *ripa Veientana*, a nord di ponte Sisto. Le caratteristiche simili dei cippi di *Calpurnianus* e di *Macedo*, come l'assenza di pedatura e il ricordo di un'operazione di restauro estesa a più termini, porta a pensare che ad un certo momento si fosse tornati, come agli inizi della procedura delimitativa, ad una funzionalità di base del termine, quella di mantenere libero lo spazio della riva, limitandosi a mantenere in piedi i cippi della delimitazione di *Ferox* forse nel luogo in cui erano stati posti originariamente, ma senza più premurarsi di specificare alcuna misura che rapportasse la riva alle proprietà pubbliche e private che la circondavano.

Dopo i cippi di *Macedo* non si hanno altre testimonianze di avvenuti restauri o delimitazioni nel corso del III secolo, sebbene non si possa pensare che non ne sia sorta la necessità su un arco di tempo così esteso. È tuttavia possibile che, al di là di effettivi restauri parziali di cui forse si troverà testimonianza in rinvenimenti futuri, fossero state effettivamente progettate opere di rinnovamento e nuove delimitazioni complessive, mai realizzate probabilmente a causa dei disordini sopravvenuti nel III secolo.[205]

Le delimitazioni delle rive

Da un'analisi d'insieme risulta come le operazioni di delimitazione complessiva delle rive del Tevere siano state soltanto tre e come venissero rispettate nel tempo sino a che una somma di contingenze come l'incuria, il periodo trascorso o le opere di risistemazione della città, non rendevano necessaria l'attuazione di una nuova delimitazione complessiva. Al di là di quella compiuta dai censori nel 55-54 a.C., che non sembra essere stata oggetto nel tempo di particolari azioni di preservazione, la delimitazione voluta da Augusto tra 8 e 6 a.C., rimase in vigore per oltre un secolo, nonostante la creazione della curatela preposta al Tevere nel 15 d.C. La novità essenziale dei termini augustei, consistente nella segnalazione delle distanze tra un cippo e l'altro, lascia intravedere la scelta di concepire e quindi tutelare in modo nuovo la *ripa Tiberis*, delimitandola sempre visivamente per favorirne la protezione da abusi, ma soprattutto rapportandola ai terreni circostanti in modo da renderla immutabile nel tempo, chiarendo visivamente i limiti oltre i quali le *aedificiorum prolationes* non potevano spingersi. Proprio tale caratteristica, espressa dalla pedatura, rende i cippi augustei quasi una sorta di catasto fluviale, realizzato a seguito di precise misurazioni e per questo tanto più ufficiale e immutabile. Ne è prova il fatto che fino al 101-103 d.C. nessun *curator Tiberis* pose mano a nuove delimitazioni, ma ci si limitò a restauri lungo il tracciato di quella augustea, dalla quale non dovette prescindere neppure quella di

[204] Si veda a riguardo il paragrafo II.2.

[205] Cfr. LE GALL 1953, p. 171 (ora anche LE GALL 2005, p. 196).

Ferox che, benché interessasse tutto il corso urbano del fiume, inglobò alcuni cippi di Augusto ancora in loco. La nuova delimitazione fornì a sua volta per tutto il II secolo il tracciato su cui si eseguirono restauri, che specificatamente avvenivano *secundum praecedentem terminationem*. Verso la fine del II secolo d.C. i cippi rivelano tuttavia un ritorno alla semplice funzionalità basilare di dare forma tangibile e visiva al concetto di riva senza più preoccuparsi di eventuali cambiamenti di rapporto metrico tra essa e i terreni circostanti.

Con Augusto dunque la *ripa fluminis* diviene pienamente un'entità giuridica il cui pubblico uso prevale sull'effettiva proprietà del terreno e viene quindi tutelato direttamente dal potere centrale. Quest'ultimo comunica e segnala tale tutela mediante l'infissione di cippi recanti l'indicazione dell'autorità, senatoria prima e imperiale poi, di cui garante diviene il magistrato preposto all'operazione di delimitazione. Se tuttavia i cippi delimitativi rimangono inalterati nell'aspetto esteriore, testimoniano i cambiamenti che il concetto di riva subisce nel tempo mediante le trasformazioni delle formule su di essi apposte. Priorità di base resta sempre e comunque la volontà di determinare la *ripa* in modo da poterne garantire l'uso pubblico a tutti, *cives* e non. Tale scopo viene raggiunto non soltanto segnalando visivamente il tratto di terreno, ma ponendo sui cippi il nome dei magistrati incaricati della tutela, dapprima i censori, poi i consoli, quindi l'imperatore Augusto (che comunque agisce sempre come un magistrato *ex senato consulto*) e, infine, dal 15 d.C. in poi, i *curatores Tiberis*. L'ufficialità che in tal modo acquista il cippo mira a comunicare che i diritti pubblici sul terreno delimitato vengono sempre garantiti e tutelati dall'autorità pubblica.

È interessante notare da ultimo come alcuni cippi di *curatores* diversi testimonino il restauro o il posizionamento non del termine stesso, ma di un'intera serie di termini lungo brevi tratti delle rive, che vengono identificati tramite precise indicazioni topografiche, come *a Trigario ad pontem Agrippae* oppure *ripa Veientana*. La particolarità di queste indicazioni apre forse uno spiraglio sul metodo organizzativo delle delimitazioni tiberine; è possibile infatti che esse fossero state suddivise in settori identificati in base a punti geografici e toponimi precisi, in modo da facilitare la manutenzione e il controllo dei cippi da parte dei *curatores Tiberis*.

2. ***...et alvei Tiberis...***: pulizia e navigabilità

Per ciò che riguarda l'alveo del fiume il dibattito tra gli studiosi di diritto si concentra sulla natura della sua proprietà; ci si interroga cioè se esso fosse pubblico ovvero se, negli *agri arcifinii*, esso appartenesse ai proprietari rivieraschi e fosse dunque privato. Tuttavia non sembra effettivamente corretto parlare di proprietà potenziale sul letto del fiume dal momento che questo sarebbe diventato privato solamente una volta che, spostatosi il corso d'acqua, avesse perso il suo carattere di alveo.[206] L'uso sarebbe invalso solamente per gli *agri arcifinii*, quei terreni cioè non definiti, ma aventi per confine delle linee instabili determinate da limiti naturali, come per l'appunto i fiumi, o artificiali come fossi, siepi o strade pubbliche.[207] Sempre per ciò che riguarda la proprietà dell'alveo, il terreno privato che veniva ad essere occupato dal nuovo letto del fiume acquisiva carattere di proprietà pubblica.[208] Così, se il corso fluviale si spostava lentamente, il proprietario di una sponda acquistava proprietà fino alla corrente, mentre il proprietario dell'altra perdeva parte del terreno. Quando poi il fiume abbandonava il suo letto quest'ultimo diventava proprietà dei possidenti rivieraschi secondo la mediana del fiume, in base al principio del regime dell'*alveus derelictus*.[209] L'alveo va dunque definito pubblico in quanto parte integrante del fiume pubblico. Ma al di là della questione riguardante la proprietà del letto fluviale, ciò che più interessa in questa sede è l'esistenza nel diritto romano di diversi interdetti volti a tutelare l'alveo, impedendo qualunque azione potesse arrecare danno in tal senso.[210] Tali azioni, ricavabili dagli interdetti corrispondenti, erano identificate genericamente:

- nel costruire, fare o immettere qualcosa sulle rive o nell'alveo del fiume in modo da ostacolare la sosta e il transito delle navi.[211] Qualora tali opere fossero già state realizzate, un apposito interdetto obbligava chi di dovere a restituire il fiume o la riva allo stato originario;[212]

[206] GROSSO 2001, p. 43; cfr. LE GALL 1953, p. 166 (ora anche LE GALL 2005, pp. 190-191).

[207] DE FRANCISCI 1944, p. 375; CASTILLO PASCUAL 1993, pp. 145-147; SANFILIPPO 2002, pp. 205-206; in tal caso l'acquisizione di terreno prendeva il nome di *accesio*. Cfr. *ED* I (1958), p. 354, s.v. *Acque (storia)* (G. Astuti) e TOMÁS 2001, p. 370. Tali terreni si contrapponevano agli *agri limitati* i cui confini erano rigorosamente e definitivamente stabiliti. Cfr. GROSSO 2001, p. 43, nt. 119.

[208] *ED* I (1958), p. 354, s.v. *Acque (storia)* (G. Astuti).

[209] BERGER 1953, p. 361; LE GALL 1953, p. 166 (ora anche LE GALL 2005, pp. 190-191); *ED* I (1958), p. 354, s.v. *Acque (storia)* (G. Astuti); TOMÁS 2001, p. 369; GROSSO 2001, p. 43. Cfr. INST. II.1.23; DIG. 41.1.7.5; DIG. 41,1,30,3; DIG. 43.12.1.7.

[210] Cfr. *ED* I (1958), p. 368, s.v. *Acque (storia)* (G. Astuti); *NNDI* VII (1961), pp. 414-416, s.v. *Flumen* (A. Burdese); GROSSO 2001, pp. 56-58; TOMÁS 2001, pp. 3161-364.

[211] DIG. 43.12.1.pr *«Ait praetor: Ne quid in flumine publico ripave eius facias neve quid in flumine publico neve in ripa eius immittas, quo statio iterve navigio deterior sit fiat»*. «Dice il pretore: che non sia fatta cosa alcuna nel fiume pubblico o sulla sua riva o che non sia immesso nulla nel fiume pubblico né sulla sua riva per cui la sosta o il passaggio sia reso peggiore per la barca»; DIG. 43.13.1.pr *«Ait praetor: In flumine publico inve ripa eius facere aut in id flumen ripamve eius immittere, quo aliter aqua fluat, quam priore aestate fluxit veto»*. «Dice il pretore: vieto che si faccia o si immetta nel fiume pubblico o sulla sua riva alcuna cosa per cui l'acqua scorra diversamente da come scorreva nell'estate precedente»; DIG. 43.14.1.pr. *«Praetor ait: Quo minus illi in flumine publico navem ratem agere quove minus per ripam onerare exonerare liceat, vim fieri veto. Item ut per lacum fossam stagnum publicum navigare liceat, interdicam»*. «Dice il pretore: vieto che venga fatta violenza per impedire che qualcuno conduca sul fiume pubblico una nave o una zattera, o carichi e scarichi sulla riva. Così pure permetto che sia lecito navigare su lago, fossa o stagno pubblico».

[212] DIG. 43.12.1.19 *«Praetor ait: Quod in flumine publico ripave eius fiat sive quid in id flumen ripamve eius immissum habes, quo statio iterve navigio deterior sit fiat, restituas»*. «Dice il pretore: restituirai allo stato originario ciò che stai facendo o ciò che hai fatto o immesso in un fiume pubblico o sulla sua riva, per cui la sosta o il passaggio di una imbarcazione sia divenuto o possa diventare peggiore»; DIG. 43.13.1.11 *«Deinde ait praetor: Quod in flumine publico ripave eius factum sive quid in flumen ripamve eius immissum habes, si ob id aliter aqua fluit atque uti priore aestate fluxit, restituas»*. «Dice poi il pretore: restituirai

- nelle azioni che potevano impoverire la corrente, come la creazione di derivazioni o l'allargamento dell'alveo;[213]
- nella costruzione di opere di rafforzamento delle rive, che venivano vietate esplicitamente qualora rendessero difficoltosa la navigazione.[214] Che tali pratiche fossero diffuse ne è indice un passo di Marziale, in cui un certo *Ladon*, barcaiolo del Tevere, per difendere dall'erosione delle piene il suo orticello posto sulla riva del fiume, riempì di sassi la barca ormai fuori uso e la utilizzò per rafforzare il terreno rivierasco e deviare la piena.[215]

In mancanza di evidenze concrete si può solo supporre che i *curatores Tiberis* disponessero del potere giuridico utile a far sì che tali interdetti venissero rispettati. Se non è molto probabile che sul Tevere si verificassero casi di privati che, senza autorizzazione, ponessero mano all'allargamento dell'alveo o provvedessero a massicce derivazioni tali da impoverire sensibilmente il livello dell'acqua, per lo meno non nel tratto urbano, si è visto invece come il sorgere disordinato di strutture edificate sulle rive e a ridosso del fiume potesse effettivamente arrivare a costituire, se non regolamentato, un reale problema. Perciò è verosimile che, anche se all'epoca dei *curatores* simili interdetti non esistevano in tale forma, il *curator Tiberis* tutelasse l'alveo prima di tutto tramite prerogative giuridiche che gli davano la facoltà di impedire costruzioni o azioni troppo invasive per il fiume e di ordinarne, qualora esistessero già, l'eventuale abbattimento e rimozione, così da ripristinare l'originaria situazione del Tevere.

Un'ulteriore attività ascrivibile tra le competenze dei *curatores Tiberis* si può ricavare da un passo di Aulo Gellio in cui l'autore si interroga su *«quid significet in veteribus praetorum edictis: "qui flumina retanda publice redempta habent"»*:

«1. Edicta veterum praetorum sedentibus forte nobis in bibliotheca templi Traiani et aliud quid requirentibus cum in manus incidissent, legere atque cognoscere libitum est. 2. Tum in quodam edicto antiquiore ita scriptum invenimus: "Qui flumina retanda publice redempta habent, si quis eorum ad me eductus fuerit, qui dicatur, quod eum ex lege locationis facere oportuerit, non fecisse". 3."Retanda" igitur quid esset, quaerebatur. 4. Dixit ibi quispiam nobiscum sedens amicus meus in libro se Gavi de origine vocabulorum VII legisse "retas" vocari arbores, quae aut ex ripis fluminum eminerent aut in alveis eorum exstarent, appellatasque esse a retibus, quod praetereuntes naves inpedirent et quasi inretirent; idcircoque sese arbitrari "retanda" flumina locari solita esse, id est purganda, ne quid aut morae aut periculi navibus in ea virgulta incidentibus fieret».[216]

L'editto citato da Gellio si colloca in un passato non meglio precisabile. Secondo Viganò, esso non sarebbe stato più in vigore intorno alla metà del II secolo d.C., epoca in cui Gellio scrive, altrimenti quest'ultimo non avrebbe avuto la necessità di un ritrovamento casuale per imbattersi in tale editto. Inoltre, se è vero che Gellio dovette ricorrere al *De verborum significatione* di Gavio Basso (un grammatico di età ciceroniana più volte da lui utilizzato come fonte) per spiegare il significato dell'espressione *retare*, verosimilmente già all'epoca di Gavio tale parola doveva risultare desueta, segno che l'editto, che da essa prendeva la denominazione, doveva risalire probabilmente ad epoche ancor più remote, il che non esclude comunque che esso fosse ancora in vigore ai tempi di Basso.[217] Con tutta probabilità l'editto risale al II secolo a.C.; infatti, poiché era funzione propria dei censori il curare i pubblici appalti, l'*edictum de fluminibus retandis* andrebbe attribuito a tale periodo, ad un'epoca cioè in cui tali magistrati esercitavano con continuità e pienamente i loro poteri.[218] Inoltre, secondo Albanese, frequente sarebbe in Gellio l'uso del termine *vetus* in relazione a specifici documenti legislativi di II e I secolo a.C., così come il riferimento cronologico più ricorrente per ciò che riguarda Roma sarebbe a fatti e personaggi di questi due secoli.[219] A confermare tale

allo stato originario ciò che hai fatto o immesso nel fiume pubblico o sulle sue rive, se a causa di ciò l'acqua cambi corso e scorra diversamente da come scorreva l'estate precedente».

[213] DIG. 43.12.1.15 *«Deterior statio itemque iter navigio fieri videtur, si usus eius corrumpatur vel difficilior fiat aut minor vel rarior aut si in totum auferatur. Proinde sive derivetur aqua, ut exiguior facta minus sit navigabilis, vel si dilatetur, aut diffusa brevem aquam faciat, vel contra sic coangustetur, et rapidius flumen faciat, vel si quid aliud fiat quod navigationem incommodet difficilioremve faciat vel prorsus impediat, interdicto locus erit»* «Si intende resa peggiore la sosta e il passaggio all'imbarcazione se viene alterato o reso più difficile o minore o meno frequente il suo (del fiume) uso, o se viene tolto del tutto. Per cui, se l'acqua viene deviata, cosicché, diminuita, divenga meno navigabile, o se viene ampliata o estesa in modo che il suo fondo sia più basso, o al contrario se si restringe, in modo che il fiume diventi più rapido, o se si compia qualche altra azione che incomodi o renda più difficile o impedisca del tutto la navigazione, avrà luogo l'interdetto».

[214] DIG. 43.15.1 *«Praetor ait: Quo minus illi in flumine publico ripave eius opus facere ripae agrive qui circa ripam est tuendi causa liceat, dum ne ob id navigatio deterior fiat, si tibi damni infecti in annos decem viri boni arbitratu vel cautum vel satisdatum est, aut per illum non stat quo minus viri boni arbitratu caveatur vel satisdetur, vim fieri veto».* «Dice il pretore: vieto che venga fatta violenza per cui a qualcuno non sia lecito, nel pubblico fiume o sulle sue rive, fare opere per difendere la riva o il terreno che si trova vicino alla riva, purché con ciò non si renda peggiore la navigazione; questo solo se, però, ti viene data garanzia o cauzione del danno non fatto entro dieci anni ad arbitrio di un uomo giusto, o se da lui non dipende che, ad arbitrio di un uomo giusto, venga data cauzione o garanzia».

[215] MART. 10, 85. Cfr. GIANFROTTA 2000, p. 35.

[216] GELL. 11. 17.: «Trovandoci per caso seduti nella biblioteca del tempio di Traiano e mentre cercavamo altro, essendomi capitati fra le mani gli antichi editti dei pretori, mi venne voglia di leggerli e di conoscerne il contenuto. In un editto fra i più antichi trovammo scritto così: "Coloro che hanno ricevuto un pubblico appalto per ripulire i fiumi, se uno di loro sarà condotto davanti a me con l'accusa di non avere fatto ciò che doveva secondo la legge di locazione...". Mi chiesi dunque che cosa potesse significare "*retanda*". Un mio amico che sedeva con noi disse di aver letto nel libro VII del *De origine vocabulorum* di Gavio che erano chiamati "*retae*" gli alberi che crescevano sulle rive dei fiumi o si trovavano nell'alveo di questi, e che erano così chiamati dalle reti perché impedivano e quasi irretivano le navi di passaggio; perciò egli riteneva che si fosse soliti dare in appalto i fiumi *retanda*, cioè che dovevano essere ripuliti, affinché non vi fossero impacci o pericoli per le navi che incappassero in quegli arbusti». Cfr. LE GALL 1953, pp. 178-179 (ora anche LE GALL 2005, pp. 202-203); MALTBY 1991, p. 525.

[217] VIGANÒ 1969, pp. 169-171.

[218] VIGANÒ 1969, pp. 176-177.

[219] ALBANESE 1991, p. 22-23. Cfr. ad es. l'espressione *libri veteres*, che viene utilizzata in contesti relativi agli Scipioni (GELL. 2,13,2), a Catone (GELL. 2, 14.1; 18, 9.1) e a Cicerone (GELL. 3, 2.14). Cfr. anche altri riferimenti in ALBANESE 1991, pp. 22-23 nt. 3-4.

collocazione cronologica sarebbe anche un passo di Festo: *«Retanda locantur Pomptina flumin‹a›»* solitamente integrato e interpretato proprio alla luce dello scritto gelliano.[220] Il passo infatti collegherebbe il verbo *retare* ad una precisa opera di risanamento delle paludi Pontine, azione che risalirebbe all'epoca di *M. Cornelius Cethego* console nel 160 a.C.[221] Proprio al fine di assicurare il mantenimento della bonifica delle paludi Pontine lo stato romano avrebbe fatto ricorso agli appalti, specialmente riguardanti il mantenimento della funzionalità dei canali di deflusso delle acque; a questi ultimi farebbe riferimento l'editto citato del frammentario passo di Festo e, per analogia anche se con diverso rimando, quello riportato da Gellio.[222]

Il passo gelliano informa dunque di come, in un'epoca passata, la cura della viabilità di fiumi venisse appaltata dallo stato, in modo che fosse mantenuta sotto controllo costantemente. Più che all'editto in sé, Gellio appare interessato maggiormente all'origine e al significato della parola *retare*, verbo che l'autore spiega come derivante dalla parola *reta*. Il termine che egli rinviene nell'opera di Basso indicava quegli alberi e quegli arbusti che crescevano prospicienti il fiume o all'interno dell'alveo impedendo, quasi come *retes*, la navigazione. Fosse o meno valida l'interpretazione di Gavio, Gellio arriva a concludere che *retanda* non è altro che un sinonimo di *purganda*. Ciò che maggiormente importa in questa sede è comunque il fatto che fin dall'età repubblicana ci si premurava di mantenere sgombri e puliti gli alvei dei fiumi, evidentemente soprattutto quelli che rivestivano una particolare importanza per la loro funzione di vie di comunicazione commerciale, *in primis* il Tevere. Non si sa con precisione quando l'uso di appaltare la pulizia dell'alveo venne meno, tuttavia nel più volte menzionato passo di Svetonio si legge come Augusto *«ad coercendas inundationes alveum Tiberis [...] repurgavit»*, un verbo, quest'ultimo, assai vicino al *purgare* identificato da Gellio come sinonimo del desueto *retare*.[223] La necessità da parte di Augusto di provvedere nell'8 a.C. a tale operazione di pulizia dell'alveo porta a pensare che essa non venisse eseguita da tempo e non vi fossero dunque *redemptores* incaricati di mantenere costantemente agibile il letto del fiume. Sembra logica conseguenza pensare che questa competenza sia passata poi tra le mansioni dei *curatores Tiberis*, incaricati dunque di *retare* l'alveo tiberino, mantenendolo pulito certamente non solo dagli arbusti ma da ogni tipo di impedimento naturale o meno che potesse ostacolare la navigazione. La mancanza di testimonianze non permette tuttavia di sapere se i *curatrores* si occupassero personalmente della pulizia dell'alveo, impiegando personale del proprio staff, ovvero se si fosse mantenuta nel tempo l'usanza di ricorrere ai *redemptores* che, in tal caso, avrebbero ora ricevuto l'incarico dai nostri magistrati. Una piccola traccia a riguardo si può forse ricavare da un passo di una satira di Giovenale, in cui il poeta si scaglia contro la corruttibilità dei suoi contemporanei menzionando fra gli altri *quis facile est [...] conducere flumina*, dove il verbo *conducere* viene tradotto genericamente come "appaltare" pur avendo anche il significato di "dare in affitto".[224] Qualora si ritenesse appropriata la prima traduzione, si potrebbe leggere in tali versi l'indizio di un'usanza generica di appalto di fiumi; l'accenno tuttavia è troppo vago perché vi si possa trovare la prova concreta che l'uso di ricorrere a *redemptores* nell'ambito della gestione di un fiume fosse ancora in vigore almeno nel corso del I secolo d.C., epoca in cui Giovenale scrive.

Gli urinatores, *una corporazione per la pulizia dell'alveo*

Nell'ambito di un'analisi sulla *cura alvei Tiberis* merita senza dubbio un accenno la corporazione degli *urinatores*, termine correntemente tradotto come "sommozzatori, palombari". Una possibile interpretazione etimologica viene offerta da un passo di Varrone: *«Praeterea erat tertium genus mensae item quadratae vasorum; vocabatur urnarium, quod urnas cum aqua positas ibi potissimum habebant in culina. [...] Urnae dictae, quod urinant in aqua haurienda ut urinator. Urinare est mergi in aquam»*.[225] Il nome deriverebbe dunque dall'*urna*, la brocca che nelle cucine conteneva l'acqua, per cui *«urinare est mergi in aquam»*. Ugualmente Nonio Marcello riporta: *«Urinantur. Cicero in Academicis lib II: si quando enim nos demersimus, ut qui urinantur»*.[226] L'etimologia del termine *urinator* è fatta solitamente derivare da *urina* nel suo originario significato di acqua e applicata quindi agli *urinatores* proprio per la peculiarità subacquea della loro professione.[227] Tuttavia, secondo alcuni studiosi, questa parola deriverebbe piuttosto dall'uso che i pescatori avrebbero fatto comunemente del verbo *urinari* per riferirsi alla tendenza dei pesci a raggrupparsi in profonde pozze o in specchi d'acqua lungo il fondale di fiumi, laghi o mari; in un secondo momento tale verbo e i suoi derivati sostantivi sarebbero stati applicati all'attività dei sommozzatori.[228]

Ad Ostia gli *urinatores* formavano una corporazione che doveva essere collegata alle attività portuali; a Roma

---

220 FEST. 50, 336 (s.v. *Retanda*).

221 LIV. *perioch.* 46. VIGANÒ 1969, p. 177, nt. 43; ALBANESE 1991, p. 24.

222 ALBANESE 1991, pp. 24-25.

223 SVET. *Aug.* 30.

224 IUV. 3, 29-33: *«Cedamus patria.[...] / maneant qui nigrum in candida vertunt, / quis facile est aedem conducere, flumina, portus, / siccandam eluviem, portandum ad busta cadaver, / et praebere caput domina venale sub hasta.»*. «Lasciamo la patria [...]. / Rimangano quelli che cambiano il nero in bianco / chi con facilità appalta la casa, i fiumi, i porti, / alluvioni da asciugare, cadaveri da cremare, / e chi si offre in vendita per diritto d'asta».

225 VARRO *ling.* 5, 27, 126:. «C'era inoltre un terzo tipo di tavola per i vasi ugualmente quadrata; si chiamava *urnarium*, poiché lì principalmente si ponevano in cucina le *urnae* (brocche) con l'acqua. [...] Sono dette *urnae* poiché per attingere acqua *urinant* (si immergono), come l'*urinator* (il palombaro). *Urinare* significa immergersi». Cfr. *ThLL* IV (1743), p. 601, s.v. *urinator*; *LTL* IV (1840), p. 875, s.v. *urinator*.

226 NON. 7, 474: «*Urinantur.* Cicerone nel secondo libro de *Academicis*: se quando infatti ci siamo sommersi, come coloro che *urinantur*».

227 Cfr. ad es. *DELL* (1959) p. 755, s.v. *urina*.

228 SCHELLER 1961, pp. 144-146; OLESON 1976, p. 25. Per ulteriori ipotesi sull'etimologia del verbo *urinari* cfr. OLESON 1976, pp. 26-29.

invece essi erano riuniti, assieme ai pescatori, in un *corpus piscatorum et urinatorum totius alvei Tiberis*, una corporazione riconosciuta dallo stato, in favore soprattutto, come si è ipotizzato, del servizio dell'annona statale di cui era importante preservare i carichi.[229] L'unione degli *urinatores* con i *piscatores* in un unico *corpus* era dovuta con tutta probabilità alla similarità di interessi che accomunava le due categorie di professionisti, come ad esempio l'utilizzo del medesimo tipo di imbarcazione, la *scapha*, attestato da CIL VI 1872. Tale iscrizione, una base dedicata dalla corporazione al suo patrono, rinvenuta presso il *Portus Tiberinus*, ha permesso di ipotizzare che il *corpus piscatorum et urinatorum* avesse la propria sede in prossimità del porto fluviale o dell'isola Tiberina, in considerazione anche del fatto che l'attività dei componenti era strettamente legata al fiume.[230] Gli *urinatores* infatti erano veri e propri nuotatori in apnea che venivano impiegati in diversi contesti, il più noto dei quali è il recupero delle merci che cadevano in mare o vi venivano gettate durante le tempeste per alleggerire la nave ed evitare così il naufragio.[231] Tale contingenza è attestata da un passo del Digesto riguardante appunto il recupero di merci in mare da parte di *urinatores* i quali venivano pagati in base alla profondità che dovevano raggiungere e alla conseguente pericolosità dell'operazione di recupero.[232] Secondo la *lex Rhodia de iactu*, il compenso si calcolava in percentuale sul carico rinvenuto; fino a 15 metri di profondità il compenso era fissato in un terzo del valore delle merci recuperate, fino a 27 metri circa di profondità il compenso saliva a metà dei beni recuperati; non è dato sapere, tuttavia, se tale norma fosse o meno accolta nel diritto romano.[233] Inoltre potevano essere impiegati per disincagliare le ancore e in operazioni belliche, come testimoniato da Cassio Dione e da Plinio il Vecchio; Livio racconta di come "apneisti" furono utilizzati dal re Perseo per recuperare i tesori di Pella che, temendo un'invasione romana, egli aveva fatto gettare in mare; Plutarco attesta che sommozzatori furono impiegati da Cleopatra per giocare uno scherzo ad Antonio.[234]

Per quanto riguarda gli *urinatores* tiberini, il loro compito doveva essere principalmente quello del recupero delle merci che cadevano nel fiume durante le operazioni di carico e scarico delle imbarcazioni; tra le mansioni secondarie di questi sommozzatori *ante litteram* rientravano anche la pulizia dei pozzi, delle cloache e delle cisterne; sembra venissero utilizzati anche per lavorare alle fondazioni dei ponti e per interventi di riparazioni delle navi in porto.[235] È possibile inoltre che gli *urinatores* venissero impiegati nell'ambito di manifestazioni religiose che potevano intrattenere qualche collegamento con la loro attività, come ad esempio i *ludi piscatores* che si celebravano il 7 giugno in onore della divinità tiberina.[236] Tuttavia l'attività che più interessa in questo caso è quella che vedeva gli *urinatores totius alvei Tiberis* impegnati nella rimozione dall'alveo degli ostacoli che impedivano la navigazione. Tali impedimenti potevano essere di natura assai varia, dal momento che nel Tevere confluiva buona parte dei rifiuti urbani e non solo tramite l'apporto delle cloache, ma anche per altre vie più o meno lecite. Materiali di ogni tipo dovevano provenire infatti sia dall'intenso traffico quotidiano, sia dall'azione popolare occasionale che poteva scaricare nel fiume gli oggetti più disparati, per disfarsene o per nasconderli, talvolta perché costituivano veri e propri corpi di reato. È noto infatti che l'abbandono dei cadaveri per le strade, che talora venivano infilati nei tombini e finivano quindi nelle fognature, era uno dei problemi presenti a Roma.[237]

4. ...et cloacarum urbis: *la cura delle cloache*

Come per la *cura Tiberis,* anche per la *cura cloacarum* non sono pervenute testimonianze dirette e in generale poco si sa riguardo all'amministrazione preposta alla manutenzione e alla pulizia dei condotti fognari di Roma.[238] In età repubblicana il compito di mantenere attive le cloache era affidato ai censori le cui azioni volte

[229] Sulla corporazione ad Ostia cfr.: AE 1982, 131; CIL XIV 4620. Attestazioni della corporazione a Roma in CIL VI 29700; CIL VI 29702; CIL VI. Cfr. *DAGR* V (1919), p. 604, s.v. *urinator* (E. Pottier); MANISCALCO 1999, p. 148; ZAMORA MANZANO 2001, p. 386.

[230] GIANFROTTA - POMEY 1980, p. 20.

[231] Sulle tecniche utilizzate per l'immersione cfr. MANISCALCO 1992, p. 13; MANISCALCO 1998, pp. 17-18; MANISCALCO 1999, pp. 148-155.

[232] DIG. 14.2.4.1. Cfr. MANISCALCO 1992, p. 19, nt. 9; ZAMORA MANZANO 2001, p. 391. Dal punto di vista archeologico, la prima attestazione di un intervento degli *urinatores* è stata riscontrata durante lo scavo della "Madrague de Gien", la grande nave oneraria affondata ad una profondità di circa 20 mt tra il 75 e il 30 a.C. con un carico di vino in anfore di tipo Dressel 1. Infatti pur non essendo state riscontrate tracce di predatori moderni sul relitto, mancava una parte del carico evidentemente recuperato in antichità. Cfr. TCHERNIA 1988, pp. 490-497; PANELLA 1998, p. 538; MANISCALCO 1992, p. 19, nt. 10; MANISCALCO 1998, p. 19. Sul recupero del relitto si veda più specificamente: TCHERNIA – POMEY 1978, *passim*. Per un inquadramento generale sulla regolamentazione giuridica del naufragio e dell'attività di recupero e salvataggio dei carichi delle navi si vedano ROUGÉ 1966, pp. 160 ss.; *ED* XXVII (1977), pp. 547-558 s.v. *Naufragio* (C. Moschetti); ROUGÉ 1977; ZAMORA MANZANO 2000; ZAMORA MANZANO 2001, pp. 376-392.

[233] *Nom. Rhod. Naut.*, 47. Cfr. GIANFROTTA - POMEY 1980, p. 21. Sulla *lex Rhodia* si vedano anche PURPURA 1976, pp. 71-86; DE ROBERTIS 1978; PURPURA 1995; PURPURA 2002 pp. 273-292; TAFARO 2005, pp. 293-319 e *Ibid.* p. 318 nt. 24 per ulteriore bibliografia.

[234] DIO 42, 12, 2; PLIN. *nat.* 9, 30, 48. Cfr. MANISCALCO 1999, p. 148. LIV. 44, 10, 3 ; PLUT. *Ant.* 24; cfr. MANISCALCO 1992, pp. 12-13.

[235] FIRM *math.* 3, 9, 3; 4, 13, 6-7; 7, 26, 10; 8, 13, 2; 8, 29, 6. Cfr. MANISCALCO 1992, p. 13, 148; ROBINSON 1994, p. 92; ROUGÉ 1966, p. 200; ZAMORA MANZANO 2001, p. 386.

[236] PELLEGRINO 1982, p. 322.

[237] MART. 10, 5, 11 ss.; SVET. *Nero* 48; SVET. *Vesp.* 5,4; DIO 65,1; PETRON. 134, 1. GIANFROTTA 2000, p. 30; cfr. anche PANCIERA 2000, p. 96. Sulla gestione dei rifiuti nell'antichità cfr. BALLET - CORDIER – DIEUDONNÉ-GLAD 2003, *passim.*.

[238] Questo paragrafo non mira a creare un quadro del funzionamento o della struttura costruttiva delle cloache, argomenti per altro ampiamente studiati soprattutto in riferimento alla *Cloaca Maxima*, quanto piuttosto a definire quali mansioni precisamente comprendeva l'espressione *cura cloacarum* riferita ai magistrati del Tevere. Per uno studio generale sulle cloache e soprattutto sulla *Cloaca Maxima* si vedano principalmente NARDUCCI 1889; LANCIANI 1898, pp. 49-73; PLATNER – ASHBY 1929, pp. 126-127; PICOZZI 1975, pp. 2-10; MOCCHEGIANI CARPANO 1984, pp. 169-178; MOCCHEGIANI CARPANO 1984b, pp. 179- 184; ECK 1987, pp. 51-101; BAUER 1989, pp. 45-67; REIMERS 1989, pp. 138-141; REIMERS 1991, pp. 111-116; RICHARDSON 1992, pp. 91-92; *LTUR* I (1993) pp. 288-290, s.v. *Cloaca, Cloaca Maxima* (H. Bauer); GOWERS 1995, pp. 24-31.

in tal senso hanno lasciato rapide tracce in Dionigi di Alicarnasso e Livio. Il primo, ammirato dalla maestosità delle costruzioni romane quali gli acquedotti, la pavimentazione delle strade e, appunto, le cloache, cita riguardo a queste ultime un esempio per fornire un'idea della grandiosa dispendiosità delle opere in cui Roma manifestava la grandezza del suo impero; così lo storico riporta come, in caso di necessità, i censori usassero dare in appalto (μισθῶσαι) la pulizia e la manutenzione ordinaria delle cloache impiegando nell'operazione mille talenti.[239] Da Livio apprendiamo più modestamente che anche M. Porcio Catone e il suo collega L. Valerio Flacco, durante la loro censura del 184 a.C., *«detergendas, qua opus esset, cloacas locaverunt»*, espressione in cui il verbo *locare* segnala ancora una volta il "dare in appalto" un servizio.[240] In altre fonti il compito di mantenere attive le fognature di Roma viene svolto dagli edili; fu Agrippa, infatti, durante la sua edilità nel 33 a.C., ad occuparsi della ripulitura e dell'ispezione della Cloaca Massima, come raccontano Dione e Plinio il Vecchio.[241] A tal riguardo si è ipotizzato che la responsabilità del controllo delle condutture fognarie venisse condivisa contemporaneamente da censori ed edili, in quanto i primi si sarebbero occupati di appaltare ogni cinque anni i grandi lavori di costruzione, mentre i secondi sarebbero stati responsabili della manutenzione quotidiana.[242] In realtà la distinzione di mansioni non sembra essere così netta nelle fonti dal momento che Dionigi di Alicarnasso parla non solo di costruzione, ma allo stesso tempo di pulizia e manutenzione delle cloache da parte dei censori (τὴν ἀνακάθαρσιν αὐτῶν καὶ τὴν ἐπισκευὴν); ugualmente Livio riferisce, sempre a riguardo dei censori, di lavori di ripulitura e insieme di costruzione (*detergendasque faciendas locaverunt*). È forse più corretto ipotizzare allora che fossero gli edili ad avere l'incombenza di mantenere attive le cloache mediante una costante manutenzione di funzionalità e infrastrutture, mentre i censori, eletti ogni cinque anni, si sarebbero occupati, qualora ve ne fosse stato bisogno, di eventuali lavori straordinari, non necessariamente limitati però alla sola costruzione. Sempre dalle fonti apprendiamo che la realizzazione di tali operazioni veniva assegnata tramite appalto secondo una prassi che non doveva differire molto da quella riportata da un illuminante passo di Frontino riguardo alla *cura cloacarum* così com'era gestita in età repubblicana.[243]

«Tutelam autem singularum aquarum locari solitam invento positamque redemptoribus, necessitatem certum numerum circa ductus extra urbem, certum in urbe servorum opificium habendi; et quidem ita ut nomina quoque eorum, quos habituri essent in ministerio per quasque regiones, in tabulas publicas deferrent; eorumque operum probandorum curam fuisse penes censores aliquando et aediles».[244]

Poiché non c'è motivo di ritenere che, per quanto concerneva le cloache, non si seguisse, almeno in età repubblicana, un *iter* affine a quello della *cura aquarum*, si può concludere con un certo margine di sicurezza che censori ed edili usassero correntemente dare in concessione le cloache ad appaltatori che a loro volta per svolgere i lavori necessari alla manutenzione complessiva delle strutture si servivano di schiavi posti sotto la loro supervisione (*servi opifices*), accanto ai quali venivano probabilmente impiegati anche dei condannati.[245] È inoltre possibile che, come suggerisce Frontino per gli acquedotti, anche le cloache venissero suddivise per l'appalto tra più *redemptores* per renderne più facile la gestione. Dell'esistenza di *redemptores cloacarum* parla Plinio il Vecchio in un passo in cui racconta come M. Emilio Scauro, durante la sua edilità nel 58 a.C., fece installare nell'atrio della sua casa alcune delle 360

[239] DION. HAL. 3, 67, 5: «Ἔγωγ' οὖν ἐν τρισὶ τοῖς μεγαλοπρεπεστάτοις κατασκευάσμασι τῆς Ῥώμης, ἐξ ὧν μάλιστὰ τὸ τῆς ἡγεμονίας ἐμφαίνεται μέγεθος, τάς τε τῶν ὑδάτων ἀγωγὰς τίθεμαι καί τὰς τῶν ὁδῶν στρώσεις καὶ τὰς τῶν ὑπονόμων ἐργασίας οὐ μόνον εἰς τὸ χρήσιμον τῆς κατασκευῆ ἀλλὰ καὶ εἰς τὴν τῶν ἀναλωμάτων πολυτέλειαν, ἥν ἐξ ἑνὸς ἔργου τεκμήραιτ' ἄντις Γάιον Ακίλλιον ποιησάμενος τοῦ μέλλοντος λέγεσθαι βεβαιωτὴν, ὅς φησιν ἀμεληθεισῶν ποτε τῶν τάφρων καὶ μηκέτι διαρρεομένων τοὺς τιμητᾶ τὴν ἀνακάθαρσιν αὐτῶν καὶ τὴν ἐπισκευὴν χιλίων μισθῶσαι ταλάντων». «Dunque, ritengo che le tre più maestose opere di Roma, in cui si manifesta maggiormente la grandezza del suo impero, siano gli acquedotti, la pavimentazione delle strade e la costruzione delle fognature, non solo per l'utilità dell'opera [...] ma anche per l'enormità del costo, che si può valutare da una singola circostanza, se si prende in considerazione Gaio Acilio, che dice che un tempo quando le fognature erano state trascurate e l'acqua non vi poteva più scorrere i censori ne davano in appalto la pulizia e la riparazione per mille talenti».

[240] LIV. 39, 44: *«(Censores) aquam publicam omnem in privatum aedificium aut agrum fluentem ademerunt; [...] opera deinde facienda ex decreta in eam rem pecunia, lacus sternendos lapide, detergendasque, qua opus esset, cloacas, in Aventino et in aliis partibus, qua nondum erant, faciendas locaverunt».* «(I censori) tolsero ogni uso di acqua pubblica che scorreva in edifici e campi privati; [...] con il denaro stanziato dettero in appalto la pavimentazione dei collettori, la pulizia delle cloache, dove era necessario, e la costruzione di nuove sull'Aventino e in altre zone in cui mancavano».

[241] DIO 49, 43: «Τῷ δ'ὕστέρῳ ἔτει ἀγαρανόμος ὁ 'Αγρίππας ἑκὼν ἐγένετο, καὶ μὲν τὰ οἰκοδομήματα τὰ κοινὰ πάσας δὲ τὰς ὁδούς μηδὲν ἐκ τοῦ δημοσίου λαβών, ἐπεσκεύασε, τούς τε ὑπονόμους ἐξεκάθηρε, καὶ ἐς τὸν Τίβεριν δι' αὐτῶν ὑπέπλευσε». «L'anno seguente Agrippa accettò di buon grado la carica di edile, e riparò a sue spese sia tutti gli edifici pubblici che le strade, senza prendere denaro pubblico, inoltre fece pulire le cloache e le percorse navigando fino al Tevere». PLIN. *nat.* 36, 24: *«Sed tum senes aggeris vastum spatium, substructiones Capitolii mirabantur, praeterea cloacas, opus omnium dictu maximum, subfossis montibus atque, ut paullo ante retulimus, urbe pensili subterque navigata M. Agrippae in aedilitate post consulatum».*
«Ma a quel tempo gli anziani si meravigliavano per l'imponenza del bastione, per le costruzioni del Campidoglio, inoltre per le cloache, l'opera massima che si possa menzionare, poiché perforò i monti e, come si è detto poco fa, la città divenne pensile e durante l'edilità di M. Agrippa, dopo il suo consolato, vi si poteva navigare sotto».

[242] Cfr. ad es. HOMO 1951, p. 207; CASTAGNOLI 1969, p. 56.

[243] Nei paragrafi 94 ss. infatti Frontino propone un *excursus* delle leggi e degli usi che *apud antiquos* regolamentavano la distribuzione e l'uso delle acque.

[244] FRONTIN. *aq.* 96: «Invece trovo che la tutela dei singoli acquedotti è solitamente data e lasciata ad appaltatori, per la necessità di avere un certo numero di schiavi operai presso l'acquedotto fuori dalla città e un certo numero in città; e certo anche per registrare sulle tabelle pubbliche i nomi di coloro che dovranno essere impiegati per ciascuna regione; il compito di approvare le loro opere era un tempo nelle mani dei censori e degli edili».

[245] PLIN. *epist.* 32, 2: *«Solent enim eius modi ad balineum, ad purgationes cloacarum, item munitiones viarum et vicorum dari».* «Gente simile infatti si suole destinarla alla manutenzione dei bagni, alla pulizia delle cloache e alla sistemazione delle strade e dei vici».

colonne in marmo alte 38 piedi precedentemente portate a Roma per allestire con grande spreco la scena del provvisorio *theatrum Scauri*. Tale era il peso di queste colonne che *«satisdare sibi damni infecti coegit redemptor cloacarum, cum in Palatium eae traherentur»*.[246] La cauzione richiesta dall'appaltatore lascia intuire una certa libertà di azione di questi personaggi che probabilmente erano tenuti a rispondere in prima persona dello stato delle strutture ricevute in appalto.

Dall'insieme delle notizie desunte dalle fonti è possibile ricostruire per sommi capi in che cosa effettivamente consistesse la cura delle cloache. Essa prevedeva che il magistrato responsabile provvedesse innanzitutto alla pulitura dei condotti e alla loro manutenzione, come espresso chiaramente da Dionigi di Alicarnasso e come lascia altresì intendere la spedizione di Agrippa, che percorse la Cloaca Massima su una barca fino al Tevere, probabilmente anche allo scopo di verificare in prima persona lo stato delle strutture. Il funzionario doveva provvedere inoltre all'eventuale costruzione di nuove cloache qualora se ne presentasse la necessità, anche se quest'ultima si può considerare un'incombenza straordinaria e non frequente. Ancora, poiché tutte queste azioni avvenivano generalmente tramite concessione di appalto, uno dei compiti dei magistrati preposti doveva essere quello di fungere da referente e controllore dei *redemptores*. Infine chi era incaricato di controllare le fognature doveva essere rivestito di una certa capacità giuridica che lo mettesse in grado di controllare quelle diramazioni secondarie delle condotte che appartenevano a privati, ma che venivano a confluire nelle cloache pubbliche.[247] Tale controllo era tanto più importante in quanto dal buon funzionamento e dalla pulizia della rete fognaria dipendevano la *salubritas* e la *tutela civitatium*, infatti *«et caelum pestilens et ruinas minantur immunditiae cloacarum, si non reficiantur»*.[248] Specifici interdetti, ad esempio, prescrivevano che per qualunque danno venisse arrecato alle cloache pubbliche, il responsabile doveva provvedere a restituire ad esse la loro piena funzionalità.[249] Ma per la maggior parte i passi del Digesto riguardanti l'argomento si concentrano sulla gestione delle cosiddette cloache private, in quanto *«publicae enim cloacae publicam curam merentur»*.[250] Alla luce di questo principio gli interdetti *de cloacis* miravano a facilitare in ogni modo la manutenzione dei condotti privati da parte dei proprietari, tutelandone la possibilità di eseguire riparazioni qualora un tratto della fognatura passasse nella proprietà dei vicini, proibendo a chiunque di porre intralci alle operazioni di pulizia da parte dei proprietari e difendendo la possibilità di collegare queste derivazioni con la rete pubblica.[251] Benché le fonti da cui si desumono tali competenze facciano riferimento ad una gestione delle cloache in età repubblicana, è lecito pensare che anche in età imperiale le esigenze legate ai condotti fognari di Roma siano rimaste le medesime. Meno chiaro risulta essere invece a chi spettasse l'onere di manutenzione delle cloache in età imperiale (o almeno da Agrippa in poi), mancando nelle fonti un qualsiasi riferimento in tal senso. Che essa sia stata aggiunta alle mansioni dei *curatores Tiberis* diventa certo soltanto a partire dalle iscrizioni di *Ti. Iulius Ferox*, *curator* dal 101 al 103 d.C., che deve essere stato comunque il primo a riunire la curatela del Tevere e quella delle cloache in un'unica titolatura, dal momento che in un'iscrizione dello stesso *curator*, posta con il suo permesso dal *corpus lenunculariorum*, la dicitura della carica è ancora *curator alvei Tiberis et riparum*.[252] Ciò porta a pensare che tale iscrizione dati agli inizi della curatela di *Ti. Iulius Ferox*, e che, di conseguenza, la *cura cloacarum* abbia fatto la sua comparsa nella denominazione della carica soltanto in un secondo momento nel corso della sua reggenza da parte di *Ferox*. Secondo Homo non vi sarebbe motivo di dubitare che il compito di curare le cloache fosse passato senza soluzione di continuità dagli edili ai *curatores Tiberis* fin dalla data della loro creazione, sia perché, gettandosi esse nel fiume, i due servizi sarebbero risultati inscindibili, sia perché, se davvero la *cura cloacarum* fosse stata affidata ai *curatores Tiberis* solo dal momento in cui essa fece la sua comparsa nella titolatura dei magistrati, significherebbe che da Agrippa al 101-103 d.C. essa avrebbe assunto, unico periodo nella storia di Roma, una piena autonomia. Infine agli inizi del II secolo d.C., per evitare ulteriori conflitti di competenze che sarebbero sorti per la gestione delle *cura cloacarum* tra *curatores aquarum* e *curatores Tiberis*, Traiano avrebbe deciso di aggiungerne la menzione nella titolatura di questi ultimi.[253] La teoria proposta da Homo non appare tuttavia pienamente convincente; innanzitutto non sembra immediato che, qualora la *cura cloacarum* non fosse stata assegnata fin da subito al *curator Tiberis*, essa avrebbe costituito una curatela autonoma; inoltre se è vero che le cloache sfociavano nel fiume e per questo venivano a rientrare fisicamente, per la loro parte terminale, nell'area di competenza di tale magistrato, è anche vero che la *cura cloacarum* veniva a riguardare aree di competenza di almeno un'altra curatela, la *cura viarum*, la quale, fra l'altro, era stata creata da Augusto ben prima della *cura Tiberis*. Ciò che risulta chiaro è che il sistema fognario di

[246] PLIN. *nat.* 36, 2: «L'impresario che aveva in appalto le cloache pretese che gli venisse data una cauzione per i danni eventualmente causati durante il loro trasporto sul Palatino».

[247] Si trattava essenzialmente di collettori di scolo di chi abitava al piano terra. Cfr. DIG. 43, 23.1.9.

[248] DIG. 43, 23.1.2: *«Curavit autem praetor per haec interdicta, ut cloacae et purgentur et reficiantur, quorum utrumque et ad salubritatem civitatium et ad tutelam pertinet: nam et caelum pestilens et ruinas minantur immunditiae cloacarum, si non reficiantur»*. «Il pretore inoltre deve aver cura con questi interdetti che le cloache siano pulite e restaurate, azioni queste che mirano alla salute e alla tutela della cittadinanza: infatti le impurità delle cloache, se non vengono rimosse, portano un'aria pestilenziale e flagelli».

[249] DIG. 43, 23.1.15-16. Dell'esistenza di *iura cloacarum* parla anche VITR. 1,1.10, ma senza specificare nulla di più.

[250] DIG. 43, 23.1.3. *«Hoc autem interdictum propositum est de cloacis privatis: publicae enim cloacae publicam curam merentur»*. «Questo interdetto è esposto per le cloache private: le cloache pubbliche infatti si meritano una cura pubblica».

[251] DIG. 43, 23.1pr.; DIG. 43, 23.1.5; DIG. 4, 23.1.12. DIG. 43, 23.1.7; 1.9.

[252] CIL XIV 5320 = REp III. 25*z*. Su tale iscrizione si veda più ampiamente il paragrafo V.1.

[253] HOMO 1951, pp. 208-209.

Roma (e di tutte le città dell'impero) era strettamente connesso innanzitutto con le strade urbane e la loro pulizia. Le acque reflue di acquedotti e fontane erano infatti appositamente usate per pulire l'area stradale, da dove poi venivano convogliate nei condotti fognari tramite apposite aperture coperte da chiusini poste al centro delle vie, utilizzate probabilmente anche per accedere alle cloache, o sotto i margini dei marciapiedi, come si può ancor oggi vedere in alcuni tratti delle vie di Ercolano e di Pompei.[254] Ancora, le stesse *aquae caducae* erano esplicitamente destinate tramite rescritto *«ad utilitatem cloacarum abluendarum»* e sembrerebbe logico pensare che chiunque prelevasse tali acque per la pulizia stradale, si occupasse con le stesse di espurgare le cloache.[255] La *purgatio viarum* era un problema particolarmente delicato e già in età repubblicana era affidata a specifici funzionari e tutelata giuridicamente. La *Tabula Heraclensis* infatti fa menzione di sei magistrati alle dipendenze degli edili (cui si attribuiva in esclusiva la *purgatio* e *tuitio viarum*), specificamente preposti alla pulizia delle strade, i *IIIIvir(ei) vieis in urbem purgandeis*, che si occupavano delle vie urbane, e i *IIvir(ei) vieis extra urbem purgandeis*, incaricati della pulizia delle strade extraurbane per la distanza di un miglio.[256] I due collegi, creati in epoca ignota, furono probabilmente soppressi dalla riforma di Augusto che sostituì il *vigintisexvirato*, di cui queste cariche facevano parte, con il vigintivirato. Tuttavia, secondo un'interessante teoria proposta da Panciera, è possibile che le loro mansioni siano state fatte confluire in quelle dei *IVviri viarum curandarum*, delle cui competenze effettivamente non si sa nulla di preciso. Il generale silenzio delle fonti in materia di smaltimento di rifiuti e nettezza urbana, argomento evidentemente non considerato degno di attenzione, ha portato lo studioso a pensare che in realtà quello di *IVviri viarum curandarum* non fosse stato che un modo meno esplicito di denominare i magistrati *viis purgandi*, dal momento che non doveva essere piacevole, per i giovani che intraprendevano la carriera senatoria, essere identificati con gli spazzini della città.[257] A quanto pare, tuttavia, la responsabilità della manutenzione ordinaria delle strade rimase comunque nelle mani degli edili, dal momento che, narra Svetonio, Caligola avrebbe severamente ripreso Vespasiano, all'epoca della sua edilità, perché *«curam verrendis viis non adhibitam»*, aveva cioè trascurato di curare la pulizia delle strade.[258]

In mancanza di informazioni intorno alla *cura cloacarum*, si può forse tentare di ricostruirne la storia mediante un parallelo con l'evoluzione della curatela delle strade urbane. Come quest'ultima infatti, anche la manutenzione delle cloache era affidata in età repubblicana agli edili e non v'è motivo di ritenere che la sorte di queste due *curae*, tutto sommato tra loro affini, non sia stata simile durante il principato. Nulla vieta di pensare allora che, almeno per una prima parte della sua storia, il compito di pulire le cloache sia rimasto agli edili che vi provvidero parallelamente a quello della nettezza urbana. Un passo del Digesto infatti, riproponendo un *excerptum* del giurista augusteo *M. Antistius Labeo*, informa che non vi è alcun interdetto che proibisca ad un privato di pulire e restaurare una cloaca già esistente, ma che per costruirne una nuova *«concedere debeat, cui viarum publicarum cura sit»*.[259] Il permesso dunque va richiesto a chi si occupa delle pubbliche vie, poiché evidentemente a tale magistrato, fosse egli un *IVvir viarum curandarum* o, più verosimilmente, un edile, era demandato anche l'ambito giuridico concernente le cloache, che riguardava, nel modo in cui si è visto, soprattutto i condotti fognari privati.[260] Infine nei primi anni del regno di Traiano l'esplicita menzione della *cura cloacarum* fa la sua comparsa nella titolatura dei *curatores Tiberis*. Se questo fatto può considerarsi innanzitutto come una spia dell'accresciuta importanza dell'azione di tutela della rete fognaria urbana, è comunque indispensabile tentare di definire quali potessero essere realmente le incombenze del magistrato del Tevere in questo settore. Innanzitutto va delimitata per quanto possibile l'area di azione della *cura cloacarum* e benché non sia possibile sapere quale fosse l'esatta estensione della rete fognaria dell'Urbe, scavi archeologici ed esplorazioni hanno permesso di delineare il tracciato parziale di alcune delle principali cloache (tra cui spiccano per grandezza la *Cloaca Maxima* con uno sbocco di 4,50 mt di altezza e 3,30 mt di larghezza e la cloaca del Circo Massimo il cui percorso doveva essere particolarmente lungo), le quali già da sole ricoprivano una buona parte della città (*fig. 6)*. Nel corso del tempo poi, oltre alle grandi condutture fognarie, si era venuta creando in Roma una rete di decine di chilometri

---

[254] Si vedano alcuni esempi in HODGE 2002, p. 341-342, fig. 237-238; JANSEN 2000, p. 43; pp. 46-47, fig. 12-13.

[255] FRONTIN. *aq.* 111: *«Caducam neminem volo lucere nisi qui meo beneficio aut priorum primncipum habent. Nam necesse est ex castellis aliquam partem aquae effluere, cum hoc pertineat non solum ad urbis nostrae salubritatem, sed etiam ad utilitatem cloacarum abluendarum»*. «Ordino che nessuno prenda acqua caduca se non ha ricevuto il permesso da me o dai principi miei predecessori. Infatti poiché è inevitabile che una parte dell'acqua defluisca dai castelli, questa sia usata non solo alla salubrità della nostra città, ma anche all'utilità di pulire le cloache». Cfr. ad es. HODGE 2002, p. 342.

[256] CIL I² 593, rr. 66-67, in particolare le rr. 50-52: *«Quominus aed(iles) et IIIIvir(ei) vieis in urbem purgandeis IIvir(ei) vieis extra propiusve urbem Rom(am) passus [M] / purgandeis queiquomque erunt vias publicas purgandas curent eiusque rei potestatem habeant / ita utei legibus pl(ebei)ve sc(itis) s(enatusve) c(onsultis) oportet oportebit eum h(ac) l(ege) n(ihil) r(ogatur)»*. Cfr. ROBINSON 1994, p. 70; PANCIERA 2000, p. 102.

[257] PANCIERA 2000, p. 103-105.

[258] SVET. *Vesp.* 5.

[259] DIG. 43, 23.2: *«Quamquam de reficienda cloaca, non etiam de nova facienda hoc interdicto comprehendatur, tamen aeque interdicendum Labeo ait, ne facienti cloacam vis fiat, quia eadem utilitas sit: praetorem enim sic interdixisse, ne vis fieret, quo minus cloacam in publico facere liceret: idque Ofilio et Trebatio placuisse. Ipse dicendum ait, ut ne factam cloacam purgare et restituere permittendum sit per interdictum, novam vero facere is demum concedere debeat, cui viarum publicarum cura sit»*. «Benché questo interdetto comprenda la restaurazione delle cloache, non la costruzione di nuove, tuttavia Labeone dice che si deve ugualmente interdire affinché non si faccia violenza a chi vuol costruire una cloaca, perché l'utilità è la medesima: il pretore infatti ha interdetto che non si faccia violenza per impedire la costruzione di una cloaca in luogo pubblico, così avevano deciso anche Ofilio e Trebazio. Egli dice altresì che mediante l'interdetto si deve permettere di pulire e restaurare una cloaca già esistente, ma che per farne una nuova si deve averne il permesso da chi ha la cura delle pubbliche vie».

[260] Cfr. ROBINSON 1994, pp. 72, 85-86.

di condotti che si immettevano nelle fognature principali e talvolta costituivano tratti indipendenti che raggiungevano direttamente il fiume, come avveniva ad esempio per una serie di condotti testimoniati in zona Ripa Marmorata.[261] Indubbiamente la necessità di monitorare costantemente la condizione delle cloache, sia per ciò che riguardava la pulizia, sia per quanto concerneva lo stato delle infrastrutture, doveva essere un compito abbastanza gravoso soprattutto in termini di tempo, data l'ampiezza e l'articolazione della rete. Viene da chiedersi dunque se sia verisimile che alla sola *cura Tiberis* fosse stata affidata la cura di tutta la rete fognaria, in considerazione anche del fatto che nel II secolo d.C., quando la nuova carica compare nella titolatura, la curatela del Tevere ha già perduto la collegialità e viene rivestita da un solo senatore per volta. È anche vero che nel 101-103 d.C. la durata della carica sembra passare da uno a tre anni e probabilmente proprio in vista del fatto che ai doveri del *curator Tiberis* venne aggiunta la nuova mansione, ma appare comunque un onere eccessivo per un solo magistrato già incaricato della sorveglianza e della pulizia del Tevere non solo a Roma, ma anche ad Ostia.[262] È possibile allora che il nuovo incarico assegnato ai magistrati del fiume riguardasse solo una parte della cura delle cloache, vale a dire quella più strettamente legata al fiume. Innanzitutto i *curatores Tiberis* dovevano senza dubbio provvedere alla pulizia degli sbocchi fognari nel Tevere, il cui primo fattore di intasamento era il fiume stesso con il fango e i detriti che normalmente venivano trasportati e che potevano facilmente sedimentare nei collettori. Per altro questa doveva essere un'incombenza da sempre presente fra quelle dei *curatores Tiberis* in quanto imprescindibile dalla *cura alvei*; probabilmente con la nuova attribuzione di incarico tale lavoro veniva organizzato in maniera più sistematica, così da assicurare la pulizia di tutti i numerosi sbocchi fluviali delle cloache. È anche probabile, quindi, che l'azione di pulizia da parte dei *curatores* sia stata estesa ad un tratto più interno delle cloache, forse a quel settore che, più prossimo al fiume, veniva a passare sotto il terreno delle rive o che comunque non si trovava in corrispondenza di alcuna strada interna. Per simili lavori indubbiamente i magistrati del fiume potevano far ricorso all'appalto, ma soprattutto alla corporazione degli *urinatores* che, come viene riferito nella testimonianza di Firmico, erano impiegati oltre che per la pulizia dell'alveo, anche per *«cluacas purgare»*.[263] Ancora, dal momento che tale settore "ultimo" delle cloache, più prospiciente il fiume, era il più esposto alla virulenza del Tevere, che con le alluvioni risaliva anche lungo i condotti fognari, è probabile che il *curator cloacarum* si premurasse, una volta ritiratesi le acque, di passare in rassegna tutti i condotti nella parte di sua competenza e di riparare gli eventuali danni strutturali.[264] La parte rimanente della rete fognaria, la maggiore, quella cioè che si estendeva al resto della città al di sotto delle strade, rimase probabilmente in mano degli edili, che si occupavano, come si è visto, anche degli aspetti burocratici inerenti soprattutto ai condotti privati, e dei *IVviri viarum curandarum* loro subordinati.

La confusione di competenze tra curatele riguardo alla gestione delle cloache non sembra dunque aver costituito la causa per l'assegnazione della *cura cloacarum* ai magistrati del Tevere. Piuttosto, la presa di coscienza della sempre maggiore importanza assunta dalla rete fognaria potrebbe aver portato ad un certo punto alla decisione di suddividere in settori diversi il reticolo delle cloache, affidando quello più vicino al Tevere al magistrato che meglio avrebbe potuto assolverne la cura, il *curator Tiberis*, e mirando così ad una gestione più consapevole. Significativo è anche il contesto in cui tale suddivisione avvenne: i primi del II secolo d.C. furono gli anni in cui Traiano pose mano ai lavori del porto di Ostia, lavori che dovettero riguardare anche il corso del Tevere che in quel periodo infatti fu totalmente delimitato *ex novo* da *Ti. Iulius Ferox*.

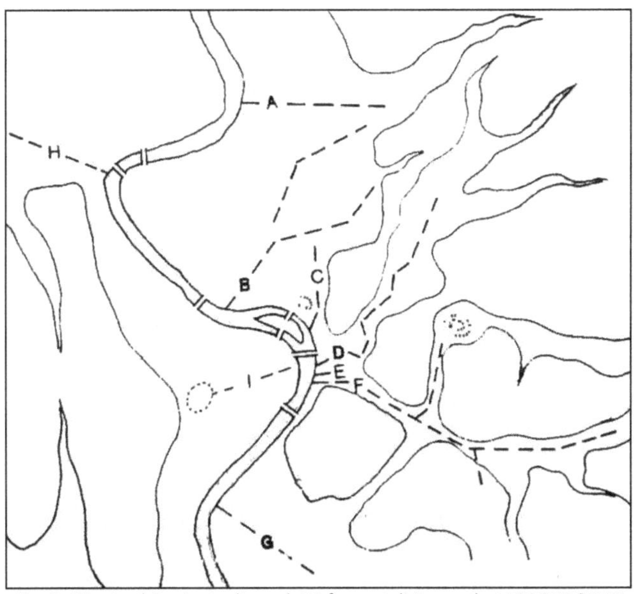

Fig. 6 - Pianta dei principali condotti fognari di Roma da MOCCHEGIANI CARPANO 1984b, p.169. A - Chiavicone Schiavona, sbocco poco più a monte di porto Ripetta; B - Chiavica della Giuditta, sbocco presso ponte Sisto; C - Chiavica dell'Olmo, sbocco a monte di ponte Fabrizio; D - Cloaca Maxima, sbocco presso ponte Rotto; E - Cloaca dell'acqua Mariana, sbocco 70 mt a valle della Cloaca Maxima; F - Cloaca del Circo Massimo, sbocco a 150 mt della Cloaca Maxima; G - Insieme di sbocchi di fognature a Ripa Mormorata; H - Fognone di Borgo, sbocco presso ospedale di S. Spirito; I - Ipotesi di sbocchi in zona Trastevere

4. La manutenzione delle strutture fluviali

Nelle mansioni del *curator Tiberis* doveva rientrare infine la manutenzione di quelle strutture come rive e banchine che erano parte integrante del fiume e contribuivano alla

261 MOCCHEGIANI CARPANO 1984, p. 167-168, 176; REIMERS 1989, p.

262 Sui cambiamenti interni alla curatela si veda il capitolo II.

263 FIRM. *Math.* 4, 13, 6-7: *«Aut enim ex altis puteis cotidiano opera aquam levare coguntur aut iubentur adsidue lacunas cluacasque purgare aut erunt [...] urinatores»*. «O infatti sono obbligati per lavoro quotidiano a estrarre l'acqua da profondi pozzi oppure viene loro ordinato incessantemente di pulire fosse o cloache o saranno [...] *urinatores*».

264 Sui danni immediati delle inondazioni cfr. SCOBIE 1986, pp. 411-414; ALDRETE 2007, pp. 123-128.

sua piena funzionalità. Le testimonianze a riguardo sono soltanto due, ma sufficienti per delineare un quadro generale. La prima, databile al I secolo d.C., è un blocco di travertino rinvenuto nelle fondamenta di ponte Cestio la cui iscrizione commemora come i *curatores riparum et alvei Tiberis* del collegio presieduto da *L. Caninius Gallus* -uno dei primi collegi attivo agli inizi del I secolo d.C.- per decreto del senato *reficiundam curaver(unt) idemque probaverunt* una costruzione che non viene però menzionata, evidentemente perché l'iscrizione aveva una funzione auto-referenziale, era posta cioè sulla struttura interessata dal restauro.[265] Difficilmente si sarà trattato di un ponte, dato l'uso del femminile *reficiundam*; è più probabile piuttosto che i lavori abbiano riguardato una banchina (*crepido*) o un molo (*moles*), termini entrambe di genere femminile in latino, o, più verosimilmente, una parte della *ripa* che poteva, ad esempio, essere lastricata o rafforzata con blocchi di travertino. Quest'ultima ipotesi diviene la più probabile alla luce della seconda testimonianza, di uguale formato, ma più tarda (seconda metà III secolo d.C.) e più prodiga di informazioni. Si tratta di un'iscrizione in cui si ricorda come gli imperatori Diocleziano e Massimiano *«ripam per seriem / temporum conlapsam ad pristinum / statum restituerunt per pedes CX»*.[266] Responsabile incaricato dell'operazione fu il *curator Tiberis M'. Acilius Balbus Sabinus*, che dovette rivestire la carica in un periodo imprecisato compreso tra il 286 e il 293 d.C. Come le rive, così anche banchine e moli eventualmente presenti sul fiume dovevano dunque ricadere nella sfera d'azione dei *curatores Tiberis,* cui spettavano, come compare in entrambe le iscrizioni, l'esecuzione pratica e l'approvazione dei lavori.[267]

5. Una tutela a tutto campo

Dai dati archeologici, epigrafici e storici emerge un quadro abbastanza preciso e articolato delle mansioni che spettavano ai *curatores riparum et alvei Tiberis*. In linea generale è assai probabile che, in ciascun ambito del loro ufficio, tali magistrati godessero innanzitutto di determinate competenze giuridiche inerenti all'area da loro sorvegliata, volte principalmente alla tutela di luoghi come le rive e il fiume che dovevano essere mantenuti costantemente in buono stato non solo perché su di essi si estendeva un diritto di pubblico uso, ma anche e soprattutto in considerazione dell'importanza cruciale del ruolo svolto dal Tevere nella vita sociale ed economica della città. L'uso di delimitare le rive con appositi cippi va dunque interpretato in tal senso, cioè come una misura cautelativa non tanto nei confronti delle alluvioni, quanto piuttosto volta a garantire un controllo attivo e costante su qualunque azione potesse inficiare il buon funzionamento del "sistema" Tevere. In tale ambito, la delimitazione voluta da Augusto spicca per la sua precisione e per la consistenza dei lavori preparatori che necessariamente dovettero preludere a tale operazione; il carattere definitivo assunto da questa impresa si manifesterà quindi nella sua lunga durata nel tempo. Alveo e regime del Tevere venivano ugualmente tutelati innanzitutto giuridicamente, poi con azioni concrete soprattutto di pulizia dal fango e dai detriti che il fiume trascinava a valle, ma anche dai rifiuti di varia natura che trovavano nel fiume il loro sbocco più o meno lecito, passando principalmente per i condotti fognari. In tali circostanze, corporazioni come quella degli *urinatores totius alvei Tiberis* dovevano rivelarsi preziose collaboratrici dei magistrati in carica per ciò che riguarda sia il recupero di merci, sia la pulizia vera e propria, che, a partire dal 101-103 d.C., fu estesa in modo probabilmente più metodico e rigoroso anche agli sbocchi e all'ultimo tratto delle cloache che affacciavano sul fiume. Il Tevere veniva in tal modo ad essere pienamente tutelato nel suo aspetto di importante via di comunicazione e commercio.

---

[265] CIL VI 31543 = REp III. 1-5*a*. Cfr. LE GALL 1953, pp. 137-138 n.2 (ora anche in LE GALL 2005, pp. 157-158 n.2);
[266] CIL VI 31556 = REp III. 49*b*.
[267] Cfr. LE GALL 1953, p. 179 (ora anche LE GALL 2005, p. 203).

CAP. IV.
IL PERSONALE SUBALTERNO

La presenza di personale subalterno a fianco del *curator Tiberis* è documentata da alcune iscrizioni che attestano l'esistenza di cariche affidate a liberti ed *equites*, deputati ad affiancare il magistrato nello svolgimento delle sue funzioni. A causa della scarsità delle fonti, principalmente epigrafiche (*tab. 21*), si rende necessario, al fine di ricostruire le effettive mansioni di tali personaggi, il ricorso a confronti con incarichi svolti da personale addetto ad altre curatele che presenta analogie di titolatura.

Carica	Nome	Fonti per la carica
praefectus curatorum alvei Tiberis	*Sp. Turranius L. f. Sp. n. L. pro n. Fab. Proculus Gellianus*	CIL X 797
procurator Caesaris ad ripas Tiberis	*L. Pupius L. f. Sab. Praesens*	CIG III 3991
adiutor curatoris alvei Tiberis et cloacarum	*a- L. Vibius Apronianus*	AE 1952, 156
	b- Q. Petronius Melior	CIL XIV 5345 CIL, XIV, 172
	c- Herennius Ser[- - -]	AE 1923, 67
commentariensis urbis alvei Tiberis	*Aurelius Faustinus*	CIL II 6085
statio alvei Tiberis et cloacarum sacrae urbis		CIL VI 1224; CIL XIV 5384

Tab. 21 - Fonti epigrafiche attestanti membri del personale subalterno del curator Tiberis.

1. *Praefectus curatorum alvei Tiberis: Sp. Turranius L. f. Sp. n. L. pro n. Fab. Proculus Gellianus* in età claudia

CIL X 797 = ILS 5004

Sp(urius) Turranius L(uci) f(ilius) Sp(uri) n(epos) L(uci) pro n(epos) Fab(ia)
Proculus Gellianus
praef(ectus) fabr(um) II, praif(ectus) (!) curatorum alvei
Tiberis, praif(ectus) (!) pro pr(aetore) i(ure) d(icundo) in urbe Lavinio,
pater patratus populi Laurentis foederis
ex libris Sibullinis (!) percutiendi cum p(opulo) R(omano),
sacrorum principiorum p(opuli) R(omani) Quirit(ium) nominis-
que Latini, quai apud Laurentis coluntur, flam(en)
Dialis, flam(en) Martial(is), salius Praisul, augur, pont(ifex),
praif(ectus) (!) cohort(is) Gaitul(orum), tr(ibunus) mil(itum) leg(ionis) X.
Loc(us) d(atus) d(ecreto) d(ecurionum).

Si tratta di una base di statua in marmo nero proveniente dalla cella del tempio di Giove a Pompei e conservata oggi al Museo Nazionale di Napoli.[268] Grazie alla presenza di lettere claudiane alle righe 3 e 4, l'iscrizione è databile tra il 47 e il 54 d.C., ed è l'unica testimonianza della *praefectura curatorum alvei Tiberis* ad essere pervenuta. Data tale unicità e la certa attribuzione dell'iscrizione all'età Claudia, la carica è stata a più riprese collegata alla costruzione del porto imperiale e interpretata quindi come un incarico eccezionale creato da Claudio appositamente per sorvegliare i lavori intrapresi, similmente a quanto prospettato per la carica di *procurator Caesaris ad ripas Tiberis* assegnata al cavaliere *L. Pupius Praesens* contemporaneo di *Turranius*.[269] Vi sono tuttavia elementi che permettono di formulare un'altra ipotesi. Innanzitutto va analizzata la posizione della carica all'interno del *cursus* di *Turranius*:

- *Praefectus fabrum II,*
- *Praefectus curatorum alvei Tiberis,*
- *Praefectus pro praetore iure dicundo in urbe Lavinio,*
- *pater patratus populi Laurentis foederis ex libris Sibullinis percutiendi cum populo Romano,*
- *sacrorum principiorum populi Romani Quiritium nominisque Latini, quai apud Laurentis coluntur,*
- *flamen Dialis,*
- *flamen Martialis,*
- *salius,*
- *praisul,*[270]
- *augur,*
- *pontifex,*
- *praefectus cohortis Gaitulorum* (Cimiez, *Alpes Maritimae*), tra 36 e 54 d.C.,[271]
- *tribunus militum legionis X* (sc. *Fretensis*).[272]

Nell'ordine in cui vengono riportate, le cariche appaiono suddivise a seconda della "tipologia": innanzitutto le cariche civili (ricoperte comunque antecedentemente a quelle militari), quindi le cariche sacerdotali, cui fanno seguito da ultimo le mansioni militari.[273] Resta da chiarire se, all'interno di ogni ripartizione, le funzioni siano disposte in ordine diretto o inverso. A tal fine si rende necessario fare riferimento ad un'altra iscrizione riferibile a *Sp. Turranius*, rinvenuta a *Lavinium*:

CIL XIV 4176

[Honori Ti(beri)] C[a]e[saris divi]
Augus[ti] f(ili)
[Augusti pontif]icis maximi
[trib(unicia) pot(estate)] XXXVIII.
[Sp(urius) Turranius L(uci) f(ilius)] Fab(ia) Proculus

---

[268] Inv.3847. Cfr. IHChr n.135; EGBERT 1896, p. 39; WISSOWA 1915, p. 29; CASTRÉN 1975, p. 107; BIVONA 1978, p. 124; PURCELL 1983, p. 169; COOLEY 2000, 178 Fig. 8.2; ZACK 2001, p. 60; CHIAVIA 2002, p. 177; COOLEY 2004, pp. 88-89; BARNABEI 2007, p. 52 n.3.

[269] *DAGR* I, 2, 1887, p. 1624, s.v. *curatores alvei Tiberis et riparum et cloacarum urbis* (H. Thédénat) HIRSCHFELD 1905, p. 263; LE GALL 1953, p. 262; DEMOUGIN 1992, p. 399. Per *Praesens* si veda oltre.

[270] Carica svolta sempre all'interno del collegio dei *Salii*. Cfr. CIRILLI 1913, pp. 33-34.

[271] DEVIJVER 1987 II, n.44, p. 794-795; IV, n.44, p. 1743; V, n.44., p. 2257; cfr. *RE* IV (1901), p. 286-287, s.v. *cohors* (C. Cichorius).

[272] *RE* XII (1925), pp. 1677, s.v. *legio* (E. Ritterling).

[273] DEMOUGIN 1988, p. 306; DEMOUGIN 1992, p. 398.

[Gellianus fla]men Dialis
[flamen Marti]alis praefect(us)
[--- ex vo?]to Iunonibus
d(onum) d(edit).

Si tratta probabilmente di una base su cui era posto un busto o una statua di dimensioni ridotte raffigurante Tiberio, collocata in onore dell'imperatore e dedicata alle Giunoni e forse ad un'altra divinità il cui nome è andato perduto.[274] La datazione si pone attorno al 36-37 d.C. grazie alla menzione della XXXVIII potestà tribunizia imperiale. In questa iscrizione vengono attribuiti a *Turranius* due sacerdozi, i due flaminati, nella medesima successione in cui compaiono nella più tarda iscrizione di Pompei: per prima è posta la carica di *flamen Dialis*, poi quella di *flamen Martialis*, incarichi che *Turranius* ha dunque rivestito in età tiberiana. Ciò porta a pensare che nell'elenco dei sacerdozi di CIL X 797 (e per analogia probabilmente anche nelle altre "sezioni"), le cariche siano state menzionate in ordine cronologico ascendente. Fanno eccezione l'incarico di *pater patratus populi Laurentis* e quello di *sacrorum principiorum p(opuli) R(omani) Quirit(ium)* che, pur essendo riconducibili all'epoca claudia, vengono citati per primi. Si tratta di due incarichi prestigiosi ed è probabile che proprio per questo *Turranius* li abbia anteposti a tutti gli altri allo scopo di metterli in risalto. Infatti la carica di *pater patratus populi Laurentis foederis ex libris Sibullinis percutiendi cum p(opulo) R(omano)* è probabilmente collegata alla celebrazione dei *ludi saeculares* voluti da Claudio nel 47 d.C. per festeggiare l'ottocentesimo anniversario della fondazione di Roma. In tale occasione l'imperatore avrebbe fatto consultare i libri Sibillini e rinnovare solennemente il trattato che legava Roma e Lavinio ad a quest'ultimo evento sarebbe per l'appunto legato l'incarico di *Turranius*.[275]

In secondo luogo si deve cercare di comprendere il criterio con cui sono state elencate le cariche nell'iscrizione di *Lavinium*. Il titolo fu posto da *Turranius* verosimilmente nella prima parte della sua carriera, che però non dovette iniziare dai sacerdozi. Presumibilmente, trattandosi di un'iscrizione votivo/sacrale in onore dell'imperatore, *Turranius* preferì far precedere il suo *cursus* (o parte di esso) dalle cariche più inerenti al carattere dell'iscrizione, quelle sacerdotali appunto. Per ciò che riguarda la *praefectura* di cui si è persa la qualifica, le ipotesi di integrazione sono almeno quattro:

1. *praefect(us) [fabrum]*
2. *praefect(us) [curatorum alvei Tiberis,]*
3. *praefect(us)[pro pr(aetore) i(ure) d(icundo) in urbe Lavinio]*
4. *praefect(us) [cohortis Gait(ulorum)]*

Si può escludere la *praefectura cohortis* dal momento che, comparendo in penultima posizione nell'iscrizione di Pompei, deve essere stata una delle ultime cariche in ordine di tempo a venir rivestita da *Turranius*. Valutando la questione da un punto di vista cronologico, sembrerebbe probabile trattarsi della *praefectura fabrum*, la prima carica in ordine di tempo.[276] Tuttavia, poiché l'iscrizione in esame proviene da *Lavinium*, è forse possibile integrare la lacuna anche con la carica di *praefectus pro pretore i. d. in urbe Lavinium*, abbreviata in *praefect(us) pr(o) pr(aetore)*, più inerente al luogo in cui la base onoraria venne posta.[277] Senza dubbio *Turranius* era un personaggio in vista della città, come dimostra il fatto che in seguito egli assunse il sacerdozio di *Lavinium*, generalmente concesso, secondo Saulnier, ai notabili lavinati che potevano rivestirlo con ruolo effettivo e non semplicemente, come sostenuto da Le Gall, quale carica onorifica offerta anche a chi non risiedeva in loco.[278] Trattandosi però di un sacerdozio particolare, legato, come si è visto, alla celebrazione dei *ludi saeculares* voluti da Claudio, è probabile che a quell'epoca *Turranius* avesse già avuto contatti con Roma e che avesse rivestito quindi qualche carica nell'ambito dell'Urbe.[279]

A questo punto si può forse ipotizzare che *Sp. Turranius* abbia effettivamente cominciato la sua carriera con le cariche presentate ai primi posti nell'iscrizione di Pompei, e cioè la *praefectura fabrum* e la *praefectura curatorum alvei Tiberis*. Secondo Saulnier i personaggi che rivestirono un qualche sacerdozio a *Lavinium*, avevano soggiornato in un dato momento a Roma o nei dintorni.[280] La carica di *praefectus fabrum* potrebbe dunque aver portato *Turranius* a risiedere per un certo periodo a Roma, fornendogli contatti con personaggi influenti che gli avrebbero aperto l'accesso all'incarico di *praefectus curatorum alvei Tiberis*.[281] La carica apparteneva forse alla classe delle cariche *sexagenariae* oppure, come sottolineato da Demougin, dal momento che *Turranius* divenne in seguito *praefectus cohortis*, è più probabile che il suo salario di *praefectus curatorum alvei Tiberis* fosse inferiore.[282] Presumibilmente, durante lo svolgimento di queste prime cariche, *Turranius* fu *flamen Dialis* e poi *flamen Martialis*; come terzo incarico egli assunse quello di *praefectus pro pretore i(ure) d(icundo)*, sostituendo, cioè, il pretore che dirigeva la comunità di *Lavinium*. La carica quindi lo riportò nella sua città e sottolinea la posizione di importanza raggiunta dal nostro personaggio. Durante questo periodo potrebbe esser stata posta l'iscrizione CIL XIV 4176. In seguito la carriera di *Turranius* dovette proseguire con le cariche militari inframmezzate dai sacerdozi, soprattutto, nel 47 d.C., quello legato a *Lavinium* che costituirebbe poi l'onore più importante. L'iscrizione di Pompei fu posta dopo il 47 d.C. ed è stato ipotizzato che *Turranius* si trovasse nella città

---

[274] MOURITSEN 1988, pp. 98-99; STUART 1939, p. 606, nt. 1. Cfr. CIL XIV 4176.
[275] SAULNIER 1984, pp. 520-525. Cfr. più ampiamente BOYCE 1938, pp. 172-174.
[276] Cfr. SADDINGTON 1985, p. 533 n.55. Sui caratteri specifici della carica si vedano ad es. DOBSON 1965, pp. 61-84; SADDINGTON 1985, pp. 529-546; SADDINGTON 1987, pp. 268-274.
[277] Come proposto da DEMOUGIN 1992, p. 399.
[278] SAULNIER 1984, pp. 531-532; LE GALL 1953, pp. 182-183 (ora anche LE GALL 2005, p. 207-208).
[279] Secondo WIEDEMANN 1986, p. 484 la carica sarebbe legata anche agli interessi antiquari dell'imperatore Claudio.
[280] SAULNIER 1984, p. 530.
[281] DEMOUGIN 1992, p. 399.
[282] PFLAUM 1960, p. 1034; DEMOUGIN 1992, p. 399.

come agente imperiale o, più probabilmente, che avesse reso un servizio alla città, ad ogni modo gli arcaismi rilevati nell'iscrizione lo collegherebbero direttamente a Roma.[283] Si tratta dunque di un personaggio che nel corso della sua carriera ha acquisito una certa importanza, benché non sia identificabile con certezza, come proposto da Saulnier, con il *Turranius praefectus annonae* che, secondo la testimonianza di Tacito, era a fianco di Claudio nel 48 d.C., dal momento che non risulta che *Proculus* abbia mai rivestito tale incarico.[284] Comunque se la carica di *praefectus pro praetore* è quella menzionata dall'iscrizione di *Lavinium*, essa fu ricoperta all'epoca di Tiberio e questo significa che anche la carica di *praefectus curatorum alvei Tiberis*, antecedente alla carica lavinate, fu ricoperta da *Turranius* in età tiberiana e non già sotto Claudio; non si tratterebbe dunque, come ritenuto da diversi studiosi, di una carica creata appositamente e in concomitanza con i lavori intrapresi ad Ostia per il porto claudiano.[285] Tale ipotesi non risulta convincente anche per altri motivi; innanzitutto perché i lavori voluti dall'imperatore riguardarono il porto di Ostia e che siano stati estesi anche a tutto il corso urbano del Tevere è certamente possibile, ma andrebbe provato.[286] In secondo luogo un tale compito di sorveglianza sarebbe stato eventualmente e con tutta probabilità assegnato ai *curatores* (all'epoca ancora riuniti in un collegio di cinque membri) che erano i diretti incaricati dello stato del fiume.[287] La titolatura stessa di *Sp. Turranius,* definito *praefectus curatorum*, porterebbe a pensare ad un incarico alle dirette dipendenze della *cura Tiberis*, una magistratura che comportava compiti effettivi e che quindi necessitava senza dubbio di un'organizzazione amministrativa e di personale subalterno. L'esistenza di una simile carica sin dall'età tiberiana apre uno scenario interessante sulla struttura della curatela tiberina: significa, infatti, che, nonostante la situazione di emergenza in cui fu creata, essa nacque, o fu ordinata entro breve, come una magistratura organicamente organizzata, il cui titolare poteva disporre per lo meno di un *praefectus* che evidentemente svolgeva funzioni di direzione in luoghi in cui i *curatores* non potevano essere presenti, come, per esempio, la *statio* di Ostia.[288]

2. *Procurator Caesaris ad ripas Tiberis: L. Pupius L. f. Sab. Praesens* in età claudia

1) CIG III 3991 = ILS 8848 = IGR III 263[289]

[Κ]λαυδ[εικονιέ]-
[ω]ν ὁ δῆμος ἐτεί-
μησεν
[Λε]ύκιον Πούπιον Λευ-
[κ]ίου υἱὸν Σαβατεῖνα
[Π]ραίσεντα, χειλίαρχον,
[ἔ]παρχον ἱππέων ἄλη[ς]
[Π]εικεντεινῆ[ς], ἐπίτρο-
[π]ον Καίσαρο[ς] προ[ς] ὄ-
[χ]θαι[ς] Τιβέρεω[ς], ἐπίτρο-
[π]ον Τιβερίου Κλαυδίου
[Κ]αίσαρο[ς] Σεβαστοῦ Γερ-
[μ]ανικοῦ καὶ Νέρωνο[ς]
[Κ]λαυδίου Καίσαρο[ς] Σε[β]α[σ]-
[τ]οῦ Γερμανικοῦ [Γ]αλα-
[τ]ικῆ[ς] ἐ[π]αρχεία[ς, τ]ὸν ἑ-
[αυ]τοῦ εὐεργέτην καὶ
[κ]τίστην.[290]

2) IK-54, 24 (Foto tav. VI)[291]

L(ucio) Pupio L(uci) f(ilio) Sab(atina) Prae-
senti, trib(uno) milit(um), prae-
fecto equitum alae
[Picentinae, proc(uratori)]
[Caesaris ad ripas]
[Tiberis, proc(uratori) Tiberi]
[Claudi Caesaris] [Augusti Germanici]
[--- Prov(inciae) Galatiae]
------.

La carriera di *L. Pupius Praesens* è stata ampiamente studiata da Pflaum e presenta il seguente *cursus:*[292]

- χειλίαρχος (*tribunus militum*)
- ἔπαρχον ἱππέων ἄλης Πεικεντεινῆς (*praefectus equitum alae Picentinae* in Germania Inferioriore?)
- ἐπίτρο[π]ον Καίσαρος προς ὄχθαις Τιβέρεως (*procurator Caesaris ad ripas Tiberis*)
- ἐπίτροπον Τιβερίου Κλαυδίου Καίσαρος Σεβαστοῦ Γερμανικοῦ καὶ Νέρωνος Κλαυδίου Καίσαρος Σεβαστοῦ Γερμανικοῦ Γαλατικῆς ἐπαρχείας (*procuratori Tiberi Claudi Caesaris Augusti Germanici et Neronis Claudi Caesaris Augusti Germanici provinciae Galatiae*)

[283] CASTRÉN 1975, p. 61, n..107; DEMOUGIN 1992, p. 399. Cfr. DE CARO 1992, p. 17; AMODIO 2000, p. 84.
[284] TAC. *ann.*, 1, 7; 11, 31. SAULNIER 1984, p. 524. Il personaggio menzionato da Tacito va identificato con *C. Turranius*, cfr. *RE* VII, 2 (1852), col. 2256, s.v. *C. Turranius* (Scheiffele); PIR III 300; PAVIS D'ESCURAC 1976, p. 29, nt. 46; p. 43 nt. 4.
[285] LE GALL 1953, p. 262 (ora anche LE GALL 2005, p. 318); HOMO 1951, p. 206; DEMOUGIN 1992, p. 399.
[286] Cfr. LE GALL 1953, p. 261 (ora anche LE GALL 2005, p. 317-318).
[287] Appare poco probabile l'ipotesi avanzata da FOURNEAUX 1896, II, p. 153, il quale sostiene che nell'età di Claudio funzioni appartenute ai senatori passarono ad un *praefectus curatorum alvei Tiberis* seppure per un periodo limitato. Cfr. anche HARDY 1893, p. 51.
[288] Cfr. *infra*.
[289] Si tratta di una base con iscrizione onoraria rinvenuta ad Iconio inserita nelle mura della città. Cfr. anche RAMSAY 1886, pp. 128-129; LUGLI 1953, p. 86 n.125.
[290] *«Lucio Pupio Luci filio Sabatina tribu Presenti, tribuno militum, praefecto equitum alae Picentinae, procuratori Caesaris ad ripas Tiberis, procuratori Tiberii Claudii Caesaris Augusti Germanici et Neronis Claudii caesaris Augusti Germanici provinciae Galatiae, conditori, ob beneficia eius, populus Claudicaniorum dedit dedicavit».* La traduzione è di LE GALL 1953, p. 261, nt. 2 (ora anche LE GALL 2005, pp. 318319 nt. 139).
[291] Parte superiore di base di pietra calcarea con iscrizione onoraria rinvenuta a Perge. Cfr. RAMSAY 1886, pp.128-129; DOMASZEWSKI - DOBSON 1957, p. 200; PFLAUM 1960, II, pp. 58-63, n.24; ALFÖLDY 1999, p. 307 n.1. Altre iscrizioni riferibili a questo personaggio si trovano in CIL II 2666 e IGR III 335.
[292] PFLAUM 1960, II, pp. 58-63, n.24; cfr. anche PIR III, p. 110, n.806; *RE* 1959, c.1994, s.v. *L. Pupius Praesens* (A. Stein); DEVIJVER 1987, II, pp. 684-685 e IV, Supp. I, n.115; DEMOUGIN 1992, pp. 430-432, n.519.

Il *cursus* di questo cavaliere iniziò con due milizie equestri, il tribunato militare e una *praefectura equitum alae Picentinae* svolta probabilmente nella Germania Inferiore; in seguito *Pupius Praesens* intraprese una carriera amministrativa, ricoprendo, forse verso la fine del regno di Tiberio o nei primi anni di quello di Caligola, la carica di *procurator ad ripas Tiberis* e, nel periodo di passaggio fra l'impero di Claudio e di Nerone, quella di *procurator provinciae Galatiae*.[293] Non si sa altro della sua carriera, se non che forse ricevette l'*adlectio* in senato *inter praetorios* da Galba o, più probabilmente, da Vespasiano, come si ricaverebbe da CIL II 2666, probabilmente per porlo al comando di una legione durante la guerra civile.[294] La carica di *procurator ad ripas Tiberis* fu rivestita da *L. Pupius Praesens* come prima tra le cariche amministrative. Hirschfeld sosteneva che tale incarico fosse stato assegnato a *Praesens* da Claudio con un carattere straordinario consistente nella sorveglianza dei lavori che dovettero essere intrapresi sulle rive del Tevere al momento dell'ingrandimento del porto di Ostia.[295] Tuttavia, come già accennato a proposito dell'incarico di *Gellianus*, l'estensione dei lavori al corso del Tevere pur se possibile non si può ancora provare. Suscita inoltre qualche perplessità l'irregolarità nella titolatura delle cariche di *Pupius* citate in CIG III 3991; infatti mentre per la procuratela del Tevere ci si limita ad un semplice ἐπίτροπον Καίσαρος, nella carica successiva i nomi dei due imperatori vengono citati per esteso. Hirschfeld interpretava questa differenza sostenendo che i *Claudiconienses*, che dedicarono l'iscrizione, avessero voluto porre in risalto le cariche che maggiormente li riguardavano, abbreviando la titolatura degli incarichi precedenti, tanto che non compaiono né il nome né il numero della legione in cui *Pupius* servì.[296] Assai più probabile, tuttavia, appare l'interpretazione proposta da Le Gall e ripresa in seguito da Pflaum, secondo cui il Καίσαρ citato nell'iscrizione non farebbe riferimento tanto a Claudio, quanto piuttosto a Tiberio o, più probabilmente, a Caligola, dal momento che la *damnatio memoriae* subita da quest'ultimo spiegherebbe anche l'imprecisione nel riferimento al nome imperiale.[297] Con tutta probabilità, dunque, la procuratela *ad ripas Tiberis* non fu creata per i lavori del porto ostiense. Pflaum propone di collocarla nell'ambito del personale subalterno dei *curatores Tiberis,* negli anni in cui tali magistrati agivano ancora *ex senatus consulto* e un *procurator* imperiale avrebbe svolto il ruolo di tramite tra loro e l'imperatore. Nel momento in cui il collegio magistratuale passò ad operare *ex auctoritate imperatoris*, la presenza di un "controllore" facente capo al *princeps* non avrebbe più avuto motivo d'essere, dal momento che quest'ultimo avrebbe provveduto a scegliere personalmente i membri della curatela; di conseguenza la carica di *procurator* sarebbe venuta meno.[298] Una simile interpretazione sembra verisimile, ma, se così fosse, risulterebbe inusuale il fatto che senatori di rango consolare, quali erano i *curatores Tiberis*, accettassero di rispondere del loro operato ad un cavaliere, per quanto delegato imperiale, o ricorressero alla sua intermediazione qualora avessero necessità di rivolgersi all'imperatore. Tuttavia un'altra interpretazione avanzata da Le Gall esclude innanzitutto qualsiasi tentativo di assimilazione tra il *procurator ad ripas Tiberis* e la carica di *praefectus curatorum alvei Tiberis*, benché entrambe siano attestate nello stesso periodo e appartenessero probabilmente alla classe delle cariche sexagenarie.[299] In realtà, nota giustamente lo studioso, l'assimilazione sarebbe impossibile dal momento che il primo era rappresentante dell'imperatore, mentre il *praefectus* rappresentava i *curatores.* In secondo luogo, risulta interessante il confronto proposto da Le Gall tra la titolatura della carica di *Praesens* e quelle similari di altri due personaggi. Si tratta di *Sex. Iulius Possessor*, che fu *procurator Augustorum ad ripas Baetis* al tempo di Marco Aurelio e Lucio Vero, e di un certo *Rufus*, un cavaliere che, dopo aver rivestito le *militiae equestres*, assunse gli incarichi di *procurator Plotinae Augustae* e di *procurator Caesaris Hadriani ad ripam.*[300] Le Gall propone di identificare la *ripa* con alcune proprietà imperiali poste sulla riva di un fiume non meglio identificato, e non già con la costa del golfo di Napoli, come ipotizzato da Mommsen.[301] I due incarichi di *procurator* delle proprietà di Plotina e di *procurator ad ripam* sarebbero stati così raggruppati sotto la direzione di un solo personaggio poiché i trasporti legati a tali poderi avvenivano mediante lo stesso corso d'acqua. L'analogia nella titolatura delle tre funzioni spinge giustamente lo studioso ad ipotizzare una somiglianza di mansioni fra i tre incaricati; di conseguenza *L. Pupius Praesens* sarebbe stato un intendente dei possedimenti imperiali situati sulle rive del Tevere. Inoltre il fatto che l'iscrizione di *Iulius Possessor* sia una dedica posta al *procurator* da parte degli *scapharii Hispalenses ob innocentiam iustitiamque eius singularem*, ha portato Le

[293] DEMOUGIN 1992, p. 431.

[294] CIL II 2666*: [Legio VI Adiu o Vic]trix / [L(ucio)] [Pupio L(uci) f(ilio) Sab(atina)] Praesenti / [--- Mantu?]a / [proc(onsuli)] [Caes]aris Aug(usti) / [ab Imp(eratore)] [Vesp(asiano) a]dlecto / [inter pra]etorios / [leg(ato) leg(ionis) eiusdem.* La proposta di integrazione è di ALFÖLDY 1969, pp. 115-117. Su *Praesens* cfr. DEVREKER 1980, pp. 74, 79. Dubbi sull'identificazione del nostro personaggio con quello citato da CIL II 2666 in DEMOUGIN 2002, p. 432, che sostiene che l'età di *Pupius Praesens* sarebbe stata troppo avanzata nel 69-70 d.C. rispetto a quella degli altri personaggi che ricevettero l'*adlectio* tra 69 e 73 d.C.

[295] HIRSCHFELD 1905, p. 263.

[296] Ibidem.

[297] LE GALL 1953, pp. 261-262 (ora anche LE GALL 2005, pp. 318-320); PFLAUM 1960, p. 59.

[298] Cfr. CIL VI 31545 = REp III. 16-20*a*, che riporta l'iscrizione di un cippo delimitativo su cui per la prima volta compare la formula «*ex auctoritate Ti. Claudi Caesaris Augusti Germanici*». PFLAUM 1960, *ibid.* L'ipotesi è accettata anche da DEMOUGIN 2002, p. 431.

[299] Retribuzione sessagenaria per la carica di *procurator ad ripas Tiberis* è stata proposta anche da DOMASZEWSKI 1932, p. 160.

[300] I due personaggi sono attestati rispettivamente da CIL II 2129 e IDRE II 435 = AE 1983, 00976; e CIL XI 7687. Su *Possessor* si vedano REMESAL RODRÍGUEZ 1991, pp. 281-295 (cui si rimanda per una più ampia bibliografia); LEFEBVRE 2006, p. 276-277; BLÁZQUEZ 2007, pp. 179 ss. Su *Rufus* si vedano *RE Suppl. VII* (1940) col. 1197 s.v. *Rufus* (A. Stein) e soprattutto MAGIONCALDA 2007, pp. 205-219. La carica di *procurator Augusti ripae provinciae Baeticae* è attestata anche per *C. Caecilius Virgilianus* in CIL II 1177. Sui possibili passaggi di proprietà dei citati terreni rivieraschi all'interno della famiglia imperiale cfr. le ipotesi avanzate da PFLAUM 1960, pp. 61-62. Sulla carica di *procurator ad ripam Baetis* si veda inoltre DARDAINE-PAVIS d'ESCURAC 1983, pp. 307-315; OJEDA 1995, pp. 381-386; ORDOÑEZ 2003, pp. 60-63

[301] CIL XI 7687.

Gall a concludere che il *procurator Augustorum ad ripam Baetis* non esercitasse un vero e proprio controllo su tali corporazioni, quanto piuttosto che ne amministrasse gli spostamenti e i trasporti tra i possedimenti imperiali e il porto d'imbarco più vicino, in questo caso *Hispalis*.[302] È anche possibile, tuttavia, che il *procurator ad ripam* esercitasse sui terreni imperiali lungo il fiume una determinata capacità di controllo territoriale a tutela degli interessi del proprietario, così come avveniva per i *curatores Tiberis* inerentemente ai terreni rivieraschi pubblici, secondo quanto lascerebbe intuire l'analogia dei rapporti che traspaiono dalle iscrizioni riportate in CIL XIV 254, CIL XIV 5320 e AE 1955, 185 -in cui alcuni *corpora traiectus* pongono un monumento o restaurano un edificio con il permesso del *curator Tiberis*- e l'iscrizione di *Iulius Possessor*, che svela l'esistenza di rapporti tra il *procurator ad ripam Baetis* e gli *scapharii* della città.

In sintesi, *L. Pupius Praesens* non sarebbe propriamente un membro del personale subalterno che ruotava attorno al *curator Tiberis*, quanto piuttosto un amministratore alle dirette dipendenze dell'imperatore che, come il suo collega dell'età di Marco Aurelio, disponeva forse di alcuni poteri di azione nell'ambito dei terreni imperiali rivieraschi. È anche vero, però, che, per quanto riguarda l'amministrazione complessiva delle rive del Tevere, egli doveva necessariamente dipendere dai magistrati preposti al fiume, di conseguenza il *procurator ad ripas Tiberis* faceva probabilmente ad essi riferimento e, forse, era loro subordinato (soprattutto a partire dal momento in cui i *curatores Tiberis* non agirono più *ex senatus consulto*, ma *ex auctoritate imperatoris*). Sarebbe dunque stato affiancato a tali magistrati come collaboratore con il compito di fare da tramite fra questi ultimi e l'imperatore inteso però non come capo di stato, ma come privato proprietario di terreni rivieraschi.

3. *Adiutor curatoris alvei Tiberis et cloacarum*

La carica sexagenaria dell'*adiutor curatoris alvei Tiberis et cloacarum* è nota sinora solo attraverso le iscrizioni di due personaggi di rango equestre che la rivestirono in epoche diverse: *L. Vibius Apronianus*, tra il regno di Traiano e quello di Antonino Pio, e *Q. Petronius Melior* nel 180 d.C. Ad essi va aggiunta una terza attestazione assai dubbia riguardante un certo *Herennius Ser[---]* e databile alla seconda metà del II secolo d.C. Tali testimonianze si collocano tutte dopo la scomparsa della collegialità della magistratura del Tevere, avvenuta all'incirca nell'età di Vespasiano; una simile circostanza ha portato diversi studiosi a pensare che l'incarico di *adiutor* fosse stato rivestito in precedenza dai quattro membri del collegio che erano di rango pretorio e che avrebbero dunque svolto il ruolo di semplici aiutanti del magistrato consolare, solo e unico *curator Tiberis tout court*. Scomparsa la collegialità, le loro competenze sarebbero quindi passate ad *adiutores* di classe equestre.[303] L'ipotesi si basa generalmente su un passo di Frontino che descrive la magistratura della *cura aquarum* come un collegio di tre curatori, dei quali solo il presidente di rango consolare e due subalterni, definiti appunto *adiutores*, appartenenti però alla classe senatoria, a differenza dei corrispondenti personaggi legati alla *cura Tiberis*.[304] Per quanto sia indubbio, dunque, che i *curatores* di rango pretorio fossero in qualche modo inferiori rispetto al presidente del collegio, appare difficile che, una volta scomparsa la collegialità, il loro ruolo -cioè i loro compiti, i loro poteri e la loro autorità- sia stato assegnato a personaggi di classe equestre. Poco probabile appare anche l'ipotesi avanzata da Le Gall secondo cui la carica di *adiutor curatoris alvei Tiberis et cloacarum* sarebbe stata equivalente a quella di *praefectus curatorum alvei Tiberis*; si sarebbe avuto, dunque, un cambiamento di titolatura per cui l'uso di *praefectus* sarebbe stato in vigore solo fintantoché la curatela del Tevere rimase collegiale. In tale periodo, secondo lo studioso, i veri *adiutores* sarebbero stati i *curatores praetorii*, ragion per cui i loro aiutanti di classe equestre non avrebbero potuto portare tale titolo senza causare confusione; una volta scomparsa la collegialità, la titolatura della carica subalterna sarebbe stata cambiata.[305] Questa soluzione lascia in realtà aspetti non chiari; innanzitutto non sussistono prove che i *curatores* di rango pretorio fossero denominati *adiutores*, mentre risulta dalle iscrizioni come essi fossero chiamati collettivamente *curatores*, quindi su un piano, se non di pari poteri, di pari dignità con il presidente del collegio; in secondo luogo non è chiaro perché si sarebbe dovuto procedere ad una sostituzione di denominazione, una volta sparita la collegialità, assegnando a funzionari di rango equestre lo stesso titolo un tempo spettante a magistrati senatori. E se sembra verosimile che gli *adiutores* equestri venissero affiancati al *curator Tiberis* solo una volta scomparsa la collegialità, non è tuttavia possibile equiparare le loro mansioni a quelle dei *curatores* di rango pretorio.[306]

L. Vibius Apronianus – adiutor alvei Tiberis et cloacarum *nella prima metà del II secolo d.C.*

AE 1952, 156 = Suppl.It. IV 029 (con foto)[307]

[302] LE GALL 1953, p. 262 (ora anche LE GALL 2005, pp. 319-320).

[303] *DAGR* I (1887), p. 1624, s.v. *curatores alvei Tiberis et riparum et cloacarum urbis* (H. Thédénat); CANTARELLI 1889, pp. 189-190; *RE* IV, 2 (1901), coll. 1790-1794, s.v. *curatores riparum et alvei Tiberis* (E. Kornemann).

[304] FRONTIN. *aq.* 99-100 «*(Augustus) modulos etiam de quibus dictum est constituit et rei continendae exercendaeque curatorem fecit Messalam Corvinum cui adiutores dati Postumius Sulpicius praetorius et Lucius Cominius pedarius*» «(Augusto) stabilì anche i moduli dei quali si è parlato e per gestire tale ufficio fece curatore Messala Corvino al quale furono dati come assistenti Postumio Sulpicio, già pretore, e L. Cominio, nuovo alle cariche».

[305] LE GALL 1953, pp. 181-182 (ora anche LE GALL 2005, pp. 205-206).

[306] Tuttavia la presenza di questi aiutanti in un contesto che testimonia un singolo *curator* (si tratta sempre di *adiutor curatoris* e non di *adiutor curatorum*) sembra avvalorare con un certo margine di sicurezza che la comparsa del nome di un solo *curator* sui cippi delimitativi a partire dall'età di Vespasiano sia stata un'effettiva scomparsa della collegialità, piuttosto che un'entrata in uso dell'eponimia all'interno del collegio.

[307] Ara funeraria rinvenuta nel 1939 a Castelmadama, in località Colle Secco, nella proprietà del signor Pietro Amabili. È conservato attualmente a Castelmadama nel cortile del castello Orsini. Il cippo presenta un *urceus* sul fianco sinistro, mentre la *patera* sul lato destro è andata perduta per un'ampia scheggiatura. FACCENNA 1951, pp. 76-77; FACCENNA 1952, pp. 164-165

D(is) M(anibus)
L(ucio) Vibio Aproniano tr(ibuno)
mil(itum), adiutori albei (!)
Tiberis et cloacarum,
proc(uratori) Aug(usti). L(ucius) Biesius
Attalus et L(ucius) Vibius
Theodotus
sororis fil(ii)
et L(ucius) Vibius Symphor(us)
lib(ertus) eius heredes
pro suis
portionib(us)
fecer[u]nt.

Il *cursus* di *L. Vibius Apronianus* è riportato dalla sua ara funeraria; egli era verosimilmente originario di *Tibur*. Il *cursus* di *Apronianus* è stato analizzato in modo esaustivo da Pflaum.[308] La carica di *adiutor (curatoris) alvei Tiberis et cloacarum* risulta essere qui la prima rivestita dopo gli incarichi militari e punto di passaggio verso una procuratela che, si è ipotizzato, poteva essere di classe centenaria.[309] L'anomalia nella titolatura dell'incarico legato al Tevere, in cui manca la menzione del *curator*, sembra essere dovuta ad una tendenza all'abbreviazione che si riscontra nel testo, dove, ad esempio, anche il tribunato militare viene citato senza specificare la legione. La collocazione cronologica del personaggio si può ricavare, secondo Pflaum, dal suo stesso *cursus*; infatti è soltanto a partire dall'età adrianea, e più precisamente con la curatela di *Ti. Iulius Ferox* nel 101-103 d.C., che alla *cura Tiberis* venne associata la *cura cloacarum* citata anche nella nostra iscrizione.[310] In secondo luogo l'assenza di una *praefectura cohortis* porrebbe il termine *ante quem* al regno di Antonino Pio, epoca in cui la prefettura della coorte divenne carica di passaggio obbligato per chiunque volesse accedere al tribunato militare. La carriera di *L. Vibius Apronianus* dovette svolgersi pertanto nella prima metà del II d.C.[311]

Q. Petronius Melior – adiutor curatoris alvei Tiberis et cloacarum *intorno al 180 d.C.*

CIL XIV 172 = ILS 1429[312]

Q(uinto) Petronio Q(uinti) f(ilio)
Meliori
proc(uratori) annon(ae), adiutori curatoris
alvei Tiberis et cloacarum,
curatori rei publ(icae) Saenensium,
praetori Etruriae XV populorum
bis, trib(uno) mil(itum) leg(ionis) III Gallicae, sc[r(ibae)]
q(uaestorio sex) primo principi, praet(ori) Laur(entium)
Lavin(atium), IIIIviro q(uin)q(uennali) Faesulis,
pontif(ici) Faesulis et Florentiae,
corpus me(n)s(orum) frum(entariorum) Ost(iensium).
L(ocus) d(atus) d(ecreto) d(ecurionum).

CIL XIV 5345[313]

Q(uinto) Pet[ronio Q(uinti) f(ilio)]
Mel[iori]
proc(uratori) ann(onae), [adiu]t(ori) c[u]ratori[s]
alvei Tiberi[s et cloac]arum, curatori
[r]ei p(ublicae) Saene[sium], pra[e]tori Etrur(iae) XV
[p]opulorum [bis, t]rib(uno) mil(itum) leg(ionis) III Gallic(ae),
[s]cr(ibae) q(uaestorio) VI [primo] principi, pr(aetori) Laur(entium) Lavin(atium),
[I]III v(iro) q(uin)[q(uennali) Faesul]is, pontifici Faesulis et Florentiae,
colleg(ium) fabr(um) ti[gn(uariorum)]
[o]b plurima beneficia [eius]
cura agentibus
Ti(berio) Claudio Germullian[o],
C(aio) Licinio Apolausto,
L(ucio) Antonio Peculiare
[m]ag(istris) quinquennalib(us) lustr[i XXV].

Dalle due iscrizioni si ricava il seguente *cursus*:

- *pontifex Faesulis et Florentiae.*
- *IIIIvir quinquennalis Faesulis,*
- *praetor Laurentium Lavinatium,*
- *scriba quaestorius sex primus principi,*
- *tribunus militum legionis III Gallicae*
- *praetor Etruriae XV populorum bis,*
- *curator rei publ(icae) Saenensium,*
- *adiutor curatoris alvei Tiberis et cloacarum (sexagenarius),*
- *procurator annonae (sexagenarius).*

Q. Petronius Melior era probabilmente originario di Fiesole, come farebbero pensare le prime cariche del suo *cursus* che si svolsero in questa città, mentre le cariche ricoperte a *Lavinium* permettono di ipotizzare che in un secondo momento *Petronius*, forse trasferitosi a Roma, ottenne di entrare nella classe equestre, dal momento che ad essa era riservata la carica di *praetor Laurentium Lavinatium.* L'incarico ricordato di seguito è quello di *scriba quaestorius sex primus principi*, facente parte degli uffici riservati al personale subalterno e che probabilmente *Melior* esercitò per tutta la vita. Sarebbe

[308] PFLAUM 1960, pp. 387-388, n.160. Cfr. DEVIJVER 1987 II, pp. 860-861, n.90.
[309] PFLAUM 1960, p. 387.
[310] CIL VI 31549a-m; CIL VI 31550a-d; CIL VI 31551; CIL VI 37029; AE 1933, 97. PFLAUM 1960, p. 388.
[311] Data più generalmente al II secolo d.C. FACENNA 1951, p. 76.
[312] Base di statua in marmo bianco con base e coronamento scalpellati; lo specchio epigrafico è corniciato con listello a gola rovescia. È stata rinvenuta nel 1880 ad Ostia all'ingresso del teatro, murata in un pilastro nel lato ovest del piazzale delle Corporazioni. Misure: 151 x 83 x 68,5. Cfr. LANCIANI 1880b, p. 476; WALTZING 1895, p. 613 n.2225; VAGLIERI 1914, p. 78 n.4; PFLAUM 1960, p. 543 n.201.1; RAOSS 1968, p. 98; LIOU 1969, p. 33 n.4.A; JACQUES 1983, p. 278 n.1; FORBIS 1996, p. 122; TRAVERSO 2006, p. 54 n.62; PENSABENE 2007, p. 425 (tav. 114,5).
[313] Lastra marmorea fratta in diversi frammenti ricomposti e rinvenuta ad Ostia reimpiegata come lastra pavimentale nelle Terme del Foro. PFLAUM 1960, p. 544 n.201.2; LIOU 1969, p. 33 n.4.B; PAVIS D'ESCURAC 1976, p. 406; JACQUES 1983, p. 279 n.2; CICERCHIA – MARINUCCI 1992, pp. 182-183; FORBIS 1996, p. 122 n.66; TRAN 2006, p. 308 nt. 46; TRAVERSO 2006, p. 55

stato tale incarico, secondo Pflaum, a condizionare la successiva carriera del personaggio che, ad esclusione del tribunato militare nella *legio III Gallica* in Siria, svolse soltanto incarichi a Roma o nei dintorni, complice forse anche l'età relativamente avanzata. Anche per lui, come per *L. Vibius Apronianus*, la carica di *adiutor curatoris alvei Tiberis et cloacarum* fu rivestita per prima tra le cariche *sexagenariae*. La datazione è fornita dall'iscrizione di CIL XIV 172, posta nel 184 d.C.[314]

Herennius Ser[---] - adiutor curatoris alvei Tiberis *in epoca sconosciuta*

AE 1923, 67[315]

------ ?
Herennio Ser[--- adiutori curatoris?]
alvei Tiberis [et riparum et cloacarum],
[proc(uratori)] ad silice(s), proc(uratori) a[---]
[---] proc(uratori) (ducenario) IV[---].

L'iscrizione, molto frammentaria, è stata rinvenuta a *Verulae* (odierna Veroli). Del personaggio, appartenente all'*ordo* equestre, si sono conservati soltanto il gentilizio, *Herennius*, e la prima parte di un elemento onomastico che senza dubbio è il *cognomen*, dal momento che non può trattarsi dell'abbreviazione della tribù.[316] Alla riga 3 il genitivo *alvei Tiberis* è chiaramente riconducibile alla curatela del Tevere ed effettivamente, essendo anche qui una delle prime cariche ricoperte nel *cursus*, è assai probabile che si tratti di un incarico di *adiutor curatoris alvei Tiberis et riparum et cloacarum urbis*. Segue poi una carica, quella del *procurator ad silices*, che appartiene alla medesima categoria *sexagenaria*. Per quanto riguarda gli altri incarichi, Pflaum ritiene possibile che si tratti di funzioni che mantennero *Herennius* a Roma, come ad esempio la carica di *procurator a[quarum]*, permettendogli così di avanzare nella carriera senza abbandonare la città. Infatti, benché l'iscrizione sia molto frammentaria, risulta evidente che *Herennius* giunse a ricoprire un incarico ducenario il cui salario viene citato espressamente per sottolineare meglio l'avanzamento. Secondo lo studioso, potrebbe trattarsi della carica di *iuridicus Alexandriae et Aegypti*, che si posiziona tra le prime di questa categoria; proprio la menzione del salario in cifre permette di stabilire un limite cronologico nel regno di Settimio Severo, periodo in cui comincia a diffondersi quest'uso.[317] La carica di *adiutor curatoris* di *Herennius* si pone dunque fra la fine del II e gli inizi del III secolo d.C.

4. *Commentariensis urbis alvei Tiberis: Aurelius [---]ustinus* - intorno alla metà del II secolo d.C.

CIL II 6085 = ILS 1560 = RIT, 232 (Taf. CXVI.2) = HE 1226 (con foto)[318]

*[---]*TI φῶς λιτορίου
[Aur(elio) Fa]ustino Âugusto-
[rum libe]rto covm̂meñtar(i)en-
si XXXX Gall(iarum), item u(r)bis albei
Tiberis, ifem̂ provinci(a)e Bâe-
tice, ifem Âlpium Cotti; vi-
xit an̂nis XXXXII, diebus XXXXI
Statia Felicis[s]ima con-
iugi incon̂parabili cûm quo
vixit an̂nos XXI, m(enses) VI, d(ies) XXXII.

Le parole greche all'inizio del testo si presentano di difficile interpretazione e sono state perciò variamente integrate in [θαίνει ἀε]ί φῶ̃ , oppure in ["Ενθάδε εσ]τι φῶ̃ .[319] Per quanto riguarda la parola Λιτορίου è stata interpretata come un *signum*, forse contenente la radice della parola λιτο (semplice, piccolo) o del verbo λίσσομαι (supplicare).[320] L'integrazione onomastica in *[Aur(elius) Fa]ustinus* è stata proposta da Hübner ed è generalmente accettata come corretta soprattutto per quanto riguarda il gentilizio, trattandosi di un liberto imperiale ed essendo il titolo collocabile cronologicamente intorno alla metà del II secolo d.C.[321] Per ciò che riguarda l'integrazione del *cognomen*, tuttavia, sebbene venga generalmente accettata la versione *[Fa]ustinus*, va ricordato che è possibile anche l'integrazione proposta da Alföldy in *[I]ustinus.*[322]

Quella di *Aurelius [---]ustinus* è per ora l'unica iscrizione che attesta la carica di *commentariensis urbis alvei Tiberis*. La parola *commentariensis* deriva evidentemente da *commentarius*, termine spesso usato come sinonimo di *acta*, gli atti pubblici come ad esempio i decreti e le deliberazioni di magistrati o di corpi amministrativi. Più propriamente, invece, per *commentarii* si intendono le annotazioni inserite in protocolli e registri riguardanti avvenimenti e azioni che rientravano nell'ambito della sfera di azione di un

[314] PFLAUM 1960, pp. 543-545, n.201. Cfr. PIR III, p. 28, n.213; PME P 25; DIETZ 1980, pp. 197-199 n.64; DEVIJVER 1987, II, n.25, p. 636 e IV, n.23, pp. 1678-1679.
[315] Frammento marmoreo rinvenuto in data ignota a Veroli nei pressi della chiesa di S. Valentino e conservato nella Biblioteca pubblica della città. MANCINI 1922, pp. 255-256; PFLAUM 1960, p. 267; SALOMIES 1996, p. 120 n.1.
[316] PFLAUM 1960, p. 713.
[317] PFLAUM 1960, p. 714-715. cfr. LE GALL 1953, p. 181, nt. 5 (ora anche LE GALL 2005, p. 206 nt. 204).

[318] Lastra di marmo grigio con iscrizione funeraria di 28 x 36 cm, rinvenuta a Tarragona nel 1873 in un sepolcro non lontano dalle mura della città; è oggi conservata al Museo Arqueologico Provincial di Barcellona. Cfr. CAGNAT 1882, p. 100-101; *IHChr*, p. XVI; HIRSCHFELD 1905, p. 85 n.2; ECUYER 1932, p. 48 n.69; GRENIER 1937, p. 501; WUILLEUMIER 1949, p. 60; LE GALL 1953, p. 183 nt. 4 (ora anche LE GALL 2005, p. 208 nt. 4); WEAVER 1972, p. 106, 249; MUÑIZ COELLO 1980, pp. 244, 332 n.274; PAZ DE HOZ 1997, p. 60 n.5.6; FRANCE 2001, pp. 159-162 n.33; ALFÖLDY 2011, p. 105; CABALLOS RUFINO 2011, p. 192 nt. 18.
[319] Le integrazioni sono state proposte rispettivamente da Hübner in *IHChr*, p. XVI a riguardo della quale FRANCE 2001, p. 160 fa notare tuttavia che la prima lettera visibile è una T e non una E; e da CANÓS I VILLANA 2002, pp. 132-133.
[320] KAJANTO 1966, p. 72; FRANCE 2001, p. 160.
[321] CIL II 6085. Cfr. LE GALL 1953, p. 183 (ora anche LE GALL 2005, p. 208); FRANCE 2001, p. 162. Per un inquadramento generale sulla datazione delle iscrizioni sepolcrali dei liberti imperiali si veda WEAVER 1964, pp. 188-198.
[322] *RIT*, p. 128, n.232; cfr. anche FRANCE 2001, p. 161.

pubblico ufficiale e che potevano quindi contenere degli *acta* a scopo di chiarire o documentare il movimento giornaliero di ogni affare trattato nel settore amministrativo di pertinenza. Interessato dai *commentarii* pubblici era lo stato nelle sue più svariate funzioni, la loro diffusione era infatti capillare e riguardava anche i rami amministrativi meno importanti.[323] Perciò ogni ufficio doveva essere provvisto di un *commentariensis* -o, più comunemente, *a commentariis*- che era, dunque, l'addetto ai *commentarii*, un archivista le cui competenze consistevano nel catalogare e custodire i documenti originali, rendere tali documenti disponibili per eventuali copie e certificare l'autenticità di queste ultime; la carica era rivestita soprattutto da schiavi e liberti. Benché le testimonianze epigrafiche attestanti i *commentariensis* non siano così numerose come quelle riguardanti i *tabularii* (funzionari di pari grado e con mansioni affini a quelle dei precedenti), tuttavia gli *a commentariis* costituivano con tutta probabilità un elemento essenziale in tutti gli uffici che in qualche modo riguardavano la conduzione dello stato.[324]

A fronte di tutto ciò si può pensare che *Aurelius [---]ustinus* svolgesse per il *curator Tiberis* le medesime mansioni che competevano a qualunque *a commentariis* impiegato nell'ambito dell'amministrazione statale.[325] L'esistenza di una simile figura potrebbe anche avvalorare l'ipotesi secondo la quale la *statio alvei Tiberis* fosse in effetti un luogo fisico ed esistente in cui la curatela aveva sede e dove se ne custodiva l'archivio.[326] La titolatura della carica rimane comunque poco chiara; se un legame con i curatori del Tevere sembra essere certo, la specificazione *urbis* risulta di più difficile interpretazione. È forse possibile che *Aurelius* facesse capo non ad un generico ufficio della *cura Tiberis* (ad esempio quello di Ostia), quanto piuttosto alla *statio* principale situata a Roma, che potrebbe essere stata quella in cui venivano conservati, in una sorta di archivio centrale, tutti i documenti relativi che il *curator Tiberis* produceva nello svolgimento delle sue funzioni.

[323] *DE* II, 1 (1924), pp. 539-541, s.v. *commentarii* (E. De Ruggiero); cfr. *DAGR* I, 1 (1877), p. 46, s.v. *acta* (P. Humbert) e *DAGR* I, 2 (1877), pp. 1403-1406, s.v. *commentarii* (H. Thédénat).

[324] WEAVER 1972, p. 241. Cfr. anche *DAGR* I, 2 (1877), pp. 1402-1403, s.v. *commentariensis* (H. Thédénat); *DE* II (1924), pp. 540-542 s.v. *a commentariis* (E. De Ruggiero); *RE* IV (1925), p. 726, s.v. *a commentariis* (A. von Premestein); DE LAET 1949, p. 389, nt. 2; BOULVERT 1970, pp. 425-426; HOUSTON 2002, pp. 149-151. Oltre al *commentariensis urbis alvei Tiberis*, sono noti *a commentariis* impiegati nell'amministrazione delle province (ad es. CIL III 14207.14; AE 1902, 135; AE 1903, 245; AE 1945, 134a, ecc.), o della *XX hereditatum* (CIL II 4184; CIL VI 8933; AE 1932, 85; ecc.), o facenti parte delle legioni (ad es. CIL II 4156; CIL III 14195.37; CIL V 7004; AE 1958, 156; ecc.). Questi funzionari disponevano a loro volta di *adiutores* (cfr. CIL VIII 16561; AE 1891, 19; AE 1900, 193; AE 1908, 226; AE 1910, 28; AE 1933, 61; ecc.).

[325] Cfr. LE GALL 1953, p. 183 (ora anche LE GALL 2005, p. 208); ROBINSON 1994, p. 88; ALDRETE 2007, p. 201. FRANCE 2001, pp. 442-443, ha sottolineato come *Aurelius* ricoprì la medesima carica di *commentariensis* in svariati ambiti amministrativi e questo perché, evidentemente, era richiesta una certa competenza per svolgere questo incarico, in cui il nostro personaggio sembra essersi specializzato. Sulla ricostruzione di una possibile gerarchia negli incarichi di ordine inferiore cfr. WEAVER 1972, pp. 224-240; BOULVERT 1974, pp. 119-121.

[326] Cfr. il paragrafo IV.5.

5. *Statio alvei Tiberis et riparum et cloacarum sacrae urbis*

La questione riguardante la *statio alvei Tiberis* è assai complessa e controversa. Che la magistratura preposta alla cura del Tevere possedesse una o più *stationes* sembra essere certificato da due iscrizioni.

1) CIL VI 40693 = CIL VI 1224 = REp III.47*b*.

2) CIL XIV 5384.[327]

------?
[---]NIIOI[---]
[---]ciam
[-] Caecilius Diony-
sianus donum
stationi alvei
Tib[er]i[s ---]
------?.

Entrambe le iscrizioni attestano una donazione di cui la *statio alvei Tiberis* è rispettivamente autrice e destinataria. Nel titolo ostiense (CIL XIV 5384) il *donum* è opera di un certo *Caecilius Dionysianus*, ma non è possibile far luce sul legame che intercorre fra tale personaggio e la curatela del Tevere. Alla r.5 di CIL VI 1224, invece, viene citato *Aurelius Artemidorus*, un senatore che fu *curator riparum et alvei Tiberis*, come testimoniato da un'altra epigrafe, databile al 244 d.C. grazie al consolato di *Ti. Pollenius Armenius* e *Peregrinus Fulvius Aemilianus*.[328] Le prime righe dell'iscrizione sono mancanti, ritenute erase a causa della *damnatio memoriae* subita dall'imperatore cui il titolo era dedicato. Il 244 d.C. fu l'anno di avvicendamento di due imperatori: Gordiano III, morto nel febbraio-marzo di quell'anno, e Filippo l'Arabo; entrambi subirono la *damnatio memoriae*, ma in generale si è d'accordo sull'attribuzione di questa iscrizione al secondo imperatore.[329] La datazione di CIL VI 1224 si aggira pertanto attorno al 244 d.C., con un possibile scarto di uno-due anni prima o dopo tale data per quanto riguarda la durata in carica del *curator*, dal momento che la curatela del Tevere aveva probabilmente un decorso triennale. Azzardando un'ipotesi, si potrebbe affermare che l'iscrizione sia stata posta in onore del neo-nominato imperatore Filippo l'Arabo, quindi nel 244 o 245 d.C.

Rimangono da chiarire i rapporti intercorrenti tra i soggetti dell'iscrizione: destinatario era senza ombra di dubbio l'imperatore, come lascia intendere anche la formula finale *devoto numini maiestatique eius*; probabilmente il suo nome era posto in dativo, secondo l'uso di questa tipologia di dediche.[330] In genere il nome del dedicante si trova in caso nominativo, sia che si tratti

[327] Frammento di lastra marmorea composto da quattro parti ricongiunte. Misure restanti: 42 x 23 x 1.7. Cfr. KRISTOFERSON 1930, p. 207; LE GALL 1953, p. 182 nt. 3.

[328] CIL VI 30841 = REp III. 47*a*

[329] Cfr. RODRIGUEZ-ALMEIDA 1988, p. 128.

[330] Si vedano ad esempio: AE 1897, 127; AE 1900, 31; AE 1916, 21; CIL V 3114; CIL V 7249; CIL VI 36949 ecc.

di una persona, sia che si tratti di un'istituzione (come un *collegium* o una *cohors*).[331] se ne deduce quindi che il soggetto dedicante sia qui da identificarsi nella *statio riparum et alvei Tiberis et cloacarum*, qualunque cosa si intenda con questo termine. La formula *cura agente*, che segue alla r.4, ha chiaramente per soggetto il senatore *Aurelius Artemidorus*, ma potrebbe riferirsi al monumento come alla *statio*. Solitamente in simili iscrizioni l'espressione va riportata alla realizzazione del monumento, quindi anche qui sembra potersi concludere che fu *Artemidorus* ad occuparsi dell'iscrizione e di un'eventuale statua (o quant'altro) dedicata all'imperatore.[332] Particolare però risulta il fatto che la formula *devotus numini maiestatique eius*, normalmente riferita al dedicante dell'opera, sia qui collegata invece ad *Artemidorus* che ne fu, per così dire, l'esecutore.[333] Effettivamente la posizione del personaggio è duplice: egli infatti non è semplicemente legato alla *statio* da un compito di agente d'opera, ma in quanto *curator riparum et alvei Tiberis* ne è il principale responsabile. Si può pensare allora che egli sia il promotore e poi il curatore della dedica non tanto come senatore, ma specificamente nel ruolo di *curator riparum et alvei Tiberis*. La dedica viene posta a nome della *statio*, che qui andrebbe intesa dunque non come edificio, ma come l'insieme del personale che lavorava nell'ambito della *cura Tiberis*; tuttavia il vero "dedicante", poiché magistrato di più alto grado, è *Aurelius Artemidorus*.

L'uso della parola *statio* ad indicare non una struttura quanto piuttosto l'"amministrazione generale" è stato più volte preso in considerazione nell'ambito di studi sulla *statio aquarum*, l'edificio (o l'amministrazione) facente capo alla *cura aquarum*. Così Dressel ipotizzava che nei bolli sulle *fistulae aquariae* la parola *statio* "*non intelligendum esse de aedificio vel loco cui aqua destinata erat [...] sed de administratione quae aqua erogaverat*".[334] Una valenza simile Waltzing sostiene essere presente nelle iscrizioni riferibili ai collegi professionali; lo studioso tuttavia puntualizza che la funzione originaria della parola era probabilmente quella di denominare "le siège du collège" e solo in un secondo momento, e per analogia, si sarebbe passati ad indicare con essa il collegio stesso.[335] Si tratta per lo più di un significato astratto anche secondo l'opinione di Bruun, che ha affrontato a più riprese l'argomento.[336] In particolare, per quanto riguarda il termine *statio* legato alla *cura aquarum* e alla *cura Tiberis*, lo studioso esclude si possa trattare di riferimenti a luoghi fisici intesi come uffici e preferisce considerarli come sostantivi astratti, usati principalmente con la valenza di "amministrazione", uso che, a suo parere, avrebbe origine dall'interpretazione del termine come di "position in life"; in ogni caso la parola *statio* non verrebbe mai utilizzata per indicare l'ufficio cui faceva capo la curatela.[337] Così le *stationes* menzionate da Frontino non sarebbero altro che succursali e depositi situati in varie zone della città, secondo una valenza derivante dalla terminologia militare.[338] Il *Genius stationis aquarum* testimoniato da CIL VI 36781 farebbe invece riferimento non ad un ufficio, quanto ad una collettività, ad un concetto astratto, o ad un luogo di culto per il personale della curatela, in quanto questa divinità non viene legata esclusivamente a luoghi fisici, ma può essere associata anche ad entità astratte come le legioni.[339] Tuttavia ciò non è sufficiente ad escludere l'esistenza di una *statio* come struttura vera e propria, e ammesso pure che in determinate circostanze come quella dell'iscrizione di *Aurelius Artemidorus* il termine venga ad indicare l'insieme del personale impiegato presso una magistratura, sembra più probabile che tale uso derivi non tanto da un astratto "position in life", quanto piuttosto, per una sorta di metonimia, da un vero e proprio ufficio, una *statio*, appunto, in cui il team del magistrato (in questo caso il *curator Tiberis*) svolgeva il suo lavoro.[340] Di un edificio sembra trattarsi, ad esempio, nel caso della *statio* menzionata in CIL VI 36951; con tale iscrizione, rinvenuta a Roma e databile all'età costantiniana, il *curator aquarum et Miniciae Flavius Maesius Lollianus* dedica a Costantino un monumento (molto probabilmente una statua, visto l'uso del participio femminile *dedicata*) e, appunto, una *statio*.[341] Secondo Bruun invece si tratterebbe non già di

[331] Cfr. per es. CIL VI 36951, AE 1912, 38; AE 1940, 66; AE 1956, 71; AE 1982, 7; AE 1895, 63; AE 1957, 327, ecc.

[332] Cfr. per esempio AE 1912, 38; AE 1926, 144; AE 1940, 66; AE 1958, 269; AE 1972, 717; CIL VI 541.

[333] Si vedano, ad esempio: CIL III 255; CIL III 12339; CIL III 14430; CIL V 529; CIL V 530; CIL VI 1144; CIL VI 36956; CIL VIII 7973; AE 1889, 150; AE 1890, 21; AE 1891, 72; AE 1892, 8; AE 1893, 37; AE 1895, 63; AE 1984, 42. Fanno eccezione le iscrizioni che ricordano lavori o costruzioni voluti dall'imperatore, in tal caso quest'ultimo è presentato in nominativo e il personaggio che opera come curante si presenta quale unico 'interlocutore' della volontà imperiale; cfr. CIL VIII 20836; AE 1995, 348; AE 1974, 10; AE 1975, 135.

[334] DRESSEL 1899, p. 909.

[335] WALTZING 1970, p. 521.

[336] BRUUN 1989, p. 138; BRUUN 1991, pp. 195-196; *LTUR* IV (1999) s.v. *Statio alvei Tiberis* p. 345 (Ch. Bruun).

[337] BRUUN 1991, p. 195.

[338] FRONTIN. *aq.*, 117, 3: «*Homines in urbe circa castellorm et munerum stationes opera quaeque urgebunt, in primis ad subitos casus, ut ex compluribus regionibus, in quam necessitas incubuerit, converti possit praesidium aquarum abundantium*». «Gli uomini in città eseguiranno con sollecitudine ogni lavoro relativo alle stazioni dei castelli e delle fontane, specialmente nei casi di emergenza, affinché da più quartieri si possa trasportare in quella in cui sovrasti la necessità, un supplemento di abbondanti acque»; 119, 3: «*Ideoque non solum scientia peritorum sed et proprio usu curator instructus esse debet, nec suae tantum stationis architectis uti, sed plurium avocare non minus fidem quam subtilitatem*» «Pertanto il curatore non deve soltanto contare sulle cognizioni degli esperti, ma anche sulla propria esperienza, e non utilizzare soltanto i tecnici della sua stazione, ma di più stazioni». Cfr. BRUUN 1989, p. 141.

[339] BRUUN 1989, pp. 142-143; BRUUN 1991, p. 195. Nulla vieta comunque di pensare che in CIL VI 36781 il termine *statio* indichi davvero un luogo, tanto più che in CIL VI 36779 viene citato un *Genius loci [et] stationis [fisci A]lexandrini*.

[340] Come già ipotizzato da WALTZING 1970, p. 521, cfr. sopra. Non è invece condivisibile la posizione espressa da SCHWARZ 1960, p. 61 secondo cui il termine *statio* sarebbe utilizzato soprattutto "dans des contextes abstraits" in considerazione anche del fatto che non sono finora stati rinvenuti edifici identificabili con questo nome.

[341] *Optimo et venerabili / d(omino) n(ostro) Constantino / Maximo Victori Pio / semper Aug(usto) / Fl(avius) Maesius Egnatius / Lollianus v(ir) c(larissimus) curator / aquar(um) et Minic(iae) d(evotus) n(umini) m(aistati)q(ue) e(ius). // Dedicata cum statione / a Fl(avio) Lolliano c(larissimo) v(iro) cur(atore) / Kal(endis) Martis / Ianuarino et Iusto conss(ulibus).* Il *porticus Minucia*, situato nella *regio IX*, era il luogo dove, dall'età di Claudio in poi, avvenivano le distribuzioni di grano al popolo. Dall'età di Settimio Severo il nome del portico fu associato al

un ufficio, quanto piuttosto di un edificio di culto, un'*aedicula*, soprattutto perché sarebbero pochissime le attestazioni di senatori in connessione con una *statio*.[342] Va notato tuttavia che *Lollianus* pose l'iscrizione proprio in veste di *curator aquarum* -come sembra attestare il fatto che egli si premura di sottolineare per due volte tale carica- e questo permette di collocare la *statio* in stretta connessione con la magistratura rivestita da *Lollianus*. Non un'*aedicula* dunque (anche perché in tal caso non si capirebbe per quale motivo non sia stato usato un termine più specifico per indicare questo tipo di edificio), ma una costruzione in qualche modo legata all'amministrazione cui *Flavius Maesius Lollianus* era a capo.[343] A ciò si deve aggiungere che anche in ambito militare il termine *statio* indicava una postazione dove si trovavano i soldati (*stationarii*) preposti alla guardia di precisi luoghi (delle porte, del campo...).[344] Non è neppure possibile escludere, come vorrebbe Bruun, il significato di "ufficio" per la *statio hereditatum* che compare in alcune iscrizioni di funzionari addetti alla tassa sulle eredità.[345] Anzi proprio la circostanza rilevata dallo studioso, secondo cui il vocabolo si incontra per lo più associato ad alcuni funzionari minori di condizione libertina, può forse essere spiegata proprio con il fatto che questi personaggi ricoprivano un ruolo che comportava un lavoro svolto "fisicamente" all'interno della *statio*, come nel caso dell'iscrizione del liberto imperiale *M. Ulpius Cadmus princeps tabularius in statione XX hereditatium*, dove la costruzione di *in* con l'ablativo sembrerebbe suggerire la pertinenza dell'espressione ad un luogo, piuttosto che ad un concetto astratto.[346] In sintesi, seppure risulta corretto ritenere che in alcune iscrizioni la parola *statio* riferita ad una curatela venga utilizzata per indicare l'amministrazione nel suo insieme, non si può escludere tuttavia che il termine venisse usato anche in riferimento a sedi burocratiche, uffici facenti capo alle varie curatele e che anzi proprio da questo utilizzo sia derivata l'abitudine di designare con il termine *statio* tutto lo staff che nell'ufficio lavorava. Mancando ad oggi attestazioni in senso contrario, è dunque possibile ipotizzare che anche il *curator Tiberis* avesse a sua disposizione una sede amministrativa che verosimilmente poteva essere denominata *statio alvei Tiberis et riparum et cloacarum sacrae urbis*; inoltre, stando alla testimonianza offerta dalla seconda iscrizione sopra riportata (CIL XIV 5384) si può ipotizzare che le sedi fossero almeno due, la prima a Roma, cui forse faceva capo lo staff amministrativo che pose l'iscrizione di CIL VI 1124, la seconda ad Ostia, da dove proviene l'iscrizione posta da *Caecilius Dionysianus*.[347]

Riguardo alla collocazione della *statio* di Roma, Rodriguez Almeida ha a più riprese proposto di identificare l'ufficio del *curator Tiberis* con la costruzione visibile, purtroppo solo in parte, in un frammento di *Forma urbis* Severiana, classificato come 32i (*fig. 7*).[348] Su di esso compare la parte anteriore di un piccolo edificio monumentale, tetrastilo, costruito a ridosso della riva del Tevere, nella zona compresa tra il Circo Flaminio e il fiume, e poggiante su quello che sembra essere un basamento.[349] La costruzione sarebbe la medesima di quella presente su di un frammento di *Forma urbis* rinvenuto nel maggio del 1983 in via Anicia a Roma e databile al I sec. d.C. (*fig. 8*).[350] Su di essa la porzione di edificio visibile è ancora più piccola e leggermente diversa rispetto a quella della *Forma urbis* severiana, tanto che in un primo momento non si era pensato potesse essere la stessa.[351] Sulla pianta di via Anicia si nota il margine anteriore della piattaforma sorretto da una serie di pilastri di forma arrotondata che Rodriguez Almeida propone di interpretare come cippi o piccole colonne per l'ormeggio di barche.[352] L'edificio soprastante la piattaforma presenta la facciata anteriore sorretta da quattro colonne, che danno alla costruzione una certa monumentalità. E proprio tale carattere monumentale, assieme alla collocazione presso il fiume e al fatto che vicino ad esso, sulla mappa, compaiono cifre riconducibili a convenzioni territoriali tra pubblico e privato "che solo la *cura alvei* avrebbe potuto sancire", ha portato lo studioso a collegare l'edificio tetrastilo alla curatela del Tevere. A ciò si aggiungerebbe la circostanza che sia la pianta marmorea, sia l'iscrizione che ricorda la *statio alvei Tiberis* (CIL VI 1224), conservata nel portico della chiesa di S. Maria in Trastevere, sarebbero state rinvenute a soli 650 metri dal luogo rappresentato nella mappa. Considerando infine il carattere pubblico che sembra avere la pianta di via Anicia, lo studioso non esclude che essa stessa fosse direttamente collegata all'attività della *statio* che vi sarebbe rappresentata.[353] Per quanto assai suggestiva, l'ipotesi di una simile identificazione è stata rifiutata da Tucci, che nota innanzitutto come l'edificio in questione sia presente su due *Formae urbis* di età diverse – quella di via Anicia, che egli riconduce all'epoca augustea, e la più nota pianta di

titolo dei *curatores aquarum*, ad indicare forse una nuova mansione di tali magistrati. Cfr. PLATNER – ASHBY 1929, pp. 424-426.

342 BRUUN 1989, pp. 143-144.

343 Altre iscrizioni che testimoniano una *statio aquarum* si trovano in CIL VI 8489; CIL VI 36781; CIL XIV 7338. Sulla *statio aquarum* cfr. anche *LTUR* IV (1999), pp. 346-349, in part. p. 348, s.v. *statio aquarum* (E. M. Steinby).

344 Cfr. DAGR IV, 2 (1904) pp. 1468-1469, s.v. *statio, stationarius* (Ch. Lécrivain).

345 Ad esempio CIL XIII 1810; CIL X 4721. Cfr. BRUUN 1989, p. 130-131.

346 CIL VI 8445, personaggio citato anche in BRUUN 1989, p. 131.

347 Riguardo alla *statio* ostiense, non è possibile ritenerla una sorta di moderna "capitaneria di porto" sul Tevere come proposto da MOCCHEGIANI CARPANO 1984, p. 41, che collega la presenza dei *curatores Tiberis* ad Ostia con il controllo che essi avrebbero esercitato sulle corporazioni fluviali, compito che in realtà non doveva rientrare nelle mansioni di questi magistrati (cfr. il capitolo sui *corpora traiectus*). Di tal parere anche RICKMAN 1991, p. 113.

348 RODRIGUEZ-ALMEIDA 1977, pp. 248-251; RODRIGUEZ-ALMEIDA 1981, I, pp. 115-118; II tav. XXIV; RODRIGUEZ-ALMEIDA 1988, pp. 120-131; RODRIGUEZ-ALMEIDA 2002, pp. 43-49. In particolare sul frammento cfr. RODRIGUEZ-ALMEIDA 1981, pp. 115-118. Sulla *Forma Urbis* Severiana va senz'altro segnalato l'ampio progetto Stanford Digital *Forma urbis Romae* Project (http://formaurbis.stanford.edu).

349 RODRIGUEZ-ALMEIDA 1977, p. 250; RODRIGUEZ-ALMEIDA 1988, p. 124.

350 Sugli scavi che portarono al rinvenimento della cosiddetta "lastra di via Anicia" cfr. CONTICELLO DE' SPAGNOLIS 1984, pp. 9-16. L'identificazione dei due frammenti è stata effettuata da RODRIGUEZ-ALMEIDA 2002, pp. 38-49.

351 CONTICELLO DE' SPAGNOLIS 1984, pp. 52-53.

352 RODRIGUEZ-ALMEIDA 2002, p. 49, nt. 22.

353 RODRIGUEZ-ALMEIDA 2002, pp. 49; 124.

età Severiana (205-208 d.C.); in secondo luogo, pur trovandosi nell'impossibilità di determinare l'effettiva altezza della piattaforma, egli sottolinea come essa dovesse essere abbastanza alta da preservare la costruzione soprastante dalle alluvioni del Tevere cui essa era direttamente esposta, rendendola inoltre ben visibile.[354] Monumentalità e visibilità dunque renderebbero l'edificio raffigurato sulle due piante marmoree inadatto ad essere identificato con una costruzione di carattere amministrativo, per quanto riconducibile ad una magistratura consolare come la *cura Tiberis*. Tucci propone dunque di riconoscere in esso una costruzione di carattere sacro, in particolare il «νεώσοικο̃ » citato da Procopio in cui era esposta la cosiddetta nave di Enea, monumento che sarebbe stato ancora visibile nella Roma del VI sec. d.C., epoca in cui Procopio scrive, e che si sarebbe trovato "al centro della città, lungo la riva del Tevere".[355] Sulla base di questo passo lo studioso conclude che probabilmente il «νεώσοικο̃ » che custodiva la nave vista da Procopio era proprio l'edificio tetrastilo sulla sponda del fiume, un edificio costruito da Augusto nell'ambito di quel filone della sua propaganda che lo ricollegava direttamente al fondatore di Roma.[356] La costruzione tetrastila delle due piante marmoree si sarebbe dunque sviluppata in lunghezza, dovendo contenere una nave che Procopio descrive come lunga 120 piedi e larga 25 (35 x 7 metri ca.). Tuttavia sembra che gli elementi siano troppo pochi per poter stabilire la reale identità dell'edificio tetrastilo lungo il Tevere, il quale, poi, è situato in una zona che non sembra permettere, dopotutto, uno sviluppo così accentuato in lunghezza come vorrebbe Tucci. Resta il fatto che, sebbene nulla possa confermare con certezza che si tratti in questo caso di una *statio alvei Tiberis*, è assai probabile comunque che l'ufficio (o gli uffici) della magistratura del Tevere si trovasse effettivamente in prossimità del fiume ed è inoltre possibile che effettivamente in esso fosse stata apposta, come proposto da Rodriguez-Almeida, una mappa marmorea della città o almeno delle aree prospicienti il Tevere, sulla quale venivano segnalate misure catastali e limiti del fiume in piena e in magra, così come avviene sulla *forma urbis* di via Anicia.[357]

Attorno al *curator alvei Tiberis* operava dunque un insieme di soggetti che costituiva il personale subalterno facente capo alla curatela. Le iscrizioni fino ad oggi in nostro possesso ci permettono di identificare un *praefectus*, un *commentariensis* e degli *adiutores*, ma deve trattarsi soltanto di una piccola parte dello staff amministrativo che collaborava con il *curator*. È possibile, infatti, che oltre a liberti e cavalieri, il magistrato tiberino disponesse anche di schiavi e di *tabularii* e *scribi*; inoltre la figura del *procurator Caesaris ad ripas Tiberis* allarga il gruppo dell'ufficio del *curator* anche a personaggi non incaricati di competenze direttamente legate alla *curatela* e apre l'ipotesi dell'esistenza di mansioni particolari assegnate al magistrato e concernenti terreni di proprietà imperiale. Verosimilmente tali personaggi, che nel loro insieme potevano essere chiamati collettivamente *statio alvei Tiberis*, dovevano trovare il loro punto di riferimento in una *statio* vera e propria, una sede centrale situata a Roma, sottoposta al diretto controllo del *curator Tiberis* e da cui dipendevano una o più sedi minori, tra cui, comunque, doveva rivestire una certa importanza quella di Ostia, forse coordinata dal *praefectus curatorum alvei Tiberis*.

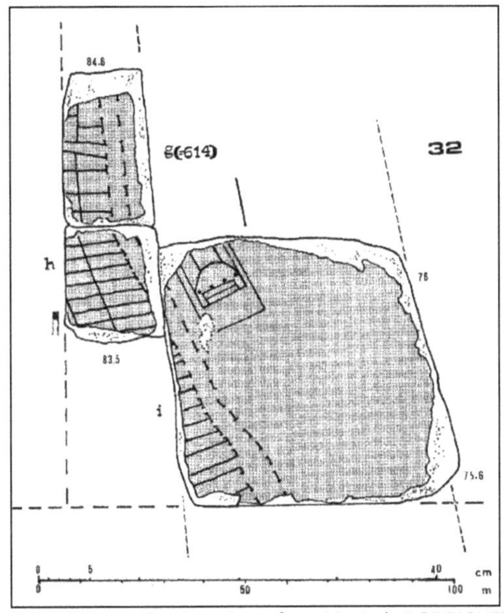

Fig. 7 - Forma Urbis *Severiana, frag. 32g-i, da RODRIGUEZ-ALMEIDA 2002, p. 48.*

Fig. 8 - Foma Urbis *Severiana, frag. 32g-i, da RODRIGUEZ ALMEIDA 2002, p.48, su concessione del Ministero per i Beni e le Attività Culturali - Soprintendenza Speciale per i Beni Archeologici di Roma.*

[354] TUCCI 1997, p. 38-42.
[355] PROC., *Goth.* IV, 22. TUCCI 1997, p. 39.
[356] TUCCI 1997, p. 39-40. Tale ipotesi è avanzata anche da PURCELL 1996, pp. 268-269 e nt. 12, che arriva tuttavia a concludere che non vi sono prove sufficienti a favore.
[357] RODRIGUEZ-ALMEIDA 2002, p. 49.

CAP. V.
IL *CURATOR RIPARUM ET ALVEI TIBERIS* E LE CORPORAZIONI PROFESSIONALI SUL TEVERE

Sul Tevere operava un gran numero di collegi con funzioni diverse; dal momento che agivano su un'area di competenza del *curator Tiberis* viene da chiedersi se vi fossero dei legami tra alcuni di essi ed il magistrato tiberino, così come, ad esempio, alcune corporazioni di battellieri addette al trasporto di grano dipendevano dal *curator annonae.*[358] L'indizio di un legame tra un *corpus* tiberino ed il *curator Tiberis* è fornito da alcune iscrizioni ostiensi, che attestano la concessione di un permesso da parte di un *curator* ad una corporazione di battellieri denominata *corpus traiectus Luculli.*[359] Per tentare di comprendere se tale collegamento fosse di natura occasionale ovvero professionale si rende necessario chiarire chi fossero i battellieri che formavano i *corpora traiectus* e quali competenze spettassero loro.

1. I quattro *corpora traiectus* ad Ostia e *Portus*

Lenunculi *e* scaphae

A prescindere dalla corporazione di appartenenza, i battellieri del Tevere prendevano in genere il nome dal tipo di imbarcazione che utilizzavano; i membri dei *corpora traiectus* si servivano, secondo quanto risulta dalle iscrizioni, di *lenunculi* e *scaphae*, battelli generalmente utilizzati per la navigazione fluviale. La tipologia di imbarcazione impiegata può aiutare in parte a comprendere le attività svolte dalle corporazioni che ne facevano uso.

Il termine *lenunculus* deriva per corruzione da *lembunculus*, diminutivo di *lembus* a sua volta trascrizione del greco λέμβõ , vocabolo indicante un'imbarcazione marina, generalmente impiegata per la pesca, originaria del Mediterraneo orientale e munita di remi, talora di vela o a propulsione mista.[360] Le scarne notizie a riguardo attestano che il *lenunculus* era una piccola barca mossa da remi e, sembra, terminante a punta nella parte anteriore. Nonio lo definisce *«navigium piscatorum»*, si trattava dunque di un'imbarcazione solida e stabile usata anche dai pescatori di mare; Prudenzio parla invece dei *lenunculi* come di piccoli battelli da trasporto.[361] Le Gall ne ha identificato una possibile rappresentazione nel bassorilievo di una tomba proveniente dall'Isola Sacra, in cui figura un'imbarcazione con la prua alta e la poppa bassa, stabile, con tre rematori e con un albero che tuttavia, secondo lo studioso, trovandosi troppo vicino alla prua, doveva servire per issare la vela più che per l'alaggio.[362] Data la scarsità delle fonti, non è semplice dare una definizione precisa dei compiti dei *lenuncularii.*[363] Basandosi sulla testimonianza di Prudenzio, Accame ipotizza che essi fossero impiegati nei porti per il carico e lo scarico delle merci dalle navi, nonché per il trasporto delle persone, mentre secondo una teoria di Waltzing, ripresa poi da Licordari, il loro compito principale sarebbe stato proprio il trasporto di persone, come, ad esempio, corrieri e pescatori, dal momento che i *lenunculi* erano navi–appoggio di piccole dimensioni, non scafi piatti senza sponde come le zattere, ma comunque di facile accesso.[364] Che ai *lenunculi* spettasse una funzione in qualche modo ausiliaria all'attività portuale risulta ad ogni modo chiaramente da un passo di Strabone, che definisce tali imbarcazioni ὑπηρετικαὶ σκαφαὶ, cioè navi a remi di servizio, ma anche dalla denominazione di alcune categorie di *lenuncularii* che contenevano il termine *auxiliarius.*[365] Su tali basi, De Salvo conclude che i compiti precipui di tali imbarcazioni fossero il trasbordo in mare delle merci in arrivo e in partenza (come si ricaverebbe dal verbo ἀντιφροντίζονται usato da Dionigi di Alicarnasso), l'alleggerimento delle navi onerarie e, grazie alla possibilità di manovra autonoma dovuta ai remi, l'accoglienza e il pilotaggio in porto delle stesse.[366] Similmente ai *lenunculi*, le *scaphae* (il cui nome deriva dal termine greco σκάφη) erano piccole imbarcazioni leggere a uno o due rematori, erano però prive di albero e avevano forma semilunata, in genere costituivano parte integrante dell'armamento delle grandi navi, anche da guerra, per le quali fungevano da scialuppe, assicuravano le comunicazioni con la costa e soprattutto garantivano il traino nelle manovre in porto.[367] Le due tipologie di imbarcazioni dovevano presentare caratteristiche simili dal momento che anche nelle fonti esse compaiono spesso

---

[358] In particolare era legata al *curator annonae* la corporazione dei *caudicarii* (o *codicarii*), addetta al trasporto del grano da Ostia a Roma. Cfr. DE SALVO 1990, pp. 235-236; DE SALVO 1992, pp. 171-172.

[359] CIL XIV 254 = REp III. 41*a*; CIL XIV 5320 = REp III. 25*z*; AE 1955, 185 = REp III. 42*a*. Per il contenuto delle iscrizioni cfr. la sezione dedicata alle fonti epigrafiche. Il *corpus traiectus Luculli* è l'unica corporazione che compare certamente sulle iscrizioni inerenti al *curator Tiberis.*

[360] Meno verisimile appare la derivazione dal greco ληνõ e dal conseguente latino *lenis*, vaso, tino. Cfr. SALVADORI 1987, pp. 162-163.

[361] NON. 13.8; cfr. anche CAES, *civ.* 2, 43; SALL. *hist.* 1, 25; STRABO 5,3,5; DIONYS. 3.44; TAC. *ann.* 14, 5; GELL. 10, 25.5; AMM. 14, 2.10; PRUD. *peristeph.* 5, 455. Si trattava di una piccola barca a remi, leggera e rapida, che rientrava tra quelle che i Romani chiamavano *naves actuariae*, riservate alla navigazione marittima, mentre i *lembi* di piccole dimensioni, i *lenunculi* appunto, venivano utilizzati per la navigazione fluviale. Cfr. *DAGR* III, 2 (1904) p. 1099 s.v. *Lembus* (P. Gauckler). Si veda WALTZING 1895, II, pp. 73-75; LE GALL 1953, p. 222 (ora anche LE GALL 2005, pp. 270-271).

[362] LE GALL 1953, pp. 222-223 (ora anche LE GALL 2005, pp. 270-273). Per una possibile immagine di *lenunculus* cfr. LE GALL 1953, pl. XXX. (ora anche LE GALL 2005, p. 269 fig.82).

[363] WALTZING 1895, II, p. 73.

[364] *DE* IV (1950) pp. 637-638, s.v. *Lenuncularius* (S. Accame); WALTZING 1895, II, p. 73. LICORDARI 1987, pp. 152-153 dà per assodato che il termine *traiectus* significhi "traghetto".

[365] STRABO 5, 232. Cfr. CASSON 1995, p. 336. Cfr. LE GALL 1953, p. 223 (ora anche LE GALL 2005, p. 271); DE SALVO 1990, pp. 207-208; DE SALVO 1992, p. 148.

[366] DIONYS. 3, 44: «ταῖ ποταμεγοῖ ἀπογεμίζονται καὶ ἀντιφροντίζονται σκάφαι». DE SALVO 1990, pp. 207-209; DE SALVO 1992, pp. 147-149.

[367] NON. 13, 859 Lindsay «*scaphae sunt naviculae quae maiores naves consecuntur*»; FEST. 42. s.v. '*Promulco*' e '*Remulco*'. Durante la navigazione, la *scapha* seguiva la nave cui era unita con una gomena, su di essa si trovava costantemente un marinaio dell'equipaggio incaricato di sorvegliarla, vuotare l'acqua e ripescare uomini e oggetti che potevano accidentalmente finire fuori bordo. In caso di naufragio la *scapha* fungeva da scialuppa di salvataggio. Le grandi navi mercantili potevano essere provviste anche di tre *scaphae*. Cfr. *DAGR* IV, 2 (1904) p. 1113 s.v. *Scapha* (P. Gauckler); LE GALL 1953, pp. 220-222 (ora anche LE GALL 2005, pp. 267-270); MOCCHEGIANI CARPANO 1984, pp. 41-42; PAVOLINI 1986, p. 96; SALVADORI 1987, pp. 169.170; DE SALVO 1990, pp. 229-231; DE SALVO 1992, pp. 166-168.

accomunate quasi a costituire un'unica classe di imbarcazioni. Sia *lenunculi* che *scaphae* venivano utilizzati dai pescatori e nelle operazioni di alleggerimento delle navi e vengono raffigurati insieme sul verso di alcune monete di Nerone coniate in occasione dell'inaugurazione del porto di Claudio.[368] Nel *Bellum Civile* Cesare utilizza il termine *lenunculus* come sinonimo di *scapha* per indicare le barche utilizzate sulle navi come scialuppe di salvataggio, ma anche in alcune iscrizioni (come ad es. CIL XIV 409) *scapharii* e *lenuncularii* vengono citati assieme.[369] È probabile che i due tipi di imbarcazioni si distinguessero dunque principalmente per la forma e il metodo di propulsione; i *lenunculi* sarebbero stati più grandi delle *scaphae*, dato che queste ultime non navigavano in autonomia mentre i *lenunculi* sì, ma dovevano essere comunque di piccola stazza, essendo il loro nome il diminutivo di *lembus.*[370] Per quanto riguarda i limiti cronologici e di azione delle corporazioni che utilizzavano tali imbarcazioni, De Salvo sottolinea che i *lenuncularii* sono testimoniati per il II e III secolo d.C. e solo ad Ostia, perciò giustamente conclude che il loro servizio doveva svolgersi in questa zona, mentre le *scaphae* avrebbero esteso la loro attività lungo tutto il Tevere.[371]

I corpora lenunculariorum

I *lenuncularii* del Tevere erano riuniti in un'unica associazione articolata in *quinque corpora lenunculariorum Ostiensium*, come attestato da alcune iscrizioni.[372] Secondo De Salvo l'indicazione del numero cinque non sarebbe chiara, ma potrebbe avere qualche collegamento con un'analoga corporazione testimoniata ad *Arelate,* in forza anche di un'analogia tra le due città, entrambe situate su una foce, a metà dunque tra fiume e mare.[373] Un simile raggruppamento comunque porta a pensare che non esistessero semplicemente dei *lenuncularii,* ma piuttosto che ciascuna delle cinque corporazioni avesse una propria specializzazione, omessa quando venivano ricordati tutti assieme come *quinque corpora* (*tab. 22*). Purtroppo solo alcuni dei *corpora* ostiensi sono stati identificati; in linea di massima si concorda sul fatto che due di esse dovevano essere costituite dai *lenuncularii tabularii auxiliarii Ostienses* e dai *lenuncularii pleromarii auxiliarii Ostienses,* a cui si aggiunge in genere una terza sezione costituita dai *lenuncularii traiectus Luculli.*[374] Restano però escluse da una simile ripartizione altre sezioni di *lenuncularii* attestate dalle fonti epigrafiche, i *lenuncularii traiectus marmorariorum* ed i *lenuncularii traiectus togatensium.* È possibile che costoro facessero parte, assieme ai *lenuncularii traiectus Luculli,* di un'unica sezione di battellieri, i *lenuncularii traiectus* per l'appunto; oppure, secondo un'ipotesi proposta da Casson, che le due sezioni mancanti ai *quinque corpora* fossero composte in qualche modo da altri servizi di *traiectus.*[375]

<table>
<tr><td>1</td><td>lenuncularii tabularii auxiliarii Ostienses</td><td rowspan="7">oppure</td><td colspan="2">lenuncularii tabularii auxiliarii Ostienses</td></tr>
<tr><td>2</td><td>lenuncularii pleromarii auxiliarii Ostienses</td><td colspan="2">lenuncularii pleromarii auxiliarii Ostienses</td></tr>
<tr><td rowspan="3">3</td><td rowspan="3">lenuncularii traiectus Luculli</td><td rowspan="3">lenuncularii traiectus</td><td>Luculli</td></tr>
<tr><td>marmorariorum</td></tr>
<tr><td>togatensium</td></tr>
<tr><td>4</td><td>lenuncularii traiectus marmorariorum</td><td colspan="2">Corporazione ignota</td></tr>
<tr><td>5</td><td>lenuncularii traiectus togatensium.</td><td colspan="2">Corporazione ignota</td></tr>
</table>

Tab. 22 – Possibili composizioni dei Quinque corpora lenunculariorum Ostiensium.

Della corporazione dei *lenuncularii tabularii auxiliarii* si possiedono tre albi databili al II e al III sec d.C.[376] Tra le varie ipotesi proposte sull'interpretazione della loro denominazione, la più convincente sembra essere quella di Casson, condivisa da De Salvo. Sulla base dell'analogia con i *tabularii* dipendenti dall'ufficio dell'annona, la studiosa ipotizza che i *lenuncularii tabularii* fossero contemporaneamente incaricati di accogliere le navi onerarie, registrarne il carico, assegnare loro l'ancoraggio e le quietanze (*dimissoriae*).[377] Sui *lenuncularii pleromarii auxiliarii* invece persistono ancora numerose incertezze. È indubbio che il termine *pleromarius* derivi dalla parola greca πλήρωμα, che alcuni interpretano come indicante barche provviste di equipaggio, o, in senso più ampio, battelli equipaggiati con remi e vele, secondo il significato di πλήρωμα, che indica sia gli uomini di equipaggio, sia ciò che compone l'armamento di una nave.[378] Cogliendo l'accezione tecnica del termine, De Salvo vedrebbe piuttosto nei *pleromarii* i marinai addetti a funzioni ausiliarie di carico e scarico delle imbarcazioni in partenza

[368] DIG. 14, 2. 4; *DAGR* IV, 2 (1904) p. 1113 s.v. *Scapha - scapha piscatoria* (P. Gauckler); LE GALL 1953, pp. 268-269 (ora anche LE GALL 2005, pp. 326-327); DE SALVO 1990, p. 231; DE SALVO 1992, p. 168. Per le monete neroniane si veda RIC I 178; RIC I 441 LE GALL 1953, p. 221 (ora anche LE GALL 2005, pp. 268-269); DE SALVO 1990, p. 231; DE SALVO 1992, p. 167.

[369] CAES. civ. 2, 43 *«(Marcius Rufus) pollicetur magistrisque imperat navium, ut primo vespere omnes scaphas ad litus appulsas habeant. [...] Horum fuga navium onerariarum magistros incitabat; pauci lenunculi ad officium imperiumque conveniebant.»*

[370] Cfr. WALTZING 1895, II, p. 76; MOCCHEGIANI CARPANO 1984, pp. 41-43. Sul *lenunculus* cfr. anche *DAGR* III, 2 (1904) p. 1099 s.v. *Lembulus* et *Lenunculus* (P. Gauckler); in *DEAR* IV (1950) pp. 637-638. s.v. *Lenuncularius* (S.Accame); CASSON 1965, pp. 32-34; DE SALVO 1992, pp. 206-208.

[371] DE SALVO 1990, p. 208; 231; DE SALVO 1992, p. 148; 168. Secondo LE GALL 1953, p. 220 (ora anche LE GALL 2005, p. 267) invece anche l'attività delle *scaphae* si sarebbe limitata alla zona portuale ostiense.

[372] CIL XIV 170; CIL XIV 352; CIL XIV 4144.

[373] CIL III 14165.8; CIL XII 672. DE SALVO 1990, p. 219; DE SALVO 1992, pp. 158-160. Sulla corporazione di Arles cfr. CHRISTOL 1982, pp. 5-14; CHRISTOL – DEMOUGIN 1984, pp. 163-170; ALFÖLDY 1986, pp. 173-180; VIRLOUVET 2004, pp. 327-370; EICH 2005, pp. 204-205.

[374] Cfr. WALTZING 1895, II, pp. 74-77; LE GALL 1953, pp. 222-225 (ora anche LE GALL 2005, pp. 270-275); CASSON 1965, p. 34; DE SALVO 1990, pp. 209-210; DE SALVO 1992, p. 149.

[375] CASSON 1965, p. 34. Del medesimo parere anche MEIGGS 1973, p. 297.

[376] Rispettivamente al 152, al 192 e al 213 d.C. CIL XIV 250 (albo del 152); CIL XIV 251 (albo del 192); AE 1955, 182 (albo del 213). Cfr. ad es. CICERCHIA – MARINUCCI 1992, p. 199.

[377] CASSON 1965, p. 35; DE SALVO 1990, pp. 211-212; DE SALVO 1992, pp. 151-152. Per altre interpretazioni cfr. WALTZING 1895, II, pp. 75-76; LE GALL 1953, p. 224 (ora anche LE GALL 2005, pp. 273-275).

[378] Cfr. WALTZING 1895, II, p. 75; LE GALL 1953, p. 224 (ora anche LE GALL 2005, p. 273).

e in arrivo, qualora le navi a pieno carico dovessero essere alleggerite per poter entrare in porto. L'ipotesi è supportata dal fatto che la corporazione risulta essere più piccola e meno importante di quella dei *tabularii auxiliarii,* come si evince anche dall'unica testimonianza epigrafica che la riguarda, un albo della corporazione databile al 200 d.C., che include soltanto sedici membri e due patroni di modeste condizioni; è evidente che doveva trattarsi di un servizio ausiliario non particolarmente qualificato limitato all'alleggerimento delle navi sovraccariche.[379] Il termine *auxiliarii* veniva dunque utilizzato in quanto tali *lenunculari*i accoglievano le navi onerarie in arrivo, recando loro l'*auxilium* necessario (pratico i *pleromarii,* burocratico i *tabularii*) per l'ingresso nel porto. È possibile che il tipo di imbarcazione utilizzato fosse, oltre ovviamente al *lenunculus*, anche la *scapha,* dato che le due imbarcazioni sembrano essere molto simili e che spesso, come già accennato, *lenuncularii* e *scapharii* vengono ricordati assieme.

I corpora traiectus

Del gruppo di *quinque corpora lenunculariorum* facevano parte anche alcune corporazioni note come *lenunculariorum traiectus*, formula cui vengono aggiunte denominazioni diverse, quali *marmorariorum, togatensium* e *Luculli*; un quarto *corpus,* il *traiectus Rusticeli,* era invece composto da *scapharii*, che compaiono anche in un'iscrizione assieme ai *lenuncularii* come *corpus scaphariorum et lenunculariorum traiectus Luculli.*[380] La struttura della denominazione si presenta pressoché identica a quella delle altre corporazioni di battellieri:

- *Lenuncularii* (o *scapharii*) indica il tipo di imbarcazione utilizzato/posseduto dai battellieri;

- *traiectus*: assimilando questi *corpora* agli altri citati, il termine *traiectus* si deve interpretare come l'indicazione di una funzione, similmente a *pleromarius* e *tabularius.* Non è tuttavia così semplice definire il significato di *traiectus.* Le principali interpretazioni di questo termine sono essenzialmente due: la prima lo traduce come "traghetto"; la seconda come "banchina", "molo".[381] A queste se ne aggiunge una terza, proposta da De Salvo, secondo cui *traiectus* deriverebbe dal verbo *traicio* ed indicherebbe dunque un 'tragitto' di trasporto di merci e/o persone lungo il fiume.[382] Una quarta soluzione è stata suggerita da Pavolini, che interpreta *traiectus* come 'tratto di banchina appaltato ad un privato'.[383] Un possibile chiarimento può tuttavia derivare dall'analisi dei genitivi che, in tutti e quattro i casi, seguono il termine *traiectus.*

- *Luculli, Rusticeli, marmorariorum, togatensium*: sono tutti genitivi di persona, e non di cosa. Resta da chiarire tuttavia se si tratta di genitivi soggettivi o oggettivi, ossia se il termine specifica il/i proprietario/i del servizio/molo, ovvero coloro che ne usufruivano e quindi venivano trasportati. Se entrambe le ipotesi possono essere valide per i *corpora marmorariorum* e *togatensium* -fermo restando il fatto che rimane da chiarire il reale significato di questi due termini-, la questione si complica i *corpora Luculli* e *Rusticeli.* Data la varietà delle denominazioni, non sembra possibile dare una definizione univoca e complessiva di *corpora traiectus.* Infatti se pure si potrebbe concordare con Le Gall per quanto riguarda la definizione del *traiectus marmorariorum* come banchina specializzata per i marmi, una simile soluzione diventa inapplicabile se riferita al *traiectus togatensium.*[384] È dunque necessario analizzare i nomi delle corporazioni singolarmente, tenendo sempre presente che facevano parte probabilmente di un'unica corporazione di *quinque collegia lenunculariorum*, tranne forse il *traiectus Rusticeli*, formato da *scapharii.*[385]

- *Traiectus Luculli* e *traiectus Rusticeli.*[386] Data l'analogia della loro denominazione, è possibile procedere ad un'analisi congiunta delle due corporazioni. Innanzitutto però è necessario analizzare brevemente la modalità ed il motivo per cui sorgevano simili corporazioni, se per volere dello stato qualora vi fosse qualche necessità della loro opera, oppure se per iniziativa privata per cui lo stato sarebbe ricorso alle loro prestazioni in caso di bisogno.[387] Secondo Waltzing le associazioni professionali nascevano dapprima per iniziativa privata e solo in un secondo momento, attraverso una fase di supporto da parte del potere centrale alle associazioni che svolgevano compiti di pubblica utilità, esse sarebbero passate a diretto servizio dello stato come istituzioni ufficiali regolari.[388] Secondo De Robertis appare tuttavia più probabile che lo stato abbia agito secondo due diverse direttive: la prima sarebbe stata quella di rivolgersi a corporazioni già esistenti per incaricarle di un servizio pubblico; la seconda avrebbe visto lo stato stesso farsi promotore della costituzione di una corporazione professionale secondo le proprie necessità.[389] Quest'ultimo avrebbe costituito un provvedimento tutt'altro che straordinario da parte dello stato, anzi sarebbe addirittura stata la linea più seguita, tanto più che, continua lo studioso, il ricorso statale a

[379] DE SALVO 1990, pp. 216-217; DE SALVO 1992, pp. 155-157. L'albo della corporazione si trova in CIL XIV 252.
[380] CIL XIV 409. L'utilizzo preferenziale della *scapha* risulta da CIL XIV 5327 in cui la corporazione indicata come *[c]orpori / [- - -]ariorum / [traiectus] Rusticeli* è integrata da KRISTOFERSON 1930, p. 193 come *[scaph]ariorum* in quanto la lacuna presentata dall'iscrizione sarebbe soltanto di sei lettere, il che escluderebbe dunque trattarsi di *[lenuncul]ariorum.*; cfr. anche BOTTIGELLI 1942, p. 86
[381] Sulla prima interpretazione Cfr. WALTZING 1895, p. 76; MEIGGS 1973, p. 297; LICORDARI 1987, p. 150; propendono per la seconda LE GALL 1953, p. 224 (ora anche LE GALL 2005, p. 273); MOCCHEGIANI CARPANO 1984, p. 42; PAVOLINI 1986, p. 96.
[382] DE SALVO 1990, p. 223; DE SALVO 1992, p. 161.
[383] PAVOLINI 1986, p. 96.
[384] LE GALL 1953, pp. 224-225 (ora anche LE GALL 2005, pp. 273-275).
[385] Cfr. CIL XIV 5327 e 5328.
[386] Le principali attestazioni del *traiectus Luculli* si trovano in CIL XIV 409; CIL XIV 451; CIL XIV 5320; CIL XIV 5380; AE 1987, 193; AE 1987, 194; AE 1987, 195; AE 1987, 196; AE 1989, 128. Alcune di queste iscrizioni sono state pubblicate per la prima volta da LICORDARI 1987, pp. 149-161. Il *Traiectus Rusticelli* è attestato in AE 1907, 219; AE 1989, 125; CIL XIV 4553; CIL XIV 431; CIL XIV 4554.
[387] Si tratta naturalmente di un discorso generalizzato, data l'impossibilità di stabilire qualcosa di certo inerentemente alle singole corporazioni.
[388] WALTZING 1895, II, pp. 249-261.
[389] DE ROBERTIS 1971, II, pp. 100-101.

corporazioni già esistenti avrebbe costituito una soluzione eccezionale a motivo della difficoltà di individuare *collegia tenuiorum* a base professionale che rispondessero alle necessità pubbliche.[390] Infatti se la ricerca di associazioni professionali adatte alle esigenze dello stato si fosse svolta fra i *collegia tenuiorum* -più numerosi grazie ad un senatoconsulto che ne permetteva la libera costituzione, in eccezione alla *lex Iulia de collegiis*-, vi sarebbe stata una difficoltà oggettiva nella scelta di associazioni professionali tra di essi, in quanto simili collegi erano costituiti soprattutto da persone povere e quindi non sempre in grado di far fronte all'impiego di capitali che il servizio pubblico avrebbe richiesto.[391] Tale obiezione, tuttavia, non appare pienamente convincente; sembra infatti più logico pensare che lo stato facesse ricorso con maggior frequenza ai numerosi collegi professionali già esistenti, come dimostra chiaramente il fatto che ai corporati era possibile rimanere membri del collegio pur senza prestare servizio per lo stato ovvero anche quando, dopo avere assunto l'incarico, vi avessero rinunciato, il che dimostra inoltre come tale servizio non fosse obbligatorio.[392] La stessa *lex Iulia*, che vincolava la nascita del collegio ad una previa autorizzazione del senato, dimostrerebbe come l'iniziativa di costituzione di un collegio fosse prevalentemente privata. Inoltre il fenomeno associativo era assai diffuso nel mondo romano e, fin dall'inizio, esso aveva avuto il fine di riunire con scopi di funzioni sociali persone dedite ad una medesima professione; col tempo, poi, alle funzioni sociali si sarebbero aggiunti fini anche economici, come, ad esempio, la tutela verso i pericoli della professione e la difesa da eventuali minacce ai propri interessi economici.[393] Sarebbe stato dunque assai più naturale che lo stato si rivolgesse con maggiore frequenza a tali associazioni, piuttosto che preferire l'istituzione in prima persona di collegi professionali paralleli a quelli già esistenti.[394]

É probabile che anche la corporazione dei *lenunculárii traiectus Luculli* abbia percorso il medesimo *iter*: un *corpus* di battellieri che svolgeva ad Ostia una funzione specifica e che fu ufficialmente incaricato di quella funzione perché pubblicamente utile. Secondo l'opinione più diffusa tra gli studiosi, il nome di tale corporazione, come pure quello del *traiectus Rusticeli*, sarebbe nato dal fatto che essa avrebbe riunito un gruppo di battellieri originariamente alle dipendenze di un privato.[395] Effettivamente, per quanto riguarda i *Rusticeli*, la presenza ad Ostia di una famiglia rispondente a tale nome sembra essere certa; i suoi esponenti appartenevano ad un'importante *gens* di Roma dedita al commercio, come suggerirebbe la collocazione della loro tomba rinvenuta nel XVII secolo nei pressi del Testaccio, il quartiere commerciale dell'Urbe.[396] Il ramo ostiense della famiglia, anch'esso molto probabilmente legato al commercio, possedeva quasi certamente i *praedia Rusticelianorum*, presentati quali possedimenti imperiali in un'iscrizione databile al 205 d.C.[397] Sulla base di tale iscrizione De

[390] Una simile teoria troverebbe supporto in diverse fonti epigrafiche e letterarie: CIL VI 4416 (Augusto); PLIN. *paneg.* 54 (Domiziano); AUR. VICT. *Caes.* 13, 5; PLIN. *epist.* 10, 33 (Traiano); CIL III 7060 (Antonino Pio); LAMPR. *Alex.*, 33 (Alessandro Severo); VOPISC. *Aurelian.* 47 (Aureliano). Cfr. DE ROBERTIS 1971, II, pp. 96-101. Cfr. *infra.*

[391] DE ROBERTIS 1971, II, p. 101. La *lex Iulia de collegiis* fu emanata da Cesare (SVET. *Iul.* 42: «*Cuncta collegia praeter antiquitus constituta distraxit*») probabilmente tra 49 e 44 a.C. per porre rimedio alla situazione creata dalla *lex Clodia* -che lasciava assoluta libertà di associazione al fine di utilizzare i collegi come strumenti di agitazione e disordini- e in seguito ripristinata da Augusto dopo i disordini seguiti al cesaricidio (SVET. *Aug.* 32. «*Plurimae factiones titulo collegii novi ad nullius non facinoris societatem coibant; igitur collegia praeter antiqua et legitima dissolvit*»), la *lex Iulia* (cfr. CIL VI 2193 = CIL VI 4416 = ILS 4966; FIRA III, 38) inaugurava il sistema del controllo statale sulla facoltà di associazione; disponeva infatti lo scioglimento dei collegi considerati illeciti, provvedendo inoltre a che la costituzione di nuove corporazioni avvenisse solo previa autorizzazione da parte del senato. Fondamentale per tale autorizzazione era l'esistenza di alcuni requisiti richiesti alla cellula associativa, quali l'inoffensività per l'ordine pubblico e, soprattutto, l'interesse pubblico alla costituzione del collegio. Dell'importanza di quest'ultimo requisito testimonia un passo di Callistrato (DIG. 50, 6, 6 [5]. 12) che attesta come le associazioni professionali «*instituta sunt ut necessariam operam publicis utilitatibus exhiberent*». Sulla *lex Iulia* si vedano più ampiamente WALTZING 1895, I, pp. 113-115; DE ROBERTIS 1971, I, pp. 195-200; JAPELLA CONTARDI 1980, pp. 2-3; DE SALVO 1992, pp. 374-378.

[392] Cfr. WALTZING 1895, I, pp. 255-256; DE ROBERTIS 1971, II, pp. 110-111; JAPELLA CONTARDI pp. 36-37; pp. 79-81. Contro questa teoria di De Robertis cfr. anche JAPELLA CONTARDI 1980, pp. 63-65; pp. 92-93.

[393] DE SALVO 1992, pp. 260-261.

[394] Per l'adempimento dei pubblici servizi, durante la Repubblica, lo stato romano si rivolgeva abitualmente ai pubblicani mediante il sistema delle *redemptiones.*, che sarebbe stato poi adottato, durante l'età imperiale, con le corporazioni professionali. Cfr. DE ROBERTIS 1971, II, p. 107. Non va comunque dimenticato che l'assegnazione di un servizio pubblico ad un collegio privato implicava la trasformazione di quest'ultimo in 'ente pubblico', la cui istituzione, sottolinea DE ROBERTIS 1971 II, pp. 100-101 nt. 24, andava fatta risalire allo stato, almeno dal punto di vista giuridico. Tuttavia i collegi professionali incaricati di un pubblico servizio non necessariamente dipendevano in modo diretto dallo stato; non v'era neppure bisogno di ricorrere alla costrizione da parte di quest'ultimo, in quanto i privilegi concessi ai membri dei collegi (per i quali si veda DE ROBERTIS 1971, II, pp. 112-116) in cambio del servizio pubblico fornito erano sufficienti a garantire una costante offerta di personale. Una dipendenza sempre più stretta dei *collegia* professionali dallo stato si andrà creando col tempo, fino al IV-V secolo d.C., quando tali corporazioni risultano essersi trasformate in organi ufficiali, chiusi e rigidamente controllati, tanto che ogni servizio veniva imposto in modo obbligatorio ed ereditario. Cfr. WALTZING 1895, II, pp. 6-9, pp. 260-263; DE ROBERTIS 1971, II, pp. 136-139; CRACCO RUGGINI 1972, 272-311. CRACCO RUGGINI 1976, pp. 63-94; trova le cause di una simile trasformazione graduale nel forte accentramento amministrativo verificatosi soprattutto con Diocleziano e Costantino (cfr. anche DE ROBERTIS 1971, II, pp. 129-132), che, unito alla crisi generalizzata del periodo, decretò la fine dell'iniziativa privata nell'ambito dell'uso romano di corrispondere le imposte in natura, come ad esempio erano i servizi forniti personalmente o dalla collettività. A tale principio non sarebbero sfuggiti i collegi professionali. A ciò DE ROBERTIS 1971, II, p. 102 aggiunge l'ostilità del nuovo ordine al sistema degli appalti pubblici, volto allo scopo di limitare la potenza economica dei pubblicani.

[395] LE GALL 1953, p. 225 (ora anche LE GALL 2005, pp. 274-275); PAVOLINI 1986, p. 96; DE SALVO 1990, p. 224; DE SALVO 1992, p. 162.

[396] CALZA 1921b, pp. 235-240; MEIGGS 1973, p. 195; RODRIGUEZ-ALMEIDA 1981, pp. 40-45; DE SALVO 1990, pp. 225-230; DE SALVO 1992, 163-165; *LTUR* IV (1999) pp. 296-297 s.v. *Sepulcrum Rusticelii* (F. Fontana); GREGORI 2005, p. 93.

[397] CIL XIV 4570 = AE 1995, 59. *Locus adsignatus a Callis[to] / Aug(usti) lib(erto) proc(uratore) / cultorib(us) Larum et imaginum / dominorum nostrorum / invictissimorum Augustor(um) / praediorum Rusticelianorum / ad sol(l)emnes dies confre/quentandos curante Maxi/miano Aug(usti) n(ostri) verna vilico / eorundem praediorum, sicut / litteris ab eodem Callisto / emissis continentur, dedic(atus) / Kal(endis) Iunis Imp(eratore) Antonino Pio / Felic(e) Aug(usto) II co(n)s(ule) / ex exemplum (!) libelli. / Callistus Maximiano / [l]ibellum datum mihi a cu[l]/[t]oribus Larum Aug(ustorum) at te misi / oportuerat*

Salvo giunge ad ipotizzare che i *corpora traiectus* (sia *Rusticeli* che *Luculli*) lavorassero in origine alle dipendenze di grandi famiglie private trasportando merci di vario genere e che, in seguito, come i terreni dei *Rusticeli*, fossero passati al *patrimonium* del *princeps*, ragion per cui il termine *traiectus* non avrebbe indicato un molo o una banchina, ma piuttosto un servizio di trasporto lungo il fiume.[398] Sembra però poco probabile che lo stato romano abbia fatto ricorso ad un esproprio nei confronti di privati per potersi assicurare un servizio pubblico, mentre risulta più plausibile che, ammesso che questi battellieri abbiano mai lavorato a servizio di privati, si siano (gradualmente o ad un certo punto) organizzati in un *corpus* autonomo che poi ricevette dallo stato un incarico di pubblico servizio.[399] Singolare è invece il fatto che si parli non di *traiectus Rusticelianorum* (come invece per i *praedia Rusticelianorum*), ma di *traiectus Rusticeli*, il che porterebbe a pensare ad un collegamento della corporazione con un singolo membro di questa *gens* piuttosto che ad una proprietà di famiglia. L'ipotesi può trovare conferma se si nota come anche l'altro *corpus* sia denominato *traiectus Luculli*, dove addirittura *Lucullus* non è neppure il gentilizio di una *gens*, ma il *cognomen* di un personaggio che evidentemente (fosse o meno il famoso *L. Licinius Lucullus*) era più conosciuto per tale elemento onomastico che per il suo *nomen*.[400] È possibile, dunque, che il *corpus traiectus Luculli* fosse in qualche modo legato ad un singolo, più che alla *gens* cui tale personaggio apparteneva, e una simile considerazione si può ritenere valida anche per il *traiectus Rusticeli*. Tuttavia, se pure si può pensare che un *Lucullus* fosse un commerciante/produttore noto ad Ostia, il quale, per proprie esigenze di trasporti, aveva assunto dei battellieri, resta perlomeno curioso il fatto che, pur essendo i *Rusticeli* una famiglia impegnata ad ampio respiro nel commercio, il loro servizio di trasporti facesse capo ad un solo membro di questa *gens*. È dunque utile tentare di delineare altri tipi di legami tra i due *corpora* e gli esponenti delle due *gentes*.

Come si evince da un'iscrizione ostiense databile al II secolo d.C., alcuni tratti delle rive erano, per lo meno in età repubblicana, di proprietà di privati.[401] Secondo Le Gall, che interpreta il termine *traiectus* come 'imbarcadero', per tali privati era possibile organizzare moli che prendevano i loro nomi.[402] Pur non accogliendo le conclusioni a cui giunge lo studioso, è utile tenere in considerazione l'esistenza di proprietà private lungo il tratto ostiense del Tevere; è infatti possibile che su tali terreni i *lenuncularii* di una corporazione avessero ottenuto in affitto un luogo di attracco, acquistando così la denominazione dal nome del proprietario del terreno.[403] Con ciò non si vuol dire che la voce *traiectus* indicasse per forza un luogo fisico, ma piuttosto che, a qualunque compito fossero deputati, i *lenuncularii* e gli *scapharii* dei *corpora traiectus* possedevano comunque un luogo di attracco di proprietà (o in affitto) del *corpus* cui appartenevano, una sorta di stazione-deposito delle imbarcazioni, che poteva prendere il nome dal locatore del molo oppure dalla vicinanza del luogo di attracco con una qualche specifica proprietà (casa, terreno...) di tale personaggio; una sorta di denominazione, dunque, che utilizzava la collocazione topografica per distinguere i vari *corpora* che sul Tevere e, in un secondo tempo, sulla fossa Traiana svolgevano una funzione di *traiectus*.[404] È probabile allora che si tratti di due corporazioni di battellieri nate per iniziativa dei battellieri stessi, come molte altre corporazioni professionali del mondo romano, e che di esse poi lo stato si sia servito assegnando loro compiti di pubblica utilità. Di una certa ufficialità goduta soprattutto dagli *scapharii et lenuncularii traiectus Luculli* darebbe testimonianza la loro *schola*, identificata, grazie ad un'iscrizione rinvenuta in loco nel 1951, in un edificio sito lungo il Decumano di Ostia (I, II, 3). Lo stabile, di età adrianea, aveva pianta basilicale, era costituito da una sala absidata con una vasca centrale ed era divisa in tre navate di diversa ampiezza mediante pilastri laterizi, totalmente aperta sul Decumano Massimo mediante un portico.[405] Se l'edificio non aveva certo le dimensioni e la complessità architettonica propria delle sedi di grandi corporazioni, come ad esempio quella dei *fabrii tignarii* e dei *fabri navales*, ne condivideva però la collocazione prestigiosa.[406] Qualora si trattasse davvero della *schola* della corporazione, attesterebbe una volta di più una certa importanza del *corpus traiectus Luculli*, imputabile all'assegnazione a tale corporazione di una funzione di pubblica utilità da parte dello stato. Sulla corporazione del *traiectus Rusticeli* non si hanno altrettante informazioni, ma si può dedurre che svolgesse anch'essa un incarico analogo probabilmente in un altro punto del

te in tam religi/[os]am rem ipse etiam omne(m) solli/[ci]tudine(m) adhibuisse, ut locus / [o]lim consacratus confre/quentetur pro salute domi/[n]orum nn(ostrorum) Augg(ustorum), quod vel nu[nc] / [e]tiam volentibus cultoribus / [f]acere intervenire cura ut s[i]/[n]e recrasti(nati)one mundetur. Cfr. ad es. BOULVERT 1970, p. 391 nt. 119; KOLB 1995, pp. 203-205 n.5; GRADEL 2002, pp. 221-222; CALDELLI – ZEVI - CÉBEILLAC GERVASONI 2010, pp. 194-195. Inoltre diverse iscrizioni attestano la presenza di liberti di tale famiglia in ambito ostiense e romano (per es. CIL VI 15878; CIL VI 21941; CIL VI 25617; CIL VI 25621; CIL XIV 3547; CIL XIV 3835). Cfr. DE SALVO 1990, p. 226; DE SALVO 1992, p. 164.

398 DE SALVO 1992, p. 163. Cfr. DE SALVO 1990, p. 226.

399 Come ammette DE SALVO 1990, p. 227. cfr; DE SALVO 1992, p. 164.

400 Si veda ad esempio CIL VI 21230 in cui viene ricordato un *L(ucius) Licinius Luculli l(ibertus) Aphrodisius*.

401 CIL XIV 4703 = ILLRP 490 *[P]rivatûm / ad Tiberim / usque ad aquam*. Cfr. ad es. MAROI 1930, pp. 621-622; LE GALL 1953, p. 167 (ora anche LE GALL 2005, pp. 191-192); MEIGGS 1973, p. 32; CÉBEILLAC GERVASONI 1996, p. 96 nt. 23; BUKOWIECKI – DESSALES – DUBOULOZ 2004, p. 475 nt. 20; CALDELLI – ZEVI - CÉBEILLAC GERVASONI 2010, pp. 89-91.

402 LE GALL 1953, p. 225 (ora anche LE GALL 2005, p. 274).

403 Similmente PAVOLINI 1986, p. 96, che però perveniva a tale conclusione dando a *traiectus* il significato di "tratto di banchina fluviale appaltato ad un privato"; ammesso e non concesso che tale ipotesi sia vera, non potrebbe comunque adattarsi ai diversi tipi di *traiectus*.

404 Lo stesso vale per il *corpus traiectus marmorariorum* situato probabilmente nelle vicinanze del deposito di marmi dell'Isola Sacra. Cfr. *infra*.

405 BECATTI 1953, p. 132; HERES 1982, p. 372 fig. 69; HERMANSEN 1982, p. 65; CARRILLO DÍAZ-PINÉZ 1995, p. 38. Si tratta di un piccolo cippo marginato, attualmente conservata ai Musei Vaticani (Gall. Lap. 5, Inv. 7906) e databile tra 238 e 244 d.C., che riporta la seguente iscrizione: *Imp(eratori) Caes(ari) M(arco) Anto/nio Gordiano / Pio Felici Aug(usto) / corp(us) tr(aiectus) Lucul(li)*. Pubblicato da LICORDARI 1987, p. 153, 2, tav. II e in AE 1987, 194, si trova citato sommariamente anche da PAVOLINI 1986, p. 138; PAVOLINI 2006, p. 108 e in LAURO – PELLEGRINO 1986, p. 301.

406 PAVOLINI 1986, p. 138; LICORDARI 1987, p. 153; BOLLMANN 1998, pp. 275-278 e fig.48 (tav. 11,1.2); BOLLMANN 2001, p. 178.

fiume. Le iscrizioni di tale corporazione mostrano un certo legame con la casa imperiale, dal momento che numerose testimonianze epigrafiche del collegio riportano notizia di donari approntati dalla corporazione in onore dell'imperatore.[407] Si tratta sempre di statuette d'argento, forse raffiguranti l'imperatore al potere (per esempio Antonino Pio, Marco Aurelio, Commodo), circostanza che ha portato ad ipotizzare l'esistenza di un piccolo altare dedicato al culto imperiale nella loro sede e che forse certifica un rapporto con lo stato anche per tale collegio.[408] Per quanto riguarda i tipi di imbarcazione usati dalle due corporazioni, cioè il *lenunculus* e la *scapha*, è stato ipotizzato che le *scaphae* fossero addette al traghetto di carichi, mentre i *lenunculi* avrebbero traghettato piuttosto i passeggeri.[409] Dal momento però che probabilmente le *scaphae* erano più piccole dei *lenunculi*, è forse più probabile che il *corpus traiectus Rusticeli*, che utilizzava unicamente questo tipo di imbarcazione, fosse riservato al trasporto di soli passeggeri, mentre il *corpus traiectus Luculli*, che si serviva di entrambi i tipi di barca, trasportasse passeggeri e carichi.[410]

- Traiectus marmorariorum.[411] Come già accennato, Le Gall proponeva di leggere in tale denominazione l'indicazione di una banchina specializza per il carico e lo scarico dei marmi; De Salvo rifiuta però una simile ipotesi e -interpretando, come si è visto, *traiectus* come "tragitto"- arriva a concludere che il *traiectus marmorariorum* doveva essere un *corpus* specializzato nel trasporto dei marmi.[412] Inoltre poiché non si parla di *traiectus marmorum*, ma *marmorariorum,* con l'uso cioè di un termine indicante non la *species*, ma coloro che con essa avevano a che fare (pur non necessariamente lavorandola), il *corpus traiectus marmorariorum* avrebbe costituito, secondo la studiosa, una sorta di corporazione di imprenditori fluviali che si occupavano dell'importazione dei marmi e li scaricavano dalle navi su battelli attrezzati.[413] Una diversa interpretazione è tuttavia possibile se si prende in considerazione l'esistenza di una *statio marmorum* nella parte settentrionale dell'Isola Sacra, un ufficio di controllo dei rifornimenti, un luogo, insomma, dove i marmi provenienti dalle varie cave dell'impero venivano depositati per poi essere inviati a Roma, come paiono suggerire i frequenti rinvenimenti di blocchi di marmo in questa parte dell'isola e nella fossa Traianea.[414] Si può ipotizzare che il *traiectus marmorariorum* fosse in qualche modo connesso con il deposito di marmi in quanto forniva un servizio di trasporto non tanto per i blocchi di marmo, bensì per i *marmorari* che in tale deposito lavoravano, il che spiegherebbe anche l'uso di *marmorariorum* in luogo di *marmorum.*[415] D'altra parte l'operazione di alleggerimento delle navi che giungevano ad Ostia era svolta dai *lenuncularii pleromarii auxiliarii* e non si comprende perché tali barcaioli, riuniti anch'essi in una corporazione, non dovessero occuparsi anche dell'alleggerimento delle *naves marmorum.*[416] Valjus ha proposto di identificare le imbarcazioni deputate ad un simile compito con le *naves caudicariae.*[417] Tuttavia è più probabile che il trasporto dei blocchi di marmo fosse eseguito con *lenunculi*, e non solo per quanto riguarda l'alleggerimento delle navi che giungevano in porto, ma anche per il tratto da Ostia a Roma; si trattava infatti di imbarcazioni caratterizzate da una solida stabilità, mentre le *naves caudicariae* si distinguevano particolarmente per la forma e la notevole capacità di stivaggio (come lascia intendere anche la denominazione di *naves* applicata a queste imbarcazioni), che meglio si adattavano al trasporto di grano e derrate, piuttosto che al trasporto di blocchi di marmo.[418] L'ipotesi che il *corpus traiectus marmorariorum* fosse collegato al deposito di marmi dell'Isola Sacra in quanto utilizzato dai marmorari per il trasporto dei marmi da Ostia a Roma appare poco plausibile considerando anche che il termine *traiectus*, fosse 'traghetto' o 'tragitto' il suo significato, sembra

[407] CIL XIV 4555; CIL XIV 4556; CIL XIV 5327; CIL XIV 5328.

[408] BOTTIGELLI 1942, pp. 85-86. Le iscrizioni di donari sono rispettivamente CIL XIV 5327 e 5328 per Antonino Pio; CIL XIV 4556a per Marco Aurelio; CIL XIV 4553 per Commodo.

[409] WALTZING 1895, p. 76 nt. 2; BOTTIGELLI 1942, p. 85.

[410] Cfr. MEIGGS 1973, p. 297. L'esistenza della *scapha* pare essere attestata sino all'età moderna. GUGLIELMOTTI 1889, s.v. *scafa* descrive infatti la scafa come un'imbarcazione giunta sino a noi dai tempi degli antichi e utilizzata per traghettare persone e oggetti. Cfr. SALVADORI 1987, p. 169 nt. 1.

[411] CIL XIV 425 = AE 1994, 319.

[412] LE GALL 1953, p. 225 (ora anche LE GALL 2005, p. 274) arriva a chiedersi se fosse possibile l'esistenza di molte "banchine specializzate" delle quali a noi non sarebbe giunta notizia, come per esempio, «un "quai au vin" [...] près du *forum vinarium*, un "quai au blé" près du bureau de *mensores*, un "quai au l'huile"».DE SALVO 1990, p. 223; DE SALVO 1992, p. 161. Di tale opinione anche WALTZING 1895, II, p. 76.

[413] DE SALVO 1992, p. 165. Similmente per BACCINI LEOTARDI 1979, p. 43 il compito della corporazione sarebbe stato quello di trasportare i marmi da Ostia a Roma. Dello stesso parere PENSABENE 1972, p. 319 e MOCCHEGIANI CARPANO 1984, p. 59, che tuttavia forniscono una lettura errata del nome della corporazione, ossia *corpus traiectus marmorum.*

[414] PAVOLINI 1986, pp. 124-125; cfr. MAICHSBERGER 1997, pp. 33 ss.; PENSABENE 2007, pp. 387 ss.

[415] VALJUS 1994, p. 193.

[416] Dell'esistenza di queste navi sappiamo da PLIN. *nat.* 36, 48. Sulle mansioni dei *pleromarii auxiliarii* cfr. CASSON 1965, pp. 35-36; DE SALVO 1990, p. 215; DE SALVO 1992, 154-156.

[417] VALJUS 1994, p. 143.

[418] Secondo LE GALL 1953, p. 228 (ora anche LE GALL 2005, p. 277) «les *caudicariae naves* apparaissent ainsi comme des bateaux d'assez fort tonnage ressemblant aux cargos marins, ou *naves rotundae*». Cfr. anche DE SALVO 1990, pp. 236-237; DE SALVO 1992, pp. 172-173. I *caudicarii* -o *codicarii*- formavano ad Ostia una delle corporazioni più importanti in quanto legata particolarmente all'*annona*; in CIL XIV 4234, un'iscrizione sacra proveniente da Tivoli (Inv. 72472), è ricordato, ad esempio, *M. Caerellius Iazemis* che fu contemporaneamente *caudicarius* e *mercator frumentarius* ad Ostia. Cfr. LE GALL 1953, pp. 226-228 (ora anche LE GALL 2005, pp. 275-277); MEIGGS 1973, pp. 277, 321; VALJUS 1998, p. 259-264; VALJUS 1999, p. 39; ZEVI 2002, p. 43 e nt. 92; TRAN 2006, pp. 104-106; ZEVI 2008, pp. 499-500. Inoltre i *caudicarii* univano probabilmente all'attività di trasporto annonario e di derrate una loro libera attività costiera. Secondo DE SALVO 1990, pp. 241-242 le categorie di *codicarii* erano infatti due; la prima operava sul Tevere trasportando, mediante alaggio e vela, le derrate da Ostia e *Portus* a Roma, la seconda conduceva attività di cabotaggio muovendosi lungo le coste (come lascerebbero intuire l'aggettivo *infernates* attribuito ai *codicarii* di CIL XIV 131, ed il fatto che *mare Inferum* era la denominazione del Tirreno). Cfr. DE SALVO 1992, pp. 176-177. Sui *codicarii* si vedano anche CASSON 1965, pp. 36 ss.; WALTZING 1895, II, pp. 69 ss. Le attività di questi barcaioli risultano abbastanza delineate, perciò appare difficile capire come un *codicarius*, pur potendo dedicarsi ad un'attività importante come il trasporto dell'annona (che doveva comportare una serie di riconoscimenti, non ultimo l'appartenenza ad una corporazione tra le più importanti), scegliesse invece il trasporto dei marmi, attività che, stando ai dati sino ad oggi pervenuti, non appare neppure riconosciuta a livello sociale mediante la costituzione di un corporazione o di un collegio.

difficilmente adattabile al percorso di una trentina di chilometri, lungo e tortuoso, che queste imbarcazioni avrebbero dovuto affrontare se davvero fossero state destinate a tale compito.[419]

- ***Traiectus togatensium***. L'unica attestazione certa per questo *corpus* è data dalla seguente iscrizione su tavola bronzea, databile secondo Henzen tra la fine del II e gli inizi del III secolo d.C.:

CIL XIV 403 = ILS 4213[420]

Sex(to) Pompeio Sex(ti) fil(io)
Maximo
sacerdoti Solis In-
victi Mit(hrae), patri patr(u)m
q(uin)q(ennali) corp(oris) treiect(us)(!) toga-
tensium, sacerdo-
tes Solis Invicti ((Mithrae))
ob amorem et meri-
ta eius semper ha-
bet.

A tale testimonianza vengono solitamente aggiunte le attestazioni frammentarie di CIL XIV 4613 che risulta di ben scarso aiuto data l'ampia possibilità di integrazione:[421]

[---]ogat[---]
------.

e di CIL XIV 4616 + CIL XIV 5381 = AE 1977, 153:[422]

[---]sa[--- H]ostilinian[us]
[IIv]ir, q(uaestor) aerar[i Osti]ensium, flam(en), d(ecreto) d(ecurionum) cur(ator) lusus iuvenal(is),
[---] qui primus om[niu]m ab urbe condita ludos cum
[---]or(---?) et mulieres [a]d ferrum dedit una cum
[Sa]bina u[x]ore, fecit sibi et
[---]nio Agon[---]
[---] corporis togat[---]
[---]um [---].

Quest'ultima iscrizione potrebbe tuttavia essere integrata alla r.9, non solo come *corporis togat[ensium]*, ma anche come *corporis togat[or(um) a foro]*, come ad es. in CIL XIV 409, soprattutto poiché manca qui il termine *traiectus* che invece nelle citazioni epigrafiche di tali *corpora* compare sempre.[423] *Togatensium* risulta essere dunque un *hapax* che ricorre con certezza solo in CIL XIV 403 il che rende difficile darne un'interpretazione.[424] Secondo Forcellini esso equivarrebbe a *togatus*, termine che contraddistingueva generalmente il Romano dal Greco che vestiva il *pallium*; più specificamente, in ambito urbano, indicava quegli uomini che accompagnavano nel foro i maggiorenti della città, oppure, in età repubblicana, *togati* erano detti anche gli avvocati che assistevano personaggi importanti; sempre in tale ambito *togatus* veniva ad indicare il privato cittadino in contrapposizione al *sagatus*, cioè al militare che, appunto, vestiva il *sagum.*[425] In CIL XIV 409 sono invece menzionati dei *togati a foro* la cui corporazione, secondo De Salvo, radunava impiegati dell'annona.[426] Si tratta di un'iscrizione dedicata da *Cn. Sentius Lucilius Gamala* al padre *Cn. Sentius Felix,* cittadino di Ostia con numerosi incarichi di patronato in diverse corporazioni mercantili e marittime che operavano in ambito ostiense.[427] Sulla base di tali definizioni e per il fatto che i funzionari pubblici venivano definiti *togati*, appare verosimile la teoria proposta da De Salvo secondo cui il *traiectus togatensium* sarebbe stato una corporazione addetta al trasporto di persone che svolgevano un'attività relativa alla vita civile, come, ad esempio, gli impiegati portuali.[428] Si può tentare, ad ogni modo, un'ulteriore precisazione. Nel 113 d.C. Traiano inaugurava il suo nuovo porto ad Ostia (*fig. 9*); la costruzione del complesso portuale rientrava in un più ampio progetto imperiale mirante a potenziare gli scali marittimi sul litorale laziale (sono infatti di questo periodo anche i porti di Terracina e Civitavecchia), ma portò anche, ed è quanto va qui sottolineato, ad una serie di lavori che interessarono non solo Ostia ma tutto il Tevere, per lo meno nel suo percorso urbano e nel tratto tra Roma e la zona ostiense.[429] Sempre nell'ambito dei lavori di costruzione del nuovo porto, l'imperatore fece scavare la "fossa Traiana" per collegare Ostia e il Tevere al complesso portuale.[430] Il canale formava con il Tevere l'Isola Sacra che veniva così a trovarsi al centro del sistema Tevere/Ostia (città che sorgeva sulla sponda sinistra del fiume naturale) - Porto di Claudio/Porto di Traiano (costruiti sulla riva destra del canale artificiale). A nord, l'Isola Sacra era raggiungibile via terra unicamente tramite il ponte di Matidia, e comunque soltanto a partire dall'età adrianea; per il resto la

[419] VALJUS 1994, p. 143.
[420] Iscrizione su lastra bronzea decorata sulla sommità da un piccolo busto del Sole radiato. È oggi conservata al British Museum. Sull'iscrizione si vedano anche CIMRM I, 235; WALTZING 1895, p. 634 n.2280; FLORIANI SQUARCIAPINO 1962, p. 42; MEIGGS 1973, p. 373; ROYDEN 1988, pp. 103-104 n.91; CÉBEILLAC GERVASONI - CALDELLI - ZEVI 2006, pp. 272-274 n.77.
[421] Per esempio *[R]ogat[ianus]* (cfr. CIL XIV 256), *[r]ogat[ione]* (cfr. CIL XIV 4559), *[t]ogat[orum]* (cfr. CIL XIV 409).
[422] Lastra di marmo bianco composta di tre frammenti ricongiunti, conservata ad Ostia Antica nel Lapidario. Si vedano inoltre CÉBEILLAC GERVASONI - ZEVI 1976, pp. 612-620, fig.2; PETRACCIA LUCERNONI 1988, p. 30 n.14; GINESTET 1991, p. 217 n.9; EAOR IV, 29; CÉBEILLAC GERVASONI - CALDELLI - ZEVI 2006, pp. 300-301 n.94.1; CALDELLI 2008, p. 271 e nt. 83; CALDELLI - ZEVI - CÉBEILLAC GERVASONI 2010, pp. 289-290 n.84 (da cui è tratta la trascrizione).
[423] Cfr. ad es. AE 1907, 219; AE 1987, 193-196; AE 1989, 125, 128; CIL XIV 403; CIL XIV 451; CIL XIV 4553-4556; CIL XIV 5380.
[424] LE GALL 1953, p. 225 (ora anche LE GALL 2005, p. 274) arriva a concludere che «il est impossible d'expliquer le mot *togatensium*».
[425] *LexTL* IV (1965) p. 741 s.v. *Togatus* e *Togati*, (E. Forcellini). Cfr. anche ARNOLD 1889, p. 202. Si veda inoltre DE SALVO 1990, pp. 228-229; DE SALVO 1992, pp. 165-166.
[426] DE SALVO 1990, p. 229; DE SALVO 1992, p. 167.
[427] Cfr. MEIGGS 1973, pp. 200-201; CÉBEILLAC GERVASONI – CALDELLI - ZEVI 2006, pp. 242- 247 n.64.
[428] DE SALVO 1990, p. 229; DE SALVO 1992, p. 166.
[429] PAVOLINI 1986, p. 75. Sul porto di Traiano si vedano più diffusamente LUGLI - FILIBECK 1935, pp. 21-36, 65-77, 131-132; TESTAGUZZA 1970, pp. 159-198; MEIGGS 1973, pp. 58-62; CHEVALLIER 1986, pp. 122-123; SILENZI 1998, pp. 119-148; CHEVALLIER 2001, pp. 20-29; VERDUCHI 2001, pp. 131 ss.; ZEVI 2001, pp. 114 ss.
[430] CASSON 1965, pp. 33-34.

sezione del Tevere che fiancheggiava Ostia doveva essere priva di ponti che potevano costituire un intralcio alle imbarcazioni che lungo di essa si muovevano soprattutto tramite alaggio.[431] Tale principio doveva valere anche per la fossa Traianea e a maggior ragione in quanto si trattava di una vera e propria strada commerciale, costruita per ottimizzare la fruibilità del porto di Traiano; per questo appare verisimile che un servizio di traghetto o di trasporto lungo i due canali si fosse reso indispensabile. Tuttavia non si può escludere che un simile servizio dovesse già esistere lungo il fiume, dal momento che, sino ad allora, esso aveva costituito l'unica via per le navi per raggiungere Roma da Ostia; così potevano esser stati i *traiectus Rusticeli* e *Luculli* a svolgere tale compito. Si può quindi ipotizzare che nell'ambito della costruzione del nuovo sistema portuale sia stato predisposto anche un servizio di traghetto/trasporto di persone pure per la fossa traianea, dal momento che il progetto imperiale era essenzialmente volto a rendere efficiente e ad ottimizzare in modo quanto più possibile duraturo non solo la zona portuale ma tutto il sistema di navigabilità del Tevere inteso come via privilegiata e irrinunciabile di commercio e approvvigionamento dell'Urbe.[432] Il nuovo servizio sarebbe stato rivolto non tanto -o almeno non principalmente- ai cittadini privati, quanto piuttosto ai funzionari pubblici che tra Ostia e la zona portuale lavoravano, una sorta di *cursus publicus* sull'acqua di cui uno dei principali utenti possiamo pensare fosse il *curator riparum et alvei Tiberis* che, fra gli altri, aveva anche il compito di monitorare costantemente la navigabilità di tutto il sistema fluviale.[433] L'unicità stessa di utilizzo del termine *togatensis* spinge a considerarlo più come una parola inerente ad un linguaggio amministrativo-burocratico, o comunque ufficiale, che non come un termine utilizzato da *lenuncularii* che erano pur sempre semplici privati uniti in una corporazione lavorativa.[434] Gli stessi nomi degli altri *corpora traiectus* (*marmorariorum, Luculli, Rusticeli*), per quanto forse non di chiarissima origine, sembrano derivare semplicemente da abitudini d'uso o di collocazione topografica, così come, ad esempio, il *traiectus marmorariorum* aveva un qualche probabile legame di vicinanza/uso con il deposito di marmi a nord dell'Isola Sacra.

Da quanto sin qui detto è possibile ricavare una conclusione riguardo alla natura del servizio di *traiectus* e sul perché se ne contassero quattro corporazioni distinte. Non è accettabile la spiegazione avanzata da Le Gall di un *traiectus* inteso come imbarcadero perché tale interpretazione non risulta soddisfacente per tutti e quattro i *corpora traiectus*.[435] Similmente non è accettabile, per assenza di valide motivazioni, la teoria secondo la quale l'organizzazione dei *corpora* di battellieri sarebbe stata duplice, di modo che una parte avrebbe raggruppato i battellieri in base al loro ruolo e l'altra in base alla banchina d'attracco.[436] Inapplicabile a tutti e quattro i *corpora traiectus* è anche la proposta già accennata di Pavolini, per cui il termine *traiectus* avrebbe indicato specificamente un tratto di banchina appaltato ad un privato che a sua volta avrebbe affittato a corporazioni di battellieri.[437] Va rivista soprattutto l'obiezione di Le Gall

[431] MEIGGS 1973, p. 297-298; LICORDARI 1987, p. 149; LO CASCIO 2002, p. 101, nt. 60. Il *Pons Matidiae* fu rinvenuto negli anni '70 del secolo scorso. Non è stranamente ricordato da alcuna fonte storica, ma è probabile che alcuni resti della struttura, oggi scomparsi, fossero ancora visibili nel XIX secolo. Le ricerche hanno permesso di comprenderne la struttura; si trattava di un ponte a due luci con ampie spallette e pilone centrale d'appoggio. La costruzione risale all'età adrianea e porta il nome di Matidia, nipote di Traiano e suocera di Adriano, sebbene non sia chiaro se per motivi onorifici oppure, cosa più probabile, a seguito di un'effettiva sovvenzione dell'opera da parte della famiglia imperiale. Il nome e la cronologia del ponte sono stati ricostruiti grazie all'iscrizione opistografa che aveva segnalato l'esistenza stessa del ponte, facendone iniziare le ricerche (AE 1975, 137 e AE 1975, 138). Il titolo, inciso su una sottile lastra di marmo greco originariamente fissato sulla spalletta o sul parapetto della struttura, fu rinvenuto nei pressi del ponte, riutilizzato nella costruzione di una tomba di età molto tarda. Il primo testo (AE 1975, 137) ricorda la ricostruzione del *pons Matidiae* durante l'impero di Onorio e Teodosio a seguito di un incendio nel 408-409 d.C., periodo in cui Alarico distrusse *Portus* per bloccare le vie di rifornimento a Roma, ed è databile tra 412-413 e 423 d.C.; la seconda iscrizione (AE 1975, 138) testimonia una ristrutturazione attuata alla fine del V secolo d.C., all'epoca di Teodorico, che incentivò il restauro dell'importante zona portuale al fine di riportarla a piena funzionalità e al suo prestigio. L'agibilità del ponte si mantenne probabilmente nel tempo, come porta a pensare il rinvenimento in zona di due *emifollis* di Eraclio ed Eraclione databili al 641 d.C. Cfr. soprattutto VELOCCIA RINALDI 1975, pp. 13-27; cfr. inoltre FLORIANI SQUARCIAPINO 1973, pp. 261; ERMINI PANI 1979, pp. 243-249; GALLIAZZO 1995, I, p. 59; PAVOLINI 2006, p. 273; CALDELLI - ZEVI - CÉBEILLAC GERVASONI 2010, p. 135.

[432] L'intervento dello stato per la costituzione di corporazioni che svolgessero funzioni di pubblica utilità non sarebbe stato un fatto straordinario, come dimostrato, sulla base di fonti letterarie ed epigrafiche, da DE ROBERTIS 1971 II, pp. 96-100 (cfr. sopra). Lo stesso Traiano provvide a migliorare l'approvvigionamento di Roma anche mediante la costituzione di un collegio di *pistores* controllato dallo stato (AUR. VICT. *Caes.* 13, 5).

[433] Il *cursus publicus* nacque dall'esigenza di poter disporre di un sistema informativo organizzato che collegasse Roma al resto dell'impero. L'istituzione di tale servizio è concordemente attribuita ad Augusto, il quale creò dapprima un sistema di staffette di *juvenes* lungo le *viae militares*, alle quali venne poi affiancato l'uso di *vehicula* per il trasporto di magistrati, funzionari statali, vettovagliamento delle truppe o di corrieri in casi urgenti. Il *cursus publicus* (o *vehiculatio*) era stato creato tuttavia anche per ragioni di potere e di sicurezza, poiché forniva informazioni e permetteva di esercitare un certo controllo sulle province. Risulta inoltre, da un passo di Aurelio Vittore (*Caes.* 13, 5 s.), che Traiano stesso avrebbe posto mano ad una innovazione del servizio del *cursus publicus*. Cfr. ECK 1999, pp. 93 ss. Sul *cursus publicus* si vedano più ampiamente *DAGR* I 2 (1873) pp. 1645-1672 s.v. '*Cursus publicus*' (G. Humbert); *PW* IV (1894) coll. 1846-1851 s.v. *Cursus publicus* (O. Seek); HOLMBERG 1933, *passim*; PFLAUM 1940, pp. 189-390; *DE* II 2 (1961) pp. 1404-1425 s.v. '*Cursus publicus*' (S. Bellino); PEKÄRI 1968, *passim;* QUILICI 1990, pp. 92 ss.; DI PAOLA 1999, pp. 13-20; ECK 1999, pp. 93-115; CORSI 2000, *passim*.

[434] In generale il suffisso *–ensis* veniva utilizzato per formare per lo più aggettivi (e solo raramente sostantivi), in genere derivati da nomi propri o comuni di luoghi, e aveva un valore di appartenenza traducibile con "che si trova a" (*Corinthiensis* = "di Corinto", "che si trova a Corinto"). Cfr. KIRCHER–DURAND 1987, p. 134. Secondo SWANSON 1957, pp. 131-149 si tratterebbe di un suffisso adottato maggiormente in prosa che in poesia e ciò porta lo studioso a concludere che fosse un "utility suffix", utilizzato nel linguaggio colloquiale più che nella prosa elevata. È anche vero tuttavia che assai più rari risulterebbero essere gli aggettivi o i sostantivi in *–ensis* derivanti da nomi comuni (secondo Swanson soltanto una sessantina di parole nell'intera storia della lingua latina) e da nomi di persone e divinità, il che, forse, applicato a *togatensis*, potrebbe avallare per la corporazione un'origine statale più che privata. Cfr. anche AROLD 1889, pp. 201-202.

[435] LE GALL 1953, p. 224 (ora anche LE GALL 2005, p. 273). Cfr. DE SALVO 1990, p. 223; DE SALVO 1992, p. 161.

[436] LE GALL 1953, pp. 224-225 (ora anche LE GALL 2005, pp. 273-275).

[437] PAVOLINI 1986, p. 96. Cfr. sopra.

secondo cui *traiectus* non potrebbe interpretarsi nel senso di 'trasporto da sponda a sponda' perché tanti *corpora* addetti a questo servizio sul Tevere sarebbero stati troppi, in considerazione anche del fatto che l'Isola Sacra sarebbe stata disabitata.[438] In realtà con la nascita e l'espansione di *Portus* (l'insediamento sviluppatosi già a partire dal I secolo d.C. attorno al porto di Claudio prima e di Traiano poi) il numero degli impiegati e degli addetti ai porti crebbe notevolmente. A *Portus,* infatti, non fu concessa autonomia amministrativa dal momento che non era considerata una vera e propria città, ma si trattava piuttosto di un agglomerato di magazzini e abitazioni dipendenti da magistrati ostiensi e funzionari dell'annona. Chi lavorava nel nuovo centro portuale risiedeva pertanto ad Ostia, perciò il traffico di "pendolari" tra i due insediamenti, lontani circa tre chilometri, doveva essere intenso e doveva necessitare anche di servizi di traghetto/trasporto per passare da Ostia all'Isola Sacra. Da qui poi era possibile proseguire via terra –è di età Flavia la strada che attraversava la necropoli dell'Isola- e raggiungere quindi *Portus* tramite il ponte di Matidia o altri servizi di trasporto.[439] L'obiezione di Le Gall cade inoltre alla luce dei saggi e dei recuperi avvenuti a partire dagli anni '60 del '900 che permettono di individuare sull'Isola Sacra due aree di insediamento urbanistico.[440] Il primo settore, collocato nella zona meridionale dell'Isola, all'interno dell'ansa del Tevere, era collegato ad Ostia, di cui costituiva un vero e proprio quartiere trans-tiberino, orientato secondo la direzione del fiume e adibito allo scarico e all'immagazzinamento delle merci che qui giungevano. Non si trattava però soltanto di costruzioni adibite a magazzini, ma anche di altri tipi di edifici, come terme e *tabernae*, strutture databili tra l'età giulio-claudia e la metà del II secolo d.C., le cui vestigia delineano un tessuto edilizio articolato ed esteso.[441] Le due sponde del tratto ostiense del Tevere vanno perciò considerate come un vero e proprio complesso unitario separato, non diviso, dal fiume.[442] Il secondo settore insediativo è relativo a *Portus* ed era collocato nella zona settentrionale dell'Isola Sacra. Gli insediamenti si estendevano cinquanta metri a valle e cento metri a monte del ponte di Matidia. La nascita e l'evoluzione di questo secondo insediamento sono strettamente collegate alla costruzione del porto di Traiano, gli edifici più antichi sono infatti databili alla prima metà del II secolo d.C., cioè all'età di Adriano, il quale continuò la politica di valorizzazione del porto iniziata dal suo predecessore. Si tratta per lo più di banchine, magazzini ed edifici di servizio al porto (ma sono stati rinvenuti i resti anche di un ampio edificio termale); tali strutture si fanno più articolate nel punto in cui la strada di età flavia, attraversata l'Isola, giunge al ponte di Matidia, formando una sorta di piazzale in cui si situava probabilmente una *statio* o comunque un'area attrezzata a servizio.[443] Vi fu chiaramente, come conclude Veloccia Rinaldi, una pianificazione di base dell'intera zona dell'Isola Sacra che, sviluppandosi in diversi tempi, mirò a trasformare i due poli di Ostia e *Portus* in un'unica struttura bicentrica, con due quartieri transfluviali che conservavano l'orientamento dei due centri da cui dipendevano ed erano separati da una zona adibita a necropoli nella fascia immediatamente prospiciente l'asse viario, e a campi coltivati per il resto.[444] È evidente dunque che i collegamenti con l'Isola Sacra dovevano essere frequenti durante il giorno e, di conseguenza, garantiti costantemente. In definitiva emerge la necessità di un servizio di attraversamento di un corso d'acqua sprovvisto quasi totalmente di ponti. È possibile che a tale necessità rispondessero dei battellieri e che, col tempo, essi si siano riuniti in corporazioni. Probabilmente i battellieri che per primi esercitarono una simile funzione furono quelli che poi andarono a costituire il *corpus traiectus Luculli* e il *corpus traiectus Rusticeli.* Infatti poiché ancora nel II secolo a.C. le rive potevano essere di proprietà privata, potrebbe risalire a quest'epoca la costituzione da parte di un privato di un gruppo di battellieri, o meglio l'affitto di un molo a dei *lenuncularii* che poi si costituirono in corporazione. In seguito sarebbero stati creati altri due *corpora,* uno legato al deposito di marmi, l'altro specificamente a necessità pubbliche, ed è evidente che la loro creazione deve farsi risalire almeno agli inizi del II secolo d.C., dato il legame di questi due collegi professionali con la fossa Traiana. Alla luce di quanto analizzato, risulta inoltre che quattro *corpora traiectus* non sarebbero troppi se si considera la possibilità che essi fossero suddivisi sui due corsi d'acqua ostiensi: il *traiectus Luculli* e il *traiectus Rusticeli* (forse sorti ancora in età repubblicana) sul Tevere, il *traiectus marmorariorum* e il *traiectus togatensium* (nati dall'età traianea in poi per iniziativa privata -*traiectus marmorariorum*- o imperiale -*traiectus togatensium*) sulla fossa Traiana. Non c'è dunque bisogno di pensare a funzioni differenziate dei quattro *corpora* per giustificarne il numero; essi potevano benissimo svolgere il medesimo servizio in zone diverse, trasportando persone da una sponda all'altra, con rotta probabilmente diagonale, come ritenuto da Licordari e come lascerebbe intendere il significato primo della parola *traiectus.*[445] Non è escluso inoltre che tali imbarcazioni percorressero all'occorrenza brevi tratti lungo i due bracci ostiensi, fornendo un passaggio alle persone -e ai loro eventuali 'bagagli'- che sul Tevere e sulla fossa Traianea si muovevano; una sorta di servizio, che aveva il 'capolinea' presso luoghi che davano loro il nome: il terreno – casa - costruzione di un *Lucullus* e di un *Rusticelius* e il deposito di marmi sull'Isola Sacra.[446] Un servizio che, in punti focali come quelli di *Portus* e Ostia, non poteva mancare.

[438] LE GALL 1951, p. 224. Cfr. DE SALVO 1990, p. 161; DE SALVO 1992, p. 223.

[439] PAVOLINI 1986, pp. 18-19. Cfr. anche AGUILERA MARTÍN 2002, pp. 47-49.

[440] Per un quadro completo dei primi rinvenimenti sull'Isola Sacra attestanti tali poli insediativi si vedano ZEVI 1972, pp. 404 ss. e VELOCCIA RINALDI 1975, pp. 13 ss.

[441] ZEVI 1972, pp. 404-406.

[442] VELOCCIA RINALDI 1975, p. 13.

[443] VELOCCIA RINALDI 1975, pp. 15-16, 29-35; BALDASSARRE 1996, pp. 6 ss.

[444] VELOCCIA RINALDI 1975, p. 35. Secondo MEIGGS 1973, p. 297 «in the Republic agricultural workers with holdings on Isola Sacra had to be carried across the river; when the imperial harbours were built the traffic in passengers and goods became more intensive».

[445] LICORDARI 1987, p. 150, nt. 2.

[446] Farebbe eccezione a tale regola il *traiectus togatensium* in quanto appositamente creato dallo stato.

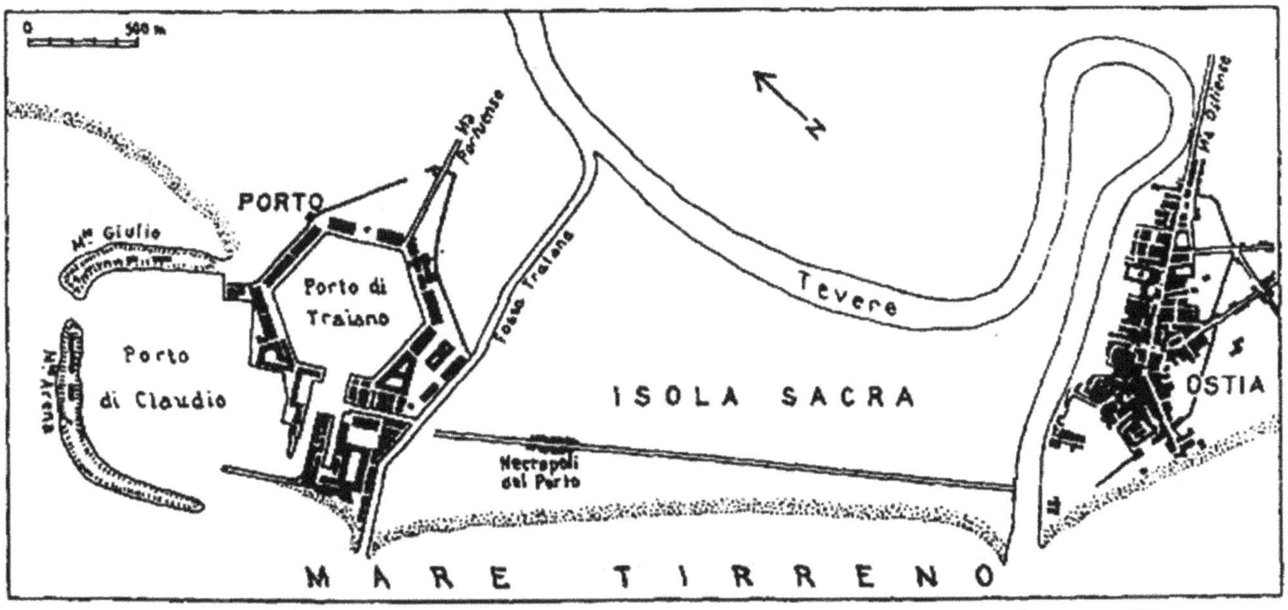

Fig. 9 - Visione d'insieme dei complessi portuali di Ostia. Da R. Chevallier, Ostie antique. Ville et port, Les Belles Lettres, 1986, n.1.

2. I rapporti tra il *curator riparum et alvei Tiberis* e i *corpora traiectus*

Come già anticipato in apertura di questo capitolo, un possibile legame tra il curatore del Tevere e alcune delle corporazioni che sul Tevere operavano è fornito unicamente da alcune iscrizioni ostiensi.[447]

1) CIL XIV 5320 = REp III. 25*z*. Si tratta di una tavola marmorea marginata composta di più frammenti e con lettere rubricate. Il testo commemora il restauro di una costruzione in onore della casa imperiale commissionato del *corpus traiectus Luculli,* il quale agisce con il permesso del *curator Tiberis Ti. Iulius Ferox,* in carica dal 101 al 103 d.C. L'iscrizione è databile agli inizi dell'entrata in carica di *Ferox* in quanto manca nella titolatura la *cura cloacarum* che fu probabilmente aggiunta a partire dal 102-103 d.C. Secondo Meiggs si tratta invece del restauro della *schola* della corporazione.[448] Se così fosse non può trattarsi della sede della corporazione identificata nella cosiddetta Basilica di Ostia, dal momento che lo stabile risale all'età adrianea; non sarebbe inoltre chiaro il motivo per cui nell'iscrizione non viene fatto riferimento diretto a questo edificio.[449] La concessione di un permesso per attuare il restauro sembrerebbe inoltre rimandare piuttosto ad un edificio pubblico o ad un monumento, più che ad una sede collegiale.[450]

2) CIL XIV 254 = REp III. 41*a*. L'iscrizione, pervenuta solo parzialmente, presenta alcuni problemi di interpretazione non facilmente risolvibili, dal momento che è andata perduta (*tab. 23*). Come si evince dalla formula *a fundam[entis]* (r.4), l'iscrizione commemora la costruzione (o ricostruzione) di una struttura da parte dei *lenuncularii traiectus* citati alle rr.2-3 -il cui nome completo non si è conservato- mediante il permesso di un *curator alvei et riparum Tiberis* di cui si è preservato soltanto quello che sembra essere il prenome, *M(arcus).* Da un'analisi di quanto rimasto è forse possibile presentare un'ipotesi di integrazione del testo, a partire dai personaggi e dalla corporazione in esso citati.

CIL XIV 254	Integrazioni proposte da Le Gall
------?	*------*
vigil[---]	*vigil[iarium]*
lenunc[---]	*lenunc[ularii]*
treiectús (!) [---]	*treiectús (sic) [---]*
á fundam[entis]	*á fundam[entis]*
permissu M[---]	*permissu M(arci) [---]*
curatori[s alvei et]	*curatori[s alvei et]*
riparu[m Tiberis]	*riparu[m Tiberis]*
Pomp[---]	*Pomp[---]*
------?.	*------?.*

Tab. 23 - Trascrizione di CIL XIV 254 e proposta ricostruttiva di LE GALL 1953, p. 180 (ora anche LE GALL 2005, p. 205).

Innanzitutto si può dare per certo che il *lenunc[---]* alla r.2 fosse preceduto dal termine *corpus* (da collocare verosimilmente alla riga precedente), dal momento che tutte le iscrizioni di queste corporazioni riportano tale specifica.[451] Di conseguenza la r.2 andrà integrata in *lenunc[ulariorum]*, piuttosto che con il *lenunc[ularii]* proposto da Le Gall. L'identità del *corpus traiectus* è

[447] Per il testo delle iscrizioni si rimanda ai rispettivi numeri della Raccolta delle fonti epigrafiche. Fa eccezione di CIL XIV 254 di cui, per praticità, si ripropone integralmente il testo.

[448] MEIGGS 1973, p. 331.

[449] Cfr. BOLLMANN 1998, p. 277 e nt. 248 per cui l'iscrizione sarebbe diversa dalla tipologia di iscrizioni relative alle *scholae*. Cfr. ad es. CIL III 1174; CIL VI 816; CIL VI 32306; CIL XIV 424; AE 1982, 264.

[450] Cfr. ad es. AE 1990, 356 dove il permesso si riferisce alla concessione del *loco*. Per quanto concerne la discussa iscrizione AE 1996, 309, il permesso concesso dal *praefectus annonae* (ma anche dai decurioni) al *corpus pistorum* riguarda la concessione di un luogo di cui si ignorano funzione e localizzazione. Cfr. PAROLI 1993, p. 159; NUZZO 1996, pp. 90-91; NUZZO 1999, pp. 39-40 n.A4 tav. 1; BAKKER 1999, p. 122; SIRKS 1999, p.106 n.33; LO CASCIO 2002, p. 105 n.78; TRAN 2006, p. 307; CALDELLI 2008, p. 283.

[451] Si vedano, per esempio, CIL XIV 194; CIL XIV 451; CIL XIV 4553-4555; CIL XIV 5320; CIL XIV 5380.

forse deducibile dall'utilizzo della forma *treiectus*, in luogo di *traiectus*, che, per quanto è possibile ricavare dalle iscrizioni sino ad oggi note, non si trova mai nei titoli del *corpus traiectus Luculli* e *Rusticeli*, ma ricorre solo nelle epigrafi che citano i *corpora traiectus marmorariorum* e *traiectus togatensium*.[452] È forse più probabile, dunque, che si tratti in tal caso di una di queste due ultime corporazioni e dunque l'iscrizione sarebbe databile posteriormente agli inizi del II secolo d.C., epoca in cui furono probabilmente create le due corporazioni. Un ulteriore elemento utile per stabilire dei limiti cronologici è la titolatura del *curator Tiberis*, qui definito nella forma *curator alvei et riparum Tiberis*, con un'inversione di termini rispetto alle sue prime attestazioni, che inizia a comparire sporadicamente verso la fine del I secolo d.C., ma mostra una certa stabilità solo a partire dal II secolo d.C.[453] Secondo Le Gall, il titolo si daterebbe alla fine del I – inizi II secolo d.C. in quanto nell'iscrizione non comparirebbe la *cura cloacarum*, carica che invece si riscontra nelle iscrizioni del *curator Tiberis* a partire dal 103 d.C.[454] Nondimeno è anche vero che a partire dalla fine del II secolo d.C. la titolatura della carica comincia a perdere regolarità, perciò diventa possibile collocare il documento nel II secolo o forse agli inizi del III secolo d.C.[455] Una conferma si può forse trovare in quello che, alla r.9 dell'iscrizione, sembra essere il nome di un secondo personaggio; è probabile che si tratti di colui che si incaricò di curare concretamente la realizzazione del restauro/costruzione e che nelle iscrizioni di questo genere viene solitamente identificato con l'espressione *curante*.[456] In CIL XIV 403 (iscrizione databile tra fine II e inizi III secolo d.C.) viene ricordato un *Sex. Pompeius Maximus*, sacerdote di Mitra e *quinquennalis* del *corpus treiectus (!) togatensium*; tale personaggio potrebbe essere quello citato anche nell'iscrizione in esame, in considerazione del fatto che in ambedue i titoli compare un *corpus treiectus* che, dunque, potrebbe essere identificato anche nel secondo titolo con il *corpus treiectus togatensium*.[457] Per quanto riguarda l'identificazione del *curator Tiberis*, non è possibile alcuna certezza; data l'uguaglianza del prenome e dell'epoca, potrebbe trattarsi di *M. Iuventius Secundus*, ma si tratta soltanto di un'ipotesi; potrebbe anche trattarsi dell'inizio di un *cognomen*, dato l'esiguo spazio che sembrerebbe rimanere in lacuna. Resta infine da analizzare la prima riga del testo conservato. Dal momento che viene testimoniato un rifacimento o una costruzione *a fundamentis*, è possibile che la voce *vigil[---]* faccia riferimento in qualche modo alla struttura cui la corporazione di battellieri pose mano. Secondo Le Gall tale termine, da lui integrato come *vigil[iarium]*, non ha chiaro significato. Escludendo che si tratti di una torre di guardia o di un turno di guardia notturno legato ai battellieri, lo studioso propende piuttosto per interpretare l'edificio come una tomba, non ritenendo utile approfondire l'argomento dal momento che l'intervento del *curator Tiberis* è comunque certo.[458] In realtà tentare di capire cosa indichi tale espressione può forse fare luce sugli eventuali rapporti tra i *corpora traiectus* e il *curator Tiberis*. L'integrazione proposta da Le Gall può ritenersi corretta, dal momento che *vigiliarium* non indica propriamente il turno di guardia, quanto piuttosto la garitta della sentinella notturna, un luogo fisico che, proprio in quanto tale, può essere soggetto a costruzione e/o restauri *a fundamentis*.[459] In un'iscrizione proveniente da Roma si fa riferimento infatti ad un *locus maceria clusus cum taberna et vigiliario*.[460] Si tratta di un luogo di sepoltura, una proprietà circondata da un muro che comprende anche una *taberna* e un *vigiliarium*, ossia un piccolo locale adibito a custodia del monumento, attestato anche in altre iscrizioni ostiensi e urbane.[461] È possibile che il *vigiliarium* citato in CIL XIV 254 fosse in qualche modo collegato con il *corpus treiectus* che ne curò la costruzione, forse un punto di controllo accanto ad un

---

[452] Per i rimandi alle iscrizioni delle singole corporazioni cfr. *supra*.

[453] Si veda l'esempio di *C. Calpetanus Rantius Quirinalis Valerius P. f. Pomp. Festus, curator Tiberis* nel 73 d.C., che in due iscrizioni è definito rispettivamente *curator alvei Tiberis et riparum* (CIL V, 531) e *curator riparum et alvei Tiberis* (CIL VI 31546a-b). Cfr. per esempio CIL VI 31549a-m; CIL II 6084; CIL II 6145; CIL VI 31739; CIL VI 31552a-e; AE 1917/18, 108; CIL XI 3364; CIL IX 4899; AE 1997, 721; CIL VI 31553; CIL VI 31554a-b. Riportano la formula *curator riparum et alvei Tiberis* ad es. CIL VI 31543; CIL VI 31544; CIL XIV 4704a-c; CIL VI 31545.

[454] LE GALL 1953, 181 (ora anche LE GALL 2005, p. 205).

[455] Così, per esempio, in CIL VI 1523 = REp III. 34*a* (databile dopo il 167 d.C.) il magistrato porta il titolo di *curator alvei Tiberis et cl(o)acarum urbis;* in AE 1932, 70 = REp III. 43*b*, databile al 204 d.C., *Q. Venidius Rufus Marius Maximus L. Calvinianus* è definito semplicemente *curator alvei Tiberis [et riparum]*; così è anche per altri due *curatores* più o meno contemporanei del precedente (il primo ignoto, il secondo *C. Caesonius C. f. Quir. Macer Rufinianus*), definiti semplicemente *curator alvei Tiberis* (CIL X 3761 = REp III. 44*a*; CIL XIV 3900 = REp III. 38*a*); in CIL XIV 3902 = REp III. 45*a*, databile agli anni '30 del III secolo d.C., la titolatura diventa *curator albei Tyberis et cloacarum*, per tornare in un'iscrizione databile allo stesso periodo *curator alvei Tiberis, riparum cloacarumque sacrae urbis* (AE 1903, 337 = REp III. 46*a*). Cfr. *infra* il paragrafo II.4.

[456] Cfr. per esempio AE 1895, 108; AE 1916, 35; AE 1916, 36; AE 1930, 120; AE 1996, 475; ecc. Altre espressioni similmente utilizzate sono *cura agentibus* (es. AE 1899, 93; AE 1905, 35; CIL XIV 5341; CIL XIV 169) e *curatore* (es. AE 1888, 57; AE 1888, 115a; AE 1893, 100; AE 1907, 154).

[457] Cfr. sopra il paragrafo V.1 nella sezione dedicata al *corpus traiectus togatensium*. Il presidente (ma potevano anche essere più d'uno) di un collegio professionale prendeva generalmente il titolo di *magister*. Era eletto dall'assemblea ed era di norma scelto tra gli esponenti del collegio stesso, come dimostrerebbero le liste dei membri iscritti alle corporazioni, sulle quali i nomi di alcuni magisteri si riscontrano anche nelle liste della *plebs* (il gruppo omogeneo di tutti i corporati che erano iscritti al collegio senza ricoprire alcun incarico al suo interno). Solitamente era scelto tra coloro che avevano già rivestito altre cariche nella corporazione e che erano abbastanza ricchi per poter far fronte agli oneri di tale ufficio. La durata in carica del *magister* era in genere annuale ed iniziava a gennaio, ma sono numerosi i collegi in cui l'incarico durava cinque anni; in questi casi, come per *Sex. Pompeius Maximus* il personaggio assumeva il titolo di (*magister*) *quinquennalis*. WALTZING 1895, pp. 385 ss; MAGOFFIN 1913, pp. 19 ss.; ROYDEN 1989, pp. 303-315.

[458] LE GALL 1953, p. 180 (ora anche LE GALL 2005, p. 204). Di parere contrario, anche se non approfondisce, MEIGGS 1973, p. 303.

[459] *LexTL* V (1965) s.v. '*Vigiliarium*', p. 989.

[460] Si tratta di una tavola di marmo di 0,41 x 0,70 datata al I-II secolo d.C. e pubblicata in MORETTI 1958, pp. 44-45 = AE 1961, 112: *Hic locus maceria clusus / cum taberna et / vigiliario quae sunt / applicita arco / pertinent at(!) custodiam monumenti / Aeliorum Zotici et / Pomponiae / et Liviae Rhodopes / heredem non / sequitur set(!) libertos.*

[461] CIL VI 37789; CIL XIV 527, CIL XIV 1868; AE 1961, 112 (funerarie). Cfr. MORETTI 1958, p. 45. Si vedano inoltre a titolo di esempio: AE 1889, 57; AE 1914, 219; AE 1964, 86; CIL VI 15640; CIL VI 17979; CIL VI 19035; CIL VI 20011; CIL VI 22339; CIL VI 23090; CIL XIV 3797.

luogo di deposito barche. Non si deve dimenticare infatti che nottetempo doveva esservi un gran numero di imbarcazioni ormeggiate lungo le rive. Inoltre, stando a quanto esposto da Lanciani, speciali provvedimenti di polizia si sarebbero resi necessari per assicurare l'ordine notturno, dato l'alto numero di marinai a terra e la conseguente necessità di garantire alle proprietà confinanti col fiume protezione da «the nocturnal inroads of marauding sailors». Le spese di tale guardia notturna – comprendenti anche il mantenimento dei loro posti di guardia- sarebbero ricadute sui proprietari dei terreni prospicienti il fiume, soggetti perciò ad una apposita tassa denominata *onus vigiliarium.*[462] Qualunque fosse la reale situazione, è comunque verosimile che nella zona del porto dove si scaricavano le merci, vicino ai depositi delle stesse e lungo il fiume vi fossero punti di guardia notturni, *vigiles*, i quali, oltre a tenere sotto controllo gli eventuali incendi, dovevano occuparsi anche di sorvegliare la zona. Secondo Bottigelli invece, si sarebbe trattato di una costruzione per ospitare i barcaioli addetti al servizio di traghetto in attesa di clienti, una struttura, quindi situata sulle rive del fiume e per questo soggetta alla competenza del *curator riparum et alvei Tiberis.*[463]

Dalle precedenti considerazioni si può ricavare una proposta di integrazione dell'iscrizione:

------
vigil[iarium corpus]
lenunc[ulariorum]
treiectús [---]
á fundam[entis p(ecunia) s(ua) fecit]
permissu M(arci?)[---]
curatori[s alvei et]
riparu[m Tiberis Sex(to)?]
Pomp[eio Sex(ti) f(ilio) Maximo?]
[curante ---?]
------ ?.

3) AE 1955, 185 = REp III. 42*a*. Per completezza va aggiunta alle precedenti anche questa iscrizione molto frammentaria, databile all'ultimo quarto del II o agli inizi del III secolo d.C. Il personaggio citato non è identificabile con nessun altro *curator* ad oggi noto. La proposta di integrare la r.5 con *corp[us lenunculariorum traiectus Luculli]* si basa sull'analogia con CIL XIV 5320, ma deve rivestire soltanto un valore ipotetico data la consistente entità della lacuna presente nell'iscrizione.

Rimane infine da chiarire quale tipo di legame potesse intercorrere tra i *corpora traiectus* e il *curator Tiberis*. Sembra essere Le Gall l'unico ad aver analizzato l'eventualità di un simile rapporto. Lo studioso si basa sulle prime due iscrizioni qui presentate, che egli assegna entrambe, evidentemente per questioni di analogia, ad un unico *corpus traiectus Luculli*, arrivando a concludere che il *curator Tiberis* esercitava uno stretto controllo sulle casse e su tutta l'attività del collegio, poiché, se si fosse trattato di una semplice concessione d'uso di un terreno, si sarebbe dovuta trovare la formula *locus adsignatus.*[464] In realtà la casistica d'uso della formula *permissu* risulta essere varia e talora in associazione con altre formule; si dà di frequente il caso di esplicita concessione di un terreno non solo a scopo funerario, ma anche onorario.[465] L'uso in ambito funerario si riscontra inoltre in contesti che suggeriscono un qualche legame sociale o di parentela tra le parti. Nel primo caso si tratta principalmente di rapporti tra *patronus* e *libertus* e tra *colliberti*, ma si registrano anche esempi di *permissu* concesso da un *contubernalis* o da un *amicus.*[466] Per quanto riguarda i legami di parentela si riscontrano principalmente genitori e, talvolta, figli.[467] Soprattutto nei casi di parentela (ma si possono comprendere con un certo margine di sicurezza anche i casi di permesso dato da un *amicus* e da un *contubernalis*) sembra potersi escludere un qualsivoglia rapporto di controllo economico della parte che concede il permesso rispetto a quella che lo riceve, e verrebbe piuttosto fatto di pensare che si tratti di una concessione a sfruttare uno spazio di proprietà di chi 'permette', affinché un suo liberto o colliberto, ovvero un amico piuttosto che un parente, ne possa usufruire come luogo di sepoltura, come parrebbe suggerire la maggioranza degli esempi riportati. Sulla medesima linea sembrano condurre anche altri casi di utilizzo della voce *permissu,* sia casi nei quali chi concede l'autorizzazione è una personalità pubblica (in tal senso anche l'*ordo decurionum* di una città), o un privato espressamente indicato come il proprietario del *fundus*; sia casi in cui colui che concede il permesso non sembra avere alcun legame con il destinatario.[468] La formula *permissu* sembra essere per lo più collegata dunque con la concessione d'uso di un terreno sottoposto al controllo dello stato (nel caso di funzionari pubblici) o di proprietà di privati. Ma un controllo stretto del *curator* Tiberis sui *corpora traiectus* così come proposto da Le Gall non è sostenibile anche per altre motivazioni. Innanzitutto non bisogna dimenticare che, come già accennato, prestare la propria opera per servizio pubblico non era obbligatorio e di conseguenza facevano parte del collegio anche membri non compresi nel servizio allo stato. In secondo luogo i collegi incaricati di un servizio dallo stato godettero della massima autonomia amministrativa riguardo all'organizzazione interna, almeno per i primi due secoli del principato e ancora agli

[462] LANCIANI 1898, pp. 236-237.
[463] BOTTIGELLI 1942, p. 85.

[464] LE GALL 1953, p. 180 (ora anche LE GALL 2005, p. 204).
[465] Si vedano ad es. CIL VI 15511; CIL VI 19957; AE 1994, 852 sulla concessione di un terreno a scopo funerario; in CIL V 5773; CIL X 1562; CIL XII 412 esempi di concessioni a scopo onorario.
[466] Esempi del primo caso si trovano in CIL VI 15607; CIL VI 18321; CIL VI 19847; CIL VI 23394 (tra *patronus* e *libertus*); CIL VI 20470; CIL VI 24739; AE 1981, 145 (tra colliberti). Per quanto riguarda il secondo caso cfr. ad es. CIL VI 21473a; CIL VI 23951. Sull'uso della formula *permissu* in ambito funerario cfr. CALDELLI 2004, pp. 348-349.
[467] Cfr. ad es. Come ad es. CIL VI 7380; CIL VI 22061 (genitori); CIL VI 17170 (figli).
[468] A titolo di es. di queste tre casistiche cfr.: CIL XIII 916; CIL VI 449, CIL VI 801, CIL VI 20863, AE 1965, 337, AE 1996, 309 (per i casi di concessione da parte di una personalità pubblica); CIL VI 20684, CIL VI 21328, CIL X 801, CIL X 1495 (per i casi di concessione da parte di un privato); AE 1925, 118; AE 1980, 154; AE 1990, 69; CIL VI 17748; CIL VI 18400; CIL VI 20055; CIL VI 21445; CIL VI 22249 (per i casi di concessione tra due soggetti senza alcun legame apparente).

inizi del III secolo.[469] Lo stato corrispondeva al servizio elargendo alle corporazioni compensi e speciali privilegi, estesi naturalmente soltanto a coloro che prestavano servizio pubblico. Si trattava di condizioni di favore - importante per esempio l'immunità da determinati oneri pubblici- concesse in modo da incoraggiare con compensi la partecipazione di corporazioni e, all'interno di esse, di corporati al servizio pubblico.[470] In un simile scenario, appare strano che uno stato, il quale mirava ad incentivare la partecipazione di corporazioni professionali a servizi pubblici mediante concessione di particolari privilegi e immunità, limitasse poi le medesime associazioni ponendo un magistrato a controllo diretto delle loro finanze, soprattutto dal momento che la natura delle entrate e delle uscite dell'*arka collegii* riguardavano principalmente la vita 'privata' della corporazione.[471] Le entrate derivavano infatti da donativi di ricchi patroni e benefattori, come anche dalle quote di ingresso e mensili versate dagli iscritti, nonché dalle *summae honorariae* dei funzionari eletti all'interno del collegio. Nelle spese principali di un collegio rientravano invece l'acquisto e la manutenzione della *schola* e dell'eventuale tempio annesso e tutte le funzioni di carattere più o meno religioso che scandivano la vita della corporazione, come banchetti comuni, funerali dei soci e contributi agli eredi, sacrifici rituali e servizi religiosi, attestazioni di omaggio all'imperatore e alla casa imperiale; non mancavano poi privilegi materiali accordati a determinati membri benemeriti (in genere per questi ultimi, come per l'imperatore, si trattava dell'erezione di statue).[472] È evidente dunque che il controllo sulle finanze di un collegio da parte di un qualsiasi magistrato non avrebbe avuto motivo di esistere, in quanto l'uso che la corporazione faceva dei suoi fondi non aveva nulla a che vedere con il servizio pubblico che essa esercitava per lo stato.[473]

In conclusione sembra potersi escludere un controllo diretto e ferreo del *curator Tiberis* sui *corpora traiectus,* sia per la struttura interna dei collegi, sia per il tipo di rapporto che legava le corporazioni professionali allo stato nell'ambito dell'offerta di un pubblico servizio. Di certo le scarse testimonianze epigrafiche in nostro possesso, pur costituendo l'unico collegamento esplicito tra *curator* e *corpora traiectus*, sono di natura tale che non permettono di dedurre alcun tipo di legame giuridico o amministrativo tra le due entità. Ciò che accomuna tali iscrizioni, oltre alle corporazioni e al magistrato in esse citate, è senza dubbio il loro carattere commemorativo; in entrambe vengono ricordati l'edificazione o il restauro di una costruzione: CIL XIV 5320 è una struttura, o un monumento, in onore del nume della casa imperiale, CIL XIV 254, come si è visto, è un *vigiliarium*, una costruzione inerente in modo specifico all'attività della corporazione. I permessi concessi in entrambe i casi dal *curator Tiberis* lascerebbero intendere dunque che le due strutture si trovassero su un terreno di competenza del magistrato tiberino, verosimilmente le rive. Non è possibile tuttavia escludere un legame tra i battellieri che svolgevano un servizio di traghetto e il curatore del Tevere; secondo Meiggs le iscrizioni sin qui analizzate fornirebbero anzi una prova della presenza attiva dell'autorità del magistrato nella zona di Ostia.[474] Nell'ambito dello svolgimento delle sue funzioni il *curator Tiberis* doveva sicuramente avere necessità di muoversi lungo il fiume ed è dunque logico che mantenesse per lo meno un rapporto diretto con i *corpora traiectus.* In particolare, forse, aveva legami con il *corpus traiectus Luculli,* che era verosimilmente una delle più importanti tra le quattro corporazioni che svolgevano tali servizi e, in seguito, con il *corpus traiectus togatensium* che, come si è visto, era stato creato con tutta probabilità dallo stato stesso e deputato al trasporto di personale pubblico, costituendo dunque, tra le quattro, la corporazione che più si prestava a ricadere sotto la sfera di competenza del *curator riparum et alvei Tiberis.*

[469] Unica restrizione si può trovare in un provvedimento di Antonino Pio (DIG. 50, 6, 12) che vietava l'ammissione al collegio di persone che non avrebbero potuto dedicarsi al servizio pubblico, pur volendolo, a causa delle condizioni in cui si trovavano, come ad esempio persone anziane o troppo giovani (il che però mostra come fino a quel momento anche tali ammissioni fossero state possibili). Cfr. DE ROBERTIS 1971, p. 122. Secondo WALTZING 1895, p. 350 invece questo provvedimento sarebbe stato da leggere come un'esclusione non tanto dal collegio, quanto dal godimento dei privilegi che lo stato accordava a quel collegio in cambio del servizio.

[470] Secondo DE ROBERTIS 1971, II, p. 114-115 tali esenzioni si basavano sul principio che considerava il servizio pubblico espletato dai collegi come un *munus* da cui venivano in tal modo dispensati tutti gli altri cittadini; per ciò era equo che i corporati che si prestavano ai vari servizi fossero esentati per contro da altri *munera* che gravavano sugli altri cittadini.

[471] Altri modi per denominare la cassa di un collegio erano *arka communis, arka publica, ratio publica.* Cfr. WALTZING 1895 I, p. 449; DE ROBERTIS 1971 II, p. 37 nt. 62.

[472] WALTZING 1895 I, pp. 450-453; 479-483; DE ROBERTIS 1971 II, pp. 37-38.

[473] Inoltre proprio nell'iscrizione che ha permesso di identificare la *schola* del *corpus traiectus Luculli*, compare una dedica posta da tale corporazione all'imperatore Gordiano, ma non c'è traccia di alcun permesso concesso dal *curator Tiberis* né da altri magistrati, come invece accade in CIL XIV 5320.

[474] MEIGGS 1973, p. 303.

CAP. VI. *REMEDIUM COERCENDI FLUMINIS*. LA *CURA RIPARUM ET ALVEI TIBERIS*: CONSIDERAZIONI CONCLUSIVE

La storia di Roma è imprescindibile da quella del suo fiume che in larga parte contribuì alla sua crescita non solo economica. Vera e propria strada di comunicazione e di commerci, serbatoio naturale di acqua per usi quotidiani, ricettore di buona parte dei rifiuti urbani, il Tevere, assurto in taluni contesti a divinità, è parte integrante della città e delle sue vicende. Eppure da sempre il fiume è stato anche un ostacolo naturale alla vita quotidiana a causa delle disastrose inondazioni che gli antichi temevano e tenevano in conto di prodigi per gli esiti distruttivi che sovente producevano sulla città. Proprio per tali effetti e nonostante la natura portentosa attribuita alle esondazioni, nel 15 d.C., dopo un'ennesima alluvione, Tiberio scelse di agire non come in presenza di un prodigio ma cercando una soluzione concreta al problema. La volontà di trovare un *remedium coercendi fluminis* porterà, dopo un inutile tentativo di elaborare un progetto volto a regolamentare la portata del Tevere, alla creazione di un *team* di senatori, scelti per estrazione affinché si prendessero per sempre cura del fiume, cosicché d'inverno il livello non si alzasse troppo e d'estate non si abbassasse eccessivamente, ma scorresse sempre per quanto possibile regolare.[475] La commissione così creata constava di cinque senatori, dei quali uno, di rango consolare, fungeva da presidente, mentre gli altri quattro erano di rango pretorio. Tali elementi si ricavano dai cippi delimitativi sui quali il nome del presidente viene citato sempre per primo, rispetto a quelli degli altri membri il cui ordine varia da un cippo all'altro, segno che i componenti godevano tra loro di pari dignità. La forma collegiale rimase in uso soltanto per il primo periodo della storia della curatela e fu utilizzata dal potere centrale come strumento per permettere l'avanzamento di *homines novi* nell'*ordo* senatorio. Benché della scomparsa della forma collegiale si possa essere certi solo a partire dal 180 d.C., anno in cui si colloca l'iscrizione di *Q. Petronius Melior, adiutor curatoris alvei Tiberis*, è probabile che il titolo di *curator* sia stato ristretto ad un solo magistrato sin dall'età di Vespasiano, epoca in cui compaiono alcuni cippi attestanti un singolo funzionario, o forse di Nerone, per la quale tuttavia non disponiamo di alcuna attestazione in merito. Nel corso del tempo altre modifiche interessarono la *cura Tiberis*, *in primis* il passaggio della sua azione dall'*auctoritas senatus* all'*auctoritas principis*, che corrispose sui cippi alla sostituzione della formula *ex senatus consulto* con l'espressione *ex auctoritate imperatoris*. Un simile cambiamento, voluto dall'imperatore Claudio nell'ambito della linea politica di accentramento da lui adottata, non mutò la sfera delle competenze né la struttura interna della curatela, che rimase collegiale, come si è visto, almeno sino all'età di Vespasiano. Si trattò piuttosto di una variazione nella modalità di gestione della carica, che veniva demandata direttamente all'imperatore, verosimilmente chiamato in prima persona a scegliere i curatori e a gestirne l'opera. Nel corso del tempo variò probabilmente anche la durata in carica dei singoli magistrati; da un confronto fra le datazioni dell'entrata in carica di ciascun *curator* sembra potersi evincere come la curatela fosse, agli inizi, annuale e divenisse poi triennale in età traianea, in corrispondenza di una probabile revisione della magistratura compiuta in occasione dei lavori voluti da Traiano nel porto di Ostia, e che vide fra l'altro le mansioni del *curator Tiberis* accresciute della *cura cloacarum*.

L'attività della commissione dei *curatores riparum et alvei Tiberis* trova primaria attestazione nei cippi delimitativi posti lungo le rive allo scopo di creare un margine visibile che segnalasse il terreno adibito a riva. Quest'ultimo infatti doveva essere mantenuto sgombro da costruzioni e insediamenti privati in quanto *publicus*, termine che nel latino giuridico indicava non solo i terreni di comune proprietà, ma tutti i beni che dovevano essere preservati in quanto di utilità pubblica. L'attenzione posta ai terreni rivieraschi del Tevere precede la nascita della curatela, poiché i primi cippi furono posti da *M. Valerius Messalla* e *P. Servilius Vatia Isauricus*, censori nel 54 a.C., e, in seguito, da *C. Marcius Censorinus* e *C. Asinius Gallus*, consoli nell'8 a.C., la cui opera di delimitazione fu completata l'anno seguente da Augusto. Dal formulario delle iscrizioni è forse possibile evincere un'evoluzione nel concetto giuridico di riva che sembra andare verso una sempre maggior specificazione teorica cui viene corrispondendo, nella pratica, una delimitazione più articolata dei terreni mediante il ricorso a precise misurazioni e valutazioni sulle rive. Tale cambiamento portò all'uso di segnalare sui cippi la distanza intercorrente tra essi. In particolare la terminazione di Augusto, l'unica a presentare indicazioni di pedatura su più lati del cippo, svela un modo nuovo e più articolato di concepire la *ripa* e, di conseguenza, una maggiore azione di cura verso di essa da parte dello stato. La preservazione della riva in qualità di spazio pubblico dovette essere quindi una delle principali competenze passate ai magistrati tiberini, la cui definizione di *curatores riparum* induce a pensare che avessero, ancorché in misura limitata, facoltà giuridiche tali da permettere loro di svolgere un'efficace azione di tutela sui terreni rivieraschi. Per ciò che riguarda più strettamente le pietre terminali, l'azione di ciascun *curator* era posta in rapporto con i cippi collocati in occasione delle diverse delimitazioni complessive del Tevere. Dalla distribuzione cronologica dei cippi pervenuti si evince infatti come soltanto tre furono i momenti della storia del Tevere in cui si procedette ad una terminazione delle rive per tutto il tratto urbano del fiume. Le prime due delimitazioni furono quelle già citate dei censori, nel 54 a.C., e di Augusto nell'8-6 a.C. che rimase in vigore sino al 101-103 d.C., quando il *curator Ti. Iulius Ferox* pose mano ad una ridelimitazione complessiva del Tevere preservando probabilmente il tracciato di quella augustea. I *curatores Tiberis* non coinvolti nelle grandi delimitazioni si limitavano a mantenerle attive, restaurando sia i singoli cippi, sia intere sezioni del tracciato. È anzi assai probabile che una divisione dei terreni rivieraschi in settori fosse stata

[475] TAC. *ann.* 1.76; DIO 57.14.

adottata proprio per facilitare la manutenzione e il monitoraggio delle rive da parte dei magistrati. Un ulteriore incarico, accertato grazie alla titolatura, era la cura dell'alveo tiberino. Già in età repubblicana esistevano incaricati *'qui flumina retanda publice redempta habent'*, ossia personaggi che ricevevano in appalto il compito di liberare i fiumi dagli alberi (*retae*) che crescevano sulle rive e, più in generale, da tutto ciò che poteva ostacolare la navigazione.[476] Augusto fece svolgere simili lavori di ripulitura nello stesso periodo in cui procedette alla delimitazione delle rive; sembra naturale che tale incombenza sia passata poi ai *curatores Tiberis,* benché non si abbiano prove dirette di un'attività in tal senso. Una terza mansione entrò a far parte delle competenze dei *curatores*, la *cura cloacarum*, che dall'età di Traiano compare nella loro titolatura ufficiale. Mancano anche in questo caso le testimonianze dirette e in generale si sa poco sull'amministrazione dei condotti fognari di Roma, che in età repubblicana era affidata agli edili (per la manutenzione ordinaria) e ai censori (per i lavori straordinari).[477] Tali magistrati agivano verosimilmente tramite la pratica dell'appalto, secondo un *iter* simile a quello utilizzato dai *curatores aquarum* per la manutenzione degli acquedotti.[478] Lo studio delle fonti ha permesso di identificare le mansioni dei magistrati investiti di tale incarico nella pulizia e nella manutenzione dei condotti, nell'eventuale costruzione di nuove cloache, nel controllo dei *redemptores* cui veniva concesso l'appalto e, naturalmente, in una certa capacità giuridica da parte del magistrato, che lo mettesse in grado di controllare le diramazioni secondarie delle condotte che appartenevano a privati, ma che confluivano nelle cloache pubbliche. Tuttavia, data l'estensione della rete fognaria di Roma, è probabile che il compito dei *curatores Tiberis* riguardasse solo il settore delle cloache più strettamente legato al fiume, cioé gli sbocchi fognari che sfociavano nel Tevere, il cui primo fattore di intasamento era costituito dal fango e dai detriti trasportati dal fiume stesso, e il settore più interno delle cloache che, più prossimo al fiume, veniva a passare sotto il terreno delle rive ed era maggiormente esposto alla violenza della piena, ragion per cui il *curator Tiberis* forse doveva anche farsi carico di controllare l'integrità delle strutture fognarie. La parte rimanente della rete delle cloache, quella cioè che si estendeva al resto della città, rimase probabilmente in mano degli edili. Infine, come attestano alcune iscrizioni, rientrava nelle mansioni del *curator Tiberis* la manutenzione delle strutture, come rive, ponti e banchine, che erano parte costituente del fiume contribuendone alla piena funzionalità; ai magistrati spettava probabilmente l'esecuzione pratica e l'approvazione dei lavori inerenti alla manutenzione e alla costruzione di tali strutture.[479]

Sezione integrante dell'ufficio dei *curatores Tiberis* era costituita dal personale subalterno, testimoniato da poche iscrizioni che certificano l'esistenza di *adiutores,* di un *praefectus* e di un *commentariensis*, personaggi che dovevano trovare un punto di aggregazione in *stationes alvei Tiberis,* site probabilmente in prossimità del fiume a Ostia e a Roma.[480] L'inserimento del *curator Tiberis* nel mondo che ruotava attorno al fiume è provato da alcune iscrizioni ostiensi concernenti restauri edilizi effettuati con il permesso del magistrato, che attestano un suo rapporto con i collegi professionali di barcaioli noti come *corpora traiectus lenuncularii* o *scapharii* a seconda del tipo di imbarcazione che utilizzavano e che operavano attorno all'Isola sacra fornendo servizio di trasporto da una sponda all'altra del Tevere e della fossa Traiana, supplendo così alla mancanza di ponti nella zona.[481] Il rapporto di queste corporazioni con il *curator* sembra configurarsi come occasionale, limitato alla concessione di permessi attestati dalle iscrizioni, ma non si possono escludere relazioni di carattere professionale, in particolare con il *corpus traiectus togatensium* probabilmente addetto al trasporto di personale pubblico lungo il fiume e con il quale il *curator* intratteneva forse un vero e proprio rapporto lavorativo. Benché la testimonianza di Cassio Dione presenti la *cura Tiberis* come la soluzione che Tiberio adottò per far fronte al problema gravoso delle inondazioni, dovette divenire chiaro fin da subito che tale magistratura non poteva costituire un valido rimedio alla forza devastante del fiume, che infatti non cessò di esondare annualmente. Malgrado ciò, la curatela fu mantenuta operativa divenendo in breve un sistema di controllo e di tutela dell'efficienza dell'alveo e delle rive del Tevere, inteso come vitale elemento della città. Il potere centrale non rinunciò tuttavia al tentativo di trovare una soluzione definitiva al problema delle inondazioni, senza peraltro pervenire ad un risultato concreto. Si situano in tale ambito, ad esempio, le *fossae a Tiberis emissae* fatte scavare dall'imperatore Claudio durante i lavori per la costruzione del porto ostiense con l'obbiettivo di diminuire la portata del Tevere nei periodi di piena.[482] Pur se la *cura riparum et alvei Tiberis* non raggiunse mai lo scopo per il quale era stata creata, in quanto le piene continuarono, divenne ugualmente una carica di prestigio, soprattutto a partire dal momento in cui l'azione dei *curatores* passò sotto l'autorità imperiale, ponendo verosimilmente i magistrati in diretto contatto con il *princeps*. Dall'analisi dei *cursus honorum* e delle prosopografie dei personaggi che la ottennero risulta che la *cura Tiberis* era ambita e rivestita da senatori di un certa importanza, appartenenti a famiglie di spicco o il cui *cursus* particolarmente rapido lascia intuire un certo favore imperiale. Tali personaggi ruotavano attorno all'*entourage* di corte e potevano dunque intrattenere particolari rapporti con il *princeps*, come attesta anche il fatto che buona parte di essi raggiunse come ultimo incarico il proconsolato d'Asia o d'Africa, prestigioso segno che contraddistingueva generalmente i senatori più influenti.

[476] GELL. *noct. Att.* 11, 17
[477] DION. HAL. 3, 67, 5; LIV. 39, 44; PLIN. *nat.* 36, 24; DIO 49, 43.
[478] FRONTIN. *aq.* 96.
[479] CIL VI 31543; CIL VI 1242.
[480] CIL X 797; CIG III 3991; AE 1952, 156; CIL XIV 5345; AE 1923, 67; CIL II 6085; CIL VI 1224; CIL VI 5384.
[481] CIL XIV 254; CIL XIV 5320; AE 1955, 185.
[482] CIL XIV 85; CIL XIV 88.

Emerge infine il profilo di una magistratura perfettamente inserita nell'ambito dell'amministrazione urbana e a quest'ultima capillarmente legata. Il fondamentale ruolo rivestito dal Tevere come privilegiata arteria di comunicazione *in primis*, ma non solo, tra la città e il suo porto fa sì che il fiume possa essere considerato come una vera e propria strada, e di conseguenza si possa stabilire un parallelo fra la *cura viarum*, preposta alla tutela del sistema stradale imperiale, e la *cura Tiberis*.[483] Con la sua attività volta a preservare nelle migliori condizioni il Tevere, mediante il controllo dello stato delle rive e dei rapporti professionali con il mondo che ruotava attorno ad esso, la *cura riparum et alvei Tiberis* sottolinea una volta di più, mediante la sua esistenza, il particolare rapporto fra Roma con il suo fiume e l'importanza assoluta che la città attribuiva a quest'ultimo al punto da riservargli un'apposita magistratura.

[483] Cfr. ad es. LAURENCE 1999, soprattutto pp. 109-115.

SEZIONE DOCUMENTARIA

1. CATALOGO PROSOPOGRAFICO

<table>
<tr><th>REp</th><th>CP</th><th>CURATOR</th><th colspan="2">DATA</th></tr>
<tr><td>II. 1-14</td><td></td><td>Curatores riparum qui primi fuerunt</td><td colspan="2">15 d.C.</td></tr>
<tr><td rowspan="5">III. 1-5a</td><td>1</td><td>L. Caninius Gallus</td><td rowspan="5">Collegio</td><td rowspan="5">Prima del 19 d.C. (15 d.C.?)</td></tr>
<tr><td>2</td><td>L. Volusenus Catulus</td></tr>
<tr><td>3</td><td>C. Caedicius Agrippa</td></tr>
<tr><td>4</td><td>M. Acilius Memmius Glabrio</td></tr>
<tr><td>5</td><td>Q. Fabius Balbus</td></tr>
<tr><td rowspan="5">III. 6-10a-c</td><td>6</td><td>C. Vibius Rufus</td><td rowspan="5">Collegio</td><td rowspan="5">Tra 20 e 23 d.C.</td></tr>
<tr><td>7</td><td>Sex. Sotidius Sex. f. Strabo Libuscidianus</td></tr>
<tr><td>8</td><td>C. Calpetanus C. f. Statius Rufus</td></tr>
<tr><td>9</td><td>M. Claudius M. f. Marcellus Aeserninus</td></tr>
<tr><td>10</td><td>L. Visellius C. f. Varro</td></tr>
<tr><td rowspan="5">III. 11-15a-d</td><td>11</td><td>C. Antistius C. f. C.n. Vetus</td><td rowspan="5">Collegio</td><td rowspan="5">Tra 24 e 41 d.C.
(forse 25/26 d.C.)</td></tr>
<tr><td>12</td><td>C. Valerius L. f. Flaccus Tanurianus</td></tr>
<tr><td>13</td><td>P. Vergilius M. f. Pontianus</td></tr>
<tr><td>14</td><td>P. Catienus P. f. Serg. Sabinus</td></tr>
<tr><td>15</td><td>Ti. Vergilius Ti. f. Rufus</td></tr>
<tr><td rowspan="5">III. 16-20a</td><td>16</td><td>Paullus Fabius Persicus</td><td rowspan="5">Collegio</td><td rowspan="5">Tra 41 e 44 d.C.</td></tr>
<tr><td>17</td><td>C. Eggius Marullus</td></tr>
<tr><td>18</td><td>L. Sergius Paullus</td></tr>
<tr><td>19</td><td>C. Obellius Rufus</td></tr>
<tr><td>20</td><td>L. Scribonius Libo</td></tr>
<tr><td>III. 21a</td><td>21</td><td>Sex. Sentius Sex. f. Quir. Caecilianus</td><td colspan="2">68/69 d.C.</td></tr>
<tr><td>III. 22a-c</td><td>22</td><td>C. Calpetanus Rantius Quirinalis Valerius P. f. Pomp. Festus</td><td colspan="2">Prima metà del 73 d.C.</td></tr>
<tr><td>III 23a</td><td>23</td><td>C. Dillius L. f. A. n. Serg. Aponianus</td><td colspan="2">Luglio-dicembre 73 d.C.</td></tr>
<tr><td>III. 24a-c</td><td>24</td><td>C. Laecanius Bassus Caecina Paetus</td><td colspan="2">Giugno 74 – 75 d.C.</td></tr>
<tr><td>III. 25a-z</td><td>25</td><td>Ti. Iulius Ferox</td><td colspan="2">101-103 d.C.</td></tr>
<tr><td>III. 26a-d</td><td>26</td><td>C. Plinius L. f. Ouf. Caecilius Secundus</td><td colspan="2">104-106 d.C.</td></tr>
<tr><td>III. 27a-b</td><td>27</td><td>L. Minicius L. f. Gal. Natalis</td><td colspan="2">107-109/110 d.C.</td></tr>
<tr><td>III. 28a-h</td><td>28</td><td>L. Messius Rusticus</td><td colspan="2">121-124 d.C.</td></tr>
<tr><td>III. 29a</td><td>29</td><td>L. Vitrasius L. f. Pob. Flamininus</td><td colspan="2">124/125-127 d.C.</td></tr>
<tr><td>III. 30a</td><td>30</td><td>[? Valerius M? f.] Grani[anus?] Grattius Cerealis Geminius R[estitutus?]</td><td colspan="2">127/128-129/130 d.C.</td></tr>
<tr><td>III. 31a</td><td>31</td><td>P. Tullius Varronis f. Stel. Varro</td><td colspan="2">seconda metà 129/130-132/133 d.C.</td></tr>
<tr><td>III. 32a</td><td>32</td><td>T. Prifernius T. f. Quir. Paetus Rosianus Geminus Nonius Agricola C. Labeo Tettius(?)</td><td colspan="2">147/148-149/150 d.C.</td></tr>
<tr><td>III. 33a-c</td><td>33</td><td>M. Nonius M. f. Fab. Macrinus</td><td colspan="2">154/155-157/158 d.C.</td></tr>
<tr><td>III. 34a</td><td>34</td><td>M. Statius M. f. Cl. Priscus Licinius Italicus</td><td colspan="2">160 d.C.</td></tr>
<tr><td>III. 35a-e</td><td>35</td><td>A. Platorius Nepos Calpurnianus (Marcellus ?)</td><td colspan="2">161-164 d.C.</td></tr>
<tr><td>III. 36a</td><td>36</td><td>P. Cornelius P. f. Gal. Anullinus c.v.</td><td colspan="2">174-176 d.C.</td></tr>
<tr><td>III. 37a</td><td>37</td><td>Ofilius Valerius Macedo</td><td colspan="2">198 d.C.</td></tr>
<tr><td>III. 38a</td><td>38</td><td>C. Caesonius C. f. Quir. Macer Rufinianus</td><td colspan="2">198-200/201 d.C. ca.</td></tr>
<tr><td>III. 39a</td><td>39</td><td>L. Flavius L. f. Cleonaeus</td><td colspan="2">Fine II secolo d.C.</td></tr>
<tr><td>III. 40a</td><td>40</td><td>M. Iuventius M. f. Fab. Secundus Rixa Postumius Pansa Valerianus Severus</td><td colspan="2">Ultimi anni del II sec. d.C.</td></tr>
<tr><td>III. 41a</td><td>41</td><td>M(arcus?) [---]</td><td colspan="2">Fine II-inizi III sec. d.C.</td></tr>
<tr><td>III. 42a</td><td>42</td><td>Maximus c.v.</td><td colspan="2">Fine II-inizi III sec. d.C.</td></tr>
<tr><td>III. 43a-b</td><td>43</td><td>Q. Venidius Rufus Marius Maximus L. Calvinianus</td><td colspan="2">202-204 d.C.</td></tr>
<tr><td>III. 44a</td><td>44</td><td>Ignoto</td><td colspan="2">207-210 d.C.</td></tr>
<tr><td>III. 45a</td><td>45</td><td>L. Caesonius C. f. Quir. Lucillus Macer Rufinianus</td><td colspan="2">231/232-233/234 d.C.</td></tr>
<tr><td>III. 46a</td><td>46</td><td>L. Valerius Claudius Maximus Acilius Priscilianus</td><td colspan="2">Tra 235 (?) e 238 d.C.</td></tr>
<tr><td>III. 47a-b</td><td>47</td><td>M. Aurelius Artemidorus</td><td colspan="2">Intorno al 244 d.C.</td></tr>
<tr><td>III. 48a-b</td><td>48</td><td>L. Caesonius L. f. Quir. Ovinius Manlius Rufinianus Bassus</td><td colspan="2">261-263 d.C.</td></tr>
<tr><td>III. 49a-b</td><td>49</td><td>M'. Acilius Balbus Sabinus</td><td colspan="2">284/285-286/287 d.C.
o tra il 284 e il 293 d.C.</td></tr>
<tr><td>III. 50a</td><td>50</td><td>[---]anus c. v.</td><td colspan="2">Ultimo decennio del III secolo d.C.</td></tr>
<tr><td>III. 51a</td><td>51</td><td>C. Vettius Cossinius Rufinus c. v.</td><td colspan="2">307-309 d.C.</td></tr>
<tr><td>III. 52a</td><td>52</td><td>Q. Attius Granius Caelestinus c. v.</td><td colspan="2">Sotto Costantino</td></tr>
<tr><td>III. 53a-f</td><td>53</td><td>Q. Fl. Messius Egnatius Lollianus Mavortius</td><td colspan="2">321-323 d.C.</td></tr>
<tr><td>III. 54a-b</td><td>54</td><td>Q. Ceionius Caecina Verus c. v.</td><td colspan="2">324 d.C.</td></tr>
</table>

Tab. 24 - Prospetto riassuntivo della successione cronologica dei curatores Tiberis.

1. *L. CANINIUS GALLUS*[484]
Prima del 19 d.C. (15 d.C.?)
(collegio)

1- *IIIvir monetalis* 12 a.C.
RIC 416; BMC 128; RSC 383

2- *consul suffectus* II metà 2 a.C.

Sostituisce *M. Plautius M. f. Silvanus*
AE 1938, 2 = AE 1941, 105 = AE 1945, 32 = IRT 521

Collega di Augusto *cos. XIII* Agosto
VELL 2,100.2

Collega di *C. Fufius Geminus* 18 settembre
CIL VI 36809 = ILS 9250;
CIL IX 5293 = Inscr.It. XIII, 1, 246 =EAOR III 22 = AE 1949, 79;
AE 1950, 93a-b.

Collega di *Q. Fabricius* Dicembre
Res gestae 16;
CIL I 749.

3- *proconsul Africae* Tra 2 e 4 d.C. ca.
AE 1938, 2 = AE 1941, 105 = AE 1945, 32 = IRT 521.

4- *curator riparum et alvei Tiberis* *ante* 19 d.C.
CIL VI 31543= AE 1889, 121= ILS 5893 = REp III. 1-5*a*.

- *patronus Leptis Magnae* In età augustea
IRT 521 = AE 1938, 2 = AE 1941, 105 = AE 1945, 32

- *XVvir sacris faciundis*
CIL II 4129 = RIT 137= HEp-11, 535;
IRT 521 = AE 1938, 2 = AE 1941, 105 = AE 1945, 32;
TAC. *ann.* 6,12 (riferito al 32 d.C.).

- *Frater Arvalis*

CIL VI 2024f= CIL VI 32341f; CIL VI 2025.	Nel collegio nel 27 e nel 35 d.C.
CIL VI 2025 a-c = CIL VI 32342	*Magister collegii* nel 36 d.C.
CIL VI 2027 = CIL VI 32343	Nel collegio del 37 d.C.

La carriera senatoria di *L. Caninius Gallus* iniziò con una delle mansioni più ambite del vigintivirato, quella di *triumvir monetalis*, carica che egli ricoprì assieme a *C. Antistius Reginus* e *L. Lentulus*.[485] La carica si data sicuramente dopo il 23 a.C., dal momento che sul recto di una sua emissione è impressa la testa di Augusto con legenda *tr(ibunicia) pot(estas)*; con tutta probabilità tale incarico si deve collocare nel 12 a.C. circa.[486] Riguardo agli uffici che seguirono il triumvirato, noto soltanto grazie a fonti numismatiche, le informazioni si fanno lacunose sino al consolato, che *Caninius* rivestì in qualità di *consul suffectus* a partire dalla seconda metà del 2 a.C., avendo come colleghi dapprima Augusto, al suo tredicesimo consolato, poi, nel mese di settembre, *C. Fufius Geminus* e, sul finire dell'anno, *Q. Fabricius*. Non è possibile sapere se al consolato seguirono altre cariche prima che, pochi anni dopo, *Gallus* venisse nominato con insolita rapidità *proconsul Africae*; solitamente infatti questa carica era riservata a consolari anziani, tanto più che, col tempo, essa diverrà ambito coronamento della carriera senatoria.[487] Il proconsolato è attestato da un'unica iscrizione proveniente dal teatro augusteo di Leptis Magna, di cui *Caninius Gallus* aveva fatto costruire il *tribunal*.[488] La datazione della carica è discussa; alcuni studiosi la collocano attorno al 5/6 d.C., ma Syme giustamente sottolinea come in quel periodo essa fosse rivestita da *Cossus Cornelius Lentulus*, il quale, proprio nel 6 d.C., celebrò sui Getuli la vittoria che gli valse appunto il *cognomen* di *Gaetulicus*; il governatorato di *Gallus* andrebbe dunque posto in un arco cronologico compreso tra il 2 e il 4 d.C.[489] Tuttavia Thomasson ipotizza un arco temporale più ampio, collocando la magistratura africana di *Caninius* fra quella di *Cossus Cornelius Lentulus*, nel 6 d.C., e quella di *L. Nonius Asprenas*, datata al 12/15 d.C.[490] Un'altra possibile collocazione per il proconsolato d'Africa di *Gallus* si potrebbe identificare nel 7-8 d.C., dal momento che tra il 6 e il 12 d.C. si colloca anche il proconsolato di *A. Caecina Severus* situato negli anni attorno al 9-10 d.C. e inoltre negli anni tra il 16 e il 19 d.C. (e forse proprio nel 15 d.C.) *Gallus* si trovava a Roma in qualità di presidente di uno dei primi collegi di *curatores Tiberis*.[491] Negli stessi anni del proconsolato d'Africa deve collocarsi la carica di *patronus*, menzionata dal medesimo titolo di Leptis senza peraltro alcuna specificazione geografica; tuttavia poiché proprio in questa veste *Gallus* fece dono alla città del *tribunal* nel teatro augusteo, senza dubbio il senatore doveva essere

---

[484] PIR² C 390; *RE III* (1899) col. 1477 s.v. *L. Caninius Gallus* (n.5) (E. Groag); *RE XII* (1924) col. 136 s.v. *L. Caninius Gallus* (n.5) (R. Hanslik); THOMASSON 1960, II, p. 18; SCHEID 1975, pp. 121-123 n.20; SZRAMKIEWICZ 1975, pp. 145-147; DONATI 1982, p. 307; THOMASSON 1984, col. 373 n.15; RAEPSAET CHARLIER 1987, p. 179; THOMASSON 1996, p. 27 n.16.

[485] Cfr. Rispettivamente RIC 410, BMC 120, C 347 e RIC I², 415. In luogo di *Lentulus* potrebbero esser stato collega di *Gallus C. Sulpicius Platorinus* (cfr. PINK 1952, pp. 44-45) oppure *C. Marius Tromentina* (cfr. Crawford in RRCH p. 37)

[486] BABELON 1885-86, I, pp. 311-312 n.2; GRUEBER 1910, n.104 = MATTINGLY 1923, n.131. Groag in *RE* III (1899) col. 1477 s.v. *L. Caninius Gallus* (n.5) la colloca attorno al 20 a.C. cfr. PIR² C 390. Verso il 12 a.C. secondo WILLERS 1909, p. 156; MATTINGLY 1923, 416 (RIC 416). Cfr. FULLERTON 1985, p. 475; Crawford, RRCH, p. 37. BMCRE I p. XCVII e 20-28, RIC I pp. 76-78. Per un'analisi della cronologia si veda KUNISZ 1976, pp. 129-132.

[487] Cfr. SYME 1995, p. 306; inoltre ECK 1996, p. 53. Stando alle testimonianze epigrafiche, sarebbero soltanto cinque i senatori che dopo il consolato avrebbero ricoperto direttamente il proconsolato d'Africa, senza che vi sia testimonianza di alcun altro incarico fra le due magistrature. Cfr. ECK 1996, p. 80 nt. 312.

[488] IRT 521. Si vedano più ampiamente CAPUTO – LEVI DALLA VIDA 1935, pp. 92-96; CAPUTO 1940, pp. 196-198; CAPUTO 1987, pp. 55-56; LEVI DALLA VIDA – AMADASI GUZZO 1987, pp. 55-56; SEAR 2006, pp. 281-282.

[489] SYME 1986, p. 370 nt. 24. Cfr. FLOR. 2.31; DIO 55, 28.3-5;. *RE IV* (1901) coll. 1364-1365 s.v. *Cornelius* (n.182) (E. Groag); PIR² C 1380. Datano nel 5/6 d.C. Hanslik in *RE Supp. XII* col. 136; SZRAMKIEWICZ 1975, p. 145; THOMASSON 1984, p. 373.

[490] THOMASSON 1996, p. 27 n.16-17.

[491] DI VITA-ÉVRARD 1978-1979, pp. 9-44; THOMASSON 1996, pp. 26-27 n.15. Sulla possibile datazione della curatela di *Gallus* cfr. il paragrafo II.6.

patrono della città.[492]

Accanto alle funzioni civili, *Gallus* rivestì anche alcuni sacerdozi. Fu fra i *XVviri sacris faciundis*, come attestato da un'iscrizione funeraria oggi perduta proveniente da Tarragona.[493] Il titolo è dedicato a *Caninia Galla*, *L. Canini Galli XVvir(i) s(acris) f(aciundis) consularis filia*, morta a *Tarraco* dove si trovava a seguito del marito *L. Nonius Asprenas* (*cos.* nel 6 d.C.), legato di una legione distaccata in Spagna tra l'1 e il 6 d.C.[494] Inoltre nel breve *cursus* fornito dal titolo di Leptis Magna il quindecemvirato compare in prima posizione, davanti al consolato e al proconsolato. Benché l'interpretazione cronologica della disposizione delle cariche in tale iscrizione non sia certa, è possibile che il sacerdozio vitalizio sia stato ricoperto da *Caninius* a partire dagli anni immediatamente precedenti il consolato.[495] Un ultimo accenno alla carica in ordine temporale si trova infine in un passo di Tacito riferito al 32 d.C., anno in cui *Gallus* fu ripreso dall'imperatore Tiberio poiché, pur essendo *scientiae caerimoniarumque vetus*, aveva tentato di far inserire un nuovo scritto tra i libri Sibillini tramite *senatus consultum* senza una previa analisi del testo da parte dei *magistri* del collegio quindecemvirale.[496] La seconda funzione sacerdotale svolta da *Gallus* è quella di *frater Arvalis,* testimoniata da alcuni degli *acta* del collegio databili al 27 d.C., al 35 d.C. e al 36 d.C., anno in cui egli rivestì l'incarico di *magister collegii*.[497] L'ultima testimonianza in tal senso si ha in un altro dei *commentarii* del collegio datato al 37 d.C.[498] Malgrado la prima iscrizione che certifica l'appartenenza di *Caninius* al collegio degli Arvali sia datata al 27 d.C., è probabile che il suo ingresso nel corpo sacerdotale risalga ad anni precedenti; Rüpke ne ipotizza la datazione agli anni successivi al consolato del 2 a.C.[499] Tuttavia, dal momento che la già citata iscrizione di Leptis Magna, contemporanea al governatorato in Africa di *Caninius*, non accenna a questo sacerdozio pur menzionando quello di *XVvir sacris faciundis*, è forse possibile che *Gallus* sia entrato nel collegio dei *Fratres Arvales* solo in seguito al suo proconsolato, ultima carica citata dall'iscrizione africana.

È verosimile tentare di stabilire i limiti cronologici della vita di *L. Caninius Gallus* se si considera che in età augustea l'età minima per accedere al consolato era fissata a 33 anni; si può dunque pensare che nel 2 a.C., anno in cui *Gallus* divenne *cos. suffectus*, egli avesse più o meno quell'età; il nostro senatore sarebbe quindi nato attorno al 30 a.C. Una possibile data della morte si può fissare in base all'ultima testimonianza dell'attività di *Gallus*, vale a dire l'iscrizione dei *Fratres Arvales* databile al 37 d.C.; data l'età avanzata raggiunta da *Caninius* e dal momento che il suo nome non compare più negli *acta* successivi a quell'anno, è possibile che sia morto non molto dopo tale data. *L. Caninius Gallus* era probabilmente il figlio dell'omonimo console del 37 a.C. e di *Antonia* figlia del console del 63 *C. Antonius*, benché Syme propenda per considerarlo piuttosto un nipote.[500] Secondo lo studioso, inoltre, la *gens Caninia* sarebbe stata una famiglia pretoria originaria di *Tusculum*, ma è possibile che il *cognomen Gallus* colleghi la famiglia con il territorio dei Galli, in particolare con *Placentia* o *Sena Gallica*.[501]

[492] CAPUTO 1987, p. 56.

[493] CIL II 4129 = RIT 137 = HEp 11, p. 186 n.535.

[494] PIR² C 396; PIR² N 118. Cfr. ALFÖLDY 2001, p. 67 nt. 61; BARREDA PASCUAL 2001, pp. 380-381; ALFÖLDY 2003, p. 65 nt. 19

[495] RÜPKE – GLOCK 2005, p. 857 nt. 4.

[496] TAC. *ann.* 6. 12.

[497] CIL VI 32341 = CFA n.5 (27 d.C.); CIL VI 32342 = CFA n.7 (35 d.C.); CIL VI 2025, 20 (35 d.C.).

[498] CIL VI 32343 = CFA n.8.

[499] RÜPKE – GLOCK 2005, p. 857 nt. 4.

[500] Sul console del 37 a.C. si vedano PIR² C 389; *RE* III (1899) col. 1477 s.v. *L. Caninius Gallus* (n.4) (T. Münzer). Cfr. PIR² C 390; *RE* III (1899) col. 1477 s.v. *L. Caninius Gallus* (n.5) (E. Groag); DONATI 1982, p. 307. Su *Antonia* cfr. VAL. MAX. 4, 2. 6.

[501] SYME 1978, pp. 100-101; SYME 1986, p. 88, nt. 44. TAYLOR 1960, p. 181, 201; DONATI 1982, p. 307. Per un possibile stemma della *gens* cfr. RAEPSAET CHARLIER 1987, Tav. XXXVI.

2. *L. VOLUSENUS CATULUS*[502]
Prima del 19 d.C. (15 d.C.?)
(collegio)

1- *praetor* prima del 19 d.C.

2- *curator riparum et alvei Tiberis* *ante* 19 d.C.
CIL VI 31543 = AE 1889, 121 = ILS 5893= REp III. 1-5*a*

3- *curator locorum publicorum iudicandorum* tra 15 e 20 d.C.
CIL VI 1267a;
CIL VI 1267b = ILMN I 31;
CIL VI 31573 = ILS 5940;
CIL VI 31574 = ILS 5941;
CIL VI 37037 = AE 1907, 213.

Di *L. Volusenus Catulus* non si hanno molte notizie oltre a quelle offerte dalle fonti epigrafiche che testimoniano alcune tappe del suo *cursus*. Fu senza dubbio *praetor* in data non conosciuta, dal momento che le uniche due cariche note, la *cura Tiberis* e la *cura locorum publicorum iudicandorum*, erano riservate a senatori che dovevano già aver rivestito tale incarico. Fu dunque *curator Tiberis* nel primo collegio non anonimo, presieduto da *L. Caninius Gallus* e identificabile forse con quello che su altri cippi viene nominato semplicemente con l'espressione *curatores riparum qui primi fuerunt*.[503] *Catulus* rivestì inoltre, non si sa se prima o dopo la *cura Tiberis* ma verosimilmente in seguito, l'incarico di *curator locorum publicorum iudicandorum* nel collegio di cinque senatori, presieduto da *L. Nonius Asprenas*, deputato alla riassegnazione allo stato dei terreni pubblici eventualmente usurpati da privati e alla segnalazione del confine mediante l'apposizione di cippi. Si tratta di una delle prime testimonianze di questa magistratura, scarsamente attestata dal momento che, creata da Tiberio, non sembra essere sopravvissuta al suo regno.[504] Oltre a ciò, un passo di Quintiliano informa che *Catulus* fu difeso in un processo da tre consolari, *Cn. Domitius Afer* (*cos. suff.* nel 39 d.C.), *C. Sallustius Passienus Crispus* (*cos. suff.* nel 27 d.C., *cos. ord.* nel 44 d.C.) e *D. Laelius Balbus* (*cos. suff.* nel 46 d.C.), episodio che porta a pensare che egli avesse raggiunto una certa visibilità a Roma.[505]

L'origine di *Volusenus* va ricondotta con tutta probabilità alla *gens Volusena*, di provenienza etrusco-umbra, che trova la maggior rappresentanza a *Sestinum*.[506] I *Voluseni* sono esponenti dell'*élite* del municipio, cui restano legati mediante opere di evergetismo basate sulla produzione di laterizi, l'attività principale su cui, stando alle prove materiali, la *gens* costruì la sua fortuna.[507] Un'iscrizione attesta la costruzione dell'acquedotto di *Sestinum* da parte di tre membri della *gens*, i tre fratelli *C. Volusenus Curio*, *L. Volusenus Clemens* e *T. Volusenus Macedo*.[508] I nomi di *Lucius* e *Titus* compaiono anche su alcuni bolli laterizi, uno dei quali (CIL XI 6689) apparteneva forse alla pavimentazione dell'acquedotto che la famiglia donò alla città.[509] Un membro della *gens Volusena* particolarmente vicino alla casa imperiale fu *L. Volusenus L. f. Clemens*, personaggio di rango equestre che, nel corso della sua carriera, svolse incarichi amministrativi *missus a divo Augusto*, vale a dire per espressa volontà dell'imperatore, e in seguito fu designato *iuridicus* in Egitto dall'imperatore Tiberio, carica che non ricoprì mai a causa della sua prematura scomparsa in Aquitania.[510] Diversi sono ancora i personaggi riconducibili alla *gens Volusena* sestinate, come *Volusena C. f. Augurina* che dedicò un monumento funerario al marito *P. Aelius Aper* ammesso all'ordine equestre, il che testimonierebbe, secondo Cenerini, il legame della *gens Volusena* con altre famiglie notabili sestinati.[511] Il nome di *Augurina* compare inoltre su un'iscrizione funeraria da lei dedicata ad un liberto, *L. Volusenus L. l. Cupitus*, che rivestì l'incarico di *VIvir Augustalis*, una delle massime cariche accessibili ad un liberto.[512] Pur non possedendo prove certe a riguardo, è inoltre possibile che avessero legami con la *gens* anche alcuni personaggi testimoniati a Sparta agli inizi del II secolo d.C. (Λ. Οὐλοσσηνοί Δαμάρε͂ , Λ. Οὐλοσσηνοί Ἀριστοκράτῆ), e a Smirne in data non precisata (Μ. Βολουσσηνὸ͂ Διόφαντο͂ Ἰουλιανὸ͂).[513] Particolarmente importante per ricostruire i legami della *gens Volusena* con Roma risulta essere anche *C. Volusenus Quadratus*, personaggio che combatté a fianco di Cesare nel corso delle campagne in Gallia e durante la guerra civile e che perciò fu a più riprese ricordato nelle opere cesariane.[514] Presumibilmente tale fedeltà fruttò a

[502] PIR V 648; *RE Suppl. XI* (1968) col. 1856, s.v. *Volusenus* (n.4) (R. Hanslik); GAGGIOTTI - SENSI 1982, pp. 270-271.
[503] CIL VI 31557d; CIL VI 31540l; CIL VI 31541g.h.i.o.r.u; CIL VI 31542s Cfr. il paragrafo II.6.
[504] Cfr. CANTARELLI 1894, pp. 203 ss.; CANTARELLI 1900, pp. 136-139; *RE* IV.2 (1901) coll. 1787 s.v. *Curatores aedium sacrarum et operum locorumque publicorum* (E. Kornemann); HOMO 1951, pp. 243 ss.; *DAGR* II (1969) p. 1625, s.v. *Curatores locorum publicorum judicandorum* (H. Thédenat); PALMA 1980, pp. 220-231; DAGUET-GAGEY 2000, pp. 83-89.
[505] QUINT. *inst.* 10, 1, 23 *«Nam de domo Ciceronis dixit Calidius, et pro Milone orationem Brutus exercitationis gratia scripsit, etiam si egisse eum Cornelius Celsus falso existimat, et Pollio et Messala defenderunt eosdem, et nobis pueris insignes pro Voluseno Catulo Domiti Afri, Crispi Passieni, Decimi Laeli orationes ferebantur»*. «Infatti Calidio ha tenuto un discorso sulla casa di Cicerone, Bruto ha scritto un orazione in favore di Milone a scopo di esercitazione, anche se Cornelio Celso pensa erroneamente che egli l'abbia pronunciata realmente, e Pollione e Messalla difesero i medesimi imputati, mentre, quando ero un bambino godevano di popolarità le orazioni di Domizio Afro, Crispo Passieno e Decimo Lelio in difesa di Voluseno Catulo».
[506] GAMURRINI 1889, pp. 58-59; DEGRASSI 1963, pp. 91-93; GALLI 1978, p. 14; MINTO 1983, p. 56; CENERINI 1989, p. 189.
[507] CENERINI 1989, p. 190.
[508] CIL XI 6016 = ILS 5758 = AE 1990, 330: *C(aius) L(ucius) T(itus) Voluseni L(uci) f(ilii) Curio Clemens Macedo aquam adducendam / ex d(ecreto) d(ecurionum) c(uraverunt)*. Cfr. CORBIER 1989, pp. 175-188.
[509] CIL XI 6689, CIL XI 263-264. Cfr. GALLI 1978, p. 47. cfr. CENERINI 1989, p. 190.
[510] CIL XI 6011. Cfr. FIRPO 1985, pp. 21-33 e CENERINI 1989, pp. 189-190.
[511] CIL XI 6012; CENERINI 1989, p. 192.
[512] AE 1981, 337. Altre iscrizioni afferenti ai *Voluseni* di *Sestinum* in CIL XI 6017; CIL XI 6018; CIL XI 6019; CIL XI 6025. Cfr. CENERINI 1989, pp. 190-192.
[513] IG VI 233 e IG VI 470; CIG II 3301. Cfr. BOX 1932, p. 169; SPAWFORTH 1985, pp. 191-258.
[514] CAES. *Gall.* 3, 5; 4, 21-23; 6, 41; 8, 23; 7, 48-49; CAES. *civ.* 3, 60. Su *C. Volusenus Quadratus* cfr. GABBA 1951, pp. 171-272; *RE* IX, A, 1 (1961) coll. 894-897, s.v. *Volusenus* (nn.1 e 3) (H. G. Gundel); SYME 1962, pp. 72, 356-357; BROUGHTON 1968, pp. 212, 239, 246, 284; NICOLET 1974, p. 1084, nt. 403; si rimanda inoltre a CENERINI 1989,

Quadratus l'ammissione in senato, comprovata secondo Cenerini, proprio dalla presenza a Roma del *curator Tiberis L. Volusenus Catulus*; inoltre dal momento che quest'ultimo si definisce sull'iscrizione che lo riguarda come *f(ilius),* è assai probabile che prima di lui vi fosse in senato un *L. Volusenus Catulus pater* non altrimenti attestato, a sua volta figlio o nipote di *Quadratus.*[515] Secondo Gaggiotti invece *Catulus pater* sarebbe stato ancora un personaggio di rango equestre, figlio più che nipote di *Quadratus* e forse fratello o cugino di *L. Volusenus Clemens* (CIL XI 6011).[516] Infine, secondo uno studio condotto da Lafleur, sarebbe da identificare con *L. Volusenus Catulus* il personaggio citato con il solo *cognomen* assieme ad un ignoto *Artorius* nella terza satira di Giovenale, nell'ambito del risentito discorso tenuto da *Umbricius* riguardo all'impossibilità di trovare un lavoro onesto a Roma.[517] Tale identificazione si baserebbe innanzitutto sull'accenno fatto nei versi della satira ad una *flumina eluvies*, un'inondazione fluviale, con riferimento alla carica di *curator Tiberis* rivestita da *Catulus*. Oltre a ciò, lo studioso sostiene che *Volusenus*, originario di una famiglia equestre soltanto da poco pervenuta in senato e implicato in una non meglio precisata accusa (come si evince anche dal già citato passo di Quintiliano), avrebbe corrisposto al tipo di persona contro cui si scagliava il risentimento di *Umbricius.*[518] Tuttavia non vi sembrano essere prove sufficienti per tale identificazione, soprattutto in considerazione del fatto che nei versi successivi Giovenale, sempre per bocca di *Umbricius,* specifica come i personaggi così citati *«quondam [...] cornicines et municipalis harenae perpetui comites notaeque per oppia buccae»*, con riferimento ad attività proprie di servi pubblici e forse difficilmente applicabili, per quanto in un contesto polemico, ad un personaggio come *Volusenus Catulus* che era discendente di un senatore e poteva vantare in famiglia diversi contatti con gli alti vertici del potere imperiale.[519]

pp. 191-192 per ulteriore bibliografia.

[515] CENERINI 1989, p. 192. Cfr. NICOLET 1974, p. 1084, nt. 403. WISEMAN 1971, p. 277 n.512.

[516] GAGGIOTTI-SENSI 1982, pp. 270-271. Per l'elaborazione di un possibile stemma della *gens* si rimanda a GAGGIOTTI-SENSI 1982, p. 271.

[517] IVV. 3, 30. LAFLEUR 1974, pp. 7-9.

[518] LAFLEUR 1974, p. 9.

[519] IVV. 3, 34-35: «Suonavano il corno, un tempo, sempre presenti nelle arene municipali, bocche note per tutti i villaggi».

3. *C. CAEDICIUS AGRIPPA*[520]
Prima del 19 d.C. (15 d.C.?)
(collegio)

1- *curator riparum et alvei Tiberis* ***ante* 19 d.C.**

CIL VI 31543 = AE 1889, 121 = ILS 5893= REp III. 1-*5a*

Curator Tiberis nel collegio presieduto da *L. Caninius Gallus, C. Caedicius Agrippa* risulta attestato soltanto dall'iscrizione tiberina; come per altri senatori suoi colleghi nella magistratura, è probabile che egli abbia rivestito l'incarico da pretorio. Non esistono altre fonti riguardanti tale personaggio, né si sa molto riguardo alla *gens Caedicia.* Nella difficoltà di precisare la regione d'origine della famiglia, Licordari assegna indicativamente *C. Caedicius Agrippa* a *Minturnae* dove CIL X 6017 attesta il *IIvir C. Caedicius C. f.*, in carica probabilmente agli inizi del principato augusteo.[521] Un altro ramo più noto della *gens* è testimoniato con sicurezza nell'ambito della colonia romana di Sinuessa; dal territorio della città campana provengono infatti testimonianze che collocano i *Caedicii* tra le famiglie componenti l'*élite* locale. Un'iscrizione ad esempio, rinvenuta intorno agli anni Settanta del secolo scorso a San Limato nel territorio dell'antica Sinuessa, riporta il nome di un certo *L. Caedicius L. f* della tribù *Teretina* che fu *duumvir quinquennalis* in età repubblicana.[522] Oltre a dimostrare il coinvolgimento della *gens* nell'amministrazione della colonia, l'iscrizione fa luce, attraverso i nomi di tre donne legate a *L. Caedicius*, su un piccolo spaccato della politica matrimoniale dei *Caedicii*, attuata come di consuetudine all'interno dell'ambiente ristretto delle *gentes* elitarie locali.[523] Un'altra testimonianza più tarda, consistente in alcuni bolli su anfore Dressel 2/4 e incisioni su tegole riferibili a *Caedicia M. f. Victrix*, contribuisce a identificare i *Caedicii* come una famiglia di proprietari terrieri.[524] A

[520] PIR² C 114; *RE III.1* (1897) col. 1246 s.v. *C. Caedicius Agrippa* (n.3) (F. Münzer); FISCHER 1908, p. 83 n.606; WISEMAN 1971, p. 76; LICORDARI 1982, p. 34.

[521] LICORDARI 1982, p. 34. Cfr. GUIDOBALDI – PESANDO 1989, pp. 70-71; GUIDOBALDI – PESANDO – ROSI 1989, p. 55.

[522] AE 1986, 153: *L(ucio) Caedicio L(uci) f(ilio) Ter(etina) p[---] / duomvir(o) qui[nq(uennali)] / Noviae L(uci) f(iliae) matr[i] / Camilliae Pollae so[rori?] / Graniae P(ubli) f(iliae) aviae.* CÉBEILLAC GERVASONI 1986, pp. 64-69. Cfr. CÉBEILLAC GERVASONI 1982 pp. 85-86.

[523] Secondo CÉBEILLAC GERVASONI 1986, p. 66-68 si tratterebbe della madre, della sorella e della nonna di *L. Caedicius*, benché dal punto di vista onomastico non vi sia alcun apparente legame tra quest'ultimo e la sorella *Camillia Polla.* È anche possibile tuttavia leggere *p[---]* non come la prima lettera del *cognomen* di *Caedicius* bensì integrandola come *p[atri]* (cfr. AE 1986, 153) e, se così fosse, i legami di parentela quali vengono espressi nell'iscrizione andrebbero riferiti non al *duumvir quinquennalis* bensì al dedicante del titolo, a sua volta un *Caedicius.* Rimarrebbe comunque l'assenza di un legame onomastico tra *Camillia Polla* e *L. Caedicius* (fosse egli il padre o il fratello), legame di cui non sussisterebbe necessità se si integrassero le lettere *so[---]* alla r. 4 non come *so[rori]*, ma come *so[cerae].*

[524] CIL VIII 22637, 23a; CIL X 6252a; CIL XI 6695, 23; CIL XV 3424. Sui bolli anforari di *Caedicia* si veda più diffusamente TCHERNIA 1996, pp. 207-211; PALLECCHI 2002, pp. 83 ss.; cfr. PANELLA 1980, p. 255. Moglie di un senatore, CÉBEILLAC GERVASONI 1986, p. 68 nt. 10 ne propone l'identificazione con *Caedicia Victrix* (PIR² C 116) espulsa dall'Italia in quanto moglie di *Flavius Scaevinus* implicato e rimasto ucciso nella congiura dei Pisoni (TAC. *ann.* 15.71).

sostegno di tale ipotesi va ricordata l'esistenza di *coloni Caedicianei* nominati in un'iscrizione repubblicana, di un *vicus Caedicii* e di *tabernae Caediciae* sulla via Appia, entrambi nei pressi di Sinuessa.[525] Il quadro sociale di questa *gens*, importante a livello locale, con reddito a base terriera, ben inserita nella classe dirigente di Sinuessa, si completa con l'ingresso di alcuni suoi esponenti in senato. A tal riguardo uno dei primi a rivestire incarichi senatori sembra essere stato proprio *C. Caedicius Agrippa* agli inizi del I secolo d.C.[526] La presenza di *Caedicii* a Roma pare confermata anche da un frammento marmoreo che certifica l'esistenza nell'Urbe di un *portus Caedic(ianus)* e da certi esponenti di spicco della *gens* testimoniati nella prima metà del III secolo a.C., alcuni dei quali rivestirono anche il consolato, dopo di che i *Caedici* sembrano scomparire.[527] Così, agli inizi del I secolo d.C., periodo in cui si colloca *Caedicius Agrippa*, la *gens* sembra aver perduto ogni particolare prestigio a Roma e si caratterizza come una fra le tante famiglie di notabili locali entrate in senato. Tale condizione sembra avallata anche dall'esperienza tutto sommato modesta di *C. Caedicius Agrippa*, il quale, al di là della *cura Tiberis*, non risulta aver rivestito altre cariche senatorie né tantomeno il consolato.

[525] CIL XI 4727. PLIN. *nat.* 14, 62; FEST. p. 391. Cfr. CÉBEILLAC GERVASONI 1986, p. 68-69.
[526] Cfr. CÉBEILLAC GERVASONI 1986, p. 68 nt. 10. Si conosce anche una *Caedicia Crispinilla* madre di *C. Valerius Respectus Terentianus vir clarissimus* (CIL III 1988 = CIL III 1989 = ILJug III 2).
[527] Sul *portus Caedicianus* CIL VI 29770; *NSA* 1876, p. 100. Cfr. *LTUR* V (1999) p. 264 s.v. *Horti: Caedic[ianus]* (E. Papi). Tra gli esponenti della *gens* furono ad es. *Q. Caedicius Noctua* cos. nel 289 a.C. e censore nel 283, o *Q. Caedicius* cos. nel 256 a.C. Cfr. BASANOFF 1950, 266-272.

4. *M. ACILIUS MEMMIUS GLABRIO*[528]
Prima del 19 d.C. (15 d.C.?)
(collegio)

1- *curator riparum et alvei Tiberis* ***ante* 19 d.C.**

CIL VI 31543= AE 1889, 121 = ILS 5893 = REp III. 1-5*a*

M. Acilius Memmius Glabrio è un personaggio noto solo dall'iscrizione che attesta il suo ruolo di *curator Tiberis* nel collegio presieduto da *L. Caninius Gallus*; dal momento che nei collegi tiberini solo il presidente doveva essere di rango consolare mentre gli altri membri in genere avevano rivestito solo la pretura, è forse possibile assegnare a *Memmius* anche tale carica. Alcune notizie sulla storia di questo personaggio si possono ricavare dall'analisi dell'onomastica. Già nel 1889 Cantarelli ipotizzava che egli fosse un *M'. Acilius Glabrio* adottato dalla *gens Memmia*, adozione che lo avrebbe portato a sostituire il *praenomen Manius*, caratteristico degli *Acili*, con *Marcus*, aggiungendo poi al nome originario il gentilizio *Memmius.*[529] L'ipotesi dello studioso tuttavia non è completamente corretta. Se infatti la tipologia onomastica del personaggio non lascia dubbi sulla sua adozione, è però più probabile che in origine egli appartenesse alla *gens Memmia* e che, adottato da un *Acilius*, abbia assunto un nuovo nome composto da *praenomen* + *nomen* dell'adottante + *nomen* dell'adottato + *cognomen* dell'adottante, secondo una prassi che era venuta affermandosi verso la fine del regno di Augusto e che veniva ad innestarsi sul modello tradizionale di onomastica di adozione in cui il nome originario dell'adottato veniva richiamato dal gentilizio con l'aggiunta del suffisso *-anus* posto in ultima posizione.[530] L'uso del *praenomen Marcus* in luogo di *Manius* non significa per forza che esso appartenesse originariamente all'adottato, dal momento che all'interno del ramo dei *Glabriones* risulta essere anch'esso attestato come caratteristico di tale famiglia.[531]

La *gens* plebea degli *Acilii* era una delle prime famiglie senatorie di Roma per nobiltà, suddivisa nei tre rami di *Balbi*, *Aviolae* e *Glabriones.*[532] In particolare, gli *Acili Glabriones* costituivano uno dei rami principali della *gens Acilia* e il loro nome è attestato per un lungo arco

[528] PIR² A 75; *RE* I.1 (1894) col. 259, s.v. *M. Acilius Memmius Glabrio* (V. Rohden); FISCHER 1908, p. 80 n.582; SALOMIES 1992, pp. 149-150; SALOMIES 1996, p. 65.
[529] CANTARELLI 1889, p. 192.
[530] CASTILLO 1984, p. 244; GORDON 1965, pp. 284-285; SALOMIES 1992, p. 150.
[531] DONDIN-PAYRE 1993, pp. 23-24. Per un'analisi completa e approfondita dei caratteri onomastici della *gens Acilia* ed in particolare dei *Glabriones* si veda DONDIN-PAYRE 1993, pp. 23-42.
[532] LANCIANI 1894, p. 266. Cfr. *RE* I.1 (1894) col. 251, s.v. *Acilius* (Klebs). I *Glabriones* annoverano nella *gens* diversi consoli nel II e nel I secolo a.C., come *M'. Acilius C. f. L. n. Glabrio* console nel 191 a.C. (*RE* I.1, col. 255, 35), *M'. Acilius M'. f. C. n. Glabrio consul suffectus* nel 154 a.C. (*RE* I.1, col. 255, 36), *M'. Acilius Glabrio* console nel 67 a.C. (*RE* I.1, col. 256, 38), e ancora un *M'. Acilius Glabrio* console nel 91 d.C. (*RE* I.1, col. 257, 40) e un suo omonimo discendente, console nel 124 d.C. (*RE* I.1, col. 257, 41); *M'. Acilius Gal. Glabrio Cn. Cornelius Severus* fu console nel 152 d.C. (*RE* I.1, col. 258, 42) e *M'. Acilius Glabrio* nel 186 d.C. (*RE* I.1, col. 258, 43). Cfr. TORTORIELLO 2004, p. 454, nt. 12.

temporale che si estende dal III secolo a.C. sino al V secolo d.C., caso insolito per una *gens.*[533] Essi risultano essere una famiglia nobile ma non singolarmente ricca, mancando testimonianze che attestino particolari azioni economiche da parte di membri della *gens*, che dovette mantenere, per l'età repubblicana e almeno fino al IV secolo d.C., uno standard patrimoniale stabile, comunque al di sopra della cifra richiesta come censo di base per la classe senatoria.[534] Nel corso del V secolo d.C. tuttavia sembra che la fortuna degli *Acili Glabriones* sia divenuta, dopo un secolo di oblio, assai considerevole, come risulta dai diversi possedimenti immobiliari attestati in questo periodo.[535] La loro origine è stata localizzata a più riprese nell'Italia meridionale, dove *Acilii* erano testimoniati a Benevento e a Capua. [536] Un'altra ipotesi fa provenire la *gens* dalla Grecia, per cui il gentilizio sarebbe stato fatto derivare dal verbo ἀκέομαι, "curare", in relazione con il medico greco *Archagathus* che operava a Roma nei pressi del *compitum Acilium,* associazione che sarebbe stata ricordata dall'effigie di *Salus* raffigurata sul denario di *M'. Acilius*, *triumvir monetalis* verso la metà del I secolo a. C.[537] Ancora, si è pensato di riscontrare l'origine di questa *gens* ad Ostia, attribuendo ad essa la tribù *Voturia.*[538] L'ultima ipotesi in ordine di tempo è stata formulata da Dondin-Payre che, basandosi sull'esistenza del *compitum Acilium* -che avrebbe preso il nome da vicini terreni di proprietà della famiglia- e delle iscrizioni sepolcrali rinvenute nelle catacombe di Priscilla e riconducibili alla *gens* degli *Acilii Glabriones*, arriva ad identificare il *Latium* in generale e Roma in particolare come possibile luogo di origine di questo ramo della famiglia.[539] Sono poche le attestazioni di adozioni certe da parte della *gens* degli *Acilii Glabriones*; fra III secolo a. C. e III secolo d.C. infatti solamente due sono i casi di adozioni accertabili tramite l'onomastica, entrambi avvenute in epoca imperiale. Il primo in ordine di tempo è appunto quello che riguarda *M. Acilius Memmius Glabrio*, il cui nome originario era probabilmente *C. Memmius.*[540] In base all'ipotesi formulata da Ross Taylor, poiché nel II secolo d.C. si ha notizia dell'appartenenza degli *Acilii Glabriones* alla tribù *Galeria*, cui pertineva anche uno dei più importanti rami della *gens Memmia*, sarebbe possibile identificare in *Memmius Glabrius* il personaggio attraverso la cui adozione gli *Acilii* entrarono nella tribù.[541] La conservazione del *cognomen* dell'adottante all'interno del nuovo nome può essere riconducibile, oltre all'uso onomastico che in quegli anni andava diffondendosi, sia al fatto che gli esponenti della *gens Memmia* erano in genere sprovvisti di *cognomen*, sia alla tendenza da parte delle grandi famiglie di mantenere in uso gli elementi onomastici che maggiormente le caratterizzavano, come appunto in questo caso il *cognomen Glabrio* che venne conservato lasciando al gentilizio *Memmius* il compito di ricordare la famiglia di origine dell'adottato.[542] È assai probabile che la causa dell'adozione sia stata l'assenza di figli da parte di *M. Acilio Glabrio*, il console del 33 d.C., e la ragione che indusse alla scelta di *C. Memmius* come erede del nome della famiglia risulta comprensibile se si considera il suo legame di parentela, per quanto lontano, con l'adottante. Entrambi infatti discendevano da *Caecilia Metella* che aveva sposato in prime nozze *M. Aemilius Scaurus*, nonno di *M. Acilius Glabrio*, e successivamente *L. Cornelius Silla*, bisnonno di *C. Memmius.*[543] Benché discendente di consolari e adottato da un console, non risulta da alcuna fonte che *M. Acilius Memmius Glabrio* sia mai arrivato ad entrare nei fasti ed è dunque probabile che la sua carriera sia terminata, per motivi non noti, proprio con la *cura Tiberis*.

[533] DONDIN-PAYRE 1993, p. 5; per il rapporto fra i *Glabriones* e la *gens Acilia* si veda soprattutto DONDIN-PAYRE 1993, pp. 73-100.
[534] DONDIN-PAYRE 1993, pp. 122-129.
[535] A riguardo si veda più ampiamente DONDIN-PAYRE 1993, pp. 141-145.
[536] MÜNZER 1920, p. 92; PIETILÄ-CASTRÈN 1982, pp. 63-69.
[537] PLIN. *nat.* 29, 6. CAVEDONI 1829, p. 81 nt. 120; MOMMSEN-BLACAS 1865, II, pp. 497-498; PAIS 1915-21 III, pp. 10-11; ABAECHERLI-BOYCE 1959, pp. 79-81. Sul *compitum Acilium* si vedano in generale COLINI 1961-'62, pp. 147-157; DONDIN-PAYRE 1987, pp. 87-109; PALOMBI 1998, pp. 115-136.
[538] MEIGGS 1973, pp. 507-509; ROSS TAYLOR 1960, pp. 325-326; CASTELLO-GARCÍA 1984, p. 244. Cfr. DONDIN-PAYRE 1987, pp. 112-113; LICORDARI 1982, p. 35; TORTORIELLO 2004, p. 453
[539] DONDIN-PAYRE 1987, pp. 117-118. Sull'ipogeo degli *Acilii* si vedano DE ROSSI 1888-1889a, cfr. LANCIANI 1893, pp. 4-8; FÉVRIER 1959, pp. 1-26; TOLOTTI 1967, pp. 261-314; RANELLI 2000, pp. 243-253; RANELLI 2003, pp. 35-51.
[540] Il secondo caso riguarda *M'. Acilius Glabrio Cn. Cornelius Severus,* console nel 152 d.C. Cfr. DONDIN-PAYRE 1993, pp. 166-167. Altri due casi vengono definiti dalla studiosa di "adozione fittizia" essendo gli adottati comunque appartenenti alla *gens Acilia,* il primo *M'. Acilius Aviola* console nel 91 d.C., divenuto per adozione *M'. Acilius Glabrio,* il secondo, *Claudius Cleobulus,* vissuto nella seconda metà del III secolo d.C. divenuto poi *Claudius Acilius Cleobulus*, ma comunque già figlio di un'*Acilia*. Cfr. DONDIN-PAYRE 1993, pp. 167-169.
[541] ROSS TAYLOR 1960, p. 186. Sull'appartenenza degli *Acilii* alla tribù *Galeria* si veda *M'. Acilius M'. f. Gal. Glabrio Cornelius Severus*, console nel 152 d.C. Cfr. PIR² A 73.
[542] DONDIN-PAYRE 1993, pp. 165-166.
[543] Per una proposta di ricostruzione dello *stemma* si veda DONDIN-PAYRE 1993, p. 165.

5. *Q. FABIUS BALBUS*[544]
Prima del 19 d.C. (15 d.C.?)
(collegio)

1- *curator riparum et alvei Tiberis* ***ante* 19 d.C.**
CIL VI 31543 = ILS 5893= AE 1889, 121 = REp III. 1-5*a*

Le notizie intorno a *Q. Fabius Balbus* sono alquanto scarse; infatti l'unica fonte che testimonia l'esistenza di tale personaggio è costituita dall'iscrizione posta dal collegio dei *curatores Tiberis* di cui anch'egli faceva parte. Come per gli altri suoi colleghi, escluso il presidente di rango consolare, si può ipotizzare che pure *Fabius Balbus* avesse già rivestito la carica di *praetor* nel momento in cui entrò nel collegio. Il fatto che non si possiedano altre notizie a suo riguardo induce a pensare che la sua carriera non abbia seguito un *iter* particolarmente brillante e che *Fabius*, per motivi non più appurabili, non abbia mai raggiunto neppure il consolato.

[544] PIR² F 22; *RE VI* (1909) col. 1759 s.v. *Q. Fabius Balbus* (F. Münzer); FISCHER 1908, p. 87 n.649.

6. *C. VIBIUS RUFUS*[545]
Tra 20 e 23 d.C.
(collegio)

1- *consul suffectus con C. Pompeius Graecinus* 16 d.C
CIL X 6639 = CIL I² p. 72 = Inscr.It. XIII, 1, 26;
DIO 57, 15.6-7

2- *curator riparum et alvei Tiberis* **Tra 20 e 23 d.C.**
CIL VI 31544a = CIL VI 1237 = ILS 5925 = REp III. 6-10*a*;
CIL VI 31544b-c = REp III. 6-10*b-c*.

C. Vibius Rufus è il presidente del secondo collegio di *curatores Tiberis* oggi conosciuto; il suo nome infatti compare in prima posizione in tutte e tre le iscrizioni dei cippi posti dai magistrati. La sua carriera senatoria è nota solo parzialmente a partire dalla carica di *consul suffectus* che *Vibius* rivestì nel 16 d.C. assieme a *C. Pompeius Graecinus*. Secondo Syme, *Rufus* raggiunse tale incarico in età avanzata, quando doveva avere già una sessantina d'anni.[546] Poco tempo dopo, forse già attorno al 20 d.C., svolse l'incarico di presidente del collegio dei cinque *curatores Tiberis* avendo per colleghi *Sex. Sotidius Sex. f. Strabo Libuscidianus, C. Calpetanus C. f. Statius Rufus, M. Claudius M. f. Marcellus Aeserninus* e *L. Visellius C. f. Varro.*[547]

Insolitamente le fonti presentano a più riprese errori nell'annotare il nome di *Vibius Rufus*; nei *Fasti Antiates Minores*, ad esempio, il nome del magistrato diviene *C. Vibius Libo*, errore dovuto con tutta probabilità alla vicinanza al nome di *L. Scribonius Libo* console ordinario nel medesimo anno.[548] Ugualmente, nei *Fasti Ostienses Rufus* diventa *C. Vibius Rufinus*; anche in questo caso il lapicida avrebbe commesso un errore creando un'assonanza con il *cognomen* del collega di *Vibius*, *Graecinus.*[549] Soprattutto quest'ultima modificazione ha indotto erroneamente ad assegnare a *Vibius* il nome di *C. Vibius Rufus Rufinus* e a confonderlo quindi con suo figlio, *C. Vibius Rufinus*, console con *M. Cocceius Nerva* in data non nota ma identificata da Syme attorno al 21/22 d.C.[550] Hanslik, ad esempio, attribuisce a *Rufus* il proconsolato d'Asia collocandolo tra quello di *Sex. Pompeius* e *M. Aurelius Cotta*, in un ampio arco cronologico tra il 20 e il 40 d. C.[551] Tale incarico fu invece svolto da *Rufinus* che sembra aver percorso una brillante e rapida carriera proprio a seguito del consolato paterno.[552] Se del *cursus* di *Rufus* non si conosce molto, notizie provenienti dalle fonti letterarie ragguagliano

[545] PIR V 396; *RE* VIII A (1912) coll. 1979-1980 s.v. *C. Vibius C. f. Rufus Rufinus* (R. Hanslink); BORNEQUE 1902, p. 198; FISCHER 1908, p. 70 n.490; RAEPSAET CHARLIER 1987, p. 532; ANDERMAHR 1998, p. 482 n.578.
[546] SYME 1981, p. 375.
[547] E non verso il 18-19 d.C. come proposto da PIR² V 396; SYME 1981, p. 370.
[548] Inscr.It. XIII.1, p. 303.
[549] Inscr.It. XIII.1, p. 185; PIR² V 396; SYME 1978b, pp. 292-293; SYME 1981, p. 371.
[550] SYME 1981, p. 371. Cfr. *RE* VIII A (1912) coll. 1979-1981 s.v. *C. Vibius Rufus Rufinus* (R. Hanslik).
[551] *RE* VIII A (1912) coll. 1979-1981 s.v. *C. Vibius Rufus Rufinus* (R. Hanslik).
[552] SYME 1981, p. 371; SYME 1986, p. 225.

sull'attività di oratore che lui coltivò con gran cura per la propria reputazione. Dione, ad esempio, attesta che *Vibius Rufus* possedeva il seggio curule su cui Cesare soleva sedere e sul quale era stato ucciso e aveva inoltre sposato la moglie di Cicerone, elementi che sembrano aver costituito motivo di vanto per *Rufus*, il quale, conclude Dione, evidentemente aspirava ad essere un oratore solo perché aveva sposato la moglie di un illustre collega, o un altro Cesare soltanto perché del dittatore usava il seggio.[553] La donna sposata da *Vibius* non era Terenzia, bensì Publilia, che Cicerone aveva preso in moglie nel 46 a.C. e dalla quale aveva divorziato l'anno seguente.[554] Il legame tra la donna e il nostro personaggio sembra essere confermato da un'iscrizione databile all'età augustea e posta da *M. Publius Strato* che si definisce *Publiliae et C. Vibi Rufi l(ibertus)*.[555] Dello stile oratorio di *Rufus* dà ampio ragguaglio Seneca il Retore che riporta opinioni diverse a riguardo.[556] A suo dire, *Vibius «erat qui antiquo genere diceret»*, parlava quindi alla maniera degli antichi, senza cioè l'uso di figure retoriche, ritenendo non scorretto il *«cotidianis verbis usus»*.[557] Questa sorta di rude schiettezza, per la quale sarebbe raro trovare in *Vibius* della finezza, se da un lato può suscitare l'approvazione di alcuni, come ad esempio Asinio Pollione, dall'altro non sempre sembra essere apprezzata da Seneca o da Cestio che trova talora le sue espressioni assai crude.[558] Al di là dei pareri discordanti sull'*ars orandi* di *Vibius*, dal testo di Seneca, che cita *Rufus* una trentina di volte, traspare come il *curator Tiberis* fosse assiduo frequentatore delle scuole di retorica e fosse riuscito a crearsi un certo nome come oratore; secondo Syme è possibile che l'imperatore Tiberio abbia in qualche modo scelto *Vibius Rufus* per la presidenza del collegio dei *curatores* in quanto lo percepiva, grazie al suo stile oratorio improntato all'arcaicità, caratterialmente congeniale a sé e al purismo letterario che andava diffondendosi in quegli anni.[559] Benché non sia dato sapere se fu effettivamente la sua retorica a fruttare a *Vibius* la presidenza della curatela del Tevere, è tuttavia possibile che la sua attività lo avesse messo in luce presso il principe, aprendogli finalmente la via al consolato (il che potrebbe anche spiegare perché *Vibius* lo rivestì in un'età così avanzata) e favorendo quindi anche *Rufinus* nella sua rapida carriera senatoria sino al proconsolato d'Asia.

---

[553] DIO 57, 15: «Ταῦτα δὲ περὶ τούτων πράξὰ, Οὐιβίῳ, Ρούφῳ οὔτε ἐνεκάλεσέ τι ἀρχὴν ὅτι τῷ τοῦ Καίσαρὸ δίφρῳ, ἐφ" οὗ ἀεί ποτε ἐκαθίζετο καὶ ἐφ" οὗ καὶ ἐσφάγη, ἐχρῆτο. Τοῦτό τε γὰρ ὁ, Ροῦφὸ ἐπιτηδεύσὰ ἔπραττε, καὶ τῇ τοῦ Κικέρωνὸ γυναικὶ συνῴκει, σεμνυνόμενὸ ἐφ" ἑκατέρῳ ὥσπερ ἢ διὰ τὴν γυναῖκα ῥήτωρ ἢ διὰ τὸν δίφρον Καῖσαρ ἐσόμενὸ. Οὐ μὴν οὔτε αἰτίαν τινὰ ἐπὶ τούτῳ ἔσχε καὶ προσέτι καὶ ὑπάτευσε» «Pur avendo agito così riguardo a questi fatti, (Tiberio) non sporse querela contro Vibio Rufo che utilizzava il seggio di Cesare, su cui egli sempre sedeva e sul quale anche era stato ucciso. Rufo fece una pratica di ciò, e aveva sposato la moglie di Cicerone, vantandosi su entrambe queste pensando di essere un oratore per la moglie o un Cesare per il seggio. Né per questo ebbe o andò verso un'imputazione ma divenne console».

[554] PIR V 396; PIR T 75; *RE* VIII A (1912) coll. 1980-1981 s.v. *C. Vibius Rufus Rufinus* (R. Hanslik); ROWLAND 1968, p. 134; SYME 1981, pp. 367-368; SYME 1978b, pp. 293-294; ANDERMAHR 1998, p. 482 n.578; erroneamente cita il passo BORNEQUE 1902, p. 198 secondo cui Publilia non fu la moglie di *Vibius*, quanto la precedente proprietaria del seggio curule di Cesare.

[555] CIL XIV 2556; ANDERMAHR 1998, p. 482 n.578.

[556] Cfr. BORNEQUE 1902, p. 198; SANFORD RAYMENT 1945, pp. 124-125; SYME 1981, p. 368.

[557] SEN. *contr.* 9, 2.25; cfr. SEN. *contr.* 9, 2.19; SEN. *contr.* 1, 2.23.

[558] SEN. *contr.* 1, 5.9; SEN. *contr.* 9, 2.25; SEN. *contr.* 1,2.21; SEN. *contr.* 9, 6.13.

[559] SYME 1981, p. 371.

7. *SEX. SOTIDIUS SEX. f. STRABO LIBUSCIDIANUS*[560]
Tra 20 e 23 d.C.
(collegio)

1- *legatus pro praetore provinciae Galatiae* Tra 13 e 15 d.C.
AE 1976, 653 = AE 1978, 789 = AE 1989, 727 = SEG XXVI 1392

2- *curator riparum et alvei Tiberis* Tra 20 e 23 d.C.
CIL VI 31544a = CIL VI 1237 = ILS 5925 = REp III. 6-10*a*; CIL VI 31544b-c = REp III. 6-10*b-c*

Del *cursus honorum* di *Sex. Sotidius Strabo* sono note solamente due cariche. La prima in ordine cronologico è, con tutta probabilità, il governatorato di Galazia testimoniato da un'iscrizione bilingue rivenuta a Burdur e recante un editto che *Libuscidianus* emanò in veste appunto di *legatus provinciae.*[561] *Sotidius* assunse l'incarico da pretorio, probabilmente attorno al 13-15 d.C. regnante Augusto, ma rimase in carica anche dopo la morte dell'imperatore e la sua deificazione dal momento che nell'iscrizione *Sotidius* si definisce *legatus Ti. Caesaris Augusti*, facendo in seguito riferimento a due Augusti, *«alter deorum, alter principum maximus»*, della cui volontà egli è l'esecutore.[562] L'editto era indirizzato ad ogni singola città della provincia -nel caso dell'iscrizione esso si rivolgeva direttamente agli abitanti di Sagalasso– e stabiliva in dettaglio, a seguito di episodi di indisciplina di alcune di esse, la responsabilità che ciascuna doveva avere in relazione alla provvigione di carri e muli per il servizio del *cursus publicus*, specificando inoltre chi era autorizzato ad usufruire del servizio e fornendo un interessante testimonianza sull'amministrazione del *cursus publicus* provinciale.[563] Il secondo incarico conosciuto di *Sotidius* è la *cura Tiberis* che egli svolse sempre da *praetorius* nel collegio presieduto da *C. Vibius Rufus* tra 20 e 23 d.C. Con tutta probabilità *Libuscidianus,* come altri *curatores Tiberis* di rango pretorio, non raggiunse mai il consolato.[564] Ma se poco si sa della carriera di questo personaggio, la particolarità della sua onomastica permette di ricollegarlo con buon margine di certezza alla colonia di *Canusium*; entrambi i suoi gentilizi infatti, *Sotidius* e *Libuscidius*, sono ben attestati in tale città sino al III secolo d.C.[565] I *Sotidii* in particolare appartenevano al novero delle prime famiglie canusine che divennero *gentes* senatorie nell'ambito della rinascita economica e urbanistica di *Canusium* in età augustea, benché *Libuscidianus* sia il solo rappresentante giunto in senato e soltanto al rango pretorio.[566] Ma l'onomastica del *curator Tiberis* rivela comunque la politica di alleanze attiva tra le principali *gentes* della colonia.[567]

560 PIR S 571; *RE III* (1927) col. 1235 s.v. *Sex. Sotidius Strabo Libuscid(ius)* (Fluss); *RE Suppl. XV* (1978) coll. 569-570 s.v. *Sex. Sotidius Strabo Libuscidianus* (S. 1235) (W. Eck); FISCHER 1908, p. 96 n.736; CAMODECA 1982b, pp. 142-143; SHERK 1980, p. 971; RÉMY 1989, pp. 137-138 n.99.

561 AE 1976, 653.

562 *RE Suppl. XV* (1978) coll. 569-570; SHERK 1980, p. 971; CAMODECA 1982b, p. 142; MITCHELL 1976, p. 113 propone come data *ante quem* il 25 d.C. Cfr. MILLER 2002, p. 303.

563 Per una trattazione ed un'analisi dettagliate dell'editto si rimanda a MITCHELL 1976, pp. 106-131; OLIVER 1978, p. 280; FRISCH 1981, p. 100; JUDGE 1981, pp. 40-42; MITCHELL 1982, pp. 99-100; SHERK 1988, pp. 29-30; REMESAL RODRÍGUEZ 1990, p. 360-361; MEIJER-VAN NIJF 1992, pp. 138-139; ECK 1996b, p. 351; HORSLEY-KEARSLEY 1998, p. 128-129; ANDO 2000, pp. 113-117; KOLB 2000, pp. 55-57; LEVICK 2000a, pp. 108-110; KOLB 2001, pp. 96-98; CHRISTOL 2009, p. 184 nt. 21.

564 Cfr. SHERK 1980, p. 971.

565 *Sotidii*: CIL IX 349 = ERCanosa 60; CIL IX 397 = ERCanosa 172; *Libuscidi*: AE 1984, 247; AE 1984, 248; CIL IX 338 = ERCanosa 35; CIL IX 348 = ERCanosa 58; CIL IX 387 = ERCanosa 152; CIL IX 6186 = ERCanosa 148; ERCanosa 50; ERCanosa 130; ERCanosa-Add 8; ERCanosa-Instr 29. Cfr. SYME 1939, p. 361 e nt. 3; CHELOTTI 1990b, pp. 244-245; SILVESTRINI 1990c, p. 260.

566 GRELLE 1981, pp. 214 ss.; CAMODECA 1982b, p. 109; GRELLE 1993, p. 105.

567 Cfr. CHELOTTI 1990, p. 607.

8. *C. CALPETANUS C. f. STATIUS RUFUS*[568]
Tra 20 e 23 d.C.
(collegio)

1- ***curator riparum et alvei Tiberis*** **Tra 20 e 23 d.C.**

CIL VI 31544a = CIL VI 1237 = ILS 5925 = REp III. 6-10*a*; CIL VI 31544b-c = REp III. 6-10*b-c*

2- *curator locorum publicorum iudicandorum* Tra 19/20 e 23 d.C.

CIL VI 1266= ILS 5939
CIL VI 40883

Le poche informazioni che si possiedono intorno a *C. Calpetanus Statius Rufus* attestano soltanto due cariche del suo *cursus,* la prima delle quali sembra essere la *cura Tiberis* rivestita tra il 20 e il 23 d.C. nel collegio presieduto da *C. Vibius Rufus*. All'incirca nel medesimo arco temporale, tra il 19/20 e il 23/24 d.c., *Calpetanus* fece parte del collegio di un'altra magistratura di creazione tiberiana, la *cura locorum publicorum iudicandorum*, sotto la direzione di *T. Quinctius Crispinus Valerianus*, *cos.* nel 2 d. C.[569] È assai probabile che in entrambe i casi *Calpetanus Statius Rufus* avesse già rivestito la pretura, mentre non risulta che egli abbia mai raggiunto il consolato. Anche la carriera di *Calpetanus* si distingue dunque per quella che pare essere una delle caratteristiche peculiari dei senatori che furono *curatores Tiberis* nei primi collegi, vale a dire la scarsità di notizie riguardo ad un *cursus honorum* che non sembrerebbe esser stato particolarmente brillante. Malgrado ciò, l'indubbia singolarità dell'onomastica del personaggio permette di ricavare qualche notizia sulla sua origine e su alcuni legami parentali. Generalmente associato al *praenomen Caius*, *Calpetanus* è infatti un gentilizio attestato molto raramente in Italia soprattutto tramite bolli laterizi di *officinatores* della *gens*, databili dall'età di Tiberio alla fine del II sec. d.C. e che suggeriscono una certa importanza della famiglia nell'ambito della produzione laterizia tra *Volsinii* e Roma.[570] La *gens* era probabilmente di origini etrusche, verosimilmente di *Arretium*, mentre il suffisso in *–anus* potrebbe suggerire la derivazione da un toponimo, benché tali gentilizi non siano in genere indicativi dell'origine se non nel caso di nomi di recente formazione, come ad esempio quelli dei liberti.[571] *C. Calpetanus Statius Rufus* sembra essere stato il primo esponente della *gens*, di originaria classe equestre, ad entrare in senato. Dopo di lui sono soltanto due i nomi di senatori appartenenti a questa famiglia entrambi riconducibili a precisi legami parentali con il *curator Tiberis*. Il primo infatti è *C. Calpetanus Rantius Sedatus* che raggiunse il consolato nel 47 d.C. e, nei primi anni del regno di Nerone, la legazione di Dalmazia; in lui si deve probabilmente riconoscere il figlio adottivo di *Statius Rufus.*[572] Il secondo, l'ultimo *Calpetanus* di rango senatorio oggi conosciuto, è *C. Calpetanus Rantius Quirinalis Valerius P. f. Pomp. Festus*, *cos. suff.* nel 71 d.C., a sua volta figlio adottivo di *Rantius Sedatus* e *curator Tiberis* nel 73 d.C.[573] Sia *Sedatus* che *Festus* sembrano avere in comune con *Calpetanus Rufus* le derivazioni di ambito etrusco; infatti il rarissimo *Rantius,* gentilizio originario del console del 47 d.C., sembra potersi ricondurre ad un'origine etrusca, mentre la tribù di *Festus*, la *Pomptina*, è attribuibile ad Arezzo.[574] Una simile coincidenza di origini tra i tre senatori potrebbe lasciar trasparire una rete di contatti e rapporti, forse di natura anche commerciale data l'attestata attività imprenditoriale dei *Calpetani*, fra le tre famiglie dei *Rantii,* dei *Valerii Festi* e dei *Calpetani*; nell'ambito di tali rapporti dunque le due adozioni verrebbero a costituire una logica conseguenza della politica familiare delle tre *gentes.*

[568] PIR² C 236; *RE III.1* (1899) col. 1364 s.v. *C. Calpetanus C. f. Status Rufus* (n.4) (E. Groag).; FISCH 1908, p. 83 n.610; WISEMAN 1971, p. 220 n.94.

[569] CIL VI 1266; CIL VI 40883. Cfr. Alföldy in CIL VI 40883; PIR² Q 45. Ad un pù generico *ante* 24 d. C. rimanda invece PIR² C 236.

[570] Ad es. CIL XV 302, 72-73 (*C. Calpetanus Auctus*); CIL XV 312-314 (*C. Calpetanus Favor*); CIL XV 903, 904, 905, 2422, 2423 (liberti di *Favor*). Cfr. HELEN 1975, pp. 128-129. HELEN 1975, pp. 27-28; TASSAUX 1987, p. 550. Al di fuori di questa zona un'unica attestazione di bollo su tegola proviene da *Histonium* (CIL IX 2874). Per un'analisi dei bolli appartenenti alla *gens Calpetana* si vedano HELEN 1975, pp. 27-31, 128-129 e TASSAUX 1987, pp. 549-550. Per quanto riguarda il prenome, resta sinora unica l'attestazione di un *L. Calpetanus* sul bollo di un *dolium* riportato da CIL XI 8114, I. Cfr. TASSAUX 1987, pp. 545 e 550.

[571] HÜBNER in *Eph. Ep. II*, p. 25. TASSAUX 2004, p. 549, nt. 40 suggerisce in via ipotetica l'idronimo vulcense di *Olpeta.* SCHULZE 1904, p. 138.; TORELLI 1982b, p. 289; TORTORIELLO 2004, pp. 455 e 474 nt. 132.

[572] Cfr. PIR² C 235; *RE III.1* (1899) col. 1364 s.v. *C. Calpetanus Rantius Sedatus* (n.3) (E. Groag). SALOMIES 1992, pp. 105-106; TORTORIELLO 2004, pp. 474-476 (con ulteriore bibliografia).

[573] RE III.1 (1899) coll. 1363-1364 s.v. C. *Calpetanus Rantius Quirinalis Valerius P. f. Festus* (n.2) (E. Groag). Cfr. infra la relativa prosopografia (n.22).

[574] *Rantius* è gentilizio attestato sinora soltanto due volte a Roma (CIL VI 5014; CIL VI 25371) e una in un'iscrizione bilingue forse proveniente da Ischia (CIL I² 1624).TORTORIELLO 2004, p. 474.

9. *M. CLAUDIUS M. f. MARCELLUS AESERNINUS*[575]
Tra 20 e 23 d.C.
(collegio)

1- *praetor peregrinus* 19 d.C.
CIL I² p. 70 *Fasti Arvales*

2- *curator riparum et alvei Tiberis* Tra 20 e 23 d.C.
CIL VI 31544a = CIL VI 1237 = ILS 5925 = REp III. 6-10*a*; CIL VI 31544b-c = REp III. 6-10*b-c*

3- *consul (suffectus) (?)* Età tiberiana
TAC. *ann.* 11, 6.7

Fra i diversi senatori che rivestirono da *praetorii* la *cura Tiberis* spicca *M. Claudius Marcellus Aeserninus* per la relativa abbondanza di notizie giunte a suo riguardo, a cominciare da quelle riguardanti il *cursus honorum*. Si conosce innanzitutto la data del suo primo incarico senatorio noto; fu infatti *praetor peregrinus* nel 19 d.C., limite cronologico prezioso in quanto permette di restringere sensibilmente l'arco temporale in cui collocare la carica seguente, *la cura Tiberis*, che egli svolse nel collegio presieduto da *C. Vibius Rufus*, tra il 20 e il 23 d.C. Nel corso del 20, inoltre, *Claudius* venne richiesto come avvocato assieme a *P. Vinicius, L. Arruntius* e *Asinius Gallus* da *Cn. Piso*, accusato di aver provocato la morte di Germanico, ma, *excusatus*, rifiutò l'incarico.[576] Malgrado il passo di Tacito in cui lo storico afferma che *Aeserninus* giunse ai più alti onori, sembra che quest'ultimo non abbia mai raggiunto il consolato.[577] A riguardo Syme sottolinea come di questo consolato non si abbia in realtà notizia alcuna e come di *Marcellus*, dopo gli incarichi pretori, si perda ogni traccia.[578] *«Ditis familiae heres»*, *Marcellus Aeserninus* era figlio dell'omonimo console del 22 a.C., originario del *municipium* di *Aesernia*, e di *Asinia*, figlia a sua volta di *C. Asinius Pollio*.[579] Dall'illustre nonno materno *Marcellus Aeserninus* avrebbe appreso l'*ars bene dicendi*, mostrandosi fin dalla giovane età assai portato al mestiere, tanto da guadagnarsi nel tempo fama di buon oratore.[580] La genealogia della *gens Aesernina* risulta complessa e talora incerta.[581] Sulla discendenza diretta del *curator Tiberis* da *M. Claudius Marcellus Aeserninus* sono stati avanzati dubbi dovuti essenzialmente all'intervallo cronologico che separa il consolato del padre, nel 22 a.C., dalla pretura del figlio, collocabile a distanza di quarant'anni, nel 19 d.C.[582] Non sarebbe verisimile infatti che un personaggio, divenuto console in età avanzata, potesse aver avuto un figlio che, stando alla data della pretura, sarebbe nato attorno al 12 a.C.[583] Groag propone così un non meglio noto omonimo del console quale marito di *Asinia*; secondo Sumner tuttavia è possibile che *Marcellus Aeserninus junior* sia divenuto *praetor peregrinus* non a trent'anni, ma oltre tale età, ad esempio a trentanove, il che anticiperebbe la sua nascita verosimilmente al 20 a.C., rendendo possibile una sua discendenza dall'anziano console del 22 a.C.[584] Un episodio testimoniato da Svetonio contribuirebbe inoltre a giustificare il fatto che *Aeserninus* figlio fosse giunto alla pretura in un'età superiore alla media. Nel passo della vita di Augusto infatti si racconta di come, nel corso dei *lusus Troiae*, il piccolo *Aeserninus* si ruppe una gamba; l'incidente provocò aspre recriminazioni oratorie davanti al senato da parte del nonno e può giustificare un freno nella carriera dell'infortunato.[585] Quale ne fosse realmente la causa, un consistente ritardo nel *cursus* di *Claudius Marcellus* potrebbe spiegare il motivo per cui, pur provenendo da un'illustre e ricca famiglia, egli non sia mai giunto a rivestire il consolato, sparendo dal quadro amministrativo di Roma dopo il primo incarico pretorio e divenendo l'ultimo dei *Marcelli Aesernini* ad aver lasciato traccia in tal senso.[586]

---

[575] PIR² C 928; *RE III* (1899) col. 2771 s.v. *M. Claudius Marcellus Aeserninus* (n.234) (E. Groag); RAEPSAET CHARLIER 1987, p. 125.

[576] TAC. *ann.* 3, 11.

[577] TAC. *ann.* 11, 6: *«meminissent Asinii, Messalae ac recentiorum Arruntii et Aeserninis: ad summa provectos incorrupta vita et facundia»*. «Si ricordassero di Asinio, di Messalla e dei più recenti Arrunzio e Esernino: elevati ai più alti onori nell'integrità della vita e della parola». DEGRASSI 1962, p. 564; PACI 1982, p. 275. *Contra* PIR² C 928; *RE III* (1899) col. 2771 s.v. *M. Claudius Marcellus Aeserninus* (n.234) (E. Groag).

[578] SYME 1986, pp. 49; 99 nt. 34; p. 126 nt. 66; 150. Dello stesso parere DEGRASSI 1946, p. 38 secondo cui «l'espressione di Tacito [...] non potrà essere argomento sufficiente» per affermare il consolato di *Aeserninus*.

[579] TAC. *ann.* 11, 7.2. La provenienza da *Aesernia* è comprovata sia dal *cognomen* sia dall'appartenenza alla tribù *Tromentina*. Cfr. TORELLI 1982, p. 182. Secondo ANDERMAHR 1998, p. 219 l'iscrizione ercolanense riportata in CIL X 1448 e dedicata al seviro augustale *M. Claudius Hymenaeus* che si identifica come *Marcelli Aesernini libertus*, attesterebbe un legame della *gens* con la città campana. Data appunto l'asserzione di Tacito sulla ricchezza della famiglia, gli *Aesernini* avrebbero posseduto delle proprietà, probabilmente una villa, nel golfo di Napoli. Sui discendenti di *C. Asinius Pollio* cfr. OLIVER 1947, pp. 147-160. Si veda lo stemma dell'ascendenza matrilineare più prossima di *Aesernus* in OLIVER 1947, p. 157. Cfr. CÉBEILLAC GERVASONI 1972, p. 237; TORELLI 1982, p. 187; RAEPSAET CHARLIER 1987, tav. VII; TORTORIELLO 2004, p. 467.

[580] SEN. *contr.* 4, 3.4. Più volte citato da Seneca il Vecchio SEN. *suas.* 2, 9; 6, 4.10; *contr.* 2, 5.9; 4, *praef.* 3-4; 7,1, 5.4; 7, 1.22; 7, 2, 10. TAC *ann.* 11, 6 lo inserisce tra illustri oratori. Cfr. BORNEQUE 1902, pp. 162-163.

[581] Cfr. TORELLI 1982, p. 186.

[582] PIR² C 926; PIR² C 928. Cfr. SYME 1939, p. 512.

[583] Viene infatti identificato con il *quaestor* di *Q. Cassius Lnginus* nel 48 d.C., fatto che collocherebbe la sua nascita attorno al 78 a.C. ca. Cfr. PIR² C 928.

[584] SUMNER 1966, p. 83. Per *Asinia* cfr. PIR² C 928.

[585] SVET. *Aug.* 43.2. *«Mox finem fecit talia edendi, Asinio Pollione oratore graviter invidioseque in curia questo Aesernini nepotis sui casum, qui et ipse crus fregerat»*. «In seguito smise di indire questi ludi, poiché l'oratore Asinio Pollione gravemente e con parole accusatrici si era lamentato per il caso di suo nipote Esernino, che si era lui pure rotto una gamba». Cfr. SUMNER 1966, p. 83; BOSWORTH 1972b, p. 444. Secondo SYME 1958b, p. 25 e fu la morte ad interrompere la carriera di *M. Claudius Marcellus Aeserninus*, avvenuta secondo lo studioso, poco dopo il 19 d.C. cfr. anche SYME 1986, p. 216 nt. 117.

[586] ALBERINI 1904, p. 266 nt. 1.

10. *L. VISELLIUS C. f. VARRO*[587]
Tra 20 e 23 d.C.
(collegio)

2- *curator riparum et alvei Tiberis* **Tra 20 e 23 d.C.**

CIL VI 31544a = CIL VI 1237 = ILS 5925 = REp III. 6-10*a*;
CIL VI 31544b-c = REp III. 6-10*b-c*

2- *consul* con *Ser. Cornelius Cethegus* 1 genn. – 31 giu. 24 d.C.

CIL VI 852 = CIL VI 7462 = AE 2001, 169; Inscr.It. XIII, 1, 298;
CIL VI 10051 = ILS 5283;
FRONT. *aq.* 102; DIO 57; TAC. *ann.* 4, 17.1; CASSIOD. *chron.* 2, 136.

Si conoscono soltanto due cariche del *cursus honorum* di *L. Visellius Varro*, ma egli è forse l'unico, fra coloro che furono *curatores Tiberis* da *praetorii*, di cui si sappia per certo che rivestì il consolato. Per l'appunto la data di quest'ultima carica, il 24 d.C., fornisce un limite *ante quem* per la datazione del collegio tiberino presieduto da *C. Vibius Rufus* di cui *Varro* fece parte. Durante il consolato egli accusò *C. Silius Caecina Largus* e sua moglie, *Sosia Galla*, *«paternas ob inimicitias obtendens»*; in realtà i due erano rimasti implicati negli intrighi di Seiano.[588] Sua inoltre la paternità della *lex Visellia de iure Quiritum* e della *lex Visellia de poenis libertinorum qui ingenuorum honoris usurpant.*[589]

La *gens* dei *Viselli Varri*, di originario rango equestre, era diffusa in *Latium* e Campania (in particolare *Teleria, Caiatia, Capua, Minturnae*) e per ciò che riguarda in particolare il ramo cui apparteneva il *curator Tiberis*, è forse possibile ipotizzare un'origine arpinate.[590] La famiglia era imparentata con i *Tullii Cicerones* tramite l'omonima sorella di *Helvia*, madre di Cicerone, che aveva sposato *C. Visellius Aculeo.*[591] In particolare il figlio di *Helvia*, e dunque cugino di primo grado di Cicerone, *C. Visellius C. f. Quir. Varro tr. pl.* nel 69 a.C., era il bisnonno di *Visellius Varro* e, a quanto risulta, fu anche il primo a rivestire cariche pubbliche in senato.[592]

11. *C. ANTISTIUS C. f. C. n. VETUS*[593]
Tra il 24 e il 41 d. C. (forse 25/26 d.C.)
(collegio)

1- *legatus proconsulis* del padre in Asia

TAM V, 2, 922

2- *praetor urbanus* 20 d.C.

Acta Arvalium a. 20

3- *consul* con *C. Asinius Pollio* 23 d.C.

CIL VI 10051 = ILS 5283; CIL VI 29681 = AE 1962, 169;
CIL X 895= ILS 6394;
FRONT. *aq.*, 102; PLIN. *nat.* 33, 32; TAC. *ann.* 4,1.

4- *curator riparum et alvei Tiberis.* **Tra 24 e 41 d.C.**

CIL XIV 4704a-c = AE 1922, 95= AE 1961,138 = REp III. 11-15*a-c*;
CIL XIV 192 = REp III. 11-15*d.*

sacerdos

VELL. 2, 43.4

Del *cursus honorum* di *C. Antistius Vetus* sono note le cariche più importanti. È possibile che *Vetus* sia stato in Asia in qualità di *legatus pro praetore* del padre, proconsole in quella provincia, come sembra risultare da un titolo su una base di statua rinvenuto in Asia e dedicato da lui al genitore.[594] Nel 20 d.C. fu *praetor urbanus*, e nel 23 d.C., dopo soli tre anni, giunse al consolato, rapidità insolita dovuta probabilmente alla riforma augustea del *cursus*, che fra gli altri provvedimenti, quale privilegio per i *nobiles,* aveva abbassato l'età minima di accesso al consolato da 39 a 32 anni.[595] Al consolato seguì la *cura Tiberis* che *Antistius Vetus*, in qualità di consolare, rivestì da presidente. La fascia cronologica entro cui collocare questo ultimo collegio conosciuto è assai ampia, ponendosi tra il 24 d.C., anno successivo al consolato di *Vetus*, e un ipotetico 41 d.C., inizio dell'impero di Claudio sotto il cui regno si ebbe il passaggio dalla formula *ex senatus consulto* (che sui cippi di questo collegio ancora compare) alla dicitura *ex auctoritate imperatoris*. Tuttavia, considerata la posizione sociale di *Antistius Vetus* e la rapidità con cui passò dalla pretura al consolato, è poco probabile che egli abbia atteso a lungo prima di rivestire la curatela consolare, che dunque si può collocare in prossimità del 23 d.C., forse attorno al 25/26 d.C. Infine da Velleio si apprende come *C. Antistius Vetus* e il fratello minore *Lucius* fossero stati entrambi *consulares et sacerdotes*, ma se di *L. Antistius* è noto che fu cooptato *pontifex* fra pretura e consolato, per ciò che riguarda il fratello non si sa quale tipo di sacerdozio abbia rivestito.[596] Tuttavia, vista la carica sacerdotale di *Lucius*, è probabile che *C. Antistius* sia appartenuto ad uno dei collegi maggiori;

[587] PIR V 488; *RE VIII* (1912) coll. 360-361 s.v. *L. Visellius Varro* (n.7) (R. Hanslik); LICORDARI 1982, p. 23.
[588] TAC. *ann.* 4, 19. Cfr. ad es. ROGERS 1931b, pp. 141-168.
[589] Rispettivamente VLP. *frg.* 3, 5 e COD. *Iust.* 9, 21; 9, 31.1. Cfr. ROTONDI 1912, pp. 464-465.
[590] LICORDARI 1982, p. 23. Cfr. SUOLAHTI 1955, p. 397 n.275; CASTRÉN 1975, p. 243, n.467; CEBEILLAC-GERVASONI 1982, pp. 73-74.
[591] Si veda lo stemma parziale delle due famiglie in LICORDARI 1982, p. 22.
[592] Fu *tribunus plebis* nell'80 a.C.; *quaestor* nel 73 a.C.; *tribunus plebis* nel 69 a.C.; *aedilis curulis* nel 59 a.C. e infine *iudex quaestionum* nel 58 a.C., anno della sua morte. Cfr. PIR² V. L'appartenenza alla tribù *Quirina* è stata giustificata da ROSS-TAYLOR 1960, p. 266 attraverso l'ipotesi di un'adozione del personaggio da parte della *gens* dei *Terentii Varrones*.

[593] PIR² A 772; *RE I* (1894) col. 2559 s.v. *C. Antistius Vetus* n.47 (E. Klebs); LICORDARI 1982, p. 29; RAEPSAET CHARLIER 1987, p. 667; RÜPKE – GLOCK 2005, pp. 764-765 n.643.
[594] Cfr. LICORDARI 1982, p. 29; PIR² A 771.
[595] SYME 1970, p. 29.
[596] VELL. 2, 43.4. Il pontificato di *L. Antistius* è attestato in CIL XIV 2802. Cfr. PIR² A 775.

Rüpke ipotizza trattarsi di quello degli Auguri, collegio più probabile per ragioni di prestigio rispetto, ad esempio, a quello dei *XVviri*, essendo *Caius* figlio di un *pontifex*.[597] Pur se soltanto nel 30 a.C. si ha notizia di un *Antistius Vetus* divenuto console, la *gens Antistia* è nota sin dalla metà del V secolo a.C. tra le importanti famiglie plebee, anche se senza particolare rilievo in ambito politico.[598] Il ramo degli *Antistii Veteres* sembra essere originario di *Gabii*, dove Dionigi di Alicarnasso ricorda un *Antistius* fatto uccidere da Tarquinio il Superbo durante la presa della città e da dove proviene un'iscrizione onoraria dedicata da *decuriones et populus municipes Gabini* a *L. Antistius Vetus*, fratello del *curator Tiberis*, che probabilmente aveva mantenuto rapporti di patronato con la propria città di origine.[599] Secondo Minieri la famiglia si sarebbe trasferita da Gabi a Roma in un periodo compreso fra il 493 a.C. (data della stipulazione del *foedus Cassianum* che pose fine alla guerra contro i Latini) e il 422 a.C. anno in cui *L. Antistius* rivestì il tribunato della plebe.[600] L'affermazione della famiglia nell'Urbe iniziò a partire dal I secolo a.C. con il già citato consolato di *C. Antistius Vetus* nel 30 a.C., periodo in cui la *gens* si caratterizza per una consolidata tradizione di fedeltà a Cesare prima e ad Augusto poi, ed è infatti con questo imperatore che si ha l'*adlectio* nel patriziato di *C. Antistius Vetus*, *cos.* nel 6 a.C. e padre del *curator Tiberis*.[601] Membri di questo ramo della *gens* sono testimoniati anche in altre zone d'Italia, come ad esempio nella colonia di *Iulia Augusta Uselis* in Sardegna dove sono attestati un omonimo *scriba* e un *sepulcrum familiae* voluto da un *C. Antistius Vetus* nel I secolo d.C.[602] Tale presenza potrebbe essere spia del coinvolgimento di un membro della *gens* nella deduzione della colonia stessa in età augustea.[603]

12. *C. VALERIUS L. f. FLACCUS TANURIANUS*[604]
Tra il 24 e il 41 d.C. (forse 25/26 d.C.)
(collegio)

1- *curator riparum et alvei Tiberis.* **Tra 24 e 41 d.C.**

CIL XIV 4704a-c = AE 1922, 95= AE 1961,138 = REp III. 11-15*a-c*; CIL XIV 192 = REp III. 11-15*d*

C. Valerius Flaccus Tanurianus è noto soltanto dai cippi tiberini che attestano la sua appartenenza al collegio presieduto da *C. Antistius Vetus*. Come gli altri *curatores* collegiali, anche *Flaccus* rivestì la carica probabilmente da *praetorius* e non risulta che abbia mai raggiunto il consolato. Non riconducibile ad un legame con alcuno dei personaggi della *gens Valeria* sino ad oggi noti, *Valerius Flaccus* si caratterizza principalmente per la particolarità del suo *cognomen*, *Tanurianus*. L'elemento onomastico deriva verosimilmente dal rarissimo nome – apparentemente un gentilizio– *Tanurius*, testimoniato una sola volta in un'iscrizione funeraria proveniente dalla località numida di *Lambaesis* (oggi Tazoult-Lambese) in Algeria e dedicata da *Mucatralis Tanurius* al padre e patrono *Mucatralis Auluzenus*, soldato della *legio III Augusta* originario della città di *Augusta Traiana* (attuale Stara Zagora) in Tracia.[605] Nel titolo algerino *Tanurius* sembra essere utilizzato in realtà come *cognomen* accanto al gentilizio *Mucatralis,* che, con l'affine *Mucatra*, è di certa origine tracia e diffuso essenzialmente in ambito militare.[606] Apparentemente, dunque, il *cognomen Tanurianus* sembrerebbe tradire per il *curator Tiberis* un'origine tracia a cui fece seguito, per vie e motivi sconosciuti, un'adozione da parte di un *L. Valerius Flaccus* che forse introdusse il nostro personaggio alla carriera in senato.[607]

---

597 RÜPKE – GOLK 2005, p. 764. *L. Antistius Vetus* entrò probabilmente tra i pontefici mentre il padre era ancora vivo. RÜPKE – GOLK 2005, p. 764, n.643 nt. 7.

598 Il console del 30 a.C. è *C. Antistius Vetus RE I* (1894) col. 2558 s.v. *C. Antistius Vetus* n.47 (E. Klebs). Inoltre della *gens* si conoscono ad esempio un *T. Antistius trib. pleb.* nel 422 a.C. (LIV. 4.42.1; *RE I* (1894) col. 2548 s.v. *T. Antistius* (n.21) (E. Klebs) e un *A. Antistius* detentore della medesima carica nel 420 a.C. (LIV 4.44.2-10); *L. Antistius* fu *trib. mil. consulari pot.* nel 379 a.C. (LIV. 6.30; RE I (1894) col. 2546 s.v. *T. Antistius* (n.11) (E. Klebs). Cfr. MINIERI 1988, pp. 213-215 e, sugli *Antistii Veteres* di età claudia, CAMODECA 2002, pp. 227-236. Si veda lo stemma in CÉBEILLAC GERVASONI 1972, p. 236.

599 DION. 4, 57.1-4. L'iscrizione di *L. Antistius* si trova in CIL XIV 2802. Cfr. MINIERI 1988, pp. 227-229. Due emissioni monetarie ad opera di *C. Antistius Reginus* (*IIIvir monetalis* nel 16 a.C.) e *C. Antistius Vetus* (*IIIvir* nel 13 a.C.) e che ricordano nella legenda il FOEDUS P. R. QUM GABINIS con l'evidente scopo di celebrare la propria *gens* permettono di creare un ulteriore collegamento fra quest'ultima e Gabi. Cfr. RIC 1, 74; 77: MATTINGLY 1923, pp. 18, 24. Sull'origine gabina cfr. ad es. Dessau in CIL XIV p. 278 nt. 4; ASHBY 1902, p. 188; ROSS-TAYLOR 1960, pp. 44, 192; BRUUN 1967, p. 55; LICORDARI 1982, pp. 28-29; MINIERI 1988, p. 218; TORTORIELLO 2004, p. 460.

600 MINIERI 1988, pp. 231-241.

601 Cfr. LICORDARI 1982, p. 29; SYME 1939, p. 499; CÉBEILLAC GERVASONI 1972, p. 29.

602 Rispettivamente CIL X 7845 e CIL X 7847.

603 MASTINO 2005, p. 292.

---

604 *RE Suppl.* XIV (1974) col. 819 s.v. *Valerius* (n.180a) (R. Hanslik).

605 CIL VIII 3198 = CIL VIII 18312 = AE 1950, 86: *D(is) M(anibus) s(acrum) / Mucatralis Ta/nurius fecit patri e/t patrono Mucatr/ali Auluzeni mil(iti) le/g(ionis) III Aug(ustae) vixit an(n)is / XXX natione Thrace(!) / natus in civitate / Augusta Traiane(n)sie(!).* Secondo la tesi poco convincente di RUSSU 1948, p. 17, la lettura corretta sarebbe invece *Ianurius*, che egli interpreta come una variante grafica di *Ianuarius*, in quanto il nome *Tanurius* risulterebbe improbabile perché privo di analogie sia in Tracia che in Africa che in Italia.

606 DEAN 1916, pp. 101-102. Cfr. ad es. AE 1902, 89; AE 1914, 102; AE 1979, 462; AE 1993, 1582; AE 1930, 133; AE 1950, 86; AE 1987, 941; AE 1993, 1594.

607 Sulla *gens* dei *Valerii Flacci* si veda HAYNE 1978, pp. 223-233.

13. *P. VERGILIUS M. f. PONTIANUS*[608]
Tra il 24 e il 41 d.C. (forse 25/26 d.C.)
(collegio)

1- ***curator riparum et alvei Tiberis.*** **Tra 24 e 41 d.C.**
CIL XIV 4704a-c = AE 1922, 95= AE 1961,138 = REp III. 11-15*a-c*; CIL XIV 192 = REp III. 11-15*d.*

P. Vergilius Pontianus è noto solamente dai cippi tiberini che testimoniano la sua appartenenza al collegio presieduto da *C. Antistius Vetus*. Il gentilizio, forse di origine etrusca, reso illustre dal poeta augusteo, risulta diffuso in diverse zone d'Italia.[609] A Roma ed Ostia sono noti principalmente liberti, ma al di fuori dell'Urbe si conoscono esponenti della *gens* appartenenti alle *élites* locali.[610] Alcuni *Vergilii* sono testimoniati fra i senatori di I secolo d.C., come *M. Vergilius* proconsole di Cipro in età augustea, forse imparentato con il *curator Tiberis* figlio di un *Marcus*, o *Cn. Vergilius Capito praefectus Aegypti* nel 47 d.C.[611] Nel medesimo collegio si riscontra un altro *curator Tiberis* di rango pretorio appartenente alla *gens*, *Ti. Vergilius Ti. f. Rufus*, che tuttavia non sembra essere imparentato direttamente con *Pontianus*.[612]

[608] *RE Suppl. 1* (1974) col. 840 s.v. *P. Vergilius Pontianus* (n.10) (W. Eck); WISEMAN 1971, p. 272 n.478.
[609] Per un'analisi approfondita dell'origine del gentilizio *Vergilius* si veda GORDON 1934, pp. 1-12.
[610] Cfr. ad es. CIL IX 2671; CIL X 4862; CIL X 1478; CIL X 895.
[611] PIR V 276.
[612] Cfr. *infra* la prosopografia dedicata a questo personaggio (n.15).

14. *P. CATIENUS P. f. SERG. SABINUS*[613]
Tra il 24 e il 41 d.C. (forse 25/26 d.C.)
(collegio)

1- *quaestor*
AE 1981, 233

2- *tribunus plebis*
AE 1981, 233

3- *praetor*
AE 1981, 233

4- *proconsul*
AE 1981, 233

5- *praefectus aerarii militaris* Tra 21 e 30 d.C.
AE 1981, 233

6- *legatus Caesaris Augusti* forse di una legione o di una provincia pretoria
AE 1981, 233

7- ***curator riparum et alvei Tiberis.*** **Tra 24 e 41 d.C.**
CIL XIV 4704a-c = AE 1922, 95= AE 1961,138 = REp III. 11-15*a-c*; CIL XIV 192 = REp III. 11-15*d.*

patronus di *Abellinum*
AE 1981, 233

Il *cursus honorum* di *Sabinus* è noto principalmente dall'iscrizione su una base onoraria di travertino rinvenuta ad *Abellinum* e dedicata al patrono della città, *P. Catienus P. f. Sabinus* della tribù *Sergia*.[614] Benché il titolo non faccia riferimento alla curatela del Tevere, il personaggio in esso citato è stato identificato con certezza nel *Sabinus curator Tiberis*.[615] Riguardo all'assenza della carica nel *titulum*, l'ipotesi avanzata da Groag, che cioè si trattasse di un incarico eccezionale e perciò non menzionato nel *cursus* regolamentare, non può essere accolta, dal momento che la *cura Tiberis*, benché rivestita anche da *praetorii*, non aveva tale caratteristica.[616] Con una diversa proposta di interpretazione Corbier ritiene che la curatela fosse piuttosto una carica tenuta in troppo scarsa considerazione per essere segnalata tra le mansioni di un senatore, né sarebbe possibile che egli l'avesse rivestita dopo tre cariche quali un proconsolato, la prefettura dell'erario militare e una legazione.[617]

Il *cursus* di *Sabinus*, così come è presentato

[613] PIR² C 551; *RE Suppl. XII* (1970) col. 139 s.v. *P. Catienus Sabinus* (n.1a) (R. Hanslik); WISEMAN 1971, p. 223 n.110; CÉBEILLAC GERVASONI 1972, pp. 355-356; CORBIER 1974, pp. 355-358 n.IV; CAMODECA 9182a, p. 120; RAEPSAET CHARLIER 1987, p. 445.
[614] AE 1981, 233: *P(ublio) Catieno P(ubli) f(ilio) / Ser(gia) Sabino / q(uaestori), tr(ibuno) pl(ebis), pr(aetori), proco(n)s(uli) / praef(ecto) aerar(ii) milit(aris), / legato Caesaris Aug(usti) / d(ecreto) d(ecurionum) / patrono.*
[615] STEIN 1930, pp. 234-235.
[616] In PIR² C 551.
[617] CORBIER 1974, p. 356.

dall'iscrizione, appare sostanzialmente regolare, sviluppandosi sulle cariche tradizionali senza incarichi intermedi.[618] D'altro canto è generalmente dalla pretura in poi che le carriere senatorie iniziavano a distinguersi tramite un *iter* che si caratterizzava in base alla durata e al prestigio delle cariche rivestite che consentivano di conseguire più o meno rapidamente il consolato. Si può escludere che *Sabinus* potesse raggiungere tale carica a 32 anni, essendo egli probabilmente esponente di una *gens* plebea, come conferma il fatto che rivestì il tribunato della plebe, ma è possibile analizzare il suo *cursus praetorius* per tentare di comprenderne il percorso. Eccezion fatta per un piccolo numero di senatori, che godevano dell'attenzione imperiale e che potevano sperare di raggiungere il consolato in 6-8 anni dopo aver rivestito solamente due cariche pretorie, generalmente i più vi arrivavano oltre i 40 anni e solo dopo aver portato a termine tre o quattro incarichi se non, più raramente, sei o sette.[619] È evidente che *Catienus* doveva appartenere alla maggioranza dei senatori e non rientrava certo nel gruppo dei privilegiati, dal momento che non solo rivestì più cariche pretorie, ma anche, per ciò che risulta, non raggiunse mai il consolato. Come primo incarico dopo la pretura egli rivestì il proconsolato in una provincia pretoria non specificata probabilmente per più di un anno; in seguito divenne *praefectus aerarii militaris* per un triennio.[620] Sino a qui il *cursus* pretorio di *Sabinus* trova corrispondenza in quello di *Ti. Caepio Hispo*, senatore di fine I secolo d.C. compreso nel novero di quei personaggi che, favoriti dall'imperatore, raggiungevano il consolato dopo appena due incarichi pretori.[621] Pure se *Catienus* non godeva di tale condizione, questa similitudine può forse fornire una valutazione qualitativa delle sue prime cariche *praetoriae*. Dopo un inizio che si può dunque considerare brillante, il terzo incarico affidato a *Sabinus* fu una legazione; l'iscrizione riporta soltanto il titolo di *legatus Caesaris Augusti* senza specificare se la carica si svolse in una provincia o piuttosto in una legione.[622] Generalmente il comando di una legione era una carica fondamentale per raggiungere poi il consolato e, quanto più tardi veniva rivestita, tanto più tardi il *praetorius* otteneva i fasci, dal momento che alla *legatio legionis* seguivano sempre uno o due incarichi.[623] Nel caso in cui la carica fosse un comando di legione, sarebbe possibile ipotizzare che, una volta tornato a Roma, *Catienus* abbia ricevuto un altro incarico identificabile forse con la *cura Tiberis*, che, all'epoca della dedicazione della base onoraria, poteva non essere ancora stata assegnata. Poiché tuttavia il comando di legione costituiva un punto essenziale nel cammino verso il conseguimento del consolato e dal momento che *Catienus* invece non raggiunse mai tale carica, è forse più probabile che nell'iscrizione di *Abellinum* si faccia riferimento ad una legazione in provincia. Tale incarico era notoriamente poco ricercato poiché allontanava i giovani senatori da Roma per almeno tre anni nel pieno della loro carriera, spesso per porli a servizio di governatori di rango pretorio; la sua assegnazione a *Sabinus* potrebbe fornire una risposta al perché, dopo un inizio di *cursus* pretorio tutto sommato brillante, la carriera di questo senatore non sia giunta neppure al consolato. L'assenza prolungata da Roma, unita all'impossibilità di realizzare conoscenze utili, Cosa che invece avveniva per chi rivestiva una legazione proconsolare in province importanti come Asia e Africa, potrebbe aver in qualche modo rallentato la carriera del senatore che si concluse quindi con la *legatio Caesaris Augusti* e forse con un ultimo incarico identificabile nella *cura Tiberis*.[624] Sarebbe comunque possibile collocare la curatela del Tevere come primo incarico pretorio.[625] La sua assenza dal *cursus* di *Abellinum* potrebbe invece essere spiegata non tanto con un'oggettiva mancanza di importanza della carica, quanto piuttosto con il carattere dell'iscrizione che del *cursus* sembra fornire solamente alcune delle cariche più incisive, di alcune delle quali in modo sbrigativo omette pure di indicare le coordinate di svolgimento, tralasciando anche di citare incarichi antecedenti la questura.

La tribù *Sergia* e l'onomastica collocano *P. Catienus* in territorio sabino; patrono di *Abellinum*, egli non era probabilmente originario di tale città in quanto essa era ascritta alla tribù *Galeria*; ad *Abellinum* comunque sono noti altri esponenti della *gens* come *P. Catienus* e *P. Catienus M. f. Rufus*.[626] Della Corte propone la vicina *Abella* in cui è testimoniata la tribù *Sergia*, benché forse anche tale città era assegnata alla *Galeria*.[627] L'origine sabina pare comunque potersi confermare grazie al *cognomen* del personaggio che sembra rientrare nell'uso che in età tardo repubblicana venne diffondendosi fra le *gentes* romano-sabine di adottare *cognomina* e gentilizi che richiamassero le loro origini, in primo luogo naturalmente mediante l'uso del *cognomen Sabinus*, e benché talora cognomi di tal genere venissero assunti come dichiarazione del possesso di eccellenza morale (qualità tradizionalmente associata ai Sabini), in tal caso non sembrano sussistere dubbi sulla provenienza sabina di *Catienus*.[628]

---

[618] Mancano nel *cursus* il vigintivirato e il tribunato militare forse omessi in quanto il vero e proprio ingresso in senato avveniva solo con l'assunzione della questura.
[619] ECK 1996, pp. 37-38.
[620] Meno probabile sembra l'interpretazione di STEIN 1930, p. 234 che legge *pr(aetor) proco(n)s(ulis)*. CORBIER 1974, p. 357.
[621] *Hispo* fu infatti *proconsul Baeticae* e *praefectus aerarii militaris* (CIL XI 14). Cfr. ECK 1996, p. 37.
[622] Propendono per la prima ipotesi CORBIER 1974, p. 357 e *RE Suppl.* XII, col. 139. Secondo PIR² C 551 e STEIN 1930, p. 234 si trattava invece di una legione.
[623] ECK 1996, p. 38.
[624] Cfr. ECK 1996, 36.
[625] Così sembra essere stato anche per *M. Claudius Marcellus Aeserninus*, l'unico *curator* di rango pretorio di cui sia stato possibile ricostruire parte del *cursus*.
[626] Cfr. CORBIER 1974, p. 355; CAMODECA 9182a, p. 120. CIL X 1159. Uno stemma parziale della famiglia di *P. Catienus Sabinus* è ricavabile da CIL VI 14580.
[627] Ad es. CIL X 1210; cfr. *NSA* 1928, pp. 181-182.
[628] Un altro esempio si può riscontrare nel *cognomen Nero* adottato dalla *gens Claudia* che, stando a SVET. *Tib.* 1.2, in lingua sabina avrebbe significato *fortis ac strenuus*. Cfr. KAJANTO 1975, p. 52; FARNEY 2007, p. 94.

15. *TI. VERGILIUS TI. f. RUFUS*[629]
Tra il 24 e il 41 d.C. (forse 25/26 d.C.)
(collegio)

1- *curator riparum et alvei Tiberis.* Tra 24 e 41 d.C.

CIL XIV 4704a-c = AE 1922, 95= AE 1961,138 = REp III. 11-15*a-c*;
CIL XIV 192 = REp III. 11-15*d.*

Personaggio altrimenti sconosciuto, *Vergilius Rufus* è testimoniato solamente dai cippi delimitativi del collegio tiberino presieduto da *C. Antistius Vetus* cui apparteneva. Del medesimo collegio faceva parte un altro esponente della *gens*, *P. Vergilius Pontianus.*[630]

16. *PAULLUS FABIUS PERSICUS*[631]
Tra 41 e 44 d.C.
(collegio)

1- *consul* con *L. Visellius* 34 d.C.

CIL X 901 = ILS 6396; CIL X 902;
CIL XI 3781;
CIL XIV 4535 = Inscr.It. XIII, 1, p. 189 = AE 1917/18, 122 = AE 1945, 33 = AE 1998, 408;
AE 1982, 207 = TPSulp 96;
TAC. *ann.* 6, 28; DIO 58, 24.1; FRONTIN. *aq.* 102.

2- *curator riparum et alvei Tiberis* Tra 41 e 44 d.C.

CIL VI 31545 = ILS 5926 = REp III. 16-20*a*

3- *proconsul Asiae* Tra 51 e 54 d.C

AE 1936, 141 = SEG IV 516;
CIL III 7124;
CIL III 7125;
CIL III 14195 = ILS 951;
IvMagnes 157a.

Pontifex

AE 1936, 141 = SEG IV 516;
CIL III 7124;
CIL III 7125;
CIL III 14195 = ILS 951.

Sodales Augustalis

AE 1936, 141 = SEG IV 516;
CIL III 7124; 7125; 14195 = ILS 951.

Frater Arvalis

AE 1947, 52 = AE 1949, 185 = CFA 3	15 o 16 d.C.
CIL VI 2023b; CIL VI 32340 = CFA 4a = AE 1889, 18 = AE 1889, 116.	20 d.C.
CIL VI 2024 = CIL VI 32341 = CFA 5	27 d.C.
CIL VI 2025 = CIL VI 32342 = CFA 7 CIL VI 2027 = CIL VI 32343 = CFA 8	35-36 d.C.
CIL VI 2028a.c. = CIL VI 32344a.c. = AE 1983, 95 = CFA 12 = ILS 5032.[632]	38 d.C.
CIL VI 2029 = CIL VI 2033 = CIL VI 2036 = CIL VI 32346b = AE 1898, 138 = AE 1898, 139 = AE 1898, 140 = CFA 13.	39 d.C.
CIL VI 2032 = AE 1989, 31 = CFA 17	44 d.C.
CIL VI 2035 = CIL VI 32349 = CFA 18 = AE 2001, 189	Tra 41 e 45 d.C.
AE 1969/70, 1; CIL III 6073 = CIL III 7129 = ILS 951 = IK XI -1, 19b	Senza data

Paullus Fabius Persicus, il cui nome voleva rifarsi probabilmente all'antenato *Aemilius Paullus* vincitore del re Perseo nella seconda guerra macedonica, nacque

[629] *RE Suppl.* 14 (1974) col. 840 s.v. *Ti. Vergilius Rufus* (n.11) (W. Eck).

[630] Per alcune notizie sul gentilizio cfr. la prosopografia dedicata a *P. Vergilius P. f. Pontianus* (n.13).

[631] PIR^2 F 51; *RE VI 2* (1909) coll. 1831-1835 s.v. *Paullus Fabius Persicus* (n.120) (E. Groag); WADDINGTON 1872, pp. 125-126 n.81; CROOK 1955, p. 164 n.143; CÉBEILLAC-GERVASONI, 1972, pp. 31-33; SCHEID 1975, pp. 110-113; VOGEL-WEIDEMANN 1982, pp. 334-340 n.46; THOMASSON 1984, col. 212 n.42; RAEPSAET CHARLIER 1987, p. 309.

[632] Su questa iscrizione si veda ampiamente SCHEID – BRIOSE 1980, pp. 215-248.

probabilmente attorno all'1 d.C.[633] Apparteneva ad una importante e ricca *gens* e, per parte della madre *Marcia*, era legato alla casa imperiale Giulio-Claudia.[634] I suoi particolari legami parentali gli valsero una rapida e brillante carriera che porta i segni di un legame diretto con il potere centrale; già nel 15 o 16 d.C., probabilmente in concomitanza con l'assunzione della *toga virilis*, *Persicus* entrò a far parte del collegio dei *Fratres Arvales* in luogo del padre, *Paullus Fabius Maximus*, venuto a mancare l'anno precedente.[635] Non era insolito che un figlio succedesse al padre fra gli *Arvales,* ma nel caso di *Persicus* influì probabilmente la sorte del genitore.[636] *Fabius Maximus* infatti morì suicida, come racconta Tacito, per il rimorso di aver svelato alla moglie, che lo narrò poi a Livia, la visita segreta dell'ormai anziano Augusto al nipote Agrippa Postumo in esilio a Planaria.[637] Tale episodio potrebbe aver attirato sul giovane *Persicus* l'attenzione di Tiberio che cooptandolo nel collegio sacerdotale potrebbe aver voluto dimostrargli la propria benevolenza, in considerazione anche del fatto che l'essere orfani poteva influire negativamente sul conseguimento di alcune cariche sacerdotali, come ad esempio quella dei *Salii,* per le quali era indispensabile essere *patrimi* e *matrimi.*[638] Benché non si abbiano testimonianze a riguardo, con tutta probabilità *Fabius Persicus* esordì nel *cursus* senatorio a 25 anni, l'età minima consentita per la questura che si può dunque collocare attorno al 26 d.C.; in seguito fu verosimilmente *candidatus Caesaris* alla pretura.[639] Ampiamente accertato è invece il suo consolato che egli rivestì assieme a *L. Visellius* per tutto il 34 d.C. e nel corso del quale celebrò il secondo decennale del principato di Tiberio.[640] Buoni legami dovette mantenere anche con l'imperatore Claudio, dal momento che quest'ultimo, nella *oratio de iure honorum Gallis dando*, lo definisce «*nobilissimum virum, amicum meum*».[641] Durante il suo impero *Persicus* rivestì la carica di presidente dell'ultimo collegio di *curatores Tiberis* ad oggi noto e giunse infine ad una delle massime cariche del *cursus*, il proconsolato d'Asia, come testimoniato da un'iscrizione frammentaria in latino e greco proveniente da Efeso, che riporta un editto riguardante la mala amministrazione finanziaria del tempio di Artemide ed il cattivo uso delle liturgie.[642] Sulla base di tali iscrizioni, il proconsolato di *Persicus* viene datato solitamente al 43/44 d.C., dato assai interessante in quanto permette di restringere la collocazione cronologica della *cura Tiberis* fra l'inizio del regno di Claudio (il cui nome compare sui cippi tiberini) e il 42/43 d.C.[643] Non è infatti verisimile che *Paullus* abbia rivestito la curatela dopo il proconsolato d'Asia, sia perché solitamente la carica era affidata a giovani consolari, sia in quanto i due proconsolati d'Asia e d'Africa venivano generalmente assegnati fra le ultime cariche a coronamento di una brillante carriera senatoria.[644] Il riferimento a Nerone come successore al trono nell'iscrizione di Magnesia, che colloca quest'ultima tra il 50 e 54 d.C., costituisce probabilmente un'aggiunta fatta posteriormente e dunque ininfluente ai fini della datazione del proconsolato di *Persicus.*[645] Il *cursus* di *Paullus* si completa infine con diversi sacerdozi *«non in uno collegio».*[646] Secondo quanto testimoniato dall'iscrizione di Efeso infatti, egli fu anche, a partire da anni non noti, fra i *pontifices* e fra i *sodales Augustales*, oltre al sopra citato collegio dei *Fratres Arvales* in cui il nostro è testimoniato a più riprese in anni diversi.[647] L'ultima attestazione di *Persicus* ancora vivente si trova nel già indicato discorso di Claudio del 48 d.C.; il nostro *curator* deve essere venuto a mancare non più di una decina di anni dopo, dal momento che a partire dal 55/57 d.C. il suo nome non compare più negli *acta Arvalium.* Doveva comunque essere già morto quando Seneca pubblicò il suo *De beneficiis*, in cui si ha un ultimo accenno, assai poco lusinghiero in verità, a *Persicus.* Criticando il fatto che nel *cursus honorum* più del merito personale spesso conta la nascita, Seneca esemplifica *«nuper Fabium Persicum, cuius osculum etiam impudici devitabant, sacerdotem non in uno collegio fecit nisi Verrucosi et Allobrogici et illi trecenti»*, presentando così il senatore come un individuo turpe con cui uomini dabbene quali l'integerrimo *Iulius Graecinus* evitano accuratamente di rapportarsi.[648] *Fabius Persicus* sembra esser stato l'ultimo esponente della sua famiglia a rivestire il consolato.[649] Non si conoscono infatti discendenti dei fratelli del padre, *Africanus Fabius*

---

[633] SYME 1986, p. 416. Cfr. *RE VI 2* (1909) col. 1832 s.v. *Paullus Fabius Persicus* (n.120) (E. Groag); SYME 1986, p. 416 propone invece il 2 o l'1 a.C. Sulla *gens* cfr. anche HARRIES 1991, pp.150-168; HALFMANN 2007, pp. 180-181.

[634] Si veda lo *stemma* in SYME 1986, tavv. III, XXVII; RAEPSAET CHARLIER 1987, tav. XIII.

[635] AE 1949, 185 = CFA 3. cfr. GHISLANZONI 1946, pp. 195-200; SCHEID 1975, pp. 110-113; SYME 1980, p. 71; SYME 1986, p. 124; CORBIER 1991, p. 671.

[636] Cfr. ad es. *Cn. Domitius Ahenobarbus* che successe al padre *L. Domitius Ahenobarbus.*

[637] TAC. *ann.* 1, 5; cfr. PLUT. περὶ ἀδολεσχία 2, p. 508; PLIN. *nat.* 7, 150.

[638] GHISLANZONI 1946, pp. 197-198.

[639] BRASSLOFF 1904, pp. 618-621; *RE VI 2* (1909) coll. 1832 s.v. *Paullus Fabius Persicus* (n.120) (E. Groag).

[640] DIO 58, 24.1-2. *RE VI 2* (1909) col. 1832 s.v. *Paullus Fabius Persicus* (n.120) (E. Groag).

[641] CIL XIII 1668 = ILS 212 = AE 1955, 115 = AE 1975, 612 = AE 1983, 693 = AE 2003, 41a: *«Tot ecce insignes iuvenes, quot intueor, non magis sunt paenitendi senatores, quam paenitet Persicus, nobilissimum virum, amicum meum, inter imagines maiorum suorum Allobrogici nomen legere».* Si tratta del discorso di Claudio riportato nella *tabula Claudiana* di Lione per cui si veda in generale FABIA 1929, passim.

[642] AE 1936, 141 = SEG IV 516 = CÉBEILLAC-GERVASONI, 1972, pp. 31-33. Sull'editto si vedano più ampiamente DÖNER 1935, pp. 37-38; MAGIE 1950, pp. 545-546, 1403; ATKINSON 1962, pp. 261-289; MARTINI 1969, p. 52; FRIESEN 2001, pp. 106-107; MEYER-ZWIFFELHOFFER 2002, pp. 178-180; BURTON 2004, p. 319.

[643] Sulla datazione del proconsolato cfr. ad es. VOGEL-WEIDEMANN 1982, p. 334, n.46.

[644] Cfr. ECK 1996, p. 53.

[645] Cfr. IvMagnes 157a; PIR2 F 51; RE VI 2 (1909) coll. 1833 s.v. *Paullus Fabius Persicus* (n.120) (E. Groag). Accetta tuttavia questa datazione CÉBEILLAC GERVASONI 1972, p. 35.

[646] SEN. *benef.* 4, 30.2.

[647] Oltre che nel 15/16 d.C., anno del suo ingresso nel collegio, *Persicus* compare anche negli *acta* del 20 d.C., del 27 d.C., del 35-36 d.C., del 38 d.C. e del 39 d.C., del 44 d.C. e del 41-45 d.C.

[648] SEN. *benef.* 4, 30.2. Con il termine *trecenti* Seneca fa riferimento ai trecento Fabi morti combattendo nella battaglia del Cremera. Più oltre, parlando di *Caninius Rebilus*, Seneca lo paragona a *Persicus* definendolo *«homo eiusdem infamiae».* Cfr. SEN. *benef.* 2, 21.5-6.

[649] Cfr. SYME 1981b, p. 45-46; SYME 1986, p. 416.

Maximus (*cos.* nel 10 a.C.) e *Fabia Paullina* (nota da un'iscrizione di Samo e moglie di *M. Titius*, *procos. Asiae* nel 34 a.C.), mentre *Fabius Numantianus*, probabilmente figlio di *Persicus*, è noto soltanto da un'iscrizione in cui compare tra otto giovani ammessi in un collegio sacerdotale non meglio identificato negli anni tra il 9 e il 64 d.C.[650] Soltanto il discendente di un liberto sembra invece essere il *Q. Fabius Persicus* che a Roma pose un'iscrizione funeraria alla madre *Fabia Aura.*[651]

La posizione senz'altro eminente di *Paullus Fabius Persicus* e della sua famiglia condusse il senatore -a prescindere dalle sue tendenze caratteriali- ad un *cursus* brillante che si concluse con una delle massime cariche; tale cammino privilegiato sembra includere fra gli altri incarichi anche la *cura Tiberis*, che la testimonianza di *Persicus* permette dunque di interpretare come una carica per nulla indegna di un senatore sostenuto dal favore imperiale e dal gentilizio avito.

[650] Su *Fabia Paullina* cfr. SEG I 383. *Fabius Numantianus* è attestato in CIL VI 2002. Cfr. SYME 1986, p. 418.

[651] CIL VI 17583. Un altro esponente della *gens* trova spazio fra i versi di una satira di Giovenale (IUV. 3, 221-222) per aver dato fuoco alla sua stessa abitazione.

17. *C. EGGIUS MARULLUS*[652]
Tra 41 e 44 d.C.
(collegio)

1- *curator riparum et alvei Tiberis* **Tra 41 e 44 d.C.**
CIL VI 31545 = ILS 5926 = REp III. 16-20*a*

Noto soltanto dall'iscrizione sul cippo tiberino, *C. Eggius Marullus* fu *curator Tiberis* nel collegio presieduto da *Paullus Fabius Persicus*. Rivestì l'incarico probabilmente da *praetorius*, né risulta che sia mai giunto al consolato. Secondo quella che sembra essere una tendenza affermata per i *curatores* pretorii, anche *Marullus* proviene da una famiglia inizialmente equestre, egli è infatti il primo esponente della *gens* a rivestire un incarico senatorio.[653] Gli *Eggii* trovano le loro origini nella città di *Aeclanum Hirpinorum* come sembra potersi ricavare dal fatto che un discendente del *curator Tiberis*, *C. Eggius Ambibulus*, console nel 126 d.C., era ascritto alla tribù *Cornelia* (cui *Aeclanum* pertineva) e rivestì in questa città la carica di *IIvir quinquennalis.*[654] Inoltre dal territorio provengono diverse attestazioni di *Eggii*, anche se di umili condizioni.[655] Pure se a *Marullus* non spettò una carriera brillante, diversi suoi discendenti arrivarono al consolato, come *L. Eggius Marullus* console nel 111 d.C., o *C. Eggius Ambibulus*, *consul ordinarius* nel 126 d.C. Quest'ultimo in particolare venne *adlectus inter patricios* da Traiano nel 116/117 d.C. ca. e, grazie ad un'avveduta politica di alleanze matrimoniali, la *gens* riuscirà a mantenersi nell'aristocrazia patrizia almeno sino all'età dei Severi.[656]

[652] PIR² E 7; *RE V* (1901) col. 1987 s.v. *C. Eggius Marullus* (n.3) (E. Groag); CAMODECA 9182a, p. 138; RAEPSAET CHARLIER 1987, p. 297.

[653] Nonno di *Eggius Marullus* fu *L. Eggius*, *praefectus castrorum* di Varo che morì durante la battaglia di Teutoburgo, mentre un suo probabile zio, *Eggius Marullus* svolse l'incarico di *praefectus Iudaeae*. Per uno sguardo d'insieme ai possibili legami parentali della *gens Eggia* si veda una proposta di ricostruzione dello stemma in CAMODECA 1982a, p. 133. Cfr. RAEPSAET CHARLIER 1987, Tav. XXXVIII.

[654] CIL IX 1123. Cfr. PIR² E 5 e 6; *RE V* (1901) col. 1986 s.v. *C. Eggius Ambibulus* (n.2) (E. Groag); CAMODECA 1982a, p. 109; ANDERMAHR 1998, pp. 256-257 n.190

[655] Ad es. CIL IX 1100, 1158, 1252, 1290, 1313, 1332, 1363. Cfr. PIR² E 7; CAMODECA 1982, p. 132.

[656] CAMODECA 1982a, pp. 109; 134.

18. *L. SERGIUS PAULLUS*[657]
Tra 41 e 44 d.C.
(collegio)

1- *curator riparum et alvei Tiberis* **Tra 41 e 44 d.C.**

CIL VI 31545 = ILS 5926 = REp III. 16-20*a*

Definire la figura di *L. Sergius Paullus*, *curator Tiberis* nel collegio presieduto da *Paullus Fabius Persicus*, risulta particolarmente complesso a causa della sua omonimia con il *proconsul* di Cipro noto per il suo incontro a Pafo con l'apostolo Paolo, come narrato negli Atti degli apostoli. In tale occasione, racconta il brano neotestamentario, il proconsole, «ἀνήρ συνετὸ », persona di senno e forse interessata alla religione giudaica, si convertì alla predicazione di Paolo.[658] Il parere degli studiosi infatti si divide parimenti a favore e contro un'identificazione fra i due senatori.[659] Tale ambiguità è alimentata innanzitutto dal fatto che il testo degli Atti si limita a menzionare il gentilizio e il cognome del proconsole, Σέργιο Παῦλο , senza specificarne il *praenomen*, e, in secondo luogo, dalla stretta vicinanza cronologica in cui si collocano i "due" *Sergii*, dal momento che la curatela si pone fra il 41 e il 42/43 d.C., mentre il proconsolato di Cipro viene solitamente datato fra il 45 e il 50 d.C. o, con più precisione, sulla base della cronologia paolina, al 46-48 d.C.[660] Sarebbe dunque possibile che il medesimo *Sergius Paullus curator Tiberis* agli inizi del regno di Claudio abbia ricoperto poco dopo il proconsolato in provincia. Tuttavia in assenza di ulteriori indicazioni che vadano oltre una possibile concordanza cronologica tra le due cariche, non vi sono prove certe che una tale identificazione sia corretta.

Al contrario maggiori motivi di certezza vi sono riguardo al riconoscimento del personaggio citato in un'iscrizione rinvenuta a Khytrea di Cipro ed oggi conservata presso il Metropolitan Museum of Art di New York.[661] In essa alle rr. 9-11 si legge ---□ίου Καίσαρου Σεβαστοῦ καὶ f--- □δίντου Σέργf---□La ricostruzione proposta da Myers e generalmente accolta è la seguente: ἐπὶ Κλαυδ□ίου Καίσαρου Σεβαστοῦ καὶ f ἐπὶ Κ□δίντου Σεργfίου Παύλου ἀνθυπάτου□[662] Sulla base della paleografia, che data l'iscrizione a metà del I secolo d.C., sembra essere corretta l'identificazione dell'imperatore menzionato con Claudio. *Q. Sergius Paullus*, riconosciuto come il fratello di *L. Sergius Paullus curator Tiberis*, e a cui l'integrazione dell'iscrizione cipriota assegna con una certa sicurezza il titolo di ἀνθυπάτο , *proconsul*, potrebbe essere verosimilmente il Σέργιο Παῦλο degli Atti e proconsole di Cipro in età claudia.

I *Sergii Paulli*, testimoniati nel I e II secolo d.C., erano originari di Antiochia di Pisidia, dove sono note proprietà della *gens* che doveva essere una delle più in vista della città, imparentata, tramite politiche matrimoniali, con un'altra importante famiglia, quella dei *Caristanii*.[663] È possibile che *L. Sergius Paullus* sia stato il primo esponente della *gens*, forse coinvolta anche nella fondazione della colonia, ad entrare in senato, teoria che troverebbe conferma anche nel fatto che i primi *curatores* di rango pretorio sono tendenzialmente tutti esponenti di famiglie senatorie nuove.[664] Come per altri suoi colleghi, se la carriera di *Paullus* non arrivò probabilmente al consolato, aprì comunque la strada ai suoi discendenti. *L. Sergius L. f. Paullus*, ad esempio, omonimo figlio del nostro senatore, arrivò probabilmente al consolato nel 70 d.C.; così un altro *L. Sergius Paullus*, verosimilmente il nipote, fu *consul II* nel 168 d.C.[665]

[657] PIR S 376; *RE II. 4* (1923) coll. 1715-1718 s.v. *L. Sergius Paullus* (n.34) (E. Groag); STECH 1912, p. 49 n.367; HALFMANN 1979, p. 101 n.3; HALFMANN 1982, p. 645; RAEPSAET CHARLIER 1987, p. 561; WEISS 2009, pp. 188-192.

[658] *Act. Apost.* 13, 6-7. Sulla profondità e la veridicità di questa conversione non si hanno prove. Certamente infondata invece risulta essere l'ipotesi secondo cui Saulo avrebbe cambiato il suo nome in Paolo proprio in conseguenza di tale conversione. Cfr. DESSAU 1910, pp. 347-368; HARRER 1940, pp. 29-33; *RE II. 4* col. 1715.

[659] Sono a favore soprattutto RAMSAY 1903, p. 74, RAMSAY 1918, pp. 324-328; STECH 1912, p. 49 n.367; RAMSAY 1920, pp. 150-172; Dessau in PIR S 376; Groag in *RE II. 4* (1923) coll. 1717; GRAY-FOW 2006, pp. 157-172. Contrari invece MITFORD 1947, p. 206; VAN ELDEREN 1970, pp. 153-155; HALFMANN 1982, p. 645; TAYLOR 1995, p. 1193.

[660] Cfr. Rispettivamente PIR S 376 e *RE* II. 4 (1923) col. 1717.

[661] IGRP III 935 = MYERS 1914, pp. 319; 548, n.1903.

[662] MYERS 1914, p. 319 n.1903. Cfr. MITFORD 1947, p. 206 n.21; VAN ELDEREN 1970, p. 155.

[663] Cfr. MAMA VII 319 = RECAM II 355; MITCHELL 1980, pp. 1073-1074 (che però identifica il *curator Tiberis* con il proconsole). Per una proposta di ricostruzione dello stemma cfr. RAEPSAET CHARLIER 1987, *stemma* II. Secondo MITCHELL 1980, p. 1074 per Antiochia di Pisidia si tratterebbe di un legame piuttosto che di un'origine, legame sorto dal matrimonio tra *Sergia Paulla*, figlia del *curator Tiberis,* con *Caristanius Fronto*, ammesso in senato da Vespasiano e console nel 90 d.C. Cfr. RAMSAY 1918, pp. 324-328; RAMSAY 1926, p. 202-203; WALTON 1929, p. 46 nt. 6; HUDSON 1956, pp. 103-107.

[664] Cfr. Groag in *RE II. 4* (1923) coll. 1714-1715 s.v. *Sergii Paulli* (E. Groag).

[665] Cfr. rispettivamente AE 2002, 1457; CIL VI 253; *RE II. 4* (1923) col. 1718 s.v. *L. Sergii Paulli* (n.35) (E. Groag) e PIR S 377.

19. *C. OBELLIUS RUFUS*[666]
Tra 41 e 44 d.C.
(collegio)

1- *curator riparum et alvei Tiberis* **Tra 41 e 44 d.C.**
CIL VI 31545 = ILS 5926 = REp III. 16-20*a*

Noto soltanto per il cippo delimitativo del Tevere posto dal collegio presieduto da *Paullus Fabius Persicus*, *C. Obellius Rufus* apparteneva ad una *gens* attestata in età repubblicana nel Sannio e, mediante un'iscrizione databile al 2 a.C., a Mitilene.[667] La particolarità del gentilizio, non molto diffuso, ha portato ad ipotizzare che *Vibia Obellia Sabina*, moglie dell'imperatore Adriano, potesse essere una sua discendente.[668] Apparentemente *homo novus* al senato, *Obellius* rientra fra quei personaggi che furono *curatores* da *praetorii* e non ebbero una carriera particolarmente brillante.

20. *L. SCRIBONIUS LIBO*[669]
Tra 41 e 44 d.C.
(collegio)

1- *curator riparum et alvei Tiberis* **Tra 41 e 44 d.C.**
CIL VI 31545 = ILS 5926 = REp III. 16-20*a*

L. Scribonius Libo sembra essere l'ultimo senatore attestato della *gens* degli *Scribonii Libones*; unica testimonianza che lo riguarda è il cippo delimitativo posto dal collegio di *Paullus Fabius Persicus*. È probabile che *Libo* fosse il figlio dell'omonimo senatore console nel 16 d.C., esponente dunque della *gens* imparentata con Pompeo.[670] Malgrado *Scribonius* fosse figlio e nipote di consoli (il suo bisnonno, *L. Scribonius Libo*, aveva rivestito il consolato nel 34 a.C.), il suo *cursus* fu assai modesto; non è dato conoscere quali cariche avesse rivestito prima della curatela e comunque non giunse mai al consolato, né ad oggi si hanno attestazioni di suoi discendenti diretti che abbiano rivestito ruoli amministrativi in senato. Congiunta mediante politiche matrimoniali al triumviro Pompeo, la *gens Scribonia* finì con il rientrare nel novero di quelle grandi famiglie repubblicane che risentirono politicamente di tali legami. Se alcune di esse arrivarono in età augustea a perdere persino il consolato, agli esponenti di quelle rimaste in senato si evitò di affidare proconsolati in grandi province militarizzate, confinandoli in magistrature urbane.[671] È possibile che tale linea politica abbia riguardato direttamente la famiglia, portandola infine ad un declino e alla conseguente scomparsa dagli ambienti senatori proprio in concomitanza con il nostro *curator* la cui modesta carriera segna l'ultima attestazione di uno *Scribonius Libo* in incarichi senatori.[672]

[666] PIR² O 2; *RE IX* (1916) col. 1714 s.v. *Obellius* (W. Hoffmann e F Münzer).
[667] Cfr. Rispettivamente CIL I² 1721; 1725; CIL I² 1787-1788 e IG XII 2,111.
[668] PIR² O 2.

[669] PIR S 213; *RE II A* (1919) col. 885 s.v. *L. Scribonius Libo* (n.22) (T.R.S. Broughton); RAEPSAET CHARLIER 1987, p. 553.
[670] Per una proposta dello *stemma* della famiglia cfr. SYME 1964, p. 166; SYME 1986, tav. XIV; RAEPSAET CHARLIER 1987, XX; TORTORIELLO 2004, p. 560.
[671] Come ad esempio avvenne per i *Cornelii Sullae* o gli *Aemilii Scauri*. SYME 1939, p. 423; SZRANKIEWICZ 1972, p. 199. Sui possedimenti della *gens* si veda ANDERMAHR 1998, pp. 423-424 n.472.
[672] Pesò forse da ultimo e in modo particolare il coinvolgimento di *M. Scribonius Libo Drusus*, *praetor* nel 16 d.C. e zio del *curator Tiberis*, nella congiura di età tiberiana narrata da TAC. *ann.* 2, 27.2.

21. *SEX. SENTIUS Sex. F. QUIR. CAECILIANUS*[673] 68/69 d.C. c.a.

1- *Xvir stlitibus iudicandis* 55/56 d.C.?
CIL IX 4194 (*Amiternum*) = ILS 8969 = REp III. 21*a*

2- *tribunus militum legionis VIII Augustae* 57/58 d.C.
CIL IX 4194 (*Amiternum*) = ILS 8969 = REp III. 21*a*

3- *quaestor provinciae Baeticae* 60 d.C.
CIL IX 4194 (*Amiternum*) = ILS 8969 = REp III. 21*a*

4- *aedilis plebis* Tra 62 e 63 d.C. ca.?
CIL IX 4194 (*Amiternum*) = ILS 8969 = REp III. 21*a*

5- *praetor* 65 d.C
CIL IX 4194 (*Amiternum*) = ILS 8969 = REp III. 21*a*

6- *legatus pro praetore provinciae [- - -]* Tra 66 e 68 d.C
CIL IX 4194 (*Amiternum*) = ILS 8969 = REp III. 21*a*

7- *curator alvei Tiberis et riparum* 69 d.C.?
CIL IX 4194 (*Amiternum*) = ILS 8969 = REp III. 21*a*

8- *legatus Augusti legionis XV Apollinaris* 71-73 d.C.
CIL IX 4194 (*Amiternum*) = ILS 8969 = REp III. 21*a*

9- *legatus (Augusti pro praetore) legionis III Augustae* 73/74 d.C.
CIL IX 4194 (*Amiternum*) = ILS 8969 = REp III. 21*a*;
CIL VIII 22172 = CIL VIII 10165 = ILAlg I 3950;
CIL VIII 23084 = AE 1894, 65 = AE 1898, 26;
CIL VIII 25967 = AE 1902, 44 = ILS 5955;
AE 1912, 148-151; AE 1936, 28; AE 1939, 31.

10-*legatus (Augusti) pro praetore utriusque Mauretaniae* 75 d.C.
CIL IX 4194 (*Amiternum*) = ILS 8969 = REp III. 21*a*;
IAM II 126 = AE 1941, 79 = AE 1969/70, 747;
IAM II 415.

11- *consul suffectus* 75/76 d.C.
CIL IX 4194 (*Amiternum*) = ILS 8969 = REp III. 21*a*;
IAM II 126 = AE 1941, 79.

Patronus Banasae 75 d.C.
IAM II 126 = AE 1941, 79

Patronus Volubilis (?) 75 d.C.
EUZENNAT 1969, pp. 131-132;
AE 1969/70, 747.

Il *cursus honorum* di *Sex. Sentius Caecilianus* è noto nella sua totalità grazie ad un'iscrizione proveniente da *Amiternum* (sua città d'origine e di cui *Sentius* risulta essere una delle figure di maggior rilievo) e a lui dedicata dalla moglie, il cui nome è andato perduto per una lacuna del testo, e da un liberto, Atlante.[674] La prima parte della sua carriera si sviluppò durante il principato di Nerone e iniziò regolarmente con l'incarico vigintivirale di *Xvir stlitibus iudicandis*, cui seguirono il tribunato militare nella *legio VIII Augusta* e la questura, svolta forse in una provincia. La lacunosità del testo infatti permette di leggere soltanto *[- - -]aet[- - -]*, lettere che sono state integrate in *[quaestor pro pr]aet[ore]* oppure in *[quaestor prov(inciae) B]aet[icae]*, ipotesi quest'ultima preferibile in quanto nel primo caso mancherebbe lo spazio per la menzione della provincia in cui il questore svolse il suo incarico.[675] Seguirono la carica di *aedilis plebis*, la pretura, quindi l'incarico di *legatus pro praetore* in una provincia di cui la lacunosa iscrizione di *Amiternum* non ha conservato il nome. Sin qui la carriera di *Caecilianus* non presenta alcun aspetto che indichi un qualunque legame particolare con il *princeps*; egli anzi percorse tutti i gradini del *cursus* riservato ai senatori plebei senza particolari favoritismi - l'appartenenza di *Sentius* ad una *gens* plebea si può dedurre con un certo margine di certezza dalla carica di *tribunus plebis* che egli rivestì dopo la questura. Con la legazione di provincia si conclude la prima parte della carriera di *Caecilianus*, quella svolta in età neroniana. Ambigua si presenta invece la posizione della *cura Tiberis* che, stando al *cursus* amiternino, *Sentius* rivestì dopo la legazione di provincia prima del consolato, carica richiesta per l'ottenimento della curatela una volta scomparsa la collegialità. Una simile collocazione della curatela potrebbe essere interpretata semplicemente presupponendo che *Caecilianus* fosse uno di quei senatori di rango pretorio che la rivestirono all'interno di un collegio; il fatto che nessuno di costoro abbia conseguito una carriera particolarmente brillante confermerebbe tale ipotesi, dal momento che per *Sentius* non sono noti incarichi dopo il consolato. Purtroppo l'assenza di iscrizioni riguardanti la *cura Tiberis* in età neroniana non permette di capire se la collegialità fosse già scomparsa o se permanesse sino al regno di Vespasiano (per questo stabilire l'appartenenza di *Sentius* ad un collegio si rivelerebbe utile per definire questo aspetto della curatela). Tuttavia vi sono elementi che possono far propendere per un'altra ipotesi, ossia che la collegialità fosse scomparsa in età neroniana o agli inizi del regno di Vespasiano e che, di conseguenza, *Caecilianus* abbia rivestito la *cura Tiberis* da pretorio in forma eccezionale. Non si può innanzitutto sottovalutare il fatto che soltanto uno dei *curatores praetorii*, *L. Visellius Varro*, raggiunse con certezza il consolato dopo la curatela, mentre gli altri sono noti in genere solo dai cippi tiberini o non ebbero carriere di rilievo. In tal senso il *cursus* di *Sentius* spiccherebbe tra quello dei suoi colleghi pretorii come un caso eccezionale, poiché non giustificato neppure da un particolare favore imperiale, per lo meno sino al conseguimento della curatela. Infatti negli anni seguenti la carica *Caecilianus* ricevette una serie di mandati come *legatus* imperiale, tra cui anche,

[673] PIR S 291; *RE Suppl. IX* (1962) coll. 1368-1369 s.v. *Sex. Sentius Caecilianus* (n.8) (B. E. Thomasson); STECH 1912, pp. 31/32 n.204; LE GALL 1953, p. 140 n.9 (ora anche in LE GALL 2005, p. 161 n.9); ALFÖLDY 1969, p. 183; JONES 1979, p. 133 n.499; TORELLI 1982, p. 193; THOMASSON 1984, coll. 393-394 n.5, col. 409 n.6; RAEPSAET CHARLIER 1987, p. 670; THOMASSON 1996, p. 135 n.6.

[674] TORELLI 1982, p. 173; SEGENNI 1985, p. 84.

[675] Thomasson in *RE Suppl. IX* (1969) col. 1369.

come si vedrà, una legazione straordinaria in Mauritania, incarichi che se non indicano una peculiare predilezione imperiale per il senatore, tradiscono tuttavia un assiduo rapporto di servizio tra quest'ultimo e il nuovo *princeps*. In una contingenza quale l'avvicendamento traumatico di un nuovo imperatore, che vedeva in genere il tramonto di *gentes* prima al potere e l'ascesa di individui talora sconosciuti nell'*entourage* imperiale, il *cursus* così nettamente bipartito di *Caecilianus* sembrerebbe suggerire di fatto un miglioramento nella posizione del senatore dovuto proprio al nuovo corso politico instauratosi con l'avvento al potere di Vespasiano.[676] In tale contesto, la carica di *curator Tiberis*, databile probabilmente al 69-70 d.C., potrebbe non essere collegiale e costituire la prima di una serie che il nuovo *princeps* affidò a *Sentius*. È anche possibile, come affermato da Eck, che i disordini che funestarono l'anno dei quattro imperatori, e che impegnarono bene o male tutti i consolari nelle battaglie, avessero portato per la curatela del Tevere alla scelta di un senatore di rango inferiore ma che forse aveva avuto modo di mettersi in luce nel corso degli eventi del 69 d.C.[677] Resta comunque anche la possibilità di una permanenza della collegialità anche in epoca neroniana.[678]

L'emergere sulla scena amministrativa di *Caecilianus* sembrerebbe confermato non solo dagli incarichi che gli furono affidati da Vespasiano una volta ristabilito l'ordine, ma anche dal fatto che tali incarichi avevano carattere principalmente militare, ambito in cui, probabilmente, egli aveva avuto modo di distinguersi. Il primo di tali compiti fu, forse fra il 71 e il 73 d.C., il comando della *legio XV Apollinaris*; il fatto che tale legione avesse preso parte al *bellum Iudaicum* tra il 66 e il 70 d.C. può forse suggerire un intervento diretto di Vespasiano nell'assegnazione della sua legazione a *Caecilianus*.[679] Nel 73/74 d.C. *Sentius* ricevette l'incarico di *legatus Augusti pro praetore* della *legio III Augusta* distaccata in Africa.[680] Si trattò in tal caso di un mandato straordinario che vide il senatore impegnato a fianco del consolare *Rutilius Gallicus* in un'operazione di ripristino, probabilmente a fini catastali, delle delimitazioni del confine fra *Africa Nova* e *Africa Vetus* mediante l'apposizione di cippi lungo il tracciato della *fossa Regia*, all'interno della quale, dopo la vittoria su Cartagine, Scipione Emiliano aveva isolato dai regni numidi i nuovi territori conquistati costituenti la prima provincia d'Africa.[681] Il primitivo confine, reso obsoleto a seguito dell'annessione della provincia dell'*Africa nova*, venne quindi ripristinato in età flavia nell'ambito di una riorganizzazione amministrativa generale del territorio.[682] L'anno seguente, a prolungamento della sua missione e sempre nell'ambito della riordino amministrativo della provincia, fu affidata a *Caecilianus* la carica di *legatus Augusti pro praetore ordinandae utriusque Mauretaniae*, con il compito evidentemente di riorganizzare le province destabilizzate dalla crisi neroniana.[683] Il verbo *ordinare* tuttavia non specifica chiaramente se tale operazione prevedesse l'uso di forza militare al fine di ristabilire l'ordine o se si trattasse di un puro atto amministrativo, ma è possibile che nel caso di *Caecilianus* fossero compresi entrambe gli aspetti e ciò in considerazione anche dell'esperienza maturata dal *legatus* in ambito militare.[684] *Sentius* dovette svolgere in modo corretto il compito affidatogli dal momento che nel corso della legazione divenne *patronus* della colonia di *Iulia Valentia Banasa* e, forse, della città di *Volubilis* come confermerebbe un frammento di tavola di patronato ivi rinvenuto nel 1947 e che Euzennat propone di integrare in tal senso.[685] Mentre ancora si trovava in Africa, *Caecilianus* fu designato console per l'anno seguente, carica che rivestì appunto nel 76 d.C., come risulta anche dall'iscrizione di *Amiternum*.[686] Il consolato fu anche l'ultima delle cariche attestate per *Sentius Caecilianus*; data la relativa importanza del suo *cursus praetorius*, è possibile che tale brusco arresto sia stato causato dalla morte del senatore, di cui non è possibile stabilire un'età certa, dal momento che tra la legazione di una provincia ignota, forse l'ultimo incarico rivestito sotto Nerone, e la *cura Tiberis*, ipoteticamente databile attorno al 69 d.C., è impossibile dire quanto tempo effettivamente sia trascorso, di modo che *Sentius* avrebbe potuto essere un *praetorius* relativamente anziano nel momento in cui iniziò la seconda parte del suo *cursus*.

---

676 TORELLI 1982, p. 173; SALLER 1982, p. 141.

677 ECK 1996, p. 47.

678 La questione è già stata affrontata nell'ambito del paragrafo II. 1.

679 Cfr. FLAV. IUS. *bell. iud.* 7, 5.3.

680 Cfr. ECK 1982b, p. 295; THOMASSON 1996, p. 135 n.6. Sulla *legio III Augusta* cfr. CAGNAT 1975, pp. 287-308.

681 DI VITA-EVRARD 1986, p. 33-35. La conferma giunge dal fatto che l'incarico di *Gallicus* era quello di *legatus ad census accipiendos*. Per un'analisi più dettagliata dell'operazione e ulteriore bibliografia cfr. CAGNAT 1975, pp. 38-40; DI VITA-EVRARD 1986, pp. 31-58; DI VITA-EVRARD 1979, pp. 3-34; LE GLAY 1968, pp. 225-228.

682 PLIN. *nat.* 5,4,25: «*Africa dividitur in duas provincias, vetere et novam, discretas fossa inter Africanum sequentem et rege Thenas usque perducta*».

683 DE LASSERT 1896, p. 325; THOMASSON 1960, II pp. 244-245; BOSWORTH 1973, pp. 62-63; LE GLAY 1981, pp. 179-180; CHRISTOL-MAGIONCALDA 1989, p. 184; HAMDOUNE 2002, p. 1442.

684 MARCONE 1992, p. 112. Cfr. anche PFLAUM 1962, p. 1235; Di parere contrario CHRISTOL 1988, p. 313-314 secondo cui non si trattava di pacificare i territori, ma soltanto di riorganizzarli, dal momento che il termine *ordinare* avrebbe implicato solo l'uso di norme giuridiche.

685 EUZUNNAT 1969, p. 131. Cfr. THOMASSON 1996, p. 135 n.6; THOUVENOT 1940, pp. 131-137; THOUVENOT 1941, pp. 78-80 n.48, pl. XII, fig. 35; THOUVENOT 1947, pp. 485-489; THOUVENOT 1954, pp. 109-112; RACHET 1970, pp. 149-151. Il legame di *Sentius* con l'Africa sembra essere attestato anche da un'iscrizione tripolitana databile alla prima metà del III secolo che menziona una *Sentia Caeciliana*, forse discendente del nostro *curator* IRT 635: *Caecilio Proculo / L(uci) Silii Plautii Hate/rianus Blaesilia/nus et amicus / Haterianus Gavi/lianus Proximus / h(eredes) per suc(cessionem) permis(su) / splend(idissimi) ord(inis) p(osuerunt) / ex testamento / Sentiae Caecili/anae.*

686 Cfr. PIR S 291; STECH 1912, pp. 31-32; GALLIVAN 1981, p. 202.

22. *C. CALPETANUS RANTIUS QUIRINALIS VALERIUS P. f. POMP. FESTUS*[687]
Prima metà 73 d.C.

1- *IVvir viarum curandarum*
CIL V 531 = ILS 989 = Inscr.It. X, 4, 30 = REp III. 22*a*

2- *tribunus militum legionis VI Victricis* 55 d.C. ca.
CIL V 531 = ILS 989 = Inscr.It. X, 4, 30 = REp III. 22*a*

3- *quaestor*
CIL V 531 = ILS 989 = Inscr.It. X, 4, 30 = REp III. 22*a*

4- *VIvir equitum Romanorum*
CIL V 531 = ILS 989 = Inscr.It. X, 4, 30 = REp III. 22*a*

5- *tribunus plebis*
CIL V 531 = ILS 989 = Inscr.It. X, 4, 30 = REp III. 22*a*

6- *praetor*
CIL V 531 = ILS 989 = Inscr.It. X, 4, 30 = REp III. 22*a*

7- *legatus Augusti pro praetore exercitus Africae* (*legionis III Augustae*) 69-70 d.C.
CIL V 531 = ILS 989 = Inscr.It. X, 4, 30 = REp III. 22*a*; TAC. *hist.* 2, 98.1; 4, 49.1

8- *consul suffectus con Domiziano* 71 d.C.
CIL V 531 = ILS 989 = Inscr.It. X, 4, 30 = REp III. 22*a*; CIL VI 2016 = CIL XIV 2242; CIG III 5838

9- *curator riparum et alvei Tiberis* I metà 73 d.C.
CIL V 531 = ILS 989 = Inscr.It. X, 4, 30 = REp III. 22*a*; CIL VI 31546a = ILS 5927 = REp III. 22*b*; CIL VI 31546b = REp III. 22*c*.

10- *legatus Augusti pro praetore provinciae Pannoniae* 73-76 d.C
CIL V 531 = ILS 989 = Inscr.It. X, 4, 30 = REp III. 22*a*; CIL III 11194; CIL III 11195; CIL III 11196; AE 1986, 590

11- *legatus Augusti pro praetore provinciae Hispaniae* 79/80-84 d.C.
CIL V 531 = ILS 989 = Inscr.It. X, 4, 30 = REp III. 22*a*; CIL II 2477 = CIL II 5616 = AE 1952, 122 = AE 1983, 586 = AE 1994, 939
CIL II 4799; CIL II 4802; CIL II 4803; CIL II 4814; CIL II 4838; CIL II 4847 = IRG-04, 3
CIL II 4854 = CIL II 6224 = IRG-04, 4

donato ab Imperatore Vespasiano hastis puris IIII, vexillis IIII, coronis IIII vallari, murali classica aurea per le sue imprese in Africa 71 d.C.
CIL V 531 = ILS 989 = Inscr.It. X, 4, 30 = REp III. 22*a*

sodalis Augustalis dopo la pretura
CIL V 531 = ILS 989 = Inscr.It. X, 4, 30 = REp III. 22*a*

pontifex dopo la curatela del Tevere
CIL V 531 = ILS 989 = Inscr.It. X, 4, 30 = REp III. 22*a*

patronus Tergestae
CIL V 531 = ILS 989 = Inscr.It. X, 4, 30 = REp III. 22*a*

Il *cursus honorum* di *C. Calpetanus Rantius Quirinalis Valerius Festus* è riportato integralmente da un'iscrizione da Tergeste (CIL V 531) donata dalla città al suo patrono. In essa si legge l'onomastica completa del senatore, altrove noto solo con il suo nome originario, *Valerius Festus*, che precede l'adozione da parte di *C. Calpetanus Rantius Sedatus*, *cos. suff.* nel 45 d.C.[688] *Calpetanus* rivestì innanzitutto le cariche di *IVvir viarum curandarum* e *tribunus militum* nella *legio VI Victrix* in Spagna, probabilmente attorno al 55 d.C., alle quali fece seguito la questura.[689] Fu quindi scelto per far parte dei *VIviri equitum Romanorum*; la natura onorifica di tale carica può apparire singolare per un *homo novus* come *Festus*, figlio di uno sconosciuto *P. Valerius* del quale si ipotizza che potesse appartenere all'*ordo* senatorio in virtù della parentela con Vitellio.[690] Ciò permette, tuttavia, di ipotizzare la collocazione in tale periodo l'adozione *ex testamento* di *Festus* da parte di *Calpetanus Rantius Sedatus*.[691] La carriera senatoria di *Valerius Festus* prosegue quindi regolarmente ancora in età neroniana con il tribunato della plebe e la pretura, cui fa seguito l'ingresso nel collegio dei *Sodales Augustales*.[692] Nel 69 d.C. e tra i disordini della guerra civile, fu verosimilmente in virtù della sua parentela con Vitellio se *Festus* ottenne il prestigioso comando della *legio III Augusta* distaccata in Africa, ma, con assai scarsa riconoscenza verso l'augusto parente, finì per sostenere, *occultis nuntiis*, l'ascesa di Vespasiano, favorendo fra l'altro l'assassinio del proconsole *L. Calpurnius Piso* che si opponeva alla rivolta a sostegno del futuro imperatore.[693] L'appoggio fornito alla causa flavia favorì

[687] PIR² C 184; *RE III* (1897) coll.1363-1364 s.v. *C. Calpetanus Rantius Quirinalis Valerius P. f. Pomp. Festus* (E. Groag). LIEBENAM 1888, pp. 223-224; PALLU DE LASSERT 1896, pp. 321-323; RITTERLING 1897, p. 11 n.15; STECH 1912, p. 9 n.49; LE GALL 1953, pp. 138-139 n.6, 157-158 (ora anche in LE GALL 2005, pp. 159 n.6, 181-182); CROOK 1955, p. 156 n.75; REIDINGER 1956, pp. 47-51 n.13; THOMASSON 1960; pp. 149-150; DOBÓ 1968, pp. 33-35 n.21; ALFÖLDY 1969, pp. 21-22; ECK 1970, p. 119; JONES 1979, p. 119 n.286; THOMASSON 1984, col. 15 n.19, col. 101 n.16, col. 393 n.4; SALOMIES 1992, p. 40 n.1; FITZ 1993-95, pp. 153-155 n.59; THOMASSON 1996, p. 134 n.3; RÜPKE – GLOCK 2005, pp. 848-849 n.1045; RÜPKE – GLOCK 2007, pp. 35-36.

[688] *Rantius Sedatus* era a sua volta figlio adottivo di *C. Calpetanus Statius Rufus*, che fu *curator riparum et alvei Tiberis* nel collegio presieduto da *C. Vibius Rufus*. Cfr. la scheda dedicata a questo *curator*.
[689] ALFÖLDY 1969, p. 21.
[690] Probabilmente originario di *Arretium*, come lascia intendere la tribù *Sergia* nominata nell'onomastica di *Calpetanus* e che va senza dubbio ricondotta al nome originario del senatore, *Valerius Festus*. Diversi esponenti di tale *gens* sono infatti testimoniati nella città etrusca. Cfr. SALOMIES 1992, p. 40. Cfr. FITZ 1993-95, p. 154; ALFÖLDY 1969, p. 21.
[691] Come sembra testimoniare la tipologia onomastica del nostro senatore. Cfr. SALOMIES 1992, p. 40.
[692] RÜPKE – GOLK 2005, pp. 848-849.
[693] TAC. *hist.* 2, 98.1. «*Ac primo Valerius Festus legatus studia provincialium cum fide iuvit; mox nutabat, palam epistulis edictisque Vitellium, occultis nuntiis Vespasianum fovens et haec illave defensurus, prout invaluissent*». Si vedano inoltre TAC. *hist.* 4, 49-50; PLIN. *ep.* 3, 7.12. Cfr. THOMASSON 1960, II, p. 149; LE GLAY 1968, p. 207-208, 213; ECK 1970, p. 229, nt. 499; NICOLS 1978, pp. 151-152; ECK

sensibilmente la carriera di *Festus* che, sempre nel corso della sua legazione africana, ebbe modo di distinguersi vincendo contro i Garamanti.[694] Per quest'ultima impresa ottenne da Vespasiano diversi *dona militaria* e, nel 71 d.C. (maggio-giugno), la carica di *consul suffectus* assieme a Domiziano.[695] Nel 73 d.C. *Festus* fu *curator riparum et alvei Tiberis*, benché i suoi cippi delimitativi testimonino la sua attività per un periodo limitato, fra la metà di marzo e il 30 giugno di quell'anno; già altrove nel corso di questa ricerca si è dimostrato come egli avrebbe potuto rivestire tale carica per un periodo più esteso, verosimilmente un anno.[696] A tale periodo risale anche il sacerdozio pontificale, probabilmente un ulteriore segno della stima imperiale nei confronti di *Calpetanus*.[697] Nella seconda metà del 73 d.C. *Festus* ottenne un altro incarico prestigioso, il governatorato di Pannonia, una delle province consolari imperiali di rango più elevato.[698] La carica è testimoniata da una serie di iscrizioni provenienti da *Carnutum* e *Aquincum*, poste a ricordo del termine della costruzione di alcuni magazzini.[699] Non è nota la durata di tale incarico, ma è possibile ipotizzare che *Calpetanus* sia rimasto in Pannonia sino al 76 d.C.[700] L'ultima carica di cui si ha notizia riguardo al *cursus* di *Festus* è quella di *legatus Augusti pro praetore* in *Hispania Citerior*, incarico che egli rivestì probabilmente a partire dal 79/80 sino all'84 d.C., dal momento che per l'85 d.C. è attestato come governatore *M. Arrecinus Clemens*.[701] È possibile che, una volta tornato a Roma, anche *Festus* come altri governatori della Spagna Citeriore di età flavia abbia ottenuto un secondo consolato, ma non vi sono prove che lo confermino.[702] Negli anni immediatamente successivi al proconsolato di Spagna, secondo quanto narrato da un passo di Marziale, *Calpetanus*, gravemente malato, si procurò la morte probabilmente gettandosi su una spada.[703] Poiché il primo libro degli epigrammi di Marziale fu pubblicato nell'86 d.C., esso fornisce un termine *ante quem* per il suicidio di *Festus*, databile dunque all'85 d.C.[704] Data la vicinanza cronologica di esso con il ritorno del senatore dalla Spagna è assai probabile che proprio la morte gli abbia impedito di rivestire il secondo consolato.[705]

1996, p. 43; THOMASSON 1996, p. 134 n.3.

694 TAC. *hist.* 4, 50. Cfr. THOMASSON 1996, p. 134. Il favore dimostrato da Vespasiano per i suoi sostenitori si riscontra in diversi *cursus* oltre a quello di *Calpetanus* cfr. HOUSTON 1977, pp. 35-63.

695 FITZ 1993-95, p. 154; GALLIVAN 1981, p. 187.

696 Si veda il paragrafo II.2. Cfr. ad es. LE GALL 1953, p. 157 (ora anche LE GALL 2005, p. 181); REIDINGER 1956, pp. 48-49; STECH 1963, p. 9 n.49; ALFÖLDY 1969, p. 22; *RE III* (1897) coll.1363; FITZ 1993-95, p. 154; RÜPKE-GOLK 2005, p. 848, nt. 4.

697 RÜPKE – GOLK 2005, pp. 848-849.

698 ECK 1996, p. 43.

699 CIL III 11194-6 (*Carnutum*); AE 1986, 590 (*Aquincum*). Cfr. FITZ 1993-95, p. 154.

700 TOWNED 1961, p. 60; DOBÓ 1968, p. 34; ALFÖLDY 1969, p. 22. REIDINGER 1956, p. 51 propone come data il 78 d.C. dal momento che dal 79 d.C. *Calpetanus* si trova come legato in Spagna, ma non vi sono prove a sostegno di una durata tanto estesa del governatorato in Pannonia ed è anzi più probabile che tra *Festus* e il suo primo successore noto, *T. Atilius Rufus*, in carica dall'80 d.C., vi sia stato un altro governatore di cui si è persa ogni notizia.

701 ALFÖLDY 1969, p. 21.

702 Come ad es. *T. Atilius Rufus*. ALFÖLDY 1969, p. 22 nt. 113.

703 MART. 1, 78: «*Indignas premeret pestis cum tabida fauces / inque ipsos uultus serperet atra lues, / siccis ipse genis flentes hortatus amicos / decreuit Stygios Festus adire lacus. / Nec tamen obscuro pia polluit ora ueneno / aut torsit lenta tristia fata fame, / sanctam Romana uitam sed morte peregit / dimisitque animam nobiliore rogo. / Hanc mortem fatis magni praeferre Catonis / fama potest: huius Caesar amicus erat*». La malattia era forse un tumore al collo. Cfr. soprattutto VAN HOOF 1990, pp. 53-54; inoltre GRIFFIN 1986, pp. 201-202 nt. 16; VOISIN 1987, pp. 271-272.

704 VAN HOOF 1990, p. 54.

705 TOWNED 1961, p. 61 nt. 28.

23. *C. DILLIUS L. f. A. n. Serg. APONIANUS*[706]
Luglio-dicembre 73 d.C.

1- *tribunus militum legionis IV Macedonicae*
CIL II^2/7, 275 = AE 1932, 78

2- *IIIvir capitalis*
CIL II^2/7, 275 = AE 1932, 78

3- *quaestor provinciae Siciliane*
CIL II^2/7, 275 = AE 1932, 78

4- *tribunus plebis*
CIL II^2/7, 275 = AE 1932, 78

5- *praetor*
CIL II^2/7, 275 = AE 1932, 78

6- *legatus legionis III Gallicae* in Mesia — 69 d.C.
CIL II^2/7, 275 = AE 1932, 78;
TAC., *hist.*, III, 10.11.

7- *legatus pro praetore di una provincia ignota probabilmente senatoria* — 70 d.C.
CIL II^2/7, 275 = AE 1932, 78

8-*consul* — Tra 71 e 73 d.C.
CIL II^2/7, 275 = AE 1932, 78

9 -*curator riparum et alvei Tiberis* — **Lug. -dic. 73 d.C.**
CIL VI 31547= ILS 5928 = REp III. 23*a*

La carriera pubblica di *C. Dillius Aponianus* è nota principalmente grazie ad un'iscrizione rinvenuta a Cordoba, sua città d'origine.[707] Il *cursus* inizia in età neroniana con l'incarico di *tribunus militum* della *legio IV Macedonica*, compito che *Aponianus* dovette svolgere come *angusticlavus* dal momento che ad esso seguì il vigintivirato, con un ordine inverso quindi rispetto al tradizionale *cursus* senatorio.[708] Il servizio militare svolto in una o più delle milizie equestri costituiva invece il primo gradino del *cursus equestris.*[709] L'ipotesi di un'originaria appartenenza di *Aponianus* all'ordine equestre sembra trovare conferma anche nel fatto che, una volta iniziata la carriera senatoria, *Dillius* rivestì l'incarico di *IIIvir capitalis*, uno dei meno ambiti all'interno del vigintivirato e per ciò riservato in genere a *homines* novi, quale appunto poteva essere *Aponianus*, o a giovani senatori privi di qualunque appoggio.[710] La sua carriera proseguì quindi regolarmente, senza alcun particolare segno distintivo, con la carica di *quaestor provinciae* svolta in Sicilia, il tribunato della plebe e la pretura. Nella seconda metà del 69 d.C. *Aponianus* si trovava al comando della *legio III Gallica*, successore di *T. Aurelius Fulvus*, ancora in carica all'inizio di quell'anno.[711] Fu forse favorito in questo caso dalla possibile parentela con *M. Aponius Saturninus*, all'epoca proconsole della Mesia, ai cui ordini *Aponianus* avrebbe per l'appunto rivestito la legazione.[712] Durante tale carica ebbe modo di distinguersi combattendo a fianco di Vespasiano a Verona contro lo stesso *Aponius Saturninus.*[713] La carica successiva al comando della *legio III* si trova purtroppo in lacuna; sarebbe forse possibile integrare qui il consolato, forse assegnato a *Dillius* come premio per il suo sostegno alla causa Flavia; in tal caso la prima carica consolare del senatore sarebbe consistita nelle legazione di una provincia, il cui nome nell'iscrizione è andato perduto, cui avrebbe fatto seguito in un secondo momento la *cura Tiberis*. Tuttavia, in considerazione del fatto che non esistono altri casi certi di senatori giunti direttamente al consolato dopo la legazione di legione e che la *cura Tiberis* era solitamente affidata come prima carica dopo il consolato, è più verisimile che il *cursus* di *Dillius* debba essere letto in questo punto come *legatus legionis III Gallicae* – incarico perduto (o probabilmente, come sostenuto da Eck, una carica sacerdotale) – *legatus pro praetore* di una provincia il cui nome è andato perduto- *consul* – *curator riparum et alvei Tiberis.*[714] Tra il 70 e il 72 d.C., dunque, *Dillius Aponianus* rivestì una legazione di provincia e il consolato e la rapidità con cui raggiunse quest'ultima carica – collocata in genere fra il 71 e la prima metà del 73 - potrebbe già di per sé essere segno del favore che Vespasiano gli dimostrò dopo il suo sostegno nel corso del 69 d.C.[715] Sull'effettiva incidenza del consolato dopo il governatorato pretorio sono stati avanzati dubbi in quanto la curatela del Tevere è stata interpretata per questo *curator* come carica pretoria, soprattutto dal momento che nel 73 d.C. risulta già in carica *C. Calpetanus Rantius Quirinalis Valerius Festus.*[716] Tuttavia è già stato dimostrato come in realtà *Calpetanus* sia rimasto in carica soltanto fino al giugno di quell'anno.[717] Caballos richiama il fatto che anche *Sex.*

[706] PIR^2 D 89; *RE V* (1905) col. 643 s.v. *C. Dillius Aponianus* (n.1) (E. Goag); *RE Suppl. VI* (1935) col. 27 s.v. *C. Dillius Aponianus* (n.1) (E. Groag). STECH 1912, pp. 27-28 n.172; CASTILLO 1965, n.136; ECK 1970, p. 40; JONES 1979, p. 125 n.381; GALLIVAN 1981, p. 201; CASTILLO 1982, p. 503; RAEPSAET CHARLIER 1987, p. 354; CABALLOS 1990, pp. 121-123 n.61; MARIN CEBALLOS 1993, p. 21 n.10; CASCIONE 1999, pp. 225-227 n.23; DES BOSCS-PLATEAUX 2005, pp. 460-462, n.21.

[707] AE 1932, 78: *C. Dillio L(uci) f(ilio) A(uli) n(epoti) / Ser(gia) Apronian[o] / [t]rib(uno) mil(itum) leg(ionis) [IV] / [M]ac(edonicae), IIIvir(o) ca[pi/ta]li(s), qu(a)esto[r]i p[ro/vi]nc(iae) Siciliae, trib(uno) [pl(ebis),] / [pr]aetori, leg[ato] / [imp(eratoris)] Caesaris Vespa[siani] / [Au]g(usti) leg(ionis) III Galli[cae] / [- - -], le(ato) pro pr(aetore) / [- - - - - -].*

[708] CABALLOS 1990, p. 121. Cfr. McALINDON 1957, pp. 193-194.

[709] Cfr. ad es. HOMO 1927, p. 389.

[710] Cfr. BIRLEY 1954, p. 201-203; ECK 1996, p. 33.

[711] TAC. *hist.* 1, 79. Cfr. RE V 643; GALLIVAN 1981, p. 201; CABALLOS 1990, p. 121.

[712] Cfr. SYME 1958, p. 875; DES BOSCS-PLATEAUX 2005, pp. 461.

[713] TAC. *hist.* 3, 10. *Aponius,* senatore originario della Spagna, poteva essere imparentato con *Dillius Aponianus*. Cfr. KNAPP 1983, p. 42.

[714] ECK 1996, p. 68 nt. 122. Secondo PIR^2 D 89; CASTILLO 1982, p. 503; CABALLOS 1990, p. 121 si tratterebbe del governatorato in una provincia senatoria dal momento che nella titolatura non compare l'indicazione *Augusti*, tuttavia, poiché i governatori delle province senatorie anche pretorie erano generalmente indicati con il titolo di *proconsul*, a differenza di quelli delle province imperiali definiti *legati pro praetore*, è più probabile che si tratti di quest'ultimo caso.

[715] HOUSTON 1977, p. 59 propende per il 72 d.C. Sui rapporti fra Vespasiano e i senatori e i cavalieri che lo sostennero nel 69 d.C. si veda HOUSTON 1977, pp. 35-63 (per *Dillius Aponianus* pp. 58-59).

[716] CABALLOS 1990, pp. 121-122.

[717] Cfr. la prosopografia dedicata a *Valerius Festus* (n.22) e inoltre i

Sentius Caecilianus rivestì la carica da pretorio; ma se effettivamente per *Caecilianus* non si può nutrire la certezza di una reale scomparsa della collegialità mancando pietre terminali che lo attestino –e non va comunque dimenticata la particolarità storica dell'anno, il 69, in cui egli svolse l'incarico- per *Aponianus* la situazione è diversa.[718] Infatti, benché sia pervenuto un solo esemplare dei cippi da lui posti (CIL VI 31547), è sufficiente per comprendere come all'epoca il titolare della *cura Tiberis* fosse soltanto uno, *Aponianus* appunto, né vi sono tracce dell'esistenza di un collegio dal momento che, in tal caso, sarebbero probabilmente comparsi sul cippo i nomi di tutti e cinque i senatori che ne facevano parte, così come avveniva per i termini dei primi *curatores.*[719] Pure ipotizzando che la collegialità sia perdurata in età flavia malgrado la comparsa di un solo nome sui cippi, si sarebbe trattato comunque del nome del presidente che fu da sempre e immancabilmente di rango consolare. Sulla base di tali considerazioni sembra assai probabile che *Aponianus* abbia rivestito la curatela dopo il consolato, non databile con precisione al novembre/dicembre del 71, alla seconda metà del 72 o al marzo-aprile del 73 d.C.[720]

Originario probabilmente di Cordoba, da dove proviene l'iscrizione onoraria che lo riguarda e a cui rimanda la tribù *Sergia*, *C. Dillius Aponianus* era probabilmente imparentato con il coetaneo *C. Dillius A. f. Serg. Vocula.*[721] La rarità del gentilizio e l'appartenenza di entrambi alla medesima tribù sembra favorire tale ipotesi assieme anche alla possibilità che pure *Vocula* provenisse da *Corduba*, e potrebbe inoltre attestare una *gens* provinciale giunta in tempi antichi alla cittadinanza.[722]

paragrafi dedicati al passaggio dalla collegialità al singolo *curator* e alla durata della curatela.

[718] CABALLOS 1990, p. 122. Cfr. la prosopografia di *Sex. Sentius Caecilianus.* (n.21).

[719] Ad es. CIL VI 31543; CIL VI 31544; CIL VI 31545, ecc.

[720] GALLIVAN 1981, p. 201.

[721] *RE VI* (1948) coll. 643-646 s.v. *C. Dillius Vocula* (n.2) (V. Wotawa). Cfr. WIEGELS 1984, pp. 30-33; CABALLOS 1990, p. 122.

[722] Cfr. CABALLOS 1990, p. 123; CASCIONE 1999, p. 226.

24. *C. LAECANIUS BASSUS CAECINA PAETUS*[723]
giugno 74 d.C.-75 d.C.

1- *consul suffectus* con *L. Annius Bassus* 70 d.C.
CIL VI 200 = 30712 = 36747 = ILS 6049 = ILMN I 6 = MW 513

2- *curator riparum et alvei Tiberis* Giu. 74 -7 d.C.
CIL VI 31548a-c = ILS 5929a-b. = REp III. 24*a-c*

3- *proconsul Asiae* Verso l'80-81 d.C.
Milet I 9, 177, 360 = AE 1909, 138;
AE 1977, 794 = IvEph III 695

4- incaricato straordinario per la *cura aquarum* (?) Non *ante* 83 d.C.
CIL XV 7281 = ILS 8682

Il *cursus honorum* di *Laecanius Bassus* è ricostruibile solo parzialmente da una serie di fonti epigrafiche di diversa natura. La prima carica in ordine di tempo fu quella di *consul suffectus* rivestita verso la fine del 70 d.C. assieme a *L. Annius Bassus* e confermata da un'iscrizione, dedicata il 17 novembre di quell'anno alla *Pax Aeternae domus Imperatoris Vespasiani* da un collegio non identificato.[724] Nel 74 d.C. *Laecanius* fu *curator riparum et alvei Tiberis*; i cippi delimitativi che testimoniano tale incarico coprono un arco temporale che va da fine giugno al 31 dicembre del 74 d.C., ma, come si è già avuto modo di specificare, la datazione fornita dai termini tiberini si riferisce solo alla loro collocazione e non sempre può delimitare la durata della carica di un magistrato. Nel caso in esame, la curatela di *Laecanius* può essersi estesa sino al 75 d.C., probabilmente verso il giugno/luglio di quell'anno. L'ultimo incarico documentato con certezza è il prestigioso proconsolato d'Asia rivestito verso l'80/81 d.C., citato in un titolo onorario da Efeso e attestato soprattutto da un'iscrizione proveniente da Mileto e riportante un'epistola scritta dal *proconsul* alle autorità cittadine.[725] Ancora, il nome di *C. Laecanius Bassus* compare -assieme a quelli di *Q. Articuleius Paetus*, *cos. suff.* 78 d.C., e di *Q. Ninnius Hasta, suff.* 71 d.C.- su una *fistula* acquaria databile all'età di Diocleziano e non prima dell'83 d.C.[726] Ciò non significa tuttavia che *Bassus* sia stato *curator aquarum*, dal momento che, per tutto il regno di Domiziano, e precisamente dal 74 al 97 d.C., tale ufficio fu tenuto da *Acilius Aviola.*[727] Potrebbe trattarsi di un incarico come *adiutor curatoris aquarum*, ma forse è più plausibile

[723] PIR² C 104, PIR² L 33; *RE XII* (1924) col. 397 s.v. *C. Laecanius Bassus Caecina Paetus* (n.6) (E. Groag); ECK 1970, p. 84; KREILER 1975, pp. 40-42; JONES 1979, n.173; ALFÖLDY 1982, p. 330 n.5; THOMASSON 1984, col. 217 n.72; RAEPSAET CHARLIER 1987, p. 113; SALOMIES 1992, pp. 114-115.

[724] CIL VI 200. Sulla datazione di tale iscrizione al 70 d.C. si veda GALLIVAN 1981, p. 187 nt. 10. Data piuttosto al 71 d.C. DEVREKER 1977, pp. 236-237.

[725] Per il *titulum* di Efeso che permette la datazione della carica: AE 1977, 794 = IEph III 695. Cfr. ECK 1982, pp. 145-146; ECK 1982b, p. 304. L'iscrizione di Mileto si trova in Milet I 9, p. 177, n.360 = AE 1909, 138.

[726] CIL XV 7281 = ILS 8682. Cfr. PIR² C 104; BRUUN 1991, pp. 239-240; SALOMIES 1992, p. 115.

[727] FRONTIN. *aq.* 102. Cfr. Dessau in ILS 1682; PIR² C 104.

l'ipotesi avanzata da Eck che propone di vedere nei personaggi citati tre incaricati straordinari che Domiziano introdusse per motivi ignoti.[728]

Oltre ai titoli che testimoniano i suoi incarichi ufficiali, *Laecanius Bassus* compare in alcune iscrizioni votive dedicate a Silvano e provenienti da *Minturnae*, dove forse il senatore possedeva dei terreni; la prima fu posta dal servo *Theseus pro salute C. Laecani Bassi Caecinae Paeti liberorumque eius*, la seconda è dello stesso *Laecanius* che, presentandosi con l'onomastica abbreviata di *C. Caecina Paetus*, offre un tempio allo stesso dio.[729] L'ultima iscrizione fu dedicata sempre a Silvano da un altro liberto, *C. Caecina Talaticus, pro salute C. Caecinae Paeti.*[730] *Laecanius Bassus* apparteneva alla *gens Caecina*, originaria del *municipium* di Volterra, figlio di *A. Caecina Paetus, cos. suff.* nel 37 d.C., e della volterrana *Arria.*[731] Fu adottato probabilmente da *C. Laecanius Bassus, cos.* nel 64 d.C. ed esponente di un'importante famiglia originaria di Pola, dove compare in svariate iscrizioni e dove numerosi bolli testimoniano di una fiorente attività di produzione anforaria oltre che nella città istriana di Fažana, anche nell'antistante isola di Briona.[732] L'adozione deve essere avvenuta senz'altro prima dell'80 d.C., dal momento che nelle iscrizioni del proconsolato d'Asia l'onomastica di *Laecanius Caecina Paetus* appare già completa; è certo inoltre che il console del 64 d.C. muore mentre Plinio il Vecchio sta scrivendo la sua *Naturalis Historia* (terminata nel 77 d.C.), probabilmente attorno al 75 d.C.[733] Le motivazioni di una simile alleanza tra le due famiglie sembrano non essere del tutto chiare; certamente l'ultimo esponente noto, il *Laecanius* console nel 64 d.C., non doveva aver avuto figli, come tenderebbe a dimostrare anche il fatto che l'esportazione delle anfore con tale gentilizio sembra terminare con lui.[734] Il legame per adozione con i *Caecinae*, oltre che a dare lustro alla famiglia istriana, data l'antichità della *gens* etrusca, era dunque necessario a quest'ultima a causa dell'assenza di eredi diretti.[735] Per i *Laecanii* le ragioni di tale legame non sembrano altrettanto chiare. Tassaux ipotizza un interesse principalmente economico concretizzato dall'acquisto, per tramite di adozione, di una parte dell'ingente fortuna dei *Laecanii*, che tuttavia non doveva consistere in proprietà terriere dal momento che i figli adottivi non sono mai testimoniati a Pola o in Istria.[736] Figlio di *C. Laecanius Caecina Paetus* fu *C. Laecanius C. f. Sab. Caecina Bassus*, la cui tribù *Sabatina* rimanda a Volterra, città originaria del padre, e non a Pola, iscritta alla *Velina. Caecina Bassus* fu *IIIvir monetalis*, ma morì a Brindisi probabilmente nell'80 d.C., all'età di 18 anni, forse mentre si stava recando in Asia con il padre che aveva ottenuto il proconsolato di tale provincia.[737] Secondo Syme fu vittima di un'epidemia che fece molti morti sotto il regno dell'imperatore Tito, proprio attorno all'80 d.C.[738]

---

[728] ECK 1996, p. 48.

[729] ILS 9247b = AE 1980, 86; ILS 9247 = AE 1908, 84; ILS 9247a = AE 1908, 85. Cfr. PIR² C 104. cfr. LAURENT-VIBERT - PIGANIOL 1907, pp. 497-498, n.2-4.

[730] Che compare anche in CIL X 5375.

[731] Su *Caecina Paetus* e la *gens Caecina* di Volterra cfr. PIR² C 104 e *RE XII* col. 397 n.6 (E. Groag); TORELLI 1969, pp. 296-297; ECK 1970, p. 84 e 129; TORELLI 1982, p. 290; FARNEY 2007, pp. 171-178. AE 1997, 69 (Capdeville). Per la sezione dello stemma riferibile alla *gens Caecina* cfr. RAEPSAET CHARLIER 1987, Tav. XXXI; TORTORIELLO 2004, p. 471.

[732] PIR² L 31. Cfr. SALOMIES 1992, p. 115. Ma ALFÖLDY 1982, p. 330 preferisce identificare l'adottante nell'omonimo *C. Laecanius Bassus* console nel 40 d.C. Un *C. Laecanius P. f.* testimoniato da un bollo anforario potrebbe essere tra i fondatori della città nel 46/45 a.C. Per un es. di bolli anforari di *Laecanius* cfr. CIL V 8112, 52-54. Sui *Laecanii* di Pola, la loro storia e la loro attività si veda soprattutto lo studio di TASSAUX 1982, pp. 227-269. Cfr. inoltre PANCIERA 1972, p. 85 ss.; FUCHS 1993-94, pp. 337-347; BEZECZKY 1995, pp. 41-64; BEZECZKY – PAVLETIÇ 1996, pp. 143-163; BEZECZKY 1998, pp. 14-92; CIPRIANO – MAZZOCCHIN 1998, pp. 361-381; TASSAUX 1998, pp. 77-99; TASSAUX 2005, pp. 139-164; BEZECZKY – MANGE 2006, pp. 429-460; BEZECZKY – MANGE 2009, pp. 247-255.

[733] PLIN. *nat.* XXVI, 5. Cfr. SALOMIES 1992, p. 116.

[734] TASSAUX 1982, p. 260.

[735] A tal riguardo sembra possibile che l'ultimo dei *Laecanii* abbia provveduto ad adottare contemporaneamente al nostro senatore anche *C. Laecanius Bassus Paccius Paelignus* che al padre adottivo dedica l'iscrizione, oggi perduta, CIL VI 21010. L'onomastica originaria del personaggio potrebbe rinviare, data la sua particolarità, ad una *gens* antica, mentre il gentilizio *Paccius* sembra rimandare alla zona tra *Brixia* ed Aquileia. Cfr. SALOMIES 1992, p. 116; ALFÖLDY 1982, p. 330 (n.6); TASSAUX 1982, p. 261.

[736] TASSAUX 1982, pp. 260-261.

[737] CIL IX 39. Cfr. PIR² L 32; *RE XII 1* col. 398 (n.5) (F. Miltern).

[738] SYME 1982, p. 399.

25. *TI. IULIUS FEROX*[739]
101-103 d.C.

1- *consul suffectus* 99 d.C.

PLIN. *epist.* II, 11. 5-6

2- *curator alvei et riparum Tiberis et cloacarum urbis* **101-103 d.C.**

CIL VI 31549a =AE 1891, 159=AE 1933, 97 = REp III. 25*a*;
CIL VI 31549b-e = REp III. 25*b-e*;
CIL VI 31549f = ILS 5930 = REp III. 25*f*;
CIL VI 31549g-m = REp III. 25*g-m*;
CIL VI 31550a-d = REp III. 25*n-q*;
CIL VI 31551 = REp III. 25*r*;
CIL VI 37029 = REp III. 25*s*;
CIL VI 40862 = AE 1933, 97 = REp III. 25*t*;
CIL VI 40863 = EDR093188 = REp III. 25*u*;
CIL XIV 5320 = REp III. 25*z*;
AE 1999, 316 = REp III. 25*v*.

3- *legatus Augusti pro praetore* 109 d.C. ca?
di ignota provincia consolare, forse Mesia Inferiore

PLIN. *epist.* X, 87.3

4- *proconsul Asiae* 116-117 d.C.

I.Eph. 1384

Ti. Iulius Ferox fu senza dubbio il più attivo fra i curatori del Tevere sino ad oggi noti; la sua elezione a *curator*, come si è già avuto modo di constatare, coincise con radicali cambiamenti nella struttura della magistratura.[740] Il suo *cursus honorum* tuttavia è ricostruibile solo parzialmente, a partire dal consolato *suffectus* che *Ferox* rivestì nel 99 d.C.; l'informazione proviene da un passo di una lettera di Plinio il Giovane concernente il processo intentato dai *Leptitani* per *crimen repetundarum* contro *Marius Priscus*, già *proconsul Africae*, e il suo legato *Hostilius Firminus*.[741] Plinio aveva ricevuto mandato di pubblica accusa assieme a Tacito, incarico che egli aveva accettato solo per l'insistenza del *consul designatus Ferox*. Proprio in tale veste e durante la prima *actio*, *Iulius Ferox* tenne contro l'imputato un'aspra requisitoria che si guadagnò l'approvazione di Plinio.[742] Il processo si sviluppò dall'autunno del 98 sino al gennaio del 100 d.C. e dal momento che la prima *actio*, cui prese parte anche *Ferox*, si tenne probabilmente nel corso del 99 d.C., il suo consolato può collocarsi verosimilmente verso la fine di quell'anno, fra settembre-ottobre e novembre-dicembre.[743] Il primo incarico consolare fu quindi la *cura Tiberis* testimoniata da un elevato numero di cippi databili al 101 e al 103 d.C. e retaggio della prima (e unica) delimitazione complessiva delle rive compiuta da un *curator*. Già in precedenza si è analizzato l'operato di *Ferox* durante la curatela; basterà qui ricordare che egli fu il primo a rivestire l'incarico per un triennio e ad associarlo alla *cura cloacarum*.[744] L'incarico seguente si ricava ancora una volta da un passo di un'altra lettera scritta da Plinio a Traiano nel 112 d.C.; in essa il mittente raccomanda presso l'imperatore il giovane *Nymphidius Lupus* e informa come egli abbia servito in qualità di *praefectus cohortis* sotto *Iulius Ferox* e *Pedanius Fuscus Salinator*, *viri clarissimi*, annota Plinio.[745] Se ne deduce che il nostro *curator Tiberis* deve aver ottenuto il governatorato di una provincia consolare militarizzata, quindi imperiale. Purtroppo Plinio non fornisce elementi per una possibile identificazione di tale provincia, né ci si può basare sull'altro personaggio citato, *Pedanius Fuscus*, ipotizzando che *Ferox* potesse essere il suo successore, dal momento che *Fuscus* era probabilmente più anziano e proconsole d'Asia già nel 98/99 d.C.[746] Talora si è ipotizzato potersi trattare della *Moesia Inferior*; più probabile invece che il governatorato di *Ferox* risalga agli anni intorno al 109 d.C., in corrispondenza con quello di Plinio in Ponto e Bitinia.[747] L'ultimo incarico noto per *Iulius Ferox* è quello di *proconsul Asiae* rivestito probabilmente attorno al 116/117 d.C., come portano a pensare un'iscrizione da Efeso, in cui si legge [Ι]ουλίου e dove l'imperatore Traiano ha già l'appellativo di *Parthicus*, e alcuni coni da Ierocesarea di Lidia recanti la legenda ἀνθυπάτῳ Φέροκι e ἀνθυπάτῳ Φέροκι , Ιεροκαισαρέων.[748] Inoltre per l'anno 115/116 è noto un altro governatore della provincia, *Q. Fulvius Gillo Bittius Proculus,* mentre successore di *Ferox* fu probabilmente *L. Dasumius.*[749] Una breve lettera indirizzata da Plinio allo stesso *Ferox*, in cui lo loda per l'abilità e l'eleganza dello stile epistolare, lascia intendere uno scambio di missive fra i

[739] PIR² I 306; *RE VIII* (1919) coll. 586-587 s.v. *Ti. Iulius Ferox* (n.228) (E. Groag). WADDINGTON 1872, pp. 185-187 n.122; STECH 1912, p. 73; LAMBRECHTS 1936, p.64 n.277; JONES 1979, p. 108 n.151; THOMASSON 1984, col. 223 n.105.

[740] Cfr. il paragrafo II.2 e soprattutto ila sezione dei cippi delimitativi posti da *Ferox*.

[741] PLIN. *epist.* II, 11. 5-6. «*Marius Priscus accusantibus Afris quibus pro consule praefuit, omissa defensione iudices petiit. Ego et Cornelius Tacitus, adesse provincialibus iussi, existimavimus fidei nostrae convenire notum senatui facere excessisse Priscum immanitate et saevitia crimina quibus dari iudices possent, cum ob innocentes condemnandos, interficiendos etiam, pecunias accepisset. [...] Novissime consul designatus Iulius Ferox, vir rectus et sanctus, Mario quidem iudices interim censuit dandos, evocandos autem quibus diceretur innocentium poenas vendidisse. Quae sententia non praevaluit modo, sed omnino post tantas dissensiones fuit sola frequens, adnotatumque experimentis, quod favor et misericordia acres et vehementes primos impetus habent, paulatim consilio et ratione quasi restincta considunt*».

[742] DI VITA-EVRARD 1982, p. 457 suggerisce che il ruolo svolto da *Ferox* nel processo avrebbe dato lustro al senatore presso gli abitanti di *Leptis Magna*, tanto che sarebbe forse possibile riferire a lui l'assunzione dell'onomastica di cittadini di *Leptis*, come il notabile *Ti. Iulius Fronto* dal momento che nella città africana frequenti sono i casi di nuovi *cives* che improntano il nome non ad un imperatore, ma ad un *patronus* o ad un potente protettore.

[743] Per un'analisi della datazione delle fasi del processo si veda VIDMAN 1960, p. 20. Cfr. *RE* VIII col. 586. Sul processo cfr. MÉTHY 2007, pp. 124-126.

[744] Cfr. i paragrafi dedicati alla delimitazione delle rive e alla durata della curatela.

[745] PLIN. *epist.* X, 87.3: «*Quibus ex causis necessitudines eius inter meas numero, filium in primis, Nymphidium Lupum, iuvenem probum industrium et egregio patre dignissimum, suffecturum indulgentiae tuae, sicut primis eius experimentis cognoscere potes, cum praefectus cohortis plenissimum testimonium meruerit Iuli Ferocis et Fusci Salinatoris clarissimorum virorum*».

[746] *RE VIII* col. 587.

[747] Cfr. ad es. Petersen in PIR² I 306; ECK 1970, p. 170; MCDERMOTT 1971, p. 92. Contrario a tale identificazione è SYME 1959, p. 29. PIR² I 306; MCDERMOTT 1971, p. 92.

[748] L'iscrizione di Efeso è pubblicata in I.Eph. 1384. Per i coni cfr. MIONNET IV 48 n.251-252, Suppl. VII 352 n.168; HEAD Gr. Coins Brit. Mus., Lydia 105 n.19.

[749] Cfr. *RE VIII* col. 587.

due personaggi e forse un legame di amicizia, favorito presumibilmente anche dalla loro vicinanza in determinati momenti delle carriere di entrambi, come la compartecipazione al processo contro *Marius Priscus* nel corso del quale Plinio ebbe modo di apprezzare il discorso di accusa che *Ferox* tenne contro l'imputato, o ancora la vicinanza delle due curatele del Tevere, carica che Plinio rivestì subito dopo l'amico.[750] McDermott ha messo in dubbio l'essersi trattato di un vero rapporto di amicizia, ma se pure non dovesse essere così interpretato il legame fra i due personaggi, rimangono le tracce di un'indubbia stima da parte di Plinio nei confronti di *Ferox*, di cui in diverse occasioni sottolinea i pregi, stima che, si può pensare, fosse reciproca.[751]

Benché non si abbia alcuna notizia di parenti prossimi di *Ti. Iulius Ferox*, tuttavia è possibile riconoscere nel senatore l'esponente di una *gens* che ricevette la cittadinanza durante il regno di Tiberio. Qualunque fosse la precedente condizione della famiglia, *Ferox* percorse comunque un *cursus* che si può definire brillante, coronato dal proconsolato d'Asia, carica prestigiosa e in genere rivestita da senatori tra i più influenti del loro tempo.[752]

[750] PLIN. epist. VII, 13: *«Eadem epistula et non studere te et studere significat. Aenigmata loquor? Ita plane, donec distinctius quod sentio enuntiem. Negat enim te studere, sed est tam polita quam nisi a studente non potest scribi; aut es tu super omnes beatus, si talia per desidiam et otium perficis. Vale».*

[751] MCDERMOTT 1971, p. 92. *Vir clarissimus* (PLIN. *epist.* X 87.3); *vir rectus et sanctus* (PLIN. *epist.* II 11.5).

[752] ECK 1996, p. 53, che inoltre annota come i diciassette anni intercorsi fra il consolato e il proconsolato d'Asia costituiscano l'intervallo che era venuto stabilendosi normalmente nel *cursus* di età Traianea.

26. *C. PLINIUS L. f. Ouf. CAECILIUS SECUNDUS* 104-106 d.C.

1- *Xvir stlitibus iudicandis*

CIL V 5262 = ILS 2927 = AE 1947, 65 = AE 1963, 190 = AE 1966, 127 = AE 1983, 444 = AE 1984, 436 = AE 1999, 747 = AE 2001, 1085 = REp III. 26*a*;
CIL V 5667 = REp III. 26*c*;
CIL XI 5272 = CIL VI 1552 = AE 1892, 5 = AE 1999, 92 = AE 1999, 612 = REp III. 25*d*.

2- *tribunus militum legionis III Gallicae* in Siria 82 d.C.

CIL V 5262 = ILS 2927 = AE 1947, 65 = AE 1963, 190 = AE 1966, 127 = AE 1983, 444 = AE 1984, 436 = AE 1999, 747 = AE 2001, 1085 = REp III. 26*a*;
CIL V 5667 = REp III. 26*c*;
CIL XI 5272 = CIL VI 1552 = AE 1892, 5 = AE 1999, 92 = AE 1999, 612 = REp III. 25*d*;
PLIN. *epist.* VII, 31.2

3- *VIvir equitum Romanorum*

CIL V 5262 = ILS 2927 = AE 1947, 65 = AE 1963, 190 = AE 1966, 127 = AE 1983, 444 = AE 1984, 436 = AE 1999, 747 = AE 2001, 1085 = REp III. 26*a*;
CIL V 5667 = REp III. 26*c*;
CIL XI 5272 = CIL VI 1552 = AE 1892, 5 = AE 1999, 92 = AE 1999, 612 = REp III. 25*d*.

4- *quaestor Imperatoris* 90 d.C.

CIL V 5262 = ILS 2927 = AE 1947, 65 = AE 1963, 190 = AE 1966, 127 = AE 1983, 444 = AE 1984, 436 = AE 1999, 747 = AE 2001, 1085 = REp III. 26*a*;
CIL V 5667 = REp III. 26*c*;
CIL XI 5272 = CIL VI 1552 = AE 1892, 5 = AE 1999, 92 = AE 1999, 612 = REp III. 25*d*.

5- *tribunus plebis* 92 d.C. ca.?

CIL V 5262 = ILS 2927 = AE 1947, 65 = AE 1963, 190 = AE 1966, 127 = AE 1983, 444 = AE 1984, 436 = AE 1999, 747 = AE 2001, 1085 = REp III. 26*a*;
CIL V 5667 = REp III. 26*c*;
CIL XI 5272 = CIL VI 1552 = AE 1892, 5 = AE 1999, 92 = AE 1999, 612 = REp III. 25*d*.

6- *praetor* 93 d.C.

CIL V 5262 = ILS 2927 = AE 1947, 65 = AE 1963, 190 = AE 1966, 127 = AE 1983, 444 = AE 1984, 436 = AE 1999, 747 = AE 2001, 1085 = REp III. 26*a*;
CIL V 5667 = REp III. 26*c*;
CIL XI 5272 = CIL VI 1552 = AE 1892, 5 = AE 1999, 92 = AE 1999, 612 = REp III. 25*d*;
PLIN. *epist.* VII, 16.2

7- *praefectus aerarii militaris* 94-96 d.C.

CIL V 5262 = ILS 2927 = AE 1947, 65 = AE 1963, 190 = AE 1966, 127 = AE 1983, 444 = AE 1984, 436 = AE 1999, 747 = AE 2001, 1085 = REp III. 26*a*;
CIL V 5667 = REp III. 26*c*;
CIL XI 5272 = CIL VI 1552 = AE 1892, 5 = AE 1999, 92 = AE 1999, 612 = REp III. 25*d*.

8- *praefectus aerarii Saturni* 98-100 d.C.

CIL V 5262 = ILS 2927 = AE 1947, 65 = AE 1963, 190 = AE 1966, 127 = AE 1983, 444 = AE 1984, 436 = AE 1999, 747 = AE 2001, 1085 = REp III. 26*a*;
CIL V 5667 = REp III. 26*c*;
CIL XI 5272 = CIL VI 1552 = AE 1892, 5 = AE 1999, 92 = AE 1999, 612 = REp III. 25*d*;
PLIN. *epist.* I, 10. 9-10; X, 3a

9- *consul* 100 d.C.

CIL V 5262 = ILS 2927 = AE 1947, 65 = AE 1963, 190 = AE 1966, 127 = AE 1983, 444 = AE 1984, 436 = AE 1999, 747 = AE 2001, 1085 = REp III. 26*a*;
CIL V 5263 = REp III. 26*b*;
CIL V 5667 = REp III. 26*c*;
CIL XI 5272 = CIL VI 1552 = AE 1892, 5 = AE 1999, 92 = AE 1999, 612 = REp III. 25*d*.

10- *curator alvei Tiberis et riparum et cloacarum urbis* **104-106 d.C.**

CIL V 5262 = ILS 2927 = AE 1947, 65 = AE 1963, 190 = AE 1966, 127 = AE 1983, 444 = AE 1984, 436 = AE 1999, 747 = AE 2001, 1085 = REp III. 26*a*;
CIL V 5263 = REp III. 26*b*;
CIL V 5667 = REp III. 26*c*;
CIL XI 5272 = CIL VI 1552 = AE 1892, 5 = AE 1999, 92 = AE 1999, 612 = REp III. 25*d*;
PLIN. *epist.* V, 14;. VII, 15.1, forse VII, 21.

11- *legatus pro praetore Ponti et Bithyniae; consulari potestate in eam provinciam ex s. c. missus ab Imp. Caesare Nerva Traiano Augusto* 109/110-113 d.C. c

CIL V 5262 = ILS 2927 = AE 1947, 65 = AE 1963, 190 = AE 1966, 127 = AE 1983, 444 = AE 1984, 436 = AE 1999, 747 = AE 2001, 1085 = REp III. 26*a*;
CIL XI 5272 = CIL VI 1552 = AE 1892, 5 = AE 1999, 92 = AE 1999, 612 = REp III. 25*d*.

augur 103/104 d.C.

CIL V 5262 = ILS 2927 = AE 1947, 65 = AE 1963, 190 = AE 1966, 127 = AE 1983, 444 = AE 1984, 436 = AE 1999, 747 = AE 2001, 1085 = REp III. 26*a*;
CIL V 5263 = REp III. 26*b*;
CIL V 5667 = REp III. 26*c*;
CIL XI 5272 = CIL VI 1552 = AE 1892, 5 = AE 1999, 92 = AE 1999, 612 = REp III. 25*d*;
PLIN. *epist.* IV, 8; X, 13.

flamen divi Titi Augusti

CIL V 5667 = REp III. 26*c*

Data l'abbondanza di studi dedicati alla figura di Plinio il giovane sia come scrittore sia come senatore in carriera, si è ritenuto opportuno in questa sede limitarsi a fornire una panoramica del suo *cursus* e una bibliografia indicativa degli studi che riguardano il senatore più che lo scrittore.[753]

La carriera di Plinio fu a carattere spiccatamente civile, a partire dal vigintivirato che egli rivestì come *Xvir stlitibus iudicandis*. Anche il solo incarico che Plinio svolse in una legione, quello di *tribunus militum legionis III Gallicae* in Siria, al secondo posto nel suo *cursus*, non ebbe carattere militare, bensì amministrativo, poiché egli fu incaricato di revisionare i conti delle truppe ausiliarie.[754] Fu quindi fra i *VIviri equitum romanorum* ed ebbe l'incarico privilegiato di *quaestor Imperatoris*, con il compito di leggere in senato le comunicazioni imperiali.[755] Seguirono regolarmente il tribunato della plebe e, nel 93 d.C., la pretura.[756] Il *cursus* pretorio non comprese alcuna legazione di legione, come invece era d'uso, ma si compose soltanto delle due prefetture dell'*aerarium militare* e dell'*aerarium Saturni* rivestite rispettivamente nel 94-96 d.C. e nel 98-100 d.C.[757] Nel 100 d.C. Plinio ottenne il consolato. Risale più o meno a tale periodo, verso il 103/104 d.C. l'augurato, come attestato da alcune epistole.[758] Il primo incarico consolare fu la *cura Tiberis*, carica cui Plinio allude in alcuni passi delle sue lettere senza però farvi mai esplicito riferimento e che egli rivestì con tutta probabilità quale successore immediato di *Iulius Ferox*, quindi dal 104 al 106 d.C.[759] L'ultimo incarico ottenuto da Plinio, dal momento che egli morì verosimilmente nel 114 d.C., fu il governatorato *consulari potestate ex s. c.* in Ponto e Bitinia, provincia in cui fu *missus ab Imp. Caesare Nerva Traiano Augusto* a partire dal 109/110 ca. almeno sino al 113 d.C.[760] Oltre all'incarico sacerdotale di *augur*, Plinio fu, in un periodo imprecisato della sua carriera, *flamen divi Titi Augusti*, un sacerdozio municipale di *Vercellae*.[761]

[753] PIR² P 490; *RE XXI.1* (1951) coll. 439-456 s.v. *Plinius* (n.6) (M. Schuster); MOMMSEN 1869, pp. 31-136; PETER 1872, pp. 698-710; OTTO 1919, *passim*; MENZES 1924, pp. 197-217; TANZER 1924, *passim*; HARTE 1935, pp. 51-54; ANDREWS 1938, pp. 143-154; CHILVER 1941, p. 76; VAN BUREN 1948, pp. 35-36; LE GALL 1953, p. 141 n.11 (ora anche in LE GALL 2005, pp.161-162 n.11); CROOK 155, p. 179 n.263; SHERWIN-WHITE 1957, pp. 126-130; SYME 1958, pp. 59-131; SYME 1960, pp. 362-379; O'KEEFE 1961, pp. 39, 41-43; CARCOPINO 1963, pp. 171-231; SMALWOOD 1964, pp. 1-11; DUNCAN JONES 1965, pp. 177-188; SHERWIN-WHITE 1966, pp. 69-82, 732-787; KUJPER 1968, pp. 40-70; SYME 1968, pp. 135-151; MCDERMOTT 1969, pp. 329-332; SHERWIN-WHITE 1969, pp. 76-89; BUTLER 1970, *passim*; ECK 1970, p. 171; MCDERMOTT 1971, pp. 84-94; CÉBEILLAC GERVASONI 1972, pp. 92-95 n.47; SCHUMACHER 1973, p. 46 n.6; CORBIER 1974, pp. 131-143 n.32; LEVICK 1979, pp. 119-120; NICOLS 1980, pp. 365-385; ORENZEL 1980, pp. 49-52; TALBERT 1980, pp. 412-435; DUNCAN JONES 1982, n.469; STROBEL 1983, pp. 37-56; THOMASSON 1984, col. 247 n.31; SYME 1985, pp. 324-359; RAEPSAET CHARLIER 1987, p. 171; AUBRION 1989, pp. 304-374; RÉMY 1989, pp. 45-46 n.31; BELL 1990, pp. 37-41; DE NEEVE 1990, pp. 363-402; LEACH 1990, pp. 14-39; JONES 1991, pp. 147-170; SYME 1991, pp. 551-567; SALOMIES 1992, pp. 27-28 n.6; BACCHIEGA 1993, pp. 269-282; KEHOES 1993, pp. 214-237; LOMAS 1996, p. 241 n.406; ALFÖLDY 1999, pp. 221-244, pp. 315-16 n.2; GASSER 1999, pp. 201-202; LEFEBVRE 2002, pp. 57-92; CASTAGNA – LEFÈVRE 2003, *passim*; PAGÉ 2004, pp. 21-28; RÜPKE – GLOCK 2005, p. 1214 n.2730; RÜPKE – GLOCK 2007, pp. 182-183.

[754] PLIN. *epist.* VII, 31.2.

[755] CÉBEILLAC GERVASONI 1972, pp. 92-95.

[756] CORBIER 1974, p. 137.

[757] CORBIER 1974, pp. 137-138.

[758] PLIN. *epist.* IV, 8; PLIN. *epist.* X, 13. Cfr. MCDERMOTT 1969, p. 329; RÜPKE – GLOCK 2005, p. 1214.

[759] PLIN. *epist.* V, 14.; PLIN. *epist.* VII, 15.1, forse VII, 21.

[760] CORBIER 1974, p. 143.

[761] CIL V 5667; l'iscrizione fu posta dagli abitanti della città. MCDERMOTT 1969, pp. 329-330.

27. *L. MINICIUS L. f. Gal. NATALIS*[762]
107-109/110 d.C.

1-*IVvir viarum curandarum*

CIL II 4509 = CIL II 6145 = ILS 1029 = IRB 30 = IRC IV 30 = REp III. 27*b*;
CIL VI 41109 = CIL VI 31739 = IDRE I 7 = REp III. 27*a*.

2- *quaestor provinciae [---]*

CIL II 4509 = CIL II 6145 = ILS 1029 = IRB 30 = IRC IV 30 = REp III. 27*b*;
CIL VI 41109 = CIL VI 31739 = IDRE I 7 = REp III. 27*a*.

3- *tribunus plebis*

CIL II 4509 = CIL II 6145 = ILS 1029 = IRB 30 = IRC IV 30 = REp III. 27*b*;
CIL VIII 7069 = ILAlg II 659 (*Cirta*).

4- *praetor* 98 d.C. ca.

CIL II 4509 = CIL II 6145 = ILS 1029 = IRB 30 = IRC IV 30 = REp III. 27*b*;
CIL VI 41109 = CIL VI 31739 = IDRE I 7 = REp III. 27*a*.

5- *legatus pro praetore provinciae Africae* Intorno al 99/100 d.C.

CIL II 4509 = CIL II 6145 = ILS 1029 = IRB 30 = IRC IV 30 = REp III. 27*b*;
CIL VI 41109 = CIL VI 31739 = IDRE I 7 = REp III. 27*a*.

6- *legatus divi Traiani Parthici legionis [V Macedonicae* o *VII Claudiae]* 101-102 d.C.

CIL VI 41109 = CIL VI 31739 = IDRE I 7 = REp III. 27*a*.

7- *legatus divi Traiani Parthici legionis III Augusta* in Africa 104/105 d.C. ca.

CIL II 4509 = CIL II 6145 = ILS 1029 = IRB 30 = IRC IV 30 = REp III. 27*b*;
CIL VI 41109 = CIL VI 31739 = IDRE I 7 = REp III. 27*a*;
CIL VIII 2478 = CIL VIII 17969;
CIL VIII 2479 = CIL VIII 17971;
CIL VIII 4676 = CIL VIII 28073a = ILS 5958a = ILAlg. I 2828;
CIL VIII 7069= ILAlg. II 659;
CIL VIII 10962 = CIL X 8045,12;
CIL VIII 22348;
CIL VIII 22349;
CIL VIII 22785 = ILT 65;
CIL VIII 28074 = ILAlg. I 2080;
AE 1907, 19 = ILAlg I 2988;
AE 1907, 21 = ILAlg I 2978;
AE 1910, 21;
AE 1910, 22;
AE 1926, 26 = CRAI 1923, p. 72 = ILT 1653.

8- *consul suffectus* Lug.-ago. 106 d.C.
con *Q. Licinius Silvanus Granianus Quadronius Proculus*

CIL II 4509 = CIL II 6145 = ILS 1029 = IRB 30 = IRC IV 30 = REp III. 27*b*;
CIL VI 2016 = CIL XIV 2242 = CIL I², p.59 = I.I. XIII 1-2 e VIII 1-2 (fasti *Feriarum Latinarum)*
CIL X 5670
AE 1944, 57 = CIL XVI 160.

9- *curator alvei Tiberis et riparum et cloacarum urbis* **107-109/110 d.C.**

CIL II 4509 = CIL II 6145 = ILS 1029 = IRB 30 = IRC IV 30 = REp III. 27*b*;
CIL VI 41109 = CIL VI 31739 = IDRE I 7 = REp III. 27*a*

10- *legatus Augusti pro praetore divi Traiani Parthici et imperatoris Traiani Hadriani Augusti provinciae Pannoniae Superioris* 112-117 d.C. ca.

CIL II 4509 = CIL II 6145 = ILS 1029 = IRB 30 = IRC IV 30 = REp III. 27*b*;
CIL XVI 64;
RMD III 86 (RMD III, p 243) = AE 1988, 906;
AE 1997, 1782

11- *proconsul provinciae Africae* 121/122 d.C.

CIL II 4509 = CIL II 6145 = ILS 1029 = IRB 30 = IRC IV 30 = REp III. 27*b*;
CIL XI 3002;
CIL XIV 3599 = ILS 1016

donis donatus corona vallari, murali, aurea, hastis puris III, vexillis III

CIL II 4509 = CIL II 6145 = ILS 1029 = IRB 30 = IRC IV 30 = REp III. 27*b*;
CIL VI 31739 = CIL VI 41109 = IDRE I 7 = REp III. 27*a*;
CIL VIII 22785 = ILT 65

sodalis Augustalis

CIL VIII 7069 = ILAlg. II 659
CIL VIII 22785 = ILT 65

patronus IIII coloniarum in Africa

CIL VIII 7069 = ILAlg II 1, 659

L. Minicius Natalis è attestato da una ventina di titoli e il suo *cursus* è ampiamente noto grazie a due iscrizioni.[763] La prima proviene da *Barcino* e ricorda come *Minicius Natalis* e il figlio, *L. Minicius Natalis Quadronius Verus*, *balienum cum porticibus solo suo et ductus aquae fecerunt.*[764] In essa il *cursus honorum* è menzionato in ordine discendente: le cariche civili e sacerdotali più importanti sono poste in prima posizione, non assoggettate tuttavia all'ordine cronologico in cui furono rivestite, ordine seguito invece in senso inverso da tutti gli altri incarichi. La seconda iscrizione proviene da Roma; rinvenuta lungo la via Salaria nel cimitero di Priscilla, è stata attribuita al sepolcro di *Minicius Natalis*, ma doveva probabilmente provenire da un qualche

---

[762] PIR² M 619; *RE XV* (1932) coll. 1828-1836 s.v. *L. Minicius Natalis* (n.18) (E. Groag); PALLU DE LASSERT 1896, I, pp. 175-177; STECH 1912, pp. 74-75 n.904; LAMBRECHTS 1936, p. 42 n.95; LE GALL 1953, p. 141 n.12 (ora anche in LE GALL 2005, p. 162 n.12); REIDINGER 1956, pp. 67-69 n.II; THOMASSON 1960, pp. 62-63; ETIENNE 1965, pp. 62-63 n.9; ECK 1970, pp. 161-163 JONES 1979, p. 113 n.201; CHASTAGNOL 1980, p. 271; ECK 1982, pp. 339-340; THOMASSON 1984, col. 103 n.27, col. 380 n.70, coll. 395-396 n.21; ECK – NAVARRO 1998, pp. 237-248; CABALLOS 1990, pp. 226-227 n.127; FITZ 1993-95, pp. 473-474 n.281; THOMASSON 1996, p. 54 n.65; pp. 140-141 n.17; RÜPKE – GLOCK 2005, p. 226 n.2460.

[763] Sull'erronea attribuzione di un frammento da *Barcino* a *Natalis* cfr. NAVARRO 2003, pp. 663-677.

[764] CIL II 4509 = CIL II 6145 = ILS 1029 = IRB 30 = IRC IV 30. L'iscrizione testimonia il possesso da parte di *Minicius* di terreni a *Barcino*. Cfr. in generale GRANADOS 1993, pp. 143-145; MAYER – RODÁ 1998, pp. 1423-1433; DES BOSCS 2004, pp. 305-353; ECK 2009, pp. 81-85.

monumento onorario in una proprietà della famiglia; in essa il *cursus* è presentato in ordine ascendente, ma è incompleto a causa della frammentarietà del supporto.[765] Alle due iscrizioni succitate vanno aggiunti due frammenti provenienti da *Cirta,* in Numidia, e dall'isola di *Meninx* i quali, benché anonimi, sono attribuibili con certezza a *Minicius.*[766] Originario di *Barcino,* a cui rimanda anche la tribù *Galeria* alla quale appare iscritto, *Minicius Natalis* apparteneva senza dubbio al gruppo di cittadini romani di nobiltà municipale spagnola che ottennero l'ingresso in senato in età claudia o flavia.[767] Secondo Syme egli poteva verosimilmente far parte della cerchia di *L. Licinius Sura*, amico di Traiano e originario della Spagna *Citerior*, noto a *Tarraco* e *Barcino* per i suoi atti di evergetismo.[768] Non è chiaro tuttavia se *Natalis* appartenesse per nascita al rango senatorio o se vi entrò sotto il regno di Domiziano, periodo in cui si colloca probabilmente l'inizio del suo *cursus.*[769] Se così fosse, non vi sarebbero comunque prove di una sua precedente carriera equestre svolta in qualche *militia*, se si esclude forse l'assenza, nelle iscrizioni che lo riguardano, di qualsiasi riferimento alla carica di *tribunus militum* dopo il vigintivirato, compito che potrebbe essere stato svolto precedentemente da *Minicius* in qualità di *tribunus angusticlavus*. Il primo incarico senatorio di *Natalis* fu quello per nulla disprezzabile di *IVvir viarum curandarum*, considerato secondo per importanza a quello sommamente prestigioso di *IIIvir monetalis.*[770] Sempre durante il regno di Domiziano fu *quaestor* in una provincia il cui nome è andato purtroppo perduto in entrambe le iscrizioni. In base all'ampiezza della lacuna Alföldy propone l'integrazione di *Asiae* o *Cypri*, ma sarebbe altresì possibile inserire *Africae*, *Achaiae*, *Baeticae* o *Cretae.*[771] In seguito fu *tribunus plebis* e, verso il 98 d.C., *praetor.*[772] La prima carica del *cursus praetorius Minicius* la svolse in qualità di *legatus Augusti pro praetore* in Africa; proprio tale incarico potrebbe aver contribuito a segnare il punto di svolta nella carriera del giovane senatore. Eck ha ben sottolineato infatti come immancabilmente i senatori che erano stati *legati proconsulis* in Asia o Africa conseguivano poi una brillante carriera, dal momento che tale incarico permetteva al *praetorius* di entrare in contatto con personaggi influenti che venivano a fornire poi utili appoggi per la carriera dopo il rientro a Roma.[773] Non si conosce con esattezza il nome del governatore d'Africa presso cui *Natalis* servì come *legato*; secondo Groag, dal momento che la legazione doveva risalire a pochi anni prima del 101 d.C., sarebbe forse possibile identificarlo con *Marius Priscus*, anch'egli senatore spagnolo, originario della *Baetica*, noto per esser stato condannato all'esilio per *saevitia crimina* a seguito del processo intentatogli dai *Leptitani* all'indomani del governatorato in Africa.[774] Tale proposta non sembra tuttavia accettabile; dal momento che *Priscus* terminò il suo mandato in Africa nell'estate del 98 d.C., anno in cui *Minicius* era verosimilmente impegnato come *praetor*, è possibile che si sia trattato di un altro senatore.[775] Come secondo incarico pretorio, *Natalis* fu nominato da Traiano *legatus* di una legione il cui nome è andato perduto integralmente nell'iscrizione di *Barcino.* Il titolo di Roma conserva soltanto il numerale *V[---]*, ma, in considerazione del fatto che *Minicius* in qualità di comandante di legione prese parte alla prima guerra dacica (101/102 d.C.), le ipotesi di integrazione si riducono a due: *legio V [Macedonica]* o *legio V[II Claudia P(ia) F(idelis)].*[776] Tuttavia, poiché durante la campagna dacica la *V Macedonica* fu probabilmente sotto il comando di *Q. Pompeius Falco*, a *Minicius* andrebbe assegnata la *VII Claudia.*[777] A seguito di tale legazione *Natalis* ottenne, come di consueto in simili circostanze, diversi *dona militaria* quali *corona vallari, murali, aurea, hastis puris III, vexillis III.*[778] Probabilmente in concomitanza con tali onorificenze fu cooptato nel collegio dei *Sodales Augustales*, come sembra potersi ricavare dal frammento di *Meninx* che colloca il sacerdozio tra la citazione dei donativi militari e la legazione in Africa.[779] Verosimilmente *Minicius* dovette affermarsi nel corso della campagna dacica come abile militare dal momento che, dopo il comando di legione, ricevette dall'imperatore la carica di *legatus Augusti pro praetore legionis III Augustae*, incarico che comprendeva di fatto il governatorato della provincia pretoria di Numidia cui il comando della *legio III* era sempre associato.[780] Successore di *L. Munatius Gallus, Minicius* entrò in carica non prima degli inizi del 103 d.C.; la sua presenza in Africa è ben documentata da un discreto numero di cippi che testimoniano un'intensa attività volta principalmente alla definizione dei confini fra diverse popolazioni locali, nel probabile intento da parte di Traiano di ristabilire i *Musulamii* nei loro territori d'origine.[781] Proprio tali iscrizioni terminali, grazie alla titolatura imperiale, permettono di datare la legazione numida di *Natalis* al 104/105 d.C.[782] Una volta tornato a

[765] CIL VI 41109. Cfr. ERKELENZ 1998, pp. 266-267.
[766] CIL VIII 7069; CIL VIII 22785.
[767] Cfr. Groag in RE XV col. 1828.
[768] SYME 1957, p. 133.
[769] BALIL 1967, p. 9; CHASTAGNOL 1980, p. 271; CABALLOS 1990, p. 226.
[770] Cfr. ad es. BIRLEY 1954, p. 201; ECK 1996, p. 33.
[771] Alföldy in CIL VI 41109; ERKELENZ 1998, p. 260.
[772] CABALLOS 1990, p. 226.
[773] ECK 1972, pp. 24-25; ECK 1996, p. 36.

[774] RE XV col. 1829. Suoi accusatori furono Plinio il Giovane e Tacito. PLIN *epist.* II, 11. 5-6. Si veda la prosopografia dedicata a *Ti. Iulius Ferox* (n.25).
[775] VIDMAN 1960, p. 20.
[776] PIR² M 619; *RE* XV coll. 1828 THOMASSON, 1960, II, p. 63; PFLAUM 1974, p. 413; CABALLOS 1990, p. 226; THOMASSON 1996, p. 54; FITZ 1993-95, p. 474; *RE* XII 1572 e 1614; Alföldy in CIL VI 41109; IRC IV 30.
[777] ERKELENZ 1998, p. 261. Resta comunque il dubbio che *Falco* abbia comandato la *V Macedonica* nel corso della seconda guerra dacica. Cfr. Groag in *RE* XV col. 1830. PARIBENI 1926-27, p. 227 assegna infatti il comando di tale legione a *Minicius*.
[778] MAXFIELD 1981, pp. 63-66.
[779] CIL VIII 22785 = ILT 65. Nelle altre tre iscrizioni il sacerdozio viene citato all'inizio del *cursus* oppure è andato perduto. Cfr. CABALLOS 1990, p. 226; RÜPKE – GLOCK 2005, p. 226.
[780] Cfr. FIEGEL 1882, pp. 33, 45.
[781] Cfr. KALLALA 2004, pp. 414-416. KHANOUSSI 1992, p. 327. Alcuni miliari inoltre sembrano potersi ricondurre al tracciato di una strada. CIL VIII 22348; 22349. Cfr. *RE* XV col. 1831.
[782] Vengono indicati sui cippi la *tribunicia potestas IX* e il quinto consolato di Traiano. Cfr. THOMASSON 1960, p. 163; ECK 1970, pp. 161-163; ECK 1982, p. 340.CABALLOS 1990, p. 226; THOMASSON

Roma, nel 106 d.C. fu *consul suffectus* assieme a *Q. Licinius Silvanus Granianus*.[783] Il primo incarico consolare fu la *cura riparum et alvei Tiberis* rivestita probabilmente a partire dall'anno successivo a quello del consolato, il 107 d.C.; il termine ultimo viene fornito dalla carica successiva, testimoniata a partire dal 112 d.C. Data la probabile durata di un triennio su cui si era venuta assestando la *cura Tiberis* in età tiberiana, è verisimile che *Minicius* sia rimasto in carica dal 107 al 109/110 d.C.[784] L'incarico seguente fu la legazione della Pannonia *Superior*, provincia prestigiosa per la presenza sul territorio di ben quattro legioni e dove un diploma militare colloca il nostro senatore, come anticipato, già nel 112 d.C.[785] Stando all'iscrizione di *Barcino* in cui *Minicius* viene definito *legatus Augusti pro praetore divi Traiani Parthici et imperatoris Traiani Hadriani Augusti provinciae Pannoniae Superioris*, si deve concludere che egli era ancora in carica nel 117 d.C., al momento della morte di Traiano e della salita al trono di Adriano.[786] Dev'essersi trattato comunque dell'ultimo anno di esercizio della carica dal momento che per il 118 d.C. è attestato come incaricato straordinario di Pannonia e Dacia *Marcius Turbo*; la lunga durata dell'incarico fu dovuta probabilmente alla contemporanea guerra partica.[787] Fra i legati di legione sotto il comando di *Natalis* in Pannonia figura anche il figlio del senatore, *L. Minicius Natalis Quadronius Verus.* L'ultimo incarico di *Minicius* fu il proconsolato d'Africa, datato solitamente verso il 121/122 d.C., periodo in cui *Q. Licinius Silvanus Granianus*, suo collega nel consolato, si trovava come *proconsul* in Asia.[788] La data sembra confermata dal fatto che *Minicius* scelse ancora una volta come suo *legatus* il figlio, il cui incarico viene indicato nell'iscrizione di *Barcino* come *quaestor Augusti et eodem tempore legatus pro praetore patris provinciae Africae*. La concomitanza dei due incarichi per *Quadronius Verus* fu resa possibile dal viaggio intrapreso nel 121 dall'imperatore Adriano, che non avrebbe richiesto la presenza del *quaestor Augusti* a Roma.[789]

Nel corso della sua carriera *Minicius* svolse per tre volte incarichi in Africa; un particolare legame del senatore con tale provincia è suggerito dall'esistenza di terreni africani di sua proprietà, frutto di probabili acquisti che egli realizzò nel corso dei diversi anni di servizio, ma anche dal suo ruolo di *patronus III coloniae Cirtenses* testimoniato dall'iscrizione di Cirta.[790] Originario di *Barcino, Minicius Natalis* apparteneva ad una *gens* probabilmente proveniente dall'Italia settentrionale.[791] Che la famiglia non fosse nativa di Barcellona sembrerebbe confermarlo anche il fatto che non esistono tracce in città di altri membri della *gens* prima di *Minicius Natalis* e di suo figlio, che tuttavia erano sicuramente imparentati con il senatore di *Barcino L. Minicius Apronianus, IIvir quinquennalis* a *Tarraco* in età adrianea, e diversi *Luci Minicii*, contemporanei di *Apronianus*, attestati in questa città.[792] Un qualche legame di parentela intercorreva forse anche tra *Minicius* e il suo collega di consolato, *Licinius Silvanus Granianus Quadronius Proculus*, come lascerebbe intendere il *cognomen Quadronius* appartenente a *Minicius junior*; non è escluso che tale legame fosse dovuto al matrimonio di *Natalis* con una *Quadronia*, parente di *Silvanus.*[793] Le origini ignote e una possibile provenienza dalla classe equestre non impedirono comunque a *Minicius* di percorrere una brillante carriera pubblica, complice forse anche un'indubbia abilità militare che gli valse diversi incarichi di un certo prestigio e di responsabilità, come la legazione in Numidia e, più tardi, in Pannonia. Il successo del *cursus* di *Natalis* è testimoniato non soltanto dal raggiungimento in fine del proconsolato d'Africa, ma anche dalla carriera privilegiata percorsa dal figlio, *Quadronius Verus* che ebbe l'onore di iniziare il suo *cursus* come *IIIvir monetalis* conseguendo poi diverse cariche prestigiose.[794]

1996, p. 140. Risale probabilmente a questo periodo un rescritto imperiale indirizzato da Traiano a *Minicius de feriarum in re militari observatione* (DIG. II 12, 9).

783 È testimoniato fra il 14 luglio (CIL VI 2016) e l'11 agosto (CIL XVI 160) di tale anno.

784 Cfr. anche CABALLOS 1990, p. 226.

785 AE 1997, 1782. Cfr. ERKELENZ 1998, p. 262 e nt. 26. Un altro diploma proveniente da *Castra Regina* (RMD III 86 = AE 1988, 906) è datato al 16 dicembre del 113 d.C. Cfr. FITZ 1993-95, p. 474.

786 ECK 1983, p. 148.

787 Cfr. *RE XV* col. 1834.

788 ECK 1970, p. 191; ECK 1983, p. 154; THOMASSON 1996, p. 54.

789 THOMASSON 1996, p. 54.

790 CIL VIII 10962 = CIL X 8045,12. Cfr. *RE XV* col. 1835.

791 ALFÖLDY 1969, p. 100; LE ROUX 1982, p. 447.

792 Sul *IIvir quinquennalis* cfr. CIL II 4071; CIL II 4488; CIL II 6072. Sugli altri *Minicii* cfr. RIT 376; RIT 625; RIT 626. Cfr. LE ROUX 1982, p. 447.

793 PIR² M 619; *RE XV* col. 1835; SYME 1982, p. 403 n.6; CABALLOS 1990, p. 227.

794 Cfr. CÉBEILLAC GERVASONI 1972, pp. 183-187; ECK – NAVARRO 1998, pp. 237-248.

28. *L. MESSIUS RUSTICUS*[795]
121-124 d.C.

1- *consul suffectus* 114 d.C.
con *L. Hedius Rufus Lollianus Avitus*
CIL XVI 61;
AE 1949, 23.

2- *curator alvei et riparum Tiberis et cloacarum urbis* **121-124 d.C.**
CIL VI 31552a-e = CIL VI 1240a-d = REp III. 28*a-e*;
CIL VI 40864 = AE 1957, 223 = REp III. 28*f*;
CIL VI 40865 = AE 1917/18, 108 = REp III. 28*g*;
CIL VI 40866 = AE, 1917/18, 108 = REp III. 28*h*

Di *L. Messius Rusticus* non si possiedono molte notizie. Forse elevato al rango senatorio in età traianea, fu *consul suffectus* assieme a *L. Hedius Rufus Lollianus Avitus* verso la fine del 114 d.C., come si ricava da un diploma militare databile al 1 settembre di quell'anno, e *curator Tiberis*, secondo alcuni cippi che la titolatura imperiale di Adriano data al 121 d.C. e al 124 d.C.[796] Contrariamente a quanto avviene per gli altri *curatores*, *Messius Rusticus* sembra dunque aver rivestito la curatela a distanza di circa un decennio dal consolato e, pur se è vero che anche Plinio divenne *curator Tiberis* soltanto quattro anni dopo aver rivestito i fasci, un intervallo di dieci anni sembra difficilmente giustificabile. Rimane tuttavia interessante la datazione dei cippi che, ponendo *Messius* in carica come *curator* per circa tre anni, contribuisce a confermare il passaggio della curatela ad una durata triennale.[797]

Nativo della *Baetica*, *Rusticus* proveniva probabilmente da *Siarum*, poiché sembra appartenere alla *gens* dei *Messii Rustici Aemilii Papi* originaria di tale città, benché non si sappia esattamente in quale grado di parentela fosse con i membri attestati di tale *gens.*[798] Data la parziale coincidenza onomastica fra i due, è possibile che fosse il fratello del contemporaneo *M. Messius Rusticus Aemilius Papus* (CIL XIV 3516).[799]

[795] PIR² M 521; RE XV (1932) col. 1286 s.v. *L. Messius Rusticus* (n.13) (E. Groag); STECH 1912, p. 101 n.1501; LE GALL 1953, p. 141 n.13 (ora anche in LE GALL 2005, p. 162 n.13); CASTILLO 1965, n.243; ETIENNE 1965, p. 69 n.25; LAMBRECHTS 1937, n.88; CASTILLO 1982, pp. 509-510 n.75; GONZÁLEZ – CABALLOS 1983, pp. 165-166 n.7; RAEPSAET CHARLIER 1987, p. 272; CABALLOS 1990, p. 215 n.121.

[796] ETIENNE 1965, p. 69. Per il diploma cfr. CIL XVI 61; DEGRASSI 1952, p. 34. Per ciò che riguarda i cippi del 121 d.C. (*trib. pot. V*): CIL VI 31552a-e. Per quelli del 124 d.C. (*trib. pot. VIII*): CIL VI 40865 e 40866.

[797] È verisimile che un anno di servizio nella curatela talora non corrispondesse ad un anno solare. *Rusticus* potrebbe essere rimasto in carica dalla metà del 121 alla metà del 124 d.C. Cfr. il paragrafo II.2.

[798] Sulla *gens* dei *Messii Rustici* si veda in generale GONZÁLEZ – CABALLOS 1988, pp. 157 ss. Per uno *stemma* della famiglia cfr. RAEPSAET CHARLIER 1987, Tav. LII; CÉBEILLAC GERVASONI 1986, p. 192; CABALLOS 1990, p. 528.

[799] PIR² M 521; *RE* XV col. 1286; CASTILLO 1982, pp. 489, 510; CABALLOS 1990, p. 215.

29. *L. VITRASIUS L. f. Pob. FLAMININUS*[800]
124/125-127 d.C.

1- *consul suffectus* con *Ti. Iulius Capito* 122 d.C.
CIL X 3870 + CIL X 4414 = AE 1985, 275 = REp III. 27*a*;
CIL XVI 69

2- *curator alvei Tiberis, riparum, cloacarum urbis* **124/125-127 d.C.**
CIL X 3870 + CIL X 4414 = CIL X 4461 = AE 1985, 275 = REp III. 29*a*

3- *legatus (Augusti) pro praetore exercitus et provinciae Dalmatiae* Tra 127 e 129 d.C.
CIL X 3870 + CIL X 4414 = CIL X 4461 = AE 1985, 275 = REp III. 29*a*

4- *legatus (Augusti) pro praetore provinciae Moesiae Superioris* 129-131 d.C.
CIL X 3870 + CIL X 4414 = CIL X 4461 = AE 1985, 275 = REp III. 29*a*
CIL III 14499

5- *legatus (Augusti) pro praetore Italiae Transpadanae* Tra 132 e 136 d.C.
CIL X 3870 + CIL X 4414 = CIL X 4461 = AE 1985, 275 = REp III. 29*a*

6- *proconsul provinciae Africae* 137/138 d.C.
CIL X 3870 + CIL X 4414 = CIL X 4461 = AE 1985, 275 = REp III. 29*a*

La carriera di *L. Vitrasius Flamininus* è nota dall'iscrizione apposta su un'ara funeraria fratta in due parti riconosciute come complementari soltanto nel 1963 da V. Causa.[801] Si tratta del monumento funerario posto a *Flamininus* dal figlio *L. Vitrasius Ennius Aequus*; l'iscrizione riporta soltanto il *cursus* consolare del defunto, ricordando per primo il consolato cui vengono fatte seguire le altre cariche in ordine discendente. *Flamininus* fu *consul suffectus* assieme a *Ti. Iulius Capito* intorno alla metà del 122 d.C., come testimonia un diploma militare datato al 17 luglio di quell'anno.[802] L'incarico successivo fu la *cura Tiberis*, databile con buona approssimazione dal momento che si conoscono il predecessore e il successore immediati di *Flamininus*. *L. Messius Rusticus* fu infatti *curator* dal 121 al 124 (forse fino alla metà di tale anno), mentre dal 127/128 sino al 129/130 tenne la carica *Grattius Cerealis.*[803] Di conseguenza la curatela di *Vitrasius* dovette iniziare verso la metà del 124 o agli inizi del 125 e terminare verso la metà o la fine del 127 d.C.[804] Alla *cura Tiberis* fanno

[800] PIR V 522; *RE* IX (1914) coll. 416-418 s.v. *L. Vitrasius Flamininus* (n.5) (R. Hanslik); PALLU DE LASSERT 1896, I, pp. 174-175; STOUT 1911, pp. 29-30, n.40; STECH 1912, pp. 105-106 n.1539; LAMBRECHTS 1936, p. 50 n.139; LE GALL 1953, p. 145 n.32 (ora anche in LE GALL 2005, p. 162 n.14/32);THOMASSON 1960, II, pp. 86-87; ALFÖLDY 1977, pp. 204, 211, 226; THOMASSON 1984, coll. 92-93 n.32, col. 126 n.36, col. 381 n.80; RAEPSAET CHARLIER 1987, p. 149; CÉBEILLAC GERVASONI 1982, pp. 76-77; THOMASSON 1996, p. 59 n.70.

[801] Si tratta di CIL X 3870 e CIL X 4414 = CIL X 4461. CAUSA 1963, pp. 21-22. Per un'analisi approfondita dell'iscrizione così ricostruita si veda CAMODECA 1982c, pp. 529-545.

[802] DEGRASSI 1952, p. 36.

[803] Cfr. le prosopografia dei due personaggi (rispettivamente n.28 e n.30).

[804] Una datazione simile propone anche CAMODECA 1982, p. 532.

seguito, nell'iscrizione funeraria, tre incarichi riuniti assieme nella voce *legatus pro praetore Italiae Transpadanae et provinciae Moesiae Superioris et exercitus et provinciae Dalmatiae*. Tale dicitura ha spesso dato luogo in passato alle interpretazioni più disparate, dovute soprattutto ad un'incerta identificazione di *Vitrasius* che portava ad assegnare l'iscrizione ad epoche e personaggi diversi, come il padre del console del 122 d.C. in età traianea, ovvero un suo nipote dell'età di Marco Aurelio.[805] Lo studio di Camodeca, eliminando ogni dubbio sull'identificazione di *Flamininus* con il console del 122 d.C. e ponendo quindi l'iscrizione in età adrianea, permette una corretta interpretazione e datazione delle cariche sopra citate.[806] Il primo incarico in ordine cronologico fu quello di *legatus pro praetore exercitus et provinciae Dalmatiae,* tra il 127 e il 129 d.C. circa, un governatorato che avrebbe assunto nel caso specifico un carattere particolare dal momento che la Dalmazia era stata dichiarata *provincia inermis* già dall'86 d.C., tanto che col tempo era divenuta un governatorato pretorio.[807] Probabilmente all'epoca della legazione di *Flamininus* fu assegnato alla provincia un *exercitus* in via straordinaria, forse allo scopo di reprimere il fenomeno del brigantaggio, piaga ampiamente diffusa nella Dalmazia dell'epoca.[808] Negli anni immediatamente successivi, in un periodo che Camodeca propone di attestare attorno al 129-131 d.C. circa, *Vitrasius* rivestì il proconsolato nella provincia imperiale della *Moesia Superior*, carica testimoniata anche da un diploma militare da *Ratiaria.*[809] La terza legazione *pro praetore* riguardò l'Italia *Transpadana* e la titolatura indica come *Flamininus* fu tra i quattro *consulares* che l'imperatore Adriano creò, forse dopo il viaggio d'ispezione svoltosi nell'Italia settentrionale nel 127 d.C., per amministrare gli altrettanti distretti in cui aveva diviso l'Italia.[810] Tale istituzione fu poi abolita, per motivi sconosciuti, da Antonino Pio, che ne aveva fatto a sua volta parte prima del 134/135 quando era *proconsul Asiae.*[811] *Vitrasius* fu in carica in un periodo compreso fra il 132 e il 136 d.C, dal momento che nel 137-138 d.C. ottenne probabilmente il suo ultimo incarico consolare di *proconsul Africae.*[812] Fra i *legati pro praetore* che lo seguirono in tale provincia vi fu anche il figlio *L. Vitrasius Ennius Aequus* alla cui moglie, *Betutia Sertoriana*, la popolazione africana dei *Thabraceni* dedicò un'iscrizione onoraria a *Cales.*[813]

L. Vitrasius Flamininus era esponente di una famiglia nativa di *Cales*, *gens* di origine equestre appartenente al novero di quei nuovi gruppi familiari che emersero nel corso del II secolo d.C.[814] Grazie ad un'iscrizione che il figlio di *Vitrasius* pose ad entrambe i genitori, è noto il nome della moglie del nostro senatore, *Ennia M. f. Aequa*, appartenente a sua volta ad un'altra *gens* municipale di *Cales.*[815] Se *Flamininus* fu il primo esponente senatorio della *gens Vitrasia,* il membro più illustre della famiglia fu senza dubbio *T. Pomponius Proculus Vitrasius Pollio* che rivestì per due volte il consolato ed entrò nel patriziato, arrivando ad imparentarsi con la casa imperiale tramite la moglie, *Annia Fundania Faustina*, cugina di M. Aurelio.[816] La fortunata ascesa della famiglia avrà termine definitivamente con Commodo che farà giustiziare nel 182 *Vitrasia Faustina*, figlia di *Vitrasius Pollio*, e, nel 192, sua madre *Annia Fundania.*[817]

Circoscrive al 130/131 d.C. ECK 1983, pp. 169-170 nt. 409.

805 Tra le varie ipotesi di interpretazione della carica si veda, ad es., quella di un unico incarico straordinario dovuto alla guerra contro Quadi e Marcomanni, cfr. ZWIKKER 1941, pp. 163-165; STOUT 1911, p. 29-30. Altre interpretazioni e tentativi di identificazione in PALLU DE LASSERT 1896, pp. 174-175; FITZ 1968, pp. 53 ss.; ZWIKKER 1941, pp. 163-165; JAGENTEUFEL 1958, pp. 63-66; Hanslik in *RE* IX coll. 417-418; THOMASSON 1960, II, pp. 86-87, quest'ultimo soltanto in un primo momento, accogliendo poi in THOMASSON 1996, p. 59 la versione proposta da Camodeca; SYME 1969b, pp. 343-344.

806 CAMODECA 1982a, pp. 529-533. Cfr. STEIN 1940, p. 42; SYME 1959c, pp. 513-514; SYME 1980b, pp. 11-12; ECK 1970, p. 195 nt. 341; ALFÖLDY 1977, p. 446.

807 Cfr. CAMODECA 1982a, p. 533; THOMASSON 1996, p. 59. Sulla provincia cfr. in generale JONES 1974, pp. 48 ss.

808 Simili operazioni di repressione armata del brigantaggio sono testimoniate all'epoca del governatorato in Dalmazia di *Didius Iulianus* SHA *Did. Iul* I, 9. CAMODECA 1982, pp. 533-534.

809 CIL III 14499. CAMODECA 1982a, p. 532. Da escludere la datazione al 125 d.C. proposta da STEIN 1940, 41 o quella al 123/124 d.C. ipotizzata da ECK1970, pp. 195-197.

810 SHA *Hadr.* 22, 13; *Pii* 2, 11; *Marc.* 11,6. Per un profilo esauriente su questa importante carica si veda ECK 1996, pp. 155-160; e ECK 1999, pp. 253-275.

811 Cfr. CAMODECA 1982a, p. 533 nt. 18.

812 Cfr. THOMASSON 1960, II, pp. 86-87; SYME 1980b, pp. 11-12; CAMODECA 1982a, p. 533; ECK 1983, pp. 182-183.THOMASSON 1996, p. 59. La datazione dell'incarico si può fissare con un buon margine di certezza in considerazione del fatto che in epoca adrianea l'intervallo che intercorreva tra il consolato e i proconsolati d'Asia o d'Africa si era venuto assestando sui 14-15 anni. Cfr. ECK 1996, p. 53.

813 EE VIII 532 = AE 1985, 277. Cfr. CAMODECA 1982a, p. 532.

814 Cfr. CÉBEILLAC GERVASONI 1982, p. 66. Per una proposta di ricostruzione dello stemma cfr. RAEPSAET CHARLIER 1976, Tav. LXII; CAMODECA 1982a, p. 534.

815 CIL X 4123 = AE 1985, 276.

816 *Pomponius Proculus* fu *consul suffectus* forse nel 151 d.C. e *consul ordinarius II* nel 176 d.C.

817 CAMODECA1982, pp. 535-536. Sulla *gens Vitrasia* si vedano inoltre PFLAUM 1966, pp. 23ss.; ALFÖLDY 1977, pp. 158-159; CÉBEILLAC GERVASONI 1982, pp. 76-77; SALOMIES 1992, p. 64; ANDERMAHR 1998, p. 491.

30. *[? VALERIUS M? f.] GRANI[ANUS?] GRATTIUS CEREALIS GEMINIUS R[ESTITUTUS?]*[818]
127/128-129/130 d.C.

1- *praetor* — 117 o 118 d.C.
CIL II 6084 = RIT 149 = REp III. 30*a*

2- *legatus Augusti legionis VI Victricis* in Britannia — Intorno al 119 d.C.
CIL II 6084 = RIT 149 = REp III. 30*a*

3- *legatus provinciae A[quitaniae?]* — 122-125 d.C.
CIL II 6084 = RIT 149 = REp III. 30*a*

4- *consul suffectus* (con *Ambibulus?*) — 126 d.C.
CIL II 6084 = RIT 149 = REp III. 30*a*;
CIL XV 127
CIL XV 375
CIL XV 1228b

5- *curator alvei Tiberis et cloacarum urbis* — 127/128-129/130 d.C.
CIL II 6084 = RIT 149 = REp III. 30*a*

6- *legatus Augusti pro praetore Germaniae Inferioris* — 131-133 d.C.?
CIL II 6084 = RIT 149 = REp III. 30*a*

7- *proconsul Asiae* — 141/142 d.C.
CIL II 6084 = RIT 149 = REp III. 30*a*

XVvir sacris faciundis
CIL II 6084 = RIT 149 = REp III. 30*a*

L'iscrizione che permette di conoscere il *cursus* di *Grattius Cerealis* è apposta su una base di statua togata proveniente da *Tarraco*, in cui è riportata anche l'onomastica del personaggio, fortemente compromessa però da diverse lacune: *[---]al[---] Grani[us? ---] Grattius [---] Geminius R[---].*[819] Possibili integrazioni sono state proposte sulla base di verosimili rapporti parentali con alcuni personaggi testimoniati in diverse iscrizioni, come *M. Valerius M. f. Gal. Propinquus Grattius Cerealis*, che fu *adlectus in equite* dall'imperatore Tito ed era verosimilmente il padre del *curator Tiberis.*[820] Con tutta probabilità appartenevano alla sua famiglia anche il *flamen L. Valerius L. f. Gal. Propinquus*, originario di Denia, il saguntino *C. Cornelius Q. f. Gal. Restitutus [Gra]ttius Cerealis*, di rango equestre, e *Geminia C. f. Restituta*, proveniente da Ibiza.[821] Si è così ipotizzato che il nome dell'iscrizione ispanica potesse essere integrato in *[Valerius M. f. G]al. [Propinquus?] Grani[anus? ---] Grattius [Cerealis?] Geminius R[estitutus?],* con incertezza sul *praenomen* per il quale sono state avanzate le proposte di *M(arcus)* o, più stranamente, *L(ucius)*, entrambe comunque dubbie.[822] Ambigua rimane anche l'integrazione di *Grani[anus]*, scelta sulla base di alcune iscrizioni che riferiscono dell'esistenza a *Tarraco* di un *Q. Licinio M. f. Gal. Silvanus Granianus*, forse appartenente alla famiglia.[823] L'alternativa proposta prevede l'integrazione del nome in *Grani[us]*, scelta che tuttavia presupporrebbe l'esistenza di un ulteriore *cognomen* per colmare la lacuna.[824] Secondo Syme si potrebbe eventualmente trattare di uno dei cognomi in percentuale maggiormente diffusi nella zona, come *Fabianus*, *Baebianus* o *Fulvianus.*[825]

Discussi rimangono anche gli inizi della carriera pubblica di *Grattius*. Il primo incarico leggibile sull'iscrizione di *Tarraco* è infatti quello di *praetor*, rivestito forse attorno al 117 o al 118 d.C. Se tuttavia l'ultimo elemento onomastico, integrato in *R[estitutus]* sulla base dei *cognomina* appartenenti ai personaggi sopra citati, venisse completato invece come *R[ectus]* vi sarebbe la possibilità di un'ulteriore integrazione della lacuna con l'inserimento delle prime due cariche del *cursus*, *q(aestor)* e *tr(ibunus) pl(ebis)*, oppure di una possibile *adlectio inter tribunicios / aedilicios* che, dopo un primo servizio nella *militia equestris*, avrebbe permesso a *Granianus* di entrare in senato come *praetor.*[826] Tuttavia, data la presenza attestata del *cognomen Restitutus* all'interno della *gens*, è più verisimile che tale sia il cognome anche del *curator Tiberis* e che l'iscrizione di *Tarraco* semplicemente tralasci di citare le prime due cariche del *cursus*, iniziando direttamente dalla pretura.[827] Il *cursus* pretorio di *Granianus* sembra essere stato particolarmente rapido, comprendendo soltanto due incarichi. Il primo fu il comando della *legio VI Victrix*, che il senatore svolse in *Germania Inferior* durante il governatorato di *Platorius Nepos*, tra il 119 e il 122 d.C., come proposto da Caballos, oppure in Britannia dove la legione fu trasferita nel corso del 122 d.C.[828] Seguì

---

[818] PIR² G 221; *RE XIII* (1927) col. 463 s.v. *Q. Licinius Silvanus Granianus* (n.159) (E.Groag); *RE Suppl. XII* (1970) col. 383 s.v. *Grattius Geminus* (n.3) (R. Hanslik); *RE Suppl XIV* (1974) coll. 819-820 s.v. *Val[erius...] Gran[ianus...]* (n.194) (W. Eck). RITTERLING 1932, p. 66 n.24; MAGIE 1950, II 1586; LE GALL 1953, p. 142 n.15 (ora anche in LE GALL 2005, pp. 163 n.17/15); ALFÖLDY 1967, p. 65 n.5; SCHUMACHER 1973, pp. 75-76 n.23; ALFÖLDY 1977, pp. 212-213; THOMASSON 1984, col. 36 n.10, col. 61 n.114, coll. 240-241 n.232; CABALLOS 1990, pp. 319-321; BIRLEY 2005, pp. 244-246 n.18; DES BOSCS-PLATEAUX 2005, pp. 568-569 n.110; RÜPKE – GOLK 2007, pp. 225-226.

[819] CIL II 6084 = RIT 149.

[820] CIL II 4251 = RIT 311.

[821] CIL II 3584 = IRPAlica 25 = IRIlici 133; CIL II 3585 = IRPAlica 26 = IRIlici 131; CIL II 4250 = RIT 310 = IRPAlica 27. Si veda in generale LE ROUX 1982, pp. 449-450. Gli altri due membri della *gens* sono attestati rispettivamente in CIL II 3851 e in CIL II 3659 = CIBalear 176Cfr. Alföldy in RIT 149; CABALLOS 1990, p. 320.

[822] Cfr. CABALLOS 1990, p. 319 che integra *M(arcus)*; Alföldy in RIT 149 che propende per *L(ucius)* senza però fornire alcuna motivazione di tale preferenza. Cfr. Eck in *RE Suppl.* XIV col. 819; RÜPKE – GOLK 2005, p. 1355 n.3426.

[823] CIL II 4225 = RIT 288; CIL II 4226 = RIT 289. Cfr. CABALLOS 1990, p. 320 nt. 1; Eck in *RE Suppl.* XIV col. 819; RÜPKE – GOLK 2005, p. 1355 n.3426.

[824] Così ad es. Hübner in CIL II 6084; LE ROUX 1982, p. 449; CABALLOS 1990, p. 320.

[825] SYME 1988, p. 580; CABALLOS 1990, p. 320 nt. 1. Sulla presenza del gentilizio *Granius* in Spagna cfr. ad es. UNTERMANN 1965, pp. 113-114, Mappa 42; PINTADO 2009, pp. 115-121 cui si rimanda per un'ulteriore bibliografia.

[826] ECK 1985, pp. 166-167; SYME 1988, p. 579; CABALLOS 1990, p. 319.

[827] Cfr. ad es. CIL II 3851; CIL II 3659.

[828] CABALLOS 1990, p. 319. Hanslik in *RE Suppl* XIV col. 819

l'incarico di *legatus Augusti pro praetore* di una provincia il cui nome, quasi completamente in lacuna, viene integrato con una certa sicurezza in *A[quitaniae]*; per tale incarico sembra verisimile la datazione proposta da Caballos nel triennio 122-125 d.C.[829] La brevità della carriera pretoria di *Granianus* porta a pensare che egli godesse di un particolare favore da parte della casa imperiale; se si escludono infatti i senatori esponenti di *gentes* patrizie che raggiungevano il consolato a 32 anni, soltanto pochi altri privilegiati potevano sperare di diventare *consules* in un tempo breve, solitamente compreso fra i sei e gli otto anni dopo la pretura, e con soli due incarichi che consistevano in genere nel comando di una legione e nel governatorato imperiale di una provincia pretoria.[830] Evidentemente *Grattius* godeva di un qualche favore presso l'imperatore, come sembra attestare anche il suo ingresso, subito dopo la pretura, nel prestigioso collegio dei *XVviri sacris faciundis*, ambiente nel quale il senatore spagnolo sarebbe potuto entrare in contatto con esponenti dell'aristocrazia senatoria.[831] A questi incarichi fece seguito, nel 126 d.C., la carica di *consul suffectus*; la datazione sembra ormai certa dal momento che si è identificato l'*Ambibulus* associato a *Granianus* nel consolato con *C. Eggius Ambibulus* e non già, come era sembrato in un primo momento, con *L. Varius Ambibulus* console nel 132/133 d.C.[832] Il primo incarico consolare fu la *cura riparum et alvei Tiberis* la cui datazione, sulla base del consolato, si può ipoteticamente collocare verso il 127 o il 128 d.C., dato che la carica era rivestita da giovani consolari. La durata triennale, plausibile a partire dal regno di Traiano, permette di definire una datazione compresa tra 127/128 e 130/131 d.C.[833] L'incarico seguente, anch'esso con probabile durata triennale, fu la legazione imperiale nella *Germania Inferior*, provincia generalmente riservata a giovani consolari, per il quale Eck propone una datazione intorno al 130 d.C.; non è tuttavia da escludere, secondo Caballos, una cronologia leggermente posteriore.[834] Valutando la durata triennale della curatela, che potrebbe aver avuto termine nel 130 d.C., e considerando come termine *ante quem* il 134 d.C. in cui risulta *legatus* in Germania *Q. Lollius Urbicus,* si può forse collocare il governatorato di *Granianus* tra il 131 e il 133 d.C.[835] A coronamento di una carriera decisamente brillante, *Grattius Cerealis* ottenne, intorno al 141-142 d.C., il prestigioso proconsolato d'Asia; la datazione si può ricavare sulla base del consolato considerato che l'intervallo tra le due cariche si assestò, in età adrianea, intorno ai 15 anni.[836] A quest'epoca deve risalire l'iscrizione onoraria di *Tarraco* ed è probabile che il nostro senatore, nato forse tra l'86 e il 90 d.C., sia morto di lì a poco.[837]

propone invece la Britannia, ma tale ipotesi deve essere scartata se si accetta come datazione della legazione provinciale il probabile triennio 122-125 d.C. Si veda oltre.

829 CABALLOS 1990, p. 319. Sull'integrazione della provincia cfr. RITTERLING 1932, p. 66; ECK 1970, p. 45 nt. 15; LE ROUX 1982, p. 457; ECK 1983, p. 158; CABALLOS 1990, p. 319 e 320 nt. 5 (cui si rimanda per una discussione sulle diverse integrazioni proposte); ECK 1996, p. 37.

830 BIRLEY 1954, pp. 199, 122-123; SYME 1958 II, p. 650-652; ECK 1996, p. 37.

831 CABALLOS 1990, p. 319. Cfr. RÜPKE – GOLK 2005, p. 1355 n.3426.

832 CIL XV 127; CIL XV 375; CIL XV 1228b. Cfr. SCHUMACHER 1977, p. 155-163; Eck in *RE Suppl.* XIV col. 820. Datano ancora al 131/132 ECK 1970, p. 45; ALFÖLDY 1977, pp. 212-213; LE ROUX 1982, p. 449; ECK 1996, p. 37; RÜPKE – GOLK 2005, p. 1355.

833 CABALLOS 1990, p. 319, riprendendo ECK 1983, pp. 158-159 n.371, propone una datazione fra il 127 e il 129 d.C. specificando che la durata non dovette superare il biennio, ma senza motivare tale affermazione. Sulla durata triennale si veda il paragrafo II.2.

834 Cfr. ECK 1996, p. 49. ECK 1970, p. 159; ECK 1985, p. 167; CABALLOS 1990, p. 320. Cfr. RITTERLING 1932, p. 66. Sulla teoria della durata triennale di tale carica cfr. SYME 1988, p. 581; CABALLOS 1990, p. 320.

835 Eck in *RE Suppl.* XIV col. 820.

836 Cfr. CABALLOS p. 321 nt. 7. Per la datazione della carica cfr. ECK 1970, pp. 77-79; THOMASSON 1996 I, pp. 20-22; ECK 1996, p. 53 (con ulteriore bibliografia).

837 SYME 1988, p. 581. LE ROUX 1982, p. 449 propone una data tra il 95 e il 100 d.C. basandosi tuttavia sull'errata datazione del consolato al 132/133 d.C.

31. *P. TULLIUS VARRONIS f. Stel. VARRO*[838]
I metà 129/130- 132/133 d.C.

1-*Xvir stlitibus iudicandis*
CIL XI 3364 = ILS 1047 = REp III. 31*a*

2- *tribunus militum legionis XVI Flaviae*
CIL XI 3364 = ILS 1047 = REp III. 31*a*

3- *quaestor urbanus*
CIL XI 3364 = ILS 1047 = REp III. 31*a*

4- *aedilis cerialis*
CIL XI 3364 = ILS 1047 = REp III. 31*a*

5- *praetor*
CIL XI 3364 = ILS 1047 = REp III. 31*a*

6- *legatus legionis XII Fulminatae*
CIL XI 3364 = ILS 1047 = REp III. 31*a*

7- *legatus legionis VI Victricis Piae Fidelis* — 119-120 d.C. (o 121-122 d.C.)
CIL XI 3364 = ILS 1047 = REp III. 31*a*

8- *proconsul provinciae Baeticae Ulterioris Hispaniae* — 120/121-122/123 d.C. (o 123/124; o 124/125 d.C.)
CIL XI 3364 = ILS 1047 = REp III. 31*a*

9- *praefectus aerarii Saturni* — 123-125 d.C.
CIL XI 3364 = ILS 1047 = REp III. 31*a*

10- *consul suffectus* con *Iulius Paetus* — Apr. 127 d.C.
CIL XI 3364 = ILS 1047 = REp III. 31*a*; Inscr.It. XIII.1, 5 = RICIS II, 503/1102 = EAOR IV 12b = AE 1945, 36b.

11- *curator riparum et alvei Tiberis et cloacarum urbis* — **II metà 129/130-132/133 d.C.**
CIL XI 3364 = ILS 1047 = REp III. 74

12- *legatus Augusti pro praetore Moesiae Superioris* — 134/135 d.C.
CIL XI 3364 = ILS 1047 = REp III. 31*a*.

13- *proconsul provinciae Africae* — 142 d.C.
CIL XI 3364 = ILS 1047 = REp III. 31*a*

praetor Etruriae
CIL XI 3364 = ILS 1047 = REp III. 31*a*

quinquennalis Tarquinis
CIL XI 3364 = ILS 1047 = REp III. 31*a*

Augur
CIL XI 3364 = ILS 1047 = REp III. 31*a*

Il *cursus* di *P. Tullius Varro* è noto da un'iscrizione apposta su una base di statua dedicatagli dal suo liberto *P. Tullius Callistius* e rinvenuta presso le terme di Tarquinia.[839] In essa le cariche sono presentate in ordine discendente, ad eccezione del consolato e dell'augurato, posti in prima posizione, e delle cariche municipali, raggruppate alla fine. *Tullius Varro* esordisce nella carriera pubblica in età traianea con la carica di *Xvir stlitibus iudicandis*, quindi con il tribunato militare nella *legio XVI Flavia*, cui seguono la questura urbana e l'edilità, svolta come *aedilis cerialis*. Dopo la pretura rivestita in età adrianea, *Varro* ottiene la nomina a *legatus* di due legioni, la *XII Fulminata*, di stanza a Melitene in Cappadocia, e la *VI Victrix Pia Fidelis*; quest'ultima, distaccata nella zona del basso Reno, fu inviata da Adriano in Bretagna intorno al 121-122 d.C., forse guidata in tale spostamento dallo stesso *Varro*.[840] Se così fosse, la seconda legazione si collocherebbe intorno al 121/122 ca. e sarebbe potuta perdurare sino al 123/124 d.C., anno in cui *Varro* ricevette il proconsolato in *Baetica*, datato a sua volta attorno al 123/124 o 124/125.[841] Corbier propone invece una cronologia anticipata di qualche anno sia per la legazione della *VI Victrix* (119-120 d.C.), sia per il proconsolato (120-121 o 122/123 d.C.); la studiosa ritiene infatti che *P. Tullius Varro* sia stato il collega e non il successore di *A. Egrilius Plarianus* nella *praefectura aerarii Saturni*, rivestita dopo il governatorato in Betica, negli anni 123-125 d.C.[842] È certa invece la data del consolato, che *Varro* ottenne il primo aprile del 127 d.C.; a tale periodo potrebbe risalire anche la cooptazione del senatore nel collegio degli Auguri.[843] La carriera consolare inizia con la curatela del Tevere; l'entrata in carica di *Tullius Varro* deve aggirarsi attorno alla seconda metà del 129 o al 130 d.C. dal momento che sino alla prima metà del 129 o agli inizi del 130 rimase in carica *Grattius Cerealis*.[844] In base alla durata triennale della carica, la curatela di *Varro*

[838] PIR T 284; *RE VII* (1942) coll. 1326-1329 s.v. *P. Tullius Varro* (n.57) (E. Groag); PALLU DE LASSERT 1896, I, pp. 187-189; STOUT 1911, pp. 24-30 n.32; RITTERLINGN 1923, p. 126 n.39; LAMBRECHTS 1936, p. 48 n.129a; LE GALL 1953, pp. 141-142 n.14 (ora anche in LE GALL 2005, pp. 162-163 n.15/14); STECH 1963, p. 23 n.145; ALFÖLDY 1967, pp. 26-27 n.34; ALFÖLDY 1969, p. 167; LIOU 1969, pp. 17-21 n.2; TORELLI 1969, pp. 314-315; SCHUMACHER 1973, pp. 49-50 n.13; CORBIER 1974, pp. 157-164 n.35; ALFÖLDY 1977, pp. 208, 307; SYME 1978c, pp. 17-18; JONES 1979, p. 143 n.646; THOMASSON 1984, col. 23 n.20, coll. 126-127 n.37, col. 381 n.85; RAEPSAET CHARLIER 1987, pp. 273-274; RÉMY 1989, pp. 256-257 n.209; TORELLI 1995, pp. 80-81; THOMASSON 1996, p. 61 n.73; PEREA YÉBENES 2002, p. 181; BIRLEY 2005, p. 246; RÜPKE – GLOCK 2005, p. 1329 n.3296.

[839] CIL XI 3364.

[840] La *VI Victrix Pia Fidelis* aveva ottenuto tale titolatura da Traiano nell'89 d.C. Sui rapporti tra *Varro* e la legione cfr. Ritterling in *RE* XII col. 1765; *RE XII* col. 1707; SYME 1958, p. 247 nt. 5. Cfr anche BIRLEY 1971, p. 83; BIRLEY 1953, pp. 27-28; ALFÖLDY 1969, p. 167; BOSWORTH 1972, p. 232; BIRLEY 2005, p. 246.

[841] Per la datazione della legazione della *VI Victrix* cfr. ALFÖLDY 1969, p. 167. Appare forse troppo arretrata rispetto agli incarichi successivi la datazione proposta da RITTERLING 1932, p. 123 n.39 attorno al 117-118 d.C. Sulla datazione del proconsolato in Betica cfr. ALFÖLDY 1969, p. 167; ECK 1983, p. 158-159; NAVARRO 2004, p. 402.

[842] CORBIER 1974, pp. 162-163.

[843] Il consolato è attestato in Inscr.It. XIII, 1, 5. Sulla carica sacerdotale cfr. RÜPKE – GLOCK 2005, p. 1329. CORBIER 1974, p. 163 propone invece la corrispondenza del sacerdozio con la *cura Tiberis* nel 130 d.C. ca.

[844] Si veda la prosopografia dedicata a questo *curator* (n.30).

dovette perdurare all'incirca sino al 132/133 d.C. Il secondo incarico fu quello di *legatus Augusti pro praetore Moesiae Superioris* che lo vide ancora una volta impegnato in funzioni a carattere militare, dal momento che in tale provincia stazionavano due legioni. Al comando di una di esse era *L. Dasumius Tullius Tuscus*, nipote di *Varro*, il cui incarico di *legatus legionis IV Flaviae* permette di datare il governatorato dello zio attorno al 134/135 d.C., anno che collimerebbe perfettamente con il termine della *cura Tiberis*.[845] Infine *Tullius Varro* raggiunse, a prestigioso coronamento della sua carriera, il proconsolato d'Africa, datato attorno al 142 d.C.[846] In momenti purtroppo non precisati della sua carriera *P. Tullius Varro* rivestì anche alcune cariche a livello locale. A Tarquinia, sua città d'origine, fu *quattuorvir quinquennalis* e rivestì inoltre l'incarico a carattere onorifico di *praetor Etruriae XV populorum*.[847] I legami fra la città di Tarquinia ed il senatore sono ben attestati, oltre che dalla base di statua posta da *Callistius* al suo patrono, anche da un'altra iscrizione tarquinense mutila che testimonia come *P. Tullius Varro*, verosimilmente il padre del *curator Tiberis*, abbia donato 3.300.000 sesterzi per la costruzione delle terme cittadine e che suo figlio, dedicatario dell'iscrizione, abbia a sua volta contribuito *adiecta pecunia ampliatoque opere*.[848] I legami familiari di *P. Tullius Varro* sono noti grazie al testamento di *L. Dasumius Hadrianus*, che lasciò una cospicua eredità ad uno dei figli dell'amico *P. Tullius Varro*, padre del *curator*, a patto che assumesse il nome della *gens Dasumia*, importante e ricca famiglia della Betica imparentata con la casa imperiale.[849] Benché sia stato il fratello di *Tullius Varro* ad essere adottato, è certo comunque che tale legame dovette giovare anche al nostro personaggio.

[845] CORBIER 1974, p. 163. Cfr. SYME 1959b, p. 313; ECK 1970, pp. 204-205 propone come datazione il 130-131 d.C., ma senza valutare la concomitanza del governatorato con la legazione di legione di *Dasumius Tuscus*. STOUT 1911, pp. 24-30 e STEIN 1940, p. 43 invece propendono per la data più tarda del 138 d.C.

[846] SYME 1959b, p. 313; THOMASSON 1960, II, pp. 71-72; CORBIER 1974, p. 163; THOMASSON 1996, p. 61.

[847] Sulla carica si vedano *RE XXII 2* (1954) coll. 1606-1607 s.v. *Praetor Etruriae* (C. Koch); LIOU 1969, pp. 79-96; TORELLI 1969, pp. 285-363; TORELLI 1971, pp. 489-501; PALLOTTINO 1984, p. 287ss.

[848] CIL XI 3366. Cfr. CORBIER 1974, p. 159; ANDERMAHR 1998, pp. 453-454 n.529; FAGAN 1999, pp. 292-293 n.176; LEIGHTON 2004, pp. 176-179.

[849] CIL VI 10229. Sul testamento di *Dasumius* si vedano SYME 1985b, pp. 41-63; DI VITA-ÉVRARD 1989, pp. 159-174. Per uno *stemma* della famiglia cfr. CÉBEILLAC GERVASONI 1972, pp. 138-139; CORBIER 1972, p. 160, SCHUMACHER 1973, *stemma* III; TORELLI 1982b, p. 294; SYME 1985b, p. 62; RAEPSAET CHARLIER 1987, XXIV; SALOMIES 1992, pp. 98-99; DES BOSCS 2003, pp. 326-327.

32. *T. PRIFERNIUS T. f. Quir. PAETUS ROSIANUS GEMINUS NONIUS AGRICOLA C. LABEO TETTIUS(?)*[850]

147/148-149/150 d.C.

1- *Xvir stlitibus iudicandis* — verso il 123 d.C.
CIL IX 4899 = AE 1972, 153 = REp III. 32*a*

2- *tribunus militum laticlavius legionis X Fretensis* — 126/128 d.C.
CIL IX 4899 = AE 1972, 153 = REp III. 32*a*

3- *quaestor candidatus* — 131 d.C.
CIL IX 4899 = AE 1972, 153 = REp III. 32*a*

4- *tribunus plebis (candidatus?)* — 133 d.C.
CIL IX 4899 = AE 1972, 153 = REp III. 32*a*

5- *praetor candidatus divi Hadriani* — 136 d.C.
CIL IX 4899 = AE 1972, 153 = REp III. 32*a*

6- *legatus divi Pii legionis XIV Geminae* (o *IV Scythicae*) — 140/142 d.C.
CIL IX 4899 = AE 1972, 153 = REp III. 32*a*

7- *legatus pro praetore eiusdem provinciae Aquitanicae* — 143/145 d.C.
CIL IX 4899 = AE 1972, 153 = REp III. 32*a*

8- *consul suffectus* con *P. Mummius Sisenna Rutilianus* — 146 d.C.
CIL IX 4899 = AE 1972, 153 = REp III. 32*a*;
AE 1936, 98 = Inscr.It. XIII 1, p. 205

9- *curator alvei Tiberis et cloacarum urbis* — **147/148-149/150 d.C**
CIL IX 4899 = AE 1972, 153 = REp III. 32*a*

10- *praefectus alimentorum?* — 152/153 d.C.?
CIL IX 4899 = AE 1972, 153 = REp III. 32*a*

11- *legatus pro praetore divi Pii provinciae Dalmatiae* — 156-159 d.C.
CIL IX 4899 = AE 1972, 153 = REp III. 32*a*

12- *proconsul provinciae Africae* — 160-161 d.C.
CIL VI 1499 = 41115;
CIL IX 4899 = AE 1972, 153 = REp III. 32*a*.

[850] PIR² P 939; *RE XXII* (1954) coll. 1968 s.v. *Prifernius* (H. Hanslik); *RE Suppl.* XIV (1974), col. 444 s.v. *T. Prifernius Paetus Rosianus Geminus* (n.4) (W. Eck); PALLU DE LASSERT 1896, p. 192; LAMBRECHTS 1936, pp. 91 n.470; CÉBEILLAC GERVASONI 1972, pp. 189-190; SCHUMACHER 1973, p. 54 n.22; THOMASSON 1975, pp. 63-65; ALFÖLDY 1977, p. 164, 308; JACQUES 1977, pp. 295-296 n.11; JONES 1979, p. 110 n.173; JACQUES 1983, pp. 26-28 n.3; DABROWA 1993, pp. 56-57 n.2; THOMASSON 1984, col. 36 n.12, col. 93 n.36, 382 n.90; RAEPSAET CHARLIER 1987, p. 528; RÉMY 1989, pp. 211-213 n.168; FITZ 1993-95, pp. 598-599 n.340; THOMASSON 1996, pp. 63-65 n.79; GRANINO CECERE 2003, pp. 1-28; RÜPKE – GLOCK 2005, p. 1235 n.2833; RÜPKE – GLOCK 2007, p.192.

13- *legatus Augusti ad census accipiendos provinciae Aquitanicae* 169 d.C.
CIL IX 4899 = AE 1972, 153 = REp III. 32*a*

augur
CIL IX 4899 = AE 1972, 153 = REp III. 32*a*

patronus di un collegio ostiense
CIL XIV 246

curator municipi (Trebulanorum) datus a divo Hadriano
CIL IX 4899 = AE 1972, 153 = REp III. 32*a*

VIIIvir III
CIL IX 4899 = AE 1972, 153 = REp III. 32*a*

aedilis quinquennalis
CIL IX 4899 = AE 1972, 153 = REp III. 32*a*

VIIIvir IIII fanorum(?) quinquennalis
CIL IX 4899 = AE 1972, 153 = REp III. 32*a*

magister iuventutis
CIL IX 4899 = AE 1972, 153 = REp III. 32*a*

Il *cursus* di *T. Prifernius Paetus* è tràdito da un'iscrizione proveniente da Trebula Mutuesca, che riporta le cariche in ordine inverso ad eccezione del consolato e dell'augurato, posti in prima posizione come d'abitudine all'epoca, e delle cariche municipali raggruppate alla fine del *cursus.*[851] La prima parte della carriera non presenta elementi particolari, appare anzi molto regolare, iniziando con il decemvirato *stlitibus iudicandis* verso il 123 d.C. Fa seguito il tribunato militare *laticlavius* della *legio X Fretensis* distaccata in Giudea, dove *Prifernius* svolse l'incarico attorno al 126/128 d.C., forse in concomitanza con il governatorato del padre inviato nella medesima provincia ad approntare la visita dell'imperatore Adriano in Palestina e a Gerusalemme tenutasi nel 130 d.C.[852] Il vero e proprio ingresso in senato inizia per *Paetus* sotto l'egida della raccomandazione imperiale, in qualità di *candidatus divi Hadriani* per la questura (131 d.C.), il tribunato della plebe (133 d.C.) e la pretura (136 d.C.).[853] Secondo Torelli il particolare favore imperiale di cui beneficiò il giovane senatore –unico a godere della condizione di *candidatus* per tutte le cariche urbane assieme a *C. Popilius Carus Pedo* e *T. Caesernius Statius Macedo*- sarebbe il risultato dell'appoggio particolare dato dalla sua famiglia alla politica filellenica del *princeps.*[854] Il sostegno imperiale alla carriera di *Prifernius* portò quest'ultimo ad importanti cariche nell'amministrazione, quale quella di *legatus divi Pii* di una legione il cui nome è andato perduto, ma che può identificarsi con la *XV Gemina* distaccata a *Carnutum* in Pannonia, ovvero con la *IV Scythicae* di stanza in Siria.[855] A tale incarico seguì il governatorato in Aquitania tra il 143 e il 145 d.C. e, subito dopo, il consolato *suffectus* con *P. Mummius Sisenna Rutilianus*. Va probabilmente posta in questo periodo anche la cooptazione nel collegio degli auguri.[856]

La carriera consolare inizia per *Prifernius* con la *cura Tiberis*, che trova collocazione cronologica fra il 147 e il 152/153 d.C., anno cui dovrebbe risalire l'incarico successivo; si può ipotizzare come datazione il 147/148-149/150 d.C. La curatela del Tevere costituirebbe, secondo Torelli, il motivo della comparsa di *Prifernius Paetus* tra i patroni di alcuni collegi ostiensi citati su due iscrizioni, databili rispettivamente al 140 d.C. e al 145 d. C. ca. (CIL XIV 246 e CIL XIV 247).[857] Si tratta di due corporazioni anonime che lo studioso riconduce ad un *corpus lenunculariorum* sulla base di CIL XIV 250, riferibile al collegio dei *lenunclarii tabularii auxiliarii* e datata al 152 d.C. In quest'ultima compaiono in qualità di patroni alcuni personaggi già colleghi di *Prifenius* nelle prime due iscrizioni (tra di loro anche il padre, *T. Prifernius Sex. f. Paetus Rosianus*, nominato pure in CIL XIV 246). La diversità d'ordine con cui alcuni tra questi senatori vengono citati sulle tre iscrizioni ha portato Torelli a concludere che si tratta rispettivamente del *consul* e *curator Tiberis designatus* (in prima posizione), dell'*adiutor curatoris* di rango pretorio (in seconda) e in ultimo dell'*adiutor pedarius* dell'anno in cui il collegio redasse l'iscrizione. Ne risulterebbero dunque i nomi di *curatores Tiberis* altrimenti ignoti, come *M. Sedatius C. f. Severianus* in prima posizione nell'iscrizione del 152 d.C. e quindi, secondo la teoria di Torelli, console e *curator* per il 153 d.C.[858] Tuttavia una simile ipotesi suscita diverse perplessità, come ad esempio il fatto che i personaggi così citati avrebbero sistematicamente rivestito consolato e curatela del Tevere contemporaneamente, fatto che non sembra essersi mai verificato; inoltre tra i *curatores* figurerebbe anche *T. Prifernius Sex. f. Paetus*, padre del nostro senatore, che avrebbe dunque rivestito la curatela nel 146 d.C. - compare infatti in prima posizione nell'iscrizione del 145 d.C-, ben 20 anni dopo esser stato console, un intervallo troppo lungo per poter trovare una giustificazione. Tenendo dunque per valida la spiegazione secondo cui l'ordine logico dei nomi sulle iscrizioni sarebbe dettato dalla designazione al consolato dei vari senatori di volta in volta citati in prima posizione, non può essere accettata l'ipotesi che tutti questi personaggi fossero in qualche modo legati alla curatela del Tevere. Un simile discorso può essere valido forse solo per *Prifernius Paetus* che proprio intorno al 147 d.C. fu *curator Tiberis* e può aver quindi sviluppato un legame particolare con qualche

[851] CIL IX 4899. TORELLI 1969b, pp. 601-626. Le date delle cariche del *cursus* di *Prifernius* sino al consolato sono quelle proposte da TORELLI 1969b, pp. 612-614 che sottolinea chiaramente come siano puramente indicative.
[852] TORELLI 1969b, p. 612-613 nt. 36; DABROWA 1993, p. 56.
[853] CÉBEILLAC GERVASONI 1972, pp. 189.
[854] TORELLI 1969b, p. 624. Su *C. Popilius Carus Pedo* e *T. Caesernius Statius Macedo* cfr. rispettivamente CIL XIV 3610; PIR^2 P 838 e CIL V 865; PIR^2 C 181.

[855] Cfr. ad es. TORELLI 1969b, p. 614, che propende per la prima soluzione, e PIR^2 P 939, in cui viene ipotizzata la legazione della *legio IV Scythicae*.
[856] AE 1936, 98. RÜPKE – GLOCK 2005, p. 1235.
[857] TORELLI 1969b, pp. 615-616.
[858] TORELLI 1969b, p. 616.

corporazione fluviale di ambito Ostiense.[859] L'incarico seguente, rivestito intorno al 150 d.C., forse verso il 152/153 d.C., e per un triennio, appare compromesso da un'ampia lacuna che rende difficoltosa un'integrazione.[860] Torelli propone le due ipotesi di *c[urat(or) / ---]orum*, da intendersi come la curatela di una città probabilmente italiana e di una certa importanza, e di *p[raef(ectus) / aliment]orum*, benché risulti particolarmente difficile avere in tal caso un buon margine di sicurezza.[861] Certo invece l'incarico prestigioso di *legatus pro praetore divi Pii provinciae Dalmatiae* databile agli ultimi anni del regno di Antonino Pio, verso il 156-159 d.C., verosimilmente come successore di *Sex. Aemilius Equester*. Le ultime due cariche del *cursus honorum* di *Prifernius* presentano invece problemi di cronologia; sembra infatti che il proconsolato d'Africa sia stato spostato dall'ordine delle cariche, fatto per altro usuale nelle iscrizioni per quanto riguarda le magistrature prestigiose. Se si considera che dall'età adrianea in poi l'intervallo medio tra il consolato e il proconsolato d'Asia o d'Africa si stabilizza intorno ai 14 anni, si può ipotizzare che *Paetus* abbia ottenuto il governatorato in Africa verso il 160/161 d.C., data plausibile dal momento che, proprio in corrispondenza degli anni compresi tra il 157 e il 164 d.C., vi è una lacuna nella serie dei *proconsules Africae*.[862] La carica di *legatus Augusti ad census accipiendos provinciae Aquitaniae* dovrebbe essere dunque successiva, tanto più che la dicitura *Augusti* in luogo di *Augustorum* sembrerebbe riferirsi ad un anno posteriore alla morte di L. Vero, quando rimase in carica il solo M. Aurelio.[863] Secondo Jacques tuttavia non vi sarebbe stato alcuno spostamento del proconsolato all'interno dell'iscrizione di *Trebula Mutuesca* poiché la carica di *legatus ad census accipiendos* non sarebbe stata una semplice sinecura onorifica ma un vero e proprio incarico effettivo, affidato pertanto ad un senatore in carriera e non ad uno che avesse già terminato il suo *cursus* con un proconsolato d'Asia o d'Africa. Inoltre la presenza di un solo *Augustus* nella titolatura dell'incarico non sarebbe, secondo lo studioso, prova certa dell'avvenuta morte di L. Vero dal momento che all'epoca la citazione di due Augusti nella forma *Augg.* non era ancora entrata in uso.[864] In base a tali considerazioni la legazione in Aquitania andrebbe anticipata al 161/162, anni in cui ebbe luogo un censimento nella Gallia Lugdunense sotto la supervisione di *C. Popilius Carus Pedo*; è possibile dunque che l'incaricato del *census* per l'Aquitania sia stato proprio *Prifernius*.[865]

Nato verosimilmente attorno al 106 d.C., *Prifernius Paetus* era originario di *Trebula Mutuesca* nella cui zona è attestata la tribù *Quirina* e a cui il senatore rimase legato da diverse cariche municipali, prima fra tutte quella di *curator municipi datus a divo Hadriano*.[866] La sua famiglia, di rango equestre ancora in età traianea, raggiunse la classe senatoria grazie ad una politica di alleanze familiari, attuate tramite adozioni attestate dall'onomastica dei vari membri, con famiglie come ad esempio la *gens Rosia* già consolare in età neroniana o i *Nonii*, altra *gens* originaria di *Trebula Mutuesca* di cui *Rosianus* porta il gentilizio.[867] Il primo esponente della *gens* a raggiungere il consolato fu *T. Prifernius Paetus, suffectus* nel 96 d.C. e nonno del *curator Tiberis*. È certo poi che tale senatore debba aver adottato il padre di *Prifernius*, dal momento che il suo patronimico è *Sexti filius*, mentre il console del 96 porta il prenome *Titus*.[868] Bolli su tegole rinvenuti a Turano attestano una proprietà della famiglia in quella zona, mentre *fistule* acquarie recanti il nome di *Prifernius Paetus* testimoniano l'esistenza di una villa nell'agro albano.[869]

[859] Non si può neppure escludere che la famiglia avesse proprietà nella zona di Ostia, come forse testimonia il sarcofago ostiense di *L. Iulius Larcius Sabinus*, nipote del *curator Tiberis* (CIL XI 1431). Cfr. TORELLI 1969b, p. 622; ANDERMAHR 1998, p. 403. Per un'analisi più approfondita dei rapporti tra il *curator Tiberis* e le corporazioni che operavano sul Tevere si veda il paragrafo V.2.

[860] TORELLI 1969b, p. 618; ECK 1999, p. 188.

[861] TORELLI 1969b, p. 617. Sulla *praefectura alimentorum* si vedano PFLAUM 1940, pp. 65 ss.; ECK 1999, pp. 151-194.

[862] SYME 1959b, p. 318; SYME 1965, p. 351; BIRLEY 1962, p. 222 n.12; THOMASSON 1969, pp. 187-189; THOMASSON 1984, p. 382 n.90; THOMASSON 1996, p. 64.

[863] TORELLI 1969b, p. 620; CÉBEILLAC GERVASONI 1972, p. 190.

[864] JACQUES 1977, p. 294-295 e p. 295 nt. 53.

[865] Tale possibilità viene prospettata anche da TORELLI 1969b, p. 620, che sottolinea la somiglianza non solo cronologica tra le carriere di *Prifernius Paetus* e *Popilius Carus Pedo*. Per un confronto si veda JACQUES 1977, pp. 294-295. Il censimento è attestato da CIL XIV 3610.

[866] Eck in *RE Suppl.* XIV 485; SYME 1988b, p. 305; TORELLI 1969b, pp. 608-609; ALFÖLDY 1977, p. 305; TORELLI 1982, p. 196.

[867] Attestati in età traianea sono i due *equites P. Prifernius P. f. Quir. Paetus Memmius Apollinaris* e *A. Pomponius C. f. Quir. Augurinus T. Prifernius Paetus*. Cfr. PFLAUM 1960, pp. 113-115. Il primo, vissuto in età flavia e traianea, fu probabilmente adottato da un *Prifernius Paetus*. Cfr. SALOMIES 1992, p. 34.

[868] SALOMIES 1992, pp. 51-52.

[869] Per i bolli su tegole cfr. TORELLI 1982, p. 196; ANDERMAHR 1998, pp. 402-403; per le fistole cfr. CIL XIV 234. Si veda uno *stemma* della *gens* in TORELLI 1982, p. 621 e RAEPSAET CHARLIER 1987, Tav. XLIX.

33. *M. NONIUS M. f. Fab. MACRINUS*[870] 154/155-157/158 d.C.

1- *Xvir stlitibus iudicandis*

AE 1997, 721 = AE 1999, 728 = AE 2001, 1065 = REp III. 33*a*;
AE 1907, 180 = ILS 8830 = Forsch. Eph. III, 29 = REp III. 33*b*;
AE 2007, 257 = REp III. 33*c*.

2- *tribunus militum laticlavius legionis XVI Flaviae et legionis VII Geminae*

AE 1997, 721 = AE 1999, 728 = AE 2001, 1065 = REp III. 33*a*;
ILS 8830 = AE 1907, 180 = Forsch. Eph. III, 29 = REp III. 33*b*.

3- *quaestor*

AE 1997, 721 = AE 1999, 728 = AE 2001, 1065 = REp III. 33*a*;
AE 1907, 180 = ILS 8830 = Forsch. Eph. III, 29 = REp III. 33*b*.

4- *legatus proconsulis provinciae Asiae*

AE 1997, 721 = AE 1999, 728 = AE 2001, 1065 = REp III. 33*a*;
AE 1907, 180 = ILS 8830 = Forsch. Eph. III, 29 = REp III. 33*b*.

5-*tribunus plebis*

AE 1997, 721 = AE 1999, 728 = AE 2001, 1065 = REp III. 33*a*;
AE 1907, 180 = ILS 8830 = Forsch. Eph. III, 29 = REp III. 33*b*.

6- *praetor* 147 d.C.?

AE 1997, 721 = AE 1999, 728 = AE 2001, 1065 = REp III. 33*a*;
AE 1907, 180 = ILS 8830 = Forsch. Eph. III, 29 = REp III. 33*b*.

7- *legatus legionis XIV Geminae* a *Carnutum* *Ante* 150 d.C.

AE 1997, 721 = AE 1999, 728 = AE 2001, 1065 = REp III. 33*a*;
AE 1907, 180 = ILS 8830 = Forsch. Eph. III, 29 = REp III. 33*b*.

8- *legatus Augusti pro praetore provinciae Pannoniae Inferioris* 150-153 d.C.

AE 1997, 721 = AE 1999, 728 = AE 2001, 1065 = REp III. 33*a*;
AE 1907, 180 = ILS 8830 = Forsch. Eph. III, 29 = REp III. 33*b*;
CIL V 4344 = CIL V 1005 = Inscr.It. X, 5, 130.

9-*consul suffectus* 154 d.C.
Con il collega *[---] Paetus* in sostituzione di L. Vero

AE 1997, 721 = AE 1999, 728 = AE 2001, 1065 = REp III. 33*a*;
AE 1907, 180 = ILS 8830 = Forsch. Eph. III, 29 = REp III. 33*b*;
CIL XIV 4540 = Inscr.It. XIII, 1, 208-209;
CIL V 4343 = InscIt X-5, 129;
CIL V 4344 = CIL V 1005 = Inscr.It. X, 5, 130.

10- *curator riparum et alvei Tiberis et cloacarum urbis* 154/155-157/158 d.C.

AE 1997, 721 = AE 1999, 728 = AE 2001, 1065 = REp III. 33*a*;
AE 1907, 180 = ILS 8830 = Forsch. Eph. III, 29 = REp III. 33*b*;
AE 2007, 257 = REp III. 33*c*.

11- *legatus Augusti pro praetore provinciae Pannoniae Superioris* Tra 159 e 161 d.C.

AE 1997, 721 = AE 1999, 728 = AE 2001, 1065 = REp III. 33*a*;
AE 1907, 180 = ILS 8830 = Forsch. Eph. III, 29 = REp III. 33*b*;
CIL V 4343 = InscIt X-05, 129
AE 1994, 1393 = RMD III, 76 = RMD IV, 279 = RHP 49;
AE 1999, 1351b = RMD V, 423;
AE 2001, 1640 = RMD V 430 = RMM 43;
AE 2002, 1726 = RMD V, 431 = AEA 2003, 38;
AE 2004, 1904-1905;
AE 2007, 257 = REp III. 33*c*.

12- *legatus et comes maximi imperatoris M. Aurelii Antonini* 169-170 d.C. ca.

AE 1907, 180 = ILS 8830 = Forsch. Eph. III, 29 = REp III. 33*b*;
AE 2007, 257 = REp III. 33*c*.

13- *proconsul Asiae* 170-171 d.C.

AE 1907, 180 = ILS 8830 = Forsch. Eph. III, 29 = REp III. 33*b*;
AE 2007, 257 = REp III. 33*c*.

14- *legatus Augusti pro praetore Hispaniae Citerioris* *Post* 171 d.C.

AE 2007, 257 = REp III. 33*c*.

XVvir sacris faciundis

AE 1997, 721 = AE 1999, 728 = AE 2001, 1065 = REp III. 33*a*;
AE 1907, 180 = ILS 8830 = Forsch. Eph. III, 29 = REp III. 33*b*;
CIL V 4343 = InscIt X-05, 129;
CIL V 4344 = CIL V 1005 = Inscr.It. X, 5, 130;
AE 2007, 257 = REp III. 33*c*.

sodalis Antoninianus Verianus

AE 1907, 180 = ILS 8830 = Forsch. Eph. III, 29 = REp III. 33*b*;
AE 2007, 257 = REp III. 33*c*.

patronus Brixiae

AE 1907, 180 = ILS 8830 = Forsch. Eph. III, 29 = REp III. 33*b*.

Fino a pochi anni fa, il *cursus honorum* di *Macrinus* era noto solo grazie un'iscrizione in lingua greca apposta su una base di statua rinvenuta ad Efeso nel 1903 e dedicata al proconsole Μακρεῖ[---] da un personaggio identificato con il sofista *T. Flavius Damianus*, illustre esponente dell'*élite* locale.[871] Una frattura in corrispondenza delle prime righe ha preservato soltanto parte del *cognomen* del personaggio, ma la corrispondenza del *cursus* con quello (parziale) riportato da altre iscrizioni latine provenienti da *Brixia* ha permesso un'identificazione certa del personaggio di Efeso con *M. Nonius Macrinus*.[872] Tra i titoli bresciani va considerato soprattutto quello pubblicato in AE 1997, 721 che, seppure incompleto, propone la carriera di *Macrinus*

[870] PIR² N 140; *RE XVII* (1936) coll. 879-882 s.v. *M. Nonius Macrinus* (n.36) (P. Lambrechts); LIEBENAM 1888, pp. 332-333; RITTERLING 1897, pp. 32-34 n.14; LAMBRECHTS 1936, pp. 85-86 n.446; CROOK 1955, p. 175 n.237; LE GALL 1953, p. 142 n.16 (ora anche in LE GALL 2005, pp. 163-164 n.18/16); REIDINGER 1956, pp. 79-82 n.9, pp. 79-83 n.IX; PFLAUM 1966, pp. 38-41 n.8; DOBÓ 1968, pp. 58-60, n.40; SCHUMACHER 1973, pp. 82-83 n.35; THOMASSON 1975, pp. 47-48; ALFÖLDY 1977, p. 217, 236, 251; ALFÖLDY 1982, p. 347 n.14; THOMASSON 1984, coll. 104-105 n.35, col. 113 n.13, col. 230 n.152; RAEPSAET CHARLIER 1987, p. 110-111 n.94; GREGORI 1990, p. 130, A, 190, 011; FITZ 1993-95, pp. 485-487 n.288; BREUER 1996, pp. 124-126, n.B15; ALFÖLDY 1999, p. 310 n.14; GREGORI 1999, pp. 115-116; MOLLO 2000, pp. 166-168, XCVII; RÜPKE 2003, p. 138; RÜPKE – GLOCK 2005, p. 1172 n.2532; RÜPKE – GLOCK 2007, pp. 172-173.

[871] PUECH 2002, p. 198; su *Damianus* cfr. PIR² F 253. L'iscrizione fu pubblicata per la prima volta da EGGER 1906, coll. 61-76, che le dedicò un ampio commento.

[872] Cfr. ad es. EGGER 1906, coll. 61-62; *RE XVII* col. 879.

quasi integralmente, presentando il *cursus* in ordine discendente, eccezion fatta per il consolato e per la carica sacerdotale, segnalate in testa al *cursus* come da consuetudine.[873] A tali testimonianze si deve aggiungere la grande iscrizione funeraria venuta alla luce nel 2008 nell'ambito dell'eccezionale rinvenimento del mausoleo del senatore, fra il V e il VI miglio della via Flaminia. L'iscrizione, posta su di un architrave di marmo decorato a motivi vegetali, si presenta frammentaria, ma permette comunque di integrare con un nuovo incarico il *cursus* di *Macrinus*.[874]

Il primo incarico, attestato anche nella nuova iscrizione romana oltre che in quella di Brescia, fu quello di *Xvir stlitibus iudicandis*. Seguì il tribunato militare nella *legio VII Gemina*, di presidio in Spagna Tarraconense, e nella *XVI Flavia,* distaccata a Samosata, la sola riportata dall'iscrizione di Efeso e che si trova in lacuna nelle altre due iscrizioni.[875] Sulla base certa del consolato è forse possibile ipotizzare una collocazione di tali incarichi tra il 135 e il 140 d.C.[876] In seguito *Macrinus* fu *quaestor* e quindi *legatus proconsulis* in Asia, carica, quest'ultima, ricordata in tutte e tre le iscrizioni. Non era frequente che un giovane senatore accettasse da *quaestorius* o da *praetorius* di rivestire una legazione proconsolare in provincia, dal momento che un simile incarico lo allontanava da Roma per più di un anno, in genere per un triennio. Tuttavia la *legatio proconsulis* svolta presso i governatori d'Asia e d'Africa (che in genere sceglievano da sé i loro legati), poteva avere una valenza particolare per chi otteneva l'incarico, dal momento che ciò gli permetteva di entrare in contatto con consolari anziani e in genere assai influenti a Roma quali erano di solito i proconsoli delle due province. È un fatto, ben dimostrato da Eck, che spesso tali legati raggiungevano posizioni di particolare rilievo nel corso della loro carriera, circostanza che, per altro, si verificherà anche per *Macrinus*.[877] Una volta tornato a Roma, *Nonius Macrinus* divenne *tribuns plebis* e quindi *praetor*, carica databile forse verso il 147 d.C. sulla base del consolato.[878] Risale probabilmente a questo periodo la cooptazione nel collegio dei *XVviri sacris faciundis*, mentre non è noto il momento dell'ingresso tra i *sodales Antoniani Veriani*, che sarebbe comunque stato di molto posteriore.[879] L'aggettivo *Verianus* permette una datazione posteriore al 169, anno della morte di L. Vero, ma è possibile che sia stato aggiunto solo in seguito e che l'entrata nel collegio da parte di *Macrinus* preceda tale data. Sembra anzi possibile che il senatore sia entrato nel collegio sacerdotale sin dal 161 d.C., dopo la morte e la divinizzazione di Antonino Pio, sotto cui si era svolta la maggior parte della sua carriera.[880] Il *cursus* pretorio di *Macrinus* si compone soltanto di due cariche, il che probabilmente permise al senatore di raggiungere il consolato verso i quarant'anni, nel tempo minimo concesso ad un esponente di *gens* plebea.[881] La prima carica fu, forse fra 148 e 149 d.C., la legazione della *legio XIV Gemina* di stanza a *Carnutum*, seguita, attorno al 150-153 d.C., dal governatorato della provincia imperiale della *Pannonia Inferior*, incarico senza dubbio proconsolare ma che l'iscrizione di Efeso pone dopo la *cura Tiberis*, forse per collocarlo vicino all'affine legazione della Pannonia Superiore rivestita da *Macrinus* dopo la curatela.[882] La carica è andata perduta nell'iscrizione romana, ma è attestata nell'iscrizione postagli da *L. Ussius Picentinus* concittadino e *commilito* di *Macrinus* in Pannonia Inferiore.[883] Nel 154 d.C., probabilmente nella prima metà, *Nonius* fu *consul suffectus*, l'unica carica databile con sicurezza grazie ad un frammento dei Fasti Ostiensi.[884] È stato ipotizzato che *Macrinus* abbia svolto tale incarico *in absentia* mentre ancora si trovava in Pannonia, ma tale ipotesi tuttavia non sembra plausibile, dal momento che il suo proconsolato sembra essere terminato verso la fine del 153 o agli inizi dell'anno successivo.[885] Il primo incarico consolare fu la *cura riparum et alvei Tiberis et cloacarum urbis*, compito, quello concernente le cloache, che, forse per volontà di abbreviazione, non compare nell'iscrizione di Efeso. La collocazione cronologica deve porsi fra l'anno del consolato -essendo un consolato *suffectus Macrinus* potrebbe esser entrato in carica come *curator* già a partire dalla seconda metà del 154 d.C.- e il 158/159, dal momento che nel 159 d.C. *Macrinus* si trovava probabilmente come legato in Pannonia *Superior*. Valutando una durata triennale della curatela è forse possibile datarla al 154/155-157/158 d.C.[886] In seguito, come anticipato, *Macrinus* fu legato in Pannonia Superiore probabilmente dal 159/160 sino al 161 d.C., come attestato da alcuni diplomi militari e dal momento che nel 162 è noto come governatore *L. Dasumius Tullius Tuscus*.[887] In questi anni il senatore riceve a Brescia la dedica di due statue, la prima da parte di *T. Iulius*

[873] Pubblicato la prima volta da GARZETTI 1997, pp. 193-197. Le altre iscrizioni di *Brixia* sono CIL V 4343; CIL V 4344.

[874] AE 2007, 257. L'iscrizione è stata dettagliatamente studiata da GREGORI 2009, pp. 273-280; GREGORI 2010, 129-143.

[875] EGGER 1906, col.62; GARZETTI 1997, p. 95 e nt. 14.

[876] Cfr. oltre.

[877] ECK 1996, p. 36.

[878] Cfr. SCHUMACHER 1973, p.82. Entrambe le cariche sono andate perdute nel'iscrizione romana.

[879] PFLAUM 1966, pp. 178-181; Secondo DOBÒ 1968, p. 59 entrambe le cariche sacerdotali sarebbero state ottenute nel 171 a coronamento della carriera.

[880] RÜPKE 2003, p. 238; RÜPKE – GLOCK 2005, p. 1172; RÜPKE – GLOCK 2007, pp. 172-173; GREGORI 2009, pp. 274-275 nt. 25; GREGORI 2010, p. 132-133.

[881] Cfr. ECK 1996, p. 37.

[882] FITZ 1961, pp. 181-182; FITZ 1963, pp. 264-266; FITZ 1963b, p. 380; SYME 1965b, p. 345; DOBÓ 1968, p. 58 nt. 40; ALFÖLDY 1982, p. 278; ECK – PANGERL 2009, p. 221-230. L'incarico fu rivestito come successore di *M. Iallus Bassus* Cfr. FITZ 1993-95, p. 486

[883] CIL V 4344; Cfr. MOLLO 2000, p. 167; GREGORI 1999, pp. 116, 131; GREGORI 2001, p. 31; GREGORI 2009, p. 273 nt. 7.

[884] Inscr.It. XIII, 1, p.209; DEGRASSI 1952, p. 43; VIDMAN 1957, p. 24; cfr. ALFÖLDY 1976, p. 267; ALFÖLDY 1977, p. 164; FITZ 1993-95, p. 486

[885] EGGER 1906, col. 66; MAGIE 1950, p. 1585; PFLAUM 1966, p. 40; FITZ 1993-95, p. 486.

[886] Dal momento che è assai probabile che all'epoca la collegialità fosse scomparsa, non si può accettare la proposta di PFLAUM 1966, p. 180, che vede in *Macrinus* un *adiutor praetorius* del titolare della curatela.

[887] AE 1994, 1393; AE 1999, 1351b; AE 2001, 1640; AE 2002, 1726; AE 2004, 1904-1905. THOMASSON 1984, coll. 104-105 n.35; FITZ 1993-95, p. 487; LŐRINCZ 2001, p. 168 nn.38-39; p.306 n.510. Non risulta corretta l'ipotesi di REIDINGER 1956, p. 79, che data l'inizio dell'incarico al 156 d.C., vedendo in *Macrinus* il diretto successore di *Claudius Maximus* governatore della Pannonia sino a tale anno.

Iulianus il quale pure si trovava in Pannonia Superiore in qualità di tribuno di una coorte ausiliaria; la seconda, quella che riporta parzialmente il suo *cursus*, dedicatagli dall'intera comunità di Brescia, nell'occasione del riconoscimento di *Nonius* a patrono della città.[888] L'incarico successivo vide *Macrinus* impegnato come *legatus et comes maximi imperatoris M. Aurelii Antonini* a fianco dell'imperatore nella guerra sul Danubio, probabilmente nel 169/170, dopo la morte di L. Vero come sembra indicare la titolatura, ma è possibile che il senatore sia stato chiamato nel seguito imperiale sin dall'inizio della campagna (166/167 d.C. ca.) considerata anche la conoscenza che doveva avere del teatro bellico grazie alle diverse cariche svolte sul territorio.[889] Seguì il prestigioso proconsolato d'Asia, rivestito intorno al 170-171 d.C., datazione confermata anche dalla XII orazione sui misteri eleusini di Elio Aristide, in cui l'oratore cita il proconsole in carica, *Macrinus* appunto.[890]

Sino ad oggi questo era l'ultimo incarico noto, ma l'iscrizione funeraria rinvenuta lungo la via Flaminia ha permesso di aggiungere un'ultima carica al già brillante *cursus* del senatore bresciano. Sembra infatti che, dopo il proconsolato d'Asia, *Macrinus* sia stato inviato, verso il 171/172 d.C., in *Hispania Citerior* in qualità di *legatus Augusti pro praetore*. Come sottolineato da Gregori, fu grazie ai suoi legati, ricordati anche dall'*Historia Augusta*, che Marco Aurelio riuscì a gestire la minaccia dei Mauri nella provincia di Spagna.[891] La contemporanea presenza in Spagna Citeriore dello stesso *T. Iulius Iulianus* che aveva servito con *Macrinus* in Pannonia Superiore e che, in qualità di amico, gli aveva dedicato una statua a Brescia, sembra suggerire la volontà di *Macrinus* di circondarsi di persone fidate.[892] Data l'età del senatore, che doveva ormai essere avanzata, la legazione di Spagna fu davvero l'ultimo incarico per *Macrinus*, che in seguito morì a Roma verosimilmente in una sua proprietà posta nei pressi del mausoleo finalmente ritrovato.[893]

M. Nonius Macrinus era originario di *Brixia* dove lo collocano diverse iscrizioni a lui e da lui dedicate.[894] Sempre da Brescia provengono una quarantina di titoli recanti il gentilizio *Nonius*, dei quali una ventina sono attribuibili a liberti della famiglia. A questi, sono da aggiungere tre iscrizioni di ambito veronese, che suggeriscono l'esistenza in tale città di un ramo della *gens*, di cui tuttavia risulta difficile ricostruire i rapporti parentali ed i legami con i membri bresciani.[895]

L'abbondanza di attestazioni indica nella *gens Nonia* una delle più importanti e prestigiose di Brescia che fiorì per tutto il II secolo sino agli inizi del III d.C. Malgrado la sua assenza dalla città, che dovette essere prolungata a motivo del suo *cursus*, *Macrinus* mantenne sempre vivo il rapporto con essa, dal momento che ne divenne anche patrono, unico tra i senatori originari di Brescia, a parte *M. Iuventius Rixa Postumius Pansa Valerianus Secundus*, a ricevere questo onore.[896] I rapporti con il territorio e con i suoi abitanti sono provati da diverse iscrizioni che sembrano attestare anche l'esistenza di più proprietà del senatore, sia urbane che suburbane, nel territorio di *Brixia*. Così, ad esempio, poiché prive del permesso decurionale, suggeriscono la pertinenza ad un'area privata le iscrizioni delle statue a lui dedicate da *Iulianus*, *Picentinus* e dal figlio *M. Nonius Arrius Mucianus Manlius Carbo*.[897] Ugualmente altre due iscrizioni di carattere sacro poste da *Macrinus* stesso e provenienti da Botticino Sera e Toscolano Maderno attestano l'esistenza di proprietà del senatore anche in queste due zone, dove, con tutta probabilità, la *gens* coltivava interessi economici nell'ambito silvopastorale e di attività connesse.[898] Ulteriori relazioni di *Macrinus* con la città sono attestate dalle statue fatte porre da lui *ex testamento* per tre *amici* esponenti dell'élite bresciana.[899] Tra i legami illustri di *Macrinus* un accenno va infine fatto alla moglie *Arria*, citata nell'iscrizione di Toscolano Maderno che il senatore pose per invocarne la guarigione. Secondo la ricostruzione proposta da Chausson, *Arria* sarebbe stata imparentata con *Arria Fadilla*, madre di Antonino Pio; ancora, la madre della stessa *Arria*, *Arria Caesennia Paulina*, era probabilmente una discendente della nipote di Vespasiano, *Flavia Sabina*.[900] La nuova iscrizione rinvenuta a Roma non farebbe che attestare il legame della donna con la *gens* imperiale, dal momento che il nome della moglie di *Macrinus* che su di essa compare è per l'appunto *Flavia*.[901] La posizione senz'altro illustre

[888] Si tratta rispettivamente di CIL V 4343 e di AE 1997, 721. Cfr. FITZ 1969, p. 263; GREGORI 1999, p. 115, 131; GREGORI 2009, p. 274.
[889] EGGER 1906, coll. 67-68; FITZ 1993-95, p. 487.
[890] ARIST. XII, 31. Cfr. EGGER 1906, coll. 73-74; *RE* XVII coll. 879-880; RINALDI 2002, pp. 118-119; BEHR 1994, pp. 1142-1143.
[891] SHA *M. Aur* 21, 1. GREGORI 2009, p. 276; GREGORI 2010, p. 134.
[892] GREGORI 2009, p. 277; GREGORI 2010, p.135
[893] GREGORI 2009, p. 278; GREGORI 2010, p.136.
[894] Oltre alle già citate AE 1997, 721; CIL V 4343 e CIL V 4344, va segnalata anche Inscr.It. X, 5, 131. Da parte sua *Macrinus* dedicò CIL V 4300; CIL V 4325; CIL V 4336, 124; CIL V 4361; CIL V 4864. GARZETTI 1977, p. 175; GREGORI 1999, p. 117.
[895] CIL V 3342; CIL V 3343; AE 1975, 428 (per quest'ultima iscrizione cfr. RAMILLI 1972, pp. 461-470). Sui *Nonii* di *Brixia* e i loro rapporti familiari LEVI 1963, pp. 214-222; GARZETTI 1977, pp. 176-184; ALFÖLDY 1982, p. 347; LEVI 1988, pp. 450-452; GREGORI 1990, pp. 129-132; SALOMIES 1992, p. 66; BREUER 1996, pp. 124-126; ANDERMAHR 1998, pp. 352-353; ALFÖLDY 1999, p. 310; GREGORI 1999, pp. 115-117, 234-235; CHAUSSON 2000, pp. 873-876; TASSAUX 2003, pp. 91-120. Per una proposta di ricostruzione dello *stemma* parziale della *gens* cfr. le ipotesi proposte da GARZETTI 1977, pp. 184-185 e inoltre SCHUMACHER 1973, *stemma* V; RAEPSAET CHARLIER 1987, Tav. XXXV; CHAUSSON 2000, p. 874.GARZETTI 1977, 178-185; BREUER 1996, pp. 124-126 GREGORI 2000, p. 115
[896] GARZETTI 1997, p. 195; GREGORI 1999, p. 123;
[897] CIL V 4343; CIL V 4344; Inscr.It. X, 5, 131. Cfr. ANDERMAHR 1998, pp. 352-353; ECK 1999b, pp. 94-95; GREGORI 1999, pp. 115-116, 235; MOLLO 2000, pp. 166, 171; GREGORI 2001, p. 34; GREGORI 2009, p. 273; GREGORI 2010, pp. 135-136.
[898] CIL V 4300; CIL V, 4864. Cfr. GREGORI 1999, pp. 115, 123-124; MOLLO 2000, p. 166; ROFFIA 2001, pp.468-471; GREGORI 2009, p. 274.
[899] Si tratta di *M. Caecilius Privatus* (CIL V 4325), *M. Licinius C. Lucretius Censorinus* (CIL V 4336) e *Sex. Valerius Primus* (CIL V 4361). Cfr. REALI 1998, pp. 79-81, foto tavv. XIV n.4, XV nn.1, 3; GREGORI 1999, pp. 116-117, 232; MOLLO 2000, p. 166, GREGORI 2001, pp. 34, 39 (cui si rimanda per ulteriore bibliografia sull'uso epigrafico del termine *amicitia*); GREGORI 2009, p. 274; GREGORI 2010, pp. 137-138.
[900] CHAUSSON 2000, pp. 862 nt. 56, 872-876; cfr. GREGORI 2009, p. 278; GREGORI 2010, pp. 135-136.
[901] GREGORI 2009, p. 278; GREGORI 2010, p. 136. Su *Arria* cfr.

della donna pare essere inoltre comprovata dal fatto che i *Nonii* suoi discendenti assunsero il gentilizio *Arrius* nell'onomastica familiare.[902] Non è possibile sapere in quale misura questo legame abbia giovato al senatore nel corso della sua carriera; quello che è certo è che *M. Nonius Macrinus* ebbe un *cursus* prestigioso in cui la *cura Tiberis* non sembra sfigurare tra cariche e sacerdozi di indubbio valore.

anche PIR² A 1115; RAEPSAET CHARLIER 1987, 110-111 n.94, *Stemma* XXXV; GREGORI 1990, p. 44, A, 026, 008; GREGORI 1999, pp. 115-116, 324.

[902] ROFFIA 2001, p. 471.

34. *M. STATIUS M. f. Cl. PRISCUS LICINIUS ITALICUS*[903]
160 d.C.

1- *praefectus cohortis IV Lingonum* — Tra 132 e 135 d.C. ca.
CIL VI 1523 = RHP 162 = ILS 1092 = IDRE I 9 = REp III. 34*a*

2- *tribunus militum legionis I Adiutricis Piae Fidelis et legionis X Geminae Piae Fidelis et legionis III Gallicae* — Tra 136 e 138/139 d.C.?
CIL VI 1523 = RHP 162 = ILS 1092 = IDRE I 9 = REp III. 34*a*

3- *praefectus equitum alae I praetoriae civium Romanorum*
CIL VI 1523 = RHP 162 = ILS 1092 = IDRE I 9 = REp III. 34*a*

4- *proconsul Augusti XX hereditatium provinciae Narbonensis et Aquitaniae* — Tra 143 e 145 d.C.?
CIL VI 1523 = RHP 162 = ILS 1092 = IDRE I 9 = REp III. 34*a*

Ingresso in senato intorno al 145-147 d.C.?

5- *quaestor* — Tra 147 e 150 d.C.
CIL VI 1523 = RHP 162 = ILS 1092 = IDRE I 9 = REp III. 34*a*

6- *tribunus plebis* — Tra 147 e 150 d.C.
CIL VI 1523 = RHP 162 = ILS 1092 = IDRE I 9 = REp III. 34*a*

7- *praetor inter cives et peregrinos* — 150 d.C. ca.
CIL VI 1523 = RHP 162 = ILS 1092 = IDRE I 9 = REp III. 34*a*

8- *legatus legionis XIV Geminae Martiae Victricis* a *Carnutum* — 155 d.C.
CIL VI 1523 = RHP 162 = ILS 1092 = IDRE I 9 = REp III. 34a

9- *legatus legionis XIII Geminae Piae Fidelis* in Dacia — 156/157 d.C.
CIL VI 1523 = RHP 162 = ILS 1092 = IDRE I 9 = REp III. 34*a*

10- *legatus Augusti provinciae Daciae* — 156/157-58 d.C.
CIL VI 1523 = RHP 162 = ILS 1092 = IDRE I 9 = REp III. 34*a*;
CIL III p. 882 XL;
ILS 2006;
CIL III 940;
CIL III 1299;
CIL III 146;
CIL III 7882;
CIL XVI 107 = IDR I 15;
CIL XVI 108 = IDR I 16.

11- *consul* con *Plautius Quintillus* — 159 d.C.
CIL VI 1523 = RHP 162 = ILS 1092 = IDRE I 9 = REp III. 34*a*;
CIL III 1601 = ILS 4006 (*designatus*);
CIL IX 5823

[903] PIR² S 880; *RE XVIII* (1929) coll. 2218-2221 s.v. *M. Statius Priscus* (n.18) (F. Miltner); PME S 78; STOUT 1911, p. 27 n.36; LACEY 1919, pp. 31-32 n.79; ATKINSON 1922, pp. 67 n.25; LAMBRECHTS 1936, pp. 93-94 n.488; STEIN 1940, pp. 44-45; STEIN 1944, pp. 27-28; LE GALL 1953, p. 142 n.17 (ora anche in LE GALL 2005, pp. 164 n.19/17); PFLAUM 1960, pp. 322-323 n.136; ALFÖLDY 1977, p. 172, 219, 234, 245; PFLAUM 1978, pp. 161-164 n.2; THOMASSON 1984, col. 72 n.26, col. 127 n.43, coll. 150-151 n.11, col. 270 n.30; RÉMY 1989, pp. 222-224 n.173; SALOMIES 1992, p. 145 n.26; FITZ 1993-95, pp. 600-602 n.342; PISO 1993, pp. 66-73, n.16; BIRLEY 2005, pp. 151-155; RÜPKE – GLOCK 2005, p. 1299 n.3146.

12- *curator alvei Tiberis et cloacarum urbis* 160 d.C..

CIL VI 1523 = RHP 162 = ILS 1092 = IDRE I 9 = REp III. 34*a*;

13- *legatus Augustorum pro praetore provinciae Moesiae Superioris* 161 d.C.

CIL VI 1523 = RHP 162 = ILS 1092 = IDRE I 9 = REp III. 34*a*;
AE 1972, 657;
IMS II, 52 = AE 1910, 86.

14- *legatus Augustorum pro praetore provinciae Brittanniae* 162 d.C.

CIL VI 1523 = RHP 162 = ILS 1092 = IDRE I 9 = REp III. 34*a*;
IMS II, 52 = AE 1910, 86.

15- *legatus Augustorum pro praetore provinciae Cappadociae* 163 d.C.

CIL VI 1523 = RHP 162 = ILS 1092 = IDRE I 9 = REp III. 34*a*;

sacerdos Titialis Flavialis

CIL VI 1523 = RHP 162 = ILS 1092 = IDRE I 9 = REp III. 34*a*

vexillo militare donato a divo Hadriano in expeditione Iudaica

CIL VI 1523 = RHP 162 = ILS 1092 = IDRE I 9 = REp III. 34*a*

Il lungo cammino della carriera pubblica di *M. Statius Priscus Licinius Italicus* è noto principalmente da un'iscrizione onoraria urbana che riporta sia il *cursus* equestre che quello senatorio.[904] Il primo incarico fu quello di *praefectus cohortis IV Lingonum*, in Britannia, durante il quale *Priscus* potrebbe aver preso parte alla guerra condotta da Adriano in Giudea, come attesterebbe il *vexillum militare* donatogli dall'imperatore forse in tale occasione; se così fosse, l'incarico andrebbe collocato tra il 132 e il 135 d.C.[905] È stato ipotizzato che tale onorificenza (e relativa partecipazione alla campagna giudaica) sarebbe da ricollegarsi piuttosto al tribunato militare della *legio III Gallica*.[906] Tuttavia, secondo Miltner il *vexillum militare* era una decorazione minima per essere conferita da sola ad un *tribunus militum*, sarebbe stata invece più appropriata per un semplice *praefectus*.[907] L'incarico seguente fu il tribunato militare *angusticlavus*, svolto forse fra il regno di Adriano e quello di Antonino Pio, nelle tre legioni *III Gallica* (a *Raphanea* in Siria), *X Gemina Pia Fidelis* (a *Vindobona*) e *I Adiutrix Pia Fidelis* (a *Brigetio*). La carica successiva portò *Statius* in Cappadocia in qualità di *praefectus equitum alae I praetoriae civium Romanorum*, l'ultimo incarico delle consuete *militiae equestris* che costituivano il primo gradino del *cursus* per i cavalieri.[908] In seguito *Licinius* fu nominato *proconsul Augusti XX hereditatium* per le province Narbonense e di Aquitania forse intorno al 143-145 d.C.[909] Fu l'ultima carica equestre svolta da tale personaggio, dopodiché egli ottenne l'*adlectio* in senato (forse verso il 145-147 d.C.), onore tra i più alti per un cavaliere, ma che nell'iscrizione rimane stranamente sottinteso.[910] È senz'altro particolare pure il fatto che *Licinius* non sia stato ascritto direttamente fra i *quaestorii*, come d'uso per i cavalieri che ricevevano l'onore dell'*adlectio*.[911] Malgrado ciò, il suo passaggio all'*ordo senatorius* sottintende un rapporto di particolare vicinanza alla casa imperiale, acquisito probabilmente in occasione del proconsolato *XX hereditatium*, ultimo incarico equestre da lui svolto.[912]

Il *cursus* senatorio di *Statius Priscus* inizia regolarmente con la questura, il tribunato della plebe e la pretura *inter cives et peregrinos*, rivestita attorno al 150 d.C. ca.; risale a questo periodo anche il sacerdozio fra i *Titiales Flaviales*.[913] A seguito di tali incarichi, che lo trattennero a Roma per alcuni anni, *Statius Priscus* ottenne verso il 155 d.C. il comando della *legio XIV Geminae Martia Victrix* di stanza a *Carnutum*, mentre era governatore della Pannonia Superiore il suo amico *Claudius Maximus*.[914] Dalla Pannonia passò quindi in Dacia come *legatus legionis XIII Geminae Piae Fidelis*, stanziata ad *Epulum*, incarico che forse costituì un tutt'uno con quello seguente, il governatorato della Dacia, dove sul finire degli anni cinquanta si registrarono dei disordini.[915] L'incarico di *legatus Augusti* in Dacia è datato grazie ad alcuni diplomi militari che collocano *Statius* sul posto nel dicembre del 157 e nel luglio del 158 d.C.[916] Durante quegli anni egli pose alcune dediche a diverse divinità.[917] Mentre ancora si trovava in Dacia *Statius* ottenne la designazione a console, carica che rivestì l'anno seguente, il 159 d.C., come *consul ordinarius* assieme a *Plautius Quintillus*.[918]

Il *cursus* consolare di *Priscus* risulta alquanto singolare per la rapidità con cui egli rivestì i diversi incarichi assegnatigli. Prima fra tutte la *cura Tiberis et cloacarum* che durò probabilmente solo un anno, il 160 d.C., dal momento che dal febbraio del 161 *Statius* è attestato come *legatus Augustorum pro praetore* in Mesia Superiore e inoltre, sempre nel 161 d.C., era probabilmente già in carica come *curator* il successore di *Priscus*, *M. Nonius Macrinus*.[919] La permanenza del senatore in Mesia fu comunque di breve durata; nel 162 d.C. infatti -ma forse già dalla seconda metà del 161-

[904] CIL VI 1523.
[905] Miltner in *RE XVIII* col. 2218. Cfr. MAXFIELD 1981, pp. 176-177.
[906] Ritterling in *RE XII* col. 1524; DEVIJVER in PME S 78.
[907] *RE XVIII* col. 2218.
[908] Cfr. ad es. HOMO 1927, p. 389.
[909] Troppo anticipata la datazione proposta da LACEY 1919, p. 32 che, assegnando il *vexillum militare* all'incarico della prefettura *equitum alae I praetoriae*, pone il proconsolato *XX hereditatium* negli ultimi anni del regno di Adriano.
[910] HÜTTL 1933, II, p.131; PISO 1982, p. 375.
[911] Cfr. LAMBRECHTS 1937, p. 94.
[912] Miltner in *RE* XVIII, col. 2219.
[913] RÉMY 1989, n.173; RÜPKE – GLOCK 2005, p. 1299.
[914] FITZ 1961, pp. 182-183; FITZ 1993-95, p. 601.
[915] *RE XVIII*, col. 2219; FITZ 1993-95, p. 601.
[916] CIL III p. 882 XL (157 d.C.) ILS 2006; CIL XVI 107 = IDR I 15; CIL XVI 108 = IDR I 16; CIL XVI 108 = IDR I 16 (158 d.C.).
[917] CIL III 940 a Diana (*Burcla*); CIL III 1299 a Giove (*Ampelum*); CIL III 146 alla Vittoria (Muntseln-Gredistje); CIL III 7882 alle Ninfe (Germisara).
[918] CIL III 1601. Cfr. ALFÖLDY 1977, pp. 172, 245.
[919] Si veda la prosopografia dedicata a questo senatore (n.33). Per l'incarico in Mesia cfr. CIL VI 1523. Cfr. STOUT 1911, p. 27; STEIN 1940, pp. 44-45; OVERBECK 1972, p. 449-457.

Statius si trovava in Britannia e, nel 163, in Cappadocia.[920] Il rapido succedersi di tali incarichi, elemento peculiare del brillante *cursus* di *Priscus*, fu conseguenza delle tensioni sorte in quegli anni lungo la frontiera della Britannia e, di lì a poco, del *bellum Parthicum*, il cui comando fu affidato a L. Vero che volle *Priscus* alla direzione del suo esercito.[921] Il contributo di *Statius Priscus* al successo della guerra fu decisivo e da tale incarico dipese sicuramente la nomina del senatore a governatore della Cappadocia come successore di *M. Sedatius Severianus*, morto suicida nel 161.[922] Nel 163 *Priscus* si trovava in Armenia e partecipò alla presa di *Artaxata.*[923] Poiché dopo tale impresa non si ha più notizia di lui, si presume che sia morto all'incirca in quegli anni.[924] Data la particolarità del *cursus* consolare percorso da *Licinius*, non deve stupire la breve durata della curatela ridotta per lui a poco meno di un anno; evidentemente apprezzato per le sue capacità in ambito militare e bellico più che civile, *Priscus* dovette interrompere anzitempo la *cura Tiberis* per recarsi in Mesia dove verosimilmente si richiedeva un personaggio con le sue capacità.

Sulle origini di *M. Statius Priscus Licinius Italicus* si possono addurre soltanto ipotesi. Secondo Birley potrebbe essere originario di *Camulodunum* (Colchester), cui era ascritta la tribù *Claudia* e da cui sicuramente proveniva *T. Statius T. f. Cla. Vitalis*, giovane soldato della *legio XIV Gemina* che lo studioso ricollega alla famiglia di *Priscus.*[925] Secondo Alföldy invece sarebbe possibile attribuire a tale senatore un'origine dalmata, come lascerebbe intuire il fatto che potrebbe esser stato scelto come *praefectus* della coorte *IV Lingonum* dal senatore *Sex. Iulius Severus*, originario di tale provincia, dove, per di più, sarebbero attestati gli elementi onomastici di *Statius Priscus.*[926] Tuttavia l'esistenza di un legame di patronato sostenuto da alcuni membri della *gens* con il *municipium* di *Canusium*, e la documentata esistenza di loro proprietà tramite bolli su tegole rinvenuti a *Luceria* e *Aecae* sembrano attestare origini apule della famiglia e fanno propendere per un'origine lucerina della *gens Statia.*[927] L'ascrizione dello stesso *M. Statius Priscus* alla *gens Claudia,* ampiamente attestata a Lucera, supporterebbe ulteriormente tale ipotesi. L'onomastica complessa del senatore lascia intendere l'instaurarsi di legami con l'esponente di un'altra *gens*, benché sino ad oggi non sia possibile specificare nulla a riguardo.[928]

[920] *RE* XVIII, col. 2220. Secondo STOUT 1911, p. 27 la permanenza in Mesia sarebbe durata sino al 162 d.C. ATKINSON 1922, p. 61 data invece il proconsolato in Britannia al 160-161, ma sembra una cronologia troppo anticipata che implicherebbe una nomina di *Statius* a *curator Tiberis* ancora durante lo svolgimento del consolato, fatto poco probabile.

[921] SHA *Veri* VII; CIL III 7505.

[922] LAMBRECHTS 1937, p. 94.

[923] DIO LXXI, 3.1; SHA *Marc.* IX.

[924] FITZ 1993-95, p. 602.

[925] BIRLEY 1982, p. 538. *T. Statius Vitalis* è attestato in CIL III 11233.

[926] ALFÖLDY 1977, p. 314. Cfr. ŠAŠEL 1982, p. 366; LEFEBVRE 1998, p. 253.

[927] SILVESTRINI 1999, pp. 121-122; la studiosa rivede qui precedenti ipotesi sull'origine della *gens* da lei esposte in SILVESTRINI 1990, p. 600 e SILVESTRINI 1990b, p. 227. Le proprietà della *gens* sono attestate da un bollo su *tegula* (CIL IX 6078, 154). Si tratta di due *M. Statii Longini*, padre e figlio, e *M. Statius Patruinus.* Le proprietà della *gens* sono attestate da CIL IX 6078, 154.

[928] SALOMIES 1992, p. 145.

35. *A. PLATORIUS NEPOS CALPURNIANUS (MARCELLUS?)*[929]
161-164 D.C.

1- *praetor*

Rescript. Antonii Pii ad Platorium Nepotem, fragm. Vatic. 223

2- *consul suffectus* con *M. Postumius Festus* 160 d.C.?

AE 1994, 1914

3- ***curator alvei Tiberis et riparum et cloacarum urbis*** **161-164 d.C.**

CIL VI 31553 = ILS 5932 = REp III. 35*a*;
CIL VI 31554a = CIL VI 1241a = AE 1998, 145 = REp III. 35*b*;
CIL VI 31554b = CIL VI 1241b = ILS 5933 = REp III. 35*c*;
CIL VI 40867 = AE 1951, 182c = REp III. 35*d*;
CIL VI 40868 = AE 1951, 182b = REp III. 35*e*.

Di *A. Platorius Nepos Calpurnianus* si conosce assai poco. La pretura, rivestita in data sconosciuta sotto il regno di Antonino Pio, è testimoniata dal frammento di un rescritto indirizzato dall'imperatore *ad Platorium Nepotem*. Il consolato trova invece attestazione in un documento epigrafico databile con precisione al marzo del 160 d.C., e su cui *Calpurnianus* è citato con il collega *M. Postumius Festus.*[930] La curatela del Tevere, l'ultima carica nota, trova collocazione dopo il consolato, forse dal 161 al 164 d.C. Resta in dubbio la carica di *tribunus militum* svolta nelle legioni *XIIII Gemina Martia Victrix* e *VII Claudia Pia Fidelis* attestata in un'iscrizione frammentaria il cui dedicatario risponderebbe al nome (integrato) di *[A(ulo?) Platorio --- Ne]poti Calpur[niano] / [--- M]arcello.*[931] Tale iscrizione infatti può essere ricollegata anche al padre del *curator*, figlio a sua volta di *A. Platorius A. f. Ser. Nepos Aponianus Italicus Manilianus C. Licinius Pollio* console nel 119 d.C., noto da diversi titoli.[932] L'iscrizione, rinvenuta sull'Esquilino, attesta l'esistenza in zona di una proprietà del senatore, probabilmente una casa, come confermerebbe il rinvenimento non molto lontano di due frammenti di *fistula aquaria* il cui concessionario è un *A. Platorius Nepos.*[933] Non è chiaro tuttavia con chi debba essere identificato il personaggio menzionato nell'iscrizione e quali rapporti di parentela lo leghino al più noto *Aponianus Italicus*. È possibile che si tratti del *curator Tiberis*, alla cui onomastica andrebbe allora aggiunto il *cognomen Marcellus,* ovvero del figlio di quest'ultimo; in assenza di ulteriori riscontri il dubbio non può essere sciolto.[934] A sua volta il *curator Tiberis* viene spesso identificato come il figlio o il nipote di *Aponianus Italicus.*[935] L'unico elemento che può fornire un'indicazione è la distanza cronologica tra i consolati dei due personaggi, la cui estensione abbastanza ampia, quarant'anni circa, potrebbe forse trovare giustificazione qualora essi fossero nonno e nipote. Di qualunque grado fosse, il loro rapporto attribuisce comunque a *Calpurnianus* un'origine ispanica come quella di *Aponianus*. Data l'ambiguità di tale legame, però, non è possibile sapere se *A. Platorius Nepos Calpurnianus* sia stato in qualche misura danneggiato dalla caduta in disgrazia del suo illustre parente presso l'imperatore Adriano.[936]

[929] PIR² P 450; *RE XX* (1950) col. 2548 s.v. *A. Platorius Nepos Calpurnianus* (n.3) (A. Betz); LAMBRECHTS 1936, p. 87 n.457; LE GALL 1953, p. 143 n.18 (ora anche in LE GALL 2005, p. 164 n.20/18); ALFÖLDY 1977, pp. 175-176.

[930] AE 1994, 1914; ALFÖLDY 1977, pp. 316; CASTILLO 1982, p. 513 n.86; CABALLOS 1990, p. 252 n.139; PIR² P 450.

[931] CIL VI 41128a. Le due legioni si trovavano rispettivamente a *Carnutum*, in Pannonia, e a *Vimnacium* in Mesia Superiore.

[932] Cfr. Alföldy in CIL VI 41128a; PANCIERA 2006b, pp. 1199.

[933] BIRLEY 2005, p. 124. PIR² P 449. Sull'onomastica di questo senatore si veda SALOMIES 1992, pp. 140-141 n.18; PANCIERA 2006b, p. 1199.

[934] PIR² P 450 e 450a.

[935] Cfr. LAMBRECHTS 1965, p. 87; CASTILLO 1982, p. 513 n.86; CABALLOS 1990, p. 252 che propendono per la prima ipotesi. Rimangono incerti PIR² P 450 e 450a e BIRLEY 2005, p. 124.

[936] SHA *Hadr* 15.2.

36. *P. CORNELIUS P. f. Gal. ANULLINUS c.v.*[937]
174-176 d.C.?

1- *quaestor*

CIL II 5506 = CIL II/5 623 = CIL II 2073 = ILS 1139 = ILPGranada 36 = CILA IV 6 = HEp III 185 = AE 1987, 502 = REp III. 36*a*

2- *tribunus plebis*

CIL II 5506 = CIL II/5 623 = CIL II 2073 = ILS 1139 = ILPGranada 36 = CILA IV 6 = HEp III 185 = AE 1987, 502 = REp III. 36*a*

3- *praetor*

CIL II 5506 = CIL II/5 623 = CIL II 2073 = ILS 1139 = ILPGranada 36 = CILA IV 6 = HEp III 185 = AE 1987, 502 = REp III. 36*a*

4- *legatus proconsulis provinciae Galliae Narbonensis*

CIL II 5506 = CIL II/5 623 = CIL II 2073 = ILS 1139 = ILPGranada 36 = CILA IV 6 = HEp III 185 = AE 1987, 502 = REp III. 36*a*

5- *proconsul provinciae Hispaniae Baeticae* 170/171 d.C.

CIL II 5506 = CIL II/5 623 = CIL II 2073 = ILS 1139 = ILPGranada 36 = CILA IV 6 = HEp III 185 = AE 1987, 502 = REp III. 36*a*

6-*legatus Augusti legionis VII Geminae* 171 d.C.

CIL II 5506 = CIL II/5 623 = CIL II 2073 = ILS 1139 = ILPGranada 36 = CILA IV 6 = HEp III 185 = AE 1987, 502 = REp III. 36*a*

7- *legatus Augusti pro praetori provinciae [---]* Tra 172 e 173/4 d.C.

CIL II 5506 = CIL II/5 623 = CIL II 2073 = ILS 1139 = ILPGranada 36 = CILA IV 6 = HEp III 185 = AE 1987, 502 = REp III. 36*a*

8- *consul suffectus* 173/4 d.C.

CIL II 5506 = CIL II/5 623 = CIL II 2073 = ILS 1139 = ILPGranada 36 = CILA IV 6 = HEp III 185 = AE 1987, 502 = REp III. 36*a*

9- *curator alvei et riparum Tiberis et cloacarum urbis* 174-176 d.C.?

CIL II 5506 = CIL II/5 623 = CIL II 2073 = ILS 1139 = ILPGranada 36 = CILA IV 6 = HEp III 185 = AE 1987, 502 = REp III. 36*a*

10- *legatus Augusti pro praetore provinciae Germaniae Superioris* Dal 177 al 180? d.C.

CIL XIII 6542;
CIL XIII 6543.

11- *proconsul provinciae Africae* 192/193 d.C.

CIL II 5506 = CIL II/5 623 = CIL II 2073 = ILS 1139 = ILPGranada 36 = CILA IV 6 = HEp III 185 = AE 1987, 502 = REp III. 36*a*;
CIL VIII 1170 = CIL VIII 14287 = ILS 413.

12- *legatus Augusti exercitui* incarico svolto come *dux Severi impratoris* in Oriente 193-195 d.C.

DIO 74, 7.1; 75, 3.2; 75, 7.1

13- *praefectus urbis* 197-198 d.C.

CIL II 5506 = CIL II/5 623 = CIL II 2073 = ILS 1139 = ILPGranada 36 = CILA IV 6 = HEp III 185 = AE 1987, 502 = REp III. 36*a*;

14- *consul II ordinarius* con *M. Aufidius Fronto* 199 d.C.

CIL VI 1352

P. Cornelius Anullinus è ampiamente noto dalle fonti epigrafiche e letterarie per essere stato uno dei personaggi più importanti nell'età di Settimio Severo, di cui era amico e durante il cui regno divenne uno dei senatori più potenti di Roma.[938] Il suo *cursus* è noto da un'iscrizione onoraria molto frammentaria, apposta su di una base di statua proveniente da *Iliberis* e di cui Alföldy ha fornito un'esauriente analisi.[939] Le cariche sono per la maggior parte in ordine ascendente, tuttavia questura, tribunato della plebe e pretura, pur collocati ai primi posti del *cursus*, seguono un ordine discendente; inoltre, come d'uso, consolato e proconsolato d'Africa sono posti all'inizio, mentre la *praefectura urbis* appare in prima posizione. L'iscrizione venne posta verosimilmente poco dopo la vittoria di Settimio Severo su *Clodius Albinus* nel 197 d.C.; quest'ultimo aveva fatto della *Baetica* un suo caposaldo, perciò è possibile che gli *Iliberitani*, oltre ad onorare in *Anullinus* un illustre concittadino, volessero dimostrare lealtà al nuovo imperatore sottolineando fra l'altro come, malgrado l'immediato trascorso, la città potesse vantare i natali dell'attuale *praefectus urbis* e stimato partigiano severiano. A tale scopo sarebbe stata posta in evidenza l'indicazione di origine del senatore attraverso il *signum Iliberitanus* che ne attesta la provenienza.[940] L'iscrizione sarebbe stata dunque posta in corrispondenza con la *praefectura* di *Anullinus* e prima del suo secondo consolato. Secondo l'iscrizione, *Cornelius Anullinus* entrò in senato rivestendo regolarmente le cariche di *quaestor, tribunus plebis* e *praetor.* Il suo *cursus praetorius* iniziò con una legazione presso il proconsole della Gallia Narbonense cui seguì, intorno al 170-171 d.C., il governatorato nella provincia senatoria da cui proveniva, la Betica.[941] Nel 171 d.C., durante la legazione, ottenne il comando della *legio VII Gemina*, con tutta probabilità a seguito dell'invasione

[937] PIR² C 1322; *RE IV* (1900) coll. 1258-1259 s.v. *Cornelius* (n.58) (E. Groag); *RE Suppl. XII* (1970) col. 189 s.v. *Cornelius* (n.58) (R. Hanslik); RITTERLING 1932, pp. 32-33 n.30; LAMBRECHTS 1936, p. 121 n.710; BARBIERI 1952, pp. 48 n.191; LE GALL 1953, p. 143 n.19 (ora anche in LE GALL 2005, pp. 164 n.21/19); LE GALL 1953, p. 143 n.19 (ora anche in LE GALL 2005, pp. 164 n.21/19); CROOK 1955, p. 160 n.110; VITUCCI 1956, p. 119 n.34; CASTILLO 1965, n.102; BALIL 1961, p. 52; ALFÖLDY 1969, pp. 122-123; BALIL 1967, p. 52; ALFÖLDY 1977, pp. 189-190, 229, 263, 344; DONDIN-PAYRE 1978, pp. 160-162; PFLAUM 1978, pp. 66-68 n.9; CASTILLO 1982, pp. 496-497 n.34; THOMASSON 1984, col. 23 n.25, col. 51 n.34, col. 385 n.114; ECK 1985, pp. 71-72; ALFÖLDY 1987, pp. 303-324 (con ulteriore bibliografia); ALFÖLDY 1989, pp. 289-292; LEUNISSEN 1989, pp. 214-215, 308; CABALLOS 1990, pp. 99-101; GABRIELLI 1995, pp. 349-351; THOMASSON 1996, p. 77 n.100.

[938] DIO LXXIV, 7.1, 4-8; LXXV, 3.2.

[939] CIL II 5506. ALFÖLDY 1987, pp. 303-324. Da ritenersi erronea l'identificazione di *Anullinus*, proposta da MOLISANI 1976, pp. 119-124, con il titolare di CIL III 12281, un'iscrizione mutila conservata presso il Museo Epigrafico di Atene. Sulla base di tale iscrizione il *cursus* di *Anullinus* sarebbe iniziato dall'incarico di *IIIIvir viarum curandarum*, cui seguirono quello di *tribunus militum* in una legione sconosciuta e la questura, specificata qui, diversamente che in altre iscrizioni del personaggio, come *urbana.* Il titolo attesterebbe dunque come l'anonimo senatore fosse esponente di una famiglia senatoria. ALFÖLDY 1987, pp. 322-324 respinge giustamente tale identificazione, sostenendo inoltre che *Anullinus* era un *homo novus.*

[940] ALFÖLDY 1987, p. 308.

[941] La datazione di questa e delle altre cariche si basa principalmente sulle proposte avanzate in ALFÖLDY 1969, p. 123 e soprattutto in ALFÖLDY 1987, p. 304.

della regione da parte dei Mauri.[942] I due incarichi così connessi furono affidati ad *Anullinus* forse proprio in virtù del fatto che, provenendo da *Iliberis*, egli conosceva bene il territorio, qualità ottimale in guerra.[943] Al comando di legione seguì un nuovo governatorato in una provincia imperiale che una lacuna rende non identificabile, ma che, date le capacità militari di cui sin dall'inizio *Anullinus* diede prova, potrebbe essere verosimilmente individuata nel *Noricum* o, meglio, nella *Raetia*, provincia imperiale militarmente esposta nel periodo delicato delle guerre di Marco Aurelio contro le popolazioni germaniche e che, proprio con tale imperatore, fu riorganizzata e mutata in provincia pretoria. *Anullinus* potrebbe essere stato il primo governatore senatorio della provincia, tra il 171/2 e il 173/4 d.C.[944] Alla legazione di provincia seguì il consolato *suffectus* che potrebbe collocarsi verso la fine del 173 o nel 174 d.C. La prima carica consolare fu la *cura riparum et alvei Tiberis et cloacarum urbis*, l'ultima attestata a causa di una frattura nell'iscrizione iliberitana. Una datazione della curatela di durata triennale si rivela problematica poiché sembra che nel 177 d.C. *Anullinus* si trovasse già in *Germania Superior* come *legatus* imperiale, come risulta da due iscrizioni frammentarie da lui dedicate all'imperatore Marco Aurelio e ai suoi figli.[945] La tipologia e la paleografia dei testi, molto simili fra loro, portano ad ipotizzare una realizzazione pressoché contemporanea delle due iscrizioni, fatto che risulterebbe strano, secondo Alföldy, qualora i monumenti fossero stati dedicati entrambi all'imperatore. Lo studioso ipotizza dunque che CIL XIII 6542 fosse destinato all'imperatrice Faustina.[946] Dal momento però che ella morì nella primavera-estate del 176 d.C., la realizzazione dei monumenti (e di conseguenza anche la legazione di Germania di *Anullinus*) andrebbe anticipata a tale anno, lasciando ben poco spazio per una curatela del Tevere triennale. Tuttavia l'espressione *ṛẹṣṭ[i(tuerunt)]* che Alföldy legge alla terza riga superstite di CIL XIII 6542 sembrerebbe indicare non la contemporanea realizzazione di un secondo monumento dedicato al medesimo imperatore, quanto piuttosto il semplice restauro di una base con *signum* ad opera di *Anullinus*, base e statua che, essendo state realizzate in precedenza, potevano anche avere il medesimo soggetto del monumento fatto realizzare *ex novo* dal governatore. Tuttavia anche ponendo l'inizio della legazione di *Cornelius* nel 177 d.C. lo spazio cronologico per la *cura Tiberis* rimane comunque esiguo. Le ipotesi possibili sono due; *Anullinus* potrebbe aver intrapreso la curatela agli inizi del 174 d.C., protraendola regolarmente per un triennio sino alla fine del 176 d.C.; ovvero, console nel 174 d.C., avrebbe potuto entrare in carica a metà del 174 o nel 175, interrompendo la curatela alla fine del 176 o agli inizi del 177 d.C. per recarsi in Germania, evenienza dettata forse dalla delicata situazione venutasi a creare con la nuova invasione dei Marcomanni. La carica di *legatus Augusti Germaniae Superioris* si protrasse probabilmente sino al 180 d.C.; non è dato sapere se in seguito *Anullinus* rivestì altri uffici, è un fatto tuttavia che l'incarico successivo di cui siamo informati dati ad una decina d'anni più tardi, al 192/193 d.C.; si tratta del proconsolato d'Africa, magistratura che porta a pensare come, nel corso di tale decennio per noi privo di informazioni a suo riguardo, *Anullinus* abbia continuato a mantenere una posizione sociale eminente.[947] La datazione si basa sulla titolatura imperiale di CIL VIII 1170, iscrizione dedicata a Settimio Severo dalla *civitas Ucres* e nella quale viene menzionato anche *P. Cornelius Anullinus* in qualità di proconsole.[948] Gli anni del proconsolato africano di *Cornelius Anullinus* corrisposero a quelli dell'ascesa al potere di Settimio Severo; doveva essere ancora in carica quando venne chiamato, in qualità di *legatus Augusti exercitui*, a svolgere l'incarico di *dux* dell'esercito imperiale nella guerra contro Pescennio Nigro, nell'autunno del 194 d.C., assumendo così il ruolo di uno dei maggiori sostenitori e amici di Severo.[949] Nel 195 *Anullinus* partecipò quindi alla spedizione Adiabenica e, negli anni immediatamente seguenti, ricoprì in successione l'incarico di *praefectus urbis* (197-198 d.C.) ed un secondo consolato come collega di *M. Aufidius Fronto*, nel 199 d.C.[950]

Non si conoscono legami familiari di *Anullinus* se non con un solo personaggio, *P. Cornelius P. f. Anullinus, consul ordinarius* nel 216 d.C., che fu suo figlio.[951] Un legame della *gens* sembra potersi stabilire con la città betica di *Hispalis*, dove un *Anullinus* risulta produttore di olio in un *fundus Paternus,* come attestato da un *titulus pictus* proveniente dal monte Testaccio.[952] Poiché l'anfora è databile al 140-145 d.C. è probabile comunque che si sia trattato del padre o del nonno di *Anullinus*, piuttosto che di un suo discendente.[953]

942 ALFÖLDY 1987, p. 304.

943 Cfr. CASTILLO 1991, p. 86.

944 ALFÖLDY 1987, p. 309. Cfr. CABALLOS 1990, p.100. La proposta avanzata da MOLISANI 1976, p. 122-123 di inserire qui un incarico di *corrector* integrando la lacuna in *[leg.] Aug. Pr. pr. pro[v. Achaiae ad corrigendum statum liberarum civitatium]* è finalizzata allo scopo di identificare *Anullinus* con il senatore anonimo titolare dell'iscrizione da Atene, senatore che sarebbe a sua volta identico al personaggio ignoto citato in un'epigrafe frammentaria da Corinto; l'ipotesi è accolta da CASTILLO 1982, p. 497. Per l'iscrizione di Corinto cfr. BROWN WEST 1931, VIII, 2, p. 43 n.60.

945 CIL XIII 6542; CIL XIII 6543.

946 ALFÖLDY 1987, pp. 315-321 (foto 2-3).

947 Lo spazio temporale che separa il consolato dall'assunzione del proconsolato, assestatosi in età adrianea attorno ai 14-15 anni, appare qui assai più elevato proprio a motivo dello "vuoto" seguito al proconsolato di Germania.

948 THOMASSON 1996, p. 77.

949 DIO LXXIV, 7.1 Cfr. BIRLEY 1999, pp. 112-113.

950 DIO LXXV 3.2; 75, 7.1. Cfr. BARBIERI 1952, p. 49.

951 CIL II 2221; CIL III 7531; CIL VI 1982-1983; CIL XIV 2596; CIL XV 4562,4; ILS 207; ILS 2335. Cfr. PIR² C 1323; *RE II*, col. 1259 n.59.

952 CIL XV 4282. LIOU – TCHERNIA 1994, p. 151.

953 CABALLOS RUFINO 2001, p. 79; DES BOSCS 2003, p. 327; HALEY 2003, p. 137.

37. *OFILIUS VALERIUS MACEDO*[954]
198 d.C.

1- *curator alvei Tiberis et riparum et cloacarum urbis* **198 d.C.**
CIL VI 31555 = ILS 5934 = REp III. 37*a*

XVvir sacris faciundis sacrarum ludorum saeculariorum
CIL VI 32327, 13 = ILS 5050a;
CIL VI 32329, 9;
CIL VI 32332, 4.

Ofilius Valerius Macedo è noto soltanto da poche iscrizioni. La prima è un cippo delimitativo posto dal senatore nel 198 d.C. che attesta la sua carica di *curator riparum et alvei Tiberis et cloacarum urbis*. Ciò suggerisce che, malgrado non vi siano testimonianze a riguardo, *Macedo* rivestì il consolato, forse *suffectus*, in uno degli anni precedenti tale carica. Un piccolo gruppo di tre iscrizioni riporta inoltre la partecipazione, di *Valerius Macedo* ai *ludi saeculares* nel 204 d.C. in qualità di *XVvir sacris faciundis*, collegio in cui fu cooptato probabilmente dal 170 d.C.[955] Sembra invece che il *Valerius Macedo* che compare su una *fistula* acquaria assieme a *Martius Verus* e *Sergius Saturninus* non sia da identificare con il *curator Tiberis*, bensì con suo padre, dal momento che *Martius Verus* fu console nel 169 e 179 d.C. e risulta essere già morto nel 190 d.C.[956] Alla medesima famiglia appartenne probabilmente anche *A. Ofellius Macedo*.[957]

[954] PIR² O 83; *RE XX* (1950) coll. 53-54 s.v. *Ofilius Valerius Macedo* (n.226) (M. Lambertz); LE GALL 1953, p. 143 n.20 (ora anche in LE GALL 2005, p. 165 n.23/20); LAMBRECHTS 1965, p. 39 n.376; BARBIERI 1952, p. 94, n.390; SCHUMACHER 1973, p. 97 n.69; LEUNISSEN 1989, p. 155; RÜPKE – GLOCK 2005, p. 1180 n.2567.
[955] PIGHI 1965, pp. 147, 159, 171; RÜPKE – GLOCK 2005, p. 1180. Cfr. STEIN 1927, pp. 330-331; SCHUMACHER 1973, p. 164.
[956] CIL XV 7504. BARBIERI 1952, p. 94.
[957] CIG II 1813b.

38. *C. CAESONIUS C. f. Quir. MACER RUFINIANUS*[958]
198-200/201 d.C. ca.

1- *IIIvir capitalis*
CIL XIV 3900 = Inscr.It. IV, 1, 102 = ILS 1182 = REp III. 38*a*

2- *tribunus legionis I Adiutricis* 178-180 d.C. ca.
CIL XIV 3900 = Inscr.It. IV, 1, 102 = ILS 1182 = REp III. 38*a*

3- *quaestor provinciae Narbonensis*
CIL XIV 3900 = Inscr.It. IV, 1, 102 = ILS 1182 = REp III. 38*a*

4- *tribunus plebis* 185 d.C.
CIL XIV 3900 = Inscr.It. IV, 1, 102 = ILS 1182 = REp III. 38*a*

5- *legatus pro praetore (proconsulis) provinciae Baeticae* 187 d.C
CIL XIV 3900 = Inscr.It. IV, 1, 102 = ILS 1182 = REp III. 38*a*.

6- *praetor*
CIL XIV 3900 = Inscr.It. IV, 1, 102 = ILS 1182 = REp III. 38*a*

7- *legatus pro praetore provinciae Asiae*
CIL XIV 3900 = Inscr.It. IV, 1, 102 = ILS 1182 = REp III. 38*a*

8- *curator rei publicae Asculanorum*
CIL XIV 3900 = Inscr.It. IV, 1, 102 = ILS 1182 = REp III. 38*a*

9- *legatus legionis VII Claudiae*
CIL XIV 3900 = Inscr.It. IV, 1, 102 = ILS 1182 = REp III. 38*a*

10- *proconsul provinciae Achaiae*
CIL XIV 3900 = Inscr.It. IV, 1, 102 = ILS 1182 = REp III. 38*a*

11- *curator rei publicae Tarracinensium* Verso il 191/192 d.C.
CIL XIV 3900 = Inscr.It. IV, 1, 102 = ILS 1182 = REp III. 38*a*

12- *legatus Augusti pro praetore provinciae Lusitaniae* Tra 193/4 e 196/7 d.C.
CIL XIV 3900 = Inscr.It. IV, 1, 102 = ILS 1182 = REp III. 38*a*

13- *curator rei publicae Teanensium*
CIL XIV 3900 = Inscr.It. IV, 1, 102 = ILS 1182 = REp III. 38*a*

14- *consul suffectus* 197 d.C. c
CIL XIV 3900 = Inscr.It. IV, 1, 102 = ILS 1182 = REp III. 38*a*

[958] PIR² C 210; *RE III* (1929) col. 1318 s.v. *C. Caesonius Macer Rufinianus* (n.4) (E. Groag); RITTERLING 1932, pp. 37-38 n.36; LAMBRECHTS 1936, p. 155 n.1036; LAMBRECHTS 1937, pp. 45-46 n.511; BARBIERI 1952, p. 31, n.106; CROOK 1955, p. 156 n.73; PANCIERA 1967, pp. 18-61; ALFÖLDY 1969, pp. 146-147; PFLAUM 1978, pp. 83-86 n.5; JACQUES 1983, pp. 74-76 n.26; THOMASSON 1984, col. 29 n.16, col. 52 n.38, col. 195 n.44, col. 387 n.131; ECK 1985, pp. 76-77 n.39; CHRISTOL 1986, pp. 160-162; JACQUES 1986, p. 168 n.1; RAPSEAT-CHARLIER 1987, p. 438; LEUNISSEN 1989, pp. 245-246; PEACHIN 1996, pp. 112-113 n.6; THOMASSON 1996, pp. 86-87 n.118; BADEL – BÉRENGER 1998, pp. 139-141; RÜPKE – GLOCK 2005, p. 845. n.1032; MENNEN 2011, pp. 55-58.

15- *curator alvei Tiberis* **198-200/201 d.C. ca.**

CIL XIV 3900 = Inscr.It. IV, 1, 102 = ILS 1182 = REp III. 38*a*

16- *legatus Augusti pro praetore Germaniae Superioris* 201-203 d.C.

CIL XIV 3900 = Inscr.It. IV, 1, 102 = ILS 1182 = REp III. 38*a*

17- *curator aquarum et Miniciae*

CIL XIV 3900 = Inscr.It. IV, 1, 102 = ILS 1182 = REp III. 38*a*

18- *proconsul provinciae Africae* 212/213 d.C. ca.

CIL XIV 3900 = Inscr.It. IV, 1, 102 = ILS 1182 = REp III. 38*a*

19-*curator rei publicae Lanuvinorum II*

CIL XIV 3900 = Inscr.It. IV, 1, 102 = ILS 1182 = REp III. 38*a*

20- *comes Imperatoris Severi Alexandri Augusti* Tra 230 e 235 d.C.?

CIL XIV 3900 = Inscr.It. IV, 1, 102 = ILS 1182 = REp III. 38*a*

donatus donis militaribus a divo Marco Durante il tribunato nella *legio I*

CIL XIV 3900 = Inscr.It. IV, 1, 102 = ILS 1182 = REp III. 38*a*

sodalis Augustalis Durante il regno di Settimio Severo

CIL XIV 3900 = Inscr.It. IV, 1, 102 = ILS 1182 = REp III. 38a

Il *cursus* di *C. Caesonius Macer Rufinianus* è riportato dall'iscrizione funeraria rinvenuta a *Tibur*, sua città d'origine. Fu una carriera assai estesa nel tempo dal momento che, malgrado non sia possibile ricavare datazioni precise dalle fonti, si sa per certo che iniziò sotto Marco Aurelio, da cui *Caesonius* ricevette *dona militaria*, e terminò sotto Severo Alessandro, poiché l'ultima carica segnalata è quella di *comes Imperatoris Severi Alexandri Augusti*; ciò significa che gli incarichi ottenuti da *Rufinianus* si svolsero nel corso di un quarantennio.

Caesonius cominciò regolarmente, anche se non brillantemente, con al carica di *IIIvir capitalis* seguita da quella di *tribunus* della *legio I Adiutrix*. Tali cariche si collocano durante il regno di Marco Aurelio, come attestato dai *dona militaria* che *Rufinianus* ricevette durante il tribunato probabilmente per la sua partecipazione alla guerra contro i Marcomanni. Questa circostanza permette di collocare l'incarico verso il 178-180 d.C.[959] Fu quindi *quaestor* nella provincia Narbonense, tornò a Roma come *tribunus plebis* intorno al 185, fu poi *legatus* del proconsole di *Baetica* verso il 187 d.C. e *praetor*.[960] La lunga carriera pretoria di *Caesonius* iniziò negli anni di Commodo con la carica di *legatus proconsulis* in Asia, incarico che poteva offrire utili appoggi ai giovani senatori che lo rivestivano, mettendoli in contatto con personaggi influenti quali erano i governatori di tale provincia.[961] Alla legazione proconsolare seguì il comando della *legio VII Claudia* e due governatorati, il primo nella provincia senatoria di Acaia, il secondo, nei primi anni del regno di Settimio Severo a partire dal 193 o dal 194 d.C., in quella imperiale di Lusitania, dove *Caesonius* ebbe probabilmente modo di combattere a favore dell'imperatore contro i seguaci di Clodio Albino.[962] Nell'ambito del *cursus praetorius*, a *Rufinianus* fu anche affidato a più riprese l'incarico di *curator rei publicae* in diverse città italiche -*Asculum*, *Tarracina* e *Teanum Sidicinum*. I *curatores rei publicae*, attestati con maggiore frequenza proprio nell'età di Commodo e Settimio Severo, erano incaricati speciali dell'imperatore con diverse mansioni amministrative (non ultime quelle economiche) e costituivano soggetti mediatori tra la città stessa e il potere centrale.[963] Le tre curatele affidate a *Caesonius* se da un lato contribuirono in una certa misura a dilatare i tempi di durata del suo *cursus* pretorio, dall'altro sono forse indice di un rapporto diretto tra il senatore e l'imperatore da cui proveniva la nomina a *curator rei publicae*.[964] Dopo la *cura rei publicae Teanensium*, rivestita intorno al 197 d.C. ca., *Caesonius* giunse al consolato *suffectus*, verosimilmente nello stesso anno.[965] Ciò permette di ipotizzare come datazione per la carica successiva, la *cura riparum et alvei Tiberis et cloacarum urbis*, gli anni 198-200/201 d.C. circa. L'incarico seguente lo portò in Germania *superior* in qualità di *legatus Augusti pro praetore* per quella provincia, forse attorno al 201-203 d.C., come predecessore immediato di *T. Statilius Barbus*, in carica dal 203 al 206 d.C.[966] Tornato a Roma, *Caesonius* divenne *curator aquarum et Miniciae*, carica attestata con tale titolatura a partire dall'età di Settimio Severo e che forse raccoglieva, fra le altre, le competenze che erano state del *praefectus frumenti dandi*.[967] L'ultimo incarico svolto dal senatore nell'ambito del *cursus* fu il prestigioso proconsolato d'Africa, rivestito verosimilmente durante i primi anni del regno di Caracalla, verso il 212 o il 213

---

959 ALFÖLDY 1969, p. 146. PFLAUM 1978, pp. 84-85 colloca invece il tribunato militare nel 173 d.C., verso la fine della prima spedizione. Cfr. Rietterling in *RE XII* (1925), col. 1392.

960 RITTERLING 1932, p. 37; GROAG 1946, col. 48; ALFÖLDY 1969, p. 146.

961 ECK 1996, p. 36.

962 ALFÖLDY 1969, p.146.

963 Sul *curator rei publicae* si vedano soprattutto DUTHOY 1979, pp. 171-238; CAMODECA 1980, pp. 453-534; JACQUES 1994; ECK 1999, pp. 195-252.

964 È assai improbabile infatti che le tre curatele siano state assegnate a *Caesonius* in concomitanza con altre cariche svolte nelle province. La *cura rei publicae* infatti non era un incarico puramente onorifico dal momento che il *curator* era chiamato a svolgere un ruolo attivo nell'amministrazione della città affidatagli; doveva essere inoltre facilmente raggiungibile, anche se talora solo per tramite epistolare, tant'è vero che spesso il compito era assegnato ad un illustre cittadino locale o ad un esponente dell'aristocrazia di qualche città vicina, in modo da non costringere l'incaricato ad assentarsi lungamente dalla casa e dai propri affari. ECK 1999, pp. 203-205.

965 ALFÖLDY 1969, p. 146; LEUNISSEN 1989, p. 16; ECK 1999, p. 236. Sembra meno probabile invece che il consolato vada collocato attorno al 200 d.C. o più tardi, come proposto da THOMASSON 1996, p. 87.

966 PIR S 591. Cfr. ALFÖLDY 1969, p. 146.

967 ROBINSON 1994, p. 158. Sui *curatores aquarum et Miniciae* si vedano ad es. PLATNER-ASHBY 1929, pp. 424-426; PAVIS-D'ESCURAC 1976, pp. 36 ss. e TAYLOR 2011, pp. 199-220.

d.C.[968] In seguito al proconsolato, *Caesonius* fu ancora *curator rei publicae Lanuvinorum II* e infine *comes Imperatoris Severi Alexandri Augusti* forse durante la guerra persiana del 230-235 d.C.[969] Riguardo a quest'ultima carica è stato sottolineato come *Caesonius*, nato intorno al 158-160 d.C., fosse in età troppo avanzata per prendere parte ad una campagna militare di tal genere; è probabile dunque che il titolo di *comes* debba essere inteso in senso lato come sinonimo di *amicus*.[970] Probabilmente sempre durante il regno di Severo Alessandro il senatore entrò nel collegio dei *sodales Augustales*.[971]

L'iscrizione funeraria che riporta il *cursus* di *Caesonius* è stata rinvenuta nel mausoleo della *gens* sito a Corcolle, a 6 km da Tivoli, presumibilmente nei pressi di una qualche proprietà di famiglia, forse una villa.[972] La *gens Caesonia* era originaria della *regio I*, come lascia intuire l'appartenenza dei suoi membri alla tribù *Quirina*; sulla base delle località in cui gli esponenti della famiglia esercitarono una *cura rei publicae*, rivestita generalmente in città vicine a quella dell'incaricato, Panciera propone di identificare la località di origine dei *Caesonii* ad *Antium*.[973] La famiglia doveva appartenere inizialmente ad un rango senatorio modesto a giudicare dagli esordi del suo esponente come *IIIvir capitalis,* ma raggiunse presto alti onori nel corso del III secolo d.C.[974] Già il figlio di *Caesonius* infatti, *L. Caesonius Lucillus Macer Rufinianus*, non solo ottenne l'elezione *in familiam patriciam*, ma divenne, fra l'altro, *XXvir ex senatus consulto rei publicae curandae*; ancora, il nipote *L. Caesonius Ovinius Manlius Rufinianus Bassus* arrivò addirittura ad un secondo consolato.[975]

[968] THOMASSON 1996, p. 87. La datazione concorderebbe anche con l'intervallo fra il consolato e il proconsolato d'Asia o d'Africa che dall'età di Adriano si assesta intorno ai quindici anni; cfr. ECK 1996, p. 53.
[969] ALFÖLDY 1969, p. 147.
[970] CHRISTOL 1986, p. 162 ipotizza che, in tal caso, la carica avrebbe potuto non avere alcun riferimento con la guerra persiana, bensì sarebbe stata assegnata in un altro periodo del regno di Severo Alessandro e che *Caesonius*, che all'epoca avrebbe avuto quasi ottant'anni, sarebbe potuto morire anche prima di tale spedizione. Cfr. anche PFLAUM 1978, pp. 85-86; THOMASSON 1996, p. 87. Di parere contrario FAURE 2002, pp. 32-33, secondo cui il titolo di *comes* avrebbe avuto ancora piena valenza di carica effettiva.
[971] RÜPKE – GLOCK 2005, p. 845.
[972] ANDERMAHR 1998, p. 197.
[973] PANCIERA 2006, p. 989; cfr. ECK 1985, p.76; MENNEN 2011, pp. 55-64.
[974] CHRISTOL 1986, pp. 160-161. Cfr. GILLAM 1967, pp.252-254. Secondo DIETZ 1980, pp. 104-105, il triumvirato capitale di *Caesonius* indicherebbe che egli era addirittura un *homo novus*; la teoria è stata accantonata da ECK 1985, p. 76.
[975] Cfr. le rispettive prosopografie in n.38 e n.48.

39. *L. FLAVIUS L. f. CLEONAEUS v.c.*[976]
Fine II sec. d.C.

1- *quaestor*
CIL VI 41123 = CIL VI 3846 = CIL VI 31808

2- *tribunus plebis*
CIL VI 41123 = CIL VI 3846 = CIL VI 31808

3- *praetor*
CIL VI 41123 = CIL VI 3846 = CIL VI 31808

4- *legatus legionis X Geminae*
CIL VI 41124 = CIL VI 1545 = CIL VI 31677 = REp III. 39*a*

5- *praefectus aerarii Saturni*
CIL VI 41124 = CIL VI 1545 = CIL VI 31677 = REp III. 39*a*

6- *consul (suffectus?)*
CIL VI 41124 = CIL VI 1545 = CIL VI 31677 = REp III. 39*a*

7- *legatus pro praetore provinciae Dalmatiae (excusatus?)*
CIL VI 41124 = CIL VI 1545 = CIL VI 31677 = REp III. 39*a*

9- *curator alvei Tiberis et cloacarum urbis*
CIL VI 41124 = CIL VI 1545 = CIL VI 31677 = REp III. 39*a*

curator Neapolitanorum
CIL VI 41124 = CIL VI 1545 = CIL VI 31677 = REp III. 39*a*

curator Puteolanorum excusatus
CIL VI 41124 = CIL VI 1545 = CIL VI 31677 = REp III. 39*a*

VIIvir epulonum
CIL VI 41123 = CIL VI 3846 = CIL VI 31808;
CIL VI 41124 = CIL VI 1545 = CIL VI 31677 = REp III. 39*a*;
AE 1986, 155.

La quasi totalità del *cursus* di *L. Flavius Cleonaeus* si trova su di una lastra molto frammentaria, forse in origine appartenente ad una base di statua e riutilizzata in un secondo momento in ambito funerario.[977] Si tratta in realtà di un'iscrizione anonima in quanto il nome del titolare è andato perduto; tuttavia Alföldy propone di assegnarla a *Cleonaeus* sulla base del sacerdozio nei *VIIviri epulonum* citato su di essa, carica che senza dubbio il senatore rivestì, come attestato da due altre iscrizioni.[978] La *cura Puteolanorum* costituisce inoltre un collegamento tra l'ignoto senatore e la città di *Puteoli*, cui anche *Cleonaeus* sembra essere legato per tramite della madre *Iulia L. f. Valeria Marciana Crispinilla*.[979] Oltre a ciò lo studioso sottolinea come indizio utile

[976] JAGENTEUFEL 1958, p. 115 n.43; WILKES 1969, p. 450 n.45; CORBIER 1974, pp. 305-308 n.62; SCHUMACHER 1978, p. 695; CAMODECA 1980, pp. 496-499; JACQUES 1983, pp. 105-107, n.42; THOMASSON 1984, p. 96 n.67; CHIOFFI 2003, p. 466 n.33.
[977] Così Alföldy in CIL VI 41125, p. 4939.
[978] CIL VI 41123; AE 1986, 155. Cfr. Alföldy in CIL VI 41124.
[979] AE 1986, 155. Cfr. Per una proposta dello *stemma* della *gens* cfr. RAEPSAET CHARLIER 1987, *stemma* LXVII.

all'identificazione il fatto che le sue cariche (e di conseguenza il suo nome perduto) siano state citate in accusativo secondo l'uso greco. Ciò avviene anche in un'altra iscrizione riferibile a *Cleonaeus*, *cognomen* che sembra infatti indicare un'origine greca o comunque orientale del senatore.[980] Mantenendo dunque come probabile l'identificazione del senatore sconosciuto con *Flavius Cleonaeus*, si può delinearne il *cursus honorum*.

La sua carriera iniziò in modo regolare con gli incarichi di *quaestor*, *tribunus plebis* e *praetor*, come è possibile evincere da CIL VI 41123, dal momento che nell'iscrizione anonima sono andati perduti.[981] Si sono conservate invece le (ultime o uniche?) due cariche del *cursus praetorius*, poste in ordine decrescente, rispettivamente la legazione della *legio X Gemina* e la *praefectura aerarii Saturni*. *Cleonaeus* conseguì quindi il consolato, probabilmente *suffectus*, carica che va necessariamente integrata alla r.1 dell'iscrizione anonima, estrapolata dal *cursus* come d'uso assieme alla carica sacerdotale di *VIIvir epulonum*.[982] Gli incarichi consolari presentano qualche perplessità per l'ordine con cui sono posti in CIL VI 41123; come quelli del *cursus* pretorio infatti, anch'essi dovrebbero essere citati in ordine inverso. In tal caso però la *cura Tiberis et cloacarum*, notoriamente rivestita come prima carica dopo il consolato, risulterebbe qui concessa come secondo incarico, dopo il governatorato di Dalmazia. Tuttavia più che di una macchinosa quanto incomprensibile inversione delle cariche, appare più probabile l'ipotesi proposta da Corbier secondo cui, forse per motivi di salute, la legazione in Dalmazia non venne mai rivestita da *Cleonaeus* che fu quindi *excusatus* riguardo a tale incarico.[983] In sostituzione gli venne offerta una carica che gli permetteva di rimanere a Roma, la *cura riparum et alvei Tiberis et cloacarum urbis*. Inoltre spettarono a *Cleonaeus* alcuni incarichi municipali come la *cura Neapolitanorum* e la *cura Puteolanorum*, quest'ultima forse collocabile all'epoca del consolato dal momento che anche per essa, come per la legazione di Dalmazia, il senatore fu *excusatus*.

Cleonaeus visse senza dubbio nella seconda metà del II secolo d.C. Viene infatti ricordato assieme alle due sorelle *Flavia Polymnia* e *Flavia Crispinilla* e a *Cn. Suellius Cn. f. Rufus Marcianus*, fratello di secondo letto e *curator aedium sacrarum* nel 192 d.C., nella già citata iscrizione funeraria della madre *Iulia Valeria Marciana Crispinilla*, databile al 170 d.C.[984]

[980] CIL VI 41123. Il nome *Cleonaeus* deriva dalla città di Cleone, vicina a Nemea nel Peloponneso, talora *Cleonaeus* è stato utilizzato come appellativo in relazione al leone affrontato da Ercole nelle sue fatiche (ad es. STAT. *silv.* V, 48-49; cfr. DEWAR 1989, pp. 33-34; GIBSON 2006, pp. 205-207). Sembra inoltre collegato alla *gens* di *Flavius Cleonaeus* un *L. Flavius Sulpicianus Dorion Polymnis* di Creta. Cfr. BALDWIN BOWSKY 1995, p. 266.

[981] CIL VI 41163: *[L(ucium) F]lavi[u]m [L(uci) f(ilium) ---] / [Cl]eonaeum [v(irum) c(larissimum)] / [VII]vir(um) epul[on(um)] / [prae]t(orem) tr(ibunum) pl(ebis) qu[aest(orem)] / [---]T[---] / ------*

[982] CORBIER 1974, p. 306; RÜPKE – GLOCK 2005, p. 989 n.1677 e p. 673 n.83.

[983] Alle rr. 6-7 di CIL VI 41124 è infatti possibile l'integrazione *[excusa]t(um)* che Alföldy propone di leggere *[ex/cus]at(um)*. CORBIER 1974, pp. 307-308.

[984] Cfr. RÉMY 1989, p. 94; CAMODECA 2005, p. 129; RÜPKE – GLOCK 2005, p. 989 nt. 2.

40. *M. IUVENTIUS M. f. Fab. SECUNDUS RIXA POSTUMIUS PANSA VALERIANUS SEVERUS*[985]
Ultimi anni del II sec. d.C.

1- *tribunus legionis I Minervae* in Germania Inferiore
CIL V 4335 = Inscr.It. X, 5, 123 = REp III. 40*a*

2- *quaestor*
CIL V 4335 = Inscr.It. X, 5, 123 = REp III. 40*a*

3- *eodemque tempore tribunus plebis*
CIL V 4335 = Inscr.It. X, 5, 123 = REp III. 40*a*

4- *praetor[urb(anus)?]*
CIL V 4335 = Inscr.It. X, 5, 123 = REp III. 40*a*

5- *praefectus frumenti dandi*
CIL V 4335 = Inscr.It. X, 5, 123 = REp III. 40*a*

6-*[---]t*
CIL V 4335 = Inscr.It. X, 5, 123 = REp III. 40*a*

7- *proconsul provinciae [---]*
CIL V 4335 = Inscr.It. X, 5, 123 = REp III. 40*a*

8- *legatus Augusti pro praetore provinciae Aquitaniae*
CIL V 4335 = Inscr.It. X, 5, 123 = REp III. 40*a*

9- *consul*
CIL V 4334 = Inscr.It. X, 5, 122;
CIL V 4335 = Inscr.It. X, 5, 123 = REp III. 40*a*.

10- *curator alvei Tiberis et riparum et cloacarum urbis* — **Ultimi anni II sec. d.C.**
CIL V 4335 = Inscr.It. X, 5, 123 = REp III. 40*a*

patronus Brixiae
CIL V 4335 = Inscr.It. X, 5, 123 = REp III. 40*a*

M. Iuventius Secundus Rixa Postumius Pansa Valerianus Severus è noto grazie ad un'iscrizione proveniente da *Brixia* che ne riporta in ordine ascendente il *cursus* sino alla curatela del Tevere (CIL V 4335). La prima carica attestata è il tribunato militare nella *legio I Minerva* di stanza in *Germania Inferior*, in seguito alla quale *Iuventius* ottenne la questura (in lacuna nell'iscrizione), che svolse contemporaneamente al tribunato della plebe, dopo il quale giunse alla pretura. La lacuna che segue tale carica potrebbe forse essere integrata con una specificazione della carica stessa, come ad esempio *[urb(ano)]*. Il *cursus* pretorio di *Iuventius* iniziò con la prefettura *frumenti dandi*, cui seguì un incarico che una lacuna rende illeggibile e difficilmente integrabile; Groag, in via ipotetica, propone *[praef(ecto) aer(ari) Sa]t(urni)*.[986] Seguirono un proconsolato in una provincia senatoria pretoria, il cui nome è andato perduto, e un governatorato nella provincia imperiale di Aquitania.[987] tornato a Roma *Postumius* ottenne il consolato, verosimilmente *suffectus*, in un anno sconosciuto, probabilmente verso la fine del II sec. d.C.[988] L'ultima carica di cui abbiamo notizia è la *cura alvei Tiberis et riparum et cloacarum urbis* per la quale, come per tutti gli altri incarichi, non è possibile ipotizzare una datazione.

La *gens* cui *Iuventius Secundus* apparteneva era originaria di *Brixia*, dove sono numerosi gli *Iuventii* attestati; si trattava di una famiglia illustre con diversi consolari e attestate alleanze familiari con l'altra importante *gens* bresciana dei *Postumii*.[989] *Iuventius* stesso fu patrono della città, che gli dedicò due iscrizioni su basi con statua, la prima, recante il *cursus* sin qui presentato, posta *d(ecreto) d(ecurionum)*, la seconda (CIL V 4334) limitata al nome del senatore e alla carica di *consul*.[990] Malgrado l'impossibilità di conoscere date precise riguardo al *cursus*, è forse possibile ricavare alcuni limiti cronologici di massima. *Iuventius* discendeva da *Postumia P. f. Paulla*, figlia a sua volta di *P. Statius P. f. Fab. Paullus Postumius Iunior* (console intorno alla metà del II secolo d.C.), e da *M. Iuventius Secundus* che fu *consul suffectus* verso la fine del II secolo d.C.[991] Alföldy ritiene possibile identificare il fratello del padre in *M. Iuventius Caesianus*, *legatus legionis VIII Augustae* nel 186 d.C.[992] Sulla base di tale datazione si può ipotizzare che anche la carriera del padre di *Iuventius* si sia svolta nell'arco degli ultimi quindici/venti anni del II secolo d.C.; così il *cursus* di *Iuventius* stesso potrebbe collocarsi negli anni a cavallo fra II e III secolo d.C. o, al più tardi, nel primo decennio del III secolo. Un ulteriore indizio può provenire dalla titolatura della curatela tiberina. A partire dai primi anni del III secolo d.C. infatti essa viene abbreviata in *curator alvei Tiberis* oppure *curator alvei Tiberis et cloacarum urbis*. *Postumius* viene definito con formula piena *curator alvei Tiberis et riparum et cloacarum urbis*, perciò è forse possibile collocarne la curatela negli ultimi anni del II secolo d.C.[993] Un'iscrizione sarda attesta un *M. Iuventius Rixa vir ornatissimus*, *procurator Augusti Sardiniae* intorno al 69 d.C., possibile antenato del *curator Tiberis*, il che farebbe pensare ad una lontana origine equestre della *gens*.[994] Parente di *Iuventius*, benché di grado ignoto, anche *M. Iuventius M. f. Fab. Surus Proculus*, governatore del Norico nel 201 d.C. e onorato in *Brixia* con una statua.[995]

[985] PIR² I 888; *RE X* (1919) col. 1369 s.v. *M. Iuventius Secundus*... (n.23) (E. Groag); LAMBRECHTS 1937, pp. 30-31 n.248; BARBIERI 1952, p. 78 n.319; DEGRASSI 1952, pp. 127-128; ETIENNE 1962, p. 320 n.9; LE GALL 1953, p. 145 n.31 (ora anche in LE GALL 2005, p. 167 n.36(31); ALFÖLDY 1982, p. 348 n.24; THOMASSON 1984, col. 38 n.21; RAEPSAET CHARLIER 1987, p. 526; LEUNISSEN 1989, pp. 192-193, 283, 306; GREGORI 1990, pp. 102-103, A, 129, 012; BREUER 1996, p. 136 n.B29; ALFÖLDY 1999, p. 312; SALOMIES 1992, pp. 76-77 n.3; MOLLO 2000, pp. 121-123 LXXII.

[986] *RE* X, col. 1269.
[987] Cfr. ETIENNE 1962, p. 320 n.9.
[988] RAEPSAET CHARLIER 1987, p. 526; DEMOUGIN 1992, p. 496.
[989] Cfr. MOLLO 2000, pp. 122-123 e nt. 553.
[990] Secondo BREUER 1996, p. 136 anche il patronato, oltre alla tribù, indicherebbero un'origine bresciana di *Iuventius*. Non ha dubbi a riguardo GREGORI 1999, p. 120.
[991] Entrambi i genitori sono attestati in CIL V 4349-4354. Su *Postumia Paulla* cfr. anche RAEPSAET CHARLIER 1987, pp. 525-526.
[992] CIL V 4349. *RE* X, col. 1368; ALFÖDY 1982, p. 348; ANDERMAHR 1998, pp. 311-312; ALFÖLDY 1999, p. 312.
[993] Cfr. il paragrafo II.4.
[994] CIL X 7852. GREGORI 1990, p. 120.
[995] CIL V 4360. Cfr. PIR² I 889.

41. ***M(ARCUS?) [---]***
Fine II-inizi III sec. d.C.?

1- ***curator alvei et riparum Tiberis*** **Fine II- inizi III sec. d.C.**
CIL XIV 254 = REp III. 41*a*

Del *curator Tiberis* citato in un'iscrizione ostiense assai lacunosa, posta da un *corpus lenunculariorum,* si è conservato soltanto quello che sembra essere il *prenome, M(arcus)*. L'iscrizione, che contribuisce a stabilire un legame tra i *curatores Tiberis* ed i *corpora traiectus* ostiensi, è forse databile tra la fine del II e gli inizi del III secolo d.C.[996] Il personaggio non è identificabile con certezza; data l'uguaglianza del prenome e dell'epoca, potrebbe trattarsi del *curator* precedente, *M. Iuventius Secundus*, ma si tratta soltanto di un'ipotesi senza alcuna possibilità di verifica.

42. ***MAXIMUS c.v.***[997]
Fine II - inizi III sec. d.C.

1- ***curator alvei Tiberis et riparum et cloacarum urbis*** **Fine II-inizi III sec. d.C.**
AE 1955, 185 = REp III. 42*a*

L'ignoto *vir clasissimus*, di cui si è conservato soltanto il *cognomen Maximus*, è collocabile probabilmente tra la fine del II e gli inizi del III secolo d.C. Sebbene il *curator Q. Venidius Rufus Marius Maximus L. Calvinianus* presenti lo stesso *cognomen* del senatore ignoto, non vi sono sufficienti elementi per identificarlo con lui; anche presupponendo infatti che il nome di *Venidius Rufus* sia stato privato in AE 1955, 185 degli ultimi elementi onomastici, non vi sono tracce, nelle varie iscrizioni di questo senatore, della formula *c(larissimus) v(ir)* assegnata al *Maximus* ignoto.

[996] Sull'ipotesi di datazione della curatela di *M(arcus?)* si veda il capitolo dedicato ai *corpora traiectus.*

[997] *RE Suppl. XIV* (1974) col. 280 s.v. *Maximus* (n.28a) (W. Eck). Cfr. SIRKS 1991, p. 279.

43. *Q. VENIDIUS RUFUS MARIUS MAXIMUS L. CALVINIANUS*[998]
202-204 d.C.

1- *legatus legionis I Minervae Piae Fidelis* — 193-194 d.C. ca.
CIL XIII 7994 = Lehner 161

2- *legatus Augusti pro praetore provinciae Ciliciae* — Tra 194/195 e 198 d.C.
CIL XIII 7994 = Lehner 161

3- *legatus Augustorum duorum pro praetore provinciae Syriae Phoenicis* — 198 d.C.
CIL III 205,1-5 = CIL III 12095b1-b5;
CIL III 6723;
CIL III 6725 = AE 1888, 92;
AE 1933, 26 = SEG VII 138.

4- *consul suffectus* — 200 d.C. ca.

5- *curator alvei Tiberis* — 202-204 d.C.
CIL VI 32327 = ILS 5050a = REp III. 43*a*;
EAOR I 43 = AE 1932, 70 = AE 1935, 26 = REp III. 43*b*.

6-*legatus provinciae Germaniae Inferioris* — 205 d.C.
CIL XIII 8825 = ILS 9186;
CIL XIII 8828 = AE 1976, 518.

XVvir sacris faciundis — 204 d.C.
CIL VI 32327 = ILS 5050a = REp III. 43*a*;
EAOR I 43 = AE 1932, 70 = AE 1935, 26 = REp III. 43*b*.

Il *cursus honorum* di *Q. Venidius Rufus Marius Maximus L. Calvinianus* è noto grazie ad un'insieme di iscrizioni diverse che ne permettono una ricostruzione parziale. Sicuramente da pretorio, *Venidius* fu in Germania come legatus della *legio I Minerva Pia Fidelis*, verosimilmente intorno al 193-194 d.C.[999] In seguito fu *legatus Augusti pro praetore* in Cilicia quale successore di *Ti. Manilius Fuscus* in carica nel 194-195 d.C.[1000] L'incarico di *Venidius* è databile dunque tra il 195/196 e il 197 d.C., poiché nel 198 è attestata la sua presenza come legato in Siria. Pure se non è testimoniato da alcuna fonte, è verisimile che *Venidius Rufus* abbia rivestito attorno al 200/201 d.C. un consolato *suffectus*, cui seguì la curatela del Tevere.[1001] Senza dubbio *Venidius* era in carica nel 204 d.C. quando venne citato come *curator Tiberis* in alcune iscrizioni dei *ludi saeculares* alla cui cerimonia prese parte in qualità di *XVvir sacris faciundis*, sacerdozio in cui fu cooptato probabilmente in tale periodo.[1002] Poiché nel 205 d.C. *Venidius* si trovava già in *Germania Inferior* come governatore, il 204 fu l'ultimo anno per lui nella curatela tiberina, che dunque dovette iniziare probabilmente attorno al 201-202 d.C. La legazione di Germania è l'ultima carica nota per il senatore.

Venidius è un gentilizio certificato raramente; ve ne sono alcune attestazioni in Africa; un *Venidius Kalenus* fu magistrato a *Clusium*, mentre un altro è noto a Cuma.[1003] Un *Venidius Rufus* è citato in un'iscrizione da Efeso, ma non è possibile sapere se vi fosse un rapporto fra questi personaggi e il *curator Tiberis*.[1004] La sua onomastica riconduce ad un legame con un *Marius Maximus* identificabile forse con *L. Marius Maximus consul suffectus* nel 199 d.C.[1005]

[998] PIR V 245; *RE Suppl. XIV* (1974) col. 829 s.v. *Q. Venidius Rufus Marius Maximus L. Calvinianus* (n.3) (W. Eck); RITTERLING 1932, pp. 79-80 n.39; BARBIERI 1952, p. 120 n.519; LE GALL 1953, p. 143 n.21 (ora anche in LE GALL 2005, p. 165 n.24(21); SYME 1956, p. 210; ALFÖLDY 1967, p. 48 n.58; SHERK 1971, p. 114 n.4; SCHUMACHER 1973, p. 96 n.68; THOMASSON 1984, col. 58 n.96, col. 291 n.19, col. 318 n.99; ECK 1985, pp. 198-199 n.46; LEUNISSEN 1989, p. 155, 243, 281-282; RÉMY 1989, pp. 349-350 n.309; CHRISTOL 2002, p. 265, n.1; RÜPKE – GLOCK 2005, p. 1359 n.3448.
[999] Cfr. ALFÖLDY 1967, p. 48 n.58; RAEPSAET CHARLIER 1975, p. 250.
[1000] AE 1930, 141; AE 1933, 206; PIR^2 M 137.
[1001] BARBIERI 1952, p. 120.
[1002] PIGHI 1965, p. 146; SCHEID 1990, pp. 253-254; RÜPKE – GLOCK 2005, p. 1359.
[1003] Per i *Venidii* in Africa cfr. ad es. ILAfr 38,31 = ILTun 82; ILAfr 38,75 = ILTun 82; ILAfr 38,76; ILAfr 38,77 = ILTun 82; ILAfr 284.Sugli altri due *Venidii* cfr. rispettivamente CIL XI 2124; EE VIII-1, 452; AE 1988, 322.
[1004] IK XVI 2249 = IEph 2249.
[1005] SYME 1956, p. 211; Eck in *RE Suppl.* XVI, col. 829.

44. IGNOTO (CIL X 3761)[1006]
207-210 d.C. ?

1-*quaestor*
CIL X 3761 = REp III. 44*a*

2-*praetor*
CIL X 3761 = REp III. 44*a*

3-*curator viae Tiburtinae* 200 d.C.?
CIL X 3761 = REp III. 44*a*

4-*legatus Augustorum [---] legionis X Geminae*
CIL X 3761 = REp III. 44*a*

5-*proconsul Cypri*
CIL X 3761 = REp III. 44*a*

6-*consul*
CIL X 3761 = REp III. 44*a*

7-*curator alvei [Tiberis et riparum et cloacarum urbis]* **207-210 d.C.**
CIL X 3761 = REp III. 44*a*

8-*legatus Augustorum [---]*
CIL X 3761 = REp III. 44*a*

9-*proconsul*
CIL X 3761 = REp III. 44*a*

[---c]urio
CIL X 3761 = REp III. 44*a*

Il testo mutilo di CIL X 3761, proveniente da Suessula, riporta il *cursus* lacunoso di un senatore il cui nome è andato perduto, né sembra possibile identificare tale personaggio con alcuno dei *curatores* noti. Il *cursus* è posto in ordine discendente e inizia con la carica di *quaestor*, in concomitanza della quale il senatore entrò fra i *curiones sacris faciundis*; fu quindi *praetor*.[1007] Il *cursus praetorius* è ricostruibile a grandi linee nella sua totalità, malgrado le numerose lacune; si compose di un incarico di *curator viae Tiburtinae*, compito in genere affidato a giovani pretori e che Eck colloca ipoteticamente attorno al 120 d.C.[1008] Seguirono un comando nella *legio X Gemina* in qualità di *legatus Augg(ustorum)*, forse svolto sotto il regno di Settimio Severo e Caracalla, quindi il proconsolato nella provincia pretoria di Cipro.[1009] Il personaggio ignoto raggiunse poi il consolato, che doveva essere riportato, come di consueto, in testa all'iscrizione. La prima carica consolare fu la *cura alvei Tiberis et riparum et cloacarum urbis* forse databile in via del tutto ipotetica, se si accetta la proposta di Eck sulla datazione della *cura viarum*, verso il 207-210 d.C. Seguirono una legazione e un proconsolato in luoghi ignoti.

[1006] PIR III 41; BARBIERI 1952, p. 397 n.2271; MITFORD 1980, p. 1305 n.58; THOMASSON 1984, col. 302 n.51; LEUNISSEN 1989, p. 211 n.356; LEUNISSEN 1991, p. 231; FITZ 1993-95, p. 632 n.357.
[1007] Cfr. VAGLIERI 1894b, p. 284; *DAGR II.2* (1896) pp. 1254-1255 s.v. *Fornacalia* (J. A. Hild).
[1008] ECK 1999, p. 88.
[1009] Cfr. PIR III 41; MITFORD 1980, p. 1305.

45. *L. CAESONIUS C. f. Quir. LUCILLUS MACER RUFINIANUS*[1010]
231/232-233/234 d.C.

1- *Xvir stlitibus iudicandis* 211/213 d.C.
CIL XIV 3902 = Inscr.It. IV, 1, 104 = ILS 1186 = REp III. 45*a*

electus in familiam patriciam 215 d.C. ca.
CIL XIV 3902 = Inscr.It. IV, 1, 104 = ILS 1186 = REp III. 45*a*

2- *quaestor kandidatus* 219/221 d.C.
CIL XIV 3902 = Inscr.It. IV, 1, 104 = ILS 1186 = REp III. 45*a*

3- *praetor kandidatus* 224/226 d.C.
CIL XIV 3902 = Inscr.It. IV, 1, 104 = ILS 1186 = REp III. 45*a*

4- *curator rei publicae Suessanorum* Tra 225 e 229 d.C.
CIL XIV 3902 = Inscr.It. IV, 1, 104 = ILS 1186 = REp III. 45*a*

5- *curator rei publicae Puteolanorum* Tra 225 e 229 d.C.
CIL XIV 3902 = Inscr.It. IV, 1, 104 = ILS 1186 = REp III. 45*a*

6- *legatus provinciae Africae eodem tempore vice proconsulis* 229/230 o 230/231 d.C.
CIL XIV 3902 = Inscr.It. IV, 1, 104 = ILS 1186 = REp III. 45*a*

7- *consul suffectus* 230/231 d.C.
CIL XIV 3902 = Inscr.It. IV, 1, 104 = ILS 1186 = REp III. 45*a*

8- *curator albei Tiberis et cloacarum urbis* 231/232-233/234 d.C.
CIL XIV 3902 = Inscr.It. IV, 1, 104 = ILS 1186 = REp III. 45*a*

9- *curator aquarum et Miniciae* 235/236 d.C.
CIL XIV 3902 = Inscr.It. IV, 1, 104 = ILS 1186 = REp III. 45*a*

10- *XXvir ex senatus consulto rei publicae curandae* 238 d.C.
CIL XIV 3902 = Inscr.It. IV, 1, 104 = ILS 1186 = REp III. 45*a*

11- *proconsul provinciae Africae* 240/241 d.C.
CIL XIV 3902 = Inscr.It. IV, 1, 104 = ILS 1186 = REp III. 45*a*; CIL VIII 26262 = AE 1908, 264.

12- *praefectus urbi electus ad cognoscendas vice Caesaris cognitiones*
CIL XIV 3902 = Inscr.It. IV, 1, 104 = ILS 1186 = REp III. 45*a*

frater Arvalis
CIL XIV 3902 = Inscr.It. IV, 1, 104 = ILS 1186 = REp III. 45*a*
CIL VI 2086 213 d.C.
CIL VI 2104b 218 d.C.
CIL VI 37165 = CFA 113 = AE 1912, 33 240 d.C.

Il *cursus* di *L. Caesonius Lucillus Macer Rufinianus* è noto integralmente grazie all'iscrizione rinvenuta nel sepolcro della sua famiglia a Corcollo, nei pressi di *Tibur*, da dove proviene pure l'iscrizione di *C. Caesonius Macer Rufinianus*, padre di *Lucillus* e a sua volta *curator Tiberis* negli anni 198-200/201 d.C.[1011] La carriera di *Lucillus* iniziò regolarmente, intorno al 211/213 d.C., con il vigintivirato in qualità di *Xvir stlitibus iudicandis*; in seguito fu *electus in familiam patriciam* (verso il 215 d.C.) probabilmente non tramite adozione, dal momento che nell'iscrizione funeraria egli conserva il nome della famiglia d'origine.[1012] Gli incarichi successivi furono quelli di *quaestor* (219/221 d.C.) e *praetor* (224/226 d.C.), per i quali *Lucillus* fu *candidatus* imperiale. Il *cursus praetorius* del senatore si compose di due curatele *rei publicae*, svolte presso *Suessa* e *Puteoli*, e di una legazione svolta nella provincia d'Africa dove, *eodem tempore*, assunse pure l'incarico di vicario del proconsole.[1013] Tale carica si attesta attorno al 230 d.C., anno in cui *Caesonius*, in qualità di *legatus proconsulis*, dedusse la colonia di *Uchi Maius*. L'evento venne celebrato con la costruzione di un arco la cui iscrizione ricorda la concessione alla comunità dell'*indulgentia* e della *libertas* imperiali.[1014] In seguito *Lucillus* ottenne il consolato probabilmente attorno al 230/231 d.C. Il *cursus* consolare iniziò con due incarichi urbani, la curatela del Tevere, databile all'incirca intorno al 231/2-233/4 d.C., e la *cura aquarum et Miniciae*, che dovette occupare gli anni attorno al 235-236 d.C.[1015] La posizione sociale raggiunta da *Caesonius* doveva essere abbastanza eminente se nel 238 d.C. egli fu scelto per essere tra i *XXviri ex senatus consulto rei publicae curandae*, ai quali fu affidata la sicurezza dello stato nel mezzo dei disordini della guerra tra il senato e Massimino il Trace.[1016] Le agitazioni di quegli anni non sembrano avere influito sulla carriera del senatore, che infatti divenne *proconsul Africae* probabilmente a partire dalla fine del 240 o dal 241 d. C., dal momento che nel 239 e ancora nel gennaio 240 egli partecipò alle sedute dei *fratres Arvales* a Roma.[1017] L'ultimo incarico affidato a *Lucillus* fu quello di *praefectus urbi electus ad cognoscendas vice Caesaris cognitiones*.

[1010] PIR² C 209; *RE III* (1929) coll. 1317-1318 s.v. *L. Caesonius Lucillus Macer Rufinianus* (n.3) (E. Groag); LAMBRECHTS 1937, p. 45 n.510; MULLENS 1948, pp. 67-68; BARBIERI 1952, p. 199 n.978; LE GALL 1953, pp. 143-144 n.23 (ora anche in LE GALL 2005, p. 126 n.26/23); CROOK 1955, pp. 155-156 n.72; VITUCCI 1956, p. 121 n.47; SCHEID 1975, pp. 113-114 n.144; DIETZ 1980, pp. 103-109 n.17; JACQUES 1983, pp. 134-135 n.55; THOMASSON 1984, col. 387 n.136; JACQUES 1986, p. 168 n.2; RAEPSAET CHARLIER 1987, p. 438; LEUNISSEN 1989, p. 184; SCHEID 1990, pp. 113-114 n.144; THOMASSON 1996, p. 90, n.122, p. 116 n.53; RÜPKE – GLOCK 2005, p. 845 n.1031; MENNEN 2011, pp. 59-60.

[1011] CIL XIV 3900. Cfr. la relativa prosopografia (n.38).

[1012] *RE III*, col. 1317. Le datazioni delle cariche (per le quali si seguiranno quelle proposte da SCHEID 1975, pp. 113-114) si basano su quella del consolato e soprattutto della carica di *XXvir ex s.c. rei publicae curandae* datata con certezza al 238 d.C.

[1013] Secondo Groag in *RE III* (1929) coll. 1317-1318 potrebbe trattarsi anche di una curatela *rei publicae* a *Tusculum*.

[1014] CIL VIII 26262. Cfr. RUGGERI – ZUCCA 1992, p. 660; THOMASSON 1996, p. 116; RUGGERI 1997, p. 153; SANNA 1997, p. 198 n.2; CAZZONA-UGHI 2004, pp. 113-114; CHRISTOL 2004, pp. 13-42.

[1015] Secondo SCHEID 1975, p. 114 la *cura Tiberis* sarebbe da datarsi prima del 235.

[1016] Si vedano in generale THÉODORIDÈS 1947, pp. 31-43; MULLENS 1948, pp. 65-77; CALDERINI 1949, pp. 134-135; BOCCI 1978-1980, pp. 109-126; DIETZ 1980.

[1017] CIL VI 37165. Cfr. SCHEID 1975, p. 113; THOMASSON 1996, p. 90; RÜPKE – GLOCK 2005, p. 845.

46. *L. VALERIUS CLAUDIUS MAXIMUS ACILIUS PRISCILIANUS*[1018]
Tra 235 (?) e 238 d.C.

1- *VIvir equitum Romanorum*

ILS 8979 = AE 1903, 337 = AE 1904, 170 = AE 1904, 225 = AE 1948, 129 = REp III. 46*a*

2- *IIIvir monetalis*

ILS 8979 = AE 1903, 337 = AE 1904, 170 = AE 1904, 225 = AE 1948, 129 = REp III. 46*a*

3-*quaestor*

ILS 8979 = AE 1903, 337 = AE 1904, 170 = AE 1904, 225 = AE 1948, 129 = REp III. 46*a*

4-*praetor tutelarius*

ILS 8979 = AE 1903, 337 = AE 1904, 170 = AE 1904, 225 = AE 1948, 129 = REp III. 46*a*

5-*consul ordinarius* con *Cn. Cornelius Paternus* 233 d.C.

ILS 8979 = AE 1903, 337 = AE 1904, 170 = AE 1904, 225 = AE 1948, 129 = REp III. 46*a*;
CIL III 3427;
CIL XIV 145.

6- *curator alvei Tiberis, riparum cloacarumque sacrae urbis* **Tra 235 (?) e 238 d.C.**

ILS 8979 = AE 1903, 337 = AE 1904, 170 = AE 1904, 225 = AE 1948, 129 = REp III. 46*a*

7- *comes Augustorum nostrorum inter XX consulares ex s. c. r. p. curandae* 238 d.C.

ILS 8979 = AE 1903, 337 = AE 1904, 170 = AE 1904, 225 = AE 1948, 129 = REp III. 46*a*

8- *consul ordinarius II* con *M. Acilius Glabrio* 256 d.C.

ILS 8979 = AE 1903, 337 = AE 1904, 170 = AE 1904, 225 = AE 1948, 129 = REp III. 46*a*

pontifex [maior?]

ILS 8979 = AE 1903, 337 = AE 1904, 170 = AE 1904, 225 = AE 1948, 129 = REp III. 46*a*

curator Laurentium Lavinatium

ILS 8979 = AE 1903, 337 = AE 1904, 170 = AE 1904, 225 = AE 1948, 129 = REp III. 46*a*

[---V]alerius Claud[ius ---] Acilius Priscilianus è noto da una sola iscrizione proveniente da *Lavinium*, dalla quale, malgrado la lacunosità, si evince l'eccellenza del personaggio. Il suo *cursus*, presentato in ordine inverso, iniziò brillantemente con l'incarico di *IIIvir monetalis* svolto probabilmente in concomitanza con il sevirato *equitum turmae Romanorum,* incarichi che rivelano l'appartenenza di *Priscilianus* al patriziato. Fu quindi *quaestor urbanus* e prolungò la carica, come lascia intendere la formula *pro quaestore*, con una legazione proconsolare in una provincia il cui nome è andato perduto. Probabilmente fra la prima e la seconda questura va collocato un pontificato che una lacuna non permette di identificare come *maior* o *minor.*[1019] In seguito *Priscilianus* fu *praetor tutelarius*, carica istituita da Marco Aurelio con competenze giuridiche nelle questioni concernenti le tutele, cui seguì il consolato *ordinarius.*[1020] Il primo incarico consolare fu la *cura Tiberis* per la quale si può ipotizzare una probabile durata dal 234/235 al 236/237 d.C., dal momento che verosimilmente sino al 233/23 d.C. circa fu in carica *L. Caesonius Lucillus Macer Rufinianus* ed inoltre nel 238 d.C. *Priscilianus*, come pure *Caesonius*, fu scelto dal senato per la carica di *comes Augustorum nostrorum inter XX consulares ex senatus consulto r. p. curandae*, cioè tra i venti senatori eletti appositamente per organizzare la difesa dell'Italia contro Massimino.[1021] Poiché *Priscilianus* fu *consul ordinarius*, si è tentato di identificarlo con uno dei consoli noti soltanto dal *cognomen*, elemento che nell'iscrizione di *Lavinium* si sarebbe trovato prima del cognome *Acilius* e sarebbe quindi andato perduto per lacuna. *Valerius Priscilianus* sarebbe dunque identificabile con *L. Valerius Maximus*, console per due volte, come attestano alcune iscrizioni.[1022] Di conseguenza l'onomastica del *curator Tiberis* va integrata in *L. Valerius Claudius Maximus Acilius Priscilianus*, e il suo primo consolato (con *Cn. Cornelius Paternus*) può datarsi al 233 d.C., cronologia che collimerebbe anche con la probabile datazione della sua *cura Tiberis.*[1023] Inoltre va assegnato a quest'ultimo un secondo consolato ordinario rivestito con *M. Acilius Glabrio* nel 256 d.C. [1024] In un momento imprecisato della sua carriera, forse prima del secondo consolato che nell'iscrizione non compare, *Priscilianus* fu *curator Laurentium Lavinatium.*[1025] La curatela della città, di cui il senatore era con tutta probabilità originario, è posta in testa al *cursus* evidentemente in quanto l'iscrizione fu collocata *ob eximium amorem in cives* da *sacerdotales et populus* di *Lavinium.*

Gli ultimi due elementi onomastici del senatore sembrano collocarlo tra i discendenti degli *Acilii Glabriones* legati ai *Cornelii Severi* di *Tibur*. Tra i membri della *gens*

[1018] *RE VII A2* (1948) col. 2411 s.v. *[V]alerius Claudius* (n.131) (R. Hanslik); BARBIERI 1952, pp. 230-231 n.1173, p. 232 n.1176; LE GALL 1953, p. 144 n.24 (ora anche in LE GALL 2005, pp. 165-166 n.27/24); CROOK 1955, p. 187 n.328a; DIETZ 1980, pp. 245-246 n.80; JACQUES 1986, p. 153 n.10; PEACHIN 1996, p. 124; RÜPKE – GLOCK 2005, pp. 1346-1347 n.3384.

[1019] RÜPKE – GLOCK 2005, p. 1346 nt. 3, che preferisce integrare *pontifici, [quaestor]i*, anziché *pontifici [maior]i* (Dessau in ILS 8979) o *[minor]i* (SCHEID – GRANINO CECERE 1999, p. 81).

[1020] SHA *Marci* X, 11. Cfr, ECK 1999, pp. 266-267.

[1021] Sull'argomento si veda la prosopografia di *L. Caesonius Lucillus Macer Rufinianus* (n.45).

[1022] CIL XVI 145; CIL XI 6335. BARBIERI 1952, p. 231.

[1023] La proposta di SALOMIES 1996, p. 64 nt. 84 di interpretare *Claud[---]* come *Claud(ia tribu)* lascia l'incongruenza della mancanza del patronimico, in genere posto prima dell'indicazione di tribù. Indicativa sarebbe inoltre l'attestazione di un giovane *Claudius Acilius Valerius* di III secolo legato, come forse *Priscilianus*, alla *gens* degli *Acilii Glabriones*. PLRE I, p. 941. Il consolato con *Paternus* è attestato da CIL XVI 145.

[1024] CIL XI 6335.

[1025] E non, come si credeva in un primo tempo, *augur Laurentium Lavinatium* (ILS 8979). Cfr. DUTHOY 1979, p. 238 nt. 341; SCHEID – GRANINO CECERE 1999, p. 183.

Acilia il *cognomen Priscilianus* deriverebbe da *Arria Plaria Vera Priscilla,* moglie del console del 91 d.C. *M'. Acilius Glabrio.*[1026]

47. *M. AURELIUS ARTEMIDORUS*[1027]
Intorno al 244 d.C.

1- *consul suffectus*

2-curator alvei et riparum Tiberis et cloacarum urbis **Per un triennio attorno al 244 d.C.**
CIL VI 863 = CIL VI 30841 = REp III. 47*a*;
CIL VI 40693 = CIL VI 1224 = REp III. 47*b*.

3-*legatus Augusti pro praetore Bithyniae* 245/246 d.C.
AE 1992, 1565b = SEG 39, 1342

La curatela di *M. Aurelius Artemidorus* è attestata da due titoli urbani legati alla sua attività di *curator Tiberis*. Il primo è apposto su di un monumento dedicato alla casa imperiale dalla *statio alvei Tiberis et riparum cloacarum urbis* e della cui realizzazione si occupò *Artemidorus* in qualità di curatore del Tevere; il secondo attesta la concessione di uno spazio pubblico che probabilmente doveva trovarsi lungo la riva.[1028] Quest'ultima iscrizione è databile al 244 d.C. grazie alla menzione del consolato di *Peregrinus Fulvius Aemilianus*, che permette così di collocare la curatela di *Artemidorus* nel triennio 242-244 d.C. È verisimile che il 244 sia stato l'ultimo anno in cui il senatore fu in carica, dal momento che egli è identificabile con il M. Αὐρήλιο͂ Ἀρτεμιδῶρο͂ citato in qualità di governatore consolare di Bitinia in un'iscrizione proveniente da Nicomedia e databile al 245/246.[1029] Tale iscrizione permette quindi anche di aggiungere due cariche al *cursus* del senatore, il consolato, probabilmente *suffectus*, e il proconsolato.

[1026] PIR² A 1120; cfr. BRUUN 1994, pp. 215-225; CHAUSSON 1996, p. 353 e nt. 81.

[1027] PIR² A 1457; *RE II* (1896) col. 2454 s.v. *Aurelius Artemidorus* (n.60) (E. Klebs); LAMBRECHTS 1937, p. 63 n.874; BARBIERI 1952, p. 255 n.1466; LE GALL 1953, p. 144 n.25 (ora anche in LE GALL 2005, p. 166 n.28/25); DEVIJVER 1977, IV, p. 1455, n.212 bis; DIETZ 1980, pp. 95-96 n.13; HALFMANN 1982, p. 648; RÉMY 1989, pp. 118-119 n.85bis; KÖRNER 2002, pp. 331-332 (S5).

[1028] Cfr. rispettivamente CIL VI 1224. (per cui si veda anche il capitolo dedicato al personale subalterno) e CIL VI 863.

[1029] SEG 39, 1342.

48. *L. CAESONIUS L. f. Quir. OVINIUS MANLIUS RUFINIANUS BASSUS*[1030]
261-263 d.C.

1- *IIIvir capitalis* Attorno al 245 d.C.
AE 1964, 223 = AE 1980, 215 = REp III. 48*a*;
AE 1968, 109 = REp III. 48*b*.

2- *VIvir equitum Romanorum turmae deducendae*
AE 1964, 223 = AE 1980, 215 = REp III. 48*a*

3- *quaestor candidatus*
CIL X 1687 = ILS 1206;
AE 1964, 223 = AE 1980, 215 = REp III. 48*a*;
AE 1968, 109 = REp III. 48*b*.

4- *praetor candidatus*
CIL X 1687 = ILS 1206 ;
AE 1964, 223 = AE 1980, 215 = REp III. 48*a*;
AE 1968, 109 = REp III. 48*b*.

5- *curator rei publicae Beneventanorum*
AE 1964, 223 = AE 1980, 215 = REp III. 48*a*;
AE 1968, 109 = REp III. 48*b*.

6- *consul suffectus* 260 d.C.
AE 1968, 109 = REp III. 48*b*

7- *curator albei Tiberis et cluacarum sacrae urbis* **261-263 d.C. ca.**
AE 1964, 223 = AE 1980, 215 = REp III. 48*a*;
AE 1968, 109 = REp III. 48*b*.

8- *legatus provinciae Africae (dioecesis) Carthaginiensis*
AE 1964, 223 = AE 1980, 215 = REp III. 48*a*

9- *curator coloniae Carthaginiensium*
AE 1964, 223 = AE 1980, 215 = REp III. 48*a*

10- *pr[---]ones tracto Piceno*
AE 1968, 109 = REp III. 48*b*

11- *curator Laviniensium*
AE 1968, 109 = REp III. 48*b*

12- *proconsul provinciae Africae tertium*
AE 1964, 223 = AE 1980, 215 = REp III. 48*a*

13- *electus a divo Probo ad praesidendum iudicio magno* Tra 276 e 282 d.C.
AE 1964, 223 = AE 1980, 215 = REp III. 48*a*

14- *iudex sacrarum cognitionum vice Caesaris sine appellatione cognoscendi inter fiscum et privatos item inter privatos Roma et in provincia Africa* 281/282 d.C. ca.?
AE 1964, 223 = AE 1980, 215 = REp III. 48*a*

15- *comes Augustorum* (di Caro e Carino o Carino e Numeriano) 283-285 d.C.
AE 1964, 223 = AE 1980, 215 = REp III. 48*a*

16- *praefectus urbis* 285 d.C.
AE 1964, 223 = AE 1980, 215 = REp III. 48*a*

17- *consul (suffectus) II* 285 d.C.
AE 1964, 223 = AE 1980, 215 = REp III. 48*a*

salius palatinus All'epoca della pretura
CIL VI 41316 = AE 1945, 21 = AE 1949, 70;
CIL X 1687 = ILS 1206;
AE 1964, 223 = AE 1980, 215 = REp III. 48*a*.

pontifex maior All'epoca della pretura
CIL VI 41316 = AE 1945, 21 = AE 1949, 70;
CIL X 1687 = ILS 1206;
AE 1964, 223 = AE 1980, 215 = REp III. 48*a*;
AE 1968, 109 = REp III. 48*b*.

pontifex dei Solis intorno al 274 d.C. ca.
AE 1964, 223 = AE 1980, 215 = REp III. 48*a*

Il *cursus honorum* di *L. Caesonius L. f. Quir. Ovinius Manlius Rufinianus Bassus* è noto principalmente grazie a due iscrizioni che, pur presentando diverse anomalie nella disposizione delle cariche, permettono la ricostruzione integrale della carriera, grazie soprattutto all'approfondita analisi compiuta da Panciera sul titolo apposto su di una base proveniente da Latina.[1031] La carriera di *Caesonius* iniziò con la carica vigintivirale di *IIIvir capitalis* (attorno al 245 d.C.), ma nel caso in esame un simile esordio non è indice di modesta condizione sociale del senatore, che anzi apparteneva ad una *gens* patrizia e che infatti, subito dopo, fece parte dei *VIvir equitum Romanorum turmae deducendae* e fu *kandidatus* per la questura e la pretura.[1032] Vanno ricondotte all'epoca della pretura le cariche sacerdotali di *salius palatinus* e di *pontifex maior*, come attestato dall'iscrizione napoletana posta in questo periodo.[1033] Il

[1030] PIR² C 212; PIR² O 186; *RE Suppl XIV* (1974) coll. 81-82 s.v. *Caesonius* (n.9) (W. Eck); PLRE *Bassus* 18, pp. 156-157; BARBIERI 1952, pp. 262-263 n.1500; BARBIERI 1964, p. 40-50; BARNES 1972, p. 150; THOMASSON 1975, pp. 25-26; *CHRISTOL 1982b*, p. 163; JACQUES 1982, pp. 84-86 n.30; JACQUES 1983, pp. 149-151 n.66; THOMASSON 1984, col. 388 n.146; JACQUES 1986, p. 168 n.3; PEACHIN 1996, pp. 129-131 n.12; THOMASSON 1996, pp. 93-94 n.130 e p. 117 n.56; PEZZELLA 2002, p. 97; RÜPKE – GLOCK 2005, pp. 845-846 n.1034; PANCIERA 2006, pp. 985-997; MENNEN 2011, pp. 60-61.

[1031] AE 1964, 223, da Latina, riporta il *cursus* quasi integralmente, anche se con particolare ordinamento delle cariche (cfr. PANCIERA 2006, pp. 985-997); AE 1964, 223 da Aversa, presenta un *cursus* quasi completo, ad eccezione di alcune cariche minori, sino alla *praefectura urbana*. CIL X 1687 da Napoli, oggi perduta, arriva soltanto alla carica di *praetor*, e CIL VI 41316 da Roma, posta dopo il consolato, è frammentaria. CHRISTOL 1982b, p. 163 e RÜPKE – GLOCK 2005, pp. 845-846 n.1034 e 1035 assegnano AE 1964, 223 e AE 1968, 109 a due personaggi distinti, rispettivamente padre e figlio (a quest'ultimo andrebbero attribuite anche CIL VI 41316 e CIL X 1687), ma le troppe coincidenze fra i due *cursus* portano ad escludere, piuttosto che ad avallare, una simile ipotesi. PANCIERA 2006, pp. 985-997.

[1032] Le datazioni qui presentate seguono quelle proposte dallo studio di Panciera.

[1033] CIL X 1687.

cursus praetorius fu assai rapido, secondo l'uso che sembra essere invalso nelle carriere senatorie patrizie di fine III secolo; *Caesonius* rivestì infatti soltanto la *cura rei publicae Beneventanorum*, carica che nell'iscrizione di Latina è arbitrariamente congiunta con la *cura Tiberis.*[1034] Tuttavia sembra esser certo che la *cura rei publicae* vada posta prima del consolato, rivestito nel 260 d.C., malgrado quest'ultimo occupi la posizione precedente alle due curatele.[1035] L'identificazione degli incarichi spettanti alla carriera consolare si presenta assai complessa per la loro disposizione nel *cursus* di Latina e Aversa; nondimeno lo studio di Panciera sembra fornire un'interpretazione plausibile della carriera consolare di *Caesonius*. Senza dubbio il primo incarico dopo il consolato fu la *cura Tiberis* che, si può ipotizzare, il senatore dovette rivestire all'incirca dal 161 al 163 d.C. Di seguito alla curatela il *cursus* dell'iscrizione di Aversa pone le cariche di *legatus provinciae Africae Carthaginiensis* e *curator coloniae Carthaginiensium*, mansioni che l'iscrizione di Latina riferisce più brevemente come *legatus Carthaginiensium* e *curator eiusdem diocesis Carthaginensium*. Secondo Barbieri nell'iscrizione di Aversa si tratterebbe di un raggruppamento arbitrario di tutte le cariche relative all'Africa che non terrebbe conto dell'ordine cronologico in cui furono rivestite, soprattutto per quanto riguarda la legazione *pro praetore* della provincia d'Africa, ufficio prettamente pretorio.[1036] Tuttavia, non si può ignorare il fatto che in entrambe le iscrizioni la carica viene intesa come posteriore al consolato, coincidenza che sembra escludere una trasposizione di incarichi. Secondo Panciera, *Caesonius* avrebbe dunque rivestito la legazione *pro praetore* in Africa dopo il consolato, caso noto solamente per altri quattro senatori che furono legati consolari ma sempre imparentati con i rispettivi proconsoli.[1037] Se una carica a servizio del padre, *proconsul Africae* verso il 240 d.C., deve escludersi per motivi cronologici, rimane comunque valida per *Caesonius* l'ipotesi di una legazione africana post consolare, forse in rapporto con un parente di cui si è perduta notizia.[1038] D'altro canto il legame della *gens* con il territorio africano è indubitabile; già il padre di *Ovinius* era stato *legatus provinciae Africae eodem tempore vice proconsulis* e come tale coinvolto nella deduzione della colonia di *Uchi Maius*, e, in seguito, *proconsul provinciae Africae*. Due incarichi, assenti nell'iscrizione di Aversa e ricordati dal titolo di Latina tra la *cura Tiberis* e la legazione africana, presentano ulteriori perplessità; si tratta, nell'ordine, della carica lacunosa di *pr[---]ones tracto (!) Piceno* e di quella di *curator Laviniensium*. Se riguardo a quest'ultima carica il problema è relativo, dal momento che non mancano esempi di *curatores rei publicae* di rango consolare, tant'è vero che il nonno dello stesso *Caesonius* fu *curator Laviniensium* per ben due volte dopo il consolato, più problematica diventa l'interpretazione del primo incarico, fortemente compromesso da una lacuna del supporto.[1039] Le soluzioni presentate, come ad esempio *pr[aef. ad tir]ones*, oppure *pr[aef. adversus latr]ones*, suscitano non poche perplessità per il fatto che propongono cariche in genere affidate a *milites* in carriera o a cavalieri, non certo a senatori consolari.[1040] È tuttavia possibile che nel caso in questione si tratti di una carica rivestita prima del vero e proprio ingresso in senato, dal momento che, nell'iscrizione di Latina, essa è posta subito di seguito al triumvirato capitale e potrebbe quindi appartenere, in sostituzione del tribunato militare, alla prima parte del *cursus*, posta nel titolo in ordine discendente.[1041] A coronamento del *cursus* consolare *Caesonius* ottenne il proconsolato d'Africa, carica che mantenne per tre anni consecutivi, come si evince dal termine *tertium* riportato nell'iscrizione di Aversa.[1042] La parte più importante della carriera di *Caesonius* inizia dopo il proconsolato con alcuni incarichi di carattere giuridico e amministrativo riportati soltanto dall'iscrizione di Aversa e che sottintendono un rapporto tra il senatore e l'imperatore. Tornato dall'Africa, infatti, *Ovinius* fu scelto da Probo *ad praesidendum iudicio magno* (tra 276 e 282 d.C.), ottenendo dunque l'incarico straordinario di presidente del *magnum iudicium*, una commissione senatoria presieduta da un consolare e delegata dall'imperatore ai giudizi in materia civile.[1043] Un secondo incarico straordinario affidato a *Caesonius* fu quello di *iudex sacrarum cognitionum vice Caesaris sine appellatione cognoscendi inter fiscum et privatos, item inter privatos Roma et in provincia Africa*, carica affine alla precedente, poiché si trattava sempre di una delega ad un senatore che, in qualità di *vice Caesaris,* amministrava i ricorsi in materia fiscale con giudizi definitivi (*sine appellatione*) in distretti amministrativi che l'iscrizione identifica con Roma e l'Africa.[1044] L'incarico risale probabilmente agli anni intorno al 281/282 d.C. circa, in contemporanea, sembra, con l'analoga carica di *Virus Lupus*, *consul* nel 278 d.C., che fu *[iudex s]acrarum [co]gnition(um) [per Asiam?] et per Orientem.*[1045] La carriera di *Caesonius* si concluse con alcune cariche onorifiche, *in primis* quella

[1034] Cfr. CHRISTOL 1982b, p. 152.

[1035] Cfr. PANCIERA 1967, p. 30.

[1036] BARBIERI 1964, p. 43 e nt. 8. Cfr. THOMASSON 1996, p. 117.

[1037] Si tratta di *A. Visellius*, legato del fratello in Africa; di *Cn. Domitius Lucanus* anch'egli *legatus* del fratello; di *P. Pactumeius Clemens* legato del suocero e di *M. Antonius Gordianus* (Gordiano II) legato del padre. Cfr. THOMASSON 1960 I, p. 61. Gli esempi sono riportati da BARBIERI 1964, p. 43 nt. 8 che tuttavia si mostra alla fine più propenso a non includervi *Caesonius Ovinius*. PANCIERA 1967, pp. 31-32.

[1038] Anche il padre di *Caesonius*, *L. Caesonius C. f. Quir. Lucillus Macer Rufinianus*, fu *curator Tiberis*, come il nonno *C. Caesonius C. f. Quir. Macer Rufinianus*. Cfr. le rispettive prosopografie (n.38 e n.48).

[1039] CIL XIV 3900. Si veda la prosopografia di *C. Caesonius Macer Rufinianus* (n.38).

[1040] Sulla prima ipotesi cfr. PIR² O 186; *RE Suppl.* XIV, col. 81; JACQUES 1982, p. 84 e, da ultimo, MENNEN 2007, p. 119 e nt. 30; sulla seconda ipotesi cfr. PANCIERA 1967, p. 33.

[1041] PANCIERA 1967, pp. 34-35.

[1042] Cfr. THOMASSON 1996, pp. 93-94.

[1043] Citata anche nell'*Historia Augusta* (SHA *Prob.* 13,1). Cfr. BARBIERI 1964, pp. 45-47. BARNES 1970, p. 201 alle rr. 11-12 dell'iscrizione di Aversa legge piuttosto *electus a divo Probo ad praesidendum lud(is) mag(nis)*, giochi che egli identifica con i *ludi Romani* celebrati ogni settembre a Roma. A tali *ludi Ovinius* avrebbe assistito in luogo dell'imperatore in qualità di suo delegato. Una simile ipotesi di lettura, che si basava su una riproduzione fotografica dell'iscrizione, è stata categoricamente esclusa da BARBIERI 1964, p. 44 che vide personalmente l'iscrizione.

[1044] BARBIERI 1964, pp. 46-47; CHASTAGNOL 1988, pp. 49-51.

[1045] CIL VI 41235. BARBIERI 1964, p. 47.

di *comes Augustorum*, dove gli imperatori possono essere identificati con Caro e Carino (238 d.C.) o con Carino e Numeriano (283-284 d.C.); forse fu proprio tale carica, che sottintende un legame di fiducia con la casa imperiale, a fruttare al senatore la nomina a *praefectus urbis*, ufficio che egli tenne probabilmente sino alla morte di Carino, nel 285 d.C., dopo di che potrebbe esser stato sostituito per volere di Diocleziano con un sostenitore del nuovo imperatore.[1046] In ogni caso, a coronamento di una brillante carriera, *Ovinius* ottenne infine un secondo consolato, probabilmente *suffectus*, databile verso il 285 d.C., in contemporanea con la *praefectura urbis.*[1047] Risale forse ad un'epoca attorno al 274 d.C. l'ultimo sacerdozio rivestito da *Caesonius*, il *pontificatus dei Solis*, istituito da Aureliano; data l'importanza del personaggio è assai probabile che egli sia stato tra i primi membri del nuovo collegio sacerdotale.[1048]

Caesonius nacque probabilmente intorno al 225/230 d.C., esponente di una *gens* che ebbe lustro nel corso del III secolo d.C., quella dei *Caesonii*, da cui egli trae la maggior parte dei suoi elementi onomastici. Il padre, *C. Caesonius Macer Rufinianus*, fu *electus in familiam patriciam* e fece parte dei *XXviri ex s.c. rei publicae curandae* istituiti nei disordini del 238 d.C.[1049] Il gentilizio *Ovinius* (e forse anche il *cognomen Bassus*) deve essere ricondotto alla madre di *Caesonius*, esponente di una tra le *gentes* più eminenti del III secolo d.C.[1050]

49. *M'. ACILIUS BALBUS SABINUS c. v.*[1051]
284/285-286/287 d.C. oppure tra il 284 e il 293 d.C.

1- *curator alvei Tiberis et cloacarum sacrae urbis* — **284/285-286/287 d.C. oppure tra 284 e 293 d.C.**

CIL VI 31264 = CIL VI 1225 = REp III. 49*a*;
CIL VI 31556 = CIL VI 1242 = ILS 5894 = REp III. 49*b*.

Di *M'. Acilius Balbus Sabinus* è nota soltanto la curatela, attestata da due iscrizioni. La prima permette di individuare una datazione *post quem* nel 1 aprile 286 d.C., anno in cui Diocleziano associò al potere Massimiano; entrambi gli imperatori sono infatti citati nell'iscrizione che attesta l'esecuzione di lavori di restauro lungo la riva dissestata dal tempo.[1052] Il secondo è un titolo dedicato da *Sabinus* all'imperatore; la formula utilizzata è quella di *d(evotus) n(umini) m(aiestati)q(ue)*, che compare correntemente a partire dal III secolo d.C., purtroppo una lacuna non permette di capire se sia preferibile l'integrazione *eius* piuttosto che *eorum.*[1053] Se fosse corretta la prima ipotesi, proposta in CIL VI 31556, sarebbe possibile circoscrivere ulteriormente la datazione della curatela agli anni immediatamente precedenti la salita al trono di Massimiano a fianco di Diocleziano, all'incirca al 284/285-286/287 d.C. In caso contrario l'arco temporale potrebbe andare dal 1 aprile 284 al 1 marzo 293 d.C., anno della proclamazione a Cesari di Costanzo Cloro e di Galerio, che infatti non compaiono su tale iscrizione.[1054]

Acilius Balbus doveva appartenere al ramo dei *Balbi* della *gens Acilia*, di origine plebea, la quale nel I secolo d.C. era stata una delle principali famiglie senatorie di Roma, ma che subì tuttavia un lento declino nel corso del III secolo d.C. [1055]

[1046] BARBIERI 1964, p. 49.
[1047] BARBIERI 1964, p. 50 propone cautamente un'identificazione del senatore con il *Bassus* che fu console insieme a Diocleziano, ma si tratta soltanto di un'ipotesi impossibile da provare, soprattutto data la popolarità del *cognomen Bassus*. Cfr. PLRE *Bassus* 19, p. 157.
[1048] PANCIERA 1967, p. 37; BERRENS 2004, pp. 112-114.
[1049] Cfr. la prosopografia dedicata a questo personaggio. (n.45).
[1050] PANCIERA 1967, pp. 23-24. Sull'origine dei *Caesonii* si veda la prosopografia dedicata a *C. Caesonius Macer Rufinianus.* (n.38).

[1051] PIR² A 52; PLRE *Sabinus* 10, p. 792; LAMBRECHTS 1937, p. 61 n.822; BARBIERI 1952, p. 322 n.1791; DEGRASSI 1952, p. 109; LE GALL 1953, p. 144 n.26 (ora anche in LE GALL 2005, p. 166 n.30/26).
[1052] CIL VI 31556.
[1053] CIL VI 31264. Cfr. ad es. GORDON 1983, 162-163.
[1054] LE GALL 1953, p. 144 (ora anche LE GALL 2005, p. 166).
[1055] Cfr. LANCIANI 1894, p. 266. Cfr. *RE* I.1 (1894) col. 251, s.v. *Acilius* (Klebs); si veda la prosopografia dedicata a *M. Acilius Memmius Glabrio* (n.4).

50. *[---]ANUS c. v.*[1056]
Ultimo decennio del III secolo d.C.

1- *VIvir turmae equitum Romanorum*
CIL VIII 11338 = ILS 1198 = REp III. 50*a*

2- *IIIvir monetalis*
CIL VIII 11338 = ILS 1198 = REp III. 50*a*

adlectus in patricias familias
CIL VIII 11338 = ILS 1198 = REp III. 50*a*

3- *quaestor*
CIL VIII 11338 = ILS 1198 = REp III. 50*a*

4- *praetor urbanus candidatus*
CIL VIII 11338 = ILS 1198 = REp III. 50*a*

5- *legatus Numidiae* — *post* 269/270 d.C.?
CIL VIII 11338 = ILS 1198 = REp III. 50*a*

6- *praefectus alimentorum*
CIL VIII 11338 = ILS 1198 = REp III. 50*a*

7- *con sul*
CIL VIII 11338 = ILS 1198 = REp III. 50*a*

8- *curator aquarum et Miniciae*
CIL VIII 11338 = ILS 1198 = REp III. 50*a*

9- *curator alvei Tiberis* — **Ultimo decennio del III sec. d.C.**
CIL VIII 11338 = ILS 1198 = REp III. 50*a*

XVvir sacris faciundis
CIL VIII 11338 = ILS 1198 = REp III. 50*a*

XIIvir urbis Romae
CIL VIII 11338 = ILS 1198 = REp III. 50*a*

Non è purtroppo identificabile con alcuno dei *curatores Tiberis* noti né con nessun altro senatore conosciuto l'anonimo titolare della base onoraria, proveniente dalla colonia africana di *Sufetula* / Sbeitla e dedicatagli in quanto *patronus perpetuus* da *Aelius Felix* e *Fabius Donatulus.* Il *cursus* viene riportato in ordine discendente ad eccezione del consolato che, come d'uso, è posto all'inizio accanto al titolo di *clarissimus vir.* Il senatore iniziò con l'incarico di *VIvir turmae equitum Romanorum* cui seguì quello altrettanto prestigioso di *IIIvir monetalis.* Tali cariche sembrano indicare una certa importanza del personaggio dal momento che per entrambe venivano generalmente scelti esponenti di famiglie patrizie, mentre egli apparteneva ad una *gens* plebea; entrerà infatti *in patricias familias* solo prima del vero e proprio ingresso in senato con la questura.[1057] Seguirà la pretura urbana per la quale l'ignoto senatore fu *candidatus* imperiale; potrebbero risalire a tale periodo l'ingresso fra i *XVviri sacris faciundis* e fra i *XIIviri urbis Romae.*[1058] Il *cursus* pretorio fu assai rapido comprendendo soltanto due incarichi. Il primo fu la legazione della provincia imperiale pretoria di Numidia; negli anni immediatamente seguenti la morte di Gallieno (268 d.C.) all'interno di tale provincia si ebbe una separazione tra il potere militare e quello civile e poiché la carriera presentata dall'iscrizione africana ha carattere prettamente civile, è possibile che il senatore anonimo abbia ottenuto la legazione numida solo in seguito a tale separazione.[1059] Tornato a Roma egli divenne *praefectus alimentorum*, rivestendo quindi la carica istituita da Traiano nell'ambito del suo progetto di *institutio alimentaria.* Tale incarico veniva generalmente associato alla *cura viarum*, che contribuiva a stabilire il distretto entro cui il *praefectus* agiva.[1060] Tuttavia tra fine II e inizi III secolo d.C. la denominazione della carica compare anche senza la specificazione di una strada che ne delimitasse l'area di azione; in genere si trattava allora di incaricati *consolari.*[1061] Tuttavia non sembra possibile che tale principio valga per l'anonimo senatore dal momento che le due curatele che gli vennero affidate in seguito –la *cura aquarum* e la *cura Tiberis*- venivano di norma rivestite subito dopo il consolato. È probabile dunque che egli abbia ottenuto il consolato solo dopo la *praefectura* degli alimenti. Le prime cariche consolari furono due delle grandi curatele urbane, la *cura aquarum* cui dall'età di Settimio Severo era collegata la *cura Miniciae*, e la *cura Tiberis*, qui associate nella formula unitaria *curator aquarum et Miniciae et alvei Tiberis.*[1062] Probabilmente le due curatele furono rivestite non contemporaneamente, ma una di seguito all'altra; inoltre la formula *curator alvei Tiberis* non deve far supporre che le competenze affidate alla carica fossero mutate, quanto piuttosto che fosse avvenuto un cambiamento nella titolatura, qui ulteriormente abbreviata. Infatti dalle pur scarse testimonianze dei *curatores* occorrenti per la fine del III e gli inizi del IV secolo d.C. emerge come la titolatura della carica sia stata ridotta alla formula *curator alvei Tiberis et cloacarum*, cambiamento che potrebbe permettere di delimitare cronologicamente, almeno in via ipotetica, la

---

[1056] PIR III p. 499, 28; CAGNAT 1892, p. 123; PALLU DE LASSERT 1896, pp. 463-464; CANTARELLI 1901, p. 213; ILAlg I, p. IX e nt. 15; BARBIERI 1952, p. 377 n.2141; DUVAL 1959, p. 427-430 n.46; THOMASSON 1960, II, p. 143 n.162; KOLBE 1962 p. 10 nt. 3; PFLAUM 1978b, pp. 118-121; CHRISTOL 1986, pp. 279-281 n.74; RÜPKE – GLOCK 2005, p. 705 n.3.

[1057] BADEL 2007, p. 95 e nt. 21.

[1058] RÜPKE – GLOCK 2005, p. 705.

[1059] È incerto tuttavia se si sia trattato di una *legatio proconsulis* (THOMASSON 1960, II, p. 143; KOLBE 1962 p. 10 nt. 3; CAMODECA 1974, pp. 250-268) piuttosto che di un governatorato (PALLU DE LASSERT 1896, p. 463; CANTARELLI 1901, p. 213; BIRLEY 1950, p. 66 nt. 8).

[1060] ECK 1999, p. 170.

[1061] Si sarebbe trattato, secondo HIRSCHFELD 1905, pp. 217-219, di prefetti di rango più elevato rispetto al passato e con compiti di coordinamento centrale, venuti a sostituire gli incaricati dei singoli distretti; tuttavia ECK 1999, pp. 173-176 ha dimostrato come una simile spiegazione unitaria non sia possibile per il periodo fra II e III. Per uno studio generale sui *praefecti alimentorum* si vedano CÀSSOLA 1971, pp. 495-504; LO CASCIO 1980, pp. 237-245; ECK 1999, pp. 151-194.

[1062] Per una bibliografia orientativa sulla *cura Miniciae* si veda la prosopografia dedicata a *C. Caesonius Macer Rufinianus* (n.38).

curatela dell'ignoto senatore.[1063] Almeno sino al 287 d.C. ca., infatti, la titolatura della carica era ancora espressa dalla formula piena *curator alvei Tiberis riparum et cloacarum sacrae urbis.*[1064] È probabile dunque che il *curator* dell'iscrizione africana sia stato in carica dopo tale data, forse nel corso dell'ultimo decennio del III secolo d.C. Il *cursus* del titolo numida termina con le due curatele urbane, poiché, evidentemente, esso fu posto in questo periodo, ma è assai probabile che, date le brillanti premesse, il senatore sia giunto sino alle cariche più alte, come il proconsolato d'Asia o d'Africa.

51. *C. VETTIUS COSSINIUS RUFINUS c. v.*[1065]
307-309 d.C.?

1- *curator viae Flaminiae* — 306 d.C.
CIL X 5061 = ILS 1217 = REp III. 51*a*

2- *curator alvei Tiberis et cloacarum sacrae urbis* — **307-309 d.C.?**
CIL X 5061 = ILS 1217 = REp III. 51*a*

3- *corrector Venetiae et Histriae* — Tra 310 e 312 d.C.
CIL X 5061 = ILS 1217 = REp III. 51*a*

4- *corrector Tusciae et Umbriae* — Tra 310 e 312 d.C.
CIL X 5061 = ILS 1217 = REp III. 51*a*

5- *corrector Campaniae* — Tra 310 e 312 d.C.
CIL X 5061 = ILS 1217 = REp III. 51*a*

6- *comes Augustorum nostrorum* — intorno al 313 d.C.
CIL X 5061 = ILS 1217 = REp III. 51*a*

7-*proconsul provinciae Achaiae sortitus* — *ante* 315 d.C.?
CIL X 5061 = ILS 1217 = REp III. 51*a*

8- *praefectus urbis* — 315-316 d.C.
CIL VI 32040;
CIL X 5061 = ILS 1217 = REp III. 51*a*;
Fragm. Vatic. 273;
C. Th., IV, 11, 1; VIII, 18, 1.

9- *consul*? — 316 d.C.?
CIL VI 37122 = ILCV 162 = ICUR I 1930 = AE 1907, 133

pontifex dei Solis
CIL VI 32040 ;
CIL X 5061 = ILS 1217 = REp III. 51*a.*

augur
CIL VI 32040 ;
CIL X 5061 = ILS 1217 = REp III. 51*a.*

salius Palatinus
CIL X 5061 = ILS 1217 = REp III. 51*a*

Il *cursus* di *C. Vettius Cossinius Rufinus* è riferito in ordine discendente da un'iscrizione proveniente da Atina che gli abitanti della città dedicarono al loro patrono. Vengono omesse la questura e la pretura, caso non infrequente nelle iscrizioni di epoca tardo imperiale, dal momento che tali cariche ormai, e in particolare la questura, non rispondevano più ad alcuna funzione effettiva. Il vero ingresso in senato si aveva soltanto con

[1063] Si vedano ad esempio *C. Vettius Cossinius Rufinus* (CIL X 5061); *Q. Ceionius Caecina Verus* (AE 1975, 135); *Q. Attius Granius Caelestinus* (CIL VI 1143), *Q. Fl. Messius Egnatius Lollianus Mavortius* (CIL VI 37112). Cfr. il paragrafo II.4.

[1064] Cfr. le iscrizioni riferibili a *M'. Acilius Balbus Sabinus curator* nel 284/285-286/287 d.C. (CIL VI 31264; CIL VI 31556 = REp III. 49*a-b*).

[1065] PLRE *Rufinus* 15, p. 777 n.15; *RE II.1* (1896) col. 1186 s.v. *C. Vettius Cossinius Rufinus* (n.13) (O. Seeck); GROAG 1946, pp. 16-20; LE GALL 1953, p. 144 n.27 (ora anche in LE GALL 2005, p. 166 n.31/27); CHASTAGNOL 1962, pp. 63-68 n.26; CLEMENTE 1969, p. 627; CAMODECA 1971, pp. 24-38; ARNHEIM 1972, pp. 60-62; BARNES 1982, p. 130 n.5; CHASTAGNOL 1982, p. 172 n.5; CHRISTOL 1986, pp. 253-254 n.59; PORENA 2005, pp. 205-246; RÜPKE – GLOCK 2005, p. 1364 n.3470.

la pretura, comunque omessa.[1066] La prima carica nota, stando al titolo campano, fu il proconsolato della provincia pretoria di Acaia, ottenuto per *sortitio*, cioè con la tradizionale procedura di assegnazione delle province.[1067] Forse ancor prima di ricevere tale incarico *Cossinius* fu *salius Palatinus*.[1068] La sua designazione a *proconsul Achaiae* dovette precedere di poco la rivolta di Massenzio nel 306 d.C. ed è possibile che, proprio a causa di questa, il senatore non abbia mai esercitato la carica.[1069] È possibile tuttavia che tale incarico sia stato svolto in realtà sotto Licinio, che all'epoca controllava la provincia, o ancora sotto Costantino e dunque tra il 314 e il 315.[1070] Gli incarichi seguenti, consistenti in uffici svolti su suolo italico, ricadono cronologicamente sotto il regno di Massenzio, quindi tra il 306 e il 312 d.C.[1071] Si tratta della curatela della via Flaminia, databile forse al 307 d.C., e di quella del Tevere, collocabile ipoteticamente dal 307 al 309 d.C., benché non sia possibile sapere se nel IV secolo d.C. la sua durata fosse ancora triennale. Sempre sotto il regno di Massenzio si pongono gli incarichi amministrativi di *corrector Venetiae et Histriae*, *corrector Tusciae et Umbriae* e *corrector Campaniae*, svolti tra 310 e 312 d.C.[1072] Il passaggio di potere che si attuò a seguito della morte di Massenzio nella battaglia di ponte Milvio non sembra aver influito negativamente sulla carriera di *Vettius*, che infatti, intorno al 313 d.C., divenne *comes Augustorum nostrorum* di Costantino e Licinio.[1073] Durante il soggiorno imperiale a Roma nell'estate del 315, fu insignito da Costantino della *praefectura urbis*, che tenne dal 20 agosto 315 al 4 agosto 316.[1074] In momenti imprecisati del *cursus Vettius* rivestì altri due sacerdozi, oltre a quello di *salius Palatinus*; fu infatti *Augur* e *pontifex dei Solis*.

L'iscrizione di Atina, databile intorno al 315 d.C., non riporta il consolato, cui il senatore non era probabilmente pervenuto; all'epoca tale carica veniva infatti concessa a coronamento della carriera, appunto dopo la *praefectura urbis*.[1075] La questione della datazione del consolato di *Rufinus* è complicata dall'esistenza di due consoli omonimi rispettivamente nel 316 e nel 323 d.C.[1076] Se si trattasse sempre dello stesso *Rufinus*, al *cursus* del *curator Tiberis* andrebbero aggiunti un consolato nel 316, seguito da un secondo consolato nel 323.[1077] La questione si complica dal momento che Groag ha identificato in *Vettius* padre e figlio i due anonimi personaggi citati da Firmico Materno, che parla dell'esilio di un *praefectus urbis*, nato nel marzo del 303, e di suo padre, due volte console.[1078] In tal caso il padre sarebbe da identificarsi nel console del 316 e del 323 e nel prefetto del pretorio, mentre il figlio sarebbe il *praefectus urbi* del 315-316 e quindi il nostro *curator Tiberis*, al cui *cursus* andrebbe dunque aggiunto, secondo le indicazioni di Firmico, un proconsolato d'Asia, assente però nell'iscrizione di Atina. Tale identificazione fu accolta da Chastagnol, secondo cui la carica di *proconsul Asiae* sarebbe stata omessa dal titolo di Atina per una semplice dimenticanza, colmata però da un'iscrizione greca da Nacrasa in cui compare come ἀνθύπατος un Κοσσίννιος Ρουφεῖνος.[1079] Lo studioso poneva inoltre l'attenzione sul fatto che l'annotazione di Firmico «*paternum ostendit ignobile*» avrebbe indicato un'origine non nobile del senatore, superata tramite *adlectio* del padre.[1080] Arnheim tuttavia, non accettando un'identificazione tra il *praefectus urbis* del 315-316 e l'ignoto senatore di Firmico, ha sottolineato come Nacrasa abbia fatto parte dell'Asia proconsolare soltanto sino all'epoca di Diocleziano, quando passò alla provincia di Lidia, che fu posta sotto la direzione di un preside dall'epoca di tale imperatore fino al tardo IV secolo e fu quindi governata da *consulares*. L'iscrizione di Nacrasa sarebbe quindi da datarsi prima dell'età di Diocleziano e non sarebbe utilizzabile per sostenere la teoria di Chastagnol.[1081] Ugualmente Jacques dissente dallo studioso francese per ciò che riguarda l'origine non nobile di *Vettius*. Le cariche di *praefectus urbis*, *augur*, *pontifex dei Solis* e, soprattutto, quella di *salius palatinus* sarebbero infatti incompatibili con l'eventuale *status* di *homo novus*; perciò Jacques identifica il *curator Tiberis* con il *Vettius praefectus urbis* del 116 ed il console del 323 con suo figlio.[1082] Porena considera il console del 316 diverso da quello del 323.[1083] Infine diverse sono le ipotesi di identificazione avanzate circa l'identità dei due senatori citati da Firmico. Nel primo volume della *Prosopography of the Later Roman Empire* i due vengono identificati con *Publilius Optatianus Porfyrius* (*praefectus urbis* nel 329 e nel 333) e suo padre *C. Junius Tiberianus* (console nel 281 e nel 291).[1084] Barnes

[1066] CAGNAT 1914, p. 130.
[1067] CHRISTOL 1986, p. 254.
[1068] RÜPKE – GLOCK 2005, p. 1364.
[1069] PLRE *Rufinus* 15, p. 177 propone di collocare la carica prima della prefettura intorno al 314-315 d. C., ma tale ipotesi non è accettabile, dal momento che nell'iscrizione di Atina prefettura e proconsolato sono collocati rispettivamente all'inizio e alla fine del *cursus*.
[1070] GROAG 1946, p. 16; JONES 1958, p. 28; ARNHEIM 1972, pp. 60 e nt. 6; SPAGNUOLO VIGORITA 1978, p. 130; GARRIDO GONZALES 1987, p.118; CAMERON 1999, p. 503 nt. 149. Data invece a dopo il 289, ma sotto Diocleziano, BRAVO CASTAÑEDA 1980, pp. 157, 165.
[1071] *Fragm, Vatic.* 273; cfr. CHASTAGNOL 1962, p. 64.
[1072] Sulle figure dei *correctores*, che vennero a sostituire gli *iuridici* si veda ECK 1999, p. 253-275. Sulla datazione dell'incarico di *corrector Campaniae* cfr. CHASTAGNOL 1963, p. 363; CECCONI 1994, p. 214; SAVINO 2005, p. 255.
[1073] CHASTAGNOL 1962, p. 64; DE BONFILIS 1981, pp. 7-8; PORENA 2003, p. 268.
[1074] Cfr. *CTh* IV 11.1; VIII 18.1; *Frag. Vat.* 237; CHASTAGNOL 1962, p. 64; BARNES 1982, pp. 100-101.
[1075] CAGNAT 1914, p. 130.
[1076] DEGRASSI 1952, pp. 78-79. Sarebbero due personaggi diversi anche per BAGNALL 1987, pp. 166-167, 180-181.
[1077] SEECK 1919, pp. 52, 100, 143, 462 avanzò l'ipotesi di un'identificazione del *Rufinus* console nel 323 con il *Rufinus* prefetto del pretorio di Crispo Cesare, perciò, se così fosse, al doppio consolato andrebbe inframmezzata la carica di prefetto del pretorio; tuttavia l'ipotesi è stata giustamente accantonata da PORENA 2003, p. 363 come arbitraria data la totale assenza di prove. Cfr. BARNES 1982, p. 130 n.5; PORENA 2005, pp. 235-246.
[1078] FIRM. *math.* II, 29.12. GROAG 1946, pp. 20.
[1079] IG IV 1162.
[1080] CHASTAGNOL 1962, pp. 65-67.
[1081] ARNHEIM 1972, p. 61 nt. 3.
[1082] JACQUE 1986, p. 178 nn.6-7. Cfr. ARNHEIM 1972, p. 61; JACQUES 1987, p. 192 nt. 13;
[1083] PORENA 2003, p. 363 nt. 37.
[1084] PLRE *Tiberianus* 8, p. 912; PLRE *Anonymus* 1, p. 1004 e *Anonymus*

propone invece *C. Ceionius Rufius Volusianus* ed il figlio *Ceionius Rufius Albinus*.[1085] Appare chiaro che riguardo all'identificazione dei consoli citati dai Fasti e dei due senatori di Firmico permangono ancora diverse incertezze soprattutto perché, allo stato attuale delle fonti, non è effettivamente possibile giungere ad una conclusione univoca. Dal *cursus* di *Vibius* emerge chiaramente come il senatore ebbe stretti rapporti con la casa imperiale. Pur avendo servito per la maggior parte della sua carriera sotto Massenzio, l'avvento di Costantino non gli precluse altre cariche, anzi, senza soluzione di continuità, approdò addirittura alla carica di *comes Augustorum* e quindi alla prefettura di Roma. Sembra perciò verisimile che *Cossinius* abbia ottenuto infine anche il consolato, forse allora proprio nel 316 d.C.

Forse fu padre o nonno del senatore *Vettius Agrius Praetextatus*; sicuramente legami di parentela di incerto grado dovevano collegarlo al *proconsul Asiae* di IGR IV 1162 e al console del 323 d.C.[1086]

-

52. *Q. ATTIUS GRANIUS CAELESTINUS c. v.* [1087]
Sotto Costantino

1- *curator alvei Tiberis et cloacarum sacrae urbis* **Tra 312 e 324 d.C.**

CIL VI 1143 = REp III. 52*a*

Della carriera di *Q. Attius Granius Caelestinus* è nota soltanto la *cura Tiberis et cloacarum*, testimoniata da un'iscrizione urbana che il senatore dedica all'imperatore Costantino definito *princeps Pius Felix Invictus Augustus*. La datazione della carica si può forse collocare negli anni fra il 312 e il 324 d.C.[1088]

Attius era probabilmente originario di *Leptis Magna* dove sono attestati altri membri della *gens*.[1089] In particolare va ricordato *Q. Granius Caelestinus c. v.*, *senator splendidissimus*, nominato in un'iscrizione onoraria da *Leptis Magna* che due personaggi, *Nummius Gaetulicus* e *Tuticius M[---]*, dedicarono a lui e ad un altro *Q. Granius [---]*, verosimilmente su figlio.[1090] È assai probabile che *Q. Granius Caelestinus* fosse il padre del *curator Tiberis*, ma non è possibile sapere se l'altro *Granius* menzionato nell'iscrizione sia da identificarsi con quest'ultimo. Senza dubbio fu figlio di *Caelestinus* l'omonimo *consularis Baeticae* del 357 d.C., cui la *civitas Malacitana* (*Baetica*), della quale fu patrono, dedicò una statua equestre.[1091]

12, pp. 1006-1008.

[1085] BARNES 1975, pp. 40-49. Non considera corretta l'identificazione dei senatori di Firmico con *Vettius* padre e figlio anche KAHLOS 2002, p. 21.

[1086] PLRE *Rufinus* 14, p. 776; CHRISTOL 1986, p. 254; KAHLOS 2002, p. 21; PORENA 2003, p.363 nt.37. Una proposta di *stemma* in ARNHEIM 1972, Tav. 3 *stemma* c.

[1087] PIR^2 G 209; PLRE *Caelestinus* 2, p. 167; BARBIERI 1952, p. 354 n.2038; LE GALL 1953, p. 145 n.29 (ora anche in LE GALL 2005, p. 167 n.34(29); CORBIER 1982, p. 722 n.5.

[1088] PLRE *Caelestinus* 2, p. 167.

[1089] IRT 642; IRT 708; IRT 709. Cfr. CRINITI 1972, pp. 119-205 ARNHEIM 1972, pp. 176-177; CAMERON 1999, p. 486.

[1090] *RE Suppl.* XIV, col. 126 n.11a.

[1091] *C.Th.* 9, 42, 3; CIL II 1972. Cfr. STYLOW 2000, pp. 432-437; CHASTAGNOL 1994, p. 26 n.5; DE CASTRO 1997, p. 452.

53. *Q. FL. MESSIUS EGNATIUS LOLLIANUS MAVORTIUS*[1092]
321-323 d.C.?

1- *quaestor candidatus*

CIL VI 37112 = CIL VI 1723 = CIL VI 1757 = ILS 1225 = ILS 1232 = REp III. 53*a*
CIL X 1695 = ILS 1224a = REp III. 53*b*;
CIL X 1696 = ILS 1224c = REp III. 53*c*;
CIL X 4752 = ILS 1223 = REp III. 53*d*;
AE 1977, 199 = ILS 1224b.

2- *praetor urbanus* 318/320 d.C. ca.?

CIL VI 37112 = CIL VI 1723 = CIL VI 1757 = ILS 1225 = ILS 1232 = REp III. 53*a*
CIL X 1695 = ILS 1224a = REp III. 53*b*;
CIL X 1696 = ILS 1224c = REp III. 53*c*;
CIL X 4752 = ILS 1223 = REp III. 53*d*;
AE 1977, 199 = ILS 1224b.

3- *comes dominorum nostrorum Augustorum et Caesarum* *ante* 324 d.C.

CIL X 4752 = ILS 1223 = REp III. 53*d*

4- *consularis alvei Tiberis et cloacarum* 321-323 d.C.?

CIL VI 37112 = CIL VI 1723 = CIL VI 1757 = ILS 1225 = ILS 1232 = REp III. 53*a*
CIL X 1695 = ILS 1224a = REp III. 53*b*;
CIL X 1696 = ILS 1224c = REp III. 53*c*;
CIL X 4752 = ILS 1223 = REp III. 53*d*;
AE 1977, 199 = ILS 1224b.

5- *consularis operum publicorum maximorum* 325/327 d.C. ca.

CIL VI 37112 = CIL VI 1723 = CIL VI 1757 = ILS 1225 = ILS 1232 = REp III. 53*a*
CIL X 1695 = ILS 1224a = REp III. 53*b*;
CIL X 1696 = ILS 1224c = REp III. 53*c*;
CIL X 4752 = ILS 1223 = REp III. 53*d*;
AE 1977, 199 = ILS 1224b.

6- *consularis aquarum et Miniciae* 328 d.C.

CIL VI 37112 = CIL VI 1723 = CIL VI 1757 = ILS 1225 = ILS 1232 = REp III. 53*a*
CIL X 1695 = ILS 1224a = REp III. 53*b*;
CIL X 1696 = ILS 1224c = REp III. 53*c*;
CIL X 4752 = ILS 1223 = REp III. 53*d*;
AE 1977, 199 = ILS 1224b.

7- *consularis Campaniae* 329/334 d.C.

CIL VI 37112 = CIL VI 1723 = CIL VI 1757 = ILS 1225 = ILS 1232 = REp III. 53*a*
CIL X 1695 = ILS 1224a = REp III. 53*b*;
CIL X 1696 = ILS 1224c = REp III. 53*c*;
CIL X 4752 = ILS 1223 = REp III. 53*d*;
AE 1977, 199 = ILS 1224b.

8- *comes Flaviali* 330 d.C. ca?
(o *comes intra palatium et vice sacra iudicans*)

CIL VI 37112 = CIL VI 1723 = CIL VI 1757 = ILS 1225 = ILS 1232 = REp III. 53*a*;
CIL X 1695 = ILS 1224a = REp III. 53*b*;
CIL X 1696 = ILS 1224c = REp III. 53*c*;
CIL X 4752 = ILS 1223 = REp III. 53*d*;
AE 1977, 199 = ILS 1224b.

9- *comes Orientis vice sacra iudicans* 335/337 d.C.

CIL VI 37112 = CIL VI 1723 = CIL VI 1757 = ILS 1225 = ILS 1232 = REp III. 53*a*;
CIL X 1695 = ILS 1224a = REp III. 53*b*;
CIL X 1696 = ILS 1224c = REp III. 53*c*;
CIL X 4752 = ILS 1223 = REp III. 53*d*;
AE 1977, 199 = ILS 1224b;
FIRM. *math.* I, *pr.* 7.

10- *comes primi ordinis intra palatium*

CIL VI 37112 = CIL VI 1723 = CIL VI 1757 = ILS 1225 = ILS 1232 = REp III. 53*a*
CIL X 1695 = ILS 1224a = REp III. 53*b*;
CIL X 1696 = ILS 1224c = REp III. 53*c*;
CIL X 4752 = ILS 1223 = REp III. 53*d*;
AE 1977, 199 = ILS 1224b.

11- *proconsul provinciae Africae et vice sacra iudicans* 338 d.C. ca?

CIL VI 37112 = CIL VI 1723 = CIL VI 1757 = ILS 1225 = ILS 1232 = REp III. 53*a*;
CIL X 1695 = ILS 1224a = REp III. 53*b*;
CIL X 1696 = ILS 1224c = REp III. 53*c*;
CIL X 4752 = ILS 1223 = REp III. 53*d*;
AE 1977, 199 = ILS 1224b;
FIRM. *math.* I, *pr.* 8.

12- *praefectus urbis et vice sacra iudicans* 1 aprile-6 luglio 342 d.C.

CIL VI 37112 = CIL VI 1723 = CIL VI 1757 = ILS 1225 = ILS 1232 = REp III. 53*a*

13- *iterum comes ordinis primi intra palatium* 342/343 d.C. ca.

CIL VI 37112 = CIL VI 1723 = CIL VI 1757 = ILS 1225 = ILS 1232 = REp III. 53*a*

14- *praefectus praetorio* in Illiria fine 354-inverno 356/7 d.C.

CIL VI 1723 = CIL VI 1757 = CIL VI 37112= ILS 1225 = ILS 1232= REp III. 97;
Cod. Theod. VI, 29.1;
Cod. Theod. XI, 30.25, 36.11;
AMM. XVI, 8.5.

15- *consul ordinarius* 355 d.C.

CIL VI 37112 = CIL VI 1723 = CIL VI 1757 = ILS 1225 = ILS 1232 = REp III. 53*a*;
AMM. XV, 8.17.

patronus di Puteoli

CIL X 1695 = ILS 1224a = REp III. 53*b*;
ILS 1244b ;
AE 1977, 198;
CIL X 1696.

augur publicus populi Romani Quiritum

CIL X 1695 = ILS 1224 = REp III. 53*b*;
CIL X 1696 = ILS 1224c = REp III. 53*c*;
CIL X 4752 = ILS 1223 = REp III. 53*d*;
AE 1977, 199 = ILS 1224b.

[1092] *RE XIII* (1927) coll. 1371-1373 s.v. *Q. Flavius Maesius Egnatius Lollianus* (n.10) (E. Groag), col. 1371; PLRE *Lollianus* 5, pp. 512-514; BRABIERI 1952, p. 328 n.1852; LE GALL 1953, pp. 144-145 n.28 (ora anche in LE GALL 2005, p. 167 n.33/28); CHASTAGNOL 1962, pp. 114-121 n.45; CLEMENTE 1969, p. 626; MATTHEWS 1973, p. 186; CAMODECA 1980-81, pp. 100-102, n.1; DE BONFILIS 1981, pp. 9-11; JACQUES 1986, p. 179 n.11; CHASTAGNOL 1996, P. 37 n.1; RÜPKE – GLOCK 2005, p. 993 n.1698.

Q. Fl. Messius Egnatius Lollianus Mavortius, importante personaggio di età costantiniana, è attestato da diverse iscrizioni che permettono di ricostruire il suo *cursus*, tre delle quali apposte su basi di statua e dedicate da *Puteoli* al suo *patronus*, incarico databile dal 337 al 342 circa.[1093] La prima carica rivestita fu la questura per la quale fu *candidatus*, forse in età molto precoce, così come sarà per suo figlio che fu *quaestor candidatus* mentre ancora era *clarissimus puer.*[1094] Il secondo incarico fu la pretura urbana, rivestita probabilmente attorno al 319/320 d.C. circa, dal momento che la carica successiva fu quella di *comes dominorum nostrorum Augustorum et Caesarum*, databile senza dubbio anteriormente alla caduta di Licinio nel 324 d.C.[1095] Nello stesso periodo fu *augur publicus populi Romani Quiritum* e in seguito rivestì una serie di curatele urbane.[1096] L'uso del titolo *curator* è alternato nelle iscrizioni all'equivalente *consularis* che non deve essere ritenuto indice del fatto che all'epoca *Messius* avesse già ricoperto il consolato, carica che, infatti, otterrà, come d'uso all'epoca, soltanto verso il termine della carriera. Malgrado i cambiamenti subiti dal *cursus honorum* in età tardo imperiale, la *cura Tiberis* rimane ancora una della prime cariche dell'*iter* corrispondente a quello che un tempo era stato il *cursus* consolare. La curatela di *Messius* è databile attorno agli inizi degli anni venti del IV secolo, probabilmente prima del 324 d.C., poiché in tale anno è attestato in carica come *curator Q. Ceionius Caecina Verus*. In via del tutto ipotetica è possibile proporre come datazione gli anni 321-323 d.C. In seguito *Messius* ebbe l'incarico di *consularis operum publicorum maximorum*, all'incirca intorno al 325/327 d.C., dal momento che nel 328 d.C. era già in carica come *consularis aquarum et Miniciae*, come si evince da CIL VI 36951, titolo databile al 1 marzo di quell'anno. La carica successiva fu quella di *consularis Campaniae* rivestita fra il 329 e il 334 d.C.[1097] Fu durante tale periodo che avvenne l'incontro del senatore con Firmico Materno, che gli dedicherà in seguito la sua opera *Matheseos libri VIII*, fatto questo che avverrà soltanto nel 337, durante il proconsolato africano di *Mavortius.*[1098] Negli anni intorno al 330 d.C. circa, *Mavortius* fu nominato *comes Flavialis*, incarico che consisteva forse in mansioni di impiegato di palazzo e che più avanti sarebbe diventato *comes quaestor sacri palatii*. La carica doveva essere stata creata di recente dal momento che nelle iscrizioni viene indicata con formule diverse, segno che non si aveva ancora una stabilità nella titolatura.[1099] In seguito, fra il 335 e il 337 d.C., forse nel 336 d.C., il nostro fu nominato *comes Orientis vice sacra iudicans*, probabilmente fra i primi a rivestire tale incarico.[1100] *Mavortius* divenne quindi *comes primi ordinis intra palatium* e contemporaneamente *proconsul provinciae Africae*, dove esercitò ancora una volta, come già per l'Oriente, la funzione giuridica di *vice sacra iudicans*. L'incarico sembra databile attorno al 337 d.C., dal momento che, quando Firmico Materno pubblicò la sua opera dedicandola a *Mavortius*, quest'ultimo risulta essere *proconsul Africae* e *consul ordinarius designatus.*[1101] La datazione sembra confermata anche dal fatto che non risulta dai fasti che *Lollianus* sia giunto effettivamente al consolato l'anno seguente il governatorato. Mommsen ritiene che la promessa del consolato sia decaduta perché, morto Costantino, il figlio avrebbe preferito al *designatus* paterno altri senatori.[1102] Soltanto nel 342 d.C., terminato il regno di Costantino II, *Mavortius* riuscì ad ottenere un nuovo incarico come *praefectus urbis et vice sacra iudicans*, incarico che mantenne per un trimestre, dal 1 aprile al 6 luglio 342.[1103] Immediatamente dopo la prefettura urbana fu per la seconda volta *comes ordinis primi intra palatium*, ma soltanto oltre dieci anni dopo *Lollianus* ricevette l'incarico successivo, la prefettura del pretorio, svolta probabilmente in Illirico dalla fine del 354 all'inverno del 356-7 d.C.[1104] Il lungo arco temporale intercorso senza cariche dovette essere in qualche modo collegato al regno di Magnenzio in Gallia (350-353 d.C.), che *Mavortius* si rifiutò evidentemente di servire, come sembra dimostrare anche il fatto che la sua *praefectura* del pretorio iniziò l'anno immediatamente successivo alla caduta dell'usurpatore.[1105] Nel 355 d.C., mentre ancora era in carica come *praefectus*, ottenne infine il consolato.[1106]

Q. Fl. Messius Egnatius Lollianus Mavortius discendeva verosimilmente da *L. Egnatius Victor Lollianus*, *consul suffectus* agli inizi del III secolo d.C. La complessa onomastica lascia trasparire il legame con nobili famiglie; il padre di *Mavortius* era senza alcun dubbio imparentato con *Egnatius Marinianus* a sua volta legato alla moglie dell'imperatore Valeriano.[1107] Ugualmente, anche quella dei *Maesii* era un'antica e nobile famiglia.[1108] Furono figli del senatore *Placidus Severus*, che con la moglie *Antonia Marcianilla* dedicò al padre un'iscrizione, e *Q. Flavius Maesius Cornelius Egnatius Severus Lollianus* (*signo Mavortius iunior*); dalla comparazione della loro onomastica è possibile risalire al probabile nome della

[1093] CIL X 1695; CIL X 1696; ILS 1224b. Cfr. CAMODECA 1980-81, pp. 77, 101-102.

[1094] CIL X 1697. Cfr. *RE* XIII, col. 1371.

[1095] È difficile accogliere l'ipotesi di Groag in *RE XIII*, col. 1372 secondo cui tale compito (riportato solo da CIL X 4752) sarebbe da identificarsi con il comitato *Flavialis* citato in altre iscrizioni di *Mavortius*, dal momento che le diverse collocazioni nel *cursus* indicano che l'incarico di *comes Flavialis* fu rivestito dal senatore solo in epoca più tarda. Cfr. CHASTAGNOL 1962, p. 118.

[1096] RÜPKE – GLOCK 2005, p. 993.

[1097] PLRE *Lollianus* 5, pp. 513.

[1098] FIRM. *math.* I, *pr.* 2; 7/8; cfr. ad es. FORBES 1970, p. 5.

[1099] Oltre alla dicitura già indicata di *comes Flavialis*, anche quella di *comes intra palatium et vice sacra iudicans* (CIL VI 1723). Cfr. Groag in RE XIII, col. 1372.

[1100] DOWNEY 1939, p. 12; CHASTAGNOL 1962, p. 119; PLRE *Lollianus* 5, pp. 513.

[1101] FIRM. *math.* I, pr. 8: *«Proconsuli itaque tibi et ordinario consuli designato promissa reddimus».* Cfr. BARNES 1975, p. 40; CHASTAGNOL 1986, pp. 264-265.

[1102] MOMMSEN 1909, p. 449. Cfr. RE XIII, col. 1372; CHASTAGNOL 1962, p. 119; BARNES 1975, p. 49.

[1103] *Cron. Min.* I p. 68.

[1104] COD. *Theod.* VI, 29.1; COD. *Theod.* XI, 30.25, 36.11.; AMM. XVI, 8.5. EDBROOKE 1976, pp. 49-50; PLRE *Lollianus* 5, pp. 513; PORENA 2003, p. 368. Secondo CHASTAGNOL 1962, p. 119 fu in Gallia.

[1105] CHASTAGNOL 1962, p. 119.

[1106] BAGNALL 1987, pp. 244-245.

[1107] PIR² E 36; PIR² E 25

[1108] ARNHEIM 1972, pp. 122-125; cfr. CHAUSSON 1997, pp. 295-298.

madre, che, secondo Arnheim, doveva essere *Cornelia Placida Severa*, i cui gentilizi rimandano a *gens* importanti come quella degli *Scipioni* e dei *Memmi*.[1109]

[1109] CIL VI 1723 e CIL X 1697. Cfr. ARNHEIM 1972, pp. 123. Sul *signum* in generale si veda KAJANTO 1966, pp. 57-75; su *Mavortius* KAJANTO 1963, p. 45; KAJANTO 1965, p. 212; CAMERON 1985, p.p. 171-172. Per una possibile ricostruzione dello *stemma* cfr. ARNHEIM 1972, Tav. 3 *stemma* e; CHAUSSON 1997, p. 216 fig.1, 284-285.

54. *Q. CEIONIUS CAECINA VERUS c. v.*
324 d.C.

1- *curator alvei Tiberis et cloacarum urbis sacrae urbis* **324 d.C.**

CIL VI 40770a = AE 1975, 135a = EDR075982 = REp III. 54*a*;
CIL VI 40770b = AE 1975, 135b = EDR075982 = REp 55*b*.

Q. Ceionius Caecina Verus è conosciuto soltanto da due iscrizioni con il medesimo testo che ricordano il rifacimento della pavimentazione di un tratto di strada e il restauro del ponte sul quale la via passava.[1110] *Ceionius* fu incaricato di curare la realizzazione di tale restauro in qualità di *curator Tiberis*. L'iscrizione sembra databile tra il settembre 324, dopo la battaglia tra Costantino e Licinio, e prima dell'8 novembre 324, quando Costanzo II fu proclamato *Caesar*.[1111] La curatela di *Ceionius* dovette occupare dunque all'incirca un triennio intorno al 324 d.C., forse dal 323 al 325 d.C. se si considera che negli anni immediatamente precedenti probabilmente tenne la carica *Q. Fl. Messius Egnatius Lollianus Mavortius*.[1112]

L'onomastica di *Ceionius* permette di identificare in lui un discendente del legame matrimoniale che unì le famiglie di due consoli, quella di *C. Ceionius Rufinus Volusianus* (*cos.* 314 d.C.) e quella di *Antonius Caecina Sabinus* (*cos.* 316 d.C.). *Ceionius Caecina Verus* era forse figlio di *Caecina Sabinus*, a sua volta figlio del console del 316, e di una figlia del console del 314.[1113]

Verus è ad oggi l'ultimo *curator Tiberis* di cui ci sia giunta notizia.[1114]

[1110] FLORIANI SQUARCIAPINO 1973, pp. 257-259.
[1111] Cfr. Alföldy in CIL VI 40770; CALDELLI – ZEVI - CÉBEILLAC GERVASONI 2010, pp. 140.
[1112] Si veda la prosopografia dedicata a questo *curator* (n.53).
[1113] Cfr. AE 1975, 135 pp. 42-43 e Alföldy in CIL VI 40770 p. 4553. *Stemmata* di tale famiglia si trovano in CHASTAGNOL 1961, pp. 747-749 e in PLRE I p. 1136 *stemma* 10, p. 1138 *stemma* 13.
[1114] Nell'elenco dei *curatores Tiberis* compilato da LE GALL p. 145 n.33 e nt. 3 (ora anche in LE GALL 2005, pp. 167-168 n.37 (33) e nt. 63), come già in CANTARELLI 1889, pp. 204-205, compare anche il senatore *[---]natius Caeci[---] [A]ntistius Luce[---], signum: Aerius*, il quale, secondo lo studioso, avrebbe rivestito la carica tra fine III e inizi IV secolo d.C. Il personaggio è attestato da un'iscrizione molto frammentaria proveniente da Capua; AE 1999, 459 = AE 1973, 136: ------ / *Aerii / Egnatius Caeci[---] Antistio Luce[---] v.c. q(aestori) q(uinquennalis), pr(aetori), consuli, cur[---]e urbis, cur. reip(ublicae) /* ------. Cfr. SAVINO 2005, p. 261 n.35 n.6; NASTI 1999, pp. 540-544 (foto 2a-b). A causa della lacunosità dell'iscrizione, solo in via ipotetica è possibile integrare *curator [alvei Tiberis et cloacarum sacra]e urbis*, come proposto da Le Gall (che, va sottolineato, non vide l'iscrizione e pertanto ignorava l'entità della lacuna). NASTI 1999, pp. 540-544, ad esempio,integra la lacuna con la carica di *cur[atori sacra]e urbis*. Le lacune sono tali da rendere incerta non solo la ricostruzione del *cursus*, ma anche quella dell'onomastica del *curator* per la quale si apre la strada a diverse ipotesi, quali *[Eg]natius* o *[Mu]natius Caeci[lius]* o *Caeci[lianus] [A]ntistius Luce[nsis]* o *Luce[rinus] [---]*. Fa parte dell'onomastica anche il *signum Aerius*, verosimilmente di origine greca che Palmieri in NSA 1973, p. 411-415 e CAMODECA 1999, p. 540 e nt. 31 propongono di integrare *[Mac]arius*. Data la totale ipoteticità della ricostruzione di Le Gall ed allo stato attuale delle fonti si è pertanto ritenuto opportuno non includere *Antistius* fra i curatori del Tevere.

2. RACCOLTA DELLE FONTI EPIGRAFICHE

La maggior parte delle informazioni non solo di natura cronologica, ma anche prosopografica e istituzionale relative alla *cura Tiberis* si possono ricavare dalla documentazione epigrafica. Per lo più essa è costituita dai cippi delimitativi che i magistrati tiberini posero lungo le rive del fiume durante lo svolgimento della carica, ma anche da iscrizioni di carattere onorario e funerario, fondamentali per collocare la curatela all'interno del *cursus* e stabilirne l'importanza. Risulta pertanto utile riunire in un'apposita sezione tutti i titoli su cui compare un riferimento alla carica. Va sottolineato che la qui presente raccolta non vuole avere la pretesa di costituire un *corpus*, quanto piuttosto mira a riunire le fonti di carattere epigrafico utilizzate per il presente studio. Non si è ritenuto opportuno pertanto eseguire le autopsie delle iscrizioni, tranne che per alcuni dei cippi conservati al Museo Nazionale Romano alle Terme di Diocleziano. In tal caso l'esame autoptico ha avuto principalmente lo scopo di prendere visione della conformazione e della morfologia delle pietre terminali tiberine al fine di chiarirne la funzionalità, più che dell'esattezza dei testi che sono tendenzialmente formulari e simili fra loro.[1115]

Le iscrizioni sono suddivise in ordine cronologico; vengono pertanto presentati innanzitutto i cippi posti prima della nascita della curatela, raggruppati in base ai magistrati citati nelle iscrizioni. Di tali cippi, alcuni, pur recando l'indicazione dei magistrati che per primi li posero, sono stati riuniti in una sezione a parte in quanto restaurati dai *curatores riparum qui primi fuerunt,* questo vale non solo per i termini che riportano esplicitamente la titolatura della nuova magistratura, ma anche per quelli che riportano semplicemente un'indicazione di pedatura che lascia intendere un intervento successivo da parte dei primi curatori.

Un'ulteriore sezione raggruppa le iscrizioni facenti esplicito riferimento alla *cura Tiberis,* siano esse termini tiberini o titoli di altra natura. Ogni iscrizione è assegnata al rispettivo *curator* secondo l'ordine cronologico e numerico seguito dalle prosopografie, in modo da facilitare la consultazione delle fonti epigrafiche. I termini tiberini recanti indicazioni di restauri successivi vengono assegnati al *curator* autore del restauro.

In testa ad ogni scheda vengono citati i riferimenti bibliografici relativi al *Corpus inscriptionum Latinarum*, all'Année Epigraphique e agli altri repertori epigrafici. Alcune sigle fanno riferimento a database epigrafici online; la sigla EDR, seguita da un codice numerico (es. EDR073201), fa riferimento all'iscrizione pubblicata nell'Epigraphic Database Roma (http://www.edr-edr.it/Italiano/index_it.php); la sigla EDCS rimanda all'Epigraphik-Datenbank Clauss / Slaby (http://www.manfredclauss.de/it/index.html); la sigla EDH indica i dati ricavati dal sito dell'Epigraphische Datenbank di Heidelberg (http://www.uni-heidelberg.de/institute/sonst/adw/edh/); a tale indicazione viene sempre affiancato il riferimento al numero della scheda all'interno del database epigrafico di Heidelberg (es. HD031105). La sigla HE seguita dal numero della relativa scheda, fa riferimento al database di Hispania Epigrafica (http://eda-bea.es/). Infine la sigla BBAW rimanda al sito del *Corpus inscriptionum Latinarum* della Berlin-Brandenburgische Akademie der Wissenschaften (http://cil.bbaw.de/).

Altre referenze bibliografiche relative ad ulteriori pubblicazioni delle iscrizioni sono indicate in un'apposita sezione al termine di ciascuna scheda.

Riguardo alle iscrizioni, al fine di rendere più agevole la consultazione, vengono riportate soltanto le informazioni essenziali quali la tipologia del supporto, quando sono noti data e luogo di rinvenimento e, quando possibile, le misure riferite dalle diverse pubblicazioni. Per le iscrizioni conservate presso i vari musei si fornisce, quando possibile, il relativo numero di inventario.

[1115] Un ringraziamento particolare va alla dott.ssa Rosanna Friggeri e alla dottoressa Marinella De Angelis per la disponibilità.

I. CIPPI POSTI PRIMA DELLA CURATELA

A- Cippi di *M. Valerius Messalla* e *M. Servilius Isauricus*

1- CIL VI 40857 (fig. a, b) = CIL VI 1234a = CIL VI 31540a = CIL I 613 = CIL I^2 766a p. 947 = ILS 5922a = AE 1984, 45 = EDR079157 = HD001512 (foto BBAW / EDCS / EDH / EDR - PH0000696; PH0000697)
Tipologia: cippo delimitativo opistografo in travertino;
Rinvenimento: Roma, 20 ottobre 1819, riva destra del Tevere accanto a ponte Milvio;
Conservazione: *in loco*;
Misure: 103 (sopra il suolo) x 62 x 44 (CIL).

Fronte:

M(arcus) Valerius M(arci) f(ilius)
M(ani) n(epos) Messal(la),
P(ublius) Serveilius C(ai) f(ilius)
Isauricus ce(n)s(ores)
ex s(enatus) c(onsulto) termin(averunt).

Retro:

P(ublius) Serveilius [C(ai) f(ilius)]
Isauricus,
M(arcus) Valerius [M(arci) f(ilius)]
M(ani) n(epos) Messall(a)
cens(ores)
ex s(enatus) c(onsulto) termi(naverunt).

LE GALL 1953, pp. 152 (ora anche LE GALL 2005, p. 175); DIHEL 1964, p. 57 n.462; PANCIERA 1982, pp. 592-594, foto tav. XI, 2-3 (N. Petrucci); MESSINEO 1991, pp. 57-60 fig. 63.

2- CIL VI 31540b = CIL VI 1234b = CIL I 766b
Tipologia: cippo delimitativo in travertino;
Rinvenimento: Roma, nel 1724, presso ponte Milvio.

[M(arcus) Valerius M(arci) f(ilius)]
[M(ani) n(epos) Messall(a)],
[P(ublius) Serve]ilius C(ai) f(ilius)
Isauric(us) cens(ores)
ex s(enatus) c(onsulto) termin(averunt).

3- CIL VI 31540c = CIL I 766c = ILS 5922b
Tipologia: cippo delimitativo in travertino;
Rinvenimento: Roma, sulla riva sinistra del Tevere presso ponte Milvio;
Conservazione: MNR alle Terme di Diocleziano nel Chiostro di Michelangelo (Inv.824);
Misure: 240 x 60 x 40 (CIL).

P(ublius) Serveilius C(ai) f(ilius)
Isauricus,
M(arcus) Valerius M(arci) f(ilius)
M(ani) n(epos) Messall(a)
cens(ores)
ex s(enatus) c(onsulto) termin(averunt).

4- CIL VI 31540d = CIL VI 1234c = CIL I 766d
Tipologia: Cippo delimitativo in travertino;
Rinvenimento: Roma, nel 1626, a seguito di un'inondazione, nei pressi della via Flaminia.

M(arcus) Valerius M(arci) f(ilius)
M(ani) n(epos) Messall(a),
P(ublius) Serveilius C(ai) f(ilius)
Isauric(us) cens(ores)
ex s(enatus) c(onsulto) termin(averunt).

5- CIL VI 31540e = CIL VI 1234e = CIL I 766e (foto BBAW / EDCS - PH0008459)
Tipologia: cippo delimitativo in travertino tagliato in due parti e riutilizzato negli stipiti di una porta;
Rinvenimento: Roma, 1892, sulla riva destra del Tevere, Lungotevere Michelangelo a 400 mt. a monte del ponte Margherita;
Conservazione: MNR alle Terme di Diocleziano nel Chiostro di Michelangelo;
Misure: 190 x 57 x 20 (CIL).

P(ublius) Serveilius C(ai) f(ilius)
Isauricus,
M(arcus) Valerius M(arci) [f(ilius)]
M(ani) n(epos) Messal[l(a)]
cens(ores)
ex s(enatus) c(onsulto) termi[n(averunt)].

CAR I 2005, p. 19 n.12 e p. 502 n.119.

6- CIL VI 31540f = CIL I 766f (foto BBAW / EDCS - PH0002680; PH0006368; PH0008465)
Tipologia: cippo delimitativo in travertino;
Rinvenimento: Roma, sulla riva destra del Tevere;
Conservazione: MNR alle Terme di Diocleziano nel Chiostro di Michelangelo;
Misure: 250 x 63 x 38 (CIL).

M(arcus) Valerius M(arci) f(ilius)
M(ani) n(epos) Messall(a),
P(ublius) Serveilius C(ai) f(ilius)
Isauric(us) cens(ores)
ex s(enatus) c(onsulto) termin(averunt).

7- CIL VI 31540g = CIL I 766g
Tipologia: Parte superiore di cippo delimitativo in travertino, mancante del dente di infissione. La superficie presenta a media altezza un foro che attraversa il supporto per tutto il suo spessore;
Rinvenimento: Roma, riva destra del Tevere sotto ponte Cavour;
Conservazione: MNR alle Terme di Diocleziano nel Chiostro di Michelangelo;
Misure: 118 x 63 x 30 (CIL).

M(arcus) Valerius M(arci) f(ilius)
M(ani) n(epos) Messal(la),
P(ublius) Serveilius C(ai) f(ilius)
Isauric(us) cen(sores)
ex s(enatus) c(onsulto) [te]rmi(naverunt).

CAR I 2005, p. 105 n.140g.

8- CIL VI 31540h = CIL I 766h (foto BBAW / EDCS - PH0003517; PH0008460)
Tipologia: parte di cippo delimitativo in travertino mancante del dente di infissione;
Rinvenimento: Roma, riva destra del Tevere sotto ponte Cavour, riutilizzato nella costruzione di una saracinesca;
Conservazione: MNR alle Terme di Diocleziano nel Chiostro di Michelangelo (Inv.124562);
Misure: 110 x 66 x 36 (CIL).

P(ublius) Serveilius C(ai) f(ilius)
Isauricus,
M(arcus) Valerius M(arci) f(ilius)
M(ani) n(epos) Messal(la) cens(ores)
ex s(enatus) c(onsulto) termin(averunt).

GORDON 1958-65, n.3 (tav. 2-3); WALSER 1993, pp. 134-135 con foto; CAR I 2005, p. 105 n.140f.

9- CIL VI 31540i = CIL I 766i (foto BBAW / EDCS - PH0003517; PH0008460)
Tipologia: Frammento superiore di cippo delimitativo in travertino;
Rinvenimento: Roma, estratto dall'alveo del Tevere presso ponte Cestio;
Conservazione: MNR alle Terme di Diocleziano nel Chiostro di Michelangelo;
Misure: rest. 70 x 68 x 40 (CIL).

[P(ublius)] Serveilius C(ai) f(ilius)
[Is]auricus,
[M(arcus) Val]erius M(arci) f(ilius)
[M(ani) n(epos) Me]ssal(la) cens(ores)
[ex s(enatus) c(onsulto) te]rmin(averunt).

10- CIL VI 31540k = CIL VI 1234f = CIL I 766k = ILLRP 496
Tipologia: cippo delimitativo in travertino;
Rinvenimento: Roma, nel 1870, sulla riva sinistra del Tevere in località la Marmorata.

P(ublius) Serveilius C(ai) f(ilius)
Isauricus,
M(arcus) Valerius M(arci) f(ilius)
M(ani) n(epos) Messall(a)
cens(ores)
ex s(enatus) c(onsulto) termin(averunt).

11- CIL VI 31540l
Cfr. II. 1

12- CIL VI 31540m =CIL VI 1234h = CIL I 766m
Tipologia: cippo delimitativo in travertino;
Rinvenimento: Roma, vicino alla basilica di S. Paolo nei pressi del sacello di S. Prassede.

M(arcus) Valerius M(arci) f(ilius)
M(ani) n(epos) Messall(a),
P(ublius) Serveilius C(ai) f(ilius)
Isauric(us) cens(ores)
ex s(enatus) c(onsulto) termin(averunt).

13- CIL VI 31540n = CIL VI 1234i = CIL I 766n
Tipologia: frammento superiore di cippo delimitativo in travertino;
Rinvenimento: Roma, nel 1591, presso la basilica di S. Paolo, lungo i margini della via Ostiense.

M(arcus) Valerius M(arci) [f(ilius)]
M(ani) n(epos) Messal[l(a)],
P(ublius) Serveilius C(ai) [f(ilius)]
[Isaur(icus) cens(ores)]
[ex s(enatus) c(onsulto) termin(averunt)].

14- CIL VI 31540o = CIL VI 1234l = CIL I 766o (foto EDSC)
Tipologia: cippo delimitativo in travertino mancante del dente di infissione;
Rinvenimento: Roma, in data e luogo sconosciuti;
Conservazione: Roma, Villa Albani.

P(ublius) Serveilius C(ai) f(ilius)
Isauricus,
M(arcus) Valerius M(arci) f(ilius)
M(ani) n(epos) Messall(a)
cens(ores)
ex s(enatus) c(onsulto) termin(averunt).

15- CIL VI 31540p = CIL I 766p (foto BBAW / EDCS - PH0008466)
Tipologia: parte superiore di cippo delimitativo in travertino mancante del dente di infissione;
Rinvenimento: Roma, in data e luogo sconosciuti;
Conservazione: MNR alle Terme di Diocleziano nel Chiostro di Michelangelo;
Misure: rest 107 x 68 x 30 (CIL).

P(ublius) Serveilius C(ai) f(ilius)
Isauricus,
M(arcus) Valerius M(arci) f(ilius)
M(ani) n(epos) Messall(a)
cens(ores)
ex s(enatus) c(onsulto) termi(naverunt).

BUONOCORE 2001, p. 60 .211.

16- CIL VI 37025 = CIL I 766s = Suppl.It. Roma 2, 3038
Tipologia: cippo delimitativo in travertino;
Rinvenimento: Roma, fuori porta S. Paolo;
Conservazione: Museo Antiquario del Celio (Inv. 4755);
Misure: 155 x 63 x 35.5 (Suppl.It.)

M(arcus) Valerius M(arci) f(ilius),
Ma(ni) n(epos) Messal(la)
P(ublius) Serveilius C(ai) f(ilius)
Isauricus
cens(ores)
ex s(enatus) c(onsulto) termin(averunt).

17- CIL VI 37026 = CIL I 766q (foto BBAW / EDCS - PH0008467)
Tipologia: cippo delimitativo in travertino;
Rinvenimento: Roma, riva sinistra del Tevere poco oltre

il primo miglio della via Flaminia;
Conservazione: MNR alle Terme di Diocleziano nel Chiostro di Michelangelo (Inv.844);
Misure: 230 x 65 x 34.[1116]

M(arcus) Valerius M(arci) f(ilius)
M(ani) n(epos) Messall(a),
P(ublius) Serveilius C(ai) f(ilius)
Isauricus cens(ores)
ex s(enatus) c(onsulto) termin(averunt).

GORDON 1958-65, pp. 16-17 n.3 (tav. 2-3).

18- CIL VI 37027 = CIL I 766r (foto BBAW / EDCS PH0002681; PH0002682; PH0008464)
Tipologia: cippo delimitativo in travertino;
Rinvenimento: Roma, sulla riva sinistra del Tevere;
Conservazione: Roma, MNR alle Terme di Diocleziano nel Chiostro di Michelangelo (Inv.848);
Misure: 242 x 62 x 55.[1117]

P(ublius) Servilius C(ai) f(ilius)
Isauricus,
M(arcus) Valerius M(arci) f(ilius)
M(ani) n(epos) Mess(alla) cens(ores)
ex s(enatus) c(onsulto) terminar(unt) (!).

GORDON 1958-65, pp. 16-17 n.3 (tav. 2-3).

19- CIL VI 37028 = CIL I 766t
Tipologia: frammento di cippo delimitativo in travertino;
Rinvenimento: Roma, lungo la via Flaminia;
Misure: rest. 44 x 35.[1118]

[P(ublius) Serveilius C(ai) f(ilius)]
[Isauricus],
[M(arcus) Valerius M(arci) f(ilius)]
M(ani) n(epos) Mes(s)a[l(la) cens(ores)]
ex s(enatus) c(onsulto) [termin(averunt)].

20- CIL VI 40856 (con foto)= CIL I 766v = AE 1983, 32 = EDR078754= HD000049 (foto BBAW / EDCS / EDH / EDR - PH0007631)
Tipologia: parte superiore di cippo delimitativo in travertino;
Rinvenimento: Roma, nell'alveo del Tevere in località La Magliana;
Conservazione: Mentana, presso il lapidario Zeri nel giardino;
Misure: rest 87 x 70 x 37 (CIL).

M(arcus) Valerius M(arci) f(ilius)
M(ani) n(epos) Messal(la),
P(ublius) Serveilius C(ai) f(ilius)
Isauricus
cens(ores)
[e]x s(enatus) c(onsulto) termin(averunt).

PISANI SARTORIO 1982, pp. 1-3, n.1 tav. 1.

21- CIL VI 40858 = CIL I 766u = AE 1977, 17 = EDR076571 = HD005109 (foto BBAW / EDCS / EDH / EDR - PH0007632)
Tipologia: cippo delimitativo in travertino mancante di un frammento superiore;
Rinvenimento: Roma, nel 1903, *in situ*, sulla riva sinistra del Tevere nei sotterranei di Palazzo Farnese;
Conservazione: Roma, sotterranei di Palazzo Farnese, sala 5 parete b, *in situ*;
Misure: rest x 105 x 65.5 x 38 (CIL).

[P(ublius) Serveilius C(ai) f(ilius)]
[I]sauricus,
Ṃ(arcus) Valerius M(arci) f(ilius)
M(ani) n(epos) Messal(la) cens(ores)
ex s(enatus) c(onsulto) termina(verunt).

DE NAVENNE 1914, pp. 15-16; BROISE 1977, pp. 754-757 figg. 19-20; QUILICI 1990, p. 189.

B- Cippi di *C. Asinius Gallus* e *C. Marcius Censorinus*[1119]

1- CIL VI 31541a = CIL VI 1235b = ILS 5923b
Tipologia: cippo delimitativo in travertino;
Rinvenimento: Roma, tra il 1670 e il 1676, sulla riva sinistra del Tevere, non lontano da ponte Milvio;
Conservazione: Roma, Musei Vaticani, *Gall. lap.* 37, 5 (Inv.6921).

C(aius) Marcius L(uci) f(ilius) L(uci) n(epos)
Censorinus,
«C(aius) Asinius C(ai) f(ilius) Gallus»
co(n)s(ules)
ex s(enatus) c(onsulto) termin(averunt).

DI STEFANO MANZELLA 1995, fig. 48, a.

2- CIL VI 31541b = CIL VI 1235d = CIL VI 785
Tipologia: cippo delimitativo in travertino;
Rinvenimento: Roma, nel XVI secolo, non lontano dal Tevere nei pressi delle mura Aureliane;
Conservazione: luogo ignoto, apparteneva alla collezione epigrafica del cardinale Rodolfo Pio da Carpi.[1120]

C(aius) Marcius L(uci) f(ilius) L(uci) n(epos)
Censorinus,
«C(aius) Asinius C(ai) f(ilius) Gallus»
co(n)s(ules)
ex s(enatus) c(onsulto) termin(averunt).

CAR I 2005, p. 30 n.30.

[1116] GATTI 1897, p. 524.
[1117] GATTI 1897, p. 10.
[1118] GATTI 1906b, p. 207.

[1119] Nel 30 d.C. *C. Asinius Gallus*, condannato dal senato per volere di Tiberio, fu costretto in carcere dove morì nel 33 d.C. (TAC. *ann.* 4,71; DIO LVIII,3). Subì la *damnatio memoriae,* per questo, in quasi tutte le iscrizioni dei cippi, il suo nome compare scritto in litura, operazione che avvenne probabilmente dopo il 37 d.C. in seguito alla morte di Tiberio. Cfr. FLOWER 2006, pp. 143-148.
[1120] GUZMÁN ALMAGRO 2009, p. 138

3- CIL VI 31541c = ILS 5923a = AE 1892, 72 (foto BBAW / EDC - PH0003142; PH0003143)
Tipologia: cippo delimitativo in travertino;
Rinvenimento: Roma, nel 1891, ancora *in situ* sulla riva sinistra, sul Lungotevere Arnaldo da Brescia;
Conservazione: Roma, MNR alle Terme di Diocleziano nel Chiostro di Michelangelo (Inv.832);
Misure: 210 x 70 x 40 (CIL).

«C(aius) Asinius C(ai) f(ilius) Gallus»,
C(aius) Marcius L(uci) f(ilius) L(uci) n(epos)
Censorinus
co(n)s(ules)
ex s(enatus) c(onsulto) termin(averunt).

GORDON 1958-65, p. 36 n.20 (tav. 13,b); FLOWER 2006, p. 145 fig. 26; CAR I 2005, p. 26 n.24.

4- CIL VI 31541d (foto BBAW / EDCS - PH0003144; PH0003145)
Tipologia: cippo delimitativo in travertino;
Rinvenimento: Roma, fuori da porta Flaminia presso il vecchio mattatoio, 33,45 mt a valle di CIL VI 31541c;
Conservazione: MNR alle Terme di Diocleziano nel Chiostro di Michelangelo;
Misure: 210 x 70 x 40 (CIL).

C(aius) Marcius L(uci) f(ilius) L(uci) n(epos)
Censorinus,
«C(aius) Asinius C(ai) f(ilius) Gallus»
co(n)s(ules)
ex s(enatus) c(onsulto) termin(averunt).

CAR I 2005, p. 27 n.25.

5- CIL VI 31541e = CIL VI 1235a
Tipologia: cippo delimitativo in travertino;
Rinvenimento: Roma, nel 1779, sulla riva destra del Tevere, in località Prati di Castello;
Misure: 223 x 72 x 34 (CIL).

«C(aius) Asinius C(ai) f(ilius) Gallus»,
C(aius) Marcius L(uci) f(ilius) L(uci) n(epos)
Censorinus
co(n)s(ules)
ex s(enatus) c(onsulto) termin(averunt).

6- CIL VI 31541f
Cfr. II. 2

7- CIL VI 31541g
Cfr. II. 3

8- CIL VI 31541h
Cfr. II. 4

9- CIL VI 31541i
Cfr. II.5

10- CIL VI 31541k
Cfr. II. 6

11- CIL VI 31541l
Tipologia: frammento superiore di cippo delimitativo in travertino;
Rinvenimento: Roma, sulla riva destra del Tevere nei pressi di villa Farnesina;
Conservazione: Roma, MNR alle Terme di Diocleziano, nel deposito.

C(aius) Marc[i]us [L(uci) f(ilius) L(uci) n(epos)]
Cen[so]ri[nus],
[C(aius) Asinius C(ai) f(ilius) Gallus]
[co(n)s(ules)]
[ex s(enatus) c(onsulto) termin(averunt)].

12- CIL VI 31541m
Cfr. II. 7

13- CIL VI 31541n
Tipologia: cippo delimitativo in travertino;
Rinvenimento: Roma, nell'alveo del Tevere in località Ripa Grande.

«C(aius) Asinius C(ai) f(ilius) Gallus»,
C(aius) Marcius L(uci) f(ilius) L(uci) n(epos)
Censorinus
co(n)s(ules)
ex s(enatus) c(onsulto) termin(averunt).

14- CIL VI 31541o
Cfr. II. 8

15- CIL VI 31541p = CIL VI 1235h
Tipologia: cippo delimitativo in travertino;
Rinvenimento: Roma, nel 1837, nell'alveo del Tevere, nei pressi di villa Torretta;
Conservazione: risulta oggi perduto.

«C(aius) Asinius C(ai) f(ilius) Gallus»,
C(aius) Marcius L(uci) f(ilius) L(uci) n(epos)
Censorinus
co(n)s(ules)
ex s(enatus) c(onsulto) termin(averunt).

16- CIL VI 31541q = CIL VI 1235k
Tipologia: cippo delimitativo in travertino;
Rinvenimento: Roma, nei pressi di S. Stefano.

«C(aius) Asinius C(ai) f(ilius) Gallus»,
C(aius) Marcius L(uci) f(ilius) L(uci) n(epos)
Censorinus
co(n)s(ules)
ex s(enatus) c(onsulto) termin(averunt).

17- CIL VI 31541r
Cfr. II. 9

18- CIL VI 31541s
Cfr. II. 10

19- CIL VI 31541t
Cfr. II. 11

20- CIL VI 31541u
Cfr. II. 12

21- CIL VI 40859 = AE 1951, 182a = EDR093186 = HD020141
Tipologia: cippo delimitativo in travertino mancante della parte superiore;
Rinvenimento: Roma, ancora *in situ* sulla riva sinistra del Tevere durante i lavori di arginatura del fiume e di costruzione del ponte Testaccio a 30 metri dalla riva;
Conservazione: luogo di conservazione ignoto;
Misure: rest. 130 x 75 x 36 (CIL).

[C(aius) Asinius C(ai) f(ilius) Gallus],
[C(aius) Marcius L(uci) f(ilius) L(uci) n(epos)]
[Cen]so[rinus]
co(n)s(ules)
ex s(enatus) c(onsulto) term[in(averunt)].

22- CIL VI 40860 (con foto) = AE 1947, 154 = HD019607 = EDR073656 (foto BBAW / EDSC / EDH / EDR - PH0007633)
Tipologia: Cippo delimitativo in travertino dalla sommità fortemente arrotondata; sulla superficie anteriore sono presenti numerosi solchi lasciati dalle corde utilizzate per l'attracco delle imbarcazioni;
Rinvenimento: Roma, nel 1938, ancora *in situ* sulla riva destra del Tevere, in prossimità del porto fluviale di S. Paolo in località Pietra Papa;
Conservazione: perduto.

«C(aius) Asinius C(ai) f(ilius) Gallus»
C(aius) Marcius L(uci) f(ilius) L(uci) n(epos)
Censorinus
co(n)s(ules)
ex s(enatus) c(onsulto) termin(averunt).

VAN BUREN 1940, pp. 377, 379; JACOPI 1940, p. 98; CERONI 1941, p. 293; JACOPI 1943, pp. 24-26 fig. 24; LUGLI 1953, p. 74 n.41-42.

23- CIL VI 40861 (con foto) = EDR093187 = HD027392 (foto BBAW / EDCS / EDH / EDR - PH0007634)
Tipologia: cippo delimitativo in travertino recante sul fronte profondi segni paralleli dovuti alle cime di attracco delle imbarcazioni;
Rinvenimento: Roma (assieme a CIL VI 40860), nel 1938 *in situ* sulla riva destra del Tevere, in prossimità del porto fluviale di S. Paolo in località Pietra Papa;
Conservazione: luogo di conservazione ignoto.

[C(aius) M]ạṛc̣ius Ḷ(uci) f(ilius) Ḷ(uci) [n(epos)]
Censorinus,
«C(aius) Asinius C(ai) f(ilius) Gallus»
co(n)s(ules)
ex s(enatus) c(onsulto) termin(averunt).

JACOPI 1943, pp. 28-29 fig. 29.

C- Cippi di Augusto

I cippi augustei presentano tutti il medesimo testo di base che presenta la titolatura imperiale, per questo motivo si è scelto di riportare una sola volta la prima parte delle iscrizioni, specificando quindi per ogni singolo cippo soltanto la segnalazione della pedatura, l'unica parte dell'iscrizione che cambia da un cippo all'altro. Il testo base dei cippi posti da Augusto è il seguente:

Imp(erator) Caesar Divi f(ilius)
Augustus
pontifex maximus
tribunic(ia) potest(ate) XVII
ex s(enatus) c(onsulto) terminavit

1- CIL VI 31542a (foto BBAW / EDCS - PH0003148; PH0003149)
Tipologia: cippo delimitativo in travertino;
Rinvenimento: Roma, sulla riva destra del Tevere, *in situ* 50 mt a monte del ponte di ferro in località Ripetta;
Conservazione: Roma, MNR alle Terme di Diocleziano nel Chiostro di Michelangelo (Inv.811);
Misure: 170 x 72 x 40 (GORDON).

Fronte
r(ecto) r(igore) proximus cippus ped(es) XXXIII //

Retro
r(ecto) r(igore) prox(imus) cippus ped(es) CLXVI.

GORDON 1958-65, p. 37 n.22 (pl.14,b); CAR I 2005, p. 85 n.111b.

2- CIL VI 31542b (foto BBAW / EDCS - PH0008626)
Tipologia: cippo delimitativo in travertino;
Rinvenimento: Roma, sulla riva destra del Tevere, in località Prati di Castello, 10 mt a valle di ponte Cavour e a 3,80 mt da CIL VI 31549c;
Conservazione: Roma, MNR alle Terme di Diocleziano nel chiostro di Michelangelo (Inv. 834);
Misure: 218 x 65 x 37 (CIL).

Fronte
r(ecto) r(igore) prox(imus) cipp(us) ped(es) XVIII //

Retro
r(ecto) r(igore) prox(imus) cipp(us) ped(es) CCXCII.

CAR I 2005, p. 105 n.140e.

3- CIL VI 31542c (foto BBAW / EDCS - PH PH0009310)
Tipologia: cippo delimitativo in travertino; il lato destro presenta a media altezza un foro originario forse dovuto all'inserimento di sbarramenti lignei o metallici che congiungevano un cippo all'altro;
Rinvenimento: Roma, sulla riva destra del Tevere in località Prati di Castello;
Conservazione: Roma, MNR alle Terme di Diocleziano nel Chiostro di Michelangelo (Inv.751);
Misure: 182 x 67,4 x 38 (CIL).

Fronte
r(ecto) r(igore) prox(imus) cipp(us) ped(es) CXLVIII s(emis) //

Lato sinistro
r(ecto) r(igore) prox(imus) cipp(o) ped(es) XV

CAR I 157 (fig. 149.1 n.13).

4- CIL VI 31542d (foto BBAW / EDCS - PH0008627)
Tipologia: cippo delimitativo in travertino;
Rinvenimento: Roma, sulla riva destra del Tevere in località Prati di Castello;
Conservazione: Roma, MNR alle Terme di Diocleziano nel Chiostro di Michelangelo;
Misure: 207 x 75,5 x 37,2 (CIL).

Lato destro
r(ecto) r(igore) prox(imus) cipp(us) p(edes) XV.

CAR I, 157 (fig. 149.1 n.11).

5- CIL VI 31542e (foto BBAW / EDCS - PH0009305)
Tipologia: cippo delimitativo in travertino;
Rinvenimento: Roma, sulla riva destra del Tevere, in località Prati di Castello;
Conservazione: Roma, MNR alle Terme di Diocleziano nel chiostro di Michelangelo (Inv. 762);
Misure: 156 x 74 x 36 (CIL).

Fronte
r(ecto) r(igore) prox(imus) cipp(us) ped(es) XX s(emis) //

Lato sinistro
r(ecto) r(igore) prox(imus) cipp(us) ped(es) XXV //

Retro
r(ecto) r(igore) prox(imus) cip(pus).

Retro: il numero di piedi non risulta; forse era soltanto dipinto.

6- CIL VI 31542f = CIL VI 1236a
Tipologia: cippo delimitativo in travertino;
Rinvenimento: Roma, nel 1890, sulla riva destra del Tevere, in località Prati di Castello;
Conservazione: Roma, MNR alle Terme di Diocleziano nel chiostro di Michelangelo (Inv.752);
Misure: 170 x 68 x 35 (CIL).

Retro
r(ecto) r(igore) prox(imus) cipp(us) ped(es) XV.

CAR I, 170.

7- CIL VI 31542g (foto BBAW / EDCS - PH0009311)
Tipologia: cippo delimitativo in travertino;
Rinvenimento: Roma, sulla riva destra del Tevere, in località Prati di Castello;
Conservazione: Roma, MNR alle Terme di Diocleziano nel Chiostro di Michelangelo (Inv.756);
Misure: 170 x 64,5 x 38,5 (CIL).

Fronte
r(ecto) r(igore) prox(imus) cipp(us) ped(es) XVI //

Retro
r(ecto) r(igore) prox(imus) cipp(us) ped(es) XLI.

CAR I, 170.

8- CIL VI 31542h = ILS 5924c (foto BBAW / EDCS - PH0009308)
Tipologia: cippo delimitativo in travertino mancante della parte superiore centinata;
Rinvenimento: Roma, *in situ* sulla riva destra del Tevere, in località Prati di Castello;
Conservazione: Roma, MNR alle Terme di Diocleziano nel Chiostro di Michelangelo (Inv.769);
Misure: rest. 159,5 x 66,4 x 38,3 (CIL).

Fronte
r(ecto) r(igore) prox(imus) cipp(us) ped(es) XLI //

Lato sinistro
r(ecto) r(igore) prox(imus) cipp(us) p-
ed(es) XXIV //

Retro
r(ecto) r(igore) prox(imus) cipp(us) p[[[ed(es) ---]]].

CAR I, 173.

9- CIL VI 31542i = ILS 5924b
Tipologia: cippo delimitativo in travertino mancante della parte superiore;
Rinvenimento: Roma, sulla riva destra del Tevere in località Prati di Castello;
Conservazione: Roma, MNR alle Terme di Diocleziano nel chiostro di Michelangelo (Inv.771);
Misure: 195 x 75 x 43 (CIL).

Lato destro
r(ecto) r(igore) prox(imus) cipp(us) ped(es) XXIV //

Retro
r(ecto) r(igore) prox(imus) cipp(us) ped(es) CCVI.

CAR I, 179.

10- CIL VI 31542k = ILS 5924a
Tipologia: cippo delimitativo in travertino mancante della parte superiore;
Rinvenimento: Roma, sulla riva destra del Tevere in località Prati di Castello;
Conservazione: Roma, MNR alle Terme di Diocleziano nel chiostro di Michelangelo;
Misure: 180 x 74,5 x 36,5 (CIL).

Fronte
r(ecto) r(igore) prox(imus) cipp(us) ped(es) CCVI //

Retro
r(ecto) r(igore) prox(imus) cipp(us) ped(es) CCV.

CAR I, 191.

11- CIL VI 31542l
Tipologia: cippo delimitativo in travertino rinvenuto a Roma sulla riva destra del Tevere, 10 mt a monte di ponte Umberto;
Conservazione: Roma, MNR alle Terme di Diocleziano nel chiostro di Michelangelo (Inv. 814);
Misure: 180 x 74 x 38 (CIL).

Fronte
r(ecto) r(igore) prox(imus) cippus ped(es) CCXIX.

CAR I, 253.

12- CIL VI 31542m
Tipologia: cippo delimitativo in travertino;
Rinvenimento: Roma, sulla riva destra del Tevere, 32 mt a valle di ponte Umberto;
Conservazione:, Roma, MNR alle Terme di Diocleziano nel chiostro di Michelangelo (Inv. 824);
Misure: 170 x 67 x 42 (CIL).

Fronte
r(ecto) r(igore) prox(imus) cipp(us) ped(es) CCXIX //

Retro
r(ecto) r(igore) prox(imus) cipp(us) ped(es) CLXI.

CAR I, 265.

13- CIL VI 31542n
Tipologia: cippo delimitativo in travertino;
Rinvenimento: Roma, sulla riva destra del Tevere, 57 mt a valle di ponte Umberto;
Conservazione: Roma, MNR alle Terme di Diocleziano nel chiostro di Michelangelo (Inv. 828);
Misure: 175 x 72 x 43 (CIL).

Lato destro
r(ecto) r(igore) prox(imus) cipp(us) p(edes) VIII //

Retro
r(ecto) r(igore) prox(imus) cipp(us) ped(es) XLIV

CAR I, 280.

14- CIL VI 31542o = CIL VI 1236b
Tipologia: cippo delimitativo in travertino;
Rinvenimento: Roma, nel 1495, nel fossato presso il ponte di Castel Sant'Angelo.
Conservazione: luogo di conservazione ignoto.

Fronte
r*(ecto) r(igore) prox(imus) cipp(us) ped(es) CXLI s(emis).*

CAR I, 268a.

15- CIL VI 31542p = CIL VI 1236c
Tipologia: cippo delimitativo in travertino;
Rinvenimento: Roma, nel 1495, nel fossato di Castel Sant'Angelo;
Conservazione: luogo di conservazione ignoto.

Fronte
r(ecto) r(igore) prox(imus) cipp(us) ped(es) XXXIX.

CAR I, 309.

16- CIL VI 31542q = CIL VI 1236d
Tipologia: cippo delimitativo in travertino;
Rinvenimento: Roma, nelle fondamenta di Castel Sant'Angelo;
Conservazione: luogo di conservazione ignoto

Fronte
r(ecto) r(igore) prox(imus) cipp(us) ped(es) XIII s(emis).

CAR I, 268b.

17- CIL VI 31542r = CIL VI 1236f
Tipologia: cippo delimitativo in travertino;
Rinvenimento: Roma, nel novembre del 1521, lungotevere Vaticano, vicino alla chiesa di S. Maria Traspontina;
Conservazione: luogo di conservazione ignoto.

Fronte
r(ecto) r(igore) prox(imus) cipp(us) ped(es) CLXVI.

CAR I, 352a.

18- CIL VI 31542s
Cfr. II.13

19- CIL VI 31542t = CIL VI 1236g
Tipologia: cippo delimitativo in travertino;
Rinvenimento: Roma, sulla riva destra del Tevere in data e luogo non precisati;
Conservazione: luogo di conservazione ignoto.

Fronte
r(ecto) r(igore) [p]rox(imus) cipp(us) ped(es) XL s(emis).

20- CIL VI 31542u = CIL VI 1236h
Tipologia: cippo delimitativo in travertino;
Rinvenimento: Roma, lungotevere Vaticano, nella zona del palazzo del cardinale Cesi.

Fronte
r(ecto) r(igore) proxim(us) cipp(us) ped(es) CLXI.

CAR I, 352d.

21- CIL VI 31542v = CIL VI 1236i
Tipologia: cippo delimitativo in travertino;
Rinvenimento: Roma, nei pressi della basilica di S. Marco;
Conservazione: luogo di conservazione ignoto.

Fronte
r(ecto) r(igore) prox(imus) cipp(us) ped(es) CLXVI s(emis).

22- CIL VI 31542w (foto BBAW / EDCS - PH0009309)
Tipologia: cippo delimitativo in travertino;
Rinvenimento: Roma, in data ignota;

Conservazione: Roma, MNR alle Terme di Diocleziano nel chiostro di Michelangelo (Inv. 759);
Misure: 180 x 75,5 x 37 (CIL).

Lato destro
r(ecto) r(igore) prox(imus) cipp(us) p(edes) XV s(emis)//

Retro
r(ecto) r(igore) prox(imus) cipp(us) ped(es) XX s(emis).

II CIPPI RESTAURATI DAI *CURATORES RIPARUM QUI PRIMI FUERUNT*

1- CIL VI 31540l = CIL VI 1234g = CIL I 766l = ILS 5922c
Tipologia: cippo delimitativo in travertino;
Rinvenimento: Roma;
Misure: 120 x 80 x 50.[1121]

M(arcus) Valerius M(arci) f(ilius) M(ani) n(epos) Messalla,
P(ublius) Servilius C(ai) f(ilius) Isauricus
censores
ex s(enatus) c(onsulto) termin(averunt); 'r(ecto) r(igore) prox(imus) cipp(us) p(edes) [[---]],
curatores riparum qui primi terminaverûnt
ex s(enatus) c(onsulto) restituerunt'.

DIHEL 1964, p. 57 n.463.

2- CIL VI 31541f = CIL VI 1235e = ILS 5923c = AE 2001, 169
Tipologia: cippo delimitativo in travertino;
Rinvenimento: Roma, nel 1750, nell'alveo del Tevere in località Ripetta, a monte di ponte Cavour;
Conservazione: Roma, Musei Vaticani, fratto in due parti (*Gall. lap.* 8, 19+24 – Inv.5665+5667).

C(aius) Marcius L(uci) f(ilius) L(uci) n(epos) Censorinus,
«C(aius) Asinius C(ai) f(ilius) Gallus»
co(n)s(ules)
ex s(enatus) c(onsulto) termin(averunt);
'r(ecto) r(igore) proximus cipp(us) ped(es) [[---]]'.

DI STEFANO MANZELLA 1995, fig. 18, a; CAR I 2005, p. 92 n.122.

3- CIL VI 31541g = CIL VI 1235f
Tipologia: parte superiore di cippo delimitativo in travertino; la sommità, originariamente centinata, presenta oggi tracce di taglio;
Rinvenimento: Roma, nel 1590, sulla riva destra del Tevere a seguito di un'inondazione;
Conservazione: Roma, MNR alle Terme di Diocleziano nel chiostro di Michelangelo (Inv. 740);
Misure: rest. 88 x 81 x 34 (CIL).

C(aius) Marcius L(uci) f(ilius) Censorinus,
«C(aius) Asinius C(ai) f(ilius) Gallus»
co(n)s(ules)
ex s(enatus) c(onsulto) termin(averunt); 'r(ecto) r(igore) prox(imus) cipp(us) p(edes) XX
curatores riparum qui primi terminaver(unt)
ex s(enatus) c(onsulto) restituerunt'.

4- CIL VI 31541h = ILS 5923d (foto BBAW / EDCS - PH0003146; PH0003147)
Tipologia: cippo delimitativo in travertino dalla sommità centinata;
Rinvenimento: Roma, il 1 settembre 1885, sulla riva

[1121] VAGLIERI 1894, p. 255.

destra del Tevere, nei pressi di villa Farnesina, a 13 metri dalle mura aureliane;
Conservazione: Roma, MNR alle Terme di Diocleziano nel chiostro di Michelangelo (Inv.737);
Misure: 220 x 80 x 50 (CIL).

«C(aius) Asinius C(ai) f(ilius) Gallus»,
C(aius) Marcius L(uci) f(ilius) Censorinus
co(n)s(ules)
ex s(enatus) c(onsulto) termin(averunt); 'r(ecto) r(igore) prox(imus) cipp(us) p(edes) XIIX s(emis)
curatores riparum qui primi terminaver(unt)
ex s(enatus) c(onsulto) restituerunt'.

GORDON 1958-65, p. 61 n.53 (pl. 27c).

5- CIL VI 31541i
Tipologia: cippo delimitativo in travertino dalla sommità centinata, mancante dell'angolo superiore sinistro;
Rinvenimento: Roma, settembre 1884, sulla riva destra del Tevere nei pressi di villa Farnesina, a 30 metri da ponte Sisto;
Conservazione: Roma, MNR alle Terme di Diocleziano nel chiostro di Michelangelo (Inv. 771);
Misure: 180 x 66 x 46.

[C(aius) Marci]us L(uci) f(ilius) L(uci) n(epos)
Censorinus,
«C(aius) Asinius C(ai) f(ilius) Gallus»
co(n)s(ules)
ex s(enatus) c(onsulto) termin(averunt);
'r(ecto) r(igore) proximus cippus ped(es) CXX'.

6- CIL VI 31541k
Tipologia: cippo delimitativo in travertino mancante di un consistente frammento sulla sommità;
Rinvenimento: Roma, sulla riva destra del Tevere nei pressi di villa Farnesina;
Conservazione: Roma, MNR alle Terme di Diocleziano nel Chiostro di Michelangelo;
Misure: rest 85 x 70 x 38.[1122]

[C(aius) Marcius L(uci) f(ilius) L(uci) n(epos)]
[Censorinus],
«[C(aius) Asinius C(ai)] f(ilius) Gal[lus]»
[c]o(n)s(ules)
ex s(enatus) c(onsulto) termin(averunt);
'r(ecto) r(igore) proximus cipp(us) ped(es) XXIIII s(emis)'.

7- CIL VI 31541m = CIL VI 1235i
Tipologia: cippo delimitativo in travertino;
Rinvenimento: Roma, nel 1556 sulla riva sinistra del Tevere.

C(aius) Marcius L(uci) f(ilius) L(uci) n(epos)
Censorinus,
C(aius) Asinius C(ai) f(ilius) Gallus
co(n)s(ules)
ex s(enatus) c(onsulto) termin(averunt);
'r(ecto) r(igore) p[ro]xim(us) cippus ped(es) XLII'.

[1122] LANCIANI 1884, p. 40.

8- CIL VI 31541o = CIL VI 1235g
Tipologia: cippo delimitativo in travertino;
Rinvenimento: Roma, nel 1700, sulla riva destra fra il Tevere e via Portuense.

C(aius) Marcius L(uci) f(ilius) L(uci) n(epos)
Censorinus,
C(aius) Asinius C(ai) f(ilius) Gallus
co(n)s(ules) ex s(enatus) c(onsulto) termin(averunt);
'curatores riparum qui primi
fuerunt ex s(enatus) c(onsulto) restituer(unt)
r(ecto) r(igore) prox(imus) cip[p(us)] p(edes) LX'.

9- CIL VI 31541r = CIL VI 1235l
Tipologia: cippo delimitativo in travertino;
Rinvenimento: ignoti il luogo di rinvenimento e di conservazione.

C(aius) Asinius C(ai) f(ilius) Gallus,
C(aius) Marcius L(uci) f(ilius) L(uci) n(epos)
Censorinus
co(n)s(ules)
ex s(enatus) c(onsulto) termin(averunt);
'curatores riparum
qui primi fuerunt
ex s(enatus) c(onsulto) restituer(unt)
r(ecto) r(igore) prox(imus) cipp(us) p(edes) CLXIII s(emis)'.

10- CIL VI 31541s = CIL VI 1235m
Tipologia: cippo delimitativo in travertino;
Rinvenimento: data e luogo di rinvenimento ignoti;
Conservazione: Roma, Musei Vaticani (*Gall. lap.* 37, 36 – Inv.6958).

C(aius) Marcius L(uci) f(ilius) L(uci) n(epos)
Censorinus,
«C(aius) Asinius C(ai) f(ilius) Gallus»
co(n)s(ules)
ex s(enatus) c(onsulto) termin(averunt);
'curator(es) ripar(um) qui primi
fuerunt ex s(enatus) c(onsulto) restituer(unt)
r(ecto) r(igore) prox(imus) cipp(us) p(edes) CXCVI'.

DI STEFANO MANZELLA 1995, fig. 48, b.

11- CIL VI 31541t
Tipologia: cippo delimitativo in travertino;
Rinvenimento: luogo e data di rinvenimento ignoti;
Conservazione: Roma, MNR alle Terme di Diocleziano nel Chiostro di Michelangelo (Inv.748);
Misure: 150 x 70 x 35 (CIL).

C(aius) Marcius L(uci) f(ilius) L(uci) n(epos)
Censorinus,
«C(aius) Asinius [C(ai) f(ilius)] Gallus»
co(n)s(ules)
ex s(enatus) c(onsulto) [termi]n(averunt);
'r(ecto) r(igore) prox(imus) cippus ped(es) [---]'.

12- CIL VI 31541u
Tipologia: cippo delimitativo in travertino dalla sommità centinata, mutilo nella parte inferiore del dente di

infissione e con la superficie molto abrasa; il lato destro presenta a media altezza un foro originario forse dovuto all'inserimento di sbarramenti lignei o metallici che congiungevano un cippo all'altro.
Rinvenimento: luogo e data di rinvenimento ignoti;
Conservazione: Roma, MNR alle Terme di Diocleziano nel chiostro di Michelangelo (Inv. 745);
Misure: rest. 150 x 69 x 37. (CIL)

«C(aius) Asinius C(ai) f(ilius) Gallus»,
C(aius) Marcius L(uci) f(ilius) L(uci) n(epos)
Censorinus
co(n)s(ules)
ex s(enatus) c(onsulto) termin(averunt); 'prox(imus) cipp(us) p(edes)
curatores riparum qui primi
terminaverunt ex s(enatus) c(onsulto)
restituerunt'.

13- CIL VI 31542s = ILS 5924d
Tipologia: cippo delimitativo in travertino, mutilo della sommità. La superficie molto abrasa rende difficile la lettura. Sul lato destro, a media altezza, si intravedono alcuni caratteri che dovevano appartenere ad un'indicazione di pedatura posta sulla superficie laterale, come d'uso nei termini tiberini posti da Augusto;
Rinvenimento: Roma, ancora *in situ* nel 1886, 50 mt a valle del ponte Fabricio;
Conservazione: Roma, MNR alle Terme di Diocleziano nel chiostro di Michelangelo (Inv. 779);
Misure: rest. 170 x 75 x 50 (CIL).

[Imp(erator) Caesar Divi f(ilius)
Augustus]
pontif[ex maximus],
tribunici[a potest(ate) XVII],
ex s(enatus) c(onsulto) ter[minavit]
'curatores riparum q[ui primi]
terminaverunt ex s(enatus) [c(onsulto) rest(ituerunt)]'//

Lato destro
[pr]ox(imus) c[ip(pus) ped(es) ---].

14- CIL VI 31557d
Tipologia: frammento isolato di cippo delimitativo in travertino; il cippo potrebbe appartenere alla serie posta dai consoli dell'8 a.C., *C. Asinius C. f. Gallus* e *C. Marcius Censorinus*, oppure ai cippi fatti collocare da Augusto;
Rinvenimento: data e luogo ignoti;

------
ex s(enatus) c(onsulto) ter[min(avit?)]
curator[es ripar(um) qui primi fuer(unt)]
[restituerunt]
------.

III. CIPPI ED ISCRIZIONI DEI *CURATORES RIPARUM ET ALVEI TIBERIS*

1-5. L. Caninius Gallus; L. Volusenus Catulus; C. Caedicius Agrippa; M. Acilius Memmius Glabrio; Q. Fabius Balbus

***a*- CIL VI 31543** = ILS 5893 = AE 1889, 121 (foto BBAW / EDCS - PH0005168)
Tipologia: basamento parallelepipedo in travertino fratto in due parti ricomposte; lo specchio epigrafico è corniciato da listello a gola rovescia;
Rinvenimento: Roma, nel marzo del 1889, nelle fondamenta di ponte Cestio, sul lato dell'isola Tiberina;
Conservazione: Roma, MNR alle Terme di Diocleziano nel Chiostro di Michelangelo (Inv.775);
Misure: 257 x 85 x 64.[1123]

L(ucius) Caninius Gallus,
L(ucius) Volusenus Catulus f(ilius),
C(aius) Caedicius Agrippa,
M(arcus) Acilius Memmius Glabrio,
Q(uintus) Fabius Balbus,
curatores riparum et alvei Tiberis ex s(enatus) c(onsulto)
reficiundam curaver(unt) idemque probaverunt.

LE GALL 1953, p. 179 (ora anche LE GALL 2005, p. 204); GORDON 1958-65, p. 62 n.54 (pl.28,a); CASTAGNOLI 1980, p. 40 nt. 11; CIMMA 1981, p. 120 nt. 112.

6-10. C. Vibius Rufus; Sex. Sotidius Sex. f. Strabo Libuscidianus; C. Calpetanus C. f. Statius Rufus; M. Claudius M. f. Marcellus Aeserninus; L. Visellius C. f. Varro

***a*- CIL VI 31544a** = CIL VI 1237 = ILS 5925
Tipologia: cippo delimitativo in travertino;
Rinvenimento: Roma, presso la chiesa di S. Giovanni dei Fiorentini in data sconosciuta.

C(aius) Vibius C(ai) f(ilius) Rufus,
Sex(tus) Sotidius Sex(ti) f(ilius) Strabo
Libuscid(ianus),
C(aius) Calpetanus C(ai) f(ilius) Statius Rufus,
M(arcus) Claudius M(arci) f(ilius) Marcellus,
L(ucius) Visellius C(ai) f(ilius) Varro,
curator(es) riparum et alvei Tiberis
ex s(enatus) c(onsulto) termin(averunt).

***b*- CIL VI 31544b**
Tipologia: parte di cippo delimitativo in travertino mancante della sezione inferiore; la superficie è molto danneggiata ma l'iscrizione è facilmente integrabile sulla base del confronto con altri cippi della medesima serie;
Rinvenimento: luogo e data di rinvenimento ignoti;
Conservazione: Roma, MNR alle Terme di Diocleziano nel chiostro di Michelangelo (Inv. 808);
Misure: rest 137 x 80 x rest. 40 (CIL).

[1123] BORSARI 1889, p. 165.

C(aius) Vibi[u]s [C(ai) f(ilius) Rufus],
[Se]x(tus) So[t]idius [Sex(ti) f(ilius) Str]abo
Libus[cid(ianus)],
[C(aius) C]a[lpeta]n[us C(ai) f(ilius) Statius]
[Rufus],
L(ucius) Vise[llius C(ai) f(ilius) Varr]o,
M(arcus) C[l]a[udius M(arci) f(ilius) Marcellu]s,
[curatores] r[iparum et alvei Tiberis]
[ex s(enatus) c(onsulto) termin(averunt)].

***c*- CIL VI 31544c**
Tipologia: frammento di cippo delimitativo in travertino;
Rinvenimento: Roma, a S. Lorenzo in Lucina in data sconosciuta.

[C(aius) Vibius C(ai) f(ilius)] Rufus,
[L(ucius) Visellius C(ai) f(ilius)] Varro,
[Sex(tus) Sot]idius Sex(ti) f(ilius) Stra[bo]
Libuscid(ianus),
[C(aius) Calpet]anus C(ai) [f(ilius)] Statiu[s]
Rufus,
[M(arcus) Claudi]us M(arci) f(ilius) Marcell[us],
[curatores riparum et alvei Tiberis]
[ex s(enatus) c(onsulto) termin(averunt)].

LE GALL 1953, p. 156, (ora anche in LE GALL 2005, p. 180).

11-15. *C. Antistius C. f. C. n. Vetus; C. Valerius L. f. Flaccus Tanurianus; P. Vergilius M. f. Pontianus; P. Catienus P. f. Serg. Sabinus; Ti. Vergilius Ti. f. Rufus*

***a-b.* CIL XIV 4704a-b** = AE 1922, 95 = EDR072872 = HD025240 (foto BBAW / EDCS - PH0002775)
Tipologia: cippi delimitativi in travertino che presentano la medesima iscrizione;
Rinvenimento: Roma, nel 1921, sulla riva destra del Tevere, nella proprietà del principe Aldobrandini;
Conservazione: i cippi dovrebbero essere ancora *in situ.*[1124]

C(aius) Antistius C(ai) f(ilius) C(ai) n(epos) Vetus,
C(aius) Valerius L(uci) f(ilius) Flacc(us) Tanur(ianus),
P(ublius) Vergilius M(arci) f(ilius) Pontian(us),
P(ublius) Catienus P(ubli) f(ilius) Sabinus,
Ti(berius) Vergilius Ti(beri) f(ilius) Rufus,
curatores riparum et alvei
Tiberis ex s(enatus) c(onsulto) terminaver(unt)
r(ecto) r(igore) l(ongum) p(edes) [---].

RICCI 1957, p. 333 n.5339; CORBIER 1974, p. 355, IV.2.

***c*- CIL XIV 4704c** = AE 1961, 138 = EDR074268 = HD017824
Tipologia: cippo delimitativo in travertino. Nella trascrizione di AE 1961, 138 il prenome di *Vergilius Rufus* appare essere, erroneamente, *P(ublius)*;
Rinvenimento: Roma, rinvenuto nel 1921 sulla riva destra del Tevere, nella proprietà del principe Aldobrandini.

C(aius) Antistius C(ai) f(ilius) Vetus,
C(aius) Valerius Flacc(us) Tanurian(us),
P(ublius) Vergilius M(arci) f(ilius) Pontian(us),
P(ublius) Catienus P(ubli) f(ilius) Sabinus,
P(ublius) Vergilius Ti(beri) f(ilius) Rufus,
curatores riparum et alvei
Tiberis ex s(enatus) c(onsulto) terminaver(unt)
r(ecto) r(igore) l(ongum) p(edes) [---] //

Retro
sine praeiudic(io)
publico aut
privatotorum (!).

***d* - CIL XIV 192**
Tipologia: frammento di cippo delimitativo in travertino;
Rinvenimento: Ostia, sulla riva del Tevere.

[---]nus,
[Ti(berius) Vergilius Ti(beri) f(ilius)] Rufus,
curatores ripar[um]
[et alvei] Tiberis [---]
------.

CALZA 1921, p. 261; STEIN 1930, p. 235 nt. 2; CORBIER 1974, p. 355, IV.3.

16-20. *Paullus Fabius Persicus; C. Eggius Marullus; L. Sergius Paullus; C. Obellius Rufus; L. Scribonius Libo*

***a*- CIL VI 31545** = ILS 5926 (foto BBAW / EDCS - PH0003512)
Tipologia: parte di cippo delimitativo in travertino dalla sommità centinata, integralmente ricomposto da diversi frammenti contigui. Sul lato anteriore sinistro sono visibili i segni delle corde utilizzate per l'attracco delle imbarcazioni;
Rinvenimento: Roma, intorno al 1887, sulla riva sinistra del Tevere nei pressi della chiesa di S. Biagio alla Pagnotta;
Conservazione: Roma, MNR alle Terme di Diocleziano nel chiostro di Michelangelo (Inv. 242);
Misure: rest.160 x 76 x 24 (CIL).

Paullus Fabius Persi[cus],
C(aius) Eggius Marull[us],
L(ucius) Sergius Paullus,
C(aius) Obellius Ru[fus],
L(ucius) Scriboniu[s Libo],
curatore[s riparum]
et alv[ei Tiberis]
ex auctorit[ate]
Ti(beri) Claudi Caesa[r]is
Aug(usti) Germanic[i],
principis s(---),
ripam cippis pos[itis]
terminaverunt a Tr[ig]ar[io]
ad pontem Agrippa[e].

r.11. *principis s[en(atus)]*, o forse *principis s[ui]*.

[1124] LE GALL 1953, p. 157. (ora anche LE GALL 2005, p. 181).

GORDON 1958-65, n.98 (pl. 43,b); VENTURI 1986, p. 281, nt. 26; WEISS 2009, pp. 190-191.

21. *Sex. Sentius Sex. f. Quir. Caecilianus*

***a*- CIL IX 4194** = ILS 8969 =EDR092727 = HD031108
Tipologia: stele (?) con iscrizione onoraria;
Rinvenimento: *Amiternum,* luogo di rinvenimento e di conservazione ignoti.

[Sex(to) Se]ntio Sex(ti) f(ilio)]
Caeciliano
[Xviro st]l(itibus) iud(icandis), tr(ibuno) mil(itum) leg(ionis) VIII Aug(ustae),
[quaest(ori) prov(inciae) B]aet(icae), aed(ili) pl(ebis), prae[t(ori), leg(ato) p]r(o) pr(aetore) prov(inciae)
[--- cur(atori) a]lvei Tib(eris) et ripar(um), l[eg(ato) l]eg(ionis) XV Apollina[r(is)],
[---]g(?) leg(ato) pr(o) pr(aetore) utriusq(ue) Mauretan(iae),
co(n)s(uli) arbitratu,
[--- a]e uxor(is?) et Atlantis li[b(erti)].

RACHET 1970, pp. 150-153 e p. 150 nt. 5; FITZ 1993-95, p. 190 n.1; THOMASSON 1996, p. 135, 5.

22. *C. Calpetanus Rantius Quirinalis Valerius P. f. Pomp. Festus*

***a*- CIL V 531** = AE 1966, 158 = ILS 989 = Inscr.It 10, 4, 30 = Suppl.It. 10, pp. 214-215 = EDR092726 = HD031105 (foto EDH / EDR - F000735)[1125]
Tipologia: base di statua equestre;
Rinvenimento: Trieste, nel 1842, *in situ* davanti ai resti del *Capitolium*;
Conservazione: Trieste, presso il Civico Museo di Storia ed Arte – Orto Lapidario (Inv. 13544.);
Misure: 210 x 115 x 250.[1126]

[C(aio)] Calpe[tano]
Rant[io]
Quirinal[i]
[Va]lerio P(ubli) f(ilio) Pomp(tina) F[esto]
[IIII]vir(o) viár(um) curand(arum), t[r(ibuno) mil(itum)]
[le]g(ionis) VI Victr(icis), quáestori, se[viro]
[equ]it(um) Romanor(um), tr(ibuno) pleb(is), prae[tori],
[soda]li August(ali), leg(ato) pro praet(ore) ex[ercit(ui)]
[Afri]cae, co(n)s(uli), donato ab imper[atore]
[hastis] puris IIII, vexillis IIII, co[ronis]
[IIII v]allari, murali, classica, a[urea],
[cura]tori alvei Tiberis et ripa[rum],
[pon]tif(ici), leg(ato) Aug(usti) pro pr(aetore) provinc[iae]
[Pan]noniae et provinc[iae]
Hispaniae,
patrono
plebs urbana.

MCCRUM 1966, n.266; FITZ 1993-95, p. 154, n.59.4; ALFÖLDY 1984, p. 84 n.29; THOMASSON 1996, p. 134, n.3; ALFÖLDY 1999, p. 94 n.3 e nt. 72; VIDULLI TORLO 2001, pp. 30-31 (con foto).

***b*- CIL VI 31546a** = CIL VI 1238 = ILS 5927
Tipologia: cippo delimitativo in travertino;
Rinvenimento: Roma, nel 1509, sulla riva sinistra del Tevere presso la chiesa di S. Lucia.

Ex auctoritate
Imp(eratoris) Caesaris Vespasiani
Aug(usti), p(ontificis) m(aximi), tr(ibunicia) p(otestate) IIII, imp(eratoris) X, p(atris) p(atriae),
co(n)s(ulis) IIII, desig(nati) V, censor(is),
C(aius) Calpetanus Rantius Quirinalis
Valerius Festus curator riparum
et alvei Tiberis terminavit r(ecto) r(igore)
prox(imus) cipp(us) p(edes) LII s(emis).

***c*– CIL VI 31546b**
Tipologia: cippo delimitativo in travertino;
Rinvenimento: Roma, presso la riva sinistra del Tevere, a ponte S. Angelo.

Ex auctoritate
Imp(eratoris) Caes(aris) Vespasiani
Aug(usti), p(ontificis) m(aximi), trib(unicia) pot(estate) IIII, imp(eratoris) X, p(atris) p(atriae),
co(n)s(ulis) IIII, [desig(nati)] V, censor(is),
C(aius) Calpetanus Rantius Quirinalis
Valerius [F]estus curator riparum
et alvei T[i]beris terminavit r(ecto) r(igore)
prox(imus) cipp(us) p(edes) CLXXIIII.

CAR I 2005, p. 431 n.563.

23. *C. Dillius L. f. A. n. Serg. Aponianus*

***a*- CIL VI 31547**= ILS 5928
Tipologia: parte superiore di cippo delimitativo in travertino;
Rinvenimento: Roma, sulla riva destra del Tevere presso la villa Farnesina;
Conservazione: Roma, MNR alle Terme di Diocleziano nel chiostro di Michelangelo (Inv. 781);
Misure: rest. 55 x 49 x 30 (CIL).

[Ex auctoritate]
[Imp(eratoris) Caes(aris) Vespasiani Aug(usti)],
[p(ontificis)] m(aximi), tr(ibunicia) p(otestate) V, imp(eratoris) XI,
p(atris) p(atriae), co(n)s(ulis) IIII,
desig(nati) V, censor(is),
C(aius) Dillius Aponianus
curator riparum
et alvei Tiberis
[termina]vit rip(am) Veient(anam)
[r(ecto) r(igore) proxim(us) cip]p(us) p(edes) CCXXXVI.

GORDON 1958-65, p. 126 n.133 (pl. 55,b).

[1125] Una scheda dettagliata con tre foto del monumento si trova anche nel database di "VBI ERAT LVPA" (http://www.ubi-erat-lupa.org), scheda 16162; immagini nn.16162, 1-3 (cfr EDCS).
[1126] ALFÖLDY 1984, p. 84 n.29.

24.C. *Laecanius Bassus Caecina Paetus*

a- **CIL VI 31548a** = ILS 5929b (foto BBAW / EDCS - PH0003150; PH0008634)
Tipologia: parte superiore di cippo delimitativo in travertino;
Rinvenimento: Roma, il 23 luglio 1878, nell'alveo del Tevere presso ponte Sisto;
Conservazione Roma, MNR alle Terme di Diocleziano nel Chiostro di Michelangelo (Inv.806);
Misure: rest. 90 x 50 x 20 (CIL).

Ex auctor[itate]
[I]mp(eratoris) Caesar[is]
Vespasiani Aug(usti), [p(ontificis)]
m(aximi), tr(ibunicia) p(otestate) VI, imp(eratoris) XIV, p(atris) p(atriae),
co(n)s(ulis) V, desig(nati) VI, cens(oris),
C(aius) Caecina Paetu[s]
curator ripar(um) et
[al]vei Tiberis termin-
[av]it prox(imus) cipp(us) p(edes) C.

GORDON 1958-65, p. 127 n.134 (pl. 56,a).

b- **CIL VI 31548b** = ILS 5929a
Tipologia: cippo delimitativo in travertino;
Rinvenimento: Roma, sulla riva destra del Tevere presso la villa Farnesina;
Conservazione: Roma, MNR alle Terme di Diocleziano nel Chiostro di Michelangelo (Inv. 776);
Misure: 170 x 74 x 44 (CIL).

[Ex auctoritate]
[Imp(eratoris) Caesaris]
Vespasiani Aug(usti),
p(ontificis) m(aximi), tr(ibunicia) p(otestate) V, imp(eratoris) XIII,
p(atris) p(atriae), co(n)s(ulis) V,
design(nati) VI, censor(is),
[C(aius)] Caecina Paetus curat(or)
riparum et alvei Tiberis
[termin]avit rip(am) Veie[nt(anam)] prox(imus)
cipp(us) p(edes).

c- **CIL VI 31548c**
Tipologia: frammento sinistro di cippo delimitativo in travertino;
Rinvenimento: Roma, nell'alveo del Tevere;
Conservazione: Roma, MNR alle Terme di Diocleziano, probabilmente nel deposito.

Ex au[ctoritate]
Imp(eratoris) C[aesaris]
Vespas[iani Aug(usti), p(ontificis)]
m(aximi), tr(ibunicia) p(otestate) VI, [imp(eratoris) XIV, p(atris) p(atriae)],
co(n)s(ulis) V, d[esig(nati) VI, cens(oris),]
C(aius) Caeci[na Paetus]
Curat[or ripar(um) et]
[alvei Tiberis termin(avit)]
[------].

25. *Ti. Iulius Ferox*

a- **CIL VI 31549a** = AE 1891, 159
Tipologia: parte di cippo delimitativo in travertino mancante della porzione superiore;
Rinvenimento: Roma, nel 1890, ancora *in situ* sulla riva destra del Tevere, in località Prati di Castello;
Conservazione: Roma, MNR alle Terme di Diocleziano nel chiostro di Michelangelo (Inv. 790);
Misure: rest. 165 x 87 x 45 (CIL).

[Ex auctoritate]
[Imp(eratoris) Caesaris divi]
[Nervae fil(ii) Nervae Traiani Aug(usti)]
[Germanici, p]onti[ficis max(imi)],
[trib(unicia) pot(estate) V co(n)s(ulis) IIII p(atris) p(atriae)],
[Ti(berius) I]ulius Ferox cur(ator) alve[i et]
riparum Tiberis et cloacar(um)
terminavit r[i]pam r(ecto) r(igore) pro[x(imo)]
cipp(o) p(edes) XXXXIIII.

CAR I, 183.

b- **CIL VI 31549b**
Tipologia: cippo delimitativo in travertino mancante della parte superiore anteriore;
Rinvenimento: Roma, nell'aprile del 1890, sulla riva destra del Tevere in località Prati di Castello assieme al precedente;
Conservazione: Roma, MNR alle Terme di Diocleziano nel chiostro di Michelangelo (Inv. 786);
Misure: 165 x 90 x 52 (CIL).

[Ex auctoritate]
[Imp(eratoris) Caesaris divi]
[Nervae fil(ii) Nervae Traiani Aug(usti)]
[Germanici, pontificis max(imi)],
[trib(unicia) pot(estate) V, co(n)s(ulis) IIII, p(atris) p(atriae)],
[Ti(berius) Iu]lius Ferox cur(ator) alvei et
riparum Tiberis et cloacar(um) urbis
terminavit ripam r(ecto) r(igore) proxim(o)
cipp(o) p(edes) XV s(emis).

CAR I, 206.

c- **CIL VI 31549c** = CIL VI 1239c
Tipologia: parte di cippo delimitativo in travertino mancante della parte superiore;
Rinvenimento: Roma, nell'aprile del 1891, sulla riva destra del Tevere, in località Prati di Castello;
Conservazione: Roma, MNR alle Terme di Diocleziano nel chiostro di Michelangelo (Inv. 830);
Misure: rest. 175 x 92 x 42 (CIL).

[Ex auctoritate]
[Imp(eratoris) Cae]saris di[vi]
[Nerv]ae fil(ii) Nervae Traiani
[Aug(usti)] Germ(anici), pont(ificis) max(imi), trib(unicia) pot(estate) V,
co(n)s(ulis) IIII, [p(atris)] p(atriae),
[Ti(berius)] Iulius Ferox cur(ator) alvei et
riparum Tiberis et cloacarum

urbis terminavit ripam r(ecto) r(igore)
proxim(o) cipp(o) p(edes) VIII s(emis).

CAR I, 140d.

***d-* CIL VI 31549d** = CIL VI 1239a
Tipologia: cippo delimitativo in travertino;
Rinvenimento: Roma, metà XVI secolo, presso ponte S. Angelo;
Conservazione: Roma, Musei Vaticani (*Gall. Lap.* 43,8 – Inv.6877).

Ex auctoritate
Imp(eratoris) Caesaris divii (!)
Nervae fili(i) Nervae
Traiani Aug(usti) Germanic(i),
pontificis maximi, trib(unicia)
potest(ate) V, co(n)s(ulis) IIII, p(atris) p(atriae),
Ti(berius) Iulius Ferox curat(or)
alvei et riparum Tiberis et
cloacarum urbis terminav(it)
ripam r(ecto) r(igore) proximo cippo
p(edes) CLXXXIIII s(emis).

GORDON 1958-65, n.162 (pl. 69,b); DI STEFANO MANZELLA 1995, fig. 54; CAR I, 352c.

***e-* CIL VI 31549e**
Tipologia: cippo delimitativo in travertino;
Rinvenimento: Roma, nel giugno del 1524, nella facciata sud-ovest del bastione sud-ovest di Castel S. Angelo.

Ex auctoritate
Imp(eratoris) Caesaris divi
Nervae f(ilii) Nervae Traiani
Aug(usti) Germanici, pont(ifici) max(imi), trib(unicia) potest(ate) V,
co(n)s(ulis) IIII, p(atris) p(atriae),
Ti(berius) Iulius Ferox curat(or) alvei et
riparum Tiberis et cloacar(um)
urbis terminavit ripam r(ecto) r(igore)
prox(imo) cipp(o) p(edes) XXV.

CAR I, 352b.

***f-* CIL VI 31549f** = ILS 5930
Tipologia: cippo delimitativo in travertino;
Rinvenimento: Roma, nel 1884, sulla riva destra del Tevere appoggiato alle mura Aureliane a 100 mt da ponte Sisto;
Conservazione: Roma, MNR alle Terme di Diocleziano nel Chiostro di Michelangelo (Inv. 792);
Misure: 225 x 85 x 35 (CIL).

Ex auctoritate
Imp(eratoris) Caesaris divi
Nervae fil(ii) Nervae
Traiani Aug(usti) Germanici, pontif(ici)
max(imi), trib(unicia) potest(ate) V, co(n)s(ulis) IIII, p(atris) p(atriae),
Ti(berius) Iulius Ferox curator alvei
et riparum Tiberis et cloacar(um)
urbis terminavit ripam
r(ecto) r(igore) ad prox(imum) cipp(um) p(edes) LXXXVI.

LE GALL 1953, pp. 159-161 (ora anche in LE GALL 2005, pp. 183-185); BUONOCORE 2001, p. 67 ff.243-244; SMALLWOOD 2011, n.381a.

***g-* CIL VI 31549g**
Tipologia: cippo delimitativo in travertino dalla superficie molto abrasa;
Rinvenimento: Roma, sulla riva destra del Tevere, 60 mt a monte di ponte Sisto;
Conservazione: Roma, MNR alle Terme di Diocleziano nel Chiostro di Michelangelo (Inv.784);
Misure: 170 x 73 x 29 (CIL).

Ex auctorit[ate]
[I]mp(eratoris) Caesaris di[vi]
Nervae f(ilii) [Nerva]e
Tr[a]iani Aug(usti) G[ermanic(i)], [p]ontif(icis)
max(imi), tri[b(unicia) pot(estate) V], co(n)s(ulis) I[III], p(atris) p(atriae),
Ti(berius) Iulius Fero[x] curator alvei
et riparum [Tiberi]s et cloacar(um)
urbis ter[mi]navit ripam
r(ecto) r(igore) ad pr[ox(imum) ci]pp(um) p(edes) XIIII s(emis).

***h-* CIL VI 31549h**
Tipologia: cippo delimitativo in travertino;
Rinvenimento: Roma, nel 1884, sulla sponda destra del Tevere, 30 mt a monte di ponte Sisto;
Conservazione: Roma, MNR alle Terme di Diocleziano nel chiostro di Michelangelo (Inv. 797);
Misure: 170 x 73 x 46,5 (CIL).

Ex auctoritate
Imp(eratoris) Caesaris divi
[N]ervae fil(ii) Nervae
Traiani Aug(usti) Germanic(i), ponti[f(icis)]
max(imi), trib(unicia) potest(ate) V, co(n)s(ulis) IIII, p(atris) p(atriae)
[Ti(berius) Iuliu]s Ferox curator alvei
[et riparum Tiberis et cloacar(um)]
[urbis terminavit ripam]
[r(ecto) r(igore) prox(imo) cipp(o) p(edes) ---].

***i-* CIL VI 31549i** = CIL VI 1239f = AE 2000, 68 (foto EBBAW / EDCS - PH0002854)
Tipologia: cippo delimitativo in travertino fratto in due parti ricongiunte;
Rinvenimento: Roma, nel 1590, sulla riva destra in zona Trastevere a seguito di un'alluvione;
Conservazione: Roma, MNR alle Terme di Diocleziano nel Chiostro di Michelangelo (Inv.794);
Misure: 130 x 75 x 50 (CIL).

Ex auctor[itate]
Imp(eratoris) Caesaris divi
Nervae fil(ii) Nervae
Traiani Aug(usti) Germanic(i), pont(ificis)
max(imi), trib(unicia) potest(ate) V, co(n)s(ulis) IIII,

p(atris) p(atriae),
Ti(berius) Iulius Ferox curator alvei
et riparum Tiberis et cloacar(um)
urbis terminavit ripam
r(ecto) r(igore) ad prox(imum) cipp(um) p(edes) LIII.

CASINOS MORA 2000a, pp. 136-137.

***k*- CIL VI 31549k** = CIL VI 1239b
Tipologia: cippo delimitativo in travertino;
Rinvenimento: Roma, sulla riva destra del Tevere presso ponte Sisto. Risulta disperso.

Ex auctoritate
Imp(eratoris) Caesaris divi
Nervae fil(ii) Nervae
Traiani Aug(usti) Germanic(i), pontif(icis)
max(imi), trib(unicia) potest(ate) V, co(n)s(ulis) IIII
p(atris) p(atriae),
Ti(berius) Iulius Ferox curator alvei
et riparum Tiberis et cloacar(um)
urbis terminavit ripam
r(ecto) r(igore) ad prox(imum) cipp(um) p(edes) XXIII
s(emis).

KOORTBOJIAN 1993, p. 52.

***l*- CIL VI 31549l** = CIL VI 1239d
Tipologia: cippo delimitativo in travertino;
Rinvenimento: Roma, nei pressi di ponte Sisto. Risulta disperso.

Ex auctoritate
Imp(eratoris) Caesaris divi
Nervae fil(ii) Nervae
Traiani Aug(usti) Germ(anici),
pontificis maximi,
tribunic(ia) potestat(e) V,
co(n)s(ulis) IIII, p(atris) p(atriae),
Ti(berius) Iulius Ferox curator
alvei et riparum Tiberis
et cloacarum urbis ter-
minavit ripam r(ecto) r(igore) proximo
cippo p(edes) CCCLXXXVI s(emis).

HUELSEN 1917, p. 31 n.120.

***m*- CIL VI 31549m** = CIL VI 1239e
Tipologia: cippo delimitativo in travertino;
Rinvenimento: Roma, nel 1553, presso ponte Sisto. Risulta disperso.

[E]x auctoritate
Imp(eratoris) Caesaris divi
Nervae fili(i) Nervae
Traiani Aug(usti) Germanici, pontif(icis)
max(imi), trib(unicia) potest(ate) V, co(n)s(ulis) IIII,
p(atris) p(atriae),
Ti(berius) Iulius Ferox curator alvei
et riparum Tiberis et cloacar(um)
urbis terminavit ripam
r(ecto) r(igore) prox(imo) cipp(o) p(edes) LXXXIIII s(emis).

***n*- CIL VI 31550a**
Tipologia: cippo delimitativo in travertino; il lato destro presenta a media altezza un foro originario probabilmente dovuto all'inserimento di sbarramenti lignei o metallici che congiungevano un cippo all'altro;
Rinvenimento: Roma, intorno al 1885, sulla riva destra del Tevere presso la villa Farnesina;
Conservazione: Roma, MNR alle Terme di Diocleziano nel Chiostro di Michelangelo (Inv. 796);
Misure: 165 x 80 x 60 (CIL).

Ex auctoritate
Imp(eratoris) Caesaris divi
Nervae f(ilii) Nervae Traian(i)
Aug(usti) Germ(anici) Dacici, pont(ificis)
max(imi), trib(unicia) potest(ate) VII, imp(eratoris) IIII,
co(n)s(ulis) V, p(atris) p(atriae),
Ti(berius) Iulius Ferox cur(ator) alvei
et ripar(um) Tiberis et cloacar(um)
urbis terminavit ripam.

***o*- CIL VI 31550b** = CIL VI 1239h
Tipologia: cippo delimitativo in travertino;
Rinvenimento: Roma, sulla testata di ponte Sisto. Risulta disperso.

Ex auctoritate
Imp(eratoris) Caesaris divi
Nervae filii Nervae Traiani
Aug(usti) Ger[m(anici)] Da[c]i[c(i), p]o[n]t(ificis)
[max(imi)], trib(unicia) pot(estate) VI[I, imp(eratoris) IIII],
co(n)s(ulis) V, p(atris) p(atriae),
T[i(berius)] Iulius Ferox cu[r(ator)] alvei
[et] riparum T[i]beris et cloacar(um)
urbis terminavit ripam
r(ecto) [r(igore)] ad proximum cippum ped(es) XI.

***p*- CIL VI 31550c** = CIL VI 1239g
Tipologia: cippo delimitativo in travertino;
Rinvenimento: Roma, nei pressi di ponte Sisto. Risulta disperso.

Ex auctoritate
Imp(eratoris) Caesaris divi
Nervae f(ilii) Ner[vae] Traiani
Aug(usti) Ger[m(anici)] Daci[c(i)], pon[t(ificis)]
max(imi), trib(unicia) pot(estate) VII, imp(eratoris) IIII,
co(n)s(ulis) V, p(atris) p(atriae),
T[i(berius)] Iulius Ferox cu[r(ator)] alvei et
riparum T[i]beris et cloacar(um)
urbis terminavit ripam
r(ecto) r(igore) prox(imo) cipp(o) p(edes) CXV.

***q*- CIL VI 31550d** (foto EDC - PH0008635)
Tipologia: cippo delimitativo in travertino mancante dell'angolo superiore destro.
Rinvenimento: Roma, data e luogo di rinvenimento ignoti;
Conservazione: Roma, MNR alle Terme di Diocleziano nel Chiostro di Michelangelo (Inv. 801);
Misure: 170 x 96 x 50 (CIL).

Ex auctori[tate]
Imp(eratoris) Caesaris d[ivi]
Nervae f(ilii) Nervae Tra[iani]
Aug(usti) Germ(anici) Dacic(i), pont(ificis) m[ax(imi)],
trib(unicia) pot(estate) VII, imp(eratoris) IV, co(n)s(ulis) V, p(atris) p(atriae),
Ti(berius) Iulius Ferox cur(ator) alvei e[t]
riparum Tiber(is) et cloaca[r(um)]
urbis terminavit ripam.

***r*- CIL VI 31551**
Tipologia: frammento laterale sinistro di cippo delimitativo in travertino;
Rinvenimento: Roma, nel 1886, presso il ponte della ferrovia di S. Paolo;
Conservazione: Roma, MNR alle Terme di Diocleziano (Inv. 27871);
Misure: rest. 54 x 38 x 10.[1127]

[Ex auctoritate]
[Imp(eratoris)] Cae[saris divi]
Nervae f[ili Nervae]
Traiani Aug(usti) Ger[m(anici), pontif(icis)]
maximi, tribun[ic(ia) pot(estate) ---]
Ti(berius) Iulius Fe[rox curat(or) alvei]
et riparum [Tiberis et cloacar(um) urbis]
ter[minavit ripam].

***s*- CIL VI 37029**
Tipologia: frammento di cippo delimitativo in travertino;
Rinvenimento: Roma, verso il 1903, sulla riva destra del Tevere in via della Lungara.
Conservazione: Roma, MNR alle Terme di Diocleziano (Inv. 23859).

[Ex auc]torit[ate]
[Imp(eratoris) Caesa]ris divi
[Nervae f(ilii) Nerv]ae Traia[ni]
[Aug(usti) Germ(anici), pont(ificis) ma]x(imi), trib(unicia) [pot(estate V],
[co(n)s(ulis) IIII, p(atris) p(atriae)],
[Ti(berius) Iulius Ferox cur(ator) a]lv[ei et]
[riparum Tiberis et cloacarum]
[urbis terminavit ripam ---].

***t*- CIL VI 40862 (con foto)** = AE 1933, 97 = EDR073201 = HD023886 (foto BBAW / EDCS / EDH / EDR - PH0007635)
Tipologia: cippo delimitativo in travertino;
Rinvenimento: Roma, nel 1930, sulla riva destra del Tevere, tra ponte Matteotti e ponte Risorgimento.
Conservazione: *in situ*;
Misure: 200 x 86 x 52 (CIL).

Ex auctoritate
Imp(eratoris) Caesaris Dìvii (!)
Nervae filì Nervae
Traiani Aug(usti) German(ici),
pontificis maximi, tribun(icia)
potestat(e) V, co(n)s(ulis) IIII, p(atris) [p(atriae)],
Ti(berius) Iulius Ferox curator
alveì et riparum Tiberis et
cloạcạr[u]ṃ urbis terminav(it)
ripaṃ [r(ecto)] r(igore) proximo cippo
p(edes) CCLXXI.

***u*- CIL VI 40863 (con foto)** = EDR093188 = HD027395 (foto BBAW / EDCS / EDH / EDR - PH0007636)
Tipologia: cippo delimitativo in travertino mancante del dente di infissione;
Rinvenimento: Roma, negli anni '40 del Novecento, vicino al luogo in cui verosimilmente era collocato in origine, nello spiazzo sottostante le due rampe di scale che scendono sulla riva destra del Tevere da piazza della Rovere, a valle del ponte Principe Amedeo di Savoia Aosta;
Conservazione: *in situ*;
Misure: rest. 138 x 74 x 55 (CIL).

[E]x auctoritate
Imp(eratoris) Caesaris Dìvì
Nervae f(ilii) Nervae
[T]raiani Aug(usti) Germ(anici), pont(ificis) ma[x(imi)]
trib(unicia) poṭẹst(ate) V, co(n)s(ulis) IIII, p(atris) p(atriae),
Ti(berius) Iulius Ferox cur(ator) alveì e[t]
ri[p]ar(um) Tiber(is) et c[l]oac(arum) urbis terṃ(inavit)
ripam r(ecto) r(igore) ad prox(imum) cịpp(um) p(edes) XVI.

PANCIERA 1982, pp. 617-620 n.13; Tav. XV (S. Priuli).

***v*- AE 1999, 316**
Tipologia: cippo delimitativo in travertino;
Rinvenimento: Roma, sulla riva del Tevere dietro la chiesa di S. Giacomo alle pendici del Gianicolo.

Ex auctoritate
Imp(eratoris) Caesaris divi
Nervae fil(ii) Nervae
Traiani Aug(usti) Germanici,
pont(ificis) max(imi), trib(unicia)
potest(ate) V, co(n)s(ulis) IIII, p(atris) p(atriae),
Ti(berius) Iulius Ferox curator
alvei et ripar(um) Tiberis et
cloacarum urbis terminavit
ripam r(ecto) r(igore) ad prox(imum) cipp(um)
p(edes) XXX s(emis).

BUNOCORE 1999, pp. 153-155.

***z*- CIL XIV 5320** (foto BBAW / EDCS - PH0000610)
Tipologia: lastra marmorea corniciata con lettere rubricate, fratta in diversi frammenti ricongiunti;
Rinvenimento: luogo di rinvenimento ignoto;
Misure: 97 x 60,5 x 0,3 (CIL).

[N]umini domus Aug(usti)
[co]rpus lenunc(u)lariorum
traiectus Luculli pecunia sua
firmiori et cultiori opere
fecerunt

[1127] NSA 1886, p. 363

[per]missu Ti(beri) Iuli Ferocis curatoris alvei
Tiberis et riparum.

TRAN 2007, p. 126 nt. 34.

26. *C. Plinius L. f. Ouf. Caecilius Secundus*

***a*- CIL V 5262** = ILS 2927 = AE 1947, 65a= AE 1963, 190 = AE 1966, 127 = AE 1983, 444 = AE 1984, 436 = AE 1999, 747 = AE 2001, 1085 = EDR079478 = HD002986 (foto EDCS / EDH / EDR - F001633)
Tipologia: stele fratta in sei frammenti, quattro dei quali riutilizzati in un sarcofago nella basilica di S. Ambrogio a Milano, noti sin dall'età rinascimentale;
Conservazione: Milano, chiostro di S. Ambrogio.
Misure: 87 x 86 (CALDERINI).

C(aius) Plinius L(uci) f(ilius) Ouf(entina) Caecilius [Secundus co(n)s(ul)],
augur, legat(us) pro pr(aetore) provinciae Pon[ti et Bithyniae],
consulari potesta[t(e)] in eam provinciam e[x s(enatus) c(onsulto) missus ab]
Imp(eratore) Caesar(e) Nerva Traiano Aug(usto) German[ico Dacico p(atre) p(atriae)],
curator alvei Ti[b]eris et riparum e[t cloacar(um) urb(is)],
praef(ectus) aerari Satu[r]ni, praef(ectus) aerari mil[it(aris), pr(aetor), trib(unus) pl(ebis)],
quaestor Imp(eratoris), sevir equitum [Romanorum],
trib(unus) milit(um) leg(ionis) [III] Gallica[e, Xvir stli]-
tib(us) iudicand(is), therm[as ex HS ---] adiectis in
ornatum HS CCC(milibus) [--- et eo amp]lius in tutela[m]
HS CC(milibus) t(estamento) f(ieri) i(ussit) [item in alimenta] libertor(um) suorum homin(um) C
HS XVIII(centena) LXVI(milia) DCLXVI rei [p(ublicae) legavit quorum inc]rement(a) postea ad epulum
[pl]eb(is) urban(ae) voluit pertin[ere --- item vivu]s dedit in aliment(a) pueror(um)
et puellar(um) pleb(is) urban(ae) HS [D(milia) item bybliothecam et] in tutelam bybliothe-
cae HS C(milia).

REGGIORI 1941, pp. 129, 135 (con foto); CALDERINI 1945, pp. 109-113; CARCOPINO 1963, p. 179; SHERWIN-WHITE 1966, p. 732 n.1; SMALLWOOD 1966, p. 86 n.230; CÉBEILLAC GERVASONI 1972, p. 92 n.1; CORBIER 1974, pp. 131-132, 32.1; STROBEL 1983, pp. 37-56; SCHUMACHER 1988, n.101; REMY 1989, p. 45 n.1; SCHUSTER 1992, p. 456 BACCHIEGA 1993, p. 278 n.9; LÓPEZ BARJA 1993, pp. 168-171 n.42 (con foto); WINTER 1996, p. 60; PRELL 1997, p. 187; ALFÖLDY 1999, pp. 223, 227-229, 243; GASSER 1999, p. 186, nt. 2; COTTON 2000, pp. 233-234; KUNST 2000, p. 136-137 n.40b; ECK 2001, pp. 225-235; SCHWARZ 2001, p. 43 nt. 13; LEFEBVRE 2002, p. 91 nt. 359; GONZALÈS 2003, pp. 15-16.

***b*- CIL V 5263**
Tipologia: frammento superiore di stele scorniciata;
Rinvenimento: Como.

C(aio) Plinio L(uci) f(ilio)
Ouf(entina) Caecilio
Secundo co(n)s(uli)
Aug(usti), cur(atori) alv(ei) Tiber(is)
et rip[ar(um) et cloac]a[r(um)] urb(is),
------.

SHERWIN-WHITE 1966, p. 732 n.2; CORBIER 1974, pp. 131-132, 32.2; SCHUSTER 1992, p. 459; BACCHIEGA 1993, p. 278 n.10; GASSER 1999, p. 186, nt. 2; GONZALÈS 2003, pp. 16.

***c*- CIL V 5667**
Tipologia: Stele onoraria;
Rinvenimento: Fecchio (Como).

C(aio) Plini[o L(uci) f(ilio)]
Ouf(entina) Caec[ilio]
Secundo [c]o(n)s(uli),
augur(i), cur(atori) alv(ei) Tib(eris)
e[t ri]p(arum) et cloac(arum) urb(is),
p[raef(ecto) a]er(arii) Sat(urni), praef(ecto)
aer(arii) mil[i(taris)], q(uaestori) Imp(eratoris),
sevir(o) eq(uitum) R(omanorum), tr(ibuno) m[i]l(itum)
leg(ionis) III Gall(icae), Xviro
stl(itibus) iud(icandis), fl(amini) divi T(iti) Aug(usti)
Vercellens(es).

PASSERINI 1953, p. 120; SHERWIN-WHITE 1966, p. 732 n.3; CÉBEILLAC GERVASONI 1972, p. 92 n.2; CORBIER 1974, pp. 131-132, 32.3; BERETTA 1982, pp. 33-34; REMY 1989, p. 45 n.3 SCHUSTER 1992, p. 458; BACCHIEGA 1993, p. 278 n.12; ANDERMAHR 1998, p. 383; GASSER 1999, p. 186, nt. 2; LEFEBVRE 2002, p. 91 nt. 359; GONZALÈS 2003, pp. 16.

***d*- CIL XI 5272** = CIL VI 1552 = AE 1892, 5 = AE 1999, 612 = Inscr.Aq. 1731 (foto EDCS)
Tipologia: frammento superiore sinistro di stele con iscrizione commemorativa;
Rinvenimento: Spello;
Conservazione: Spello, Palazzo Comunale.

[C(aius) Plinius L(uci) f(ilius) Ouf(entina) Caecilius Secundus co(n)s(ul), augur],
[Xvir stlit(ibus) iudicand(is), trib(unus) mil(itum) leg(ionis) III Galli]ca[e],
[sevir eq(uitum) R(omanorum), quaestor Imperatori]s, trib(unus) plebis, pr(aetor),
[praef(ectus) aer(arii) milit(aris), praef(ectus) aer(arii) Saturni, cur(ator) alvei Tiberi]s, ex s(enatus) c(onsulto) pro-
[consulari potestate legatus pr(o) pr(aetore) provinciae Ponti] et Bithyniae et legatus
[in eam ab Imp(eratore) Caes(are) Nerva Traiano Aug(usto) missus, testame]nto [[[fieri]]] iussit.

SHERWIN-WHITE 1966, p. 733 n.6; CÉBEILLAC GERVASONI 1972, p. 92 n.3; CORBIER 1974, pp. 131-132, 32.5; REMY 1989, p. 45 n.6; SCHUSTER 1992, p. 458; BACCHIEGA 1993, p. 278 n.13; ANDERMAHR 1998, p. 384; ALFÖLDY 1999, pp 224-225; LEFEBVRE 2002, p. 91 nt. 359; GONZALÈS 2003, pp. 17; ECK 2009, p. 88 nt. 35; THOMASSON 2006, n.27.31.

27- *L. Minicius L. f. Gal. Natalis*

***a*- CIL VI 41109** = CIL VI 31739 = EDR093383 = HD030496
Tipologia: due frammenti solidali e contigui di lastra in marmo bianco con iscrizione probabilmente funeraria;
Rinvenimento: Roma, nel 1888, lungo la via Salaria, nelle catacombe di S. Priscilla.
Misure: rest. 200 x 100 (CIL).

[L(ucio) Mini]c[i]o L(uci) f(ilio) Gal(eria) Natali IIIIvir(o) [viar(um)]
[cura]ndarum, q[u]aestori provinc(iae) [---],
[tr(ibuno) pl(ebis)], praetori, leg(ato) [pr(o) pr(aetore) provi]nc(iae) Af[ricae],
[sodali Augustali, leg(ato) Aug(usti) le]g(ionis) V[II Cl(audiae) P(iae) F(idelis)],
[donato ab Imp(eratore) Traiano Aug(usto)] Germ(anico) Daci[co]
[corona vallari, murali, aurea], hastis pur[is III],
[vexillis III, leg(ato) eiusdem imp(eratoris) pr]o pr(aetore) leg(ionis) [III Aug(ustae)],
[co(n)s(uli) curat(ori) alvei Tiberis et ri]pa[rum et]
[cloacarum urbis ---]
------.

DOBÓ 1968, p. 105 n.4; ERKELENZ 1998, p. 258

***b*- CIL II 6145a-b** = CIL II 4509a-b = ILS 1029 = IRC IV 30 (con foto) = IDRE I 172 = IRB 30 = ICERV 332a = HD030769 = HE18067 (con foto) (foto EDR / EDH - F020798)
Tipologia: due frammenti solidali di lastra marmorea con iscrizione dedicatoria;
Conservazione: Barcellona, Museo Arqueológico (Sala XXIV - Inv. 19011);
Misure: frg. A: 4 x 323; **frg. B:** 86,1 x 102,5 (ERKELENZ).

L(ucius) Min[icius L(uci) f(ilius) Gal(eria) Na]talis co(n)s(ul), proco(n)s(ul)
provinc(iae) [Africae, sodalis Augus]tális, lég(atus) Aug(usti) pr(o) pr(aetore) divi Traiá-
ni Par[thici et Imp(eratoris) Traiani Ha]driáni Aug(usti) provinc(iae) Pan-
nonia[e Superioris, curator a]lvei Tiberis et ripárum et
cloacar[um urbis, leg(atus) divi Tra]iáni Parthici leg(ionis) III Aug(ustae), leg(atus) di-
vi Traia[ni Parthici leg(ionis) ---, doni]s donátus expeditióne Dácic[a]
prima, a[b eodem imperatore] córona vállári múráli aurea,
has[tis puris III, vexillis III, l]ég(atus) pr(o) pr(aetore) provinc(iae) Áfricaé, pr(aetor),
trib(unus) pl(ebis), q(uaestor) p[rov(inciae) --- IIIvi]r viárum curandárum et
L(ucius) Minicius L(uci) f(ilius) [Natalis Quadro]nius Vérus f(ilius) augur, trib(unus) plebis
designatus, q(uaestor) Aug(usti) et [eodem tempore leg(atus) p]r(o) pr(aetore) patris provinc(iae) Africae, tr(ibunus)
mil(itum) leg(ionis) I Adiut(ricis) P(iae) F(idelis), l[eg(ionis) XI Cl(audiae) P(iae) F(idelis), leg(ionis) XIIII Ma]rt(iae) Vic(tricis), IIIvir monetalis a(ere) a(rgento) a(uro) f(lando) f(eriundo),
balienum c[um port]icibus solo suo et
du[ctus aquae] fécerunt.

SMALLWOOD 1966, p. 84 n.224; DOBÓ 1968, p. 105 n.1; THOMASSON 1996, p. 54 n.65a; FITZ 1993-95, p. 473 n.281.1; ECK – NAVARRO 1998, p. 243; ERKELENZ 1998, pp. 257-258.

28- *L. Messius Rusticus*

***a*- CIL VI 31552a** = CIL VI 1240a
Tipologia: cippo delimitativo in travertino;
Rinvenimento: Roma, sulla riva sinistra del Tevere, presso ponte Rotto.

Ex auctoritate
Imp(eratoris) Caesaris divi
Traiani Parthici f(ilii)
divi Nervae nepotis
Traiani Hadriani
Aug(usti) pontif(icis) max(imi), trib(unicia)
potest(ate) V, imp(eratoris) IIII, co(n)s(ulis) III,
L(ucius) Messius Rusticus curator
alvei et riparum Tiberis et
cloacarum urbis r(ecto) r(igore) restituit
secundum praecedentem
terminationem proxim(i) cipp(i)
ped(es) CXV s(emis).

CAR I, 556a.

***b*- CIL VI 31552b** = CIL VI 1240c = ILS 5931
Tipologia: cippo delimitativo in travertino;
Rinvenimento: Roma, nel 1700, nei pressi del monte Testaccio.

Ex auctoritate
Imp(eratoris) Caesaris divi
Traiani Parthici f(ilii)
divi Nervae nepotis
Traiani Hadriani
Aug(usti) pontif(icis) max(imi), trib(unicia)
potest(ate) V, imp(eratoris) IIII, co(n)s(ulis) III,
L(ucius) Messius Rusticus curator
alvei et riparum Tiberis et
cloacarum urbis r(ecto) r(igore) restituit
secundum praecedentem
terminationem proxim(i) cipp(i)
ped(es) CVII.

***c*- CIL VI 31552c** = CIL VI 1240d
Tipologia: cippo delimitativo in travertino;
Rinvenimento: Roma, nel 1837, sulla riva destra del Tevere, presso porta Portuense.

[Ex auctoritate]
[Imp(eratoris) Caesaris divi]
Traiani Parthici f(ilii)
divi Nervae nepotis
Traiani Hadriani
Aug(usti) pontif(icis) max(imi), trib(unicia)
potest(ate) V, imp(eratoris) IIII, co(n)s(ulis) III,
L(ucius) Messius Rusticus curator
alvei et riparum Tiberis et
cloacarum urbis r(ecto) r(igore) restituit
secundum praecedentem
terminationem proxim(i) cipp(i)
ped(es) XLIII.

***d*- CIL VI 31552d** = CIL VI 1240b
Tipologia: cippo delimitativo in travertino mancante di un frammento superiore;
Rinvenimento: data e luogo di rinvenimento ignoti.

[Ex auctoritate]
[Imp(eratoris) Caesaris divi]
[Traiani Parthici f(ilii)]
[divi Nervae nepotis]
[Traiani Hadriani]
Aug(usti) pont[if(icis) max(imi), trib(unicia)]
potest(ate) V, imp(eratoris) IIII, co(n)s(ulis) III,
L(ucius) Messius Rusticus curator
alvei et riparum Tiberis et
cloacarum urbis r(ecto) r(igore) restituit
secundum praecedentem
terminationem proxim(i) cipp(i)
ped(es) CX.

***e*- CIL VI 31552e**
Tipologia: frammento di cippo delimitativo in travertino;
Rinvenimento: Roma, nel 1881, nell'alveo del Tevere;
Conservazione: Roma, MNR alle Terme di Diocleziano nel deposito.

[Ex auctoritate]
[Imp(eratoris) Caesaris divi]
[Traiani Parthici f(ilii)]
[divi Nervae nepotis]
[Traiani Hadriani]
[Aug(usti) pontif(icis) max(imi), trib(unicia)]
[potest(ate) ---, i]mp(eratoris) [IIII, co(n)s(ulis) III]
[L(ucius) Messius Rusti]cus cur[ator]
[alvei et ripa]rum Tiberis [et]
[cloacarum urb]is r(ecto) r(igore) rest[ituit]
[secundum prae]ced[entem]
[terminationem proxim(i) cipp(i)]
[ped(es) ---].

***f*- CIL VI 40864 (con foto)** = AE 1957, 223 = EDR093189 = HD027398 (foto BBAW / EDCS / EDH / EDR - PH0007637)
Tipologia: cippo delimitativo in travertino;
Rinvenimento: Roma, nel 1952, ancora *in situ* sulla riva sinistra del Tevere, in zona lungotevere Testaccio;
Conservazione: luogo di conservazione ignoto.

Ex auctoritate
Imp(eratoris) Caesaris divi
Traiani Parthici f(ilii)
divi Nervae nepotis
Traiani Hadriani
Aug(usti) pontif(icis) max(imi), trib(unicia)
potest(ate) V, imp(eratoris) IIII, co(n)s(ulis) III,
L(ucius) Messius Rusticus curator
alvei et riparum Tiberis et
cloacarum urbis r(ecto) r(igore) restituit
secundum praecedentem
terminationem proxim(i) cipp(i)
ped(es) XXIX s(emis).

CRESSEDI 1956, p. 45 fig. 32.

***g*- CIL VI 40865 (con foto)** = AE 1917/18, 108 = HD026538 = EDR072780 (foto BBAW / EDCS / EDH / EDR - PH0003274; PH0003275; PH0008458)
Tipologia: cippo delimitativo in travertino;
Rinvenimento: Roma, settembre 1915, (assieme a CIL VI 40866), sulla riva destra del Tevere in località Pian due Torri;
Conservazione: Roma, MNR alle Terme di Diocleziano nel Chiostro di Michelangelo (Inv. 72173);
Misure: 245/275 x 93/104 x 52 (CIL).

Ex auctoritate
Imp(eratoris) Caesaris dìvì
Traiani Pa«rth»ici f(ilii)
dìvì Nervae nepotis
Traiani Hadriani
Aug(usti) pontif(icis) max(imi), trib(unicia)
potest(ate) VIII, imp(eratoris) IIII, co(n)s(ulis) III,
L(ucius) Messius Rusticus curatọr
alvei et riparum Tiberis et
cloacarum urbis r(ecto) r(igore) restituit
secundum praecedentem
[t]erminationem proximi cippi
ped(es) VI.

FORNARI 1916, 318-320.

***h*- CIL VI 40866 (con foto)** = AE 1917/18, 108 = HD001989 = EDR072781 (foto BBAW / EDCS / EDH / EDR - F016373; EDC PH0007638; PH0008463)
Tipologia: cippo delimitativo in travertino;
Rinvenimento: Roma, settembre 1915, (assieme a CIL VI 40865), sulla riva destra del Tevere, in località Pian due Torri;
Conservazione: Roma, MNR alle Terme di Diocleziano nel chiostro di Michelangelo (Inv. 72172);
Misure: 245/275 x 95 x 50 (CIL).

Ex auctoritate
Imp(eratoris) Caesaris dìvì
Traiani Parthici f(ilii)
dìvì Nervae nepotis
Traiani Hadriani
Aug(usti) pọntif(icis) maẋ(imi), ṭrib(unicia)
poteṣṭ(ate) VIII, imp(eratoris) IIII, co(n)s(ulis) III,
L(ucius) Meṣṣiụṣ Rusticus curator
alvei et ripạrụṃ Ṭiberis et
[cloacar]um ụrbis r(ecto) r(igore) restituit
[sec]unḍum praẹcedentem
terminationem proximi cipp̣ị
ped(es) [---].

FORNARI 1916, pp. 318-320; ECK 1983, p. 169; MOSCHEK 2011, p. 83 nt. 4.

29- *L. Vitrasius L. f. Pob. Flamininus*

***a*- CIL X 3870 + CIL X 4414** = AE 1985, 275 = EDR079708 + EDR006951 = HD006567 (foto EDCS - PH0008864; PH0008865)
Tipologia: ara funeraria fratta in due parti; la parte superiore presenta un frontone centinato e due pulvini; il

fianco sinistro è decorato con *urceus*;
Rinvenimento: Capua, rinvenute separatamente in momenti diversi (l'iscrizione però proviene dal territorio di *Cales*);
Conservazione: la parte superiore è conservata a Capua, vico S. Vincenzo, mentre il frammento inferiore risulta disperso;
Misure: 137 x 75 x 55 (AE).

L(ucio) Vitrasio L(uci) f(ilio) Pob(lilia)
Flaminino co(n)s(uli), pro-
co(n)s(uli) provinciae Africae,
leg(ato) pr(o) pr(aetore) Italiae Trans-
padanae et provinciae
Moesiae Superioris et
exercitus et provinc(iae)
Dalmatiae, curatori
alvei Tiberis riparum
et cl(o)acarum urbis,
L(ucius) Vi(t)rasius Ennius
Aequus fil(ius)
patri optimo.

CAUSA 1963, pp. 21-22; CAMODECA 1982c, pp. 529-536 tav. III.3 e IV.1; THOMASSON 1996, pp. 59, 70; ANDERMAHR 1998, p. 491; CAMODECA 2008, pp. 137-138 (con foto).

30- *[? Valerius M? f.] Grani[anus?] Grattius Cerealis Geminius R[estitutus?]*

a- **CIL II 6084** = RIT 149 (Taf. LXVI 4) = HE12265 (foto BBAW / EDCS - PH0003378)
Tipologia: base di statua fortemente danneggiata nella parte superiore e laterale destra;
Rinvenimento: Tarragona, fra il 1862 e il 1880, in località sconosciuta assieme a parte della statua togata;
Conservazione: Tarragona, Museu Nacional Arqueològic (Inv. 665).
Misure: 89 x 62 x 61 (RIT).

[M(arco)? V]al[erio M(arci)? f(ilio) G]al(eria)
[Propinquo?]
Gran[iano? ---]
Grattio [Cereali?]
Geminio R[estituto?]
praetori, XV[vir(o) sacris]
faciundis, lega[to Aug(usti)]
leg(ionis) VI Victricis [Piae Fid(elis)],
legato provinc(iae) A[quitanic(ae)],
consuli, curator[i alvei]
Tiberis et cloaca[r(um) urb(is), leg(ato)]
Germaniae Inferio[ris, proco(n)s(uli)]
provinciae Asiae, ex [testamento]
Sex(ti) Pompei Ter[tulliani?]
amico op[timo].

BIRLEY 2005, pp. 244-246 n.18.

31. *P. Tullius Varronis f. Stel. Varro*

a- **CIL XI 3364** = ILS 1047
Tipologia: stele marmorea con iscrizione commemorativa;
Rinvenimento: Tarquinia, dicembre 1829, nelle terme.
Misure: larg. 73,5 (CIL).

P(ublio) Tullio
Varronis fil(io)
Stel(latina) Varroni co(n)s(uli),
auguri, proco(n)s(uli) povinc(iae)
Africae, leg(ato) Aug(usti) pro pr(aetore) pr(ovinciae)
Moesiae Superior(is), curat(ori)
alvei Tiberis et riparum
et cloacarum urbis, praef(ecto)
aerari Saturn(i), proco(n)s(uli) prov(inciae)
Baeticae Ulterioris Hispa-
niae, leg(ato) leg(ionis) XII Fulminatae
et VI Victricis P(iae) F(idelis),
praetori, aedil(i) ceriali,
quaestori urb(ano), tribuno
milit(um) leg(ionis) XVI Fl(aviae), Xviro stlitibus
iudicand(is), praetori Etruriae, quin-
quennali Tarquinis,
P(ublius) Tullius Callistio
posuit.

LIOU 1969, p. 17 n.2 (foto plan. I) CORBIER 1974, p. 35.1; RÉMY 1989, p. 256 n.1; THOMASSON 1996, p. 61 n.73; PEREA YÉBENES 2002, p. 181 n.6.

32. *T. Prifernius T. f. Quir. Paetus Rosianus Geminus Nonius Agricola C. Labeo Tettius*(?)

a-**CIL IX 4899** = AE 1972, 153 = EDR075276 = HD008950 (foto BBAW / EDCS EDH / EDR - F004694; F013548; PH0004424- PH0004427)
Tipologia: basamento con iscrizione onoraria. Le superfici laterali sono decorate con *patera* (dx) e *urceus* (sx). L'iscrizione è disposta sul fronte e prosegue sul lato destro con l'indicazione di due *curam agentes*;
Rinvenimento: *Trebula Mutuesca* (Montelone Sabino), nel 1962, durante i lavori di restauro della chiesa romanica di S. Vittoria;
Misure: 144 x 64 x 64 (AE).

[T(ito) Pri]fernio T(iti) f(ilio) Quir(ina)
[Paet]o Rosiano Noni[o]
[Agric]olae C(aio) Labeon[i T]et[tio?]
[Gemino?] co(n)s(uli), auguri, p[ro]c[o(n)s(uli)]
[prov(inciae) Afri]cae, leg(ato) Aug(usti) ad ce[nsus]
[accip(iendos) p]rov(inciae) Aquitanicae, [leg(ato)]
[pro pr(aetore) di]vi Pii prov(inciae) Delmatiae P[---],
[---]orum, cur(atori) alvei [Tiberis et]
[cloacar]um urbis, lega[t(o) p]ro [pr(aetore)]
[div]i [P]ii prov(inciae) [Aq]uitanic[a]e, [legat(o)]
eiusdem leg[ionis ---],
[---]ae, praet(ori) ca[ndid(ato) d]ivi
[Had]riani, trib(uno) [ple]b(is) c[andid(ato)?],
[qua]estori candid(ato), [tri]bu(no) mil(itum)
[lat]icl(avio) legionis X Fre[t]ensis,
[dec]emviro stlitibus iud(icandis), cu[r]at(ori)
municipi dat(o) a divo Hadr[i]a[no],
VIIIvir(o) III, aed(ili) q(uin)q(uennali), VIIIvir(o)
IIII, [---]AN
q(uin)q(uennali), mag(istro) iuventu[t(is) ---]IVI[---]

D[---]A[---]
patrono //
Cur(am) ag(entibus) Cn(aeo) Titinio Successo
et C(aio) Coelio Fortunato.

TORELLI 1969b, pp. 601-626 (fig. 1); CÉBEILLAC GERVASONI 1972, p. 189, b; THOMASSON 1990, col. 68 n.69; FITZ 1993-95, p. 598, n.340.1; THOMASSON 1996, p. 64, 79.

33. *M. Nonius M. f. Fab. Macrinus*

***a*- AE 1997, 721** = AE 1999, 728 = AE 2001, 1065 = Suppl.It. XXV-B, 45
Tipologia: grosso frammento centrale destro di monumento onorario (base di statua o tavola inserita in una parete) in botticino;
Rinvenimento: Brescia, ottobre del 1996, reimpiegato nelle fondazioni di un muro altomedievale all'interno della Basilica Flavia;
Conservazione: In loco;
Misure: 87 x 68 x 27 (AE).

[M(arco) No]nio [M(arci) f(ilio)]
[Fab(ia) Ma]crino [co(n)s(uli)],
[XVvir(o) sacr(is) f]aciund(is), leg[ato]
[Aug(usti) pr(o) pr(aetore) prov]inc(iae) Pann(oniae) Superi[or(is)],
[curatori alve]i Tiber(is) et riparum it[em]
[cloacar(um) urb(is), leg(ato)] Aug(usti) pr(o) pr(aetore) provinc(iae) Pann[on(iae)]
[Inf(erioris), leg(ato) leg(ionis) XIIII Ge]mi(nae),
pr(aetori), trib(uno) pleb(is), leg(ato) prov(inciae) Asiae, q(uaestori),
[trib(uno) mil(itum) legi(onis) XVI et le]g(ionis) VII Gem(inae), Xvir(o) stlitib(us) iudic[and(is)],
[d(ecreto) pa]trono [d(ecurionum)].

GARZETTI 1997, pp. 193-197; GARZETTI – VALVO 1999, pp. 32-34 n.2 (fig. 10-11).

***b*- AE 1907, 180** = ILS 8830 = IEph 3029
Tipologia: base con iscrizione onoraria;
Rinvenimento: Efeso, nel 1903.

Μ(ᾶρκον) Νόνιον□Μακρεῖνον□
ὕπατ□ν Ῥωμαίων, ἀνθύ-
πατον Ἀσία̃ , τῶν ἐπιτε-
λουμένων ἱερῶν τῶν πεντ΄ε□
καίδεκα ἀνδρῶν, Ἀντωνει-
νιανὸν Οὐηριανὸν ἐκ τῶν
συνκατηξιωμ΄έ□ων φιλτά-
των ἱερέα, πρ΄ε□βευτὴν
καὶ συναπόδημον τοῦ μεγίσ-
τ□υ αὐτοκράτορο̃ Μ(άρκου) Αὐρηλίου
Ἀντωνείνου, ἡγεμόνα ὑπ΄α□
τικὸν Παννονία̃ τῆ ἄνω,
ἡγεμόνα Παννονία̃ τῆ κά-
τω, ἐπιμελητὴν τοῦ Τιβέρεω̃
ποταμοῦ τῆ ἑκατέρωθεν
ὄχθη̃ , ἡγεμόνα λεγιῶνο̃
τεσσαρεσκαι΄δ□κάτη̃ , στρατη-
γὸν Ῥωμαίων, δήμαρχον
πρεσβευτὴν τῆ Ἀσία̃ , ταμίαν,
χειλίαρχον πλαυτύσημον
λεγιῶνο̃ ἑπτακαιδεκάτη □
ἐν τοῖ δέκα τῆ ἐπιμελεία □
τῶν δικῶν προστάντα, τ΄ὸν□
τῆ ἐπαρχεία̃ σωτῆ΄ρα·□
τὴ ΄ν□τειμὴν ἀνέστησεν
Τ(ίτο̃) Φλ(άουιο̃) Δ□μιανὸ̃ .

EGGER 1906, pp. 61-76; PFLAUM 1966, p. 38 n.1; THOMASSON 1990, col. 70 n.74; McCABE 1991, n.1369; FITZ 1993-95, p. 486 n.288.3; MOLLO 2000, pp. 166-167 nt. 815; PUECH 2002, pp. 197-198.

***c*- AE 2007, 257** (foto EDCS)
Tipologia: parte sinistra di architrave di marmo a motivi vegetali e due frammenti appartenenti all'estremità dx dell'iscrizione;
Rinvenimento: Roma, nel 2008, al km 8,5 della via Flaminia (tra V e VI miglio);
Conservazione: *in loco*;
Misure: 90 x 258 x 75 (GREGORI).

[M. No]nio M(arci) fil(io) Fab(ia) Ṃạcrino [--- XVvir(o) sacris f]ac(iundis), sodali Verian[o Antoniniano ---?],
comiti, leg(ato) Imp(eratoris) Antonini Aug(usti) ex[peditionis --- leg(ato)] Aug(usti) pr(o) pr(aetore) p[rovinciarum --- Hispa]niae
Citerioris item Pannoniae Sup[erioris item Pannoniae inferioris, curato]ṛi a[lvei Tiberis et ripar(um), leg(ato) leg(ionis) XIIII Gem(inae), praet(ori), tr(ibuno) pl(ebis), leg]ato
provinciae Asiae, quaesto[ri tribuno militum --- leg(ionis) VII Geminae, Xvir(o) stlitibus iudican]dis,
patri optimo et Flavi[ae ---]
M. Noniu[s Arrius ---].

FILIPPINI – GREGORI 2009, pp. 55-96; GREGORI 2009, pp. 273-280 (con foto); GREGORI 2009b, pp. 129-143 (con foto).

34. *M. Statius M. f. Cl. Priscus Licinius Italicus*

***a*- CIL VI 1523** = RHP 162 = ILS 1092 = IDRE I 9
Tipologia: lastra marmorea con iscrizione onoraria;
Rinvenimento: Roma, presso l'*Aqua Virginis*;
Conservazione: il reperto risulta ad oggi perduto.[1128]

[M(arco) Stati]o M(arci) f(ilio) Cl(audia) Prisco
[L]icinio Italico leg(ato) Augustorum
pr(o) pr(aetore) prov(inciae) Cappadociae, leg(ato) Aug[g(ustorum)]
pr(o) pr(aetore) prov(inciae) Brittanniae, leg(ato) Aug[g(ustorum)]
pr(o) pr(aetore) prov(inciae) Moesiae Super(ioris), curato[ri]
alvei Tiberis et cl(o)acarum urbis, c[o(n)s(uli)],
leg(ato) Aug(usti) prov(inciae) Daciae, leg(ato) leg(ionis) XIII G(eminae) P(iae)F(idelis), leg(ato) leg(ionis)
[X]IIII Gem(inae) Martiae Victricis, sacerdoti Titiali
[Fl]aviali, pr(aetori) inter cives et peregrinos, tr(ibuno)

[1128] ORLANDI 1993, p. 13 n.24 precisa che se ne perdono le tracce dopo il XVI secolo.

pl(ebis), quaes[t(ori)],
proc(uratori) Aug(usti) XX hereditatium prov(inciarum)
Narbone(n)s(is) et Aquita[n(iae)],
[p]r(aefectus) eq(uitum) alae I pr(aetoriae) c(ivium) R(omanorum), trib(uno) mil(itum) leg(ionis) I Adiutr(icis) P(iae) F(idelis) et leg(ionis) X G(eminae) P(iae) [F(idelis)]
[e]t leg(ionis) [III] Gallicae, praef(ecto) coh(ortis) IIII
Lingonum, vexillo mi[l(iti)]
[d]onato a divo Hadriano in expeditione Iudaic[a],
Q(uintus) Cassius Domitius Palumbus.

PFLAUM 1960, p. 322 n.136.1; RÉMY 1989, p. 222 n.1; ORLANDI 1993, p. 13 n.24; PISO 1993, p. 68 n.15.16; FITZ 1993-95, p. 600, n.342.1; NELSON – MANTHE 1999, p. 187; ECK 2001, p. 13; LORINCZ 2001, p. 206, n.163.1.

35. *A. Platorius Nepos Calpurnianus (Marcellus?)*

***a*- CIL VI 31553** = ILS 5932 (foto BBAW / EDCS - PH0009330)
Tipologia: cippo delimitativo in travertino mancante della parte superiore;
Rinvenimento: Roma, nel 1890, sulla riva destra del Tevere, nelle fondamenta di una casa in via Giulia;
Conservazione: Roma, MNR alle Terme di Diocleziano;
Misure: rest. 195 x 100 x 40 (CIL).

[Imp(erator) Caesar T(itus) Aelius]
[Hadr]ianus An[toninus]
Aug(ustus) Pius po(n)tifex maxim(us),
trib(unicia) pot(estate) XXIIII, imp(erator) II, co(n)s(ul) IIII, p(ater) p(atriae),
[A(ulo)] Platorio Nepote
Calpurniano curat(ore)
alvei Tiberis et ripar(um) et cloacar(um)
urbis terminos vetust(ate) dilapsos
exaltavit et restit(uit), rect(o) rigore
proximo cippo p(edes) posîtos ex au(c)to-
ritate Imp(eratoris) Caes(aris) divi Nervae fil(ii) Nervae
Traiani Aug(usti) Germ(anici) pont(ificis) max(imi), trib(unicia)
potest(ate) V, co(n)s(ulis) IIII, p(atris) p(atriae), curatore
alvei Tiberis et ripar(um) et cloacar(um)
Iulio Feroce.

***b*- CIL VI 31554a** = CIL VI 1241a
Tipologia: cippo delimitativo in travertino;
Rinvenimento: Roma, nel settembre 1631, sulla riva del Tevere, presso ponte Fabrizio.

Imp(erator) Caesar M(arcus)
Aurelius Antoninus
Aug(ustus) pont(ifex) max(imus), trib(unicia)
potest(ate) XV, co(n)s(ul) III, et
Imp(erator) Caesar L(ucius) Aurelius
Verus Aug(ustus) trib(unicia) pot(estate), co(n)s(ul) II,
terminos vetustate
collapsos exaltaverunt et
restituerunt, r(ecto) r(igore) proximo
termino ped(es) positos
ex auctoritate
Imp(eratoris) Caesaris Nervae Traiani
Aug(usti), curante A(ulo) Platorio
Nepote Calpurniano curat(ore)
alvei Tiberis et riparum
et cloacarum urbis.

LE GALL 1953, pp. 161-162 (ora anche in LE GALL 2005, pp. 185-186).

***c*- CIL VI 31554b** = CIL VI 1241b = ILS 5933
Tipologia: cippo delimitativo in travertino;
Rinvenimento: Roma, nel 1834, sulla riva sinistra del Tevere, presso il monte Testaccio.

[Imp(erator) C]aesar M(arcus)
[Aurel]ius Antoninus
[Aug(ustus)] pontifex max(imus),
tribunicia potest(ate) XV,
co(n)s(ul) III, et
Imp(erator) Caesar L(ucius) Aurelius
Verus Aug(ustus) tribunic(ia)
potest(ate), co(n)s(ul) II, termin(os)
vetustate delapsos
exaltaverunt et restituer(unt)
r(ecto) r(igore) proximo termino ped(es)
positos ex auctoritate
Imp(eratoris) Caesaris Nervae Traiani
Aug(usti), curante A(ulo) Platorio
Nepote Calpurniano
curatore alvei Tiberis et
riparum et cloacarum
urbis.

***d*- CIL VI 40867** = AE 1951, 182c = EDR073831 = HD021346
Tipologia: cippo delimitativo in travertino mancante del lato sinistro;
Rinvenimento: Roma, sulla riva sinistra del Tevere, in località Ripetta;
Conservazione: luogo di conservazione ignoto;
Misure: rest. 147 x 75 x 45 (CIL).

[Imp(erator)] Caesar M(arcus)
[A]urelius
[Ant]oninus Aug(ustus)
[pon]tif(ex) max(imus), tribun̂ic(ia)
[pote]st(ate) XV, co(n)s(ul) III, et
[Imp(erator) Ca]esar L(ucius) Aurelius
[Verus A]ug(ustus) trib(unicia) pot(estate), co(n)s(ul) II,
[termino]s vetustate dilapsos
[exaltaveru]nt et restituerunt
[r(ecto) r(igore) proxim]o termino ped(es) [---]
[positos ex] auctoritate
[Imp(eratoris) Caesari]s Nervae Traiani
[Aug(usti) cura]nte A(ulo) Platorio
[Nepote] Calpurniano curato-
[re alvei Tib]eris et riparum et
[cloa]carum urbis.

CAPRINO 1948, pp. 139-140.

e- **CIL VI 40868** = AE 1951, 182b = EDR073830 = HD021343
Tipologia: cippo delimitativo in travertino mancante della parte superiore;
Rinvenimento: Roma, nel 1938, sulla riva sinistra del Tevere, presso ponte Testaccio;
Conservazione: luogo di conservazione ignoto;
Misure: 217 x 109 x 50 (CIL).

[Imp(erator)] Caesar M(arcus) Aure[lius]
[Ant]oninus Aug(ustus) pon[tif(ex)]
[ma]x(imus), trib(unicia) pot(estate) XV, co(n)s(ul) III, [et]
[Im]p(erator) Caesar L(ucius) Aurelius
[Ve]rus Aug(ustus) trib(unicia) pot(estate), co(n)[s(ul) II],
[t]erminos vetustate dilapso[s]
[e]xaltaverunt et restituerunt
r(ecto) r(igore) proximo termino ped(es) [---]
positos ex auctoritate
Imp(eratoris) Caesaris Nervae Traiani Aug(usti)
curante A(ulo) Platorio Nepote
Calpurniano curatore alvei Tiber[is et]
riparum et cloacarum urbis.

CAPRINO 1948, pp. 139-140.

36. *P. Cornelius P. f. Gal. Anullinus c.v.*

a- **CIL II 5506** = CIL II/5, 623 = CIL II 2073 = ILS 1139 = ILPGranada 36 = CILA IV 6 = ILER 1698 = ILER 1297 = AE 1987, 502 = HD010931 = HE2562 (con foto) (foto BBAW / EDCS / EDH - PH0005411)
Tipologia: base di statua in calcare bianco e nero di *Sierra Elvira* (Granada) mancante della base e di parte del dado e dotata di superficie frammentaria;
Rinvenimento: Alcazaba de Granada (Granada), nel 1754;
Conservazione: Granada, Museo Arqueologico Provincial de Granada (Inv. 219);
Misure: rest. 84 x 58 x 50 (HE).

P(ublio) Cornel(io) P(ubli) f(ilio) Gal(eria) Anullino
Iliber(itano) praef(ecto) ur[b(is)], co(n)s(uli), proco(n)s(uli)
prov(inciae) Africae, p[ra]et(ori), trib(uno)
pleb(is), q(uaestori), leg(ato) prov(inciae) Nar-
bonens(is), proco(n)[s(uli)] [pro]v(inciae)
[Ba]eti[c(ae)], l[e]g(ato) l[e]g(ionis) VII Gem(inae) [P(iae) F(elicis)],
[leg(ato)] Aug(usti) pr(o) pr(aetore) pro[v(inciae)]
[Ra]et(iae) curat(ori) alvei et [rip(arum)]
Ti[beris et cloacarum urbis ---]
------.

ROLDÁN HERVÁS 1974, pp. 490-491 n.829; ALFÖLDY 1987, pp. 303-324; THOMASSON 1996, p. 77 n.100; SCHERRER 2010, p. 173 nt. 13.

37. *Ofilius Valerius Macedo*

*a-***CIL VI 31555** = ILS 5934 (foto BBAW / EDCS - PH0003155; PH0003156)
Tipologia: cippo delimitativo in travertino mancante della parte superiore;
Rinvenimento: Roma, sulla riva destra del Tevere, 47 mt a monte di ponte Sisto;
Conservazione: Roma, MNR alle Terme di Diocleziano nel chiostro di Michelangelo;
Misure: rest. 132 x 93 x 50 (CIL).

[Ex auctoritate]
[Imp(eratoris) Caesar(is) L(uci) Septimi Severi Pii]
[Pertinacis Aug(usti) Arabi]c(i) [Adiab(enici) p(ontificis) max(imi)],
[tr(ibunicia)] pot(estate) VI, imp(eratoris) X, co(n)s(ulis) II, [p(atris) p(atriae) et]
M(arci) Aureli Antonini Caes(aris)
Imp(eratoris) destinati,
terminos vetustate dilapsos ex-
altavit et restituit r(ipa) V(eientana)
Ofilius Valerius Macedo curat(or) alvei
Tiberis et riparum et cloacar(um) urbis.

38. *C. Caesonius C. f. Quir. Macer Rufinianus*

a- **CIL XIV 3900** = ILS 1182 = Inscr.It. IV, 1, 102 = Suppl.It. Latium vetus I, 1000 = EDR092752 = HD030904 (foto EDH / EDR - F004173; F013544; F013545)
Tipologia: base di statua con iscrizione funeraria rinvenuta integra e di cui si conserva soltanto un frammento anteriore laterale sinistro;
Rinvenimento: Tivoli, in un sepolcro;
Conservazione: Roma, Musei Vaticani (*Lap. Crist. Ex Lat.* Inv. 25403).

C(aio) Caesonio C(ai) f(ilio) Quir(ina) Macro Rufiniano
consulari, sodali Augustali, comiti Imp(eratoris)
Severi Alexandri Aug(usti), cur(atori) r(ei) p(ublicae) Lanivinor(um) II,
proco(n)s(uli) prov(inciae) Africae, cur(atori) aquar(um) et Minic(iae),
leg(ato) Aug(usti) pr(o) pr(aetore) German(iae) Superioris, cur(atori) alvei
Tiberis, curatori r(ei) p(ublicae) Teanens(ium), leg(ato) Aug(usti) pr(o) pr(aetore) prov(inciae)
Lusitan(iae), cur(atori) r(ei) p(ublicae) Tarracinens(ium), proco(n)s(uli) prov(inciae)
Achaiae, leg(ato) leg(ionis) VII Claud(iae), cur(atori) r(ei) p(ublicae) Asculan(orum),
leg(ato) prov(inciae) Asiae, pr(aetori), leg(ato) prov(inciae) Baetic(ae), trib(uno) pl(ebis),
quaestori prov(inciae) Narbon(ensis), trib(uno militum) leg(ionis) I adiutric(is),
donato donis militarib(us) a divo Marco,
IIIvir(o) capitali,
patri dulcissimo et incomparabili
Caesonius Lucillus filius
consularis.

RITTERLING 1932, p. 37; PANCIERA 1967, p. 32 nt. 39; ALFÖLDY 1969, pp. 146-147; ECK 1985, p. 76; CHRISTOL 1986, p. 160 nt. 1; MARI 1991, p. 268; THOMASSON 1996, p. 86, 118; ANDERMAHR 1998, p. 197.

39. *L. Flavius L. f. Cleonaeus*

***a*- CIL VI 41124 (con foto)** = CIL VI 1545 = CIL VI 31677 = EDR093395 = HD030532 (foto BBAW / EDCS / EDH / EDR - PH0007955)
Tipologia: lastra con iscrizione onoraria (?);
Rinvenimento: Roma, nel 1861 in località Tor de' Schiavi presso la via Prenestina;
Conservazione: Roma, Musei Vaticani (*Lap. Prof. Ex Lat.* – Inv. 25715);
Misure: rest. 47 x rest. 59.5 x 2. 532.

[L(ucium) Flavium L(uci) f(ilium) Cleonaeum]
[co(n)s(ulem), V]IIvir(um) epul(onum), curat[or(em)]
[Pu]teolanor(um) excus[at(um)],
[cu]rator(em) Neapolitan[or(um)],
[c]uratorem alvei Tiberis [et]
cloacar(um) urbis, leg(ato) pr(o) p[r(aetore)]
[pro]vinciae Dalmat[iae ex]-
[cus]at(um), praef(ectum) aer(arii) S[aturni],
[leg(atum) le]g(ionis) X Gem(inae), [---]
------.

JAGETEUFEL 1958, p. 66 n.43; CORBIER 1974, pp. 305-308 n.62; TOMASSETTI 1977-1980 III, p. 546; QUILICI 1979, pp. 7-8; THOMASSON 1984, p. 96 n.67; DEL LUNGO 1996, III, p. 205; CHIOFFI 2003, p. 466.

40. *M. Iuventius M. f. Fab. Secundus Rixa Postumius Pansa Valerianus Severus*

***a*- CIL V 4335** = Inscr.It. X, 5, 123
Tipologia: Iscrizione onoraria;
Conservazione: Brescia, contrada S. Urbano;
Rinvenimento: Brescia, Civici Musei di Arte Storia e Scienze.

[M(arco) Iuven]tio M(arci) f(ilio)
[Fab(ia) Secun]do Rixae
[Postumio Pan]sae Valerian(o)
[---] Severo
[--- tri]b(uno) leg(ionis) Prim(ae) Min(ervae),
[--- eod]emque tempor(e)
[--- t]ribun(o) pleb(is), pr(aetori)
[--- prae]f(ecto) frument(i) dand(i)
[---]t proco(n)s(uli) provinc(iae)
[--- leg(ato) Aug(usti) pr(o) pr(aetore) pro]vinc(iae) Aquitan(iae), co(n)s(uli),
[cur(atori) alvei Tib(eris) et ripa]r(um) et clo[a]c(arum) urb[is],
[patro]no [d(ecreto)] d(ecurionum).

MOLLO 2000, pp. 121-122 nt. 546.

41. *M(arcus) [---]*

***a*- CIL XIV 254**
Tipologia: parte di stele (?) con iscrizione commemorativa;
Conservazione: Ostia, nel 1856 in luogo ignoto ed oggi perduta.

------
vigil[iarium corpus]
lenunc[ulariorum]
treiectús [---]
á fundam[entis entis p(ecunia) s(ua) fecit]
permissu M[(arci?) ---]
curatori[s alvei et]
riparu[m Tiberis Sex(to)?]
Pomp[eio Sex(ti) f(ilio) Maximo?]
[curante ---?]
------ ?.

LE GALL 1953, p. 145 n.30 (ora anche in LE GALL 2005, p. 167 n.35/30); KRISTOFERSON 1930, p. 190 fig. 2; WALTZING 1970, p. 619 n.2235; SIRKS 1991, p. 271.

42. *Maximus c.v.*

***a*- AE 1955, 185** = EDR074054 = HD019485
Tipologia: frammento centrale di iscrizione attestante la concessione di un permesso da parte di un *curator Tiberis* ad una corporazione, probabilmente per l'occupazione di suolo pubblico per la costruzione di un monumento.[1129]
Rinvenimento: Ostia;
Misure: rest. 14 x 14 x 4.5 (BLOCH).

[---] permis[su ---]
[--- Ma]ximi c(larissimi) v(iri) [curatoris]
[alvei] Tiberi[s et riparum]
[et cloacarum urbis ---]
corp[us ---]
------.

BLOCH 1953, p. 287 n.46 (fig. 37a); SIRKS 1991, p. 279 nt. 53.

43. *Q. Venidius Rufus Marius Maximus L. Calvinianus*

***a*- CIL VI 32327** = ILS 5050a (foto EDCS)
Tipologia: sei frammenti solidali e contigui di lastra che riporta gli *Acta Ludorum Saecularium* del 204 d.C. Della lunga iscrizione si riportano soltanto le righe che forniscono la testimonianza della curatela di *Q. Venidius Rufus Marius Maximus* (r. 10) e la titolatura degli imperatori, utile per la datazione (rr. 13-17).

10 *[--- Crescens Calpu]rnianus Cassius Pius Marcellinus quaestor desig(natus) Ulpius Soter co(n)s(ul) desig(natus) Venidius Rufus [curat(or)] albei [Tiberis]*

13 *[Of]ilius Macedo ante aedem [---] F[ulvius] Fuscus Vetina Mamertinus ante ae[dem --- Coccei]-*
us Vibianus sortib[us ductis eodem die edictum propositum est in haec verba Imp(erator) Caes(ar) divi Marci Antonini Pii Germanici Sarmatici filius divi Com]-
15 *modi frater divi Antonin[i Pii nepos divi Hadriani pronepos divi T]raiani Parthic(i) ab[nepos divi Nervae adnepos L(ucius) Septimius Severus Pius Pertinax Aug(ustus) Arab(icus)*

[1129] Secondo BLOCH 1953, pp. 239, 287 il reperto si troverebbe ad Ostia, nel lapidario sotto il *Capitolium* (Inv. 1021).

Adiab(enicus) Parthicus Max(imus) pont(ifex) max(imus), trib(unicia) pot(estate) XII, imp(erator) III, co(n)s(ul) III],
pat(er) patr(iae) et Imp(erator) Caes(ar) M(arcus) Aure[lius Antoninus Pius Aug(ustus) tr(ibunicia) pot(estate)] VII co(n)s(ul) [[---]] Imp(eratoris) Caes(aris) L(uci) Septimi Severi Pii Pertinacis Aug(usti) Arab(ici) Adiab(enici) Parth(ici) maximi filii divi Marci Antonini Pii Germanici Sarmatici nepotes]
divi Antonini Pii pronepotes [divi Hadriani abnepotes divi] Traiani Parthici et divi Ne[rvae adnepotes cum ceteris XVviris s(acris) f(aciundis) dicunt ludos saeculares septimos]

CÉBEILLAC 1972, p. 229; ROYO 1999, p. 47.

***b*- AE 1932, 70** = AE 1935, 26 = EAOR I 43
Tipologia: parte di lastra che riporta gli *Acta Ludorum Saecularium* del 204 d.C. Della lunga iscrizione si riportano soltanto le righe che forniscono la testimonianza della curatela di *Q. Venidius Rufus Marius Maximus* (r. 12) e la titolatura degli imperatori, utile per la datazione (rr. 13-17).

12 *[--- Sae]vinius Proculus Fulvius Granianus q(uaestor) Augg(ustorum) Gargil[ius] Antiq[uus Manil]ius Fuscus Venidiu[s Rufus cur(ator) alvei Tiberis ---] tunc a[---]*
[---]erun[---] interfuerunt [edictum propositum est de ludorum ho]norariorum in[dictione Imp(erator) Caes(ar) divi Marci Antonini P]ii Germ(anici) Sar[m(atici) filius divi Commodi frater]
[divi Pii] nep(os) divi Hadriani p[r]onep(os) [divi Tr]aiani [Parthic(i) abnep(os) divi Nervae] adnep(os) L(ucius) [Septimius Sev]erus Pius Pert[inax Aug(ustus) Arab(icus) Adiab(enicus) Parth(icus) max(imus) pont(ifex) max(imus) t]rib(unicia) pot(estate) XII imp(erator) [III co(n)s(ul) III et Imp(erator) Caes(ar) M(arcus) Aureli]-
[us Anto]ninus Pius Aug(ustus) trib(unicia) p[o]t(estate) VIII co(n)s(ul) [---]Imp(eratoris) Caes(aris) L(uci) Septimi Sever[i Pii Pertinacis A]ug(usti) Arab(ici) Adia[b(enici) Parth(ici) max(imi) filii divi Marci Pii Ger]manici Sarm(atici) nepo[tes divi Antonini Pii pronep(otes)]
[divi H]adriani abnepotes divi Tra(ia)ni Parth(ici) et divi Nervae adnep(otes) cum ceteris XVvir[is s(acris) f(aciundis) dicunt pera]ctis ludis [sollemnibus ludos honor]arios quoque per[--- dies adiciemus prid(ie) non(as)]

PIGHI 1965, p. 161.

44. *Ignoto*

***a*- CIL X 3761**
Tipologia: frammento di iscrizione forse onoraria ;
Rinvenimento: *Suessula* (Arienzo), in località S. Maria Nuova nella chiesa di S. Nicola.

[---]proco(n)[s(uli) ---]
[---] leg(ato) Augg(ustorum)[---]
[---]R curat(ori) alvei [Tiberis ---]
[--- proc]o(n)s(uli) Cypri, leg(ato) Au[gg(ustorum) ---]
[---] leg(ionis) X Gemin[ae ---],
[--- cur(atori) viae Tibu]rtinae, prae[t(ori) ---],
[--- c]urioni, qu[aestori ---]
[---]IVI[---]
------ .

MITFORD 1980, p.1305; LEUNISSEN 1991, p. 231; FITZ 1993-95, p. 632, n.357.1.

45. *L. Caesonius C. f. Quir. Lucillus Macer Rufinianus*

***a*- CIL XIV 3902** = ILS 1186 = Inscr.It. IV, 1, 104 = EDR092753 = HD030907
Tipologia: base di statua con iscrizione funeraria rinvenuta assieme a CIL XIV 3900;
Rinvenimento: Tivoli, in un sepolcro;
Conservazione: Roma, Musei Vaticani (*Lap. Crist. Ex Lat.*).

L(ucius) Caesonius C(ai) fil(ius) Quirina Lucillus
Macer Rufinianus co(n)s(ul), frater arvalis,
praef(ectus) urbi, electus ad cognoscendas vice Caesaris cognitiones, proco(n)s(ul) prov(inciae) Africae, XXviros (!) ex senatus
consulto r(ei) p(ublicae) curandae, curator aquarum et Miniciae,
cur(ator) albei (!) Tyberis et cloacarum urbis, legatus prov(inciae)
Africae eodem tempore vice proconsulis, curator r(ei) p(ublicae)
[P]uteolanorum, curator r(ei) p(ublicae) Suessanorum,
praetor kandidatus, quaestor kandidat(us),
electus in familiam patriciam, Xvir
stlitibus iudicandis.

r. 8 *[T]usculanorum.*[1130]

JACQUES 1983, p. 134; PEACHIN 1996, p. 112; THOMASSON 1996, p. 90 n.122; p. 116 n.53.

46. *L. Valerius Claudius Maximus Acilius Priscilianus*

***a*- ILS 8979** = EE IX 593 = AE 1903, 337 = AE 1904, 170 = AE 1904, 225 = AE 1948, p. 51 s.n. 129 = Suppl.It. Imagines – Latium I, 25 (con foto) = EDR071959 = HD031575 (foto EDR - 71959
Tipologia: base marmorea con iscrizione onoraria; il supporto presenta un *urceus* sul lato sinistro ed una *patera* sul alto destro;
Rinvenimento: *Lavinium* (Pratica di Mare);
Conservazione: Pratica di Mare, nel giardino di palazzo Borghese.
Misure: 137 x 63 x 66 (Suppl.It.).

[1130] *RE III* (1929) coll. 1317-1318 s.v. *L. Caesonius Lucillus Macer Rufinianus* (n.3) (E. Groag).

[L(ucio) V]alerio Claud-
[io] Acilio Priscil(l)iâno
[c(larissimo)] v(iro), cur(atori) Laur(enti) Labi- (!)
[natium,comiti Augg(ustorum)] nn(ostrorum), inter XX co(n)s(ulares),
[cur(atori) alvei Ti]beris, riparum
[cloacarum]quae (!) sacrae
[urbis, cons]ulari ordinar(io),
[praetori tut]elar(i), quaest(ori)
[urba]ṇo, quaest(ori)
[---], pontifici
[maior]i, trium-
[viro m]onetarum
[a(uro) a(rgento) a(ere) f(lando)] f(eriundo), seviro
[equitum R]om(anorum) tur-
[mae ---], ob eximium
[amor]em in cives
[sa]cerdotales et
[popul]us su(a)e pecuniae
[p]osueruñt.

FORBIS 1996, p. 118 n.54.

47. *M. Aurelius Artemidorus*

a- **CIL VI 30841** = CIL VI 863
Tipologia: lastra in marmo bianco di Carrara fratta in due parti la cui iscrizione attesta il permesso per l'occupazione di suolo pubblico, forse per la costruzione di un monumento, concesso da *Aurelius Artemidorus* in qualità di *curator Tiberis*;
Rinvenimento: Roma, cimitero Pretestato;
Conservazione: Roma, Palazzo Rinuccini, murata in una parete dell'atrio della Biblioteca;
Misure: rest. 18.5 x 22.5 (CAPECCHI).

Locus adsig[natus] kal(endis) Febr(uariis)
Pere[gr]ino et Fulvio Aemiliano co(n)s(ulibus)
per Au[rel]ium Artemidorum c(larissimum) v(irum) curat(orem) alvei
[et ripar(um)] Tiber(is) et cloacar(um) urbis.

CAPECCHI 1980, pp. 115-116, n.85 (Tav. LXVII, 2); RÉMY 1989, p. 118.

b- **CIL VI 40693** (con foto) = CIL VI 1224 = EDR093075 = HD027059 (foto BBAW / EDCS PH0007448; PH0007449; PH0007450; PH0002286; EDH / EDR F010564; F007851)
Tipologia: due frammenti non contigui di lastra marmorea. Il frammento A è fratto su tre lati (il lato superiore è tagliato) e presenta la parte superiore dello specchio epigrafico accuratamente erasa. Il frammento B è a sua volta composto di due parti ricongiunte;
Conservazione:. frg. A: Roma, nel portico della chiesa di S. Maria in Trastevere; **frg. B:** Roma, presso il Palazzo delle Esposizioni, casse 169 e 175;
Misure: frg. A: 46 x 30 x 5; **frg B:** 31 x 31 x 4.7 (CIL).

[[------]]
[[------]]
statio al[vei Tib(eris) et ripar(um) et]
cloacaru[m sacrae urbis],
cur(am) [agen]te
Aurelio A[rte]midoro c(larissimo) v(iro),
devoto nu[min]i maiestatiq(ue)
[ei]us.

RODRIGUEZ-ALMEIDA 1988, pp.126-127; BRUUN 1991, p. 196.

48. *L. Caesonius L. f. Quir. Ovinius Manlius Rufinianus Bassus*

a- **AE 1964, 223** = AE 1980, 215 = EDR077656 = HD005279
Tipologia: base con iscrizione onoraria;
Rinvenimento: Aversa;
Conservazione: Napoli, Museo Nazionale.

L(ucio) Caesonio Ovinio Manlio
Rufiniano Basso c(larissimo) v(iro) cons(uli) II,
pontif(ici) maiori, pontif(ici) dei
Solis, salio Palatino, prae-
fecto urbis, comiti Augg(ustorum),
iudici sacrarum cognitio-
num vice Caesaris sine appel-
lationem (!) cognoscendi inter
fiscum et privatis (!) item inter
privatos Roma et in provinc(ia)
Africa, electo a divo Probo
ad pr(a)e[side]ndum iud(icio) mag(no),
proco(n)s(uli) provinc(iae) Afric(ae) tertium,
curat(ori) col(oniae) Carthag(iniensium), leg(ato) pro-
vinc(iae) Afric(ae) Carthag(iniensis), curat(ori)
albei (!) Tiberi(s) et cluacarum (!)
sac(rae) urb(is), curat(ori) r(ei) p(ublicae) Venevent(anorum)(!),
praet(ori) cand(idato), quaes(tori) cand(idato),
seviro turmae deducendae,
triumviro kapitali,
patrono praestantissimo
Caesonius Achilleus lib[ert]us pos(uit).

BARBIERI 1964, pp. 49-50 (con foto); BARNES 1970, pp. 198-330; POLVERINI 1975, p. 1025; BARBIERI 1979, pp. 329-330; FORBIS 1996, pp. 135-135 n.122; JACQUES 1983, p. 149; 1996, p. 135 n.122; PEACHIN 1996, p. 129; THOMASSON 1996, p. 93 n.130; PANCIERA 2006, pp. 985-986; PEZZELLA 2002, p. 99.

b- **AE 1968, 109** = EDR074802 = HD013727
Tipologia: base di statua in marmo bianco notevolmente danneggiata sul lato sinistro;
Rinvenimento: Latina;
Conservazione: Latina, nel cortile della Biblioteca Civica;
Misure: rest. 103 x 58 x 46,5 (PANCIERA).

[L(ucio) Ca]esonio L(uci) f(ilio)
[Ov]inio Manlio Basso
[c(larissimo)] v(iro), curatori albei(!) Tibe-
ris et Benebentanorum (!),
pontifici maiori, consuli, prae-
tori, qu(a)estori kandidato,
triumviro pr[---]ones
tracto (!) Piceno, curatori Lavini-

ensium, legato Cart(h)aginensium,
curatori eiusdem diocesis Car-
[t(h)a]ginensium, domino patro-
[no p]raestantiss[imo]
[---]ạc̣tys lib(ertus) actor
[cum] suis.

PANCIERA 1967, pp. 18-22 (foto 1); FORBIS 1996, p. 118 n.53; THOMASSON 1996, p. 117, n.56.

49. *M'. Acilius Balbus Sabinus*

***a*- CIL VI 31264** = CIL VI 1225
Tipologia: frammento marmoreo con iscrizione dedicatoria;
Rinvenimento: Roma;
Conservazione: luogo di conservazione ignoto.

[M]anius Acili[us Balbus Sabinus]
v(ir) c(larissimus) cur(ator) alvei Tiberis [et cloacar(um)]
sacrae urbis d(evotus) n(umini) m(aiestati)q(ue) [eorum?].

***b*- CIL VI 31556** = CIL VI 1242 = ILS 5894 = AE 2007, 42
Tipologia: lastra marmorea;
Rinvenimento: Roma, a Trastevere, presso la riva del fiume nel 1590;
Conservazione: Roma, Musei Vaticani (*Gall. Lap. 43.3* – Inv. 6871).

Dd(omini) nn(ostri) providentissimi Impp(eratores)
Diocletianus et Maximianus
Invicti Augusti ripam per seriem
temporum conlapsam ad pristinum
statum restituerunt per pedes CX
curante Manio Acilio Balbo
Sabino v(iro) c(larissimo) curat(ore) alvei Tiberis
riparum et cloacarum sacrae urbis.

GORDON 1958-65, n.312 (pl. 147,b); CASTAGNOLI 1980, p. 40 nt. 11; LE GALL 1953, p. 179; DI STEFANO MANZELLA 1995, fig. 54; SCHEITHAUER 2000, p. 214 n.24.

50. *[---]anus c. v.*

***a*- CIL VIII 11338** = ILS 1198 = HD031033
Tipologia: base con iscrizione onoraria;
Rinvenimento: Sbeitla, nel 1884;
Conservazione: Sbeitla;
Misure: 113 x 55 x 4,5 (CIL).

[---]ạno co(n)s(uli), c(larissimo) v(iro),
[cur(atori) a]quarum et Min̂i-
[ciae] ẹ[t] alvei Tiberis,
[p]ṛ(aefecto) alimentorum,
[XVv]iro s(acris) f(aciundis), X[II]viro
[u]rbis Romae, leg(ato) Nu-
midiae, praet(ori) urbâno
candidato, quâestori,
allect[o] in patricias
familias, triumviro
a(uro) a(rgento) a(uro) f(lando) f(eriundo), seviro tûrmâe
eeqq(uitum) rr(omanorum), patrono pe[r]-
petuo Aelius Felix et
Fabius Donatulus.

PALLU DE LASSERT 1896, pp. 463-464; PFLAUM 1955, p. 128; PFLAUM 1956, pp. 51-57; PFLAUM 1963, p. 237; CASSOLA 1971, p. 497; PFLAUM 1978b, p. 119; CHRISTOL 1986, pp. 279-281 n.74; DUVAL 1989, pp. 427-430 n.46 (fig. 25); THOMASSON 1996, pp. 1233-124, n.76.

51. *C. Vettius Cossinius Rufinus c. v.*

***a*- CIL X 5061** = ILS 1217 = AE 2005, 90
Tipologia: ara di marmo bianco con iscrizione onoraria;
Rinvenimento: Atina, nella chiesa di S. Pietro;
Misure: 110 x 61 x 60 (SOLIN).

C(aio) Vettio Cossinio Rufino c(larissimo) v(iro)
praefecto urbi, comiti
Augg(ustorum) nn(ostrorum), corr(ectori) Camp(aniae), corr(ectori)
Tusciae et Umbriae, corr(ectori)
Venitiae (!) et Histriae, cur(atori) alvei
Tiberis et cloacarum sacrae urbis,
cur(atori) viae Flaminiae, proconsuli pro-
vinciae Achaiae sortito, pontifici dei
Solis, auguri, salio Palatino, ordo po-
pulusque Atinas quod in correctura
eius quae s(a)evissimam tyran-
nidem incurrerat nullam
iniuriam sustinuerit
patrono dignissimo.

SOLIN 1981, p. 98.

52. *Q. Attius Granius Caelestinus* c. v.

***a*- CIL VI 1143**
Tipologia: base marmorea di statua;
Rinvenimento: Roma, aprile del 1829, nei pressi del foro di Traiano;
Conservazione: Roma, foro di Traiano, nella Biblioteca occidentale.

[Fo]rtissimo
[cle]mentissimo e[t]
[gl]oriosissim[o]
[p]rincipi
[d(omino)] n(ostro) Flavio Va[l(erio)]
Constantin[o]
[P(io)] F(elici) Invicto Aug(usto)
Q(uintus) Attius Graniu[s]
Caelestinus v(ir) c(larissimus), cu[r(ator)]
alv(ei) Tib(eris) et cloac(arum) s(acrae) u(rbis) d(evotus) n(umini) m(aiestati)q(ue) ei[us].

DÖRRIES 1954, p. 219; HECK - CAMPENHAUSEN 1972, p. 163; GRÜNEWALD 1990, p. 218 n.246; BODELÓN 1997, p. 303; PACKER 2001, p. 27.

53. *Q. Fl. Messius Egnatius Lollianus Mavortius*

***a*- CIL VI 37112** = CIL VI 1723 + CIL VI 1757 = ILS 1225 + ILS 1232
Tipologia: base con iscrizione funeraria fratta in due parti delle quali la superiore è andata perduta.
Rinvenimento: Roma, sull'Aventino, presso la chiesa di S. Alessio;
Conservazione: Roma, sull'Aventino, presso la chiesa di S. Alessio (parte inferiore).

Mavortii
Fl(avio) Lolliano v(iro) c(larissimo), q(uaestori) k(andidato), praet(ori) urb(is),
curat(ori) alvei Tiberis et operum
maximorum et aquarum, cons(ulari)
Camp(aniae), comiti intra pal[atium] et
[v]ice sac[ra iudicanti, comiti] Ori-
entis v(ice) s(acra) iudicanti, procons(uli)
prov(inciae) Africae et v(ice) s(acra) iudicanti,
praef(ecto) urbis et v(ice) s(acra) iudicanti ite-
rum, comiti ord(ini) primi intra pa-
latium, praef(ecto) praet(orio), consuli ord(inario),
Placidus Severus v(ir) c(larissimus) filius patri religioso
et Antonia Marcianilla c(larissima) f(emina) nurus
socero sanctissimo.

CANTARELLI 1906, pp. 16

***b*- CIL X 1695** = ILS 1224a
Tipologia: base decorata con *patera* (sul lato destro) e *urceus* (sul lato sinistro), riscritta e sul cui retro si trova un'iscrizione più antica riportata da CIL X 1655;
Rinvenimento: Pozzuoli;
Conservazione: Napoli, Museo Nazionale .

Mavortii //
Q(uinto) Flavio Maesio Egnatio
Lolliano c(larissimo) v(iro), q(uaestori) k(andidato), praetori ur-
bano, auguri publico populi
Romani Quiritium, cons(ulari) albei(!)
Tiberis et cloacarum, cons(ulari) ope-
rum publicụṃ (!), cons(ulari) aquarum,
cons(ulari) Campaniae, comiti Flaviali,
comiti Orientis, comiti primi ordinis et
proconsuli provinciae Africae,
regio Portae Triumphalis patrono dignissimo.

GERVASIO 1846, p. 41; SPINAZZOLA 1895, p. 97 n.85; CHASTAGNOL 1962, p. 117; MATTHEWS 1973, p. 186; CAMODECA 1977, p. 72 (fig. 2); CAMODECA 1980-81, p. 101 nt. 133.

***c*- CIL X 1696** = ILS 1224c
Tipologia: base decorata con *patera* (sul lato destro) e *urceus* (sul lato sinistro);
Rinvenimento: Pozzuoli, rinvenuta assieme alla statua, nel febbraio del 1704, nel giardino di Don Pedro di Toledo in località la Malva durante la costruzione di una chiesa. La base è riscritta e si notano tracce dell'iscrizione precedente;
Conservazione: Pozzuoli, *lapidarium* dell'Anfiteatro flavio.

Mavortii //
Q(uinto) Flavio Maesio Egnatio Lolliano c(larissimo) v(iro),
q(uaestori) k(andidato), praetori urbano, auguri publico po-
puli Romani Quiritum, cons(ulari) albei (!) Ti-
beris et cloacarum, cons(ulari) operum publi-
cum (!), cons(ulari) aquarum, cons(ulari) Camp(aniae), comiti
Flaviali, comiti Orientis, comitis (!) primi
ordinis et proconsuli provinciae Africae,
colligeus (!) decatressium patrono dignis-
simo posuerunt.

GERVASIO 1846, p. 4; DUBOIS 1907, p. 421 n.23; CHASTAGNOL 1962, p. 117; WALTZING 1970, p. 436 n.1671; CAMODECA 1980-81, p. 101 nt. 133; MUÑOZ VILLARREAL 2005, p. 119 nt. 28.

***d*- CIL X 4752** = ILS 1223
Tipologia: base marmorea con iscrizione onoraria;
Rinvenimento: Suessa, inizi del XVII, sotto la torre del campanile della chiesa di S. Silvestro;
Conservazione: Suessa, in piazza del Trofeo presso la fontana di Ercole.

Q(uinto) Fl(avio) Messio Egnatio
Lolliano v(iro) c(larissimo),
q(uaestori) k(andidato), praet(ori) urbano,
auguri publico p(opuli) R(omani)
Quiritium, comiti
dd(ominorum) nn(ostrorum) Aug(ustorum) et Caesarum,
curatori albei (!) Tiberis
et cluacarum (!) sacrae urbis,
curatori operum publico-
rum, consulari aquarum
et Minuciae, consulari
Campaniae,
ordo populusque
Suessanus.

TISSOT 1885, p. 225; MATTHEWS 1985, p. 84.

***e*- AE 1977, 198** = EDR076734 = HD005154 (foto EDR – 076734)
Tipologia: base di statua con iscrizione onoraria;
Rinvenimento: Pozzuoli, il 28 ottobre 1956, negli scavi di via Rosini;
Conservazione: Bacoli (Napoli), Museo Archeologico dei Campi Flegrei
Misure: 150 x 85 x 75 (AE).

Mavort[ii] //
Quinto Flavio Maesio
Egnatio Lolliano c(larissimo) v(iro),
q(uaestori) k(andidato), praet(ori) urbano, au-
guri publico populi Ro-
mani Quiritium, cons(ulari)
albei (!) Tiberis et cloacarum,
cons(ulari) operum public(orum),
cons(ulari) aquarum, cons(ulari) Camp(aniae),

comiti Flaviali, comiti
Orientis, comiti primi ord[i]nis
et proconsuli provinciae Africae,
regio arae Lucullianae patrono dignissimo.

CAMODECA 1971, p. 39; CAMODECA 1977, p. 64 (fig. 1); CAMODECA 1980-81, p. 101, nt. 135.

***f*- AE 1977, 199** = ILS 1224b = HD005157 = EDR076735 (foto EDR - 076735)
Tipologia: base con iscrizione onoraria;
Rinvenimento: Pozzuoli, nel giardino di Paolo Masino;
Conservazione: Mariémont (Belgio), Musée Royal;
Misure: 136 x 61 x 53 (CAMODECA).

Mavortii //
Q(uinto) Flavio Maesio Egnatio Lolliano
c(larissimo) v(iro), q(uaestori) k(andidato), praetori urbano, auguri pu-
blico populi Romani Quiritium, cons(ulari)
albei Tiberis et cloacarum, cons(ulari) operum
publicum (!), cons(ulari) aquarum, cons(ulari) Camp(aniae),
comiti Flaviali, comiti Orientis, comiti primi
ordinis et proconsuli provinciae Africae,
regio clivi vitriari sive vici turari
patrono dignissimo.

CAMODECA 1977, pp. 65-66; CAMODECA 1980-81, p. 101 nt. 134; BRUN 2000, p.304; BORG – WITSCHEL 2001, pp. 54-55 nt. 36.

54. *Q. Ceionius Caecina Verus c. v.*

***a*- CIL VI 40770** = AE 1975, 135a = EDR075982 = HD008799 (foto BBAW / EDCS - PH0002805; PH0002806; EDH / EDR - F002582; F023089; F023090; F023091; F023092).
Tipologia: stele in marmo bianco sagomata con base e coronamento, con iscrizione commemorativa;
Rinvenimento: Roma, nel 1971, nell'alveo del Tevere presso la sponda sinistra all'altezza della confluenza con il Fosso Galeria;
Conservazione: Ostia nel giardino antistante il museo (Inv. 11822);
Misure: 204 x 62.5/65 x 17,5 (CIL).

Divina singularisque clementia
dominorum nostrorum
Constantini Maximi Victoris
semper Augusti
et [[Crispi]] et Constantini nobb(ilissimorum)
Caess(arum) interruptum iter pontis signini
operis refectione restitui sua
pecunia iusserunt
curante pubblice (!) Q(uinto) Caeionio Caecina
Vero v(iro) c(larissimo) curatore alv(ei) Tib(eris) et cloacarum
s(acrae) u(rbis) d(evoto) n(umini) ma(iestati)q(ue) eorum.

FLORIANI SQUARCIAPINO 1973, p. 257; PELLEGRINO – PETRIAGGI 1988, pp. 176-177 n.3; GRÜNEWALD 1990, p. 221 n.269; CÉBEILLAC GERVASONI – CALDELLI - ZEVI 2006, pp. 131-133 n.24.2.3; CALDELLI – ZEVI - CÉBEILLAC GERVASONI 2010, pp. 139-140 n.25.2.2.

***b*- CIL VI 40770b** = AE 1975, 135b = EDR075982 (foto BBAW / EDCS PH0002807)
Tipologia: spessa lastra in marmo grigio con iscrizione commemorativa;
Rinvenimento: Roma, nel 1971, nell'alveo del Tevere presso la sponda sinistra all'altezza della confluenza con il Fosso Galeria;
Conservazione:. Ostia, nel giardino antistante il museo (Inv. 30672);
Misure: 148.5 x 94/85 x 18,5-115 (CIL).

Divina singularisque clementia
dominorum nostrorum
Constantini Maximi Victoris
semper Augusti
et [[Crispi]] et Constantini nobb(ilissimorum)
Caess(arum) interruptum iter pontis signini
operis refectione restitui sua
pecunia iusserunt
curante pubblice (!) Q(uinto) Caeionio Caecina
Vero v(iro) c(larissimo) curatore alv(ei) Tib(eris) et cloacarum
s(acrae) u(rbis) d(evoto) n(umini) ma(iestati)q(ue) eorum.

FLORIANI SQUARCIAPINO 1973, p. 257; PELLEGRINO – PETRIAGGI 1988, GRÜNEWALD 1990, p. 221 n.269; pp. 176 n.2; CÉBEILLAC GERVASONI – CALDELLI - ZEVI 2006, pp. 131-133 n.24.2.3; CALDELLI – ZEVI - CÉBEILLAC GERVASONI 2010, pp. 139-140 n.25.2.3.

BIBLIOGRAFIA E ABBREVIAZIONI

Le abbreviazioni delle riviste seguono le sigle indicate dall'Année Philologique. Di seguito vengono sciolte le sigle dei periodici non comprese nell'*Aph*, dei repertori e le sigle dei *corpora* epigrafici.

AAC = *Anales de arqueología cordobesa*, 1990 -.
AEM = *Archeologisch-epigraphische. Mittheilungen aus Oesterreich-Ungarn*, Wien, 1877-.
CRAI = *Comptes Rendus des Séances de l'Académie des Inscriptions et Belles-Lettres.*
AUPA = *Annali del Dipartimento di Storia del Diritto, Università di Palermo*, Palermo, 1916-.
BCA= *Bullettino della Commissione Archeologica Comunale di Roma*, Roma, 1872-.
CEHD = *Cahiers du Centre d'études d'Histoire de la Défense*, Vincennes, 1996-.
DAGR = Ch. Daremberg - E. Saglio, *Dictionnaire des antiquités grecques et romaines*, Paris, 1877-1919.
DEAR = E. De Ruggiero, *Dizionario Epigrafico* di Antichità Romane, Roma 1886-.
Geoarchaeology = *Geoarchaeology: an International Journal*, New York, 1986-.
HSR = *Histoire et Sociétés Rurales*, Caen, 1994-.
LTUR= E. M. Steinby (ed.), Lexicon Topographicum Urbis Romae, Roma, 1999.
Mitteilungen = *Mitteilungen - Leichtweiss-Institut fur Wasserbau der Technischen Universität Braunschweig*, Braunschweig, 1876-.
Kalakorikos = *Kalakorikos: Revista para el estudio, defensa, protección y divulgación del patrimonio histórico, artístico y cultural de Calahorra y su entorno*, Calahorra, 1996 -.
NNDI = *Novissimo Digesto Italiano*, Torino, 1957-1984.
PLRE = A. H. Jones, J. R. Martindale, J. Morris *The Prosopography of the Later Roman Empire: A. D. 527-641*, Cambridge, 1992.
PME = H. Devijver, Prosopographia militiarum equestrium quae fuerunt ab Augusto ad Gallienum, Leuven, 1980-2001.
PW = *Paulys Realencyclopadie der classischen Altertumswissenschaft*, Stuttgart.
SEBarc = *Sylloge epigraphica Barcinonensis*, Barcelona, 2003-

CORPORA EPIGRAFICI

CFA = J. Scheid, Commentarii Fratrum Arvalium qui supersunt. *Les copies épigraphiques des protocoles annuels de la confrérie Arvale (21 av.-304 ap. J.C.)*, Roma.
CILA = Corpus de Inscripciones Latinas de Andalucia, Sevilla, 1991-
CIBalear = C. Veny, *Corpus de las Inscripciones Balearicas hasta la dominación arabe*, Madrid, 1965.
CIMRM = M.J. Vermaseren, Corpus Inscriptionum et Monumentorum Religionis Mithriacae, Den Haag 1956-1960.
EAOR = *Epigrafia anfiteatrale dell'Occidente Romano*, Rom, 1988.
ERCanosa = F. Grelle - M. Pani, *Le Epigrafi Romane di Canosa*, Bari 1990.
I.Eph. = *I.Eph.* = *Die Inschriften von Ephesos, I-VII*, ed. H. Wankel, Chr. Bòrker, R. Merkelbach et al., *Inschriften griechischer Stàdte aus Kleinasien*, Bonn 1979-
ICERV = *Inscripciones cristianas de la Espana romana y visigoda*, Barcelona, 1969.
ICUR = Inscriptiones christianae urbis Romae. Nova series, Rom, 1922-.
IDR = Inscriptiones Dacia Romanae, Bukarest, 1975-.
IDRE = C.C. Petolescu, *Inscriptiones Daciae Romanae. Inscriptiones extra fines Daciae repertae*, Bukarest 1996-
IGLS = *Inscriptions Grecques et Latines de la Syrie*, Paris, 1929-.
IHChr = E. Hübner, Inscriptionum Hispaniae Christianarum, Berlin, 1900.
IK -54 = *Inschriften griechischer Städte aus Kleinasien - Die Inschriften von Perge 1*, Bonn, 1999.
ILCV = E. Diehl, Inscriptiones Latinae Christianae Veteres, Berlin, 1925-1967.
ILER = J. Vives, *Inscripciones latinas de la espana romana*, Barcelona, 1971-72.
ILPGranada = M. Pastor Muñoz - A. Mendoza Eguaras, *Inscripciones Latinas de la Provincia de Granada*, Granada, 1987
IMS = *Inscriptions de la Mésie Supérieure*, Belgrad, 1976.
IRB = S. Mariner Bigorra, *Inscripciones romanas de Barcelona (lapidarias y musivas)*. I : *Texto,*, Barcelona, 1973.
IRC = *Inscriptions romaines de Catalogne*, Paris 1984-
IRIlici = J. Corell, *Inscripcions romanes d'Ilici, Lucentum, Allon, Dianium i els seus territoris*, Valencia, 1999.
IRPAlica = M.A. Rabanal - J.M. Abascal, *Inscripciones Romanas de la provincia de Alicante*, Lucentum 4, 1985, pp. 191-244.
IRT = *The Inscriptions of Roman Tripolitania*, Roma, 1952.
IscM = Inscriptiones Scythiae Minoris Graecae et Latinae 2, Bukarest, 1980-.
IvMagnes = O. Kern, *Die Inschriften von Magnesia am Maeander*, Berlin, 1900.
Lehner = H. Lehner, *Die antiken Steindenkmäler des Provinzialmuseums in Bonn*, Bonn, 1918.
MAGW = *Mitteilungen der Anthropologischen Gesellschaft in Wien*, Wien, 1870-.
Milet = *Milet. Ergebnisse der Ausgrabungen und Untersuchungen seit dem Jahre 1899*
MW = M. McCrum – A.G. Woodhead, *Select Document of the rincipates of the Flavian Emperors,* Cmabridge, 1961.
RECAM = S. Mitchell, *Regional Epigraphic Catalogues of Asia Minor 2: The Ankara district*, Oxford, 1982.
RECapua = L. Chioffi, *Museo provinciale Campano di Capua. La raccolta epigrafica*, Capua, 2005.
RHP = B. Lörincz, *Die römischen Hilfstruppen in Pannonien während der Prinzipatszeit. I: Die Inschriften*, Wien, 2001.
RICIS = L. Bricault, *Receuil des inscriptions concernant les cultes isiaques (RICIS)*, Paris, 2005.
RIT = G. Alföldy, *Die Römische Inschriften von Tarraco,*

Berlin, 1975; *Aggiornamento generale* 1980, Roma, 1981.
RMD = M.M. Roxan, *Roman Military Diplomas*, London, 1978-.
RSC = D. Sear et al., *Roman Silver Coins*. 5 Vols. London. 1978-1987.
TPSulp = G. Camodeca, Tabulae Pompeianae Sulpiciorum. *Edizione critica dell'archivio puteolano dei* Sulpicii, Roma, 1999.
Suppl.It. Roma 2 = I. Di Stefano Manzella – G L. Gregori, Supplementa Italica. Imagines. Roma (CIL, VI). 2. Musei Vaticani. Antiquarium Comunale del Celio, Roma, 2004.
VEL = Vbi Erat Lvpa, http://www.ubi-erat-lupa.org

ABAECHERLI-BOYCE 1959 = A. Abaecherli-Boyce, Salus *and* Valetudo, in *JHM* 14 (1959), pp. 79-81.
AGUILERA MARTÍN 2002 = A. Agulera Martín, *El monte Testaccio y la llanura subaventina: Topografía* extra portam Trigeminam, Roma.
ALBANESE 1991 = B. Albanese, *L'*edictum vetus *su* qui fulmina retanda publice redenta habent, in *AUPA* 41 (1991), pp. 19-29.
ALDRETE 2004 = G. S. Aldrete, *Daily life in Roman city: Rome, Pompeii, And Ostia*, Westport & London.
ALDRETE 2007 = G.S. Aldrete, *Floods of the Tiber in Ancient Rome,* Baltimora.
ALESSANDRONI - REMEDIA 2002 = M. G. Alessandroni - G. Rimedia, *The most severe floods of the Tiber River in Rome*, in *The Extremes of the Extremes: Extraordinary Floods, (Proceedings of a symposium held at Reykjavik, Iceland, July 2000)*, pp. 129–132.
ALFÖLDY 1967 = G. Alföldy, *Die Legionslegaten der römischen Rheinarmeen*, Köln.
ALFÖLDY 1969 = G. Alföldy, Fasti Hispanienses. *Senatorische Reichbeamte und Offiziere in den Spanischen Provinzen des Römischen reichs von Augustus bis Diokletian*, Wiesbaden.
ALFÖLDY 1969b = G. Alföldy, *Die Personennamen in der römischen Provinz Dalmatia*, Heidelberg.
ALFÖLDY 1976 = G. Alföldy, *Consuls and Consulars under the Antonines*, in *AS* 7 (1976), pp. 263-300.
ALFÖLDY 1977 = G. Alföldy, *Konsulat und Senatorenstand unter der Antoninen, Prosopographische Untersuchungen zur senatorischen Führungsschicht*, Bonn.
ALFÖLDY 1982 = G. Alföldy, *Senatoren aus Norditalien* – Regionen IX, X und XI, in *Epigrafia e ordine senatorio. Atti del Colloquio Internazionale AIEGL.* (Roma, 14-20 maggio 1981), Roma, 1982, pp. 309-368. Ora anche in *Die Eliten im römischen Norditalien: Versuch einer Synthese, in Städte, Eliten und Gesselleschaft in der Gallia Cisalpina. Epigraphisch-historische Untersuchungen*, Stuttgard, 1999, pp. 257-342.
ALFÖLDY 1984 = G. Alföldy, *Römische Statuen in Venetia et Histria. Epigraphische Quellen*, Heidelberg.
ALFÖLDY 1985 = G. Alföldy, *The Social History of Rome*, (trad. ing. di D. Braund – F. Pollock), London.
ALFÖLDY 1986 = G. Alföldy, *Zur Nomenklatur und Laufbahn eines römischen Ritters aus Concordia*, in *ZPE* 63 (1986), pp. 173-180.
ALFÖLDY 1987 = G. Alföldy, *Die Inschriften des* P. Cornelius Anullinus *und seine Tätigkeit im römischen Deutschland,* in *FBW* 12, 1987, pp. 303-324.
ALFÖLDY 1989 = G. Alföldy, *Nochmals* P. Cornelius Anullinus, in *FBW* 14 (1989), pp. 289-292.
ALFÖLDY 1999 = G. Alföldy, *Städte, Eliten und Gesellschaft in der Gallia Cisalpina: epigraphische-historische Untersuchungen*, Stuttgart.
ALFÖLDY 2001 = G. Alföldy, *Desde el nacimiento hasta el apogeo de la cultura epigráfica de* Tarraco, in L. Hernández Guerra, L. Sagredo San Eustaquio, J. M. Solana Sáinz (ed.), *Actas del I Congreso Internacional de Historia Antigua "La Península Ibérica hace 2000 años"*, Valladolid, pp. 61-74.
ALFÖLDY 2003 = G. Alföldy, *Sociedad y epigrafía en Tarraco*, in *Epigrafía y sociedad en Hispania durante el Alto Imperio. Estructuras y relaciones sociales. Actas de la mesa redonda organizada por la Casa de Velázquez, el Centro CIL II de la Universidad de Alcalá y L'Année épigraphique*, Madrid-Alcalá de Henares, pp. 159-176.
ALFÖLDY 2011 = G. Alföldy, *Griechische Inschriften und griechische Kultur in Tarraco*, in *ZPE* 178 (2011), pp. 87-125.
AMIRANTE 1948 = L. Amirante, *Il concetto unitario dell'*«auctoritas», in V. Arangio-Ruiz (ed.), *Studi in onore di Siro Sollazzi nel cinquantesimo anniversario del suo insegnamento universitario (1899-1948)*, Napoli, pp. 375-390.
AMODIO 2000 = G. Amodio, *Pompei e i rapporti con il centro. Il caso dei* Praefecti iure dicundo, in M. Cébeillac Gervasoni (ed.), *Les élites municipales de l'Italie péninsulaire de la mort de César à la mort de Domitien entre continuité et rupture: classes sociales dirigeantes et pouvoir central*, Roma, pp. 71-98.
ANDERMAHR 1998 = A. M. Andermahr, Totus in praediis. *Senatorischer Grundbesitz in Italien in der Frühen und Hohen Kaiserzeit*, Bonn.
ANDO 2000 = C. Ando, *Imperial ideology and provincial loyalty in the Roman empire*, Berkeley.
ANDREWS 1938 = A. C. Andrews, *Pliny the Younger, Conformist*, in *CJ* 34 (1938), pp. 143-154.
ARNHEIM 1972 = M. T. W. Arnheim, *The senatorial aristocracy in the later Roman empire,* Oxford.
ARNOLD 1889 = W. T. Arnold, *The Termination:* Ensis, in *CR* 3 (1889), pp. 201-202.
ASHBY 1902 = T. Ashby, *The classical topography of the Roman Campagna*, in *PBSR* 1 (1902), pp. 125-285.
ATKINSON 1922 = D. Atkinson, *The Governors of Britain from Claudius to Diocletian*, in *JRS* 12 (1922), pp. 60-73.
ATKINSON 1962 = K. M. T. Atkinson, *The* Constitutio *of* Vedius Pollio *at Ephesus and its Analogies*, in *RIDA* 9 (1962), pp. 261-289.
AUBRION 1989 = E. Aubrion, *La 'Correspondance' de Pline le Jeune. Problèmes et orientations actuelles de la recherche*, in *ANRW* II 33.1 (1989), pp. 304-374.
BABELON 1885-86 = E. Babelon, *Description historique et chronogique de monnaies de la republique romaine volgairement appelees monnaies consulaires*, Paris.
BACCHIEGA 1993 = S. Bacchiega, *Gli "altri" Plini. La presenza di un* nomen *nelle iscrizioni romane*, in Novum

Comum *2050. Atti del convegno celebrativo della fondazione di Como romana, società archeologica comense,* Como, pp. 269-282.
BACCINI LEOTARDI 1979 = P. Baccini Leotardi, *Marmi di cava rinvenuti ad Ostia e considerazioni sul commercio dei marmi in età romana,* in *Scavi di Ostia* X, Roma.
BADEL 2007 = C. Badel, *Epigraphie et mobilité sociale. L'*adlectio inter patrizio, in M. Mayer – G. Baratta – A. Guzmán Almagro, Acta XII Congressus Internationalis Epigraphiae Graecae et Latinae, Barcelona, pp. 93-98.
BADEL – BÉRENGER 1998 = C. Badel – A. Bérenger *L'Empire romain au IIIe siècle après J.C.: textes et documents*, Paris.
BAGNALL 1987 = R. S. Bagnall – A. Cameron – S. R. Schwartz – K. A. Worp, *Consuls of the Later Roman Empire*, Atlanta.
BAKKER 1999 = J. T. Bakker, *Conclusions*, in J. T. Bakker (ed.), *The Mills-Bakeries of Ostia. Description and Interpretation*, Amsterdam, pp. 110-128.
BALBO 2007 = A. Balbo, *I frammenti degli oratori romani dell'età augustea e tiberiana*, Alessandria.
BALDASSARRE 1996 = I. Baldassarre e al., *Necropoli di Porto. Isola Sacra,* in *Itinerari dei musei, gallerie, scavi e monumenti d'Italia,* Roma.
BALDWIN BOWSKY 1995 = M. W. Baldwin Bowsky, *Eight Inscriptions from Roman Crete*, in *ZPE* 108 (1995), pp. 263–280.
BALIL 1961 = A. Balil, *Los senadores hispánicos desde Septimio Severo* a *Diocleciano*, in *Saitibi* 11 (1961), pp. 45-60.
BALIL 1967 = A. Balil, *Los senadores hispanorromanos desde Trajano a Commodo*, in *Saitibi* 18 (1967), pp. 3-24.
BALLET - CORDIER – DIEUDONNÉ-GLAD 2003 = P. Ballet – P. Cordier – N. Dieudonné-Glad (ed.), *La ville et ses déchets dans le monde romain. Rebuts et recyclages. Actes du colloque de Poitiers (19-21 Septembre 2002)*, Montagnac.
BALL PLATNER 1911 = S. Ball Platner, *The Topography and Monuments of Ancient Rome*, London.
BARBIERI 1952 = G. Barbieri, *L'albo senatorio da Settimio Severo a Carino*, Roma.
BARBIERI 1964 = G. Barbieri, *Nuove iscrizioni campane*, in *Akte des IV Internationalen Kongresses für griechische und lateinische Epigraphik* (Wien, 17-22 sept. 1962), Vienna, pp. 40-50.
BARNABEI 2007 = L. Barnabei, *I culti di Pompei. Raccolta critica della documentazione,* in L. Barnabei (ed.), *Contributi di archeologia vesuviana III. I culti di Pompei. Raccolta critica della documentazione. La norme à Pompéi (I sec. avant - I sec. après J-C)*, Roma, pp. 11-92.
BARNES 1970 = T. D. Barnes, *Three Notes on the* Vita Probi, in *CQ* 20 (1970), pp. 198-203.
BARNES 1972 = T. D. Barnes, *Some persons in the* Historia Augusta, in *Phoenix* 26 (1972), pp. 140-182.
BARNES 1975 = T. D. Barnes, *Two Senators under Constantine*, in *JRS* 65 (1975), pp. 40-49.
BARNES 1982 = T. D. Barnes, *The New Empire of Diocletian and Constantine*, Cambridge (Mass.) – London.
BARREDA PASCUAL 2001 = *Presencia de cesarianos en la epigrafía de la costa este de Hispania*, in L. Hernández Guerra, L. Sagredo San Eustaquio, J. M. Solana Sáinz (ed.), *Actas del I Congreso Internacional de Historia Antigua "La Península Ibérica hace 2000 años"*, Valladolid, pp. 377-382.
BASANOFF 1950 = V. Basanoff, Caius Caedicius, legatus *à Aquilonia*, in *Latomus* 9 (1950), pp. 266-272.
BAUER 1989 = H. BAUER, *Die* Cloaca Maxima *in Rom*, in *Mitteilungen* 43 (1989), pp. 45-67.
BECATTI 1953 = G. Becatti, *Il periodo adrianeo*, in Aa. Vv., *Scavi di Ostia I. Topografia generale*, Roma, pp. 129-140.
BEHR 1994 = C. A. Behr, *Studies on the biography of* Aelius Aristides, in *ANRW* II.34.2, Berlin, 1994, pp. 1140-1233.
BELATI 1999 = M. Belati, *Le inondazioni del Tevere nell'antichità*, in *Forma Urbis* 7/8 (1999), pp. 12-17.
BELL 1980 = A. A. Bell Jr., *Pliny the Younger: The Kinder, Gentler Roman*, in *CB* 1990, pp. 37-41.
BERETTA 1982 = L. Beretta, *S. Agostino e Cassiciaco,* Cassago Brianza.
BERGER 1953 = A. Berger, *Encyclopedic dictionary of Roman law*, Philadelphia.
BERRENS 2004 = S. Berrens, *Sonnenkult und Kaisertum von den Severern bis zu Constantin I.(193-337 N. Chr.)*, Stuttgart.
BERSANI- BENCIVENGA 2001 = P. Bersani – M. Bencivenga, *Le piene del Tevere a Roma dal V secolo a. C. all'anno 2000*, Presidenza del Consiglio dei Ministri, Dip. Per i Servizi Tecnici Nazionali, Servizio Idrografico e Mareografico Nazionale, Roma.
BEZECZKY 1995 = T. Bezeczky, Amphorae *and amphora stamps from the* Laecanius *workshop*, in *JRA* 8, pp. 41-64.
BEZECZKY 1998 = T. Bezeczky, *The* Laecanius *amphora stamps and the* Villas *of Brijuni,* Wien.
BEZECZKY – MANGE 2006 = T. Bezeczky – M. A. Mange, *Petrography and provenance of* Laecanius Amphorae *from Istria, northern Adriatic region, Croatia*, in *Geoarchaeology* 21, pp. 429-460.
BEZECZKY – MANGE 2009 = T. Bezeczky – M. A. Mange, *New Petrographic Data of the* Laecanius *and Imperial Workshop in Fažana (Istria, Croatia)*, in K. T. Biró – V. Szilágyi – A. Kreiter, *Vessels: inside and outside. Proceedings of the conference EMAC '07 9th european meeting on ancient ceramics. 24-27 october 2007, Hungarian National Museum Budapest, Hungary*, Budapest, pp. 247-255.
BEZECZKY – PAVLETIÇ 1996 = T. Bezeczky - M. Pavletiç, *New objects from the figlina of* C. Laecanius Bassus, in *JÖAI*, 65, 1996, pp. 143-163
BIONDI 1954 = B. Biondi, *Le servitù prediali nel diritto romano*, Milano.
BIRLEY 1950 = *The Governors of Numidia, A.D. 193-268*, in *JRS* 40 (1950), pp. 60-68.
BIRLEY 1953 = E. Birley, *Roman Britain and the Roman Army. Collected Papers,* Kendal.
BIRLEY 1954 = E. Birley, *Senators in the Emperor's Service*, in *PBA* 39 (1954), pp. 197-214.
BIRLEY 1962 = E. Birley, *Recensione di* B. E. Thomasson, *Die Statthalter der römischen Provinzen*

Nordafrikas von Augustus bis Diokletianus, II (Lund 1960), in *JRS* 52 (1962), pp. 19-227.

BIRLEY 1971 = A. R. Birley, VI Victrix *in Britain*, in R. M. Butler (ed.), *Soldier and Civilian in Roman Yorkshire. Essays to Commemorate the Nineteenth Centenary of the Foundation of York*, Leicester, pp. 81-96.

BIRLEY 1982 = A. R. Birley, *Senators from Britain?*, in *Epigrafia e ordine senatorio. Atti del Colloquio Internazionale AIEGL. (Roma, 14-20 maggio 1981)*, Roma, pp. 531-538.

BIRLEY 1999 = A. R. Birley, *Septimius Severus. The African Emperor*, London.

BIRLEY 2005 = A. R. Birley, *The Roman Government of Britain*, Oxford.

BISCARDI 1953 = A. Biscardi, Auctoritas patrum, in *BIDR* 57-58 (1953), pp. 213-294.

BIVONA 1978 = L. Bivona, *Un urbaniciano a* Thermae, in *Kokalos*, XXIV (1978), pp. 112-127.

BLANCO 1998 = A. V. Blanco, *Derecho de Aguas*, Santiago.

BLÁZQUEZ = J. M. Blázquez, *Inscripciones de* olearii *en* Ispalis, in *Acta XII Congressus Internationalis Epigraphiae Graecae et Latinae (Barcelona 3-8 Septembris 2002)*, Barcellona, pp. 179-184.

BLOCH 1953 = H. Bloch, *Ostia - Iscrizioni rinvenute tra il 1930 e il 1939*, in *NSA* 1953, pp. 239-306.

BOCCI 1978-1980 = S. Bocci, *L'istituzione dei* XX viri rei publicae curandae *nell'anno 238 d. C.*, in *AFLPer* 16-17 (1978-1980), pp. 109-126.

BODELÓN 1997 = S. Bodelón, *Nombres para la historia hispana del s. IV d.C.*, in *MHA* 18 (1997), pp. 59-80.

BOFFO 1994 = L. Boffo, *Iscrizioni greche e latine per lo studio della Bibbia,* Brescia.

BOLLMANN 1998 = B. Bollmann, *Römische Vereinshäuser: Untersuchungen zu den Scholae der römischen Berufs-, Kult- und Augustalen-Kollegien in Italien*, Mainz.

BOLLMANN 2001 = B. Bollmann, *Les collèges religieux et professionels romains et leurs lieux de réunion à Ostie*, in in J.P. Descoeudres (ed.), *Ostia, port e porte de la Rome antique,* Genève, pp. 172-178.

BONFANTE 1966 = P. Bonfante, *Corso di diritto romano, II, La proprietà*, Milano.

BORG – WITSCHEL 2001 = B. Borg – C. Witschel, *Veränderungen im Repräsentationsverhalten der römischen Eliten während des 3. Jhs. n. Chr.*, in G. Alföldy – S. Panciera (ed.), *Inschriftliche Denkmäler als Medien der Selbstdarstellung in der römischen Welt*, Stuttgart, pp. 47-120.

BORGHESI 1869 = B. Borghesi, *Oeuvres epigraphiques III,* in *Oeuvres complètes,* Paris, 1863-1897.

BORNEQUE 1902 = H. Borneque, *Les déclamations et les déclamateurs d'aprés Sénèque le Père*, Lille.

BORSARI 1887 = L. Borsari, *Regione IX. Di un cippo spettante alla terminazione delle sponde del Tevere*, in *NSA* 1887, pp. 322–27.

BORSARI 1888 = L. Borsari, *Del* Pons Agrippae *sul Tevere tra le regioni IX e XIIII*, in *BCA* 16 (1888), pp. 92–98.

BORSARI 1889 = L. Borsari, *Di un'epigrafe spettante alla arginatura delle ripe del Tevere*, in *BCA* 17 (1889), pp. 165-172.

BORSARI 1897 = L. Borsari, *Topografia di Roma antica*, Roma.

BOSWORTH 1972 = A. B. Bosworth, *Arrian and Rome: the Minor Works*, in *ANRW* II. 34.1 (1972), Berlin, pp. 226-275.

BOSWORTH 1972b = A. B. Bosworth, Asinius Pollio *and* Augustus, in *Historia* 21 (1972), pp. 441-473.

BOSWORTH 1973 = A. B. Bosworth, *Vespasian and the Provinces: Some Problems of the Early 70's A.D.*, in *Athenaeum* 51 (1973), pp. 49-78.

BOTTIGELLI 1942 = M. C. Bottigelli, *Ricerche epigrafiche sulla marineria nell'Italia romana*, in *Epigraphica*, IV (1942), pp. 69-87.

BOULVERT 1970= G. Boulvert, *Esclaves et affranchis impériaux sous le Haut-Empire romain : rôle politique et administratif,* Napoli.

BOULVERT 1974 = G. Boulvert, *Domestique et fonctionnaire sous le haut-empire romain: la condition de l'affranchi et de l'esclave du prince,* Paris.

BOX 1932 = H. Box, *Roman Citizenship in Laconia, Part II*, in *AJPh* 22 (1932), pp. 165-183.

BOYCE 1938 = A. A. Boyce, *The Developement of the* Decemviri Sacris Faciundis, in *TAPhS* 69 (1938), pp.161-187.

BRASSLOFF 1904 = St. Brassloff, *Patriciat und Quastur in der romischen Kaiserzeit*, in *Hermes* 39 (1904), pp. 618-629.

BRAVO CASTAÑEDA 1980 = G. Bravo Castañeda, *Coyuntura sociopolítica y estructura social de la producción en la época de Diocleciano*, Salamanca.

BREUER 1996 = S. Breuer, *Stand und Status. Munizipale Oberschichten in* Brixia *und* Verona, Bonn.

BRIOSCHI 1876 = F. Brioschi, *Le inondazioni del Tevere in Roma*, Roma.

BROISE 1977 = H. Broise e al., *Éléments antiques situés sous le Palais Farnèse*, in *MEFRA* 89 (1977), pp. 723-806.

BROUGHTON 1968 = T. R. S. Broughton, *The magistrates of the Roman republic* II, Cleveland.

BROWN WEST 1931 = A. Brown West, *Corinth*, Cambridge.

BRUN 2000 = J. P. Brun, *The Production of Perfumes in Antiquity. The Cases of Delos and* Paestum, in *AJA* 104 (2000), pp. 277-308.

BRUUN 1967 = Ch. Bruun, *The* Foedus Gabinum, in *Arctos* 5 (1967), pp. 51-56.

BRUUN 1989 = Ch. Bruun, Statio aquarum, in E.M. Steinby (ed.), Lacus Iuturnae *I*, Roma, pp. 127-147.

BRUUN 1991 = Ch. Bruun, *The Water Supply of Ancient Rome*, Helsinki.

BRUUN 1994 = Ch. Bruun, *Zwei* Priscillae *aus Ostia und der Stammbaum der* Egrilii, in *ZPE* 102 (1994), pp. 215-225.

BRUUN 2000 = Ch. Bruun, *Il funzionamento degli acquedotti romani*, in E. Lo Cascio (ed.), *Roma imperiale: una metropoli antica*, Roma, pp. 137-172.

BRUUN 2006 = Ch. Bruun, *Der Kaiser und die stadtrömischen* curae, in A. Kolb (ed.), *Herrschaftsstrukturen und Herrschaftspraxis: Konzepte, Prinzipien und Startegien der Administration im römischen Kaiserreich. Akten der Tagung an der Universität Zürich, 18.-20.10.2004*, Berlin, pp. 89-114.

BUONOCORE 1999 = M. Buonocore, Miscellanea epigraphica *e* Codicibus Bibliothecae Vaticanae. *XIII*, in *Epigraphica* 61 (1999), pp. 137-160.
BUONOCORE 2001 = M. Buonocore (ed.), *Appunti di topografia romana nei codici Lanciani della Biblioteca Apostolica Vaticana IV*, Roma.
BRUUN-ZEVI 2002 = C. Bruun- A. Gallina Zevi (ed.), *Ostia e* Portus *nelle loro relazioni con Roma,* Roma.
BUKOWIECKI – DESSALES – DUBOULOZ 2004 = E. Bukowiecki – H. Dessales – J. Dubouloz, *Ostia Antica. Note pour la datation du* castellum aquae *della Porta Romana*, in *MEFRA* 116 (2004), pp. 469-480.
BURTON 2004 = G.P. Burton, *The Roman Imperial State, Provincial Governors and the Public Finances of Provincial Cities, 27 B.C.-A.D. 235*, in *Historia* LIII (2004), pp. 311-342.
BUSTANY – GEROUDET 2001 = C. Bustany - N. Geroudet, *Rome, maîtrise de l'espace, maîtrise du pouvoir: de César aux Antonins*, Paris.
BUSTANY 2003 = C. Bustany, *La Rome antique face aux catastrophes naturelles (Conférence à l'APHG – Régionale de Basse-Normandie, 29 janvier 2003)*, in *APHG* Caen. H & G Chroniques internet (http://aphgcaen.free.fr/conferences/bustany.htm)
BÜTLER 1970 = H. P. Bütler, *Die geistige Welt des jüngeren Plinius,* Heidelberg.
CABALLOS 1990 = A. Caballos, *Los senadores hispanorromanos y la romanización de Hispania (Siglos I-III),* Ecija.
CABALLOS RUFINO 2001 = A. Caballos Rufino, *Los recursos económicos de los notables de la Bética*, en M. Navarro Caballero - S. Demougin (ed.), *Élites hispaniques*, Bordeaux, pp. 69-87.
CABALLOS RUFINO 2011 = A. Caballos Rufino, *La Bética como referente identificador en la documentación epigráfica*, in A. Caballos Rufino - S. Lefebvre (ed.), *Roma generadora de identidades. La experiencia hispana*, Madrid, pp. 185-207.
CAGNAT 1882 = R. Cagnat, *Étude historique sur les impóts indirects chez les Romains jusq'aux invasions barbares, d'après les documents littéraires et épigraphiques*, Paris.
CAGNAT 1914 = R. Cagnat, *Cours d'epigraphie latine*, Paris.
CAGNAT 1975 = R. Cagnat, *L'armée romaine d'Afrique et l'occupation militaire de l'Afrique sous les empereurs*, New York.
CALDELLI 2004 = M. L. Caldelli et al., Iura sepulcrorum *a Roma: consuntivi tematici ragionati*, in S. Panciera (ed.), Libitina *e dintorni. Atti dell'XI Rencontre franco-italienne sur l'épigraphie*, Roma, pp. 309-428.
CALDELLI 2008 = M. L. Caldelli, *L'attività dei decurioni ad Ostia; funzioni e spazi*, in C. Berrendonner – M. Cébeillac-Gervasoni – L. Lamoine (ed.), *Le quotidien municipal dans l'Occident romain*, Clermont-Ferrand, pp. 261-286.
CALDELLI – ZEVI - CÉBEILLAC GERVASONI 2010 = M. L. Caldelli – F. Zevi – M. Cébeillac-Gervasoni, *Epigrafia latina. Ostia: cento iscrizioni in contesto*, Roma.
CALDERINI 1945 = A. Calderini, *Note epigrafiche Mediolanensi*, in *Epigraphica* VII (1945), pp. 109-113.
CALDERINI 1949 = A. Calderini, *I Severi la crisi dell'Impero nel III secolo: La crisi dell'Impero nel III secolo*, Bologna.
CALZA 1890 = G. Calza in *NSA* 1890, p. 190.
CALZA 1921 = G. Calza, *Due cippi della terminazione delle rive del Tevere*, in *NSA* 1921, pp. 258-262.
CALZA 1921b = G. Calza, Cultores Larum et imaginum dd. nn., in *NSA* (1921), pp. 235-241.
CAMERON 1985 = A. Cameron, *Polyonomy in the Late Roman Aristocracy. The Case of* Petronius Probus, in *JRS* 75 (1985), pp. 164-182.
CAMERON 1999 = A. Cameron, *The Antiquity of the* Symmachi, in *Historia* 48 (1999), pp. 477-505.
CAMODECA 1971 = G. Camodeca, *Iscrizioni inedite di Pozzuoli*, in *AAN* LXXXII (1971), pp. 24-29.
CAMODECA 1974 = G. Camodeca, *La carriera di* L. Publilius Probatus *e un inesistente proconsole d'Africa*, Q. Volateius, in *AAN* 85 (1974), pp. 250-268.
CAMODECA 1977 = G. Camodeca, *L'ordinamento in regiones e i vici di Puteoli*, in *Puteoli* I (1977), pp. 62-98.
CAMODECA 1980 = G. Camodeca, *Ricerche sui* curatores rei publicae, in *ANRW II.13*, Berlin, pp. 453-534.
CAMODECA 1980-81 = G. Camodeca, *Ricerche su* Puteoli *tardo-romana (fine II-IV secolo)*, in Puteoli 4-5. *Studi di storia antica. Atti del congvegno "Studi e ricerche su* Puteoli *romana,* (Napoli 2-3 aprile 1979), Quarto, pp. 59-128.
CAMODECA 1982 = G. Camodeca, *Quattro carriere senatorie del II e III secolo*, in *Epigrafia e ordine senatorio. Atti del Colloquio Internazionale AIEGL. (Roma, 14-20 maggio 1981)*, Roma, pp. 529-545.
CAMODECA 1982b = G. Camodeca, *Ascesa al senato e rapporti con i territori d'origine. Regio I (Campania esclusa la zona di Capua e di Cales), II (*Apulia et Calabria*), III (*Campania et Brutii*)*, in *Epigrafia e ordine senatorio. Atti del Colloquio Internazionale AIEGL. (Roma, 14-20 maggio 1981)*, Roma, pp. 101-163.
CAMODECA 1982c = G. Camodeca, *Quattro carriere senatorie del II e III secolo*, in *Epigrafia e ordine senatorio. Atti del Colloquio Internazionale AIEGL. (Roma, 14-20 maggio 1981)*, Roma, pp. 529-545.
CAMODECA 1999 = G. Camodeca, *Nuovi dati dalla riedizione delle* tabulae ceratae *della Campania*, in *XI Congresso Internazionale di Epigrafia Greca e Latina, atti I Roma, 18-24 settembre 1997*, Roma, pp. 521-544.
CAMODECA 2002 = G. Camodeca, *I consoli del 43 e gli* Antistii Veteres *d'età claudia dalla riedizione delle* Tabulae Herculanenses, in *ZPE* 140 (2002), pp. 227-236.
CAMODECA 2005 = G. Camodeca, *Sulle proprietà senatorie in Campania con particolare riguardo al periodo da Augusto al III secolo*, in *CCG* 16 (2005), pp. 121-137.
CAMODECA 2008 = G. Camodeca, *I ceti dirigenti di rango senatorio equestre e decurionale della Campania Romana. I*, Napoli.
CANÓS I VILLANA 2002 = I. Canós i Villena, *L'epigrafia grega a Catalunya*, Debrecen.
CANTARELLI 1889 = L. Cantarelli, *La serie dei* curatores Tiberis, in *BCA* 17 (1889), pp. 185-205.
CANTARELLI 1894 = L. Cantarelli, *L'origine della* cura Tiberis *e supplementi alla serie dei* Curatores Tiberis *e*

alla serie dei Vicarii Urbis Romae, in *BCA* 22 (1894), pp. 39-48.
CANTARELLI 1894b = L. Cantarelli, *Nuove osservazioni sulla origine della* cura Tiberis, in *BCA* (1894), pp. 354-359.
CANTARELLI 1900 = L. Cantarelli, *Supplementi alla serie dei* Curatores Tiberis, in *BCA* (1900), pp. 134-146.
CANTARELLI 1900b = L. Cantarelli, *Supplementi alla serie dei* curatores aedium sacrarum et operum publicorum, in *BCA* 28 (1900), pp. 136-139.
CANTARELLI 1901 = L. Cantarelli, *La serie dei* curatores aquarum, in *BCA* 20 (1901), pp. 180-214.
CANTARELLI 1906 = L. Cantarelli, *Le iscrizioni di Lolliano Mavorzio*, in *BCA* 34 (1906), pp. 15-17.
CANTARELLI 1907 = L. Cantarelli, *Un* «curator Tiberis» *in una lapide greca di Efeso,* in *BCA* (1907), pp. 108-114.
CAPECCHI 1980 = G. Capecchi et al., *Palazzo Peruzzi Palazzo Rinuccini*, Roma.
CAPPELLETTI 2009 = S. Cappelletti, *Il progetto sull'esondazione del Tevere. Tacito,* Annales *1.76 e 1.79*, in *ACME* 62 (2009), pp. 235-253.
CAPOGROSSI COLOGNESI 1966 = L. Capogrossi Bolognesi, *Ricerche sulla struttura della servitù d'acqua in diritto romano*, Milano.
CAPUTO – LEVI DALLA VIDA 1935 = G. Caputo – G. Levi Dalla Vida, *Il teatro augusteo di Leptis Magna secondo le ultime scoperte. Un'iscrizione bilingue in latino e neo-punico*, in *AI* 6 (1935), pp. 92-109.
CAPUTO 1940 = G. Caputo, *Note di epigrafia della Tripolitania*, in *Epigraphica* II (1940), pp. 196-200.
CAPUTO 1987 = G. Caputo, *Il teatro augusteo di Leptis Magna I. Scavo e restauro*, Roma.
CARCOPINO 1907 = J. Carcopino, *Il porto di Claudio ostiense*, in *NSA* 1907, pp. 734-740.
CAR I 2005 = M. A. Tomei - P. Liverani (ed.), *Carta archeologica di Roma I quadrante*, Roma.
CARCOPINO 1963 = J. Carcopino, *Rencontres de l'histoire et de la littérature romaines*, Paris.
CARRILLO DÍAZ-PINÉZ 1995 = J. R. Carrillo Díaz-Pinéz, *Las sedes de corporaciones en el mundo romano: Un problema de identificación arqueológica*, in *AAC* 6 (1995), pp. 29-78.
CASCIONE 1999 = C. Cascione, Tresviri capitales, *storia di una magistratura minore*, Napoli.
CASINOS MORA 2000 = F. J. Casinos Mora, *La noción romana de «*auctoritas*» y la responsabilidad por «*auctoritas*»*, Granada.
CASINOS MORA 2000a = F. J. Casinos Mora, *Auctoritas en la epigrafía y papirología latinas*, in *MEP* 3 (2000), pp. 123-146.
CÀSSOLA 1971 = F. Càssola, *Note sul* praefectus alimentorum, in *Studi in onore di Eduardo Volterra III*, Milano, 1971, pp. 495-504 (ora anche in F. Càssola, *Scritti di storia antica. Istituzioni e politica. II: Roma*, Napoli, 1994, pp. 113-124).
CASSON 1965 = L. Casson, *Harbour and River Boats of Ancient Rome*, in *JRS* 55 (1965), pp. 31-39.
CASSON 1995 = L. Casson, *Ships and Seamanships in the Ancient World*, Baltimore.
CASTAGNA – LEFÈVRE 2003 = L. Castagna – E. Lefèvre, *Plinius der Jüngere und seine Zeit*, Munich.
CASTAGNOLI 1948 = F. Castagnoli, *Il Campo Marzio nell'antichità*, in *MAAL* 8 (1948), pp. 93-193.
CASTAGNOLI 1969 = F. Castagnoli, *Topografia e urbanistica di Roma antica*, Bologna.
CASTAGNOLI 1980 = F. Castagnoli, *Installazioni portuali a Roma*, in *MAAR* 36 (1980), pp. 35-42.
CASTILLO 1965 = C. Castillo, Prosopographia Baltica, Pamplona.
CASTILLO 1982 = C. Castillo, *Los senadores Beticos. Relationes familiares y sociales*, in *Epigrafia e ordine senatorio. Atti del Colloquio Internazionale AIEGL. (Roma, 14-20 maggio 1981)*, Roma, pp. 465-519.
CASTILLO 1984 = C. Castillo, *Los senadores de la Bética: Onomastica y parentesco*, in *Gerion* 2 (1984), pp. 239-250.
CASTILLO 1991 = C. Castillo, *Relaciones entre Hispania y Africa en época alto-imperial. Documentación epigráfica*, in *L'Africa Romana: ai confini dell'impero VIII.1,* Sassari, 1991, pp. 79-99.
CASTILLO PASCUAL 1993 = J. Castello Pascual, Ager Arcifinius: *significado etimológico y naturaleza real*, in *Geriòn*, 11 (1993), pp. 145-151.
CASTRÉN 1975 = P. Castrén, Ordo Populusque Pompeianus*: Polity and Society in Roman Pompeii*, Roma.
CAUSA 1963 = V. Causa, *Segnalazioni epigrafiche nell'agro Campano,* in *RAAN* 38 (1963), pp. 19-22.
CAVEDANI 1829 = C. Cavedani, *Saggio di osservazioni sulle medaglie di. famiglie romane ritrovate in tre antichi ripostigli dell'agro modenese*, Modena.
CAZZONA – UGHI 2004 = C. Cazzona – E. Ughi, *Nuove scoperte epigrafiche in Africa Proconsolare.* Uchi Maius, Uchi Minus, Thibaris, Thugga, in *L'Africa Romana: ai confini dell'impero XV*, Sassari, pp. 111-133.
CÉBEILLAC GERVASONI – ZEVI 1976 = M. Cebeillac-Gervasoni – F. Zevi, *Révisions et nouveautés pour trois inscriptions d'Ostie,* in *MEFRA* 88 (1976), pp. 607-637.
CÉBEILLAC GERVASONI 1972 = M. Cébeillac – Gervasoni, *Les* 'quaestores principis et candidati' *aux Ier et IIème siècle de l'empire*, Milano.
CÉBEILLAC GERVASONI 1982 = M. Cébeillac-Gervasoni, *Ascesa al senato e rapporti con i territori d'origine. Italia, Regio I (Campania: la zona di Capua e Cales)*, in *Epigrafia e ordine senatorio. Atti del Colloquio Internazionale AIEGL. (Roma, 14-20 maggio 1981)*, Roma, pp. 59-99.
CÉBEILLAC GERVASONI 1986 = M. Cébeillac – Gervasoni, *Due iscrizioni inedite di Sinuessa*, in *PP* 41 (1986), pp. 64-72.
CÉBEILLAC GERVASONI 1996 = M. Cébeillac-Gervasoni, *Deux preteurs, magistrats de la colonie romaine d'Ostie avant la guerre sociale:* Publius Silius et Marcus Critonius, in A. Gallina Zevi – A. Claridge (ed.), *«Roman Ostia» Revisited. Archaeological and Historical Papers in Memory of Russell Meiggs*, London, pp. 91-101.
CECCHELLI 1958 = C. Cecchelli, *Roma medioevale*, in Aa.Vv., *Topografia e urbanistica di Roma*, Bologna, pp. 189-341.
CECCONI 1994 = G. A. Cecconi, *Governo imperiale e élites dirigenti nell'Italia tardo antica. Problemi di storia*

politico-amministrativa (270-476 d.C.), Como.
CENERINI 1989 = F. Cenerini, *Notabili e famiglie curiali sestinati*, in Sestinum. *Comunità antiche dell'Appennino tra Etruria e Adriatico. Atti del convegno tenuto a Sestino (Arezzo), 18-19 settembre 1983*, Rimini, pp. 189-198.
CERONI 1941 = G. Ceroni, *Gli orti di Cesare e il tempio della Fortuna*, in *Capitolium* 16 (1941), pp. 287-294.
CHASTAGNOL 1961 = A. Chastagnol, *La famille de* Caecinia Lolliana, *grande dame païenne du IVe siècle après JC*, in *Latomus* 20 (1961), pp. 744-758.
CHASTAGNOL 1962 = A. Chastagnol, *Les fastes de la prefecture de Rome au Bas-Empire*, Paris.
CHASTAGNOL 1963 = A. Chastagnol, *L'Administration du Diocèse Italien au Bas-Empire*, in *Historia* 12 (1963), pp. 348-379.
CHASTAGNOL 1980 = A. Chastagnol, *Les* homines novi *entrés au sénat sous le règne de Domitien*, in W. Eck - H. Galsterer - H. Wolff (ed.), *Studien zur antiken Sozialgeschichte. Festschrift Friedrich Vittinghoff, Këllner Historische Abhandlungen, 28, Cologne-Vienne*, Bâhlau, p. 269-281.
CHASTAGNOL 1982 = A. Chastagnol, *La carriere senatoriale du bas-empire (depuis Diocletien)*, in *EOS,* Tituli, *4* (1982), Roma, pp. 167-194.
CHASTAGNOL 1986 = A. Chastagnol, *Les inscriptions des préfets du prétoire de Constantin*, in *L'Africa Romana: ai confini dell'impero,* Sassari, pp. 263-273 (ora anche in A. Chastagnol (a cura di I. Tantoillo), *Aspects de l'antiquité tardive*, Roma, 1994, pp. 81-92).
CHASTAGNOL 1988 = A. Chastagnol, *Le formulaire de l'épigraphie latine officielle dans l'antiquité tardive*, in A. Donati (ed.), *La terza età dell'epigrafia. Colloquio AIEGL - Borghesi 86 (Bologna, ottobre 1986)*, Faenza, pp. 11-65.
CHASTAGNOL 1994 = A. Chastagnol – I. Tantillo, *Aspects de l'antiquité tardive*, Roma.
CHASTAGNOL 1996 = A. Chastagnol, *La carriera senatoriale nel Basso Imepro (dopo Diocleziano)*, in S. Roda (ed.), *La parte migliore del genere umano. Aristocrazie, potere e ideologia nell'occidente tarfoantico*, Torino, pp. 23-57.
CHAUSSON 1996 = F. Chausson, *Un portrait de groupe avec dame: autour de* Cornelia Praetextata, in *CCG* 7 (1996), pp. 319-368.
CHAUSSON 1997 = F. Chausson, *Les* Egnatii *et l'aristocratie italienne des IIe - IVe siècles*, in *JS* 2 (1997), pp. 211-331.
CHAUSSON 2000 = F. Chausson, *De* Didius Julianus *aux* Nummii Albini, in *MEFRA* 112 (2000), pp. 843-879.
CHELOTTI 1990 = M. Chelotti, *Mobilità sociale e legami familiari alla luce dell'albo dei decurioni di Canosa (CIL IX, 338)*, in *MEFRA* 102 (1990), pp. 603-609.
CHELOTTI 1990b = M. Chelotti, *Condizione giuridico-sociale*, in M. Silvestrini, Gentes, in M. Chelotti – M. Silvestrini – V. Morizio (ed.), *Le epigrafi romane di Canosa II*, Bari, pp. 239-254.
CHEVALLIER 1986 = R. Chevallier, *Ostie Antique. Ville et port*, Paris.
CHEVALLIER 2001 = R. Chevallier, *Les ports d'Ostie. Pour une relecture des sources,* in J.P. Descoeudres (ed.), *Ostia, port e porte de la Rome antique,* Genève, pp. 20-29.
CHIAVIA 2002 = C. Chiavia, Programmata. Manifesti elettorali nella colonia romana di Pompei, Torino.
CHILVER 1941 = G. E. F. Chilver, *Cisalpine Gaul: Social and Economic History from 49 B.C. to the Death of Trajan,* Oxford.
CHIOFFI 2003 = L. Chioffi, *I nomi dei proprietari dall'analisi epigrafica*, in *Suburbium. Il suburbio di Roma dalla crisi del sistema delle ville a Gregorio Magno. Atti del Convegno, Roma, 2000*, Roma, pp. 437-484.
CHRISTOL – DEMOUGIN 1984 = M. Christol – S. Demougin, *Notes de prosopographie équestre*, in *ZPE* 57 (1984), pp. 163-170.
CHRISTOL – MAGIONCALDA 1989 = M. Christol – A. Magionclada, *Studi sui procuratori delle* Mauretaniae, Sassari.
CHRISTOL 1982 = M. Christol, *Les naviculaires d'Arles et les structures du grand commerce marittime sous l'empire romain*, in *«Provence historique»,* 32 (1982), pp. 5-14.
CHRISTOL 1982a = M. Christol, *Les réformes de Gallien et la carrière sénatoriale*, in *Epigrafia e ordine senatorio. Atti del Colloquio Internazionale AIEGL. (Roma, 14-20 maggio 1981)*, Roma, pp. 143-166.
CHRISTOL 1986 = M. Christol, *Essai sur l'évolution des carrières sénatoriales dans la seconde moitié du III s. ap. J.-C.*, Paris.
CHRISTOL 1988 = M. Christol, *Rome et les tribus indigènes en Maurétanie Tigintane*, in *L'Africa Romana: ai confini dell'impero,* Sassari, pp. 305-337.
CHRISTOL 2002 = M. Christol, C(aius) Macrinius Decianus, *gouverneur de Numidie, et l'histoire militaire de la province au milieu du IIIe siècle*, in *ZPE* 138 (2002), pp. 259-269.
CHRISTOL 2004 = M. Christol, *De la liberté recouvrée d'Uchi Maius à la liberté de Dougga*, in *RPh* 78 (2004), pp. 13-42.
CHRISTOL 2009 = M. Christol, *La présence du prince dans les cités: le cas de Nîmes et 'Auguste*, in m. Christol – D. Darde (ed.), *L'Exspression du puvoire au début de l'Empire. Autur de la Maison Carrée à Nîmes*, Paris, pp. 177-186.
CICERCHIA – MARINUCCI 1992 = P. Cicerchia – A. Marinucci, *Le Terme del Foro o di Gavio Massimo, Scavi di Ostia XI*, Roma.
CIMMA 1981 = M. R. Cimma, *Ricerche sulle società di publicani*, Milano.
CIPRIANO – MAZZOCCHIN 1998 = S. Cipriano – S. Mazzocchin, *I bolli di* C. Laecanius Bassus. *Un aggiornamento alla luce dei nuovi dati da* Patavium, in *AN* 69 (1998), pp. 361-381.
CIRILLI 1913 = R. Cirilli, *Les pretres danseurs de Rome*, Paris.
CLEMENTE 1969 = G. Clemente, *Le carriere dei governatori della diocesi italiciana dal II al V secolo*, in *Latomus* 28 (1969), pp. 619-644
CLEMENTONI 1989 = G. Clementoni, *Tiberio e il problema della protezione civile*, in M. Sordi (ed.), *Fenomeni naturali e avvenimenti storici nell'antichità,*

Milano, pp. 167-183.
COARELLI 1968 = F. Coarelli, Navalia, Tarentum *e la topografia del Campo Marzio meridionale*, in *Quaderni dell'Ist. di topogr. ant. di Roma*, 5 (1968), pp. 27-37.
COARELLI 1977 = F. Coarelli, *Il Campo Marzio occidentale. Storia e topografia*, in *MEFRA* 89 (1977), pp. 807-846.
COARELLI 1996 = F. Coarelli, *Il* forum vinarium *di Ostia: un'ipotesi di localizzazione*, in A. Gallina Zevi – A. Claridge (ed.), *'Roman Ostia' Revisited*, Roma, pp. 105-113
COARELLI 1997 = F. Coarelli, *Il Campo Marzio: dalla origini alla fine della Repubblica,* Roma.
COLINI 1961-62 = A. M. Colini, Compitum Acilii, in *BCA* 78 (1961-62), pp. 147-157.
COLLART 1961 = J. Collart, *A propos du mot* auctoritas, in *Helikon* 1 (1961), pp. 211-216.
COMMAGER 1961 = S. Commager, *The Odes of Horace: A Critical Study*, New Haven.
CONTICELLO DE' SPAGNOLIS 1984 = M. Conticello de' Spagnolis, *Il tempio dei Dioscuri nel Circo Flaminio*, Roma.
COOLEY 2000 = A. Cooley, *The Epigraphic Landscape of Roman Italy*, London.
COOLEY 2004= A.E. Cooley- M.G.L. Cooley, Pompeii, *a Sourcebook*, London.
CORBIER 1974 = M. Corbier, *L'*«aerarium Saturni» *et l'*«aerarium militare», Roma.
CORBIER 1982 = M. Corbier, *Les Families clarissimes d'Afrique proconsulaire*, in in *Epigrafia e ordine senatorio. Atti del Colloquio Internazionale AIEGL. (Roma, 14-20 maggio 1981)*, Roma, pp. 685-754.
CORBIER 1989 = M. Corbier, *La cura aquae dans l'évergétisme municipal in Sestinum,* in *Sestinum Comunità antiche dell'Appennino tra Etruria e Adriatico. Atti del convegno tenuto a Sestino (Arezzo), 18-19 settembre 1983,* Rimini, pp. 175-188.
CORBIER 1991 = M. Corbier, *La descendance d'Hortensius et de Marcia*, in *MEFRA* 103 (1991), pp. 655-701.
CORSI 2000 = C. Corsi, *Le strutture di servizio del* cursus publicus *in Italia. Ricerche topografiche ed evidenze archeologiche*, Oxford.
COTTON 2000 = H. M. Cotton, *Cassius Dio, Mommsen and the* quinquefascales, in *Chiron* 30 (2000), pp. 217-234.
CRACCO RUGGINI 1972 = L. Cracco Ruggini, *Stato e associazioni professionali nell'età imperiale romana*, in *Akten des VI. Internationalen Kongresses für Griechische und Lateinische Epigraphik München 1972*, Munich, pp. 272-311.
CRACCO RUGGINI 1976 = L. Cracco Ruggini, Collegium e corpus*: la politica economica nella legislazione e nella prassi*, in G.G. Archi (ed.), *Istituzioni giuridiche e realtà politiche nel tardo impero (III-V sec. d.C.). Atti di un incontro tra storici e giuristi* (Firenze, 2-4 maggio 1974), Milano, pp. 63-94.
CRESSEDI 1956 = G. Cressedi in *NSA* 1956, pp. 45-51.
CRINITI 1972 = N. Criniti, *Granio Liciniano*, in *ANRW II, 34.1* (1972), pp. 119-205.
CROOK 1953 = J. A. Crook, *Some Remarks on the Augustan Constitution*, in *CR* 67 (1953), pp. 10-12.
CROOK 1955 = J. A. Cook, Consilium principis. *Imperial councils and counsellors from Augustus to Diocletian*, Cambridge.
D'ONOFRIO 1970 = C. D'Onofrio, *Il Tevere e Roma,* Roma.
D'ONOFRIO 1980 = C. D'Onofrio, *Il Tevere*, Roma.
D'ORS 1984 = A. d'Ors, Auctoritas, authentia, Authenticum, in *EClás* 26 (1984), pp. 375-381.
DABROWA 1993 = E. Dabrowa, Legio X Fretensis: *A Prosopographical Study of Its Officers (I-III C. A.D.)*, Stuttgart.
DAGUET-GAGEY 2000 = A. Daguet-Gagey, *I grandi servizi pubblici a Roma*, in E. Lo Cascio (ed.), *Roma imperiale. una metropoli antica,* Roma, pp. 71-102.
DAGUET-GAGEY 2011 = A. Daguet-Gagey, *Auguste et la naissance des services publics à Rome*, in S. Benoist – A. Daguet-Gagey – C. Hoët-van Cauwenberghe (ed.), *Figures d'empire, fragments de mémoire. Pouvoirs et identités dans le monde romaine impérial. IIe s.av.n.è. – VIe s. de n. è.*, Villeneuve d'Ascq, pp. 341-360.
DARDAINE-PAVIS d'ESCURAC 1983 = S. Dardaine-H. Pavís d'Escurac, *Le Baetis et son aménagement: lapport de l'épigraphie (CIL, II, 1183 et 1180),* in *Ktema,* 8, (1983), pp. 307-315.
DE BONFILIS 1981 = G. De Bonfilis, *Il* comes et quaestor *nell'età della dinastia costantiniana*, Napoli.
DE CARO 1992= S. De Caro, *La città in età imperiale*, in F. Zevi (ed.), *Pompei*, Napoli, pp. 11-38.
DE CASTRO 1997 = F. J. de Castro, Prosopographia Diocesis Hispaniarum. *De la Tetraquía al Reino Visigodo de Toledo*, in *HAnt* 21 (1997), pp. 445-486.
DE FRANCISCI 1944= P. De Francisci, *Storia del diritto romano*, Milano.
DE LAET 1949 = S. J. De Laet, *Portorium, études sur l'organisation douanière chez les Romains, surtout à l'époque du Haut-Empire*, Bruges.
DE MARTINO 1974 = F. De Martino, *Storia della costituzione romana IV*, Napoli.
DE NAVENNE 1914 = F. De Novenne, *Rome, le Palais Farnèse et les Farnèse*, Paris.
DE NEEVE 1990 = P. W. de Neeve, *A Roman Landowner and his Estates: Pliny the Younger,* in *Athenaeum* 78 (1990), pp. 363-402.
DE ROBERTIS 1971 = F. M. De Robertis, *Storia delle corporazioni e del regime associativo nel mondo romano* 1-2, Bari.
DE ROBERTIS 1978 = F. M. De Robertis, *Lex Rhodia. Critica e anticritica su D. 14.2.9*, in *Studi in onore di Vincenzo Arangio-Ruiz nel XLV anno del suo insegnamento*, Bari, pp. 155-173.
DE ROSSI 1888 = G. B. De Rossi, *Cimitero di Priscilla sulla Salaria* in *NSA* (1888), pp. 139-141.
DE ROSSI 1888-1889 = G.B. De Rossi, *L'ipogeo degli* Acilii Glabriones *nel cimitero di Priscilla*, in BAC 6 (1888-89), pp. 15-66.
DE ROSSI 1888-1889b= G. B. De Rossi, *Notizia delle scoperte avvenute nell'ipogeo degli* Acilii *dopo il 1888*, in *BAC* (1888-89), pp. 26-29.
DE SALVO 1990 = L. De Salvo, *I battellieri del Tevere*, in *Messana* 3 (1990), pp. 201-250.
DE SALVO 1992 = L. De Salvo, *Economia privata e pubblici servizi nell'impero romano. I* corpora

naviculariorum, Messina.
DES BOSCS-PLATEAUX 2005 = F. Des Boscs-Plateaux, *Un parti hispanique à Rome? Ascension des élites hispaniques et pouvoir politique d'Auguste à Hadrien (27 av. J.-C.-138 ap. J.-C)*, Madrid.
DEAN 1916 = L. R. Dean, *A Study of the* Cognomina *of Soldiers in the Roman Legions*, Princeton.
DEGRASSI 1946 = A. Degrassi, *Osservazioni su alcuni consuli suffetti dell'età di Augusto e di Tiberio*, in *Epigraphica* 8 (1946), pp. 34-39.
DEGRASSI 1952 = A. Degrassi, *I Fasti consolari dell'impero romano dal 30 avanti Cristo al 613 dopo Cristo*, Roma.
DEGRASSI 1962 = A. Degrassi, *Osservazioni su alcuni consoli suffetti dell'età di Augusto e Tiberio*, in A. Degrassi, *Scritti vari di antichità I*, Roma, pp. 559-567.
DEGRASSI 1963 = A. Degrassi, *Area sacra di S. Omobono. Esplorazione della fase repubblicana. I nomi dei dedicanti del monumento quadrangolare*, in *BCA* 79 (1963-64), pp. 91-93.
DEL LUNGO 1996 = Del Lungo (ed.), *La toponomastica archeologica della provincia di Roma*, I-II, Roma.
DEMOUGIN 1988 = S. Demougin, *L'ordre équestre sous les Julio-Claudiens*, Rome, 1988.
DEMOUGIN 1992 = S. Demougin, *Prosopographie des chevaliers romains Julio-Claudiens (43 av. J.-C. - 70 ap. J.-C.),* Roma.
DES BOSCS 2003 = F. Des Boscs, *La richesse des aristocraties de Bétique et de Tarraconaise (50 av. J.-C.-fin du IIème siècle ap. J.-C.):essai de synthèse*, in *Gerión* 22 (2004), pp. 305-353.
DESSAU 1910 = H. Dessau, *Der Name des Apostels Paulus*, in *Hermes* 45 (1910), pp. 347-368.
DEVREKER 1977 = J. Devreker, *La continuité dans le* consilium principis *sous le Flaviens*, in *AncSoc* 8 (1977), pp. 223-243.
DEVREKER 1980 = J. Devreker, *L'*adlectio in senatum *de Vespasien*, in *Latomus* 39, f.1 (1980), pp. 71-87.
DEVIJVER 1987 = H. Devijver, Militarium Equestrium quae fuerunt ab Augusto ad Gallienum, Leuven.
DEWAR 1989 = M.J.Dewar, *Recensione di K.M.Coleman,* Statius Silvae IV. *Edited with an English Translation and Commentary*, Oxford, 1988, in *CR* 39 (1989), pp. 33-34.
DI PAOLA 1999 = L. Di Paola, *Viaggi, trasporti, e istituzioni. Studi sul* cursus publicus, Catanzaro.
DI STEFANO MANZELLA 1995 = I. Di Stefano Manzella, Index inscriptionum Musei Vaticani. *1.* Ambulacrum Iulianum - sive "Galleria Lapidaria", Città del Vaticano.
DI VITA–ÉVRARD 1978-1979 = G. Di Vita-Evrard, *Le plus ancien milliaire de Tripolitaine:* A. Caecina Severus, proconsul d'Afrique, in *LibAnt* 15/16 (1979-1979), pp. 9-44.
DI VITA–ÉVRARD 1979 = G. Di Vita – Evrard, *Quatre inscriptions du Djebel Tarhuna: le territoire de Lepcis Magna*, in *QAL* 10 (1979), pp. 3-34.
DI VITA–ÉVRARD 1981 = G. Di Vita-Evrard, *Le proconsul d'Afrique polyonyme IRT 517 : une nouvelle tentative d'identification*, in *MEFRA* 93 (1981), pp. 183-226.
DI VITA–ÉVRARD 1982 = G. Di Vita-Evrard, *Notes sur "trois" senateurs de Lepcis Magna. Les clarissimat des Plautii*, in *Epigrafia e ordine senatorio. Atti del Colloquio Internazionale AIEGL. (Roma, 14-20 maggio 1981)*, Roma, 1982, pp. 453-465.
DI VITA–ÉVRARD 1986= G. Di Vita-Evrard, *La* Fossa Regia *et les diocèses d'Afrique proconsulaire*, in *Africa Romana. Ai confini dell'impero* III, Sassari, pp. 31-58.
DI VITA–ÉVRARD 1989 = G. Di Vita-Evrard, *Le testament dit 'de* Dasumius': *testateur et bénéficiaires*, dans *Epigrafía Juridica Romana. Actas del Coloquio internacional AIEGL, (Pamplona,1987)*, Pamplona, pp. 159-174.
DIEHL 1964 = E. Diehl, *Altlateinische Inschriften*, Berlin.
DIETZ 1980 = K. Dietz, Senatus contra principem. *Untersuchungen zur senatorischen Opposition gegen Kaiser Maximinus Thrax*, München.
DOBÓ 1968 = A. Dobó, *Die Verwaltung der römischen Provinz Pannonien von Augustus bis Diocletianus. Die provinziale Verwaltung*, Amsterdam.
DOBSON 1965 = B. Dobson, *The* Praefectus Fabrum *in the early Principate*, in *Britain and Rome. Essays Presented to Eric Birley on his Sixtieth birthday*, Kensal, pp. 61-84.
DOMASZEWSKI - DOBSON 1957 = A. Von Domaszewski – B. Dobson, *Die Rangordnung des römischen Heeres*, Köln – Graz.
DOMASZEWSKI 1932 = A. Von Domaszewski, *Die Rangordnung des römischen Deutschland unter dem Prinzipat.*, Wien.
DOMINGO 1999= R. Domingo, Auctoritas, Barcelona.
DONATI 1982 = A. Donati, *Ascesa al senato e rapporti con i territori d'origine. Italia, Regio VIII* (Aemilia), in *Epigrafia e ordine senatorio. Atti del Colloquio Internazionale AIEGL. (Roma, 14-20 maggio 1981)*, Roma, pp. 301-308.
DONATI 2002 = A. Donati, *Epigrafia romana. La comunicazione nell'antichità*, Blogna.
DONDIN-PAYRE 1978 = M. Dondin-Payre, *Une anomalie du cursus sénatorial sous l' Empire: les légations provinciales préquestoriennes*, in *Latomus* 37 (1978), pp. 148-172.
DONDIN-PAYRE 1987 = M. Dondin-Peyre, *Topographie et propagande gentilice: Le* 'compitum Acilium' *et l'origine des* Acilii Glabriones, in *L'Urbs: Espace urbain et histoire. Collection de l'École Française de Rome* 98, Roma, pp. 87-109.
DONDIN-PAYRE 1993 = M. Dondin-Payre, *Exercice du puvoir et continuità gentilice. Les* Acilii Glabriones, Roma.
DÖRNER 1935 = K. F. Dörner, *Der Erlass des Statthalters von Asien* Paullus Fabius Persicus, Greifswald.
DÖRRIES 1954 = H. Dörries, *Das Selbstzeugnis Kaiser Konstantins*, Göttingen.
DOWNEY 1939 = G. Donway, *A Study of the Comites Orientis and the Consulares Syriae*, Princeton.
DRESSEL 1899 = H. Dressel, Fistulae urbanae et agri suburbani, in CIL XV 2.1 (1899), pp. 906-913.
DUBOIS 1907 = C. Dubois, *Pouzzoles antique. Histoire et topographie,* Paris.
DUNCAN JONES 1965 = R. Duncan Jones, *The finances*

of the younger Pliny, in *PBSR* 33 (1965), pp. 177-188.
DUNCAN JONES 1982 = R. Duncan Jones, *The Economy of the Roman Empire. Quantative Studies*, Cambridge.
DUTHOY 1979 = R. Duthoy, *Curatores rei publicae en Occident durant le Principat*, in *AncSoc* 19 (1979), pp. 171-238.
DUVAL 1989 = N. Duval, *Inventaire des inscriptions païenne de Sbeitla*, in *MEFRA* 101 (1989), pp. 403-488.
ECK – NAVARRO 1998 = W. Eck – F. J. Navarro, *Das Ehrenmonument der* Colonia Carthago *für* L. Minicius Natalis Quadronius Verus *in seiner Heimatstadt* Barcino, in *ZPE* 123 (1998), pp. 237-248.
ECK – PANGERL 2009 = W. Eck – A. Pangerl, *Ein Diplom fur die Auxiliartruppen von Pannonia inferior vom 5. September 152 n. Chr.*, in *ZPE* 171 (2009), pp. 221-252.
ECK 1970 = W. Eck, *Senatoren von Vespasian bis Hadrian. Prosopographische Untersuchungen mit Einschluss der Jahres - und Provinzialfasten der Statthalter*, Munich.
ECK 1972 = W. Eck, *Zu den prokonsularen Legationen in der Kaiserzeit*, in *Epigraphischen Studien* IX, Dusseldorf, pp. 24 -36.
ECK 1982 = W. Eck, *Prokonsuln von Asia in der flavisch-traianischen Zei.*, in *ZPE* 45 (1982), pp. 139-153.
ECK 1982b = W. Eck, *Jahres – und Provinzialfasten der senatorishcen Statthalter von 69/70 bis 138/39*, in *Chiron* 12 (1982), pp. 281-362.
ECK 1983 = W. Eck, *Jahres - und Provinzialfasten der Statthalter von 69/70 bis 138/139 II*, in *Chiron* 13 (1983), pp. 147-237.
ECK 1985 = W. Eck, *Die Statthalter der germanischen Provinzen vom 1.-3. Jahrunndert*, Colonia – Bonn.
ECK 1986 = W. Eck, *Organisation und Administration der Wasserversorgung Roms*, in *Wasserversorgung im antiken Rom*: Sextus Iulius Frontinus, curator aquarum, München, pp. 63-77.
ECK 1987 = W. Eck, *Die Wasserversorgung im römischen Reich: Sozio-politische Bedingungen, Recht und Administration*, in *Die Wasserversorgung antike Städte. Geschichte der Wasserversorgung* Bd.2, Mainz a. Rh., pp. 51-101
ECK 1996 = W. Eck, *Tra epigrafia, prosopografia e archeologia. Scritti scelti, rielaborati e aggiornati*, Roma.
ECK 1996b = W. Eck, *I sistemi di trasmissione delle comunicazioni d'ufficio in età alto imperiale*, in M. Pani (ed.), *Epigrafia e territorio, politica e società. Temi di antichità romane IV*, Bari, pp. 331-352.
ECK 1999 = W. Eck, *L'Italia nell'impero romano. Stato e amministrazione in epoca imperiale*, Bari.
ECK 1999b = W. Eck, *Rome and the Outside Worl: Senatorial Families and the World They Lived In*, in B. Rawson – P. Weaver (ed.), *The Roman Family in Italy. Status, Sentiments, Space*, Oxford, pp. 73-100.
ECK 2000 = W. Eck, *Spezialisierung in der staatlichen Administration des römischen Reiches in der hohen Kaiserzeit*, in L. De Bloy (ed.), *Administration, prosopography and appointment policies in the Roman empire. Proceedings of the first workshop of the international network: Impact of Empire (Roman Empire, 27 B.C. – A.D. 406) Leiden, June 28 – July 1, 2000*, Amsterdam, pp. 1-23.
ECK 2001 = W. Eck, *Die grosse Pliniusinschrift aus Comum: Funktion und Monument*, in Varia Epigraphica. *Atti del Colloquio Internazionale di Epigrafia, Bertinoro 8-10 giugno 2000*, Faenza, pp. 225-235.
ECK 2009 = W. Eck, *There Are No* cursus honorum *Inscriptions. The Function of the* cursus honorum *in Epigraphic Communication*, in *SCI* 28 (2009), pp. 79-92; ora in W. Eck, *Monument und Inschrift gesammelte Aufsatze zur senatorischen Reprasentation in der Kaiserzeit. Herausgegeben von Walter Ameling und Johannes Heinrichs*, Berlin, 2010, pp. 383-400.
ECUYER 1932 = J. Ecuyer, *Inscriptions latines et greques relatives à* Lugdunum *trouvée hors de Lyon*, Lyon.
EDBROOKE 1976 = R. O. Edbrooke Jr, *The Visit of Constantius II to Rome in 357 and Its Effect on the Pagan Roman Senatorial Aristocracy, in AJPh* 97 (1976), pp. 40-61.
EGBERT 1896 = J. C. Egbert, *Introduction to the Study of Latin Inscription*, New York.
EGGER 1906 = R. Egger, *Die Ämterlaufbahn des* M. Nonius Macrinus, in *JÖA* 9 (1906), coll. 61-76.
EICH 2005 = P. Eich, *Zur Metamorphose des politischen Systems in der römischen Kaiserzeit. Die Entstehung einer "personalen Bürokratie" im langen dritten Jahrhundert*, Berlin.
CÉBEILLAC GERVASONI - CALDELLI - ZEVI 2006 = M. Cébeillac-Gervasoni – M. L. Caldelli – F. Zevi, *Épigraphie latine*, Paris.
ERKELENZ 1998 = D. Erkelenz, *Ehrenmonumente des* L. Minicius Natalis *in Rom und Africa*, in *ZPE* 123 (1998), pp. 257-269.
ERMINI PANI 1979 = L. Ermini Pani, *Il territorio portuense dopo il quarto secolo alla luce degli scavi all'Isola Sacra*, in *Quaderni del Centro di studio per l'archeologia etrusco-italica* 3 (1979), pp. 243-249.
ETIENNE 1962 = R. Etienne, *Bordeaux Antique*, Bordeaux.
ETIENNE 1965 = R. Etienne, *Les Sénateurs espagnols sous Trajan et Hadrian*, in *Les Empereurs Romaine d'Espagne*, Paris, pp. 55-85.
EUZENNAT 1969 = M. Euzennat, *Fragments inédits de bronze épigraphiques Marocains*, in *AntAfr* 3 (1969), pp. 115-132.
FABIA 1929 = Ph. Fabia, *La Table Claudienne de Lyon*, Lyon.
FACCENNA 1951 = D. Facenna, *Castelmadama (Roma), cippo funerario*, in *NSA* 5 (1951), pp. 76-77.
FACCENNA 1952 = D. Faccenna, *Castelmadama. Cippo funerario*, in *AST* 25 (1952), pp. 164-165.
FAGAN 1999 = G. G. Fagan, *Bathing in public in the Roman world*, Michigan.
FARNEY 2007 = G. D. Farney, *Ethnic Identity and Aristocratic Competition*, Cambridge.
FAURE 2002 = P. Faure, *L'entourage militaire des empereurs Sévères en campagne (193-235 ap. J.-C.)*, in *CEHD* 18 (2002), pp. 5-48.
FEA 1829 = C. Fea, *Scavi del foro Trajano e delle sue adiacenze*, in *BICA* (1829), pp. 36-37.

FEA 1830 = C. Fea, *Iscrizioni tarquiniensi,* in *BICA* (1830), pp. 197-199.
FEDELI 1990 = P. Fedeli, *La natura violata. Ecologia e mondo romano*, Palermo.
FÉVRIER 1959 = P. A. Février, *Études sur les catacombes romaines. I: Le développement de la catacombe de Priscille*, in Carch 10 (1959), pp. 1-26.
FIEGEL 1882 = M. M. Fiegel, Historia legionis III Augustae, Berolini.
FILIBECK – LUGLI 1935 = G. Filibeck - G. Lugli, *Il porto di Roma imperiale e l'agro portuense*, Roma.
FILIPPINI – GREGORI 2009 = A. Filippini – G. L. Gregori, Adversus rebelles. *Forme di ribellione e di reazione romana nelle Spagne e in Asia Minore al tempo di Marco Aurelio,* in *MediterrAnt* 12 (2009), pp. 55-96.
FIRPO 1985 = G. Firpo, *CIL, XI, 6011 e la grande rivolta dalmatico-pannonica del 6-9 d. C.*, in *Epigraphica* XLVII (1985), pp. 21-33.
FISCHER 1908 = F. H. E. Fischer, Senatus Romanus qui fuerit Augusti temporibus, Berlin.
FITZ 1961 = J. Fitz, Legati legionum Pannoniae Superioris, in *AAntHung* 9 (1961), pp. 159-207.
FITZ 1963 = J. Fitz, Legati Augusti pro praetore Pannoniae Inferioris, in *AAntHung* 11 (1963), pp. 244-324.
FITZ 1963b = J. Fitz, *Über die Laufbahn der Pannonischen Legaten*, in *Helikon* III (1963), pp. 373-387.
FITZ 1968 = J. Fitz, *Contribution à la carrière d'un proconsul d'Afrique*, in *Latomus* 27 (1968), pp. 45-74.
FITZ 1969 = J. Fitz, *Réorganisation militaire au début des guerres marcomanes*, in J. Bibauw (ed.), *Hommage à Marcel Renard II*, Bruxelles, pp. 262-274.
FITZ 1993-95 = J. Fitz, *Die Verwaltung Pannoniens in der Römerzeit*, Budapest.
FLORIANI SQUARCIAPINO 1962 = M. Floriani Squarciapino, *I culti orientali ad Ostia,* Leiden.
FLORIANI SQUARCIAPINO 1973 = M. Floriani Squarciapino, *Albei Tiberis ripas et pontes tredecim...,* in *ArchClass* 25-26 (1973-1974), pp. 250-261.
FLOWER 2006 = H. Flower, *The art of forgetting. Disgrace and oblivion in Roman political culture*, Chapel Hill N.C., 2006.
FONTANELLA 2002 = F. Fontanella, «Auctoritas» *del senato*, «potestas magistratuum» *e* «libertas populi» *alla vigilia del «I triumvirato» (61 a.C.)*, in *Athenaeum* 90 (2002), pp. 367-409.
FORBES 1970 = C. A. Forbes, Iulius Firmicus Maternus, *The Error of the Pagan Religions Translated and annotated by Clarence A.* Forbes, New York.
FORBIS 1996 = E. Forbis, *Municipal Virtues in the Roman Empire. The Evidence of Italian Honorary Inscriptions*, Stuttgart und Leipzig.
FORNARI 1916 = F. Fornari, *Roma. Scoperte di antichità e suburbio,* in *NSA* (1916), pp. 311-320.
FOSSATI 1830 = M. Fossati, *Iscrizioni tarquiniensi,* in *BICA* (1830), pp. 238-239.
FOURNEAUX 1896 = H. Fourneaux, *The Annals of Tacitus*, Oxford.
FRANCE 2001 = J. France, Quadragesima Galliarum. *L'organisation douanière des provinces alpestres, gauloises et germaniques de l'Empire roman. 1er siècle avant J.-C.-3er siècle après J.-C.*, Roma.
FRANCIOSI 1997 = G. Franciosi, *Regime delle acque e paesaggio in età repubblicana*, in S. Quilici Gigli (ed.), *Uomo, acqua e paesaggio. Atti dell'incontro di studio sul tema «Irreggimentazione delle acque e trasformazione del paesaggio antico. S. Maria Capua Vetere – 22-23 novembre 1996*, Roma.
FREYBURGER GALLAND 1992 = M. L. Freyburger Galland, *Dion Cassius et l'étymologie.* Auctoritas *et* Augustus, in *REG* 105 (1992), pp. 237-246.
FRIESEN 2001 = S. J. Friesen, *Imperial Cults and the Apocalypse of John: Reading Revelation in the Ruins*, Oxford.
FRISCH 1981 = P. Frisch, *Zum Edikt des* Sex. Sotidius Strabo *für Pisidien,* in *ZPE* 41 (1981), p. 100.
FUCHS 1993-94 = M. Fuchs, *Ein Amphorenfund bei St. Stephan-Friesach und die officina der Laecanier*, in *MAGW* 123-124 (1993-94), 337-347.
FULLERTON 1985 = M. D. fullerton, *The* Domus Augusti *in Imperial Iconography of 13-12 B.C.*, in *AJA* 89 (1985).
FURNEAUX 1891 = H. Furneaux, *The Annali of Tacitus*, 2 vol., Oxfod, 1884-1891.
GABBA 1951 = E. Gabba, *Ricerche sull'esercito professionale romano da Mario ad Augusto*, in *Athenaeum* 29 (1951), pp. 171-272.
GABBA 1958 = E. Gabba, *Iscrizioni Greche e Latine per lo Studio della Bibbia,* Torino.
GABRIELLI 1995 = C. Gabrielli, *L'aristocrazia senatoria ispanica, nel corso del III e del IV secolo d.C., dall'avvento di Settimio Severo alla morte di Teodosio (193 d.C.-395 d.C.)*, in *SHHA* 13-14 (1995-1996), pp. 331-377.
GAGGIOTTI – SENSI 1982 = M. Gaggiotti – L. Sensi, *Ascesa al senato e rapporti con i territori di origine. Italia:* regio VI *(Umbria)*, in *Epigrafia e ordine senatorio. Atti del Colloquio Internazionale AIEGL. (Roma, 14-20 maggio 1981)*, Roma, pp. 245-274.
GALLAVOTTI 1949 = C. Gallavotti, *Il secondo carme di Orazio*, in *PdP* 4 (1494), pp. 217-229.
GALLI 1978 = F. Galli, *La raccolta epigrafica sestinate*, Urbino.
GALLIAZZO 1995 = V. Galliazzo, *I ponti romani,* Roma.
GALLIVAN 1981 = P. Gallivan, *The* Fasti *for A.D. 70-96*, in *CQ* 31 (1981), pp. 186-220.
GALLO 2001 = F. Gallo, «Princeps» *e* «ius praetorium», in *RDR* 1 (2001), pp. 305-323.
GAMURRINI 1889 = G. F. Gamurrini, *Arezzo. Tomba con iscrizione latina scoperta fuori dla porta di S. Clemente*, in *NSA* (1889), pp. 58-59.
GARCIA MORCILLO 2005 = M. Garcìa Morbillo, *Las ventas por subasta en el mundo romano: la esfera privada*, Barcellona.
GARRIDO-GONZALES 1987 = E. Garrido-Gonzáles, *Los gobernadores provinciales en el Occidente bajo-imperial*, Madrid.
GARZETTI 1977 = A. Garzetti, *I* Nonii *di Brescia*, in *Athenaeum* 65 (1977), pp. 175-185.
GARZETTI 1997 = A. Garzetti, *Altro sui* Nonii *di Brescia,* in *Athenaeum* 85 (1997), pp. 193-197.
GARZETTI – VALVO 1999 = A. Garzetti – A. Valvo

Mantissa *epigrafica bresciana*, Brescia.
GASSER 1999 = F. Gasser, Germana Patria. *Die Geburtsheimat in den Werken römischer Autoren der späten Republik und der frühen Kaiserzeit*, Stuttgart.
GATTI 1887 = G. Gatti, *Di un nuovo cippo terminale delle ripe del Tevere*, in *BCA* 14 (1887), pp. 306-313.
GATTI 1890 = G. Gatti, *Nuove scoperte nella città e nel suburbio*, in *NSA* (1890), pp. 354-356.
GATTI 1890a = G. Gatti, *Di un nuovo cippo spettante alla terminazione delle ripe del Tevere*, in *BCA* 18 (1890), pp. 326-337.
GATTI 1891 = G. Gatti in *NSA* (1891), pp. 91-92.
GATTI 1892 = G. Gatti in *NSA* (1892), p. 316.
GATTI 1894 = G. Gatti in *NSA* (1894), p. 142.
GATTI 1896 = G. Gatti, *Roma. Nuove scoperte nella città e nel suburbio*, in *NSA* (1896), pp. 523-525.
GATTI 1897 = G. Gatti, *Roma. Nuove scoperte nella città e nel suburbio*, in *NSA* (1897), pp. 8-11, 523-524.
GATTI 1903 = G. Gatti, *Roma. Nuove scoperte nella città e nel suburbio*, in *NSA* (1903), pp. 600-603.
GATTI 1904 = G. Gatti, *Notizie di recenti trovamenti di antichità in Roma e nel suburbio*, in *BCA* 32 (1904), pp. 76-92.
GATTI 1906 = G. GATTI, *Notizie di recenti trovamenti nella città e nel suburbio*, in *BCA* 34 (1906), pp. 102-118.
GATTI 1906a = G. GATTI, *Roma. Nuove scoperte nella città e nel suburbio*, in *NSA* (1906), pp. 205-207.
GAVAZZI 1977 =L. Gavazzi, Plebs *e* Princeps, in *NRS* 61 (1977), pp. 1-9.
GÉLY 1999 = S. Gély, *Le pouvoir et l'autorité. Avatars italiens de la notion d'*auctoritas *d'Auguste à Domitien (27 a. C.-96 p. C.)*, Louvain.
GERVASIO 1846 = A. Gervasio, *Osservazioni sulla iscrizione onoraria di Mavorzio Lolliano in Pozzuoli*, Napoli.
GHISLANZONI 1946 = E. Ghislanzoni, *Nuovo frammento degli atti dei Fratelli Arvali*, in *Athenaeum* 34 (1946), pp. 188-212.
GIANFROTTA – POMEY 1980 = P. A. Gianfrotta – p. Pomey, *Acheologia subacquea: storia, tecniche, scoperte e relitti*, Milano.
GIANFROTTA 2000 = P. A. Gianfrotta, *I rifiuti sommersi*, in Dupré Raventòs – J-A. Remolà (ed.), Sordes Urbis. *La eliminaciòn de residuos en la ciuidad romana*, Roma, pp. 25-35.
GIARDINA 1981 = A. Giardina, *Allevamento ed economia della selva in Italia Meridionale: trasformazioni e continuità,* in A. Giardina – A. Schiavone, *Società romana e produzione schiavistica* I, Bari, pp. 87-113.
GIBSON 2006 = B. Gibson, Publius Papinius Statius Silvae V, Oxford.
GILLAM 1967 = J. F. Gillam, Caesonius Bassus: cos. Ord. A. D. 317, in *Historia* 16 (1967), pp. 252-254.
GINESTET 1991 = P. Ginestet, *Les organisations de la jeunesse dans l'Occident Romain*, Bruxelles.
GIOVANNINI 1985 = A. Giovannini, Auctoritas patrum, in *MH* 42 (1985), pp. 28-36.
GONZÁLEZ – CABALLOS 1983 = F. J. González – A. Caballos Rufino, *Die* Messii Rustici. *Eine senatorishce Familie aus der* Baetica, in *ZPE* 52 (1983), pp. 157-171.
GONZALÈS 2003 = A. Gonzalès, *Pline le jeune: esclaves et affranchis à Rome*, Paris.
GOODYEAR 1981 = F.R.D. Goodyear, *The Annals of* Tacitus II, Cambridge, 1981.
GORDON 1934 = L. M. Gordon, *The Family of Vergil*, in *JRS* 24 (1934), pp. 1-12.
GORDON 1958-65 = A. E. Gordon, *Album of the Dated Latin Inscriptions*, Berkeley, Los Angeles.
GORDON 1965 = A. E. e J. S. Gordon, *Roman names and the consuls of A.D. 13*, in *AJPh* 52 (1965), pp. 283-292.
GORDON 1983 = A. E. Gordon, *Illustrated Introduction to Latin Epigraphy*, London.
GOWERS 1995 = E. Gowers, *The Anatomy of Rome from Capitol to* Cloaca, in *JRS* 85 (1995), pp. 23-32.
GRADEL 2002 = I. Gradel, *Emperor Worship and Roman Religion*, Oxford.
GRAEBER 1989 = A. Greaber, Auctoritas senatus *und obermagistratische Gewalt*, in *WJA* 15 (1989), pp. 139-158.
GRAEBER 2001 = A. Graeber, «Auctoritas patrum». *Formen und Wege der Senatsherrschaft zwischen Politik und Tradition*, Berlin.
GRANADOS 1993 = O. Granados, *La casas dels Minicis NAtals*, in M. Mayer, *Roma a Catalunya*, Barcellona, pp. 143-145.
GRANINO CECERE 2003 = M. G. Granino Cecere, *La carriera di* T. Prifernius Paetus Rosianus Geminus *in un'iscrizione onoraria di* Trebula Mutuesca, in M. G. Angeli Bertinelli – A. Donati, *Usi e abusi epigrafici. Atti del colloquio Internazionale di Epigrafia Latina (Genova 20-22 settembre 2001)*, Roma, pp. 1-28.
GRANT 1946 = M. Grant, *From* 'Imperium' *to* 'Auctoritas'. *A Historical Study of* 'aes' *Coinage in the Roman Empire, (49 B.C.-14 A.D.),* Cambridge.
GRAY-FOW 2006 = M. Gray-Fow, *From Proconsul to Saint: Sergius Paullus to St. Paul-Serge*, in *C&M* LVII (2006), pp. 157-172.
GREGORI 1990 = G. L. Gregori, *Brescia romana. Ricerche di prosopografia e storia sociale I. I documenti* Roma.
GREGORI 1999 = G. L. Gregori, *Brescia romana. Ricerche di prosopografia e storia sociale II. Analisi dei documenti*, Roma.
GREGORI 2001 = G. L. Gregori, Amici Brixiani, in M. Peachin (ed.), *Aspects of friendship in the Graeco-Roman world. Proceedings of a conference held at the Seminar für Alte Geschichte, Heidelberg, on 10-11 June, 2000*, Portsmouth, pp. 31-40.
GREGORI 2005 = G.L. Gregori, *Definizione e misurazione dello spazio funerario nell'epigrafia repubblicana e protoimperiale di Roma. Un'indagine campione*, in G. Cresci Marrone - M. Tirelli (ed.), "Terminavit sepulcrum". *I recinti funerari nella necropoli di Altino. Atti del Convegno, Venezia, 3-4 dicembre 2003*, Roma, pp. 77-126.
GREGORI 2009 = G. L. Gregori, *Marco Nonio Macrino. Trovato a Roma il sepolcro di un 'grande' Bresciano*, in *Soprintendenza per i Beni Archeologici della Lombardia, Notiziario* 2007 (2009), pp. 273-280.
GREGORI 2010 = G. L. Gregori, *Recenti ritrovamenti tra il V e il VI miglio dell'antica via Flaminia: un tratto di viabilità e l'adiacente area necropolare. Parte II: Le*

iscrizioni, in *RPAA*, 82 (2009-10), pp. 129-143.
GRELLE 1981 = F. Grelle, *Canosa. Le istituzioni, la città*, in A. Giardina-A.Schiavone (ed.), *Società romana e produzione schiavistica, I. L'Italia: insediamenti e forme economiche*, Bari, pp. 181-225.
GRELLE 1993 = F. Grelle, *Canosa romana,* Roma.
GRENIER 1937 = A. Grenier, *La Gaule romaine,* in T. Frank (ed.) *ESAR* t.3, Baltimore, pp. 379-664; p. 501 n.139.
GRIFFIN1986 = m. Griffin, *Philosophy, Cato, and Roman Suicide: II*, in *G&R* 33 (1986), pp. 192-202.
GROAG 1946 = E. Groag, *Die Reichsbeamten von Achaia in spätrömischer Zeit*, Budapest.
GROS 1976 = P. Gros, Aurea Templa. *Recherches sur l'architecture religieuse de Rome à l'époque d'Auguste*, Roma.
GROSSO 1932 = G. Grosso, *Sulla servitù di* aquae haustus, in *BIDR* (1932), pp. 401-436.
GROSSO 1969 = G. Grosso, *Le servitù prediali nel diritto romano*, Torino, 1969
GROSSO 2001 = G. Grosso, *Corso di diritto romano. Le cose.*, in *Rivista di Diritto Romano* I (2001), pp. 1-137.
GRUEBER 1910 = H.A. Grueber, *Coins of the Roman Republic in The British Museum*, London.
GRÜNEWALD 1990 = Th. Grünewald, Constantinus Maximus Augustus. *Herrschaftspropaganda in der zeitgenössischen Überlieferung,* Stuttgart.
GUARINO 1948 = A. Guarino, *Notazioni romanistiche. La genesi storica dell'*auctoritas patrum, in in V. Arangio-Ruiz (ed.), *Studi in onore di Siro Sollazzi nel cinquantesimo anniversario del suo insegnamento universitario (1899-1948)*, Napoli, pp. 21-31.
GUGLIELMOTTI 1889 = A. Guglielmotti, *Vocabolario marino e militare,* Roma.
GUIDOBALDI – PESANDO 1989 = M.P. Guidobaldi - F. Pesando, *Note di prosopografia minturnense*, in F. Coarelli – P. Arthur (ed.), *Minturnae*, Roma, pp. 67-74.
GUIDOBALDI – PESANDO - ROSI 1989 = M.P. Guidobaldi - F. Pesando – G. Rosi, *La* Colonia civium romano rum, in F. Coarelli – P. Arthur (ed.), *Minturnae*, Roma, pp. 35-66.
GUZMÁN ALMAGRO 2009 = A. Guzmán Almagro, *La colección epigráfica romana del cardenal Rodolfo Pio da Carpi en las notas de Aquiles Estaço: datos para el coleccionismo anticuario en la Roma del siglo XVI*, in *SEBarc* VII (2009), pp. 127-142.
HALEY 2003 = E. W. Haley, *Baetica Felix: People and Prosperity in Southern Spain from Caesar to Septimius Severus*, Austin.
HALFMANN 1979 = H. Halfmann, *Die Senatoren aus dem östlichen Teil des Imperium Romanum bis zum Ende des 2. Jahrhunderts n. Chr*, Göttingen.
HALFMANN 1982 = H. Halfmann, *Die Senatoren aus den Kleinasiatischen Provinzen*, in *Epigrafia e ordine senatorio. Atti del Colloquio Internazionale AIEGL. (Roma, 14-20 maggio 1981)*, Roma, pp. 603-650.
HALFMANN 2007 = H. Halfmann, *Italische Ursprünge bei Rittern und Senatoren aus Kleinasien*, in G. Urso, *Tra Oriente e Occidente. Indigeni, Greci e Romani in Asia minore. Atti del convegno internazionale, Cividale del Friuli, 28-30 settembre 2006*, Pisa, pp. 165-188.
HAMODOUNE 2002 = Ch. Hamodoune, *Les relations entre la Maurétanie occidentale et la Maurétanie orientale*, in *L'Africa Romana: ai confini dell'impero XIV*, Roma, pp. 1425-1443.
HARDY 1893 = E.G. Hardy, *Two notices of Furneaux's Annals of Tacitus*, in *CR* VII (1893), p. 48-54.
HARRER 1940 = G. A. Harrer, *Saul Who Also Is Called Paul*, in *HThR* XXXIII (1940), pp. 19-33.
HARRIES 1991 = B. Harries, *Ovid and the Fabii: Fasti 2.193-474*, in *CQ* 41 (1991), pp. 150-168.
HARTE 1935 = R. H. Harte, *The Praetorship of the Younger Pliny*, in *JRS* 25 (1935), pp. 51-54.
HASEBROEK 1975 = J. Hasebroek, *Untersuchungen zur Geschichte des Kaisers Septimius Severus*, New York.
HAYNE 1978 = L. Hayne, *The* Valerii Flacci – *A Family in Decline*, in *AS* 9 (1978), pp. 223-233.
HECK - CAMPENHAUSEN 1972 = E. Heck – H. von Campenhausen, *Die dualistischen Zusätze und die Kaiseranreden bei Lactantius*, Heidelberg.
HELEN 1975 = T. Helen, *Organization of Roman Brick Production in the First and Second Centuries A. D.*, Helsinki.
HERES 1982 = T. L. Heres, Paries. *a proposal for a dating system of late-antique masonry structures in Rome and Ostia*, Amsterdam.
HERMANSEN 1982 = G. Hermansen, *Ostia. Aspects of Roman City Life*, Alberta.
HIRSCHFELD 1905= O. Hirschfeld, *Die kaiserlichen Verwaltungsbeamten von Augustus bis Diokletian*, Berlin.
HODGE 2000 = T. Hodge, *Roman Aqueducts and Water Supply*, London.
HOGART 1889 = D. G. Hogart, Devia Cypria. *Notes of an archaeological journey in Cyprus in 1888*, London.
HOLMBERG 1933 = E. J. Holmberg, *Zur Geschichte der* Cursus publicus, Upsala, 1933.
HOMO 1900 = L. Homo, *Lexique de topographie romaine*, Paris.
HOMO 1927 = L. Homo, *Les Institutions politiques romaines. De la cité à l'état*, Paris.
HOMO 1951 = L. Homo, *Rome impériale et l'urbanisme dans l'antiquité*, Paris.
HORSLEY-KEARSLEY 1998 = G. H. R. Horsley – R. A. Kearsley, *Another Boundary Stone between Tymbrianassos and Sagalassos in Pisidia*, in *ZPE* 191 (1998), pp. 123-129.
HOUSTON 1977 = G. W. Houston, *Vespasian's Adlection of Men* in Senatum, in *AJPh* 98 (1977), pp. 35-63.
HOUSTON 2002 = G.W. Houston *The Slave and Freedman Personnel of Public Libraries in Ancient Rome*, in *TAPhA* CXXXII (2002), pp. 139-176.
HÜBNER 1975 = E. Hübner, Inscriptiones Hispaniae Christianae. *Im Anhang* Inscriptionum Hispaniae Christianarum supplementum, Berlin.
HUDSON 1956 = C. E. C. Hudson, *The Principal Family of Pisidian Antioch,* in *JNES* 15 (1956), pp. 103-107
HUELSEN 1917 = C. Huelsen, *Römische Antikengärten des XVI Jahrhunderts,* Heidelberg.
HÜTTL 1933 = W. Hüttle, Antoninus Pius, Prag.
JACOPI 1940 = G. Jacopi, *Scavi e scoperte presso il porto fluviale di S. Paolo*, in *BCA* 68 (1940), pp. 97-107.
JACOPI 1943 = G. Jacopi, *Scavi in prossimità del porto fluviale di S. Paolo, località Pietra Papa,* in *MonAL* 39

(1943), pp. 1-166.
JACQUES 1977 = F. Jacques, *Les cens en Gaule au II' siecle et dans la premiere moitie du IIIe siecle*, in *Ktema*, 2 (1977), pp. 185-318.
JACQUES 1982 = F. Jacques, *Les curateurs des cités africaines au III siècle*, in *ANRW II*, 10, 2, Berlin, 1982, pp. 62-135.
JACQUES 1983 = F. Jacques, *Les curateurs des cités dans l'Occident romain de Trajan à Gallien. Étude prosopographiques*, Paris.
JACQUES 1986 = F. Jacques, *L'ordine senatorio attraverso la crisi del III secolo*, in A. Giardina (ed.), *Società romana e impero tardoantico. I: Istituzioni, ceti, economie*, Bari, pp. 81-225.
JACQUES 1987 = F. Jacques, *Trois notes de prosopographie sénatoriale*, in *ZPE* 67 (1987), pp. 189-199.
JACQUES 1994 = F. Jacques, *Le privilège de liberté. Politique impériale et autonomie dans les cités de l'Occident romain (161-244)*, Roma.
JAGENTEUFEL 1958 = A. Jagenteufel, *Statthalter der römischen Provinz Dalmazia von Augustus bis Diokletian*, Wien.
JANSEN 2000 = G. C. M. Jansen, *System for the disposal of waste and* excreta *in Roman cities. The situation in Pompeii, Herculaneum and Ostia*, in X. Dupré Raventòs – J-A. Remolà (ed.), Sordes Urbis. *La eliminaciòn de residuos en la ciuidad romana*, Roma, pp. 37-49.
JAPELLA CONTARDI 1980 = L. Japella Contardi, *Propaganda imperiale e protezionismo commerciale nelle iscrizioni dei* collegia *professionali di Roma e di Ostia da Augusto ad Aureliano,* Torino.
JONES 1951 = A. H. M. Jones, *The* Imperium *of Augustus*, in *JRS* 41 (1951), pp. 112-119.
JONES 1954 = A. H. M. Jones, *The Date and Value of the Verona List*, in *JRS* 44 (1954), pp. 21-29.
JONES 1974 = B. W. Jones, *The status of Dalmatia under Domitian*, in *CPh* 69 (1974), pp. 48-50.
JONES 1979 = B. W. Jones, *Domitian and the Senatorial Order. A Prosopographical Study of Domitian's Relationship wit the Senate 81-96*, Philadelphia.
JONES 1983 = A. H. M. Jones, *Augusto: vita di un imperatore*, Roma.
JONES 1991 = F. Jones, *Naming in Pliny's Letters*, in *SO* 66 (1991), pp 147-170.
JORDAN 1871 = H. Jordan, *Topographie der Stadt Rom im Alterthum*, Berlin.
JUDGE 1981 = E. A. Judge, *The Regional* kanon *for Requisitioned Trnsport*, in G.H.R. Horsley – S.R. Llewelyn (ed.), *New Documents Illustrating Early Christianity*, vol. I, Sydney, pp. 36-45.
KAHLOS 2002 = M. Kahlos, Vettius Agorius Praetextatus*: a senatorial life in between*, Roma.
KAJANTO 1963 = I. Kajanto, Onomastic Studies in the Early Christian Inscriptions of Rome and Carthage, Helsinki.
KAJANTO 1965 = I. Kajanto, *The Latin* Cognomina, Helsinki.
KAJANTO 1966 = I. Kajanto, Supernomina. *A Study in Latin Epigraphy*, Helsinki.
KALLALA 2004 = N. Kallala, Musulamii *et* Siccenses, in *L'Africa Romana. Ai confini dell'impero* 15, Sassari, pp. 406-421.
KEAY 2004 = S. Keay, M. Millet, K. Strutt, Portus Romae, *Recent Survey Work at the Ports of Claudius and Trajan*, in A. Gallina Zevi – R. Turchetti (ed.), *Le strutture dei porti e degli approdi antichi. II seminario: Roma-Ostia antica 16-17 aprile 2004*, Soveria Mannelli, pp. 221-232.
KEHOE 1993 = D. P. Kehoe, *Investment in estates by upper-class landowners in early imperial Italy: the case of Pliny the Younger*, in H. Sancisi-Weerdenburg - R. J. Van der Spek – H. C. Teitler – H. T. Wallinga (ed.), De agricultura. *In memoriam Pieter Willem De Neeve (1945-1990)*, Amsterdam, pp. 214-237.
KHANOUSSI 1992 = M. Khanoussi, *Présence et rôle de lìarmée romaine dans la region des Grandes Plaines (Afrique proconsulaire)*, in *L'Africa Romana. Ai confini dell'impero IX.1*, Sassari, pp. 319-328.
KIENAST 1996 = D. Kienast, *Römische Kaisertabelle. Grundzüge einer römischen Kaiserchronologie,* Berlin.
KIRCHER–DURAND 1987 = C. Kircher Durand, *Le rôle du référent dans le choix d'un suffixe d'ajectif désubstantival*, in *Lalies* 8 (1986), pp. 131-140.
KNAPP 1983 = R. C. Knapp, *Roman Córdoba*, Berkeley.
KOLB 1995 = A. Kolb, *Vereine "kleiner Leute" und die kaiserliche Verwaltung in Rom*, in *ZPE* 107 (1995), pp. 201-212.
KOLB 2000 = A. Kolb, *Transport und Nachrichtentransfer im römischen Reich*, Berlin.
KOLB 2001 = A. Kolb, *Transport and Communication in the Roman State. The* cursus publicus, in C. Adams-R. Laurence, *Travel and geography in the Roman Empire*, London – New York, pp. 95-105
KOLBE 1962 = H. Kolbe, *Die Statthalter Numidiens von Gallien bis Konstantin (268-320),* Munich.
KOLENDO 1984 = J. Kolendo, *Trigarium. Lieu d'entraînement des auriges et des chevaux à Rome et à Théveste*, in *Archeologia* 35 (1984), pp. 27-31.
KOORTBOJIAN 1993 = M. Koortbojian, *Fra Giovanni Giocondo and his Epigraphic Methods*, in *KJ* 26 (1993), pp. 49-55.
KÖRNER 2002 = Ch. Körner, *Philippus Arabs: Ein Soldatenkaiser in der Tradition des Antoninisch-severischen Prinzipats*, Berlin.
KREILER 1975 = B. Kreiler, *Die Statthalter Kleinasien unter der Flaviern*, Munich.
KRISTOFERSON 1930 = G. Calza – H. Kristoferson – T. Kleberg, *Ostia. Nuove iscrizioni ostiensi*, in *NSA* (1930), pp. 184-213.
KUNISZ 1976 = A. Kunisz, *Recherches sur le mannoyage et la circulation monétaire sous le règne d'Auguste*, Wroclaw.
KUNST 2000 = Ch. Kunst, *Römische Wohn- und Lebenswelten. Quellen zur Geschichte der römischen Stadt. Herausgegeben und erläutert von Christiane Kunst*, Darmsatdt.
KUJPER 1968 = D. Kujper, De honestate Plinii minoris, in *Mn* 21 (1968), pp. 40-70.
LA ROCCA 1984 = E. La Rocca, *La riva a Mezzaluna. Culti, agoni, monumenti funerari presso il Tevere del Campo Marzio occidentale*, Roma.
LACEY 1917 = *The Equestrian Officilas of Trajan and Hadrian, their Careers, with some notes on Hadrian's*

reforms, Princeton.
LACEY 1979 = W. K. Lacey, Summi fastigii vocabulum. *The Story of a Title*, in *JRS* 49 (1979), pp. 28-34.
LAFLEUR 1974 = R. A. Lafleur, Artorius *and* Catulus *in Juvenal 3*, in *RSC* 22 (1974), pp. 5-9.
LAMBRECHTS 1936 = P. Lambrechts, *La composition du Sénat romain de Septime Sévère à Dioclétien (193-284)*, Budapest.
LAMBRECHTS 1937 = P. Lambrechts, *La Composition du Sénat Romain de l'accession au Throne d'Hadrien à la mort de Commode*, Roma.
LANCIANI 1880 = R. Lanciani, *Supplementi al volume VI del* Corpus Inscriptionum Latinarum, in *BCA* 12 (1880), pp. 39-60.
LANCIANI 1880b = R. Lanciani in *NSA* (1880), pp. 138-142; 469-479.
LANCIANI 1884 = R. Lanciani, *Supplementi al volume VI del* Corpus inscriptionum latinarum, in *BCA* 12 (1884), pp. 39-60.
LANCIANI 1893 = R. Lanciani, *Pagan and Christian Rome*, Boston & New York.
LANCIANI 1894 = R. Lanciani, Forma Urbis Romae, in *MEFR* 14 (1894), pp. 265-268.
LANCIANI 1898 = R. Lanciani, *Ancient Rome in the Light of Recent Discoveries*, New York.
LANCIANI 1985 = R. Lanciani, *Rovine e scavi di Roma antica*, (ristampa) Roma.
LANZA 1996 = C. Lanza, Auctoritas principis, Milano.
LAURENCE 1999 = R. Laurence, *The Roads of Roman Italy: Mobility and Cultural Change,* London – New York.
LAURENT-VIBERT - PIGANIOL 1907 = R. Laurent-Vibert – A. Piganiol, *Inscriptions inédites de Minturnes*, in *MEFR* 27 (1907), pp. 495-507.
LAURO – PELLEGRINO 1986 = M. G. Lauro – A. Pellegrino, *Materiali archeologici ostiensi,* in *Tevere, un'antica via per il Mediterraneo,* Roma, pp. 300-301.
LE GALL 1950 = J. Le Gall, *Les archives du Musée des Thermes et les découvertes archéologiques des rives du Tibre à Rome*, in *CRAI* 1 (1950), pp. 74-78.
LE GALL 1953 = J. Le Gall, *Le Tibre, fleuve de Rome dans l'antiquité*, Paris.
LE GALL 2005 = J. Le Gall, *Il Tevere, fiume di Roma nell'antichità.* 2a edizione a cura di C. Mocchegiani Carpano e G.Pisani Sartorio, Roma.
LE GLAY 1968 = M. Le Glay, *Les Flaviens et l'Afrique*, in *MEFRA* 80 (1968), pp. 201-246.
LE ROUX 1982 = P. Le Roux, Les sénateurs originaires de la province d'Hispania Citerior au Haute Empire romaine, in *Epigrafia e ordine senatorio. Atti del Colloquio Internazionale AIEGL. (Roma, 14-20 maggio 1981)*, Roma, pp. 439-464.
LEACH 1990 = E. W. Leach, *The Politics of Self-Presentation: Pliny's "Letters" and Roman Portrait Sculpture*, in *ClAnt* 9 (1990), pp. 14-39.
LEFEBVRE 1998 = S. Lefebvre, *Profils de carrière: douze procurateurs des Gaules et Germanies*, in *CCG* 9 (1998), pp. 247-264.
LEFEBVRE 2002 = S. Lefbvre, *Les avocats de la Bétique entre 93 et 99. Pline le Jeune était-il un patron de province?*, in *CCG* 13 (2002), pp. 57-92.
LEFEBVRE 2006 = S. Lefebvre, *Procurateurs en Hispanie. Les fastes procuratoriens des Hispaniae: bilan des recherches depuis H.-G. Pflaum*, pp. 253-284, in S. Demougin – X. Loriot, P. Cosme, S. Lefebvre (ed.), *H.-G. Pflaum: un historien du XXe siècle. Actes du colloque international* (Paris les 21, 22, et 23 octobre 2004), Genève.
LE GLAY 1968 = M. Le Glay, *Les Flaviens et l'Afrique*, in *MEFRA* 80 (1968), pp. 225-228.
LE GLAY 1981 = M. Le Glay, *Les* censitores provinciae Thraciae, in *ZPE* 43 (1981), pp. 175-184.
LEIGHTON 2004 = Robert Leighton, *Tarquinia. An Etruscan City*, London.
LEUNISSEN 1989 = P. M. M. Leunissen, *Konsuln und Konsulare in der Zeit von Commodus bis Severus Alexander (180-235 N. Chr.). Prosopographische Untersuchungen zur senatorischen Elite im römischen Kaiserreich*, Amsterdam.
LEUNISSEN 1991 = P. M. M. Leunissen, *Direct Promotions from Proconsul to Consul under the Principate*, in *ZPE* 89 (1991), pp. 217-260.
LEVEAU 2008 = P. Leveau, *L'inondation du Tibre à Rome: politiques publiques et variations climatiques à l'époque romaine*, in E. Hermon (ed.), *Vers une gestion intégrée de l'eau dans l'empire romain. Actes du Colloque international Université Laval, octobre 2006,* Roma, 2008, pp. 137-146.
LEVI 1929 = M. A. Levi, *La* «tribunicia potestas» *di C. Giulio Cesare*, in *Atti del I Congresso Nazionale di Studi Romani*, Roma, pp. 353-357.
LEVI 1963 = M. A. Levi, *Brescia romana: l'età imperiale*, in *Storia di Brescia I*, Brescia, pp. 184-230.
LEVI 1978 = M. A. Levi, *Il Tribunato della plebe e altri scritti su istituzioni pubbliche romane,* Milano.
LEVI 1988 = M. A. Levi, *L'Italia nell'evo antico*, Padova.
LEVI 1992 = M. A. Levi, *L'*«Auctoritas» *di Augusto*, in *RIDA* 39 (1992), pp. 185-201.
LEVI 1995 = M. A. Levi, *Mecenate e Augusto*, in *RSA* 25 (1995), pp. 143-147.
LEVI DALLA VIDA – AMADASI GUZZO 1987 = G. Levi Dalla Vida – M.G. Amadasi Guzzo, *Iscrizioni puniche della Tripolitania (1927-1967)*, Roma.
LEVICK 1979 = B. Levick, *Pliny in Bithynia—And What Followed*, in *G&R* 26 (1979), pp. 119-120.
LEVICK 1999 = B. Levick, *Tiberius, the Politician*, London-New York.
LEVICK 2000 = B. Levick, *Antiquarian or Revolutionary? Claudius Caesar's Conception of his Principate*, in *AJPh* 99 (1978), pp. 79-105.
LEVICK 2000a = B. Levick, *The Government of the roman empire: a Sourcebook*, London-New York.
LICORDARI 1982 = A. Licordari, *Ascesa al Senato e rapporti con i territori d'origine. Italia*: regio I (Latium), in *Epigrafia e ordine senatorio. Atti del Colloquio Internazionale AIEGL. (Roma, 14-20 maggio 1981)*, Roma, pp. 9–57.
LICORDARI 1987 = A. Licordari, *I* «Lenuncularii traiectus Luculli» *ad Ostia,* in *MGR* 12 (1987), pp. 149-161.
LIEBENAM 1888 = W. Liebenam, *Forschungen zur Verwaltungsgeschichte des römischen Kaiserreichs, I: Die Legaten in den Römischen Provinzen von Agust bis*

Diokeltian, Leipzig.
LIOU – TCHERNIA 1994 = B. Liou – A. Tchernia, *L'interpretation des inscriptions sur les amphores Dressel20*, in C. Nicolet – S. Panciera (Ed.), *Epigrafia della produzione e della distribuzione*, Actes de la *VIIe Rencontre franco-italienne sur l'épigraphie du monde romain (Rome 5-6 juin 1992)*, Roma, pp. 133-156.
LIOU 1969 = B. Liou, Praetores Etruriae XV populorum, Bruxelles.
LLOYD 1969 = R. B. Lloyd, *The* Aqua Virgo, Euripus *and* Pons Agrippae, in *AJA* 83 (1969), pp. 193-204.
LO CASCIO 1980 = E. Lo Cascio, Curatores viarum, praefecti *e* procuratores alimentorum: *a proposito dei distretti alimentari*, in *Studi di Antichità* II, Lecce, pp. 237–245.
LO CASCIO 2002 = E. Lo Cascio, *Ancora sugli "Ostia's service to Rome". Collegi e corporazioni annonarie a Ostia*, in *MEFRA* 114 (2002), pp. 87-110.
LOMAS 1996 = K. Lomas, *Roman Italy, 338 BC-AD 200. A Sourcebook*, London.
LOMBARDI – LUCIANI 2001 = L. Lombardi – R. Luciani, Aquae. *Il sistema delle acque a Roma*, Roma.
LŐRINCZ 2001 = B. Lorincz, *Die römischen Hilfstruppen in Pannonien während der Prinzipatszeit. I: Die Inschriften*, Wien.
LÓPEZ BARJA 1993 = P. López Barja, *Epigrafía latina. Las inscripciones romanas desde los orígines al siglo III d. C.*, Santiago.
LUGLI - FILIBECK 1935 = G. Lugli - G. Filibeck, *Il porto di Roma imperiale e l'agro portuense*, Roma.
LUGLI 1934 = G. Lugli, *Monumenti antichi di Roma,* II, *Le grandi opere pubbliche*; Roma.
LUGLI 1952 = G. Lugli, *Fontes ad topographiam veteris Urbis Romae pertinentes*, Roma.
LUGLI 1953 = G. Lugli, Fontes ad Topographiam Veteris Vrbis Romae pertinentes II, Roma.
LUGLI 1961 = G. Lugli, *Il porto ostiense di Claudio,* in *Convegno per lo studio della zona archeologica di Classe a mezzo della fotografia aerea*, Ravenna, pp. 139-151.
LUGLI 1970 = G. Lugli, *Itinerario di Roma antica*, Milano.
MAGDELAIN 1947 = A. Magdelain, Auctoritas principis, Paris.
MAGDELAIN 1982 = A. Magdelain, *De l'*auctoritas patrum *à l'*auctoritas senatus, in *Iura* 33 (1982), pp. 25-45.
MAGDELAIN 1990 = A. Magdelain, Ius, imperium, auctoritas: *études de droit romain*, Roma.
MAGIE 1950 = D. Magie, *Roman Rule in* Asia Minor, Princeton.
MAGIONCALDA 1991 = A. Magioncalda, *Lo sviluppo della titolatura imperiale da Augusto a Giustiniano*, Torino.
MAGIONCALDA 2007 = A. Magioncalda, Rufus, proc(curator) Caes(aris) Hadriani ad ripam, in D. Pupillo (ed.), *Le proprietà imperiali nell'Italia romana. Economia, produzione, amministrazione. Atti del Convegno Ferrara – Voghiera 3-4 giugno 2005)*, Firenze, pp. 205-219.
MAGOFFIN 1913 = R. Van Deman Magoffin, *The* Quinquennales. *An Historical Study*, Baltimore.
MAICHSBERGER 1997 = M. Maichsberger, *Marmor in Rom. Anlieferung, Lager-und Werkplätze in der Kaiserzeit.*, Wiesbaden.
MALTBY 1991 = R. Maltby, *A Lexicon of Ancient Latin Etymologies*, Leeds.
MANCINI 1922 = G. Mancini, *Iscrizioni rinvenute in contrada Solluna*, in *NSA* (1922), pp. 250-256.
MANCUSO 1981 = G. Mancuso, *«*Senatus auctoritas*»: sulla denominazione del senatoconsulto inefficace*, in *Labeo* 27 (1981), pp. 12-25.
MANISCALCO 1992 = F. Maniscalco, *Archeologia subacquea: manuale*, Napoli.
MANISCALCO 1998 = F. Maniscalco, Mare Nostrum. *Fondamenti di archeologia subacquea*, Napoli.
MANISCALCO 1999 = F. Maniscalco, *Pratica ed insidie del nuoto nel mondo antico*, in *MEFRA* 111 (1999), pp. 145-156.
MANNINO 1979 = V. Mannino, *L'*auctoritas patrum, Milano.
MARCHETTI 1890 = D. Marchetti, *Roma. Nuove scoperte nella città e nel suburbio, in* NSA (1890), pp. 78-88.
MARCONE 1992 = A. Marcone, *Nota sulla sedentarizzazione forzata delle tribù nomadi in Africa alla luce di alcune iscrizioni*, in *L'Africa Romana. Ai confini dell'impero IX.1*, Sassari, pp. 104-112.
MARI 1991 = Z. Mari, Tibur. *Pars IV*, Firenze.
MARIN CEBALLOS 1993 = M. C. Marin Ceballos, *La colonización fenicia de la Peninsula Ibérica en la época arcaica. Problema y evidencias*, in J. F. Rodríguez Neila (ed.), *Actas del I Coloquio de Historia Antigua de Andalucia, Cordoba, 1988*, pp. 19-47.
MAROI 1930 = F. Maroi, *Sopra un'iscrizione ostiense relativa ad un* iter privatum, in *Studi in onore di Pietro Bonfante nel XL anno di insegnamento III*, pp. 619-629.
MARTINI 1969 = R. Martini, *Ricerche in tema di editto provinciale*, Milano.
MASTINO 2005 = A. Mastino, *Storia della Sardegna antica*, Nuoro, 2005.
MATTHEWS 1985 = J. F. Matthews, *Political Life and Culture in Late Roman Society,* London.
MATTHEWS 1973 = J. F. Matthews, *Symmachus and the Oriental Cults*, in *JRS* 63 (1973), pp. 1759-195.
MATTINGLY 1923 = H. Mattingly, *The Roman Imperial Coinage. I: Augustus to Vitellius*, London.
MAXFIELD 1981 = V. A. Maxfield, *The military decorations of the roman army*, London.
MAYER – RODÁ 1998 = M. Mayer – I. Rodá, *Los contactos entre el norte de África y la costa del iconventus Tarraconensis*, in *L'Africa Romana. Ai confini dell'impero XII*, Ozieri, pp. 1423-1433.
MAZZARINO 1966 = S. Mazzarino, *Le alluvioni 54 a.C./23 a.C., il cognome* Augustus*, e la data di Hor.* Carm. *I 2*, in *Helikon* 6 (1966), pp. 621-624.
McALINDON 1957 = D. McAlindon, *Entry to the Senate in the Early Empire*, in *JRS* 47 (1957), pp. 191-195.
McCABE 1991 = D. F. McCabe, *Ephesos Inscriptions. Texts and List*, Princeton.
MCCRUM 1966 = M. McCrum, *Select Documents of the Principates of the Flavioan Emperors Includine the Year of Revolution. A.D. 68-69*, Cambridge.
MCDERMOTT 1969 = W. C. McDermott, Pliniana, in *AJPh* 90 (1969), pp. 329-332.

MCDERMOTT 1971 = W. C. McDermott, *Pliny the Younger and Inscriptions*, in *CW* 64 (1971), pp. 84-94.

MEIGGS 1973 = R. Meiggs, *Roman Ostia*, Oxford.

MEIJER-VAN NIJF 1992 = F. Meijer-O. Van Nijf, *Trade, Transport and Society in the Ancient World: A Sourcebook*, London-New York.

MENEGHINI 2006 = Aa. Vv., *Nuovi frammenti degli scavi del* Templum Pacis *(1998-2002)*, in R. Meneghini - R. Santangeli Valenzani (ed.), Formae Urbis Romae. *Nuovi frammenti di piante marmoree dallo scavo dei Fori Imperiali*, Roma.

MENNEN 2007 = I. Mennen, *The* Caesonii *in the third century A.D.: the impact of crises on senatorial status and power*, in O. Hekster, G. de Kleijn, D. Slootjes (Ed.), *Crises and the Roman Empire. Proceedings of the seventh workshop of the international network impact of Empire (Nijmegen, June 20-24, 2006)*, Leiden, pp. 111-123.

MENNEN 2011 = I. Mennen, *Power and Status in the Roman empire, AD 193-284*, Leiden-Boston.

MENZES 1924 = W. Menzes, *Pliny and the Roman Bar under Trajan*, in *JR* (1924), pp. 197-217.

MESSINEO 1991 = G. Messineo, *La via Flaminia da Porta del Popolo a Malborghetto*, Roma.

MESSINEO – CARBONARA 1993 = G. Messineo – A. Carbonara, *Via Flaminia,* Roma.

MÉTHY 2007 = N. Méthy, *Les lettres de Pline le Jeune: une représentation de l'homme,* Paris.

MEYER–ZWIFFELHOFFER 2001 = E. Meyer-Zwiffelhoffer, *Politikōs archein: Zum Regierungsstil der senatorischen Statthalter in den kaiserzeitlichen griechischen Provinzen*, Stuttgart.

MILLER 1967 = F. Miller, *Emperors at Works*, in *JRS* 57 (1967), pp. 9-19.

MILLER 2002 = F. Miller, *Rome, the Greek world, and the East I. The Roman Republic and the Augustan revolution*, Chapel Hill.

MINIERI 1988 = L. Minieri, *Una mancata* 'adlectio inter gentes patricias': *il caso degli Antisti*, in G. Franciosi (ed.), *Ricerche sull'origine gentilizia romana II,* Napoli, pp. 213-241.

MINTO 1983 = A. Minto, Sestinum *(Sestino).* Regio VI. *Umbria*, Roma.

MITCHELL 1976 = S. Mitchell, *Requisitioned Transport in the Roman Empire: a New Inscription from Psidia*, in *JRS* 66 (1976), pp. 106-131.

MITCHELL 1980 = S. Mitchell, *Population and the Land in Roman Galatia*, in *ANRWI* II 7.2, Berlin, pp. 1053-1081.

MITCHELL 1982 = S. Mitchell, *The Requisioning Edict of Sex. Sotidius Strabo Libuscidianus*, in *ZPE* 45 (1982), pp. 99-100.

MITFORD 1947 = T. B. Mitford, *Notes on Some Published Inscriptions from Roman Cyprus*, in *ABSA* 42 (1947), pp. 201-230.

MITFORD 1980 = T. B. Mitford, *Roman Cyprus*, in *ANRW II.2*, Berlin, pp. 1286-1383.

MOCCHEGIANI CARPANO 1984 = C. Mocchegiani Carpano, *Il Tevere. Archeologia e commercio,* in *BNum* 1-2 (1984), pp. 21-84.

MOCCHEGIANI CARPANO 1984b = C. Mocchegiani Carpano, *Le cloache dell'Anfiteatro*, in R. Lucani (ed.), *Roma Sotterranea. Porta San Sebastiano 15 ottobre 1984-14 gennaio 1985*, Roma, pp. 179-184.

MOCCHEGIANI CARPANO 1986 = C. Mocchegiani Carpano, *Le inondazioni del Tevere nell'antichità*, in *Tevere, un'antica via per il Mediterraneo*, Roma, pp. 147-148.

MOLLO 2000 = S. Mollo, *La mobilità sociale a Brescia romana*, Milano

MOMMSEN – BLACAS 1865 = T. Mommsen- Blacas, *Histoire de la Monnaie romaine*, Paris.

MOMMSEN 1869 = Th. Mommsen, *Zur Lebensgeschichte des jüngeren Plinius*, in *Hermes* 3 (1869), pp. 31-136 (= *Gesammelte Schriften* 4, Berlin, 1906, pp. 366-468).

MOMMSEN 1889 = Th. Mommsen, *Le droit publique romaine* (trad. di P. F. Girard), Paris.

MOMMSEN 1909 = Th. Mommsen, *Gesammelte Schriften*, Hildesheim.

MORETTI 1958 = L. Moretti, *Iscrizioni greche inedite dei Roma*, in *Epigraphica* XX (1958), pp. 29-45.

MORETTI 1976 = L. Moretti, *Epigraphica, 14. Un ginnasio per Agrigento*, in *RFIC* 104 (1976), pp. 182-186.

MOSCHEK 2011 = W. Moschek, *Der Römische* Limes. *Eine Kultur- und Mentalitätsgeschichte*, Speyer.

MOURITSEN 1988 = H. Mouritsen, *Elections, Magistrates and Municipals Élite. Studies in Pompeian Epigraphy*, Roma.

MULLENS 1948 = *The Revolt of the Civilians A. D. 237-8*, in *G&R* 50 (1948), pp. 65-77.

MUÑIZ COELLO 1980 = J. Muñiz Coello, *El sistema fiscal en la España romana. (República y alto imperio)*, Huelva.

MUÑOZ VILLARREAL 2005 = J. J. Muñoz Villarreal, Consabura. De oppidum a municipio romano, in *HAnt* 29 (2005), pp. 107-150.

MÜNZER 1920 = F. Münzer, *Römische Adelsparteien und Adelsfamilien*, Stuttgart.

MUSCA 1982 = D. A. Musca, *Le denominazioni del principe nei documenti epigrafici romani. Contributo alla storia politico-sociale dell'Impero, II (27 a.C.-69 d.C.)*, Bari.

MYERS 1914 = J. L. Myers, *Handbook of the Cesnola Collection of Antiquities from Cyprus,* New York.

NARDUCCI 1889 = P. Narducci, *Sulle fognature della città di Roma. Descrizione tecnica*, Roma.

NASTI 1999 = F. Nasti, Curatores regionum urbis *e il* cursus honorum *di* C. Caelius Censorinus, in *Atti dell'XI Congresso Internazionale di Epigrafia Greca e Latina. Roma, 18-24 settembre 1997*, Roma, pp. 533-544.

NAVARRO 2003 = F. J. Navarro, *Un anònimo senadorprocedente de Barcino*, in C. A. del Real et al. (ed.), Urbs aeterna. *Actas y colaboraciones del Colloquio Internacionalroma entre la literatura y la istoria. Homenaje a la profesora Carmen Castillo*, Pamplona – Eunsa, pp. 663-677.

NAVARRO 2004 = F. J. Navarro, *El proconsulado de la Bética en el* cursus honorum *senatorial*, in *Geriòn* 22 (2004), pp. 379-402.

NELSON – MANTHE 1999 = H. L. W. Nelson – U. Manthe, Gai Institutiones *III 88–181. Die Kontraktsobligationen. Text und Kommentar,* Berlin.

NEWTON 1902 = H.C. Newton, *The Epigraphical Evidence for the Reigns of Vespasian and Titus*, New York.
NICOLET 1974 = C. Nicolet, *L'ordre equestre a l'epoque republicaine. (312-43 av. J.-C.) II*, Paris.
NICOLS 1978 = J. Nicols, *Vespasian and the* Partes Flavianae, Wiesbaden.
NICOLS 1980 = J. Nicols, *Pliny and the Patronage of Communities*, in *Hermes* 108 (1980), pp. 365-385.
NUZZO 1996 = D. Nuzzo, *Impiego e reimpiego di materiale epigrafico nella basilica cristiana di Pianabella (Ostia)*, in *Vet.Chr.* 33 (1996), pp. 85-114.
NUZZO 1999 = D. Nuzzo, *Le iscrizioni*, in L. Paroli (ed.), *La basilica cristiana di Pianabella. Scavi di Ostia XII*, Roma, pp. 33-202.
OJEDA 1995 = J.M. Ojeda, *Filóstrato V A, 5, 6 y la procuratela* ad ripam Baetis, in *Kolaios* 4 (1995), pp. 381-386.
O'KEEFE 1961 = M. D.O'Keefe, *Pliny the Younger, a character sketch*, in *CB* 37 (1961), pp. 39, 41-43.
OLESON 1976 = J.P. Oleson, *A Possible Physiological Basis for the Term* Urinator, *"Diver"*, in *AJPh* 97 (1976), pp. 22-29.
OLIVER 1947 = J. H. Oliver, *The Descendants of* Asinius Pollio, in *AJPh* 68 (1947), pp. 147-160.
OLIVER 1978 = J. H. Oliver, *Epigraphical Notes*, in *ZPE* 32 (1978), pp. 279-280.
ORDOÑEZ 2003 = S. Ordoñez, *El Puerto romano de* Hispalis, in G. Pascula – J. Pérez (ed.), *Puertos fluviales antiguos:ciuidad, desarollo et infraestructuras*, Valencia, pp. 59-79.
ORENZEL 1980 = A. E. Orenzel, *Pliny and Domitian*, in *CB* 56 (1980), pp. 49-52.
ORESTANO 1937 = R. Orestano, *Il potere normativo degli imperatori e le costituzioni imperiali*, Roma.
ORLANDI 1993 = S. Orlandi, *Un contributo alla storia del collezionismo: la raccolta epigrafica Delfini*, Roma.
OTTO 1919 = Z. Otto, *Zur Lebengeschichte des jüngeren Plinius*, München.
OVERBECK 1972 = B. Overbeck, *Ein neues Militärdiplom von* Moesia superior, in *Chiron* 2 (1972), pp. 449-457.
PACI 1982 = G. Paci, *Su una dedica falerionense a Marcello Esernino*, in *MGR* 8 (1982), Roma, pp. 267-284.
PACKER 2001 = J. E. Packer, *The Forum of Trajan in Rome. A Study of the Monuments in Brief*, Berkeley.
PAGÉ 2004 = M.-M. Pagé, *Pline le Jeune et les* Alimenta Italiae, in *Cornucopia* 8 (2004), pp. 21-28.
PAIS 1915-21 = E. Pais, *Ricerche sulla storia e sul diritto pubblico di Roma*, 1-4, Roma, 1915-1921.
PALLECCHI 2002 = S. Pallecchi, *I* mortaria *di produzione centro-italica.* Corpus *dei bolli*, Roma.
PALLOTTINO 1984 = M. pallottino, *Etruscologia*, Milano.
PALLU DE LASSERT 1896 = E. P. De Lassert, *Fastes de la Province romaine d'Afrique*, Paris, 1896-1901.
PALMA 1980 = A. Palma, *Le* 'curae publicae'. *Studi sulle strutture amministrative romane*, Napoli.
PALMER 1990 = R. Palmer, *Studies of the Northern Campus Martius in Ancient Rome*, Philadelphia.
PALOMBI 1998 = D. Palombi, Compitum Acilium: la scoperta, il monumento e la tradizione medica del quartiere, in *RPAA* 70 (1998), pp. 115-136.
PANCIERA 1967 = S. Panciera, *Miscellanea storico-epigraficaIII*, in *Epigraphica* XXIX (1976), pp. 18-61.
PANCIERA 1972 = S. Panciera, *Porti e commerci nell'Alto Adriatico*, in *AAAd* II (1972), pp. 79-112.
PANCIERA 1982 = S. Panciera et al., *Iscrizioni senatorie di Roma e dintorni. Tavv. XI-XXVII*, in *EOS*, Tituli, *4* (1982), pp. 591-678.
PANCIERA 2000 = S. Panciera, *Nettezza urbana a Roma. Organizzazione e responsabilità*, in X. Dupré Raventòs – J-A. Remolà (ed.), Sordes Urbis. *La eliminaciòn de residuos en la ciuidad romana*, Roma, pp. 95-106.
PANCIERA 2006 = S. Panciera, L. Caesonius Ovinius Manlius Rufinianus Bassus, in S. Panciera, *Epigrafi, epigrafia, epigrafisti. Scritti vari editi e inediti (1956-2005) con note complementari e indici, II*, Roma, pp. 985-997.
PANCIERA 2006b = S. Panciera, *Abitazioni di personaggi importanti a Roma. Altri contributi alla loro invenzione*, in S. Panciera, *Epigrafi, epigrafia, epigrafisti. Scritti vari editi e inediti (1956-2005) con note complementari e indici, II*, Roma, pp. 1191-1206.
PANELLA 1980 = C. Panella, *Retroterra, porti e mercati: l'esempio dell'*Ager Falernus, in *MAAR* XXXVI (1980), pp. 251-259.
PANELLA 1998 = C. Panella, *Anfore e archeologia subacquea*, in G. Volpe (ed.), *Archeologia subacquea, come opera l'archeologo, storia delle acque*, Firenze, 531-559.
PARIBENI 1926-27 = R. Paribeni, Optimus Princeps. *Saggio sulla storia e sui tempi dell'Imperatore Traiano*, Messina.
PARKIN – POMEROY 2007 = T. G. Parkin – A. J. Pomeroy, *Roman Social History. A Sourcebook*, London – New York.
PAROLI 1993 = L. Paroli, *Ostia nella tarda antichità e nell'alto medioevo*, in L. Paroli – P. Delgou (ed.), *La storia economica di Roma nell'alto medioevo alla luce dei recenti scavi acheologici*, Roma, pp. 153-175.
PASSERINI 1953 = A. Passerini 1953, *Il territorio insubre in età romana*, in *Storia di Milano*, I, Milano, pp. 111-214.
PATRONI 1897 = G. Patroni, *Roma. Nuove scoperte nella città e nel suburbio*, in *NSA* (1897), pp. 8-10.
PAVIS D'ESCURAC 1976 = H. Pavis d'Escurac, *La préfecture de l'annone. Service administratif impérial d'Auguste à Constantin*, Paris.
PAVOLINI 1986 = C. Pavolini, *La vita quotidiana ad Ostia*, Roma.
PAVOLINI 2006 = C. Pavolini, *Ostia*, Bari.
PAZ DE HOZ 1997 = M. Paz De Hoz, *Epigrafía griega en Hispania*, in *Epigraphica* 59 (1997), pp. 29-98.
PEACHIN 1996 = M. Peachin, Iudex vice Caesaris. *Deputy emperors and the administration of justice during the Principate*, Stuttgard.
PEKÁRY 1990 = T. Pekáry, *Untersuchungen zu den roemischen Reichsstrassen*, Bonn.
PELLEGRINO 1982 = A. Pellegrino, *Una nuova epigrafe sugli* urinatores *ad Ostia*, in *MGR* 8 (1982), pp. 317-325.

PELLEGRINO – PETRIAGGI 1988 = A. Pellegrino – R. Petriaggi, *Ritrovamenti e ricerche subacquee ad Ostia. La situazione attuale e le nuove prospettive*, in S. Quilici Gigli (ed.), *Archeologia laziale IX. Nono incontro di studio del comitato per l'archeologia laziale*, Roma, pp. 171-177.

PENSABENE 1972 = P. Pensabene, *Considerazioni sul trasporto di manufatti marmorei a Roma*, in *DArc* 6 (1972), pp. 317-362.

PENSABENE 2007 = P. Pensabene, Ostiensium marmorum decus et decor. *Studi architettonici, decorativi e archoemetrici*, Roma.

PEREA YÉBENES 2002 =, S. Perea Yébenes, *La legión XII y el prodigio de la lluvia en época del emperador Marco Aurelio*, Madrid.

PETER 1872 = C. Peter, *Plinius der Jüngere*, in *Philologus* 32 (1872), pp. 698-710.

PETRACCIA LUCERNONI 1988 = M. F. Petraccia Lucernoni, *I questori municipali dell'Italia antica*, Roma.

PEZZELLA 2002 = F. Pezzella, *Atella e gli atellani nella documentazione epigrafica antica e medievale*, in *Fonti e documenti per la storia atellana 2*, Napoli.

PFLAUM 1940 = G. Pflaum, *Essai sur le* cursus publicus *sous le Haut-Empire*, in *MémAcInscr* 14 (1940), pp. 189-390.

PFLAUM 1955 = H. G. Pflaum, *Une inscription de Madaure*, in *RSAC* 69 (1955-1956), pp. 121-129.

PFLAUM 1956 = H. G. Pflaum, *Deux inscriptions de Madaure*, in *BSNAF* (1956), pp. 51-57.

PFLAUM 1960 = H. G. Pflaum, *Les carrieres procuratoriennes equestres sous le haut-empire romain*, Paris.

PFLAUM 1962 = H. G. Pflaum, *Légats impériaux à l'intérieur de provinces sénatoriales*, in M. Renard (ed.), *Hommages a Albert Grenier* III, Bruxelles – Berchem, pp. 1232-1242.

PFLAUM 1963 = H. G. Pflaum, *Du nouveau sur les agri decumates à la lumière d'un fragment* de Capoue, CIL, X, 3872, in *BJ* CLXIII (1963), pp. 224-237.

PFLAUM 1966 = H. Pflaum, *Essai sur le* cursus publicus *sous le Haut-Empire romain*, Paris.

PFLAUM 1966a = H. G. Pflaum, *Les* Sodales Antoniniani *de l'époque de Marc-Aurèle*, Paris, in *Mémoires présentés par divers savants*, XV, 2, Paris, pp. 141-233.

PFLAUM 1974 = H. G. Pflaum, *Recensiòn de S. Mariner Bigorra, Inscripciones Romanas de Barcelona*, in *REA* 76 (1974), pp. 412-413.

PFLAUM 1978 = H. G. Pflaum, *Les fastes de la province de Narbonnaise*, Paris.

PFLAUM 1978b = H. G. Pflaum, *Une inscription de Madaure*, in *Afrique romaine.* Scripta varia *I*, Paris, pp. 117-123 (già in *RSAC*, 70 1955, pp. 121-127).

PICCALUGA 1974 = G. Piccaluga, *Terminus: i segni di confine nella religione romana*, Roma.

PICOZZI 1975 = S. Picozzi, *L'eplorazione della* Cloaca Maxima, in *Capitolium* 50 (1975), pp. 2-10.

PIETILÄ-CASTRÈN 1982 = L. Pietilä-Catrèn, *Sulle origini degli* Acilii Glabriones, in *OpFin* 1 (1982), pp. 63-70.

PIGHI 1965 = G. B. Pighi, De ludis saecularibus populi Romani Quiritium libri sex, Milano.

PINK 1952 = K. Pink, *The* triumviri monetales *and the structure of the coinage of the roman republic*, New York.

PINTADO 2009 = J. A. Pintado, *Sobre las élites municipales Calagurritanas: a propósito de los* Granii *de los rotulos monetales*, in *Kalakorikos* 14 (2009), pp. 105-126.

PISANI SARTORIO 1982 = G. Pisani Sartorio, *Repubblicane*, in G. Barbieri (ed.), *Il lapidario Zeri di Mentana*, Roma, pp. 1-15.

PISO 1982 = I. Piso, *La place de la Dacie dans les carriers senatoriales*, in *Epigrafia e ordine senatorio. Atti del Colloquio Internazionale AIEGL. (Roma, 14-20 maggio 1981)*, Roma, pp. 369-395.

PISO 1993 = I. Piso, Fasti Provinciae Daciae. I: *Die senatorischen Amtsträger*, Bonn.

PLATNER-ASHBY 1929 = S. Bell Platner – Th. Ashby, *A Topographical Dictionary of Ancient Rome*, London.

POLVERINI 1975 = L. Polverini, *Da Aureliano a Diocleziano*, in *ANRW* II.2, Berlin-New York, pp. 1013-1035.

PORENA 2003 = P. Porena, *Le origini della prefettura del pretorio tardoantica*, Roma.

PORENA 2005 = P. Porena, *Problemi di cronologia costantiniana. L'imperatore,* Vettius Rufinus *e il senato*, in *AnTard* 13 (2005), pp. 205-246.

PRELL 1997 = M. Prell, *Sozialökonomische Untersuchungen zur Armut im antiken Rom. Von den Gracchen bis Kaiser Diokletian* Stuttgart.

PRIULI 1982 = S. Priuli, *Nuove attestazioni senatorie nell'Anfiteatro Flavio*, in *Epigrafia e ordine senatorio. Atti del Colloquio Internazionale AIEGL. (Roma, 14-20 maggio 1981)*, Roma, pp. 575-620.

PUECH 2002 = B. Puech, *Orateurs et sophistes grecs dans les inscriptions d'époque impériale*, Paris.

PUGLIESE CARRATELLI 1949 = G. Pugliese Carratelli, Auctoritas Augusti, in *PP* 10 (1949), pp. 29-40.

PURCELL 1985 = N. Purcell, *Wine and Wealth in Ancient Italy*, in *JRS* 75 (1985), pp. 1-19.

PURCELL 1996 = N. Purcell, *The Ports of Rome. Evolution of a 'façade maritime'*, in A. Gallina Zevi-A. Claridge (ed.), *'Roman Ostia' revisited. Archaeological and Historical papers in Memory of Russel Meiggs*, Roma, pp. 267-279.

PURCELL 1983 = N. Purcell, *The* Apparitores*: A Study in Social Mobility*, in *PBSR* 51 (1983), pp. 125-173.

PURPURA 1976 = G. Purpura, *Relitti di navi e diritto del fisco: una congettura sulla* lex Rhodia, in *AUPA* 36 (1976), pp. 69-87.

PURPURA 1995 = G. Purpura, Il *naufragio nel diritto romano: problemi giuridici e testimonianze archeologiche,* in *AUPA* 43 (1995), pp. 463-476.

PURPURA 2002 = G. Purpura, Ius naufragii, Sylai *e* lex Rhodia. *Genesi delle consuetudini marittime mediterranee*, in *AUPA* 47 (2002), pp. 273-292.

QUILICI 1979 = L. Quilici, *La via Prenestina: i suoi monumenti, i suoi personaggi*, Roma.

QUILICI 1983 = L. Quilici, *Il Campo Marzio occidentale,* in *ARID*, Suppl.10 (1983), pp. 59-85.

QUILICI 1986 = L. Quilici, *Il Tevere e l'Aniene come vie d'acqua a monte di Roma nell'età* imperiale, in s. Quilici

Gigli (ed.), *Il Tevere e le altre vie d'acqua del Lazio antico: settimo incontro di studio del Comitato per l'archeologia laziale*, Roma, pp. 198-217.
QUILICI 1990 = L. Quilici, *Le strade. Viabilità tra Roma e Lazio*, Roma.
QUILICI 1990b = L. Quilici, *Roma. Via di S. Paolo alla Regola. – Scavo e recupero di edifici antichi e medioevali*, in *NSA* XL-XLI (1990), pp. 175-418.
RACHET 1970 = M. Rachet, *Rome et les Berbères. Un problème militaire d'Auguste à Dioclétien*, Bruxelles.
RAEPSAET CHARLIER 1976 = M. Th. Raepsaet-Charlier, *La datation des inscriptions latines dans les provinces occidentales de l'Empire Romain d'après les formules «*IN H(ONOREM) D(OMUS) D(IVINAE)*» et* «DEO, DEAE*»*, in *ANRW II.* 3, Berlin, pp. 232-282.
RAEPSAET CHARLIER 1987 = M. Th. Raepsaet-Charlier, *Prosopographie des femmes de l'ordre senatorial (Ier-IIe s.)*, Lovanii.
RAMILLI 1972 = G. Ramilli, *M. Nonio Arrio Cuciano in un'epigrafe inedita di Verona*, in *Atti del Convegno sul territorio veronese in età romana, Verona 22-24 ottobre 1971*, Verona, pp. 461-470.
RAMSAY 1886 = W.M. Ramsay, *Notes and Inscriptions from Asia Minor,* in *AJA* II, 2 (1886), pp. 123-131.
RAMSAY 1903 = M. Ramsay, *St. Paul the Traveller and the Roman Citizen*, London.
RAMSAY 1918 = M. Ramsay, *The Family and Religion of* L. Sergius Paullus, Proconsul *of Cyprus*, in *ET* 29 (1918), pp. 324-328.
RAMSAY 1920 = M. Ramsay, Sergius Paullus *and his Relation to Christian Faith*, in *The Bearing of Recent Discovery on the Trustworthiness of the New Testament*, London, pp. 150-72.
RAMSAY 1926 = M. Ramsay, *Studies in Roman Province* Galatia, in *JRS* 16 (1926), pp. 200-215.
RANELLI 2000 = I. Ranelli, *Annotazioni critiche su Aquila e Priscilla, il* «titulius [sic] Priscae» *e le catacombe di Priscilla a Roma*, in *ETF(hist)* 13 (2000), pp. 243-253.
RANELLI 2003 = I. Ranelli, *Cristiani e vita politica. Il cripto-cristianesimo nelle classi dirigenti romane nel II secolo*, in *Aevum* 77 (2003) 77, pp. 35-51.
RAOSS 1968 = M. Raoss, *Note di epigrafia latina e greca*, in *Epigraphica* XXX (1968), pp. 96-104.
REALI 1998 = M. Reali, *Il contribut dell'epigrafia latina allo studio dell'*amicitia*: il caso della Cisalpina*, Firenze.
REGGIORI 1941 = F. Reggiori, *La basilica Ambrosiana, ricerche e restauri 1933-1940*, Milano.
REIDINGER 1956 = W. Reidinger, *Die Statthalter des ungeteilten Pannonien und Oberpannonien von Augustus bis Diokletian*, Bonn.
REIMERS 1989 = P. Reimers, "Opus omnium dictum maximum". *Literary sources for the knowledge of Roman city*, in *ORom* 17 (1989), pp. 137-141.
REIMERS 1991 = P. Reimers, *Roman Sewers and Sewerage Networks. Neglected Areas of Study*, in *MunusRom* 17 (1991), pp. 111-116.
REMESAL RODRÍGUEZ 1990 = J. Remesal Rodríguez, *El sistema annonario como base de la evolución económica del Imperio romano*, in *PACT* 27, 1990 (1995), pp. 355-367.
REMESAL RODRÍGUEZ 1991 = J. Remesal Rodríguez, Sextus lulius Possessor *en la Bética*, in *Alimenta. Estudios en homenaje al Dr. Michel Ponsich. Gerión, Anejos 3*, Madrid, 1991.
RÉMY 1989 = B. Rémy, Les *carrières sénatoriales dans les provinces Romaines d'Anatolie au Haut-Empire (31 a.C.- 284 d.C.). Varia Anatolica.* II. Istanbul, Paris.
RICCA BARBERIS 1954 = M. Ricca Barberis, Auctoritas *e* potestas, in *AG* 16 (1954), pp. 129-131.
RICCI 1957 = G. Ricci, *Saggi di scavo in terreno Aldobrandini*, in *FA* XII (1957), pp. 332-333 n.5339.
RICHARDSON 1992 = L. Richardson, *A New Topographical Dictionary of Ancient Rome*, Baltimore and London.
RICKMAN 1991 = G.E. Rickman, *Problems of Transport and Development of Ports*, in A. Giovannini (ed.) *Nourrir la plebe: actes du colloque tenu a Geneve les 28 et 29.9.1989 en hommage a Denis Van Berchem*, Basel, pp. 103-118.
RINALDI 2002 = G. Rinaldi, *Pagani e cristiani nell'Asia Proconsolare. Note prosopografiche*, in AA.VV., *Cristiani nell'impero romano. Giornate di studio. San Leucio del Sannio – Benevento, 22, 29 marzo e 5 aprile 2001*, Napoli, pp. 99-126.
RINALDONI 2004 = M. C. Rinaldoni, *Contributo per la conoscenza della zona sud-ovest del Campo Marzio*, in *BCA* 105 (2004), pp. 371-394.
RITTERLING 1897 = E. Ritterling, *Die Statthalter der Pannonischen Provinzen,* in *AEM* 20 (1897), pp. 1-40.
RITTERLING 1927 = E. Ritterling, *Die* Legati pro praetore *von* Pannonia Inferior *seit Traian*, in *Aren. Ert.* 41 (1927), pp. 281-301.
RITTERLING 1932 = E. Ritterling, Fasti *des römischen Deutschland unter dem Prinzipat*, Wien.
ROBINSON 1994 = O. F. Robinson, *Ancient Rome. City Planning and Administration*, London.
RODRIGUEZ-ALMEIDA 1977 = E. Rodriguez-Almeida, Forma Urbis Marmorea: *nuovi elementi di analisi e nuove ipotesi di lavoro*, in MEFRA LXXXIX, 1 (1977), pp. 219-256.
RODRIGUEZ-ALMEIDA 1981 = E. Rodriguez-Almeida, Forma Urbis Marmorea, *Aggiornamento generale* 1980, Roma.
RODRIGUEZ-ALMEIDA 1988 = E. Rodriguez-Almeida, *Un frammento di una nuova pianta marmorea di Roma*, in *JRA* 1 (1988), pp. 120-131.
RODRIGUEZ-ALMEIDA 2002 = E. Rodriguez-Almeida, Formae Urbis Antiquae: *le mappe marmoree di Roma tra la Repubblica e Settimio Severo*, Roma.
ROFFIA 2001 = E. Roffia, *Nuove indagini nelle ville romane del Lago di Garda*, in M. Verzár-Bass (ed.), *Abitare in Cisalpina. L'edilizia privata nelle città e nel territorio in età romana. Atti della XXXI settimana di Studi Aquileiesi, 23-26 maggio 2000*, Trieste, pp. 447-478.
ROGERS 1931 = R. S. Rogers, Lucius Arruntius, in *CPh* 26 (1931), pp. 31-45.
ROGERS 1931b = R. S. Rogers, *The Conspiracy of Agrippina*, in *TAPhA* 62 (1931), pp. 141-168.
ROLDÁN HERVÁS 1974 = J. M. Roldán Hervás, *Hispania y el ejército romano. Contribuvion a la historia social de la España antigua*, Salamanca.
ROSS-TAYLOR 1960 = L. Ross-Taylor, *The voting*

districts of the Roman Republic, Roma.
ROTONDI 1912 = G. Rotondi, Leges Publicae Populi Romani, Milano.
ROUGÉ 1966 = J. Rougé, *Recherches sur l'organisation du commerce maritime en Méditerranée sous l'empire romain*, Paris.
ROUGÉ 1977 = J. Rougé, *Navi e navigazione nell'antichità*, Firenze.
ROWLAND 1968 = R.J. Rowland, *Sallust's Wife*, in *CW* LXII (1968), p. 134,
ROYDEN 1988 = H. Royden, *The Magistrates of the Roman Professional Collegia in Italy from the First to the Third Century A.D.*, Pisa.
ROYDEN 1989 = H. Royden, *The Tenure of Office of the Quinquennales in the Roman Professional* Collegia, in *AJPh* 110 (1989), pp. 303-315.
ROYO 1999 = M. Royo, Domus imperatoriae. *Topographie, formation et imaginaire des palais impériaux du Palatin, 2. siècle av. J.-C.- 1. siècle ap. J.-C.*, Roma.
RUGGERI – ZUCCA 1992 = P. Ruggeri – R. Zucca, *Nota preliminare sul* pagus *e sulla colonia di* Uchi Maius *(Henchir ed-Duamis, Tunisia)*, in *L'Africa Romana: ai confini dell'impero 10.2*, Sassari.
RUGGERI 1997 = P. Ruggeri, *La casa imepriale*, in M. Khanoussi – A. Mastino (ed.), Uchi Maius *I: Scavi e ricerche topografiche in Tunisia*, Sassari, pp. 133-172.
RÜPKE 2003 = J. Rüpke, *Kaiserliche Religionspolitik und priesterliche Rekrutierungsmechanismen Überlegungen zur Elitenformation am Beispiel der Sodalitäten des Herrscherkultes in Antoninianischer Zeit*, in H. Cancik und K. Hitzl (ed.), *Die Praxis der Herrscherverehrung in Rom und seinen Provinzen*, Tübingen.
RÜPKE – GLOCK 2005 = J. Rüpke – A. Glock, Fasti sacerdotum. *Die Mitglieder der Priesterschaften und das sakrale Funktionspersonal römischer, griechischer, orientalischer und jüdisch-christlicher Kulte in der Stadt Rom von 300 v. Chr. bis 499 n. Chr. 2, Biographien*, Wiesbaden.
RÜPKE – GLOCK 2007 = J. Rüpke – A. Glock, *Römische Priester in der Antike. Ein biographisches Lexikon*, Stuttgard.
RUSSU 1948 = I. I. Russu, *Note epigrafiche*, in *Epigraphica* X (1948), pp. 14-20.
SADDINGTON 1985 = D. B. Saddington, *Praefecti Fabrum* on the Julio-Claudian Period. In E. Weber – G. Dobesch (ed.), *Römische Geschichte, Altertumskunde und Epigraphik. Festschrift Artur Betz zur Vollendung seines 80. Lebensjahres*, Wien, pp. 529-546.
SADDINGTON 1987 = D. B. Saddington, *Military* praefecti *with Administrative Functions. In Actes du IXe Congrès international d'épigraphie grecque et latine, 31 Aug. - 7 Sept. 1987, I*, Sofia, pp. 268-274.
SALLER 1982 = SALLER, R.P., *Personal Patronage under the Early Empire*, Cambridge.
SALOMIES 1992 = O. Salomies, *Adoptive and polyonymous nomenclature in the Roman empire*, Helsinki.
SALOMIES 1996 = O. Salomies, *Senatori oriundi del Lazio*, H. Solin (ed.), *Studi storico-epigrafici sul Lazio antico*, Roma, pp. 23-127.
SALVADORI 1987 = E. Salvadori, *Il* «De genus navigiorum» *di Nonio (*Liber XIII*)*, in *Studi noniani* XII (1987), pp. 113-188.
SANFILIPPO 2002 = C. Sanfilippo, *Istituzioni di diritto romano*, Napoli.
SANFORD RAYMENT 1945 = C.. Sanford Rayment, *A Literary Echo of the Declamations*, in *CJ* 41 (1945), pp. 124-125.
SANNA 1997 = D. Sanna, *Contributo alla storia di* Uchi Maius*: la promozione istituzionale ed i rapporti con la* civitas Bencennensis *nell'eta' di Severo Alessandro*, in in M. Khanoussi – A. Mastino (ed.), Uchi Maius *I: Scavi e ricerche topografiche in Tunisia*, Sassari, pp. 189-200.
ŠAŠEL 1982 = J. Šašel, *Senatori e appartenenti all'ordine senatorio provenienti dalle province romane di Dacia, Tracia, Mesia, Dalmazia e Pannonia*, in *Epigrafia e ordine senatorio. Atti del Colloquio Internazionale AIEGL. (Roma, 14-20 maggio 1981)*, Roma, pp. 553-581.
SAULNIER 1984 = Ch. Saulnier, Laurens Lauinas. *Quelques remarques à propos d'un sacerdoce équestre à Rome*, in *Latomus* 43, f. 3 (1984), pp. 517-533.
SAVINO 2005 = E. Savino, *Campania tardoantica (284-604 d.C.)*, Bari.
SCHEID – BROISE 1980 = J. Scheid – H. Broise, *Deux nouveaux fragments des actes des frères arvales de l'année 38 ap. J.-C.*, in *MEFRA* 92 (1980), pp. 215-248.
SCHEID – GRANINO CECERE 1999 = J. Scheid – M. G. Granino Cecere, *Les sacerdoces publics équestres*, in *L'ordre équestre histoire d'une aristocratie (Iie siècle av. J.-C. – IIle siècle ap. J.-C.). Actes du colloque int. Organisé par S. Demougin, H. Devijver et M.-Th. Raepsaet-Charlier (Bruxelles-Leuven, 5-7 octobre 1995)*, Roma, pp. 79-189.
SCHEID 1975 = J. Scheid, *Les frères Arvales. Recrutement et origine sociale sous les empereurs julio-claudiens*, Paris.
SCHEID 1990 = J. Scheid, *Le collège des Frères Arvales: étude prosopographique du recrutement (69-304)*, Roma.
SCHEITHAUER 2000 = A. Scheithauer, *Kaiserliche Bautätigkeit in Rom. Das Echo in der antiken Literatur*, Stuttgart.
SCHELLER 1961 = M. Scheller, *Lateinisch* urina *und* urinari (urinare) *,tauchen'*, in *MusHelv* 18 (1961), pp. 140-149.
SCHERRER 2010 = P. Scherrer, Covnertvs. *Ein noriker in der* legio VII Gemina Felix. *Bemerkungen zur romanisation anhand einer votivkleininschrift aus dem nahbereich von* Virunum, in *EN* 20 (2010), pp. 169-180.
SCHULZE 1904 = W. Schulze, *Zur Geschichte lateinischer Eigennamen*, Berlin.
SCHUMACHER 1973 = L. Schumacher, *Prosopographische Untersuchungen zur Besetzung der vier hohen römischen Priestkollegien im Zeitalter der Antonine und der Severer*, Mainz.
SCHUMACHER 1977 = L. Schumacher, Propinquo *et* Ambibulo cos. *Methodische Überlegungen zur Datierung eines Ziegelstempels*, in *ZPE* 24 (1977), pp. 155-163.
SCHUMACHER 1978 = L. Schumacher, *Die vier hohen römischen Priesterkollegien unter den Flaviern, den Antoninen und den Severen (69-235 n. Chr.)*, in *ANRW* II 16.1 (1978), pp. 656-686.

SCHUMACHER 1988 = L. Schumacher, *Römische Inschriften. Lateinisch, Deutsch*, Stuttgart.
SCHUSTER 1992 = M. Schuster (ed.), C. Plini Caecili Secundi epistularum libri novem, Stuttgart, Leipzig.
SCHWARZ 1960 = G.Th. Schwarz, *L'histoire de trios termes et typoes de construction romains: schola-statio-exedra*, in *REL* 38 (1960), pp. 61-62.
SCHWARZ 2001 = H. Schwarz, *Soll oder Haben? die Finanzwirtschaft kleinasiatischer Städte in der römischen Kaiserzeit am Beispiel von Bithynien, Lykien und Ephesos (29 v. Chr.-284 n. Chr.)*, Bonn.
SCOBIE 1986 = A. Scobie, *Slum, Sanitation, and Mortality in the Roman World*, in *Klio* 68 (1986), pp. 399-433.
SCRAMUZZA 1971 = V. M. Scramuzza, *The Emperor Claudius*, Roma.
SCRINARI 1960 = V. Scrinari, *Strutture portuali relative al porto di Claudio messo in luce durante i lavori per l'Areoporto Intercontinentale di Fiumicino (Roma),* in *Rassegna dei Lavori Pubblici* 3 (1960), pp. 173-190.
SCRINARI 1971 = V. Scrinari, *Il* "Portus Claudii" *e i più recenti ritrovamenti nella zona di Fiumicino,* in *Atti del III Congresso Internazionale di Archeologia Sottomarina,* Barcellona, pp. 215-224.
SCRINARI 1984 = V. Scrinari, *Scavi al porto di Claudio,* in *Archeologia Laziale* 6 (1984), pp. 213-219.
SCRINARI 1987 = V. Scrinari, *Indagini al porto di Claudio,* in *Archeologia Laziale* 8 (1987), pp. 181-188.
SEAR 2006 = F. Sear, *Roman Theatres: An Architectural Study*, Oxford.
SEECK 1919 = O. Seeck, *Regesten der Kaiser und Päpste für die Jahre 311 bis 476 nach Chr. Vorarbeit zu einer Prosopographie der christlichen Kaiserzeit*, Stuttgart.
SEGARRA LAGUNES 2004 = M. M. Segarra Lagunes, *Il Tevere e Roma. Storia di una simbiosi*, Roma.
SEGENNI 1985 = S. Segenni, Amiternum *e il suo territorio in età romana*, Pisa.
SEGRÉ 1927 = G. Segrè, *Le cose, la proprietà, gli altri diritti reali. Corso di diritto romano 1926-1927*, Torino.
SESTIERI 1931 = P. C. Sestieri in *BCA* 59 (1931-1932), p. 213.
SHERK 1971 = R. K. Sherk, *Specialization in the Provinces of Germany*, in *Historia* 20 (1971), pp. 110-121.
SHERK 1980 = R. K. Sherk, *Roman Galatia. The governors from 25 B.C. to A.D. 114*, in *ANRW* II, 7. 2, Berlin, 954-1052.
SHERK 1988 = R. K. Sherk, *The Roman Empire: Augustus to Adrian*, Cambridge, 1988.
SHERWIN-WHITE 1957 = A. N. Sherwin-White, *Pliny's Praetorship again*, in *JRS* 47 (1957), pp. 126-130.
SHERWIN-WHITE 1966 = A. N. Sherwin-White, *The Letters of Pliny. A Social and Historical Commentary,* Oxford.
SHERWIN-WHITE 1969 = A. N. Sherwin-White, *Pliny, the Man and his Letters*, in *G&R* (1969), pp. 76-89.
SHIPLEY 1933 = W Shipley, *Agrippa's Building Activities in Rome*, St. Louis.
SHOTTER 1971 = D. C. A. Shotter, Tiberius *and* Asinius Gallus, in *Historia* 20, 4 (1971), pp. 443-457.
SILENZI 1998 = M. Silenzi, *Il porto di Roma*, Roma.
SILVESTRINI 1990 = M. Silvestrini, *Aspetti della municipalità di* Canusium. *L'albo dei decurioni*, in *MEFRA* 102 (1990), pp. 595-602.
SILVESTRINI 1990b = M. Silvestrini, *Istituzioni locali*, in M. Chelotti – M. Silvestrini – V. Morizio (ed.), *Le epigrafi romane di Canosa II*, Bari, pp. 221-230.
SILVESTRINI 1990c = M. Silvestrini, Gentes, in M. Chelotti – M. Silvestrini – V. Morizio (ed.), *Le epigrafi romane di Canosa II*, Bari, pp. 257-266.
SILVESTRINI 1999 = M. Silvestirni, Epigraphica: Luceria, Canusium, Cannae, Silvium, *i Bitontini in Sardegna*, in M. Pani (ed.) *Epigrafia e territorio Politica e società: temi di antichità romane V*, Bari, pp. 117-158.
SIRKS 1991 = B. Sirks, *Food for Rome. The Legal Structure of the Transportation and Processing of Supplies for the Imperial Distributions in Rome and Constantinople*, Amsterdam.
SIRKS 1999 = B. Sirks, *On the Emperor's service. The corpus pistorum of Ostia and Portus Uterque from the juridical perspective*, in J. T. Bakker (ed.), *The Mills-Bakeries of Ostia. Description and Interpretation*, Amsterdam, pp. 102-109.
SMALWOOD 1964 = E. M. Smallwood, *The Younger Pliny*, in J. Ferguson (ed.), *Nigeria and the classics, VII. Papers read at the Seventh Conference on classics held at the Univ. of Ibadan*, Ibadan, pp. 1-11.
SMALLWOOD 1966 = E. M. Smallwood, *Documents Illustrating the Principates of Nerva, Trajan and Hadrian*, Cambridge.
SOLIN 1981 = H. Solin, *Iscrizioni di Sora e di Atina*, in *Epigraphica* XLIII (1981), pp. 45-126.
SOLIN 2003 = H. Solin, *Die griechischen personennamen in rom. Ein Namenbuch: zweite, vollig neu bearbeitete Auflage*, Berlin.
SPAGNUOLO VIGORITA 1978 = T. Spagnuolo Vigorita, Secta temporum meorum: *rinnovamento politico e legislazione fiscale agli inizi del principato di Gordiano III,* Palermo.
SPAWFORTH 1985 = A.J.S. Spawforth, *Families at Roman Sparta and Epidaurus. Some Prosopographical Notes*, in *ABSA* 80 (1985), pp. 191-258.
SPINAZZOLA 1895 = V. Spinazzola, *Gli* Augures, Roma.
STECH 1912 = B. Stech, Senatores romani qui fuerint inde a Vespasiano usque ad Traiani exitum, in *Klio* 10 (1912).
STEIN 1927 = A. Stein, *Der Römische Ritterstand*, München.
STEIN 1930 = A. Stein, Bellum Aquileiense, in *Hermes* 65 (1930), pp. 224-235.
STEIN 1940 = A. Stein, *Die Legaten von Moesien*, Budapest.
STEIN 1944 = A. Stein, *Die Reichsbeamten von Dazien,* Budapest.
STOUT 1991 = S. E. Stout, *The Governors of* Moesia, Princeton.
STROBEL 1983 = K. Strobel, *Laufbahn und Vermächtnis des jüngeren Plinius. Zu CIL V 5262*, in W. Huss - K. Strobel (ed.), *Beiträge zur Geschichte*, Bamberg, pp. 37-56.
STUART 1939 = M. Stuart, *How Were Imperial Portraits Distributed throughout the Roman Empire?*, in

AJA XLII (1939), pp. 601-617.
STYLOW 2000 = A. U. Stylow, *Nuevo gobernador de la Bética del siglo IV*, in *Geriòn* 18 (2000), pp. 425-437.
SUMNER 1966 = G. V. Sumner, *Book Review:* Koestermann, Cornelius Tacitus *Annalen. Baud 1, Buch 1-3*, in *Phoenix* (1966), pp. 76-85.
SUOLAHTI 1955 = J. Suolahti, *The Junior Officers of the Roman Army in the Republican Period. A Study on Social Structure*, Helsinki.
SUSINI 1989 = G. Susini, *Le scritture esposte,* in *Lo spazio letterario di Roma antica* II, Roma, pp. 271-306.
SWANSON 1957 = D. C. Swanson, *Latin* –ensis *in Verse Texts*, in *Glotta* 37 (1957), pp. 130-149.
SYME 1939 = R. Syme, *The Roman Revolution*, Oxford.
SYME 1946 = R. Syme, *Review of Das Fuhreramt des Augustus by H. Siber*, in *JRS* 36 (1946), pp. 149-159.
SYME 1956 = R. Syme, *Missing Person*, in *Historia* 5 (1956), pp. 204-212.
SYME 1957 = R. Syme, *The Friend of Tacitus*, in *JRS* 47 (1957), pp. 131-135.
SYME 1958 = R. Syme, *Tacitus*, Oxford.
SYME 1958b = R. Syme, *Obituaries in Tacitus*, in *AJPh* LXXIX (1958), pp. 18-31.
SYME 1959 = R. Syme, *The Lower Danube under Trajan*, in *JRS* 49 (1959), pp. 26-33.
SYME 1959b = R. Syme, *Proconsuls d'Afrique sous Antonin le Pieux*, in *REA* 61 (1959), pp. 310-319.
SYME 1959c = R. Syme, Recensione a Jagenteufel, A. Jagenteufel, *Die Statthalter der römischen Provinz Dalmatia von Augustus bis Diokletian*, Wien 1958, in *Gnomon* 31 (1959), pp. 513-515.
SYME 1960 = R. Syme, *Pliny's less Successful Friends*, in *Historia* 9 (1960), pp. 362-379 = E. Badian (ed.), *Roman Papers II*, Oxford, 1979. pp. 477-495.
SYME 1962 = R. Syme, *La rivoluzione romana*, Torino.
SYME 1964 = R. Syme, *The Stemma of the* Sentii Saturnini, in *Historia* 13 (1964), pp. 156-166.
SYME 1965 = R. Syme, *Les Proconsuls d'Afrique sous Hadrien,* in *REA* 67, (1965), pp. 342-352.
SYME 1965b = R. Syme, *Governors of* Pannonia Inferior, in *Historia* 14 (1965), pp. 342-361.
SYME 1967-71 = R. Syme, *Tacito* (trad. it.), Brescia.
SYME 1968 = R. Syme, *People in Pliny*, in *JRS* 58 (1968), pp. 135-151 = E. Badian, (ed.), *Roman Papers II*, Oxford, 1979, pp. 694-723.
SYME 1969 = R. Syme, *Pliny the Procurator*, in *HSCP* 73 (1969), pp. 201-236 = E. Badian (ed.), *Roman Papers II*, Oxford, 1979, pp. 742-773.
SYME 1969b = R. Syme, *Les proconsuls d'Afrique sous Hadrien*, in *REA* 67 (1969), pp. 342-352.
SYME 1970 = R. Syme, Dominio Corbulo, in *JRS* 60 (1970), pp. 26-39.
SYME 1978 = R. Syme, *History in Ovid*, Oxford.
SYME 1978b = R. Syme, *Sallust's Wife*, in *CQ* XXVIII, 2 (1978), pp. 292-295.
SYME 1978c = R. Syme, Antonius Saturninus, in *JRS* 68 (1978), pp. 12-21.
SYME 1980 = R. Syme, *Some Arval Brethren*, Oxford.
SYME 1980b = R. Syme, *Hadrianic Proconsuls of Africa*, in *ZPE* 37 (1980), pp. 1-18.
SYME 1981 = R. Syme, Vibius Rufus *and* Vibius Rufinus, in *ZPE* 43 (1981), pp. 365-376.
SYME 1981b = R. Syme, *Princesses an Others in Tacitus*, in *G&R* 28 (1981), pp. 40-52.
SYME 1982 = R. Syme, *Clues to Testamentary Adoption,* in *Epigrafia e ordine senatorio. Atti del Colloquio Internazionale AIEGL. (Roma, 14-20 maggio 1981)*, Roma, 1982, pp. 159-173.
SYME 1985 = R. Syme, *Correspondents of Pliny*, in *Historia* 34 (1985), pp. 324-359 = A. R. Birley (ed.), *Roman Papers V*, Oxford, pp. 440-477.
SYME 1985b = R. Syme, *The* Testamentum Dasumii, in *Chiron* 15 (1985), pp. 41-63.
SYME 1986 = R. Syme, *The Augustan Aristocracy*, Oxford.
SYME 1988 = R. Syme, *The Career of* Valerius Propinquus, in *Roman Papers V*, Oxford, pp. 579- 607.
SYME 1988b = R. Syme, *Hadrian and the Senate*, in *Roman Papers IV*, Oxford, pp. 295 - 324.
SYME 1991 = R. Syme, *Pliny's Early Career*, in A. R. Birley (ed.), *Roman Papers* VII, Oxford, pp. 551-567.
SYME 1995 = R. Syme (A. Birley ed.), Anatolica. *Studies in Strabo*, Oxford.
SZRAMKIEWICZ 1975 = R. Szramkiewicz, *Les Gouverneurs de Province a l'Epoque Augusteenne. Contribution a l'histoire administrative et sociale du Principat I*, Paris, 1975.
TAFARO 2005 = S. Tafaro, N*avi e naviganti nell'antico Mediterraneo*, in *Sicurezza marittima – Un impegno comune*, Taranto, pp. 293-319.
TALBERT 1980 = R. J. A. Talbert, *Pliny the Younger as Governor of Bithynia-Pontus*, in C. Deroux (ed.), *Studies in Latin Literature and History II*, Brussels, pp. 412-35.
TANZER 1924 = H. H. Tanzer, *The Villas of Pliny the Younger*, New York.
TASSAUX 1982 = F. Tassaux, Laecanii. *Recherches sur une famille sénatoriale d'Istrie*, in *MEFRA* 94 (1982), pp. 227-269.
TASSAUX 1989 = F. Tassaux, *Pou une histoire économique et sociale de Bolsena et de son territoire*, in *MEFRA* 87 (1989), pp. 535-561.
TASSAUX 1998 = F. Tassaux, *Apports récents de l'épigraphie à l'histoire économique et sociale de l'île de Brioni (Croatie)*, dans *Épigraphie de l'Adriatique, IXe Rencontre franco-italienne sur l'épigraphie du monde romain (Macerata, 10-11 nov. 1995)*, Rome, pp. 77-99.
TASSAUX 2003 = F. Tassaux, *Élites locales, élites centrales. Approche economique et sociale des grands proprietaires au nord de l'italie romaine (Brescia et Istrie)*, in *HSR* 19 (2003), pp. 91-120.
TASSAUX 2005 = F. Tassaux, *Patrimoines sénatoriaux de la* Decima Regio, in *CCG* 16 (2005), pp. 139-164.
TAYLOR 1995 = J. Taylor, *St Paul and the Roman Empire: Acts of the Apostles 13-14*, in *ANRW II.26.2* (1995), pp. 1189-1231.
TAYLOR 2002 = R. Taylor, Tiber River Bridges and the Development of the Ancient City of Rome, in *The Waters of Rome* 2 (2002), pp. 1-20.
TAYLOR 2011 = R. Taylor, *Bread and Water: Septimius Severus and the Rise of the* Curator aquarum et Miniciae, in *MAAR* 55 (2010), pp. 199-220.
TCHERNIA – POMEY 1978 = A. Tchernia – P. Pomey *et al., L'épave romaine de la Madrague de Giens (Var)*, Suppl. a *Gallia*, XXXVI, Paris.

TCHERNIA 1988 = A. Tchernia, *Les urinatores sur l' épave de la madrague de giens,* in *Navires et commerces de la mediterranee antique. Hommage à Jean Rougé,* Cahiers d'Histoire 33 (1988), pp. 490-497.

TCHERNIA 1996 = A. Tchernia, Maesianus Celsus *et* Caedicia Victrix *sur des amphores de Campanie*. In M. Cébeillac-Gervasoni (ed.), *Les élites municipales de l'Italie péninsulaire des Gracques à Néron*, Naples, Rome, pp. 207-211.

TESTAGUZZA 1970 = O. Testaguzza, Portus. *Illustrazione dei porti di Claudio e Traiano e della città di Porto e Fiumicino*, Roma.

THÉODORIDÈS 1947 = A. Théodoridès, *Les* XXviri consulares ex s. c. rei publicae curandae *en 238 de notre ère,* in *Latomus* 6 (1947), pp. 31-43.

THOMASSON 1960 = B. E. Thomasson, *Die Statthalter der römischen Provinzen Nordafrikas von Augustus bis Diocletianus I-II,* Lund.

THOMASSON 1969 = B. E. Thomasson, *Verschiedenes zu den Proconsules Africae*, in *Eranos* 67 (1969), pp. 175–191.

THOMASSON 1975 = B. E. Thomasson, SPQR. Senatores procuratoresque Romani, Götaborg.

THOMASSON 1984 = B. E. Thomasson, Laterculi praesidum, I, Göteborg.

THOMASSON 1990 = B. E. Thomasson, Laterculi praesidum, III, Göteborg.

THOMASSON 1996 = B. E. Thomasson, Fasti Africani. *Senatorische und ritterliche Amtstrager in den romischen Provinzen Nordafrikas von Augustus bis Diocletian,* Stockholm.

THOMASSON 2006 = B. E. Thomasson, Laterculi praesidum, addenda IV previa – risorsa informatica (http://www.radius.nu/LP.Addenda.IV.html).

THOUVENOT 1940 = R. Thouvenot, *Table de patronat découverte à Banasa (Maroc)*, in *CRAI* 1940, pp. 131-137.

THOUVENOT 1941 = R. Thouvenot, *Une colonie omaine de Maurétanie tigitane,* Valentia Banasa, Paris.

THOUVENOT 1947 = R. Thouvenot, *Deuxième table de patonat découverte à Banasa*, in *CRAI (*1947), pp. 485-489.

THOUVENOT 1954 = R. Thouvenot, *Table de patronat*, in *PSAM* 11 (1954), pp. 109-112.

TISSOT 1885 = C. J. Tissot, *Fastes de la province romaine d'Afrique*, Paris.

TOLOTTI 1967 = F. Tolotti, *L'area recinta ove ebbe origine il cimitero di Priscilla*, in *RAC* 43 (1967), pp. 261-314.

TOMÁS 2001 = G. Tomás, *Limitations à la propriétè riveraine et libre navigation fluviale*, in *Revue* in *RIDA* XLVIII (2001), pp. 361-372.

TOMASSETTI 1980 = G. Tomassetti, *La campagna romana antica, medievale e moderna* I-VII, Roma, 1977-1980.

TORELLI 1969 = M. Torelli, *Senatori etruschi della tarda repubblica e dell'impero*, in *DArch* 3 (1969), pp. 285-363.

TORELLI 1969b = M. Torelli, *Un nuovo* cursus *senatorio da Trebula Mutuesca*, in *MEFRA* 81 (1969), pp. 601-626.

TORELLI 1971 = M. Torelli, *Per una storia dell'Etruria in età imperiale,* in *RF* 59 (1971), pp. 489-501.

TORELLI 1982 = M. Torelli, *Ascesa al senato e rapporti con i territori d'origine. Italia:* Regio IV (Samnium), in *Epigrafia e ordine senatorio. Atti del Colloquio Internazionale AIEGL. (Roma, 14-20 maggio 1981)*, Roma, pp. 165-199.

TORELLI 1982b = M. Torelli, *Ascesa al senato e rapporti con i territori d'origine . Italia:* Regio VII (Etruria), in *Epigrafia e ordine senatorio. Atti del Colloquio Internazionale AIEGL. (Roma, 14-20 maggio 1981)*, Roma, pp. 275-299.

TORELLI 1995 = M. Torelli – E. Fracchia – M. Gualtieri, *Studies in the Romanization of Italy*, Alberta.

TORTORIELLO 2004 = A. Tortoriello, *I fasti consolari degli anni di Claudio*, Roma.

TOWNED 1961 = G. Towned, *Some Flavian Connections*, in *JRS* 51 (1961), pp. 54-62.

TRAN 2006 = N. Tran, *Les membres des associations romaines. Le rang social des collegiati en Italie et en Gaules, sous le haut-empire*, Roma, 2006.

TRAN 2007 = N. Tran, *Les procedures d'exclusion des colleges professionnels et funéraires sous le Haut-Empire: pratique épigraphiques, norme collective et non-dits*, in C. Wolff (ed.), *Les Esclus dans l'Antiquité. Actes du colloque organise a Lyon les 23-24 septembre* 2004, Lyon, pp. 119-138.

TRAVERSO 2006 = M. Traverso, *Esercito romano e società italica in età imperiale*, Roma.

TREGGIARI 2001 = S. Treggiari, *Roman Social History,* London – New York.

TUCCI 1997= P. L. Tucci, *Dov'erano il tempio di Nettuno e la nave di Enea?*, in *BCA* 98 (1997), pp. 15-42.

UNTERMANN 1965 = J. Untermann, *Elementos de un atlas antroponímico de la Hispania antigua*, Madrid.

VAGLIERI 1894 = D. Vaglieri, *Sull'origine della* cura Tiberis, in *BCA* 22 (1894), pp. 254-256.

VAGLIERI 1894b = D. Vaglieri, *In una lapide dedicata ad Ercole vincitore forse proveniente dal famoso santuario tiburtino*, in *NSA* (1894), pp. 283 -284.

VAGLIERI 1914 = D. Vaglieri, *Ostia. Cenni storici e guida*, Roma.

VALJUS 1994 = R. Valjus, Corpus traiectus marmorariorum *at Ostia*, in *Arctos* 28 (1994), pp. 141-144.

VALJUS 1998 = R. Valjus, *An Oriental Baker at Ostia*, in *Arctos* 32 (1998), pp. 259-264.

VALJUS 1999 = R. Valjus, Peregrini *e stranieri a Ostia*, in *MNIR* 58 (1999), pp. 38-39.

VALVO 2001 = A. Valvo, *Nuove iscrizioni e nuove letture di iscrizioni da Brescia*, in A. Donati – M. G. Angeli Bertinelli (ed.), *Varia epigraphica* Atti del Colloquio internazionale di epigrafia (Bertinoro, 8-10 giugno 2000), Faenza, pp. 445-462.

VAN BUREN 1940 = A. W. Van Buren, *New Items from Rome*, in *AJA* 40 (1944), pp. 376-397.

VAN BUREN 1948 = A. W. Van Buren, *Pliny's Laurentine Villa*, in *JRS* 38 (1948), pp. 35-36.

VAN ELDEREN 1970 = B. Van Elderen, *Some Archaeological Observations on Paul's First Missionary Journey*, in W. W. Gasque - R. P. Martin (ed.), *Apostolic History and the Gospel. Biblical and Historical Essays Presented to F.F. Bruce*, Exeter, pp. 150-161.

VAN HOOF 1990 = L. Van Hoof, *From Autothanasia to Suicide. Self Killing in Classical Antiquity*, London.
VASSALLI 1960 = F. Vassalli, *Sul rapporto tra* le res publicae *e le* res fiscales, in F. Vassalli, *Studi giuridici, II*, Milano, pp. 3-13.
VELOCCIA RINALDI 1975 = M. L. Veloccia Rinaldi, *Il* Pons Matidiae *e gli edifici adiacenti*, in *Ricerche archeologiche nell'Isola Sacra*, Roma, pp. 14-39.
VENTURI 1986 = E. Venturi, *La politica edilizia e urbanistica di Claudio a Roma e in Italia*, in *RSA* 16 (1986), pp. 257-283
VERDUCHI 2001 = P. A. Verduchi, *Le complexe portuarie de Rome. Quelques observations*, in P. Descoeudres (ed.), *Ostia, port e porte de la Rome antique*, Ginevra, pp. 131-136.
VIDMAN 1960 = L. Vidman, *Étude sur la correspondence de Pline le Jeune avec Trajan*, Paris.
VIDMAN 1975 = L. Vidman, Fasti Ostienses, Praha.
VIDULLI TORLO = M. Vidulli Torlo, *Il Lapidario tergestino al Castello di San Giusto*, Trieste.
VIGANÒ 1969 = R. Viganò, *Punti di vista sull'*«edictum de fluminibus retandis», in *Labeo* 15 (1969), pp. 168-177.
VIGANÒ 1972 = R. Viganò, *Appunti sulla* «cura riparum et alvei Tiberis»*: gestione diretta o indiretta?*, in *Studi in onore di Gaetano Scherillo II*, Milano, pp. 803-808.
VIOLANTE 1989 = A. Violante, *Suolo e paesaggio agrario: l'apporto delle sistemazioni idrauliche*, in G. Botta (ed.), *Studi geografici sul paesaggio*, Milano, pp. 109-126.
VIRLOUVET 2004 = C. Virlouvet, *Les naviculaires d'Arles : à propos de l'inscription provenant de Beyrouth*, in *MEFRA* 116 (2004), pp. 327-370.
VOGEL-WEIDEMANN 1982 = U. Vogel-Weidemann, *Die Statthalter von Africa und Asia in den Jahren 14-68 n.Chr.*, Bonn.
VOISIN 1987 = J.-L. Voisin, *Apicata, Antinoüs et quekques autres*, in *MEFRA* 99 (1987), pp. 257-280.
WADDINGTON 1872 = W. H. Waddington, *Fastes des provinces Asiatiques de l'empire Romaine depuis leur origine jusqu'au régne de Dioclétien*, Paris.
WALSER 1993 = G. Walser, *Römische Inschriftkunst: römische Inschriften für den akademischen Unterricht und als Einführung in die lateinische Epigraphik*, Stuttgart.
WALTZING 1895 = J. P. Waltzing, *Étude Historique sur les corporations professionnelles chez les Romaines*, Louvain.
WALTZING 1970 = J. P. Waltzing, *Étude Historique sur les corporations professionnelles chez les Romaines*, New York.
WEAVER 1964 = P. R. Weaver, Augustorum libertus, in *Historia* XIII (1964), pp. 188-198.
WEAVER 1972 = P. R. C. Weaver, "Familia Caesaris". *A Social Study of the Emperor's Freedman and Slaves*, Cambridge.
WEISS 2009 = A. Weiss, Sergius Paullus, *Statthalter von Zypern*, in *ZPE* 169 (2009), pp. 188-192.
WIEDEMANN 1986 = Th. Wiedemann, *The* Fetiales: *a Reconsideration*, in *CQ* 36 (1986) pp. 478-490.
WIEGELS 1984 = R. Wiegels, *Die Tribus-Inschriften des römischen Hispanien*, in *Madrider Forschungen* 13 (1984), Berlin.
WILKES 1969 = J. J. Wilkes, Dalmatia, London-Boston.
WILLERS 1909 = H. Willers, *Geschichte der römischen Kupferprägung vom Bundesgenossenkrieg bis auf Kaiser Claudius: nebst einleitendem Überblick über die Entwicklung des antiken Münzwesens*, Leipzig Berlin.
WINTER 1996 = E. Winter, *Staatliche Baupolitik und Baufürsorge in den römischen Provinzen des kaiserzeitlichen Kleinasien*, Bonn.
WISEMAN 1971 = T.P. Wiseman, *New Men in the Roman Senate. 139 B.C- A.D. 14*, Oxford.
WISSOWA 1915 = G. Wissowa, *Die römischen Staatspriestertümer altlatinischer Gemeindekulte*, in *Hermes* 50 (1915), pp. 1-33.
WUILLEUMIER 1949 = P. Wuilleumier, *L'administration de la Lyonnaise sous le Haut-Empire*, Paris.
ZACK 2001 = A. Zack, *Studien zum "Römischen Völkerrecht". Kriegserklärung, Kriegsbeschluß, Beeidung und Ratifikation zwischenstaatlicher Verträge, internationale Freundschaft und Feindschaft während der römischen Republik bis zum Beginn des Prinzipats*, Göttingen.
ZAMORA MANZANO 2000 = J. L. Zamora Marzano, *Averías y accidentes en derecho marítimo romano*, Madrid.
ZAMORA MANZANO 2001 = J. L. Zamora Manzano, *El Salvamento y la asistencia marítima en el derecho romano*, in *RIDA* 48 (2001), pp. 373-403.
ZEVI 1972 = F. Zevi, *Ostia. Scoperte archeologiche effettuate casualmente nei mesi di Settembre e Ottobre 1968, nell'Isola Sacra, presso la sponda della Fiumara grande tra il ponte della scafa e l'ansa*, in *NSA* (1972), pp. 404-431.
ZEVI 2000 = F. Zevi, *Traiano e Ostia*, in J. González (ed.), *Trajano emperador de Roma*, Roma, pp. 509-547.
ZEVI 2001 = F. Zevi, *Ostie e son port. Histoire d'un èches et de ses remèdes*, in J.P. Descoeudres (ed.), *Ostia, port e porte de la Rome antique*, Ginevra, pp. 114-120.
ZEVI 2002 = F. Zevi, *Appunti per una storia di Ostia repubblicana*, in *MEFRA* 114 (2002), pp. 13-58.
ZEVI 2008 = F. Zevi, *I collegi di Ostia e le loro sedi associative tra Antonini e Severi*, in C. Berrendonner – M. Cébeillac-Gervasoni – L. Lamoine (ed.), *Le quotidien municipal dans l'Occident romain*, Clermont-Ferrand, pp. 477-506.
ZWIKKER 1941 = W. Zwikker, *Studien zur Markussäule*, Amsterdam.

INDICE ANALITICO

[---]ANUS C. v. ... 84; **149**; 183
Acilius Aviola, M'. ... 90; 110
Acilius Balbus Sabinus, M' ... 56; 84; **148**; 150 nt.1064; 183
Acilius C. f. L. n. Glabrio, M'. (cos. 191 a.C.) ... 89 nt.532
Acilius Glabrio Cn. Cornelius Severus, M' ... 90 nt.540
Acilius Glabrio, M'. (cos. 67 a.C.) ... 89 nt.532
Acilius Glabrio, M'. (cos. 91 d.C.) ... 145
Acilius Glabrio, M'. (cos. 124 d.C.) ... 89 nt.532
Acilius Glabrio, M'. (cos. 186 d.C.) ... 89 nt.532
Acilius Glabrio, M. (cos. 33 d.C.) ... 90
Acilius Glabrio, M. (cos. 256 d.C.) ... 144
Acilius M'. f. C. n. Glabrio, M'. (cos. suff. 154 a.C.) ... 89 nt.532
Acilius M'. f. Gal. Glabrio Cornelius Severus, M'. ... 89 nt.532
Acilius Memmius Glabrio, M. ... 17; 29; 84; **89-90**: 148 nt.1055; 166
Acilius, M'. (IIIvir mon. metà I sec. a.C.) ... 90
Aelius Aper, P. ... 87
Aelius Felix ... 149; 183
Aemilius Equester, Sex. ... 125
Aemilius Paullus ... 100
Aemilius Scaurus, M. ... 90
Annia Fundania Faustina ... 119
Annius Bassus, L. (cos 70 d.C.) ... 110
Antistius ... 97
Antistius C.f. C.n. Vetus, C. ... 16; 17; 33; 35; 44; 84; **96-97**; 98; 100;167
Antistius C.f. C.n. Vetus, L. ... 96 e nt.596; 97 e nt.597
Antistius Labeo, M. ... 54
Antistius Reginus, C. ... 85
Antistius Vetus, C. (cos. 30 a.C.) ... 97
Antistius Vetus, C. (cos. 6 a.C.) ... 97 e nt.599
Antistius, A. (trib. pleb. 420 a.C.) ... 97 nt.598
Antistius, L. (tr. pl. 422 a.C.) ... 92
Antistius, L. (trib. mil. 379 a.C.) ... 97 nt.598
Antistius, T. (trib. pleb. 422 a.C.) ... 97 nt.598
Antonia C. f. ... 86
Antonia Marcianilla ... 154; 184
Antonius Caecina Sabinus ... 155
Antonius Gordianus, M. ... 147 nt.1037
Aponius Saturninus ... 109
Archagathus ... 90
Arrecinus Clemens, M. ... 108
Arria ... 111
Arria Caesennia Paulina ... 128
Arria Fadilla ... 128
Arria Plaria Vera Prisicilla ... 145
Arruntius, L. ... 4; 5; 11;13; 14; 21; 95
Articuleius Paetus, Q. ... 110
Artorius ... 88
Asinia ... 95
Asinius Gallus, C. ... 5; 9-11; 14; 33; 35; 37; 81; 95; 159 e nt. 1119; 160-166
Asinius Pollio, C. ... 27; 92; 95 e nt.585; 96
Ateius Capito ... 4; 5; 11;13; 14;15
Atilius Rufus, T. ... 108 nt.700
Attius Granius Caelestinus, Q. ... 84; 150 nt.1063; **152**; 183
Attius Granius Caelestinus, Q. filius (consularis Baeticae 357 d.C.) ... 152
Aufidius Fronto, M. ... 133; 134
Aurelius Artemidorus, M. ... 64; 65; 84; **145**; 182
Aurelius Cotta, M. ... 91
Aurelius Faustinus ... 57; 63; 64
Aurelius Fulvus, T. ... 109
Βολουσσηνο͂` Διόφαντο͂ 'Ιουλιανο͂ , Μ. ... 87
Betutia Sertoriana ... 119
Biesius Attalus, L. ... 62
Caecilia Metella ... 90
Caecilius Dionysianus ... 64; 66
Caecilius Privatus, M. ... 128 nt.899
Caeciliu Proculus ... 106 nt.685
Caecina Paetus, A. ... 111
Caecina Sabinus ... 155
Caecina Severus, A. ... 85
Caecina Talaticus, C. ... 111
Caedicia Crispinilla ... 89 nt.526
Caedicia M. f. Victrix ... 88 e nt. 524
Caedicius Agrippa, C. ... 17; 29; **88-89**; 166
Caedicius C. f., C. ... 88
Caedicius L. f., L. ... 88
Caedicius Noctua, Q. ... 89
Caedicius, Q. (cos. 256 a.C.) ... 89
Caepio Hispo, Ti. ... 99
Caesernius Statius Macedo, T. ... 124
Caesonius Achilleus ... 182
Caesonius C.f. Quir. Lucillus Macer Rufinianus, L. ... 29; 84; **143**; 144 e nt.1021; 137; 147 nt.1038; 181
Caesonius C.f. Quir. Macer Rufinianus, C. ... 27; 78 nt.455; 84; **135-137**; 143; 147 nt.1038; 148; 179
Caesonius L.f. Quir. Ovinius Manlius Rufinianus Bassus, L. ... 27; 84; 137; **146-148**; 182
Callistus Aug. Lib. ... 71 nt.397
Calpetanus Auctus, C. ... 94 nt.570
Calpetanus C.f. Statius Rufus, C. ... 27; 28; 91; **94**; 107 nt.688; 199
Calpetanus Favor, C. ... 94 nt.570
Calpetanus Rantius Quirinalis Valerius P.f. Pomp. Festus, C. ... 16; 17; 18; 19; 20; 21; 28; 33; 44; 78 nt.453; 84; 94; **107-108**; 109; 168
Calpetanus Rantius Sedatus, C. ... 28; 94; 107 e nt.688
Calpurnius Piso, L. ... 107
Caninia Galla L.f. ... 86
Caninus Gallus, L. (cos. 37 a.C.) ... 86
Caninius Gallus, L. ... 17; 18; 27; 29; 30; 56; 84; **85-86**; 87; 88; 89; 166
Caninius Rebilus ... 101 nt.648
Caristanius Fronto, C. ... 103 nt.663
Cassius Domitius Palumbus, Q. ... 178
Catienus M. f. Rufus, P. ... 99
Catienus P.f. Serg. Sabinus, P. ... 16; 17; 19 nt.84; 28; 84; **98-99**; 167
Catienus, P. ... 99
Ceionius Caecina Verus, Q. ... 84; 150 nt.1063; 154; **155**; 185
Ceionius Rufinus Volusianus, C. ... 152; 155
Ceionius Rufius Albinus ... 152
Claudius Acilius Cleobulus ... 90 nt.540
Claudius Acilius Valerius ... 144 nt.1023
Claudius Cleobulus vedi Claudius Acilius Cleobulus
Claudius Hymenaeus, M. ... 95
Claudius M. f. Marcellus Aeserninus, M. ... 17; 19 nt.84; 28; 30; 84; 91; **95**; 99 nt.625;166
Claudius Maximus ... 127 nt.887; 130
Clodius Albinus ... 133
Cocceius Nerva, M. ... 91
Cornelia Placida Severa ... 155
Cornelius Celsus ... 87 nt.505
Cornelius Cethegus, M. ... 50
Cornelius Cethegus, Ser. ... 16; 96
Cornelius P. f. Anullinus, P. (cos. 216 d.C.) ... 134
Cornelius P.f. Gal. Anullinus, P. ... 27; 29; 84; **133-134**; 179
Cornelius Paternus, Cn. ... 144 e nt.1023
Cornelius Q. f. Gal. Restitutus [Gra]ttius Cerealis, C. ... 120
Cornelius Silla, L. ... 90
Cossus Cornelius Lentulus Gaetulicus ... 85
Dasumius Hadrianus, L. ... 29; 123
Dasumius Tullius Tuscus, L. ... 123 e nt.845; 127
Dasumius, L. ... 112
Didius Iulianus ... 119 nt.808
Dillius A. f. Serg. Vocula, C ... 110
Dillius L f. A.n. Serg. Aponianus, C. ... 16; 17; 18; 20; 21; 33; 45; 84; **108-110**; 168
Domitius Afer, Cn. ... 87
Domitius Ahenobarbus, Cn. ... 101 nt.636
Domitius Ahenobarbus, L. ... 101 nt.636
Domitius Lucanus, Cn. ... 147 nt.1037
Eggius Ambibulus, C. ... 28; 102; 121
Eggius, L. ... 102 nt.653
Eggius Marullus (praef. Iudeae) ... 102 nt.653
Eggius Marullus, C. ... 17; 27; 28; 84; **102**; 167
Eggius Marullus, L. (cos. 111 d.C.) ... 28
Egnatius Victor Lollianus, L. ... 154
Egrilius Plarianus, A. ... 122
Ennia M.f. Aequa ... 119
Fabia Aura ... 102
Fabia Paullina ... 102
Fabius Balbus, Q. ... 17; 29; 84; **91**; 166
Fabius Donatulus ... 149; 183
Fabius Maximus Africanus ... 101
Fabius Numantinus ... 102 e nt.650
Fabius Persicus, Q. ... 102
Fabricius, Q. ... 85

Flavia L. f. Crispinilla ... 138
Flavia L. f. Polymnia Marciana ... 138
Flavia Sabina ... 128
Flavius Damianus, T. ... 126
Flavius L.f. Cleonaeus, L. ... 84; **137-138**; 180
Flavius Maesius Cornelius Egnatius Severus Lollianus (signo Mavortius iunior), Q. ... 154
Flavius Messius Egnatius Lollianus Mavortius, Q. ... 27; 29; 65 e nt.341;66; 84; 150 nt.1063 **153-155**; 184
Flavius Scaevinus ... 88 nt.524
Flavius Sulpicianus Dorion Polymnis, L. ... 138 nt.980
Fufius Geminus, C. ... 85
Fulvius Gillo Bittius Proculus, Q. ... 112
Geminia C. f. Restituta ... 120
Granius Caelestinus, Q. ... 152
Granius [---], Q. ... 152
Haterianus Gavilianus Proximus ... 106 nt.685
Hedius Rufus Lollianus Avitus, L. ... 118
Helvia ... 96
Herennius Ser[---] ... 57; 61; 63
Hostilius Firminus ... 112
Ignoto (CIL X 3761) ... **142**; 181
Iulia L. f. Valeria Marciana Crispinilla ... 137; 138
Iulianus Picentinus ... 128
Iulius Capito, Ti. ... 118
Iulius Ferox, Ti. ... 6; 19 nt.83; 20; 21 e nt.88; 22; 27; 33; 35; 41; 43; 46; 47; 48; 53; 55; 62; 77; 81; 84; **112-113**; 114; 116 nt.774; 169-173
Iulius Fronto, Ti. ... 112 nt.742
Iulius Graecinus ... 101
Iulius Iulianus, T. ... 127; 128
Iulius Larcius Sabinus, L. ... 125 n.859
Iulius Possessor, Sex. ... 60 e nt.300
Iunius Tibaerianus, C. ... 151
Iuventius Caesianus, M. ... 139
Iuventius M. f. Fab. Surus Proculus, M. ... 139
Iuventius M.f. Fab. Secundus Rixa Postumius Pansa Valerianus Severus, M. ... 78; 84; 124; **139**; 140; 180
Iuventius Secundus, M. ... 139
Ladon ... 49
Laecanius Bassus Caecina Paetus, C. ... 16; 17; 18; 19 e nt.83; 20; 21; 27; 33; 45; 46; 84; **110-112**
Laecanius Bassus, C. (cos. 64 d.C.) ... 111
Laecanius C.f. Sab. Caecina Bassus, C. ... 111
Laecanius Bassus Paccius Paelignus. ... 111
Laelius Balbus, D. ... 87
Lentulus, L. ... 85
Licinius C. Lucretius Censorinus, M. ... 128 nt.899
Licinius Luculli l(ibertus) Aphrodisius, L. ... 72 nt.400
Licinius Lucullus, L. ... 72
Licinius M.f. Gal. Silvanus Granianus Quadronius Proculus, Q. ... 115; 117
Licinius Sura, L. ... 116; 43 nt.185
Lollius Urbicus, Q. ... 121
M(arcus?) [---] ... 84; **140**; 180
Manilius Fuscus, Ti. ... 141
Marcius Censorinus, C. ... 5; 10; 14; 33; 34; 35; 37; 44; 81; 159-161; 164; 165; 166
Marcius Turbo ... 117
Marius Maximus, L. ... 141
Marius Priscus ... 112 e nt.741; 113; 116
Marius Tromentina, C. ... 85 nt.485
Martius Verus ... 135
Maximus c.v. ... 84; **140**; 180
Memmius, C. vedi Acilius Memmius Glabrio, M.
Messius Rusticus Aemilius Papus, M. ... 118
Messius Rusticus, L. ... 20; 21; 22; 33; 46; 84; **118**; 174-175
Minicius Apronianus, L. ... 117
Minicius L.f. Gal. Natalis, L. ... 19; 22 e nt.91; 27; 84; **115-117**; 173-174
Minicius Natalis Quadronius Verus, L. ... 115; 117
Mucatralis Auluzenus ... 97 e nt.605
Mucatralis Tanurius ... 97 e nt.605
Mummius Sisenna Rutilianus, P. ... 123; 124
Munatius Gallus, L. ... 116
Ninnius Hasta, Q. ... 110
Nonius Arrius Mucianus Manlius Carbo, M. ... 128
Nonius Asprenas, L. ... 85; 86; 87
Nonius M.f. Fab. Macrinus, M. ... 27; 84; **126-129**; 130; 177
Nummius Gaetulicus ... 152
Nymphidius Lupus ... 112
Obellius Rufus, C. ... 17; 27; 28; 84; **104**; 167-168
Ofellius Macedo, A. ... 135
Ofilius Valerius Macedo ... 20; 33; 47; 84; **135**; 179
Οὐλοσσηνοί Ἀριστοκράτῃ, Λ. ... 87
Οὐλοσσηνοί Δαμάρε͂, Λ. ... 87
Pactumeius Clemens, P. ... 147 nt.1037
Paolo, apostolo ... 103 e nt.658
Paullus Fabius Maximus ... 101
Paullus Fabius Persicus ... 17; 19 nt.83; 27; 28; 33; 44; 45; 84; **100-102**; 104; 167-168
Pedanius Fuscus Salinator ... 112
Peregrinus Fulvius Aemilianus ... 145
Petronius Melior, Q. ... 16 e nt.70; 19; 57; 61; 62; 81
Piso, Cn. ... 95
Placidus Severus ... 154; 184
Platorius A.f. Ser. Nepos Aponianus Italicus Manilianus C. Licinius ... 132
Platorius Nepos Calpurnianus (Marcellus?), A. ... 20; 33; 46; 47; 84; 120; **132**; 178-179
Platorius Nepos Calpurnianus Marcellus, A. ... 132
Plautius M. f. Silvanus, M. ... 85
Plautius Quintillus ... 129; 130
Plinius L.f. Ouf. Caecilius Secundus, C. ... 84; **113-114**; 173-174
Pollenius Armenius, Ti. ... 64
Pompeius Falco, Q. ... 116
Pompeius Graecinus, C. ... 91;
Pompeius Maximus, Sex. ... 78 e nt.457
Pompeius, Sex. ... 91
Pomponius C.f. Quir. Augurinus T. Prifernius Paetus, A. ... 125 nt.867
Pomponius Proculus Vitrasius Pollio, T. ... 119
Popilius Carus Pedo, C. ... 124; 125 e nt. 865
Postumia P. fil. Paulla ... 139
Postumius Festus, M. ... 132
Prifernius Paetus, T. (cos. suff. 96 d.C.) ... 125
Prifernius P.f. Quir. Paetus Memmius Apollinaris, P. ... 125 nt.867
Prifernius Sex. F. Paetus, T. ... 124
Prifernius Sex. f. Paetus Rosianus Geminus, T. ... 124
Prifernius T.f. Quir. Paetus Rosianus Geminus Nonius Agricola C. Labeo Tettius(?), T. ... 27; 29; 84; **123-125**; 176-177
Publilius Optatianus Porfyrius ... 151
Publius Strato, M. ... 92
Pupius L. f. Sab. Praesens, L. ... 57; 59; 60 e nt.294; 61
Quinctius Crispinus Valerianus, T. ... 94
Rutilius Gallicus ... 106
Sallustius Passienus Crispus, C. ... 87
Saevinius Proculus Fulvius Granianus ... 181
Scribonius Libo Drusus, M. ... 104 nt.672
Scribonius Libo, L. ... 17; 27; 28; 84; 91; **104**; 167-168
Scribonius Libo, L. (cos. 34 a.C.) ... 104
Sedatius C.f. Severianus, M. ... 124
Sedatius Severianus, M. ... 131
Sentia Caeciliana ... 106 nt.685
Sentius Felix, Cn. ... 74
Sentius Lucilius Gamala, Cn. ... 74
Sentius Sex.f. Quir. Caecilianus, Sex. ... 19; 23; 84; **105-106**; 110; 168
Sergia L.f. Paulla ... 103 nt.663
Sergius L.f. Paullus, L. ... 28; 103
Sergius Paullus, L. ... 17; 27; 84; **103**; 167-168
Sergius Paullus, L. (cos II 168 d.C.) ... 28; 103
Sergius Paullus, Q. ... 103
Sergius Saturninus ... 135
Servilius Vatia Isauricus, P. ... 33; 34; 35; 36; 81; 157-159; 164
Silius Caecina Largus, C. ... 96
Silius Plautus Haterianus Blaesilianus, L. ... 106 nt.685
Sosia Galla ... 96
Sotidius Sex. f. Strabo Libuscidianus, Sex. ... 17; 27; 84; 91; **93**; 166
Statilius Barbus, T. ... 136
Statius Longinus, M. ... 131 nt.927
Statius M.f. Cl. Priscus Licinius Italicus, M. ... 29; 84; **129-131**; 177-178
Statius P.f. Fab. Paullus Postumius Iunior, P. ... 139
Statius Patruinus, M. ... 131 nt.927
Statius T.f. Cla. Vitalis, T. ... 131 e nt.925
Suellius Cn. f. Rufus Marcianus, Cn. ... 138
Sulpicius Platorinus, C. ... 85 nt.485
Theseus ... 111
Titius, M. (procos. Asiae 34 a.C.) ... 102
Tullius Callistius, P. ... 122; 123; 176

Tullius Cicero, M. 35; 5087 nt.505; 92; 96
Tullius Varronis f. Stel. Varro, P. ....22 e nt.91; 27; 28; 84; **122-123**; 176
Tullius Varronis f. Stel. Varro, P. pater ……..................................... 123
Turranius L. f. Sp. n. L. pro n. Fab. Proculus Gellianus, Sp. ....16 e nt.70; 17; 57; 58; 59
Turranius, C. (praef. annonae) ....59 e nt.284
Tuticius M[---] 152
Ulpius Cadmus, M. 66
Umbricius 88
Valerius Claudius Maximus Acilius Priscilianus, L.......84; **144**; 181-182
Valerius L. f. Gal. Propinquus, L. 120
Valerius L. f. Flaccus Tanurianus, C. 17; 27; 84; **97**; 167
Valerius M. f. Gal. [Propinquus ?] Grani[anus?---] Grattius [Cerealis ?] Geminius R[estitutus?], [?] 27; 28; 84; **120-121**; 176
Valerius M. f. Gal. Propinquus Grattius Cerealis, M. 120
Valerius Messalla, M. 33; 34; 35; 36; 81; 157-159; 164
Valerius Primus, Sex. 128 nt.899
Valerius L. f. Gal. Propinquus, L. 120
Valerius Respectus Terentianus, C. 89 nt.526
Varius Ambibulus, L. 121
Venidius Kalenus 141
Venidius Rufus Marius Maximus L. Calvinianus, Q. 78 nt.455; 84; 140; **141**; 180-181
Vergilius Capito, Cn. …...98
Vergilius M. f. Pontianus, P. ....17; 27; 84; **94;**100 e nt.630; 167
Vergilius Ti. f. Rufus, Ti. ……...............................17; 84; 98; **100**; 167
Vergilius, M. …...98
Vettius Agrius Praetextatus …..152
Vettius Cossinius Rufinus, C. 84; 150 nt.1063; **150-152**; 183
Vettius Cossinius Rufinus, C. filius (praef. praet.315-316 d.C.) 151
Vibia Obellia Sabina 28; 104
Vibius Apronianus, L. 57; 61; 62; 63
Vibius Rufinus, C. 91
Vibius Rufus, C. 16; 17; 18; 30; 33; 44; 45; 46 nt.201; 84; **91-92**; 93; 94; 95; 96; 107 nt.688; 166-167
Vibius Symphorus, L. 62
Vibius Theodotus, L. 62
Vinicius, P. 95
Virus Lupus 147
Visellius, A. 147 nt.1037
Visellius Aculeo, C. 96
Visellius C. f. Varro, L. 16; 17; 19; 28; 84; 91; **96**; 105; 166-167
Visellius C. f. Quir. Varro, C. (tr. pl. 69 a.C.) 28; 96
Visellius, L. ………...100; 101
Vitrasia Faustina 119
Vitrasius Ennius Aequus, L. 118
Vitrasius L.f. Pob. Flamininus, L. ....19 nt.83; 22 e nt. 91; 27; 84; **118-119**; 175-176
Volusena C. f. Augurina 87
Volusenus Catulus, L. 17; 29; 84; **87-88**; 166
Volusenus Catulus, L. pater 88
Volusenus Clemens, L. 87; 88
Volusenus Curio, C. ....87 e nt.508
Volusenus L. f. Clu. Clemens, L. ....87 e nt.508
Volusenus L. l. Cupitus, L. 87
Volusenus Macedo, T. ....87 e nt.508
Volusenus Quadratus, C. ....87 e nt.514; 88

INDICE DELLE FONTI EPIGRAFICHE

AE 1851
159...**169**
AE 1888
57...78 nt.456
92...141
115a...78 nt.456
AE 1889
18...100
57...78 nt.461
116...100
121...7; 88; 89; 91; **166**
150...65 nt.333
AE 1890
21...65 nt.333
AE 1891
19...64 nt.324
72...65 nt.333
159...112
AE 1892
5...113; **173**
8...65 nt.333
72...**160**
AE 1893
37...65 nt.333
100...78 nt.456
AE 1894
65...105
AE 1895
63...65 nt.331 e 333
108...78 nt.456
AE 1897
127...64 nt.330
AE 1898
26...105
138...100
139...100
140...100
AE 1899
93...78 nt.456
AE 1900
31...64 nt.330
193...64 nt.324
AE 1902
44...105
89...97 nt.606
135...64 nt.324
AE1903
245...64 nt.324
337...78 nt.455; 144; **181**
AE 1904
170...144; **181**
225...144; **181**
AE 1905
35...78 nt.456
AE 1907
19...115
21...115
133...150
154...78 nt.456
180...126; **177**
213...87
219...70 nt.386; 74 nt.423
AE1908
84...111 nt.729
85...111 nt.729
226...64 n 324
264...143
AE 1909
138...110; 110 e nt.725
AE 1910
21...115
22...115
28... 64 nt. 324
86...130
AE 1912
33...143
38...65 nt.331; 65 nt.332
148...105
149...105
150...105
151...105
AE 1914
102...97 nt.606
219...78 nt.461
AE 1916
21...64 nt.330
35...78 nt.456
36...78 nt.456
AE 1917/18
108...78 nt.453; 118; **175**
122...100
AE 1922
95...96; 97; 98; 98; 100; **167**
AE 1923
67...57; **63**; 82 nt.480
AE 1925
118...79 nt.468
AE 1926
26...115
144...65 nt.332
AE 1930
120...78 nt.456
133...97 nt.606
141...141 nt.1000
AE 1932
70...78 nt.455; 141; **181**
78...109 e **nt.707**
85...64 nt.324
AE 1933
26...141
61...64 nt.324
97...62 nt.310; 112
206...141 nt.1000; **172**
AE 1935
26...141; **181**
AE 1936
28...105
98...123; 124 nt.756
141...100; 101 nt.642
AE 1938
2...18 nt.80; 85
AE 1939
31...105
AE 1940
66...65 nt.331; 65 nt.332
AE 1941
79...105
105...85
AE 1944
57...115
AE 1945
21...146
32...85
33...100
36b...122
134a...64 nt.324
AE 1947
52...100
65...113; **173**
154...**161**
AE 1948
129...144; **181**
AE 1949
23...118
70...146
79...85
185...100; 101 nt.635
AE 1950
86...97 nt.605; 97 nt.606
93a-b...85

AE 1951
182a……………………………………………………..…………...**161**
182b..132; **179**
182c..132; **178**
AE 1952
122………………………………………………………………...107
156.. 57; **61**; 82 nt.480
AE 1955
115..**101 nt.641**
182..69 nt.376
185..........................32 nt.153; 61; 68 nt.359; 79; 82 nt.481; 140; **180**
AE 1956
71...65 nt.331
AE 1957
223..118; **175**
327..65 nt.331
AE 1958
156..64 nt.324
269..65 nt.332
AE 1961
112…...78 nt.460 e 461
138..96; 97; 98; 100; **167**
AE 1962
169……….………………………………………………………..96
AE 1963
190..113; **173**
AE 1964
86..78 nt.461
223...146 e nt.1031; **182**
AE 1965
337..79 nt.468
AE 1966
127..113; **173**
158…………………………………………………………………...**168**
AE 1968
109...146 e nt.1031; **182**
AE 1969/70
1……………………………………………………………………..100
747…………………………………………………………………..105
AE 1972
153...123; 124; **176**
657…………………………………………………………………..130
717..65 nt.332
AE 1974
10..65 nt.333
AE 1975
135.................................. 65 nt.333; 150 nt.1063; 155 e nt.1113; **185**
137..75 nt.431
138..75 nt.431
428..128 nt.895
612..**101 nt.641**
616..**101 nt.641**
AE 1976
518…………………………………………………………………..141
653..93 e nt.561
AE 1977
17……………………….…………………………………………...**159**
153……………………………………………………………………**74**
198..153; **184**
199..153; **185**
794..110 e nt.725
AE 1978
789……….………………………………………………………….93
AE 1979
462..97 nt.606
AE 1980
86..111 nt.729
154..79 nt.468
215..146; **182**
AE 1981
145..79 nt.466
233...16 nt.69; 98 e **nt.614**
337..87 nt.512
AE 1982
7..65 nt.331
131..51 nt.229
207…………………………………………………………………..100
264..77 nt.449
AE 1983
32……………………………………………………………………...**159**
95…………………………………………………………..………...100
444..113; **173**
586…………………………………………………………………...107
693..**101 nt.641**
976..60 nt.300
AE 1984
42..65 nt.333
45…………………………………………………..…………………**157**
247..93 nt.565
248..93 nt.565
436..113; **173**
AE 1985
275...22 nt.91; 118; 119 nt.813; **175**
276..119 nt.815
AE 1986
153..88 nt.522 e 523
155..137 e nt.978 e 979
590.. 107; 108 nt.699
AE 1987
193...70 nt.386; 74 nt.423
194...70 nt.386; 72 nt.405; 74 nt.423
195...70 nt.386; 74 nt.423
196...70 nt.386; 74 nt.423
502..133; **179**
941.. 97 nt.606
AE 1988
322..141 nt.1003
906..115; 117 nt.785
AE 1989
31……….…………………………………………………………....100
125..70 nt.386
128..70 nt.386
727……..……………………………………………………………...93
AE 1990
69..79 nt.468
330..87 nt.508
356..77 nt.450
AE 1992
1565b…………………………………………………………………..145
AE 1993
1582..97 nt.606
1594..97 nt.606
AE 1994
319..73 nt.411
852..79 nt.465
939…………………………………………………………………..107
1393.. 126; 127 nt.887
1914..132; e nt.930
AE 1995
59.. **71 nt.397**
348..65 nt.333
AE 1996
309...77 nt.450; 79 nt.468
475..78 nt.456
AE 1997
69…..111 nt.731
721….......................................78 nt.453; 126; 128 nt.888 e 894; **177**
1782.. 115; 117 nt.785
AE 1998
145…………………………………………………………………...132
408…………………………………………………………………...100
AE 1999
92……………………………………..………………………………113
316..20; 112; **172**
459..**155 nt.1114**
612..113; **173**
728..126; **177**
747..113; **173**
1351b..126; 127 nt.887
AE 2000
68………………………………………………………………………**170**
AE 2001
169..96; **164**
189…………………………………………………………………...100

1065 ... 126; **177**
1085 ... 113; **173**
1640 ... 126; 127 nt.887
AE 2002
1457 ... 28 nt.126; 103 nt.665
1726 ... 126; 127 nt.887
AE 2003
41a ... **101 nt.641**
AE 2004
1904 ... 126; 127 nt.887
1905 ... 126; 127 nt.887
AE 2005
90 ... **183**
AE 2007
42 ... **183**
257 ... 126; 127 nt.874; **177**

BMC
120 ... 85 nt.485
128 ... 85

CFA
3 ... 100; 101 nt.635
4a ... 100
5 ... 86 nt.497; 100
7 ... 86 nt.497; 100
8 ... 86 nt.498; 100
12 ... 100
13 ... 100
17 ... 100
18 ... 100
113 ... 143

CIBalear
176 ... 120 nt.821

CIG II
1813b ... 135 nt.957
3301 ... 87 nt.513
CIG III
3991 ... 57; **59**; 60; 82 nt.480
5838 ... 107

CIL I²
593 ... 54 nt.256
613 ... 157
749 ... 85
766b ... 157
766c ... 157
766f ... 157
766g ... 157
766h ... 158
766i ... 158
766k ... 158
766l ... 164
766m ... 158
766n ... 158
766o ... 158
766p ... 158
766q ... 158
766r ... 159
766s ... 158
766t ... 159
766u ... 159
766v ... 159
1624 ... 94 nt.574
1721 ... 104
1725 ... 104
CIL II
1177 ... 60 nt.300
1972 ... 152 nt.1091
2073 ... 133; **179**
2129 ... 60 nt.300
2221 ... 134 nt.951
2477 ... 107
2666 ... 59 nt.291; 60 e **nt.294**
3584 ... 120 nt.821
3585 ... 120 nt.821
3659 ... 120 nt.821
3851 ... 120 nt.821
4129 ... 85; 86 nt.493
4156 ... 64 nt.324
4184 ... 64 nt.324
4225 ... 120 nt.823
4226 ... 120 nt.823
4250 ... 120
4251 ... 120 nt.820
4509 ... 113 e nt.764; **174**
4799 ... 107
4802 ... 107
4803 ... 107
4814 ... 107
4838 ... 107
4847 ... 107
4854 ... 107
5506 ... 133 e nt.939; **179**
5616 ... 107
6084 ... 78 nt.453; 120 e nt.819 e 824; **176**
6085 ... 57; **63** e nt.321; 82 nt.480
6145 ... 22 nt.21; 78 nt.453; 115 e nt.764; **174**
6224 ... 107
CIL II/5
623 ... 133; **179**
CIL II²/7
275 ... 109
CIL III
146 ... 129; 130 nt.917
205 ... 141
255 ... 65 nt.333
940 ... 129; 130 nt.917
1174 ... 77 nt.449
1299 ... 129; 130 nt.917
1601 ... 129; 130 nt.918
1988 ... 89 nt.526
1989 ... 89 nt.526
3427 ... 144
6073 ... 100
6723 ... 141
6725 ... 141
7060 ... 71 nt.390
7124 ... 100
7125 ... 100
7129 ... 100
7505 ... 131 nt.921
7531 ... 134 nt.951
7882 ... 129; 130 nt.917
11194 ... **18 nt.76**; 107; 108 nt.699
11195 ... 108 nt.699
11196 ... 107
11233 ... 131 nt.925
12095 ... 141
12281 ... 133 nt.939
12339 ... 65 nt.333
14165 ... 69 nt.373
14195 ... 64 nt.324
14207 ... 64 nt.324
14430 ... 65 nt.333
14499 ... 118; 119 nt.809;
CIL V
529 ... 65 nt.333
530 ... 65 nt.333
531 ... 78 nt.453; 107; **168**
1005 ... 126
3114 ... 64 nt.330
3342 ... 128 nt.895
3343 ... 128 nt.895
4300 ... 128 nt.894 e 898
4325 ... 128 nt.894 e 899
4334 ... 139
4335 ... 139; **180**
4336 ... 128 nt.894 e 899
4343 ... 126; 127 nt.873; 128 nt.888 e 894 e 897
4344 ... 126; 127 nt.873; e 883; 128 nt.894 e 897
4349 ... 139 nt.991 e 992

4350........139 nt.991
4351........139 nt.991
4352........139 nt.991
4353........139 nt.991
4354........139 nt.991
4360........139 nt.995
4361........128 nt.894 e 899
4864........128 nt.894 e 898
5262........113; 114; **173**
5263........114; **173**
5667........113; 114 e nt.761; **173**
5773........79 nt.465
7004........64 nt.324
7249........64 nt.330

CIL VI
200........110 e nt.724
253........28 nt.126; 103 nt.665
449........79 nt.468
541........65 nt.332
801........79 nt.468
816........77 nt.449
852........96
863........145 nt.1028; **182**
1124........66
1143........150 nt.1063; 152; **183**
1144........65 nt.333
1224........57; **64**; 66; 82 nt.480; 145 e nt.1028; **182**
1225........148; **183**
1234a........157
1234b........157
1234c........157
1234e........157
1234f........158
1234g........164
1234h........158
1234i........158
1234l........158
1235a........160
1235b........159
1235d........159
1235e........164
1235f........164
1235g........165
1235h........160
1235i........165
1235k........159
1235l........165
1235m........165
1236a........162
1236b........163
1236c........163
1236d........163
1236f........163
1236g........163
1236h........163
1236i........163
1237........91; 93; 94; 95; 96; **166**
1238........168
1239a........170
1239b........171
1239c........169
1239d........171
1239e........171
1239f........170
1239g........171
1239h........171
1240a........118; 174
1240b........118; 175
1240c........118; 174
1240d........118; 174
1241a........132; **178**
1241b........132; **178**
1242........82 nt.479; 148; **183**
1266........94 e nt.569
1267a........87
1267b........87
1305........10 nt. 34
1352........133
1499........123
1523........78 nt.455; 129; 130 e nt.904 e 919; **177**
1545........137; **180**
1552........113; 114; **173**
1723........153; 154 nt.1099; 155 nt.1109; **184**
1757........153; **184**
1872........51
1982........134 nt.951
1983........134 nt.951
2002........102
2016........107; 115; 117 nt.783
2023b........100
2024f........85; 100
2025........85; 86 nt.497; 100
2027........85;100
2028a........100
2028c........100
2029........100
2032........100
2033........100
2035........100
2036........100
2086........143
2104b........143
2193........71 nt.391
3846........137
4156........64 nt.324
4416........71 nt.390 e 391
5014........94 nt.574
5384........82 nt.480; 57; **64**; 66
7380........79 nt.467
7462........96
8445........66 nt.346
8489........66 nt.343
8826........43
8933........64 nt.324
10051........96
10229........123 nt.848
14580........99 nt.626
15511........79 nt.465
15607........79 nt.466
15640........78 nt.461
15878........72 nt.397
17170........79 nt.467
17583........102
17748........79 nt.468
17979........78 nt.461
18321........79 nt.466
18400........79 nt.468
19035........78 nt.461
19847........79 nt.466
19957........79 nt.465
20011........78 nt.461
20055........79 nt.468
20470........79 nt.466
20684........79 n.468
20863........79 nt.468
21010........111 nt.735
21230........72 nt.400
21328........79 n.468
21445........79 nt.468
21473a........79 nt.466
21941........72 nt.397
22061........79 nt.467
22249........79 n.468
22339........78 nt.461
23090........78 nt.461
23394........79 nt.466
23951........79 nt.466
24739........79 nt.466
25371........94 nt.574
25617........72 nt.397
25621........72 nt.397
29681........96
29700........51 nt.229
29702........51 nt.229

29770 .... 89 nt.527
30712 110
30841 .... 64 nt.328; 145; **182**
31264 .... 148 e nt.1053; 150 nt.1064; **183**
31540a 33; 35; **157**
31540b 33; 34; 35; **157**
31540c 33; 34; 35; **157**
31540d 33; 34; 35; **157**
31540e 33; 34; 35; **157**
31540f 33; 34; 35; **157**
31540g 33; 34; 35; **157**
31540h 33; 34; 35; **158**
31540i 33; 34; 35; **158**
31540k 33; 34; 35; **158**
31540l .... 15 nt.64; 33; 34; 35; 36; 44 e nt.189; 87 nt.503; 158; **164**
31540m 33; 34; 35; **158**
31540n 33; 34; 35; **158**
31540o 33; 34; 35; **158**
31540p 33; 34; 35; **158**
31541a 33; 34; 37; **159**
31541b 33; 34; 37; **159**
31541c 33; 34; 37; **160**
31541d 33; 34; 37; **160**
31541e 33; 34; 37; **160**
31541f .... 14 nt. 60; 15 nt.64; 33; 34; 37; 44 nt.189; 160; **164**
31541g .... 14 nt. 60; 15 nt.64; 33; 34; 37; 44 nt.189; 87 nt.503; 160; **164**
31541h .... 14 nt. 60; 15 nt.64; 33; 34; 37; 44 nt.189; 87 nt.503; 160; **164**
31541i 14 nt.60; 15 nt.64; 33; 34; 37; 44 nt.189; 87 nt.503; 160; **165**
31541k 14 nt.60; 15 nt.64; 33; 34; 37; 44 nt.189; 160; **165**
31541l 33; 34; 37**; 160**
31541m .... 14 n 60; 15 nt.64; 33; 34; 37; 44 nt.189; 160; **165**
31541n 33; 34; 37**; 160**
31541o 14 nt.60; 15 nt.64; 33; 34; 37; 44 nt.189; 87 nt.503; 160; **165**
31541p 33; 34; 37**; 160**
31541q 33; 34; 37**; 160**
31541r 14 nt.60; 15 nt.64; 33; 34; 37; 44 nt.189; 87 nt.503; 160; **165**
31541s 33; 34; 37; 44 nt.189; 160; **165**
31541t 33; 34; 37; 44 nt.189; 160; **165**
31541u 14 nt.60; 15 nt.64; 33; 34; 37; 44 nt.189; 87 nt.503; 161; **165**
31542a 33; 38; **161**
31542b 33; 38; **161**
31542c 33; 38; 39 nt.171; 41; **161**
31542d 33; 38; 39 nt.171; 41; **162**
31542e 33; 38; 39 nt.171; 41; **162**
31542f 33; 38; 39 nt.171; 41; **162**
31542g 33; 38; 39 nt.171; 41; **162**
31542h .... 33; 38; 39 e nt.171; 41; **162**
31542i .... 33; 38; 39 e nt.171; 41; **162**
31542k 33; 38; **162**
31542l 33; 38; **163**
31542m 33; 38; **163**
31542n 33; 38; **163**
31542o 33; 38; **163**
31542p 33; 38; **163**
31542q 33; 38; **163**
31542r 33; 38; **163**
31542s .... 33; 38; 39 nt.170; 44 e nt.189; 87 nt.503; **166**
31542t 33; 38; **163**
31542u 33; 38; **163**
31542v 33; 38; **163**
31542w 33; 38; **163**
31543 .... 17; 23; 30 nt.131; 56 nt.265; 78 nt.453; 82 nt.479; 85; 87; 88; 91; 110..nt.719; **166**
31544a 16; 17; 33; 44; 91; 93; 94; 95; 96; **166**
31544b 16; 17; 33; 44; 91; 93; 94; 95; 96; **166**
31544c 16; 17; 33; 44; 91; 93; 94; 95; 96; **167**
31545 .... 17; 24 nt.109; 33; 44 nt.192; 60 nt.298; 78 nt.453; 100; 102; 103; 104; 110 nt.719; **167**
31546a .... 4; 17; 20; 24 nt.110 e 113; 33; 45; 78 nt.453; 107; **168**
31546a .... 4 nt.2; 17; 20; 24 nt.110 e 113; 33; 45; 78 nt.453; 107; **168**
31546b .... 4 nt.2; 17; 20; 24 nt.110 e 113; 33; 45; 78 nt.453; 107; **168**
31547 .... 4 nt.2; 17; 20; 24 nt.113; 33; 45 nt.198 e 200; 109; 110; **168**
31548a 17; 20; 33; 45; 46; 110; **169**
31548b .... 17; 20; 33; 45 e nt.200; 46; 110; **169**
31548c 17; 20; 33; 45; 46; 110; **169**
31549a 20; 21 nt.87; 33; 43 nt.188; 62 nt.310; 78 nt.453; 112; **169**
31549b 20; 21 nt.87; 33; 62 nt.310; 78 nt.453; 112; **169**
31549c 20; 21 nt.87; 62 nt.310; 78 nt.453; 112; 161; **169**
31549d 20; 21 nt.87; 33; 43 nt.187; 62 nt.310; 78 nt.453; 112; **170**
31549e 20; 21 nt.87; 33; 62 nt.310; 78 nt.453; 112; **170**
31549f 20; 21 nt.87; 33; 62 nt.310; 78 nt.453; 112; **170**
31549g 20; 21 nt.87; 33; 62 nt.310; 78 nt.453; 112; **170**
31549h 20; 21 nt.87; 33; 62 nt.310; 78 nt.453; 112; **170**
31549i 20; 21 nt.87; 33; 62 nt.310; 78 nt.453; 112; **170**
31549k 20; 21 nt.87; 33; 62 nt.310; 78 nt.453; 112; **171**
31549l 20; 21 nt.87; 33; 62 nt.310; 78 nt.453; 112; **171**
31549m 20; 21 nt.87; 33; 62 nt.310; 78 nt.453; 112; **171**
31550a 20; 21nt.87; 33; 62 nt.310; 112; **171**
31550b 20; 21nt.87; 33; 62 nt.310; 112; **171**
31550c 20; 21nt.87; 33; 62 nt.310; 112; **171**
31550d 20; 21nt.87; 33; 62 nt.310; 112; **171**
31551 .... 20; 33; 62 nt.310; 112; **172**
31552a .... 20; 22 nt.89; 33; 46; 78 nt.453; 118 e nt.792; **174**
31552b .... 20; 22 nt.89; 33; 46 e nt.203; 78 nt.453; 118 e nt.792; **174**
31552c .... 20; 22 nt.89; 33; 46; 78 nt.453; 118 e nt.792; **174**
31552d .... 20; 22 nt.89; 33; 46; 78 nt.453; 118 e nt.792; **175**
31552e .... 20; 22 nt.89; 33; 46; 78 nt.453; 118 e nt.792; **175**
31553 .... 20; 25 nt.120; 33; 46 nt.203; 47; 78 nt.453; 132; **178**
31554a 20; 25 nt.120; 33; **46**; 47; 78 nt.453; 132; **178**
31554b 20; 25 nt.120; 33; 47; 78 nt.453; 132; **178**
31555 .... 20; 33; 45 nt.200; 47; 135; **179**
31556 .... 25 nt.120; 56 nt.266; 148 e nt.1052; 150 nt.1064; **183**
31557d .... 15 nt.64; 33; 44 nt.189;..87 nt.503; **166**
31573 87
31574 87
31677 .... 137; **180**
31739 .... 22 nt.91; 78 nt.453; 115; **173**
31808 137
32040 150
32306 .... 77 nt.449
32327 .... 135; 141; **180**
32329 135
32332 135
32340 100
32341 .... 85; 86 nt.497; 100
32342 .... 85; 86 nt.497; 100
32343 .... 85; 86 nt.498; 100
32344a 100
32344c 100
32346b 100
32349 100
36747 110
36779 .... 65 nt.339
36781 .... 65 e nt.339
36809 85
36949 .... 64 nt.330
36951 .... 65 e nt.**331**; 154
36956 .... 65 nt.333
37025 .... 33; 34; 35; **158**
37026 .... 34; 36 e nt.162; **158**
37027 .... 34; 36 nt.162; **159**
37028 .... 33; 34; 35; **159**
37029 .... 20; 33; 62 nt.310; 112; **172**
37037 87
37112 .... 150 nt.1063; 153; **184**
37165 .... 143 e nt.1017
37789 .... 78 nt.461
40693 .... 64; 145; **182**
40770a 155; **185**
40770b 155; **185**
40856 .... 33; 34; 35; **159**
40857 .... 34; **36** e nt.163; **157**
40858 .... 33; 34; 35; **159**
40859 .... 33; 34; 37; **161**
40860 .... 34; 37 nt.166; **161**
40861 .... 33; 34; 37 e nt.166; **161**
40862 .... 20; 21 nt.87; 33;112; **172**
40863 .... 20; 33; 112; **172**
40864 .... 20; 33; 118; **175**
40865 .... 20; 33; 118 e nt.796; **175**
40866 .... 20; 33; 44 nt.191; 118 e nt.796; **175**
40867 .... 20; 132; **178**
40868 .... 20; 132; **179**
40883 .... 94 e nt.569

41109......115; 116 nt.765;..e 771 e 776; **173**
41115......123
41123......137 e nt.978; 138 e 980
41124......137 e nt.978; 138 nt.983; **180**
41125......137 nt.977
41128a......132 nt.931 e 932
41163......**138 nt.981**
41235......147 nt.1045
41316......146 e nt.1031
CIL VIII
1170......133; 134
2478......115
2479......115
3198......**97 nt.605**
4676......115
7069......115; 116 nt.766
7973......65 nt.333
10165......105
10962......115
11338......149; **183**
14287......133
16561......64 nt.324
17969......115
17971......115
18312......**97 nt.605**
20836......65 nt.333
22172......105
22348......115; 116 nt.781
22349......115; 116 nt.781
22637......88 nt.524
22785......115; 116 nt.766 e 779
23084......105
25967......105
26262......143 e nt.1014
28073a......115
28074......115
CIL IX
39......115 nt.737
338......93 nt.565
348......93 nt.565
349......93 nt.565
387......93 nt.565
397......93 nt.565
1100......102
1123......102; 131 nt.925
2671......98 nt.610
2874......94 nt.570
4194......19 nt.81; 23 nt.107; 105; **168**
4899......78 nt.453; 123; 124 e nt.851; **176**
5293......85
5823......129
6078......131 nt.927
6186......93 nt.565
CIL X
797......17; **57**; 58; 82 nt.480
801......79 nt. 468
810......79 n.468
895......96; 98 nt.610
901......100
902......100
1159......99 nt.626
1210......99 nt.627
1448......95 nt.579
1478......98 nt.610
1495......79 nt.468
1562......79 nt.465
1687......146 e nt.1031 e 1033
1695......153; 154 nt.1093; **184**
1696......153; 154 nt.1093; **184**
1697......154 nt.1094; 155 nt.1109
3761......78 nt.455; 142; **181**
3870......118 e nt.801; **175**
4123......119
4414......118 e nt.801; **175**
4461......118 e nt.801
4721......66 nt.345
4752......153; 154 nt.1095; **184**
4862......98 nt.610
5061......150 e nt.1063; **183**
5375......111
5670......115
6017......88
6252a......88 nt.524
6639......91
7845......97 nt.602
7847......97 nt.602
7852......139 nt.994
8045......115; 117 nt.790
CIL XI
14......99 nt.621
263......87 nt.509
264......87 nt.509
1431......125 nt.859
2124......141 nt. 1003
3002......115
3364...... 22 nt.91; 78 nt.453; 122; **176**
3366......123 nt.848
3781......100
4727......89 nt.525
5272......113; 114; **173**
6011......87 nt.510
6012......87 nt.511
6016......**87 nt.508**
6017......87 nt.512; 88
6018......87 nt.512
6019......87 nt.512
6025......87 nt.512
6335......144 nt.1022 e 1024
6689......87
6695......88 nt.524
6696......88 nt.524
7687......60 nt.300 e 301
8114......94 nt.570
CIL XII
412......79 nt.465
672......69 nt.373
CIL XIII
916......79 nt.468
1668......101
1810......66 nt.345
6542......133; 134 e nt.945
6543......133; ; 134 nt.945
7994......141
8825......141
8828......141
CIL XIV
85......**24 nt.116**; 82 nt.482
88......22 nt.93; 24; 82
145......144
169......78 nt.456
170......69 nt.372
172......16 nt.70; 57; **62**; 63
192......44 e nt.190; 96; 97; 98; 100; **167**
194......77 nt.451
234......125 nt.869
246......124
247......124
250......69 nt.376; 124
251......69 nt.376
252......70 nt.379
254......32 nt.153; 61; 68 nt.359; **77** e nt.447; 78; 80; 82 nt.481; 140; **180**
256......74 nt.421
352......69 nt.372
403......**74** e nt.423; 78
409......59; 70 nt.380 e 386; 74 e nt.421
424......77 nt.449
425......73 nt.411
431......70 nt.386
451......69 nt.373
527......78 nt.461
1868......78 nt.461
2242......107; 115
2556......92 nt.555
2596......134 nt.951

2802........96 nt.596
3516........118
3547........72 nt.397
3599........115
3610........125 nt.865
3797........78 nt.461
3835........72 nt.397
3900........78; 135; 143 nt.1011; 147 nt.1039; **179**; 181
3902........78 nt.455; 143; **181**
4144........69 nt.372
4176........**57**; 58 e nt.274
4234........73 nt.418
4535........100
4540........126
4553........70 nt.386; 73 nt.408; 74 nt.423; 77 nt.451
4554........70 nt.386; 77 nt.451
4555........73 nt.407
4556........73 nt.407 e 408; 74 nt.423
4559........74 nt.421
4570........71 **nt.397**
4613........**74**
4616........**74**
4620........51 nt.229
4703........72 nt.401
4704a........17; 33; 44; 78 nt.453; 96; 97; 98; 100; **167**
4704b........17; 33; 44; 78 nt.453; 96; 97; 98; 100; **167**
4704c........17; 33; 35 nt.156; 44; 78 nt.453; 96; 97; 98; 100; **167**
5320........26; 53 nt.252; 61; 68 nt.359; 70 nt.386; 77 e nt.451; 79; 80 e nt.473; 82 nt.481; 112; **172**
5327........70 nt.380 e 385; 73 nt.407 e 408
5328........73 nt.407 e 408
5341........78 nt.456
5345........16 nt.70; 57; **62**; 82 nt.480
5380........70 nt.386; 74 nt.423; 77 nt.451
5381........**74**
5384........57; **64**; 66; 82 nt.480
7338........66 nt.343

CIL XV
127........120; 121 nt.832
302........94 nt.570
312........94 nt.570
314........94 nt.570
375........120; 121 nt.832
903........94 nt.570
904........94 nt.570
905........94 nt.570
1228b........120; 121 nt.832
2422........94 nt.570
2423........94 nt.570
3424........88 nt.524
4282........134 nt.952
4562........134 nt.951
7281........110 e nt.726
7504........135 nt.956

CIL XVI
61........118 e nt.796
64........115
69........118
107........129; 130 nt.916
108........129; 130 nt.916
145........144 nt.1022
160........115; 117 nt.783

CILA IV
6........133; **179**

CIMRM I
235........74 nt.420

EAOR I
43........141; **181**

EAOR III
22........85

EAOR IV
12b........122
29........74 nt.422

EE VIII
452........141 nt.1003
532........119 nt.813

EE IX
593........**181**

ERCanosa
35........93 nt.565
50........93 nt.565
58........93 nt.565
60........93 nt.565
130........93 nt.565
148........93 nt.565
152........93 nt.565
172........93 nt.565

ERCanosa-Add
8........93 nt.565

ERCanosa-Instr
29........93 nt.565

FIRA III
38........71 nt.391

I. Eph
1384........112 e nt.748

IAM II
126........105
415........105

ICERV
332a........174

ICUR I
1930........150

IDR I
15........129; 130 nt.916
16........29; 130 nt.916

IDRE I
7........115
9........129; 130; **177**
172........**174**

IDRE II
435........60 nt.300

IG IV
1162........151 nt.1079

IG VI
223........87 nt.513
470........87 nt.513

IG XII
2........104 nt.667

IGR III
263........**59**
335........59 nt.291

IGR IV
1162........152

IHChr
135........57 nt.268

IK XI-1
19b........100

IK XVI
2249........41 nt.1004

IK-LIV
24........**59**

ILAfr 38
38, 31........41 nt.1003
38, 75........41 nt.1003
38, 76........41 nt.1003
38, 77........41 nt.1003
284........41 nt.1003

ILAlg I
3950……………..105
2080……………..115
2828……………..115
2978……………..115
2988……………..115
ILAlg II
659……………..115

ILCV
162……………..150

ILER
1297……………..**179**
1698……………..**179**

ILJug III
2………………………...89 nt.526

ILLRP
490……………………...72 nt.401
496……………..**158**

ILMN I
6………………………………………………………………………........…110
31…………………………………………………………………......…….87

ILPGranada
36...133; **179**

ILS
143……………………………………………………………….....………133
207...**24 nt.116**; 134 nt.951
212...101 nt.641
413………………………………………………………………………..133
951……………………………………………………………..…..………100
989……………………...107; **168**
1016…………………………………………………………………………115
1029…………………………...................................115 e nt.764; **174**
1047……………………...122; **176**
1092……………………...129; 130; **177**
1139……………………...133; **179**
1182……………………...135; 136; **179**
1186……………………...143; **181**
1198……………………...149; **183**
1206…………………………………………………………………………146
1217……………………...150; **183**
1223……………………...153; **184**
1224a………………...153; **184**
1224b………………………..153 e nt.1093; **185**
1224c………………...153; **184**
1225……………………...153; **184**
1232……………………...153; **184**
1429…………………………………………………………………..……..**62**
1560…………………………………………………………………..…..…**63**
1682……………………...110 nt.727
2006……………………...129; 130 nt.916
2335……………………...134 nt.951
2927……………………...113; 114; **173**
4006…………………………………………………………………………129
4213……………………………………………………………….....………**74**
4966……………………...71 nt.391
5004…………………………………………………………………...……**57**
5032…………………………………………………………………………100
5050a………………..135; 141; **180**
5283………………………………………………………………..…..……96
5758……………………………...…………………………………………58 nt.508
5893……………………...85; 87; 88; 89; 91; **166**
5894……………………...148; **183**
5922a………...**157**
5922b...**157**
5922c...**164**
5923a...**160**
5923b...**159**
5923c...**164**
5923d...**164**
5924a...**162**
5924b...**162**
5924c...**162**
5924d………...**166**
5925………………………………........................91; 93; 94; 95; 96; **166**
5926..100; 102; 103; 104; **167**
5927...107; **168**
5928……………………...109; **168**
5929a…………..…...110; **169**
5929b……………………..110; **169**
5930………………………...112; **170**
5931……………………..**174**
5932………………………...132; **178**
5933………………………...132; **178**
5934………………………...135; **179**
5939……………...94
5940………..87
5941……………...87
5955……………...105
5958a...115
6049…...110
6394……………...96
6396……………...100
8682……………………………...110 e nt.726
8830……………………………...126; **177**
8848……………...**59**
8969………………………...105; **168**
8979……………………………...144 e nt.1025; **181**
9186…………………………………………………………………………141
9247a...111 nt.729
9247b……………………………...111 nt.729
9250……………………………………………………………………...85

ILT
65..115; 116 nt.779
1653………………………………………………………………………115

ILTun
82..141 nt.1003

IMS II
52…………………………………………………………………………130

Inscr.Aq.
1731………………………………………………………………………**173**

Inscr.It. IV
1,102..135;136; **179**
1, 104...143; **181**
Inscr.It. VIII
1…………………………………………………………………………..115
2…………………………………………………………………………..115
InscrIt X
4, 30...107; **168**
5, 122………………………………………………………………………..139
5, 123...139; **180**
5, 129………………………………………………………………………..126
5, 130………………………………………………………………………..126
5, 131……………………..128 nt.894 e 897
InscrIt. XIII
1, 5………………………...122 e nt.843
1, 26……………………………………………………………………...91
1, 208…………………………………………………………………..126
1, 209…………………………………………………………………..126
1, 246……………………………………………………………………85
1, 298……………………………………………………………………96

IMS II
52…………………………………………………………………………130

IRB
30…………………………….......................................115 e nt.764; **174**

IRC IV
30..115 e nt.764; 116 nt.776; **174**

IRIlici
131………………………...120 nt.821

133……120 nt.821

IRPAlica
25……120 nt.821
26……120 nt.821
27……120 nt.821

IRT
521……85 e nt.488
635……**106 nt.685**
642……152 nt.1089
708……152 nt.1089
709……152 nt.1089

IvEph III
695……110

IvMagnes
157a……100; 101 nt.645

Lehner
161……141

Milet I
9, 177……110
9, 360……110
MW
513……110

RECAM II
355……103 nt.663

RHP
49……126
162……129; 130; **177**

RIC I
74……97 nt.599
77……97 nt.599
178……69 nt.368
410……85; 485
416……85 e nt.486
441……69 nt.368
RIC I²
415……85; 485

RICIS II
503/1102…v……122

RIT
137……85; 86 nt.493
149……120 e nt.819 e 821 e 822; **176**
232……**63** e nt.322
288……120 nt.823
289……120 nt.823
310……120 nt.821
311……120 nt.820
376……117 nt.792
625……117 nt.792
626……117 nt.792

RMD III
76……126
86……115; 117 nt.785
RMD IV
279……126
RMD V
423……126
430……126
431……126

RSC
383……85

SEG I
383……102 nt.650

SEG IV
516……100 e nt.642
SEG VII
138……141
SEG XXVI
1392……93
SEG XXXIX
1342……145 e nt. 1029

Supl.It IV
29……**61**
Supl.It XXV-B
45……**177**
Supl.It Imagines
Latium I
25……**181**
Supl.It Latium Vetus I
1000……**179**
Supl.It Roma
2……**158**

TPSulp
96……100

www.ingramcontent.com/pod-product-compliance
Lightning Source LLC
LaVergne TN
LVHW072253300926
849160LV00018B/1656